Academia de Ciencias Políticas y Sociales

LIBRO HOMENAJE AL DOCTOR LUIS COVA ARRIA

Conmemorativo del 25 aniversario de la especialización en Derecho de la Navegación y Comercio Exterior del Centro de Estudios de Postgrado de la Facultad de Ciencias Jurídicas y Políticas de la Universidad Central de Venezuela

TOMO III

COORDINADORES:
RAFAEL BADELL MADRID
ENRIQUE URDANETA FONTIVEROS
SALVADOR YANNUZZI RODRÍGUEZ

Editorial Jurídica Venezolana International
2020

CARACAS / VENEZUELA

A12

Academia de Ciencias Políticas y Sociales
Libro Homenaje al Doctor Luis Cova Arria. Conmemorativo del 25 aniversario de la Especialización en Derecho de la Navegación y Comercio Exterior del Centro de Estudios de Postgrado de la Facultad de Ciencias Jurídicas y Políticas de la Universidad Central de Venezuela / Rafael Badell Madrid; Enrique Urdaneta Fontiveros y Salvador Yannuzzi Rodríguez (Coordinadores); prólogo Humberto Romero-Muci.-- Caracas: Academia de Ciencias Políticas y Sociales, 2020.
3 tomos

Depósito Legal: DC2020000971
ISBN de la obra completa: 978-980-416-021-9
Tomo I: 978-980-416-022-6
Tomo II: 978-980-416-023-3
Tomo III: 978-980-416-028-8

1. DERECHO MARÍTIMO 2. DERECHO ADMINISTRATIVO MARÍTIMO 3. JURISDICCIÓN MARÍTIMA 4. COMERCIO EXTERIOR I Título

Depósito legal: DC2020000971
Tomo III: 978-980-416-028-8

ACADEMIA DE CIENCIAS POLÍTICAS Y SOCIALES
Avenida Universidad, Bolsa a San Francisco,
Palacio de las Academias
Caracas 1121-A
Teléfonos: (0212) 482.88.45 - 482.86.34
Fax: (0212) 483.26.74
e-mail: academiadecienciaspoliticas@gmail.com
Página Web: www.acienpol.org.ve
Biblioteca "Andrés Aguilar Mawdsley"
Telefax: (0212) 481.60.35
Servicio on line:
Sistema de Cooperación Jurídica: www.scjuridica.org.ve
Centro de Investigaciones Jurídicas
Teléfono: (0212) 377.33.58
Servicio on line:
Proyecto Ulpiano: www.ulpiano.org.ve

Diseño de portada: Evelyn Barboza V.
Diseño de caricatura: Roberto Weil
Diagramación: Oralia Hernández
Impreso en Venezuela

UCAB

COMITE MARITIMO VENEZOLANO
Asociación Venezolana de Derecho Marítimo
(Comité Marítimo Nacional)
Afiliado al Comité Marítimo Internacional

Universidad Central de Venezuela
Facultad de Ciencias Jurídicas y Políticas
Centro de Estudios de Postgrado
ESPECIALIZACIÓN EN DERECHO DE LA NAVEGACIÓN Y COMERCIO EXTERIOR
25 aniversario

CMI

INSTITUTO IBEROAMERICANO DE DERECHO MARÍTIMO

Luis Cova Arria

ÍNDICE

LIBRO HOMENAJE AL DOCTOR LUIS COVA ARRIA

Conmemorativo del 25 aniversario de la especialización en Derecho de la Navegación y Comercio Exterior del Centro de Estudios de Postgrado de la Facultad de Ciencias Jurídicas y Políticas de la Universidad Central de Venezuela

TOMO I

TEMAS GENERALES DE DERECHO MARÍTIMO

DERECHO ADMINISTRATIVO MARÍTIMO

RIESGOS DE LA NAVEGACIÓN Y CONTAMINACIÓN MARÍTIMA

JURISDICCIÓN MARÍTIMA, PROCEDIMIENTOS MARÍTIMOS, PRIVILEGIOS Y EMBARGO DE BUQUES

TOMO II

CONTRATOS DE UTILIZACIÓN DEL BUQUE Y TRANSPORTE DE MERCANCÍAS

INTERNACIONALISMO Y UNIFICACIÓN DEL DERECHO MARÍTIMO

JURISDICCIÓN, ARBITRAJE, MEDIACIÓN Y DERECHO INTERNACIONAL PÚBLICO

TOMO III

DERECHO TRIBUTARIO Y ADUANERO

DERECHO PENAL

HISTORIA

VARIOS

EPÍGRAFE

TOMO III
DERECHO MARÍTIMO

- DERECHO TRIBUTARIO Y ADUANERO
- DERECHO PENAL
- HISTORIA
- VARIOS

DERECHO TRIBUTARIO Y ADUANERO

EL ARBITRAJE TRIBUTARIO EN VENEZUELA. UN PERÍODO DE GESTACIÓN DE 20 AÑOS CON MALFORMACIONES Y UNA PROPUESTA PARA UN BUEN ALUMBRAMIENTO

ALBERTO BLANCO-URIBE QUINTERO*

SUMARIO

I. Introducción. II. El Arbitraje Tributario según el Código Orgánico Tributario. III. Análisis Crítico de la Normativa sobre Arbitraje Tributario contenida en el Código Orgánico Tributario. IV. Ideas para una reforma legislativa del Código Orgánico Tributario (por favor ejecutada de manera legítima por el Poder Legislativo), tendiente a promover eficientemente un arbitraje tributario posible. V. Conclusiones. VI. Bibliografía.

RESUMEN

Tras dos décadas de presencia regulatoria del arbitraje tributario en el Código Orgánico Tributario, y a pesar de todo el jolgorio esperanzado con el que se recibió su explícita incorporación al ordenamiento jurídico, se ha podido apreciar su prácticamente total y absoluta carencia de importancia como medio de uso frecuente para la solución de los conflictos tributarios, no obstante lo atiborrados que se encuentran los tribunales tributarios, tan carentes de recursos de todo tipo, y el pesado retardo judicial, que cada vez nos aleja más de la pretendida idea de Estado de Justicia.

Se exponen las razones de tamaña y notable ineficiencia y se propone una regulación que pudiera darle vida a tan necesitada institución alternativa de justicia.

PALABRAS CLAVE

Arbitraje, medios alternativos, debido proceso, justicia, tutela efectiva, celeridad procesal.

* Abogado "*magna cum laude*", 1983, y Especialista Derecho Administrativo, U.C.V.; DESS Derecho Ambiental y DEA Derecho Público, Université Robert Schuman, Francia; Especialista Justicia Constitucional, Derechos Humanos y Garantías Constitucionales, Universidad de Castilla-La Mancha, España. Profesor Agregado Derecho Constitucional y Contencioso Tributario, Universidad Cental de Venezuela (U.C.V.); Profesor Sistema de Derechos y Garantías Constitucionales, Universidad Católica Andrés Bello (U.C.A.B.) albertoblancouribe@gmail.com @albertobuq

I. INTRODUCCIÓN

El arbitraje, desde la perspectiva del derecho procesal, es básicamente uno de los medios alternativos de solución de conflictos jurídicos y, como tal, es menester destacar la importancia que el derecho público venezolano les acuerda, como instituciones procesales explícitamente constitucionalizadas.

En efecto, por primera vez en la historia constitucional de Venezuela, la Constitución de 1999 (trágicamente solo formalmente vigente y sistemáticamente violada) les consagra dos dispositivos esenciales como lo son los artículos 253 y 258.

El primero, en su tercer párrafo, incorpora a los medios alternativos de justicia dentro de la idea de sistema de justicia, junto a los tribunales, los abogados, etc.[1]:

> *"El sistema de justicia está constituido por el Tribunal Supremo de Justicia, los demás tribunales que determine la ley, el Ministerio Público, la Defensoría Pública, los órganos de investigación penal, los o las auxiliares y funcionarios o funcionarias de justicia, el sistema penitenciario, los medios alternativos de justicia, los ciudadanos que participan en la administración de justicia conforme a la ley y los abogados autorizados para el ejercicio".*

Y el segundo, en su segundo párrafo, contiene un mandato dirigido al legislador, en donde le exige que la ley promueva el arbitraje, la conciliación, la mediación y cualesquiera otros medios alternativos para la solución de conflictos (como por ejemplo la transacción)[2]:

---

1 Cabe decir que diez años después de la Constitución se dicta la Ley del Sistema de Justicia (Gaceta Oficial Nro. 39.276 del 1 de octubre de 2009), que en su artículo 2 parafrasea el dispositivo constitucional; y en su artículo 10 atribuye a la Comisión Nacional del Sistema de Justicia (que reúne altos funcionarios del Estado y excluye representación de los Colegios de Abogados y de los Centros de Arbitraje) atribuciones de "*Registrar, supervisar y coordinar, la organización, funcionamiento y prestación de servicios de los medios alternativos de solución de conflictos*" (¿?).

2 Curiosamente, y sin que se sepa cómo, la citada Ley del Sistema de Justicia, en su artículo 20, expresa que: "*El Sistema de Justicia promoverá los medios alternativos para la solución de conflictos*", es decir, que como los medios alternativos forman parte del sistema de justicia, pues deben promoverse a sí mismos (jajajaja), cuando hemos visto que el mandato es al

"La ley promoverá el arbitraje, la conciliación, la mediación y cualesquiera otros medios alternativos para la solución de conflictos".

Este mandato implica que el legislador, por orden del constituyente, debe proceder a promover los medios alternativos de solución de conflictos, vale decir, no puede dejar de preverlos y, al hacerlo, tiene que desarrollarlos en términos en los cuales la figura sea efectivamente utilizable, mediando como corresponda el respeto de la libertad contractual y de los derechos de acceso a la justicia, al debido proceso y a la tutela alternativa efectiva.

No pueden plantearse entonces regulaciones engorrosas, confusas, contradictorias y plagadas de errores conceptuales que puedan conducir a que no exista en realidad la posibilidad de concretar la realización del medio alternativo de solución de conflictos de que se trate, en este caso, el arbitraje tributario.

De tratarse de una normativa que dificultase la realización efectiva del medio alternativo de solución de conflictos jurídicos, el legislador estaría violando directamente la Constitución y, con ella, el derecho de acceso a la justicia, el derecho al debido proceso y el derecho a la tutela alternativa efectiva, y también la libertad contractual esencial y originaria de medios alternativos como el arbitraje.

Nos proponemos en un primer momento argumentar las razones de la total ineficacia de la institución del arbitraje tributario en Venezuela, a 20 años de su previsión legislativa, mediando un análisis crítico y detallado de la normativa que lo contiene, para luego hacer una propuesta de regulación que realmente promovería esa figura alternativa para lo solución de las controversias jurídico-tributarias.

---

legislador, quien tiene el monopolio de reglar en materia procesal y de derechos humanos y garantías, según el artículo 156, numeral 32: "*Es de la competencia del Poder Público Nacional: ... La legislación en materia de derechos, deberes y garantías constitucionales; ..., de procedimientos...*", en concordancia con el artículo 187, numeral 1 también de la Constitución: "*Corresponde a la Asamblea Nacional: Legislar en las materias de la competencia nacional...*".

II. EL ARBITRAJE TRIBUTARIO SEGÚN EL CÓDIGO ORGÁNICO TRIBUTARIO

Veamos como está planteada esta figura alternativa en la ineficiente normativa vigente.

Las primeras versiones del Código Orgánico Tributario, es decir, las de 1982, 1992 y 1994 no previeron la figura del arbitraje tributario, lo cual nos llevó a algunos estudiosos a plantearnos el tema de su posibilidad, esgrimiéndose por algunos la idea de que era necesaria una reforma legislativa para ello, mientras que para otros bastaba con aplicar la norma contenida en el Código de la materia de remisión general en lo no previsto al Código de Procedimiento Civil, donde está la institución del arbitramento[3].

Mi opinión favorable a las posibilidades arbitrales en materia tributaria, publicada en 1999, antes de la aprobación de la Constitución, en mi criterio se vio aupada con nuestra Carta Fundamental, al ordenar al legislador que promoviese los medios alternativos de solución de conflictos jurídicos sin limitación alguna de áreas del derecho, dejando el campo libre al arbitraje tributario, máxime cuando había un Código Orgánico Tributario remitiendo al Código de Procedimiento Civil en lo no previsto, y conteniendo éste normas al respecto perfectamente adaptables a las especificidades tributarias. Y esto, sin olvidar que para que un crédito sea arbitrable el mismo debe ser transable, siendo que la normativa, aunque se manera lamentable e insuficiente, preveía ya la transacción tributaria, cosa que no sería posible si el crédito tributario no fuese disponible[4].

Empero, no hubo que esperar mucho, pues al cabo de dos años, con gran pompa la administración tributaria venezolana participante de

---

3 Esta fue mi posición, fundamentada en mi investigación intitulada "Posibilidades Arbitrales en el Ámbito Tributario", en *Revista Venezolana de Estudios de Derecho Procesal*, Nro. 1, Instituto Venezolano de Estudios de Derecho Procesal (INVEDEPRO), Editorial Livrosca, Caracas, Venezuela, enero-junio 1999.

4 Mi investigación intitulada "La Muerte Prenatal de la Transacción Judicial y la Existencia Inmaterial de la Transacción Extrajudicial, en el Código Orgánico Tributario", en libro colectivo *El Contencioso Administrativo y los Procesos Constitucionales*, Directores Allan R. Brewer-Carías y Víctor Rafael Hernández-Mendible, Colección Estudios Jurídicos Nro. 92, Editorial Jurídica Venezolana, Caracas, Venezuela, 2011.

cuantas jornadas y reuniones internacionales se hicieron en la época, vociferó a diestra y siniestra el pretendido gran avance comparativo de la legislación procesal tributaria venezolana al ser el Código Orgánico Tributario de 2001[5], a su decir, la primera ley en prever la figura del arbitraje tributario (aunque paradójicamente su exposición de motivos ni siquiera lo menciona), tratada en los artículos 312 a 326, Capítulo VI "*Del Arbitraje Tributario*", Título VI "*De Los Procedimientos Judiciales*".

En este punto cabe hacer dos observaciones: una tiene que ver con el hecho cierto de la total inconstitucionalidad del Código de 2001 (y consecuente imposibilidad de su validez y vigencia en derecho), en virtud de no haber podido ser válidamente promulgado, en razón de encontrarse el Presidente de la República y parte del Consejo de Ministros en Viena, Austria, el pretendido día de la promulgación 17 de octubre de 2001[6]; y la otra va referida a la inconsistencia de subsumir el capítulo dedicado al arbitraje tributario dentro del Título denominado "*De Los Procedimientos Judiciales*", precisamente por tratarse el arbitraje de un medio alternativo, es decir, alternativo a lo judicial. No es conceptualmente hablando el arbitraje un procedimiento judicial. Primero, técnicamente en lo judicial se habla correctamente de procesos y no de procedimientos, y segundo, los medios alternativos se llaman de ese modo por consistir en la búsqueda de la solución al conflicto jurídico, por voluntad de las partes litigiosas, fuera del ámbito de lo judicial. Claro que como veremos, violando los conceptos al respecto del derecho procesal, y las garantías y libertades mencionadas antes, la normativa en comento ancla el arbitraje a la intervención de diversas formas de Poder Judicial.

Por lo que respecta al contenido de estos dispositivos podemos observar que permaneció intacto tras las reformas del Código Orgánico Tributario de 2014, cambiando la numeración a los artículos 319 al 333, y del Código Orgánico Tributario de 2020, pasando la numeración a los artículos 320 al 334, salvo por dos cosas: una, que el Capítulo pasó a

[5] Gaceta Oficial Nro. 37.305 del 17 de octubre de 2001.

[6] Tal como se dejó suficientemente argumentado en mi investigación intitulada "La inconstitucional promulgación del Código Orgánico Tributario de 2001. Del control de constitucionalidad en Venezuela", en *El Derecho Público a los 100 Números de la Revista de Derecho Público* 1980-2005, Editorial Jurídica Venezolana, Caracas, Venezuela, 2006.

ser el IV en 2020, y otra (temible) que se atribuyó a la administración tributaria la ejecución del laudo arbitral desde 2014.

Sobre estas reformas a un Código que ya de entrada era inconstitucional, nos tropezamos con que como una muestra más de la violación sistemática del orden constitucional y de los derechos humanos en Venezuela[7], por parte del régimen criminal y autoritario que la gobierna cruelmente, ambas son de suyo también inconstitucionales a diferentes títulos.

La de 2014, contenida en el Decreto Nro. 1.434 del 17 de noviembre de 2014, con Rango, Valor y Fuerza de Ley del Código Orgánico Tributario[8], por violar el principio de reserva parlamentaria en materia tributaria y haber extralimitado además la Ley Habilitante de 2013, llamada Ley que autoriza al Presidente de la República para dictar Decretos con Rango, Valor y Fuerza de Ley en las materias que se delegan[9], que no facultó al Ejecutivo para normar en materia tributaria.

Y la de 2020, bajo la pretendida forma de Decreto Constituyente mediante el cual se dicta el Código Orgánico Tributario[10], emanado de la írrita y espuria Asamblea Nacional Constituyente, por no existir en nuestro ordenamiento jurídico tales figuras de leyes o decretos constitucionales y no poder una asamblea nacional constituyente usurpar las atribuciones constitucionales de la Asamblea Nacional como Poder Legislativo, pues lo único que le compete es la redacción de un proyecto de nueva Constitución que luego habría de ser sometido a referéndum popular para su aprobación o no[11], y todo esto sin perjuicio

---

7 Como lo han dejado sentado sendos informes país desde 2017 de la Comisión Interamericana de Derechos Humanos y del Alto Comisionado de Naciones Unidas para los Derechos Humanos.

8 Gaceta Oficial Extraordinaria Nro. 6.152 del 18 de noviembre de 2014.

9 Gaceta Oficial Extraordinaria Nro. 6.112 del 19 de noviembre de 2013.
Tal como se evidenció en mi investigación intitulada "El Autobús Equivocado…El Destino Final Arbitrario. El Código Orgánico Tributario de 2014", en *Revista de Derecho Público* Nro. 140, Editorial Jurídica Venezolana, Caracas, Venezuela, octubre-diciembre 2014.

10 Gaceta Oficial Extraordinaria Nro. 6.507 del 29 de enero de 2020.

11 Elementos que fueron tratados en mi investigación intitulada "Ley "Constitucional" contra el Odio, por la Convivencia Pacífica y la Tolerancia Hipocresía autoritaria e ideologizada censura", en Revista de Derecho Público Nro. 153-154, Editorial Jurídica Venezolana, Caracas, Venezuela, enero-junio 2018.

de la total nulidad de la misma convocatoria de la Asamblea Nacional Constituyente, sin cumplir los extremos constitucionales[12], y de la elección de los supuestos constituyentes, contrariando las normas del sistema electoral[13].

Ahora bien, dejando de lado la ilegitimidad democrática formal de estas tres reformas legislativas y entrando al contenido específico de la normativa en cuestión, con la numeración del Código de 2020, al objeto de precisar si la misma promueve como ordena la Constitución, o por el contrario entorpece, por decir lo menos, la posibilidad de llevar a cabo el arbitraje tributario, comencemos por presentarla en la siguiente transcripción:

> *Artículo 320: "La Administración Tributaria y los contribuyentes o responsables, de mutuo acuerdo, podrán someter a arbitraje independiente las disputas actuales surgidas en materias susceptibles de transacción, de conformidad con lo establecido en el artículo 313 de este Código.*
> *El arbitraje podrá proponerse y deberá acordarse una vez interpuesto y admitido el Recurso Contencioso Tributario. Las partes, de mutuo acuerdo, formalizarán el arbitraje en el mismo expediente de la causa, debiendo expresar con claridad las cuestiones que se someterán al conocimiento de los árbitros".*
> *Artículo 321: "En ningún caso por vía del arbitraje previsto en este Código, podrán reabrirse los lapsos para la interposición de los recursos administrativos y judiciales que hubieren caducado por inactividad del contribuyente o responsable".*
> *Artículo 322: "El compromiso arbitral celebrado conforme a lo dispuesto en este Capítulo será excluyente de la jurisdicción contencioso tributaria en lo que concierne a la materia o asunto sometido al arbitraje".*

[12] Allan Brewer-Carías, "La Inconstitucional Convocatoria de una Asamblea Nacional Constituyente en Fraude a la Voluntad Popular", Colección Textos Legislativos Nro. 56, Editorial Jurídica Venezolana, Caracas/New York, 2017.

[13] Allan Brewer-Carías, "La Esquizofrenia Constituyente: Las Inconstitucionales "Bases Comiciales" dictadas por el Presidente de la República, sin Comicios, Usurpando la Voluntad Popular y Violando el Derecho del Pueblo a Elegir Representantes por Votación Universal", 2017. http://allanbrewercarias.com/wp-content/uploads/2017/05/160.-doc.-Brewer.-Sobre-las-bases-comiciales-de-la-ANC-29.5.2017.-1.pdf

Artículo 323: "El compromiso arbitral será suscrito por el contribuyente o responsable o su representante judicial debidamente facultado para ello por el poder respectivo y, por el representante judicial del Fisco de que se trate. El representante judicial del fisco requerirá en todo caso la autorización de la máxima autoridad jerárquica de la Administración Tributaria".
Artículo 324: "Cada parte designará un árbitro, y estos últimos convendrán de mutuo acuerdo en la designación del tercero. De no existir consenso en la designación del tercer árbitro, la designación la hará el Tribunal. En todo caso los árbitros deberán ser abogados.
Parágrafo Único: Los honorarios de los árbitros y demás gastos que ocasione el arbitraje serán sufragados en su totalidad por el contribuyente o responsable. En caso que el compromiso arbitral haya sido celebrado a petición de la Administración Tributaria y ello se haga constar en el compromiso arbitral, los honorarios de los árbitros y demás gastos serán sufragados en su totalidad por la Administración Tributaria, salvo que ésta y el contribuyente o responsable hayan convenido de mutuo acuerdo en sufragarlas por partes iguales".
Artículo 325: "Los árbitros designados deberán manifestar su aceptación dentro de los cinco (5) días hábiles siguientes a su designación, ante el Tribunal Superior de lo Contencioso Tributario. Los árbitros en materia tributaria serán siempre y en todo caso árbitros de derecho".
Artículo 326: "El cargo de árbitro, una vez aceptado, es irrenunciable. El árbitro que sin causa legítima se separe de su cargo será responsable penalmente por el delito de denegación de justicia, sin perjuicio de que se haga efectiva su responsabilidad administrativa o civil.
Si los árbitros nombrados o alguno de ellos murieren o faltaren por cualquier otro motivo, se les sustituirá del mismo modo como se les hubiere nombrado".
Artículo 327: "Los Tribunales ordinarios y especiales, así como las demás autoridades públicas están en el deber de prestar a los árbitros toda la cooperación para el desempeño de la actividad que le ha sido encomendada".

Artículo 328: "En cualquier estado de la causa del proceso contencioso tributario en que las partes se hayan sometido a arbitraje, se suspenderá el curso de la causa y se pasarán inmediatamente los autos al Tribunal Arbitral".
Artículo 329: "El procedimiento arbitral culminará con un laudo, el cual será dictado por escrito, motivado y firmado por los miembros del Tribunal Arbitral, quien lo notificará al contribuyente o responsable y a la Administración Tributaria. El laudo se pasará con los autos al Tribunal Superior de lo Contencioso Tributario, quien lo publicará al día siguiente de su consignación.
El laudo arbitral será de obligatorio cumplimiento tanto para el contribuyente o responsable como para la Administración Tributaria".
Artículo 330: "Los árbitros deberán dictar su decisión en el término de seis (6) meses contados a partir de la constitución del Tribunal Arbitral. Dicho lapso podrá ser prorrogado hasta por seis (6) meses más, de oficio, o a solicitud del contribuyente o responsable o de la Administración Tributaria".
Artículo 331: "Las decisiones que dicte el Tribunal Arbitral serán apelables ante el Tribunal Supremo de Justicia, en los casos que las mismas se hubieren dictado sin el acuerdo unánime de los árbitros.
El lapso de apelación comenzará a correr desde el día siguiente en que el laudo hubiere sido publicado por el Tribunal Superior de lo Contencioso Tributario.
Parágrafo Único: La ejecución del laudo corresponderá a la Administración Tributaria, de acuerdo con las normas de ejecución de sentencia establecidas en el presente Código".
Artículo 332: "Contra el laudo arbitral procederá el Recurso de Nulidad, el cual deberá interponerse por escrito ante el Tribunal Supremo de Justicia, dentro de los ocho (8) días hábiles de su publicación por el juez contencioso tributario. El expediente sustanciado por el Tribunal Arbitral se acompañará al Recurso de Nulidad interpuesto".
Artículo 333: "El laudo dictado por el Tribunal Arbitral se podrá declarar nulo:
1. Si la sentencia decisoria no se hubiere pronunciado sobre todas las cuestiones sometidas a arbitraje, o si estuviere concebida en términos de tal manera contradictorios que no pudiere ejecutarse.

2. Si el Tribunal ante el cual se plantea la nulidad del laudo comprueba que, según el ordenamiento jurídico, el objeto de la controversia no es susceptible de arbitraje.
3. Si en el procedimiento no se hubieren observado las formalidades sustanciales, siempre que la nulidad no se haya subsanado por el consentimiento de las partes".
Artículo 334: "Los aspectos no regulados en este Capítulo o en otras disposiciones del presente Código se regirán, en cuanto sean aplicables, por las normas de la Ley de Arbitraje Comercial y el Código de Procedimiento Civil".

III. ANÁLISIS CRÍTICO DE LA NORMATIVA SOBRE ARBITRAJE TRIBUTARIO CONTENIDA EN EL CÓDIGO ORGÁNICO TRIBUTARIO

Partiendo de todo cuanto precede, veamos si la regulación contenida en los artículos 320 a 334 del Código Orgánico Tributario de 2020 realmente implica un desarrollo promovente de la institución, o si por el contrario nos vamos a tropezar con una regulación que imposibilita la aplicación de la institución, representando entonces una clara inconstitucionalidad.

Empero, ante todo convendría asomar una realidad, que es, salvo escasísimos y muy contados casos, la total inoperatividad de la institución, después de una vigencia de casi dos décadas, y frente a un estado de cosas en el cual se ha apreciado el atiborramiento de asuntos en los tribunales con competencia tributaria, y un remarcable retardo en el dictado de sentencias de primera y de segunda instancia, poniendo en tela de juicio el respeto de los derechos al debido proceso, de acceso a la justicia, a la tutela judicial efectiva y a los principios de celeridad y de economía procesales, que son precisamente los hechos que impulsan a las partes litigiosas a buscar medios alternativos de solución de conflictos.

Esto nos lleva a aventurar que, si la institución no es operativa no obstante esa realidad, es porque se la ha diseñado de forma que así sea.

Y esto, muy probablemente si a ello le sumamos la eliminación de la medida cautelar ope legis de suspensión automática de los efectos del acto impugnado por la mera interposición de los recursos (judiciales en

2001 y también administrativos en 2014)[14], la sistemática denegatoria de suspensión por petición de parte[15], la constante inaceptación de experticias con experto único, la tormenta de más y más prerrogativas procesales de la administración tributaria[16], la confiscación del poder cautelar al juez y también de su potestad constitucional para ejecutar sus sentencias[17], entre otras barbaridades, con el objeto de dejar al contribuyente en el máximo estado posible de indefensión, y empujarlo así simplemente a pagar, y sin esperanzas de ser reembolsado algún día por el pago indebido. Además, tratándose de sanciones, con violación del principio de presunción de inocencia.

Y consideramos que tal hipótesis queda demostrada con el análisis crítico que a continuación presentamos sobre esta lamentable regulación.

Lo engorroso, lo contradictorio, lo limitante y lo conceptualmente errado de esta regulación salta a la vista, a pesar de ciertos aciertos insuficientes, como queda evidenciado de este pasar revista artículo por artículo:

---

[14] Mi investigación intitulada "Eliminación de los Efectos Suspensivos de los Recursos Tributarios. Una Inconstitucionalidad", en *Estudios sobre el Código Orgánico Tributario de 2001*, obra colectiva, coordinador Jesús Sol Gil, Asociación Venezolana de Derecho Tributario, Livrosca, Caracas, Venezuela, 2002.

[15] Mi investigación intitulada "No existe una tal "Interpretación Correctiva", a cargo de los Jueces. Artículo 263 del COT", en *Revista de Derecho Tributario* Nro. 137, Asociación Venezolana de Derecho Tributario (A.V.D.T.), Caracas, Venezuela, enero, febrero y marzo 2013.

[16] Mi ponencia en el Panel de Procesal Tributario: "Inconstitucionalidad de los Privilegios y Prerrogativas Procesales del Ente Público", "*X Jornadas Venezolanas de Derecho Tributario*", Asociación Venezolana de Derecho Tributario (A.V.D.T.), Caracas, Venezuela, noviembre 2011.

Mi investigación intitulada "Privilegios y Prerrogativas Procesales del Estado en la Justicia Contencioso Tributaria", en "*Justicia Tributaria*", Colección Estado de Derecho, Serie Primera, Tomo IV, Acceso a la Justicia.org, Fundación Estudios de Derecho Administrativo (FUNEDA) y Universidad Metropolitana, Caracas, Venezuela, 2012. Visible en http://aveda.org.ve/biblioteca.html

[17] Mi investigación intitulada "Desjudicialización de la Función Jurisdiccional. Código Orgánico Tributario 2014", en *Libro Homenaje a la Academia de Ciencias Políticas y Sociales en el Centenario de su Fundación 1915-2015*, Tomo III, Academia de Ciencias Políticas y Sociales, Colección Centenario, Caracas, Venezuela, 2015.

Mi investigación intitulada "El Código Orgánico Tributario de 2014…un Estado de Excepción Permanente". En *Revista de Derecho Público Nro. 143-144*, Editorial Jurídica Venezolana, Caracas, Venezuela, julio-diciembre 2015.

A) Artículo 320: "*La Administración Tributaria y los contribuyentes o responsables, de mutuo acuerdo, podrán someter a arbitraje independiente las disputas actuales surgidas en materias susceptibles de transacción, de conformidad con lo establecido en el artículo 313 de este Código.*
***El arbitraje podrá proponerse y deberá acordarse una vez interpuesto y admitido el Recurso Contencioso Tributario. Las partes, de mutuo acuerdo, formalizarán el arbitraje en el mismo expediente de la causa, debiendo expresar con claridad las cuestiones que se someterán al conocimiento de los árbitros*".**

En primer lugar, el dispositivo indica que la administración tributaria y los contribuyentes, de mutuo acuerdo, podrán someter a arbitraje sus disputas actuales. Se trata de un reconocimiento explícito que es fundamental para todo exégeta, y que redunda en seguridad jurídica a quienes dudan sobre el tema. Además, queda clara la naturaleza contractual de la figura, al requerirse ese acuerdo conjunto. Se asocia de ese modo su carácter de institución jurisdiccional o de naturaleza procesal, que exige la preexistencia de un contrato o acuerdo de voluntades entre las partes litigiosas, quienes deciden libremente someter su conflicto jurídico no al Poder Judicial, sino a este medio alternativo.

En segundo lugar, se expresa que ha de tratarse de un arbitraje independiente, es decir, de aquel en el que las partes optan por someterse a personas que, por sus capacidades, sus conocimientos técnicos y su honorabilidad reconocida por ambas, son elegidas por ellas para que ocupen la posición de árbitros y conformen el tribunal arbitral.

Sin embargo, cabe preguntarse las razones por las cuales las partes litigiosas, precisamente basadas en ese acuerdo de voluntades, no podrían, si ese fuese su deseo, someterse a un arbitraje institucional ante un centro de arbitraje, los cuales quedan clara pero inexplicablemente excluidos, tal como ocurre entonces en detrimento de las funciones de centros de arbitraje de profesionalismo reconocido, experiencia y buena reputación, como el de la Cámara de Comercio de Caracas o el de la Cámara Venezolano Americana de Industria y Comercio (Venamcham), y tantos otros. En este sentido, si existen en esta perspectiva dos tipos de arbitraje, el independiente y el institucional al efecto, ¿por qué el legislador elige uno solo e inmotivadamente? ¿Está promoviendo o restringiendo el medio alternativo? ¿No es acaso la confianza mutua y la buena fe que genera el acuerdo reciproco suficiente garantía de buen funcionamiento de la institución? Y esto sin olvidar que de antemano se puede saber quiénes son las personas registradas como árbitros en un centro, mientras que independientes podrían serlo cualquiera.

En tercer lugar, se precisa qué tipo de asuntos se pueden someter a arbitraje: las disputas actuales surgidas en materias susceptibles de transacción, y ello acorde con el principio según el cual la obligación transable es la que es disponible y la obligación transable es la que es arbitrable.

En cuarto lugar, el dispositivo exige que para poder ser propuesto y acordado el arbitraje el recurso contencioso tributario debe haber sido previamente interpuesto y admitido. Y es en este punto donde comienza el gran disparate y enrevesamiento de esta regulación, pues no obstante estar nosotros hablando de que el arbitraje es un medio alternativo de solución de conflictos jurídicos, de modo de poder las partes litigiosas si así lo desean ambas sustraer su controversia del conocimiento del Poder Judicial y buscar de otra forma válida en derecho su resolución, y por tanto obviamente no tener que ir al tribunal sino al arbitraje, la normativa obliga a las partes a tomar un desvío pasando primero por el tribunal que desdibuja completamente la razón de ser de la institución.

¿Cómo es que, si el medio deseado es alternativo al tribunal, en lugar de permitir que las partes acudan directamente al arbitraje, en busca además de una justicia célere, las hace innecesariamente pasar antes por el tribunal que está recargado de expedientes?

El dispositivo pretende que las partes litigiosas, a pesar de su voluntad en contrario, ingresen al Poder Judicial al que no desean ir para resolver la controversia del caso. Y por si ello fuera poco, no solamente requiere que el recurso contencioso tributario haya sido interpuesto, ¡¡¡sino que además haya sido admitido!!!

Quienes están familiarizados con la práctica de estrados en estos juicios, saben que para que un recurso contencioso tributario sea admitido, luego de la interposición (tema que ya generó cuantiosos honorarios por el estudio del caso, el diseño de la estrategia impugnatoria, la redacción del libelo y la preparación de las pruebas), el recurso debe ser distribuido al tribunal que habrá de conocer del juicio, ha de abrirse un expediente dándosele entrada, y será menester que se emitan las boletas de notificación a las diversas autoridades con implicación en el asunto, que suelen variar de tres a cuatro según los casos (administración tributaria nacional, Contraloría General de la República, Procuraduría General de la República, Fiscalía General de la República, administración tributaria municipal, Alcalde, Síndico Procurador Municipal, etc.) y que se remitan dichas boletas al alguacilazgo, para que sean practicadas las notificaciones.

A todo esto, se debe añadir que la situación se complica si se trata de autoridades administrativas que se encuentran fuera de la ciudad sede del tribunal, por los traslados necesarios y sus implicaciones y tiempo de ejecución,

Por si fuera poco, la condición de Procuradores, nacional o municipales de estos funcionarios a ser notificados les hace pretender valerse, con la vista gorda de los jueces, de pretendidos y abusivos privilegios procesales a la hora de su notificación, lo que tiene como consecuencia causar tiempos más largos para la tramitación del proceso, en detrimento de la celeridad procesal.

Y encima de ello, es un hecho notorio que la Procuraduría General de la República no suele darse por notificada en términos digamos breves, sin que los jueces se atrevan a hacer uso de sus facultades legales para darla por notificada mediante testigos.

Y sabemos que el juez no puede pronunciarse sobre la admisión del recurso en tanto no consten en autos todas las notificaciones de ley.

Por todo cuanto precede, es un hecho estadísticamente comprobable que muchas veces la fase de notificación del recurso contencioso tributario puede tomar meses, y en no pocos casos que hemos visto más de un año, con palmaria violación del principio de celeridad procesal y con él, de los derechos al debido proceso y a la tutela judicial efectiva.

Ahora bien, tratándose de arbitraje tributario, según semejante normativa, el tema ya ralla en el absurdo o en la más grotesca burla al justiciable, al que clama justicia, pues debe pujar las notificaciones y soportar la inmovilidad judicial, solo para que una vez que admita el recurso pueda decirle no quiero a este tribunal y mi contraparte tampoco, pues hemos acordado un arbitraje…

Claro que el tema del retraso solo afecta al contribuyente, pues estas reformas legislativas inconstitucionales se han organizado de forma que el retardo judicial, esa vergüenza patria, afecte nada más al recurrente, pues la administración tributaria con o sin admisión del recurso y sin intervención del tribunal podrá no solo acordar medidas cautelares a su favor sino incluso ejecutar *in limine* su pretensión recaudatoria y sancionatoria.

Pero este escenario puede complicarse, pues que conste en autos la última notificación no quiere decir que haya admisión del recurso. Y no estamos hablando solamente del caso en el que el juez a pesar de las notificaciones practicadas no se pronuncia oportunamente sobre la admisibilidad del recurso, lo cual de suyo es aborrecible, sino de aquellos casos en los que sucede una de estas cosas: i. La administración tributaria hace oposición a la admisión, debiendo abrirse el trámite, la incidencia respectiva, que no se resuelve en los términos previstos en la ley pues el retardo judicial sigue presente; ii. Si hubo oposición a la admisión y el tribunal decide admitir la administración tributaria puede apelar ante el Tribunal Supremo de Justicia y la apelación se oye en el solo efecto devolutivo, lo cual implica que el recurso se considera condicionadamente admitido, y por tanto condicionadamente arbitrable; iii. Si el recurso es declarado inadmisible el recurrente puede apelar, y la apelación se oye en ambos efectos, por lo que la decisión de inadmisión se suspende y el recurso pasa a estar condicionadamente admitido y entonces condicionadamente arbitrable. Así, en los dos últimos supuestos no solamente hay incerteza jurídica acerca de la suerte del eventual arbitraje que se iniciase, sino que las respectivas sentencias de segunda instancia suelen tomarse cerca de dos años en producirse…

Pero es menester tener presente que el dolor de cabeza no termina con la admisión del recurso, pues una vez obtenida, para que sea válida y eficaz, según la nefasta jurisprudencia al efecto del Tribunal Supremo de Justicia, es necesario que la decisión sea notificada a la Procuraduría General de la República o al Síndico Procurador Municipal, retomándose los inconvenientes de la primera notificación, la de la interposición, lo que puede de nuevo tomas meses.

En definitiva, largos meses o varios años bregando gestiones administrativas y prácticas de encomiendas judiciales, no obstante que el artículo 26 constitucional al caracterizar el derecho de acceso a la justicia, habla de una justicia sin formalidades inútiles y célere, para entonces, una vez lograda la admisión del recurso totalmente notificada, estar en condición de decirle al Poder Judicial, y de la boca de ambas partes, al unísono, sabes juez, no te queremos, pues deseamos someter la causa a un arbitraje. Esto es como mínimo completamente absurdo, a más de injusto e inconstitucional.

¿Qué es lo que he planteado en propuestas de reforma sobre este punto en mis clases de Contencioso Tributario en la Especialización de Derechos Tributario de la Universidad Central de Venezuela y de Derecho Procesal Tributario en la Especialización de Derecho y de Contencioso Tributario en la Especialización de Derecho Financiero de la Universidad Central de Venezuela, en el seno de la Asociación Venezolana de Derecho Tributario (AVDT), tanto en el Comité Procesal, como en el Comité especial de reforma del COT, y en ponencias en las Jornadas Procesales?

Que, si la voluntad de la administración tributaria es someter la causa a arbitraje en caso de que haya litigio, porque el contribuyente no acepta el reclamo, la propia resolución culminatoria del sumario administrativo o de imposición de sanción, etcétera, lo exprese así, de modo que si esa voluntad es al respecto coincidente con la del contribuyente, entonces se proceda a la impugnación por esa vía alternativa del arbitraje. Y de no estar el contribuyente de acuerdo con el arbitraje, simplemente podría entonces ejercer el recurso jerárquico o el recurso contencioso tributario.

Así, el acto administrativo indicaría, acorde con la ley, que si el contribuyente está de acuerdo con la solución arbitral, estaría corriendo el lapso legalmente previsto, durante el cual las partes podrán discutir los términos de concreción del arbitraje, siendo que el lapso de caducidad para el ejercicio del recurso administrativo o judicial dejaría de ser el de los 25 días hábiles que conocemos, para llevarse a un término por ejemplo de 90 días hábiles, que permita que el recurso se ejerza oportunamente, si durante todo ese tiempo no se logra concretar un acuerdo para la materialización del arbitraje respectivo.

Es decir, que se vaya al tribunal si hay que ir al tribunal y no ir al tribunal para una vez que está todo listo para arrancar el debate probatorio se le diga al juez nosotros no lo queremos a usted, sino al arbitraje.

Y en quinto lugar, continúa el dispositivo en comento indicando que las partes formalizarán el arbitraje en el mismo expediente de la causa, es decir ante el tribunal, debiendo expresar con claridad las cuestiones que se someterán al conocimiento de los árbitros o tribunal arbitral.

Sobre este aspecto, fuera de lo obvio que es seguir involucrando al tribunal en un asunto para el cual las partes no desean su intervención, sino la alternativa arbitral, sorprende que se menosprecien los principios procesales de continencia y de unidad de la causa, planteándose la posibilidad de ser dividida. Y dividida de la manera arbitraria que sea. Por ejemplo, el reparo de tributo por un lado y las sanciones por el otro, o un ejercicio fiscal reparado por un lado y otro ejercicio fiscal reparado por el otro, o los gastos por un lado y los costos por el otro, y así.

Esto, con la extraña idea de que, dividiendo la causa, se someta parte de ella o se deje en conocimiento del Poder Judicial una parte de ella, y se someta la otra parte a los árbitros o tribunal arbitral.

Ahora bien, además de la imposibilidad conceptual de ser esto válidamente ejecutado, es lo cierto que puede conducir a sentencias o decisiones contradictorias. Pudiera suceder que los árbitros consideren que el reparo no es legal, siendo ese tema lo que se le sometió a su consideración, y que por otro lado el tribunal estime ha lugar a las sanciones aplicadas por la administración tributaria, debido a ese reparo. Eso sería completamente contradictorio, puesto que una cosa dependería de la otra por el principio de accesoriedad. O también, por ejemplo, que el reparo hecho sobre la misma base a un ejercicio fiscal y a otro, el primero sometido al juez y el segundo a los árbitros, resulte que bajo los mismos conceptos y los mismos parámetros el reparo a un ejercicio sea declarado procedente, y el reparo al otro ejercicio sea declarado improcedente.

Estas cuestiones no tienen ningún sentido y no tienen ninguna justificación.

B) Artículo 321: ***"En ningún caso por vía del arbitraje previsto en este Código, podrán reabrirse los lapsos para la interposición de los recursos administrativos y judiciales que hubieren caducado por inactividad del contribuyente o responsable".***

Este dispositivo presenta una incoherencia, porque el propio Código exige, como lo vimos en el artículo anterior, que para que el arbitraje pueda ser planteado el recurso contencioso tributario tiene que haber sido incoado y además admitido, y sabemos que para que el recurso contencioso tributario sea admitido no puede haber caducado el lapso de interposición de 25 días hábiles.

Entonces, es absurdo pensar se pueda pretender utilizar el arbitraje para reabrir esos lapsos, puesto que al haber sido inadmitido el recurso contencioso tributario por haber caducado el lapso para su ejercicio, es completamente ilógico pensar (puesto que no está admitido el recurso), que se pueda proponer el arbitraje.

Distinto sería el supuesto en el que ejercido el recurso jerárquico éste es declarado inadmisible por caducidad del lapso de ejercicio, y el contribuyente no estando de acuerdo con ello, por ejemplo por asumir que la notificación del reparo no se había practicado en persona legalmente facultada para ello, incoa el recurso contencioso tributario y una vez éste admitido, las partes deciden someter la causa a arbitraje, aunque obviamente no para "*reabrir*" el lapso de caducidad, sino para resolver el fondo del asunto.

C) Artículo 322: *"El compromiso arbitral celebrado conforme a lo dispuesto en este Capítulo será excluyente de la jurisdicción contencioso tributaria en lo que concierne a la materia o asunto sometido al arbitraje"*.

En cuanto a este dispositivo dos comentarios merecen ser hechos. El primero es que es lógico que el arbitraje sea excluyente de la jurisdicción contencioso tributaria, puesto que el arbitraje es, precisamente, un medio alternativo de solución de conflictos jurídicos. Es decir, si vamos en el automóvil y tomamos la alternativa de la calle derecha es porque consecuencialmente estamos excluyendo la alternativa de la calle izquierda.

En esta perspectiva, es innecesario que se plantee una obvia y evidente exclusión de la jurisdicción contencioso tributaria al menos en cuanto a la fase cognitiva, pues en tanto toca a la fase de ejecución de la decisión, la misma ha de competer al tribunal, por ser éste y no los árbitros el órgano de poder, que puede disponer de la fuerza pública.

Y en cuanto a eso de la materia o asunto sometido al arbitraje, se reproducen los comentarios hechos en cuanto a la burla los principios procesales de continencia y unidad de la causa.

D) Artículo 323: "*El compromiso arbitral será suscrito por el contribuyente o responsable o su representante judicial debidamente facultado para ello por el poder respectivo y, por el representante judicial del Fisco de que se trate. El representante judicial del fisco requerirá en todo caso la autorización de la máxima autoridad jerárquica de la Administración Tributaria*".

Nada nuevo trae al ordenamiento jurídico este dispositivo. ¿Hace falta una norma fuera del régimen general del contrato que diga que el mismo debe ser suscrito por las partes intervinientes, directa o debidamente representadas? Además, siendo el arbitraje un acto de disposición, ¿hace falta una norma fuera del régimen general del mandato, que diga que el poder debe expresar explícitamente la facultad de someterse a arbitraje?

Solo la parte que requiere que conste la autorización para someter a arbitraje emanada de la máxima autoridad jerárquica de la administración tributaria, en provecho de su representante judicial, sería necesaria. ¿Empero, acaso esa autorización no podría dimanar del poder mismo? ¿Y si no es así, se trataría de la posibilidad de una autorización genérica o tendría que ser caso por caso? ¿No sería esta materia una supuesto de aplicación del principio de simplificación de trámites administrativos?

E)Artículo 324: "*Cada parte designará un árbitro, y estos últimos convendrán de mutuo acuerdo en la designación del tercero. De no existir consenso en la designación del tercer árbitro, la designación la hará el Tribunal. En todo caso los árbitros deberán ser abogados.*

Parágrafo Único: Los honorarios de los árbitros y demás gastos que ocasione el arbitraje serán sufragados en su totalidad por el contribuyente o responsable. En caso que el compromiso arbitral haya sido celebrado a petición de la Administración Tributaria y ello se haga constar en el compromiso arbitral, los honorarios de los árbitros y demás gastos serán sufragados en su totalidad por

la Administración Tributaria, salvo que ésta y el contribuyente o responsable hayan convenido de mutuo acuerdo en sufragarlas por partes iguales".

En primer lugar, en cuanto a la designación del tercer árbitro, la somera lectura de la primera línea de este artículo siempre nos dibuja una sonrisa burlona, puesto que no sé de qué manera se puede convenir, si no es de mutuo acuerdo. Pero bueno. Evidentemente basta con decir "*...y estos últimos convendrán en la designación...*" o "*...estos últimos de mutuo acuerdo designarán...*" o a la postre "*...estos últimos designarán...*".

Pero, si no hay acuerdo para designar al tercero, consideramos que se debería buscar un mecanismo distinto al planteado de confiar esa designación al tribunal, refiriéndose al juez de la causa en conocimiento del recurso contencioso tributario, pues tratándose de un medio alternativo de solución de conflictos, el juez debería estarse ocupando de los asuntos judiciales y no de los asuntos alternativos extrajudiciales, pues se trata de descargar al Poder Judicial de causas y quehaceres, para tornarlo más eficiente.

Si se previese la posibilidad del arbitraje a través de centros, el centro respectivo podría encargarse de la designación del tercero, por ejemplo. Pero en presencia del arbitraje independiente otro mecanismo habría que prever, bien sea ante el Colegio de Abogados del domicilio del contribuyente u otra idea.

En segundo lugar, el dispositivo exige que los árbitros deben ser abogados, es decir que no puede tratarse de árbitros arbitradores o árbitros de equidad, y en ello coincidimos en la apreciación. Efectivamente tienen que ser abogados porque, no lo olvidemos, se trata de un control de legalidad o control de conformidad a derecho de la actividad administrativa. Es fundamentalmente un tema de sujeción de la administración pública, en este caso de la administración tributaria, al derecho y, por tanto, se requiere de conocer profesionalmente el derecho, sus fuentes, las bases constitucionales de la tributación, la teoría de las nulidades de los actos administrativos, por la forma, por el fondo, vicios de incompetencia, de violación del procedimiento administrativo, de irrespeto de los derechos humanos, las reglas de determinación tributaria, las garantías del contribuyente, y demás elementos que deben ser objeto de conocimiento específico en el ámbito jurídico del derecho tributario.

Y en tercer lugar, con respecto a los honorarios de los árbitros, lo primero que se indica es tales honorarios y demás gastos que ocasione el arbitraje serán sufragados en su totalidad por el contribuyente.

Y bien vale la pena preguntarse el porqué de esto. Partimos de que el arbitraje es un contrato. Las partes litigiosas en uso de su libertad contractual y en eso de la libre autonomía de la voluntad, deciden someter su controversia a arbitraje. Ambas partes actúan de forma de evitar que la controversia tenga que ser resuelta por el Poder Judicial y de esa manera someterla a arbitraje. Para ello perfeccionan y se comprometen mediando un contrato bilateral, sinalagmático perfecto, donde ambas partes se obligan recíprocamente. Y, sin embargo, como sin motivación, la norma indica que los honorarios y gastos serán pagados en su totalidad por el contribuyente, por una sola de las partes en la relación contractual de la que ambas sacarán provecho al resolver la controversia y restablecer la seguridad jurídica.

No obstante, lo anterior, el dispositivo prevé que si el compromiso arbitral fue celebrado a petición de la administración tributaria (y vaya a ver cómo se haría para que se dejase constancia de ello en el documento) los honorarios serán pagados en su totalidad por dicha administración tributaria. No creo que alguien viese esto como factible en la realidad actual del país.

A continuación, el dispositivo señala que si ambas partes convienen de mutuo acuerdo (de nuevo cómo se puede convenir si no es de mutuo acuerdo) en sufragar los honorarios y gastos en partes iguales, se hará así.

¿Acaso lo apropiado no habría sido simplemente establecer que los honorarios se paguen a partes iguales, dejando a salvo, al límite, la posibilidad de que previesen otra cosa los interesados conflictuados? De esta forma, estimo que se simplificaría, toda vez que el legislador tiene la obligación constitucional de promover el medio alternativo y no de complicarlo.

F) Artículo 325: "*Los árbitros designados deberán manifestar su aceptación dentro de los cinco (5) días hábiles siguientes a su*

designación, ante el Tribunal Superior de lo Contencioso Tributario. Los árbitros en materia tributaria serán siempre y en todo caso árbitros de derecho".

En primer lugar, requerir que los árbitros manifiesten su aceptación ante el tribunal es de nuevo obligar a las partes a ir adonde no lo desean, olvidando el carácter alternativo al Poder Judicial del medio de solución de conflictos jurídicos, y seguir recargando de actividades innecesarias a unos jueces que se encuentran atiborrados de asuntos judiciales que efectiva y realmente les competen u corresponden. Reproducidos entonces los argumentos ya esbozados sobre esta enrevesada regulación.

¿No asistiríamos aquí a un atentado contra la eficiencia del servicio de administración de justicia a cargo del Poder Judicial, al pretender colocar al juez como una suerte de supervisor del arbitraje, cuando lo que busca justamente es deslastrar de asuntos al Poder Judicial ya bastante colapsado?

¿Hace falta algún tipo de control? ¿Por qué no manifestar esa aceptación ante los representantes de las partes litigiosas, tratándose de árbitros independientes? ¿O ante el centro de arbitraje respectivo si fuese el caso, tratándose de arbitraje institucional?

Y en segundo lugar, exigir que los árbitros en materia tributaria siempre sean árbitros de derecho está muy bien, y las razones de ello ya quedaron expresadas al comentar lo apropiado de indicar que los árbitros deben ser abogados. Por tanto, se trata de un dispositivo totalmente innecesario por redundante, pues si el arbitraje debe ser de derecho es obvio que los árbitros han de ser abogados, so pena además de violar la Ley de Abogados.

G) Artículo 326: *"El cargo de árbitro, una vez aceptado, es irrenunciable. El árbitro que sin causa legítima se separe de su cargo será responsable penalmente por el delito de denegación de justicia, sin perjuicio de que se haga efectiva su responsabilidad administrativa o civil.*

Si los árbitros nombrados o alguno de ellos murieren o faltaren por cualquier otro motivo, se les sustituirá del mismo modo como se les hubiere nombrado".

Este dispositivo resulta lógicamente explicable, toda vez que en cuanto se refiere a la naturaleza jurisdiccional del arbitraje, los árbitros asumen "*mutatis, mutandis*" la condición de juez, situación dentro de un juicio que no es renunciable y que debe ser atendida con la debida diligencia so pena de incurrir en el delito de denegación de justicia. Por supuesto que se dejan a salvo las circunstancias que pudieran comprometer la idoneidad del juez o del árbitro, desde el plano de su imparcialidad y objetividad, y que justifican las causales de inhibición y de recusación, incluso por circunstancias sobrevenidas o posteriormente descubiertas, que legitimarían la separación del cargo.

Y en caso de fallecimiento o falta absoluta del árbitro, el mismo se sustituirá de la misma manera en que fuera designado, haya sido por alguna de las partes o por el juez. En cuanto a la intervención del juez, el punto amerita los comentarios hechos al analizar la norma sobre designaciones de los árbitros.

H) Artículo 327: "*Los Tribunales ordinarios y especiales, así como las demás autoridades públicas están en el deber de prestar a los árbitros toda la cooperación para el desempeño de la actividad que le ha sido encomendada*".

Dada la naturaleza jurisdiccional del arbitraje, de lo que deriva que los árbitros son personas privadas en cumplimiento de funciones públicas de administración de justicia, es perfectamente comprensible la necesidad de este dispositivo, de modo que todas las autoridades públicas judiciales o administrativas sepan que de no colaborar entrarían en el supuesto ilícito de obstrucción a la justicia.

I) Artículo 328: "*En cualquier estado de la causa del proceso contencioso tributario en que las partes se hayan sometido a arbitraje, se suspenderá el curso de la causa y se pasarán inmediatamente los autos al Tribunal Arbitral*".

En cuanto concierne a este dispositivo, comenzamos por reproducir aquí toda la argumentación explicativa del disparate que implica que el medio alternativo se prevea como solo posible estando bien adentrado el indeseado por las partes proceso judicial, cuyo recurso debe estar ya admitido y el juicio tan avanzado que podría ya encontrarse en estado de sentencia (¡¡¡ ¿¿¿incluso de segunda instancia??? !!!), desnaturalizando completamente la esencia precisamente alternativa del medio de solución de controversias jurídicas, y recargando al juez de funciones innecesarias que le restan tiempo para atender los asuntos judiciales,

Por otra parte, nos parece inapropiada la redacción de hablar de "causa del proceso", cuando se asistimos a palabras que se tratan como sinónimas en la ciencia procesal, por lo que es válido e idéntico referirse al estado de la causa o al estado del proceso o al estado del juicio. Igualmente, es innecesario calificar a esa causa o a ese proceso de contencioso tributario, pues ello es obvio, tanto que el recurso que le da inicio a esa causa o proceso se denomina recurso contencioso tributario, en conocimiento de un juez superior de lo contencioso tributario, y sin que el resto de la normativa lo haya en consecuencia entendido útil. Y siguiendo con el castellano, si el sujeto de la oración es la causa, bastaría luego con decir se suspenderá su curso, y no incurrir en la redundancia de expresar se suspenderá el curso (de nuevo) de la causa.

J) Artículo 329: "*El procedimiento arbitral culminará con un laudo, el cual será dictado por escrito, motivado y firmado por los miembros del Tribunal Arbitral, quien lo notificará al contribuyente o responsable y a la Administración Tributaria. El laudo se pasará con los autos al Tribunal Superior de lo Contencioso Tributario, quien lo publicará al día siguiente de su consignación. El laudo arbitral será de obligatorio cumplimiento tanto para el contribuyente o responsable como para la Administración Tributaria*".

En primer lugar, se aprecia que en resguardo de la garantía constitucional del juez natural, rol que se entiende asumido por los árbitros en virtud del acuerdo de voluntades de las partes litigiosas que les atribuye semejante legitimidad garantista, y siendo un arbitraje de derecho, es patente que la decisión debe estar fundada en derecho y, para la verificación de ese extremo, la misma debe constar por escrito y estar motivada, en los mismos términos en que ello es exigido si se tratase de la sentencia judicial.

En segundo lugar, para saber si la decisión es unánime o por mayoría, lo cual tiene repercusiones distintas en el régimen de impugnaciones que veremos luego, es menester que esté suscrita por los árbitros, con o sin presencia de voto salvado según los casos.

En tercer lugar, es interesante observar que el legislador se detuvo aquí a calificar de laudo a esa decisión, pues luego veremos inconsistencias a ese efecto en la normativa.

En cuarto lugar, el laudo debe ser notificado por los árbitros a las partes.

Con respecto a esta disposición, recordemos ante todo que la expresión "*tribunal arbitral*" alude a una idea funcional sin realidad material como tal, pues no existe tal cosa con una sede o espacio propio. Si se tratase de un centro de arbitraje sí sería el caso, al menos del espacio físico, pero como vimos son árbitros independientes, tres personas independientes de las partes claro, del poder público naturalmente, pero independientes entre sí también. Es decir que no trabajan juntas, que cada una tiene su oficina o su espacio individual y ajeno digámoslo así. No existe como tal un "*tribunal arbitral*". Es una ficción o una entelequia conformada por la unión profesional y materializadora de la acción sustanciadora y decisoria de estas tres personas actuando como árbitros, quienes además a esos fines carecen de un personal institucional.

Entonces, cuando dice el dispositivo que el "*tribunal arbitral*" notificará al contribuyente y a la administración tributaria, ¿a qué se refiere esto? ¿Tienen que ir los tres árbitros al domicilio fiscal del contribuyente y a la sede de la administración tributaria con una copia del laudo, hacer firmar un respaldo probatorio a cada uno de los respectivos representantes legales y dejarles un ejemplar de la decisión, o basta con que vaya uno solo de los árbitros? ¿Tiene ese uno o esos tres árbitros que ir personalmente? ¿Si alguno de ellos tiene un asistente (o los tres contrataron uno) puede ser ese asistente el que lleve las copias del laudo? ¿Qué pasaría si alguna de las partes no recibe su copia? ¿Qué pasaría si quien la recibe donde el contribuyente no está legalmente facultado? ¿Qué pasaría si la entrega de la copia se hace por la taquilla de recepción de documentos de la administración tributaria o si el funcionario carece de competencia para ello o se niega a darse por notificado? Todo esto pertenece al mundo de la incertidumbre.

En quinto lugar, el dispositivo ordena que el laudo junto al expediente o autos "*se pase*" al juez, para que éste lo publique al día siguiente.

De nuevo la normativa se aleja del carácter alternativo de la institución trayendo recurrentemente al juez a intervenir en el asunto. La normativa no deja de mantener al Poder Judicial vinculado al asunto. ¿Dónde está lo alternativo entonces? Insisto, si yo voy conduciendo y llego a una encrucijada con mi vehículo, puedo cruzar a la izquierda o hacia la derecha. Si yo voy a ir hacia la derecha, porque es mi dirección, como es posible que la normativa diga no, usted tiene que tomar hacia la izquierda y pasadas que sean tres o cuatro cuadras, usted se devuelve a la encrucijada y entonces allí se dirige hacia la derecha o viceversa. Esto no tiene ningún sentido ni justificación.

Ahora bien, ¿qué es eso de que el laudo "*se pasará*"? Querrá decir que se consignará, se entregará, se depositará…

En cuanto al destinatario de ese "*pase*" y a la razón de ello, el dispositivo señala al tribunal superior de lo contencioso tributario, que fuera de las reiteradas críticas que eso supone, entendemos que alude al que estaba conociendo de la causa o al que sigue conociendo de media causa, según lo vimos anteriormente, al objeto de que el mismo lo publique al día siguiente de su consignación (¿"*pase*"?).

Al respecto cabe de nuevo preguntarse ¿quién debe llevar (¿"*pasar*"?) el laudo y el expediente al tribunal contencioso tributario? ¿Tienen que ir los tres árbitros juntos? ¿Pueden designar a uno de ellos para hacerlo? ¿Tienen los tres o ese uno que ir personalmente o pueden enviar a un asistente o a un mensajero con el laudo y el expediente? Temas también para la incertidumbre.

Finalmente, el "*pase*" es para que el tribunal publique el laudo al día siguiente de su consignación. Pero ¿qué debe pasar primero, la notificación del laudo a las partes o a una de ellas o el "*pase*" al tribunal para que lo publique el día siguiente? ¿Es esto indiferente?

¿Qué efectos podrían generarse de estar el laudo publicado por el juez y la partes no haber sido aun notificadas o una de ellas? ¿Qué efectos podrían generarse de estar el laudo notificado a las partes o a una de ellas y no haber sido aun publicado por el juez? Y esto sin dejar de considerar lo poco probable, vista la experiencia forense, de que el juez cumpla ese lapso de un día (¿hábil de la oficina receptora de documentos o de despacho del tribunal? ¿Tiempo de remisión de la oficina receptora al tribunal?). Todo este mundo de la incertidumbre puede producir inconvenientes como veremos más adelante.

Y en sexto lugar, el dispositivo determina que el laudo será de obligatorio cumplimiento para las partes litigiosas, tema que con independencia de que esta norma lo precise va de suyo con la institución del arbitraje y con fundamento en el contrato o compromiso arbitral o acuerdo de arbitraje que le da origen. Además, por la naturaleza jurisdiccional del arbitraje sabemos que el laudo hace las veces de la sentencia judicial, por lo que es de suyo y del todo obligatorio para ambas partes.

Solo resta preguntarse si semejante obligatoriedad en estos casos, como debería ser, se extendería también a decisiones liminares y particularmente a decisiones cautelares, recordando lastimosamente la confiscación hecha al Poder Judicial de su poder cautelar en provecho de la administración tributaria, operada desde el Código de 2014, y en clara vulneración del Estado de Derecho, del Principio de Separación de Poderes y de las bases fundamentales democráticas de la República.

K) Artículo 330: "*Los árbitros deberán dictar su decisión en el término de seis (6) meses contados a partir de la constitución del Tribunal Arbitral. Dicho lapso podrá ser prorrogado hasta por seis (6) meses más, de oficio, o a solicitud del contribuyente o responsable o de la Administración Tributaria*".

Es nuestra apreciación que obviamente no se reguló el proceso arbitral y simplemente se estableció un lapso prorrogable para emitir la decisión, vale decir el laudo, sin más. Consideramos que en honor al debido proceso era menester establecer los lapsos para las fases procesales, particularmente el poder cautelar (confiscado como vimos), el debate probatorio con su control y los informes finales. Pero claro, recordemos que con esa idea de ir primero al juez y pudiendo esperar hasta estado sentencia para plantear en arbitraje, pues nada que hacer, pero estando pendiente el corazón del litigio, como lo son las pruebas, salvo que se tratara de un asunto de mero derecho, era indispensable regular el proceso arbitral.

Desde otra perspectiva en torno a este dispositivo, es sorprendente que el mismo texto normativo acuerde al juez tributario, que es unipersonal y quien tiene centenares de causas que sustanciar y decidir, un lapso de sesenta días para que dicte sentencia, prorrogable por treinta días más, que como sabemos luego jamás se respeta, precisamente por lo atiborrado de asuntos y carente de recursos en que se encuentra, volviéndose ello una espera que la más de las veces se toma años, mientras que a los árbitros, quienes son tres y solo tienen un proceso entre las manos, se les acuerde sin más, pues no hay explicación alguna al respecto, un lapso de seis meses para decidir, prorrogable por seis meses más.

Uno tiene muchos casos y sesenta más treinta días para decidir, y tres tienen un solo caso y seis meses más seis meses para decidir. ¿No es esto extraño? ¿No es esto desproporcionado?

> **L)Artículo 331: "*Las decisiones que dicte el Tribunal Arbitral serán apelables ante el Tribunal Supremo de Justicia, en los casos que las mismas se hubieren dictado sin el acuerdo unánime de los árbitros. El lapso de apelación comenzará a correr desde el día siguiente en que el laudo hubiere sido publicado por el Tribunal Superior de lo Contencioso Tributario.***
> ***Parágrafo Único: La ejecución del laudo corresponderá a la Administración Tributaria, de acuerdo con las normas de ejecución de sentencia establecidas en el presente Código*".**

En primer lugar, yendo sobre la línea argumentativa ya planteada del carácter alternativo de la figura en cuestión (la condición de medio alternativo de solución de conflictos jurídicos del arbitraje), es patente que las partes litigiosas no quieren resolver el asunto en la sede judicial, sino a través del arbitraje, medio alternativo de solución de conflictos que integra el sistema de justicia del país según previsión constitucional y que debe ser promovido por el legislador. Pero el legislador se empeña, como hemos visto, en anclar el arbitraje de múltiples maneras al Poder Judicial, para al final, hundirlo plenamente en él con ocasión de la segunda instancia. ¿Qué burla es esta al mandato constitucional y a los principios del derecho procesal?

¿Por qué razón no podrían las partes, en uso de su libertad contractual desarrollando su autonomía de voluntad prever que resolverán su litigio por medio de un arbitraje de única instancia? Y si se considerase legislativamente que un tema como el tributario en el que está de por medio el interés general debería haber una segunda instancia, entonces ¿por qué esa segunda instancia no pudiera ser también arbitral, y así se respetaría el carácter alternativo del medio y se le promovería? Y esto sin olvidar el rudo ataque a los principios de celeridad y economía procesales y con ello a los derechos de acceso a la justicia, a la tutela efectiva y al debido proceso, que implica litigar ante el Tribunal Supremo de Justicia.

En otra perspectiva, si la decisión es unánime el dispositivo muestra que no tiene problemas con un arbitraje de única instancia (aunque pensamos que esta crucial decisión debería pertenecer a las partes justiciables en su contrato o compromiso arbitral o acuerdo de arbitraje y no al legislador), por lo que solo resta asumir que, si no hay unanimidad, salvaguardando ese carácter alternativo, la segunda instancia tendría que ser arbitral y así el legislador cumpliría su mandato de promover la institución.

En segundo lugar, el dispositivo expresa que el lapso de apelación comenzará a correr desde el día siguiente en que el laudo hubiere sido publicado por el tribunal superior de lo contencioso tributario, y esto nos lleva a los comentarios previos, en los que nos referimos a las incertidumbres que se presentan en cuanto a que no se establece lo que deba ocurrir primero, si la notificación del laudo a las partes o su "*pase*" al juez para publicación.

Pareciera lo lógico que las partes hayan sido notificadas, ambas, antes del "*pase*" al tribunal del laudo, pues de lo contrario se correría el riesgo de que el juez lo publique iniciándose de ese modo el lapso de apelación, siendo que las partes o una de ellas no han sido aún notificadas. Esto sería contrario al respeto de los derechos de acceso a la justicia, tutela efectiva y debido proceso.

Claro que, si la normativa prevé la notificación del laudo a las partes, es porque esa es la forma en que ellas habrán de enterarse de su emisión, por lo que mal podría estar corriendo un lapso posiblemente en su contra, de ambas o de alguna de ellas, si no están en conocimiento de la decisión.

Por otro lado, pero íntimamente ligado a este problema está el tema de que sabemos que por publicación del juez entendemos la colocación del laudo o de una copia del mismo en la cartelera del tribunal, lo cual implica que las partes litigiosas, una vez más, sean compelidas a estar visitando repetidamente la sede del Poder Judicial, a donde no querían tener que ir, para poder enterarse de la publicación y entonces tener certeza acerca del curso del lapso de apelación. ¿Nuevamente, promueve esto el medio alternativo?

Pareciera entonces que lo lógico sería que primero se dé el "*pase*" juez y luego se notifique a las partes, tanto del laudo como del "*pase*" al juez, y que no sea hasta que conste ante el juez que las partes fueron notificadas, que corra el lapso para publicación del laudo, seguido del lapso para apelación.

Toda esta problemática deriva simplemente de lo enrevesada de la normativa, que lejos de promover al medio alternativo, insiste en anclar la causa al Poder Judicial de innumerables maneras.

El régimen de impugnación para apelación podría dejarse para su previsión en el contrato o compromiso arbitral o acuerdo de arbitraje, sin más formalismos a los fines de notificaciones y publicaciones, y en provecho de la justicia y el restablecimiento de la paz social, de manera expedita y cierta.

Y en tercer lugar, viene uno de los temas más graves, ligados a la confiscación al Poder Judicial de su atribución constitucional para la ejecución de sus sentencias, operada desde el Código de 2014, y que es entonces extendida a la ejecución de los laudos arbitrales que como correspondía esta atribuida, eso sí legítimamente, al Poder Judicial, como autoridad. En este sentido, los criminales que gobiernan el país indican que esa ejecución corresponderá a la administración tributaria.

Con las inconsistencias de todo autoritarismo se judicializa lo que no se debe y se desjudicializa lo que no se puede. El juez está muy bien para ser un vulgar tramitador, pero no les gusta como garante.

Sólo para la lectura de la tragicomedia de este régimen autoritario disfrazado de democracia electiva, recordemos lo que paradójicamente dijo la exposición de motivos del Código Orgánico Tributario de 2001, al devolver la facultad de ejecución de sus sentencias al juez tributario:

> *"Es necesario, entonces ejecutar la sentencia, por medio de un funcionario competente, que en el campo tributario, no puede ser otro sino el propio Juez a quien correspondió el conocimiento del recurso en primera instancia, por poseer el conocimiento pleno de la controversia que se ha dilucidado.*
> *El Código de Procedimiento Civil, así lo prevé en su artículo 446 pues en concordancia con la secuencia procesal, ejecutar una sentencia sería, entonces, cumplir o hacer efectivo lo mandado u ordenado en la misma sentencia".*
> **Artículo 332: "*Contra el laudo arbitral procederá el Recurso de Nulidad, el cual deberá interponerse por escrito ante el Tribunal Supremo de Justicia, dentro de los ocho (8) días hábiles de su publicación por el juez contencioso tributario. El expediente sustanciado por el Tribunal Arbitral se acompañará al Recurso de Nulidad interpuesto*".**

Continuando con el tema de las impugnaciones del laudo, además de lo explicado sobre las apelaciones, este dispositivo prevé el recurso de nulidad, procedente entonces en caso de inapelabilidad, en virtud de haber sido el laudo tomado por unanimidad, y por las causales taxativas que se verán al comentar otro dispositivo.

En cuanto a éste, al establecerse que tal recurso se ha de interponer ante el Tribunal Supremo de Justicia, vale decir, ante el Poder Judicial, dentro de un lapso que se cuenta desde la publicación del laudo por el juez, cabe reproducir las observaciones hechas y reiteradas, tanto sobre el errado y desafortunado anclaje al Poder Judicial de una figura alternativa al mismo, como en relación a la idea de que el orden lógico pata evitar indefensiones debería ser "*pase*" del laudo al juez, notificación del mismo y del "*pase*" a ambas partes, y subsiguiente publicación para el inicio de la cuenta del lapso de caducidad para ejercer el recurso.

Otro aspecto aquí presente es el derivado del hecho de que este dispositivo exija que el expediente del proceso arbitral sea acompañado al recurso de nulidad por la parte actuante. Pareciera que el legislador olvidó que exigió a los árbitros remitir ese expediente al juez, junto al "*pase*" del laudo, por lo que se encuentra en poder de ese juez tributario y no en manos de la parte actuante o recurrente en nulidad. ¿Será entonces que la parte deseosa de recurrir en nulidad deberá pedirle al juez que le entregue el expediente, lo cual no creemos que fuera del agrado de la contraparte, o que le emita una copia certificada completa del mismo? ¿Será que tal copia le sería entregada a la parte interesada dentro de esos ocho días hábiles con que cuenta para interponer el recurso ante el Tribunal Supremo de Justicia? ¿Y si no? ¿O será que validarán que el recurso se ejerza ante el juez y éste tenga la carga de remitir el escrito de impugnación junto al expediente al Tribunal Supremo de Justicia? Mas material para las incertidumbres.

Pero, además, ¿tendrá el interesado que preparar su escrito sin vista del expediente arbitral? ¿Dónde está previsto el acceso a ese expediente? ¿Dónde debe estar ese expediente accesible a las partes durante el proceso arbitral? Ya dijimos que no existe físicamente un tribunal arbitral. ¿Deambulará de oficina en oficina de los árbitros? ¿Cómo sabrán las partes donde se encuentra para acceder a él? ¿Serán ocho días suficientes para que las partes o la parte interesada acceda al expediente, prepare su escrito y obtenga aquella copia certificada?

¿En semejantes circunstancias y atropello de irregularidades e imprevisiones cómo pensar el debido proceso está satisfecho?

M) Artículo 333: "*El laudo dictado por el Tribunal Arbitral se podrá declarar nulo:*

1. Si la sentencia decisoria no se hubiere pronunciado sobre todas las cuestiones sometidas a arbitraje, o si estuviere concebida en términos de tal manera contradictorios que no pudiere ejecutarse.

2. Si el Tribunal ante el cual se plantea la nulidad del laudo comprueba que, según el ordenamiento jurídico, el objeto de la controversia no es susceptible de arbitraje.

***3. Si en el procedimiento no se hubieren observado las formalidades sustanciales, siempre que la nulidad no se haya subsanado por el consentimiento de las partes*".**

Este dispositivo contiene una enumeración de carácter exhaustivo y taxativo en cuanto a cuáles son las únicas causales que se pueden invocar y que darían lugar a una eventual declaratoria de nulidad del laudo.

En primer lugar, encontramos como posible causal de nulidad, que la "*sentencia decisoria*" no se hubiese pronunciado sobre todas las cuestiones sometidas a arbitraje, o, en otras palabras, que al igual que una sentencia judicial hubiese violado el principio de exhaustividad del fallo, o incurrido en infra petita, por ejemplo. Este hecho es perfectamente entendible y justificable como causal de nulidad, al igual del hecho en el que la decisión impugnada estuviera concebida en términos de tal manera contradictorios que no pudiera ejecutarse, debido a que se habrían vulnerado los derechos de acceso a la justicia y a la tutela efectiva.

Ahora bien, eso de "*sentencia decisoria*" merece dos comentarios aparte. De un lado, ¿cómo va el dispositivo a referirse a la decisión como "*sentencia*" si la normativa previamente consagró otro dispositivo, como vimos, para dejar establecido que tal decisión se llama "*laudo*"? Y del otro lado, ¿cómo puede hablar el dispositivo de "*sentencia decisoria*"? ¿Acaso lo propio de una sentencia no es ser una decisión? ¿Pueden existir sentencias no decisorias o indecisorias? ¿No son sinónimas las palabras fallo, sentencia y decisión, como sus aproximativas de auto y laudo?

En segundo lugar, está la causal según la cual pudiese "*el tribunal ante el cual se plantea la nulidad*" estimar que la materia tratada por el laudo hubiese sido no susceptible de arbitraje, y lo primero que salta a la vista es esa torpeza de que se haga esa referencia en castellano totalmente genérica y expresiva de la existencia de varios iguales, al decir "*el tribunal ante el cual…*", cuando resulta que ya la normativa precisó que sólo puede tratarse del Tribunal Supremo de Justicia. La redacción debió haber sido, por ejemplo: "*Si el Tribunal Supremo de Justicia comprueba…*", o sencillamente y para ser consecuente con las otras dos causales, "*Si el objeto de la controversia no es susceptible de arbitraje*".

Ahora bien, entrando al fondo de la causal, anteriormente tuvimos ocasión de afirmar que toda la temática tributaria es susceptible de arbitraje, sencillamente por ser transable en virtud de ser disponible el crédito en discusión. Entonces, ¿qué en el campo de la controversia tributaria que pudiere ser objeto de un recurso contencioso tributario, pues la normativa ancla a ese mundo la posibilidad del arbitraje pudiere no ser arbitrable? Recordemos que los asuntos de orden propiamente penal y no meramente sancionatorio corresponden a otro campo.

Y en tercer lugar, nos encontramos la causal según la cual no se hubieren observado en el proceso arbitral, que ahora califica de procedimiento, las formalidades sustanciales, a menos que, a decir del dispositivo, no se hubieren subsanado por el consentimiento de las partes.

A cualquier procesalista, como a cualquier profesional conocedor y respetuoso de los derechos humanos a de sorprender ingratamente esta norma, toda vez que bien sabido es, desde la perspectiva del goce efectivo del derecho al debido proceso, que las formalidades sustanciales están allí precisamente en garantía de ese derecho.

En este orden de ideas, tenemos que las formalidades solo puedes ser de dos tipos, las sustanciales y las de mero trámite, que podemos llamar de irrelevancia o de poca importancia comparativa, por ser de simple sustanciación administrativa del proceso y su ausencia no afecta el debido proceso de las partes, siempre entonces subsanables por el consentimiento de las partes.

Pero cuando estamos hablando de formalidades sustanciales, cuyo rol insistimos es garantista, nos estamos refiriendo nada menos, por ejemplo, a la inminente o efectiva violación del derecho al debido proceso, como no haber admitido a trámite la declaración de un testigo o su repregunta, no haber procedido a la evacuación de una inspección arbitral, no haber permitido la petición de aclaratoria a los expertos contables, no haber permitido el control o la contradicción de la prueba, haber efectuado una inspección arbitral sin aviso a las partes o a una de ellas, el descubrimiento de la presencia de una causal de recusación que compromete la idoneidad de uno o dos o todos los árbitros, en detrimento del principio del juez natural, o el haber ignorado una petición de inhibición por el mismo hecho, y paremos de contar. En otras palabras, el laudo ha sido dictado con indefensión de las partes o de una de ellas.

Estas son sin duda circunstancias que no pueden bajo ninguna situación ser consentidas por las partes. Son causales de nulidad absoluta. Recordemos que con el artículo 25 constitucional todo acto emanado del poder público y aquí los árbitros ocupan el puesto del juez, que viole los derechos humanos es nulo. Y tratándose precisamente de derechos humanos, por mandato del artículo 19 constitucional, el Estado debe asegurar su goce irrenunciable.

Si el goce del derecho al debido proceso es irrenunciable, y el mismo está garantizado por el respeto de las formalidades sustanciales, mal puede esta normativa pretender que la omisión de éstas pueda ser consentida por las partes, tornando válido un acto que es nulo por disposición constitucional.

N) Artículo 334: "*Los aspectos no regulados en este Capítulo o en otras disposiciones del presente Código se regirán, en cuanto sean aplicables, por las normas de la Ley de Arbitraje Comercial y el Código de Procedimiento Civil*".

Por último, este dispositivo remite en lo no previsto a la Ley de Arbitraje Comercial y al Código de Procedimiento Civil, con lo cual se reitera el punto inicial en el que hace décadas recordábamos la aplicabilidad del Código Procesal en su tema de arbitramento.

Pero, además, es interesante la remisión a la Ley de Arbitraje Comercial, pues ella en cambio contiene una norma que explícitamente excluye de su aplicación los conflictos jurídicos derivados de circunstancias en las cuales las autoridades actúan en el ejercicio del poder público, en forma unilateral y con carácter ejecutorio, que es precisamente el caso de las actuaciones en cuestión de la administración tributaria.

IV. IDEAS PARA UNA REFORMA LEGISLATIVA DEL CÓDIGO ORGÁNICO TRIBUTARIO (POR FAVOR EJECUTADA DE MANERA LEGÍTIMA POR EL PODER LEGISLATIVO), TENDIENTE A PROMOVER EFICIENTEMENTE UN ARBITRAJE TRIBUTARIO POSIBLE

Partiendo de la idea esencial según la cual la Constitución es la piedra angular del orden jurídico, recordemos que nuestra Carta Magna o Texto Fundamental dedica dos normas muy importantes directamente aplicables al tema.

Aunque por supuesto bien vale la pena tener muy presente al espíritu un dispositivo de trascendental importancia para todo cuanto tenga que ver con el proceso (poco importa si es judicial, arbitral u otro), y que siempre ha de consistir en el motor de toda construcción normativa en materia procesal, como lo es el artículo 257 constitucional:

> *"**El proceso constituye un instrumento fundamental para la realización de la justicia**. Las leyes procesales establecerán la simplificación, uniformidad y eficacia de los trámites y adoptarán un procedimiento breve, oral y público. No se sacrificará la justicia por la omisión de formalidades no esenciales".*

Así, entendiendo y asumiendo que el proceso solo puede ser ontológicamente tenido como un mecanismo eficiente para la obtención de la justicia, vale decir, para garantizar que se reciba lo que en derecho es merecido por las partes litigiosas y en tiempo oportuno, pues si tal no es el resultado de la aplicación de la regulación al respecto, es lo cierto que más allá del uso de las palabras que pudiesen calificar de proceso lo tratado, para nada eso sería, continuemos con la propuesta.

Recordamos entonces que hay dos normas específicamente aplicables al arbitraje y, dentro de él, al arbitraje tributario, en relación de género a especie, que son los dispositivos contenidos en los artículos 253, tercer párrafo, y 258, segundo párrafo:

> *"El sistema de justicia está constituido por el Tribunal Supremo de Justicia, los demás tribunales que determine la ley, el Ministerio Público, la Defensoría Pública, los órganos de investigación penal, los o las auxiliares y funcionarios o funcionarias de justicia, el sistema penitenciario, los medios alternativos de justicia, los ciudadanos que participan en la administración de justicia conforme a la ley y los abogados autorizados para el ejercicio".*
> *"La ley promoverá el arbitraje, la conciliación, la mediación y cualesquiera otros medios alternativos para la solución de conflictos".*

En este orden de ideas, dentro del sistema de justicia, vale decir, al interior del conglomerado de instituciones, figuras procesales y personas constitucionalmente destinadas a prestar el servicio de justicia, para administrar justicia en garantía de los derechos humanos de acceso a la justicia, a la tutela efectiva de sus derechos y al debido proceso, y de esa forma materializar la declaratoria de Estado de Derecho y de Justicia a la que se contrae el artículo 2 constitucional, asegurándose que cada parte litigiosa reciba cuanto en derecho le corresponda y en tiempo oportuno, conforme a los principios de celeridad y economía procesales, se destacan los medios alternativos de justicia, que no son otra cosa que los medios alternativos para la solución de conflictos jurídicos, comprensivos del arbitraje o proceso arbitral, y en consecuencia del arbitraje tributario, medios éstos que han indefectiblemente de ser promovidos[18] por el legislador.

En esta línea le corresponde al legislador promover el medio alternativo de solución de conflictos arbitraje tributario, enmendando el entuerto contenido en el Código Orgánico Tributario de 2020, y que se viene arrastrando desde los Códigos de 2001 y 2014, que como ha quedado demostrado es abiertamente inconstitucional, a más de totalmente ineficiente.

Y a esos fines proponemos lo siguiente, como lo hemos hecho previamente desde 2002 en las aulas de postgrado de la Especialización en Derecho Tributario de la Universidad Central de Venezuela (UCV) y de las Especializaciones en Derecho Procesal y en Derecho Financiero de la Universidad Católica Andrés Bello (UCAB); en sesiones de análisis en el seno del Instituto Venezolano de Estudios de Derecho Procesal (INVEDEPRO) también desde 2002; ante el Comité especial de reforma del Código Orgánico Tributario de la Asociación Venezolana de Derecho Tributario (AVDT), del que honrosamente formamos parte y que funcionó aún antes del Código Orgánico Tributario de 2014; y, con ocasión de conferencias en eventos académicos donde debemos destacar la ponencia en las Jornadas Procesales de 2019, organizadas por la citada y prestigiosa Asociación de la que dignamente soy miembro.

[18] Según el Diccionario de la Real Academia de la Lengua Española, promover es: "Impulsar el desarrollo o la realización de algo" (https://dle.rae.es/promover?m=form). Por tanto, si la normativa no impulsa la institución, y por el contrario la desdibuja, obstaculiza y termina por estrangularla, como hemos visto con la actual, no hay tal promoción, sino violación de la Constitución y, con ella, del mandato de preeminencia de los derechos humanos erigido en el citado artículo 2 constitucional.

Una reforma integral que contiene cambios de términos, para utilizar palabras más adecuadas desde el punto de vista técnico de la ciencia procesal, la eliminación de dispositivos completamente inoperantes, y la sustitución en general por una regulación que nos parece adecuada y realizable, realmente promovedora de la institución, y que a fin de cuentas sería cuestión de ponerla en práctica e irla mejorando en el tiempo si es el caso.

En cuanto entonces al arbitraje tributario, proponemos:

NORMA QUE REFORMAR	NORMA REFORMADA	JUSTIFICACIÓN	OBSERVACIONES
(320) La Administración Tributaria y los contribuyentes o responsables, de mutuo acuerdo, podrán someter a arbitraje independiente las disputas actuales surgidas en materias susceptibles de transacción, de conformidad con lo establecido en el artículo 313 de este Código. El arbitraje podrá proponerse y deberá acordarse una vez interpuesto y admitido el Recurso Contencioso Tributario. Las partes, de mutuo acuerdo, formalizarán el arbitraje en el mismo expediente de la causa, debiendo expresar con claridad las cuestiones que se someterán al conocimiento de los árbitros.	La Administración Tributaria y los contribuyentes o responsables, de mutuo acuerdo, podrán someter a arbitraje de derecho, independiente o institucional las disputas actuales surgidas en materias susceptibles de transacción según el presente Código. No podrán realizarse arbitrajes de equidad en materia tributaria. **Parágrafo Primero:** El arbitraje podrá proponerse por la Administración Tributaria en la misma Resolución contentiva de la determinación tributaria o sanción, o en cualquier oportunidad posterior, en cualquier estado o grado del procedimiento administrativo recursivo o del proceso judicial. También podrá proponerse el arbitraje por el contribuyente o responsable, antes del fenecimiento del lapso de caducidad de veinticinco (25) días hábiles para ejercer el recurso jerárquico o el recurso contencioso tributario, o en cualquier oportunidad posterior, en cualquier estado o grado del recurso jerárquico o del recurso contencioso tributario. **Parágrafo Segundo:** Propuesto el arbitraje de alguna de esas formas, antes del vencimiento del lapso para la interposición del recurso que corresponda, de pleno derecho se sustituirá el referido lapso de caducidad para el ejercicio del recurso jerárquico o del recurso contencioso tributario, por uno de sesenta (60) días hábiles, contados desde la notificación de la resolución o propuesta aislada, o desde la presentación del aviso que dé el contribuyente o responsable, según haya ocurrido. Durante ese tiempo se precisarán los términos y objeto del arbitraje propuesto; y, de no haberse llegado a un acuerdo de arbitraje, el contribuyente o responsable podrá ejercer el recurso jerárquico o el recurso contencioso tributario, según los casos. **Parágrafo Tercero:** Propuesto el arbitraje durante la sustanciación del recurso jerárquico o del recurso contencioso tributario, se suspenderá la causa en el estado en que se encuentre, por un término de sesenta (60) días hábiles, contados desde la notificación de la propuesta, o desde la presentación del aviso que dé el contribuyente o responsable, según haya ocurrido. Durante ese tiempo se precisarán los términos y objeto del arbitraje propuesto; y, de no haberse llegado a un acuerdo de arbitraje, la causa continuará en el estado en que se encontraba.	Si la Constitución manda a promover los medios alternativos de solución de conflictos, y el arbitraje puede ser de dos formas, independiente e institucional, mal puede restringirse a una sola modalidad. En todo caso el origen contractual de la figura permite que la Administración Tributaria no convenga si no está de acuerdo. Se elimina la remisión a la norma de la transacción judicial, pues es desnaturalizante de la figura arbitral que la causa deba necesariamente estar ya ante el juez, además de ser restrictivo colocar términos mínimos y máximos, basados en fases procesales judiciales para poder negociar un arbitraje. Se busca fomentar realmente lo que es un verdadero medio alternativo, que descarga al Poder Judicial de responsabilidades en el litigio.	Esta figura, que despertó tantas expectativas en su momento (2001), ha evidenciado su inoperatividad total, y ello sólo se debe a la regulación enrevesada que ha tenido.

Continuación cuadro...

NORMA QUE REFORMAR	NORMA REFORMADA	JUSTIFICACIÓN	OBSERVACIONES
(321) En ningún caso por vía del arbitraje previsto en este Código, podrán reabrirse los lapsos para la interposición de los recursos administrativos y judiciales que hubieren caducado por inactividad del contribuyente o responsable.	Eliminada.	Ya en la actual regulación esta norma es absurda, pues plantea que no se puede usar el arbitraje para reabrir lapsos de recurso, siendo que de suyo ello sería imposible, pues exige que el recurso contencioso tributario ya esté admitido para poder proponer el arbitraje, y obviamente no sería admitido si hubiese caducado el lapso de interposición.	Es la falta de atención que se ha apreciado muchas veces en la distraída actuación legislativa.
(322) El compromiso arbitral celebrado conforme a lo dispuesto en este Capítulo será excluyente de la jurisdicción contencioso tributaria en lo que concierne a la materia o asunto sometido al arbitraje.	El compromiso arbitral celebrado conforme a lo dispuesto en este Capítulo será excluyente de la jurisdicción contencioso tributaria.	La causa litigiosa es una sola, y dividirla podría dar lugar a retardos en la justicia, incompatibles con la idea de un medio alternativo, a más de poder propiciar incongruencias entre sentencia y laudo arbitral intervinientes en una única causa, artificiosa y arbitrariamente dividida.	Se trata de racionalizar la regulación de la institución, de manera de darle oportunidad de surtir sus efectos.
(323) El compromiso arbitral será suscrito por el contribuyente o responsable o su representante judicial debidamente facultado para ello por el poder respectivo y, por el representante judicial del Fisco de que se trate. El representante judicial del fisco requerirá en todo caso la autorización de la máxima autoridad jerárquica de la Administración Tributaria.	El compromiso arbitral será suscrito por el contribuyente o responsable o su apoderado especialmente facultado para ello, y por la máxima autoridad jerárquica de la Administración Tributaria u otro funcionario con suficiente delegación.	Se debe entender que el arbitraje es una institución alternativa a lo judicial, debiendo hacerse valer su origen contractual.	Se trata de racionalizar la regulación de la institución, de manera de darle oportunidad de surtir sus efectos.
(324) Cada parte designará un árbitro, y estos últimos convendrán de mutuo acuerdo en la designación del tercero. De no existir consenso en la designación del tercer árbitro, la designación la hará el Tribunal. En todo caso los árbitros deberán ser abogados. **Parágrafo Único.** Los honorarios de los árbitros y demás gastos que ocasione el arbitraje serán sufragados en su totalidad por el contribuyente o responsable. En caso de que el compromiso arbitral haya sido celebrado a petición de la Administración Tributarla y ello se haga constar en el compromiso arbitral los honorarios de los árbitros y demás gastos serán sufragados en su totalidad por la Administración Tributaria, salvo que ésta y el contribuyente o responsable hayan convenido de mutuo acuerdo en sufragarlas por partes iguales.	Cada parte designará un árbitro, y estos últimos de mutuo acuerdo designarán al tercero. De no existir consenso en la designación del tercer árbitro, la hará un tribunal de lo contencioso tributario si el reglamento del centro de arbitraje aplicable (de haberlo) no dispone algo distinto. En todo caso, los árbitros deberán ser abogados con comprobada experiencia en derecho tributario. **Parágrafo Único:** Los honorarios de los árbitros y demás gastos que ocasione el arbitraje serán sufragados por la Administración Tributaria y por el contribuyente o responsable, por partes iguales.	La Ley de Arbitraje Comercial trae normas al respecto perfectamente utilizables en esta materia, y que han demostrado funcionar bien en su aplicabilidad práctica. Obviamente la referencia en la Ley al juez competente de primera instancia coincide perfectamente con lo que son los jueces superiores de lo contencioso tributario. Es menester que el control de legalidad que harán los árbitros esté en manos no solamente de abogados, sino de conocedores comprobados del derecho tributario. No nos referimos a "especialistas" con algún título universitario, sino a la pericia en el ejercicio de la abogacía, la judicatura o la docencia. La norma previsora de los honorarios resulta particularmente enredada, sin que ello se justifique, cuando además se trata de dos partes litigiosas igualmente interesadas en resolver alternativamente su conflicto.	Se trata de racionalizar la regulación de la institución, de manera de darle oportunidad de surtir sus efectos.
(325) Los árbitros designados deberán manifestar su aceptación dentro de los cinco (5) días hábiles siguientes a su designación, ante el Tribunal Superior de lo Contencioso Tributario. Los árbitros en materia tributaria serán siempre y en todo caso árbitros de derecho.	Eliminada.	Esto quedaría subsumido en la norma anterior.	

Continuación cuadro...

NORMA QUE REFORMAR	NORMA REFORMADA	JUSTIFICACIÓN	OBSERVACIONES
(326) El cargo de árbitro, una vez aceptado, es irrenunciable. El árbitro que sin causa legítima se separe de su cargo será responsable penalmente por el delito de denegación de justicia, sin perjuicio de que se haga efectiva su responsabilidad administrativa o civil. Si los árbitros nombrados o alguno de ellos murieren o faltaren por cualquier otro motivo, se les sustituirá del mismo modo como se les hubiere nombrado.	El cargo de árbitro, una vez aceptado, es irrenunciable. El árbitro que sin causa legítima se separe de su cargo será responsable penalmente por el delito de denegación de justicia, sin perjuicio de que se haga efectiva su responsabilidad administrativa o civil. Si los árbitros nombrados o alguno de ellos murieren o faltaren por cualquier otro motivo, se les sustituirá del mismo modo como se les hubiere nombrado.	Sin cambio.	Se trata de racionalizar la regulación de la institución, de manera de darle oportunidad de surtir sus efectos.
(327) Los Tribunales ordinarios y especiales, así como las demás autoridades públicas están en el deber de prestar a los árbitros toda la cooperación para el desempeño de la actividad que le ha sido encomendada.	Los Tribunales ordinarios y especiales, así como las demás autoridades públicas, y entes o personas de carácter no estatal, están en el deber de prestar a los árbitros toda la cooperación para el desempeño de la actividad que les ha sido encomendada.	Sin cambio.	
(328) En cualquier estado de la causa del proceso contencioso tributario en que las partes se hayan sometido a arbitraje, se suspenderá el curso de la causa y se pasarán inmediatamente los autos al Tribunal Arbitral.	En cualquier estado de la causa del recurso jerárquico o del recurso contencioso tributario en que las partes se hayan sometido a arbitraje, se suspenderá su curso y se pasarán inmediatamente los autos al Tribunal Arbitral.	Se adapta terminológicamente y al nuevo esquema propuesto.	
(329) El procedimiento arbitral culminará con un laudo, el cual será dictado por escrito, motivado y firmado por los miembros del Tribunal Arbitral, quien lo notificará al contribuyente o responsable y a la Administración Tributaria. El laudo se pasará con los autos al Tribunal Superior de lo Contencioso Tributario, quien lo publicará al día siguiente de su consignación. El laudo arbitral será de obligatorio cumplimiento tanto para el contribuyente o responsable como para la Administración Tributaria.	El procedimiento arbitral, en todas sus fases e incidencias, se sujetará a las previsiones al efecto contenidas en la Ley de Arbitraje Comercial, que no sean contrarias a los dispuesto en el presente Código. El laudo arbitral será de obligatorio cumplimiento tanto para el contribuyente o responsable como para la Administración Tributaria.	Dado el carácter alternativo del medio arbitral, se trata de reducir al máximo o eliminar las injerencias del Poder Judicial en los temas de sustanciación procesal. Además, la regulación actual tiene la enorme falla de no regular el proceso arbitral, lo relativo a las pruebas, etc.	Se trata de racionalizar la regulación de la institución, de manera de darle oportunidad de surtir sus efectos.
(330) Los árbitros deberán dictar su decisión en el término de seis (6) meses contados a partir de la constitución del Tribunal Arbitral. Dicho lapso podrá ser prorrogado hasta por seis (6) meses más, de oficio, o a solicitud del contribuyente o responsable o de la Administración Tributaria.	Eliminada.	El tiempo para el dictado del laudo quedaría circunscrito dentro del proceso arbitral regulado en el artículo anterior, por remisión a la Ley de Arbitraje Comercial.	Se propone una mayor flexibilidad en el tema de la decisión, con un parámetro semestral de referencia, pero con la posibilidad para las partes de pedir prórrogas necesarias por la respectiva sustanciación.
(331) Las decisiones que dicte el Tribunal Arbitral serán apelables ante el Tribunal Supremo de Justicia, en los casos que las mismas se hubieren dictado sin el acuerdo unánime de los árbitros. El lapso de apelación comenzará a correr desde el día siguiente en que el laudo hubiere sido publicado por el Tribunal Superior de lo Contencioso Tributario.	Los laudos y demás decisiones que dicte el Tribunal Arbitral no serán apelables ante el Poder Judicial. Parágrafo Único: La ejecución del laudo corresponderá al juez superior de lo contencioso tributario, de acuerdo con las normas de ejecución de sentencias establecidas en el presente Código.	En vista de que en Venezuela ha existido cierto rechazo a la idea de establecer un arbitraje de segunda instancia, lo cual sería perfectamente compatible con el mandato constitucional de promover un medio alternativo, es decir, distinto al Poder Judicial, reservando siempre las apelaciones y nulidades a un tribunal judicial, y dado que se debe insistir	Se trata de racionalizar la regulación de la institución, de manera de darle oportunidad de surtir sus efectos. Y de solventar la inconstitucionalidad de darle la ejecución del laudo a una de las partes, cuando la Constitución establece que los jueces son los competentes para ejecutar las sentencias.

Continuación cuadro...

NORMA QUE REFORMAR	NORMA REFORMADA	JUSTIFICACIÓN	OBSERVACIONES
Parágrafo Único. La ejecución del laudo corresponderá a la Administración Tributaria, de acuerdo con las normas de ejecución de sentencia establecidas en el presente Código.		en su carácter alternativo al Poder Judicial, se propone escapar del modelo de arbitramento del Código de Procedimiento Civil y el COT vigente, eliminando entonces la apelación. Por otro lado, sustituyéndose el tribunal arbitral al tribunal judicial, en lo referente a la sustanciación y decisión del litigio, no ocurre lo mismo con la ejecución del laudo, lo cual ha de corresponder no a una de las partes (como se pretende con la inconstitucional desjudicialización de la ejecución de sentencias y laudos), sino al juez superior de lo contencioso tributario, por mandato constitucional.	
(332) Contra el laudo arbitral procederá el Recurso de Nulidad, el cual deberá interponerse por escrito ante el Tribunal Supremo de Justicia, dentro de los ocho (8) días hábiles de su publicación por el juez o jueza contencioso tributario. El expediente sustanciado por el Tribunal Arbitral se acompañará al Recurso de Nulidad interpuesto.	Contra el laudo arbitral sólo procederá el recurso de nulidad, el cual deberá interponerse por escrito ante la Sala Político Administrativa del Tribunal Supremo de Justicia, dentro de los ocho (8) días hábiles de su notificación a la parte interesada por el Tribunal Arbitral, acompañando la copia certificada del expediente del litigio, que debió serle entregada junto a la notificación del laudo arbitral.	Nota precedente.	Nota precedente.
(333) El laudo dictado por el Tribunal Arbitral se podrá declarar nulo: 1. Si la sentencia decisoria no se hubiere pronunciado sobre todas las cuestiones sometidas a arbitraje, o si estuviere concebida en términos de tal manera contradictorios que no pudiere ejecutarse. 2. Si el Tribunal ante el cual se plantea la nulidad del laudo comprueba que, según el ordenamiento jurídico, el objeto de la controversia no es susceptible de arbitraje. 3. Si en el procedimiento no se hubieren observado las formalidades sustanciales, siempre que la nulidad no se haya subsanado por el consentimiento de las partes.	El laudo dictado por el Tribunal Arbitral sólo se podrá declarar nulo: 1. Si no se hubiere pronunciado sobre todas las cuestiones sometidas a arbitraje, o si estuviere concebido en términos de tal manera contradictorios que no pudiere ejecutarse. 2. Si la Sala Político Administrativa del Tribunal Supremo de Justicia comprueba que, según el ordenamiento jurídico, el objeto de la controversia no es susceptible de arbitraje. 3. Si en el proceso no se hubieren observado formalidades sustanciales inherentes al debido proceso y al derecho a la defensa. 4. Si el laudo contiene o se basa en un error grave, inexcusable y comprobado, que afecte su dispositiva. La sentencia que decida sobre el recurso de nulidad procurará la estabilidad del laudo. Por lo tanto, no anulará las partes de éste que no resulten afectadas por la causal de nulidad; y, en caso de declarar la nulidad del laudo, especificará las pruebas, aspectos o disposiciones que sobrevivan la anulación.	Se mejora la redacción del numeral 1, pues hace mención de sentencia, luego de haber indicado que la decisión se llama laudo, y además habla de sentencia decisoria, lo cual es un pleonasmo. Se mejora la redacción del numeral 2, pues ya señaló la regulación cuál es el tribunal competente para conocer de la nulidad. Se sustituye la palabra procedimiento por la más técnica de proceso. Y se elimina lo siguiente, por las formalidades sustanciales, precisamente por serlo y versar sobre derechos humanos, como el debido proceso, no son subsanables, pues la Constitución los declara irrenunciables en su artículo 19.	Se trata de racionalizar la regulación de la institución, de manera de darle oportunidad de surtir sus efectos. Se aprecia que toda la materia tributaria es arbitrable, desde que se trata de litigios transables, por versar sobre créditos disponibles por el acreedor. Se insiste en que sería útil regular la transacción extrajudicial, de manera de poder someter a arbitraje también temas que estén en ese estado, no solamente en fase de impugnación, sino notablemente en fase constitutiva del acto administrativo.
(334) Los aspectos no regulados en este Capítulo o en otras disposiciones del presente Código se regirán, en cuanto sean aplicables, por las normas de la Ley de Arbitraje Comercial y el Código de Procedimiento Civil.	Los aspectos no regulados en este Capítulo se regirán, en cuanto sean aplicables, por las normas de la Ley de Arbitraje Comercial y del Código de Procedimiento Civil.	No hay normas aplicables al arbitraje en otras partes del COT, fuera de este capítulo.	La aplicabilidad a la materia en el COT, a título principal, por remisión expresa, o a título supletorio, de la Ley de Arbitraje Comercial y del Código de Procedimiento Civil, está fuera de cuestión. No hay argumento teórico alguno que objete esa aplicabilidad.

Ahora bien, dentro del contenido del proyecto normativo en cuestión, nos vamos a concentrar en aspectos que nos parecen centrales. Veamos.

El arbitraje en general está concebido de dos formas posibles: el independiente y el institucional. No vemos motivos por los cuales no pueda llevarse a cabo y menos habiendo sido tan exitoso en nuestro país, el arbitraje institucional, por lo que proponemos que el arbitraje tributario puede llevarse a cabo por cualquiera de esas dos modalidades, aunque siempre de derecho y nunca de equidad, puesto que claramente se trata de un control de conformidad a derecho sobre la actividad administrativa, función que requiere de conocimientos técnicos en lo jurídico y en el derecho público y el derecho tributario particularmente.

En ese orden de ideas, acordamos que los árbitros han de ser abogados, pero mejor aún si tienen conocimientos probados en materia tributaria. Esto no quiere decir necesariamente que deban ser titulares de un diploma de especialista en derecho tributario o financiero, pues serían bienvenidos todos los abogados con experiencia, como consultores, como litigantes, como profesores, en materia tributaria.

En cuanto a quién puede proponer el arbitraje tributario concordamos en que tanto la administración tributaria como el contribuyente pueden hacerlo, y esto es así porque se trata de una institución que tiene naturaleza contractual, donde hay igualdad de las partes en función de la libertad contractual. Empero, en cuanto al cuándo y cómo hacerlo, consideramos que, si la iniciativa es de la administración tributaria, ella debería poder hacerlo en la misma resolución contentiva del reparo o de la sanción tributaria, manifestando allí su deseo, en caso de controversia, de emplear el arbitraje tributario. E igualmente, también pudiera hacerlo en cualquier momento posterior a la notificación de esa resolución, incluso habiendo ya sido ejercido el recurso jerárquico o el recurso contencioso tributario.

Y si la iniciativa es del contribuyente y la administración tributaria lo planteó o no en su resolución, asumimos que podría proponer el arbitraje dentro del lapso de 25 días hábiles para intentar su recurso, caso en el cual se abriría un lapso de 60 días hábiles sustitutivo del de 25, durante el cual las partes litigiosas, dada la naturaleza contractual de la institución, se sentarían a negociar la posibilidad de real de llevar a cabo el arbitraje.

De llegarse a un acuerdo en ese sentido, simplemente todo pasaría a manos del tribunal arbitral debidamente designado. Y si no llegasen a acuerdo, dentro de ese mismo lapso de 60 días hábiles el contribuyente podría ejercer su recurso jerárquico o su recurso contencioso tributario.

Y en el supuesto en que ya ejercido el recurso jerárquico o el recurso contencioso tributario alguna de las partes manifiesta su interés en pasar la causa a arbitraje, entonces el juicio contencioso tributario o el procedimiento administrativo se suspendería por un lapso 60 días hábiles, para que las partes discutan los términos. De haber acuerdo, toso pasaría al tribunal arbitral; y si no hay acuerdo la causa o el procedimiento continuaría en el estado en que estaban.

Por lo que respecta al punto de la designación del tercero de los árbitros, pensamos en que no habría inconveniente para que la haga un juez contencioso tributario, a petición de ambas partes, salvo que se tratara de un arbitraje institucional y el reglamento del centro de arbitraje prevea otra cosa.

En cuanto a los honorarios y demás gastos de los árbitros estimamos prudente y apropiado que sean pagados mitad y mitad por las partes litigiosas, en las condiciones contractuales de igualdad en las que se encuentran, siendo además ambas beneficiarias del servicio alternativo de justicia.

En otro orden de ideas, estimamos que la Ley de Arbitraje Comercial es perfectamente aplicable a esta materia, en lo que no se oponga a la regulación especial del Código Orgánico Tributario, trátese de arbitraje independiente o institucional. Así, esta Ley y el reglamento del respectivo centro de arbitraje debidamente elegido por las partes litigiosas pueden venir a llenar el gran vacío en el Código citado, en cuanto a la sustanciación propiamente del proceso arbitral, sus fases, el régimen probatorio.

Finalmente, consideramos que los laudos arbitrales no deben ser apelables en los términos planteados en la regulación, pues apelarlos ante el Tribunal Supremo de Justicia implica judicializar un asunto que se supone ha de resolverse por la vía alternativa del arbitraje.

Desconocemos las razones del rechazo en Venezuela a lo que es un arbitraje de segunda instancia, que nada en el ordenamiento jurídico lo prohíbe. Sería menester bien reflexionar sobre el tema.

Entonces lo que puede haber como impugnación condicionada es un recurso de nulidad, aunque sea ante el Tribunal Supremo de Justicia, lo que en principio no sería propiamente judicializar la causa, ya que no se acudiría en instancia, sino en vista de un control de conformidad a derecho sobre la actividad arbitral. Lo que si resulta menester es hacer las correcciones propuestas a las causales de nulidad, en resguardo del derecho al debido proceso a favor de cualquiera de las partes, y que se respete la estabilidad del laudo.

V. CONCLUSIONES:

Tras 20 años de vigencia de la institución del arbitraje tributario en Venezuela, y a pesar del hecho notorio que constituye el retardo judicial en la sustanciación y decisión de los procesos contencioso tributarios, de parte de unos cuantos juzgados de lo contencioso tributario que no se dan abasto frente a la contención tributaria, paradójicamente esta figura alternativa que se caracteriza en doctrina y en la experiencia forense de otras áreas como la comercial, como una vía expedita para la consecución de la justicia, concebida por lo demás para oxigenar a la asfixiada actividad judicial, se muestra prácticamente inexistente, totalmente ineficiente.

La razón de lo anterior radica en que el legislador (o mejor quienes ilegítimamente han usurpado sus funciones), lejos de promover el arbitraje tributario como es el mandato constitucional, asegurando al justiciable la disposición de un medio alternativo idóneo para la solución de los conflictos tributarios, ha mantenido una normativa conceptualmente equivocada y completamente anclada al Poder Judicial, que no le permite cumplir la función de servicio de justicia a la que está llamada.

En consecuencia, se hace una propuesta de reforma normativa que tornaría viable y eficiente, e incluso por fin posible, el arbitraje tributario, sin perjuicio de los aportes que desde ya se invita a la doctrina procesal para nutrir esta idea, en provecho del pleno goce del derecho a la tutela alternativa efectiva.

VI. BIBLIOGRAFÍA

AGULLÓ AGÜERO, Antonia, "La Introducción en el Derecho Tributario Español de las Fórmulas Convencionales Previstas en la Ley 30/1992", en *Convención y Arbitraje en el Derecho Tributario,* Instituto de Estudios Fiscales, Marcial Pons, Madrid, 1996.

ARRIETA MARTÍNEZ DE PISÓN, Juan, "Finalización Convencional del Procedimiento Tributario", en *Convención y Arbitraje en el Derecho Tributario,* Instituto de Estudios Fiscales, Marcial Pons, Madrid, 1996.

BLANCO-URIBE QUINTERO, Alberto, "La Conciliación, el Arbitraje y la Transacción como Métodos de Resolución de Conflictos Administrativos", *Revista de la Facultad de Derecho de la Universidad Católica Andrés Bello*, Nro. 57, U.C.A.B., Caracas, 2002.

__________, "Posibilidades Arbitrales en el Ámbito Tributario", *Revista Venezolana de Estudios de Derecho Procesal,* N° 1, Instituto Venezolano de Estudios de Derecho Procesal (Invedepro), Editorial Livrosca, Caracas, enero-junio 1999.

__________, "El Arbitraje en el Derecho Administrativo y Tributario", en la obra colectiva *El Arbitraje en la Práctica II,* Centro de Arbitraje de la Cámara de Comercio de Caracas, Caracas, 1999.

__________, "Los Derechos del Contribuyente en la Constitución de 1999", en *V Jornadas Venezolanas de Derecho Tributario Aspectos Tributarios en la Constitución de 1999*, Asociación Venezolana de Derecho Tributario, Livrosca, Caracas, Venezuela, septiembre 2000.

__________, "La Muerte Prenatal de la Transacción Judicial y la Existencia Inmaterial de la Transacción Extrajudicial, en el Código Orgánico Tributario", en libro colectivo *El Contencioso Administrativo y los Procesos Constitucionales*, Directores Allan R. Brewer-Carías y Víctor Rafael Hernández-Mendible, Colección Estudios Jurídicos Nro. 92, Editorial Jurídica Venezolana, Caracas, Venezuela, 2011.

__________, "La Necesidad de un Estatuto del Contribuyente frente al Ejercicio de la Potestad Tributaria", en *Administración Tributaria. Conmemoración de los 20 Años del SENIAT. Memorias de las XIII Jornadas Venezolanas de Derecho Tributario*. Tomo I: Administración Tributaria. Asociación Venezolana de Derecho Tributario (AVDT), Caracas, Venezuela, 2014.

__________, "El Debido Proceso en la Reforma del Código Orgánico Tributario. Un Ausente". En *Revista Justicia Tributaria*, VII Edición, Tribunal Administrativo Tributario, Ciudad de Panamá, Panamá, agosto 2017. Visible en https://issuu.com/tribunaltributario/docs/7revista

__________, "La Tutela Judicial del Contribuyente", en PALACIOS MÁRQUEZ, Leonardo y ABACHE CARVAJAL, Serviliano (Coordinadores), *Derecho Tributario Contemporáneo, Libro Homenaje a los 50 Años de la Asociación Venezolana de Derecho Tributario*, Asociación Venezolana de Derecho Tributario (AVDT) y Editorial Jurídica Venezolana, Caracas, Venezuela, 2019; y, en SOSA GÓMEZ, Cecilia y CASAL, Jesús (Coordinadores), ¿Qué Hacer con la Justicia? El caso venezolano. Centro para la Integración y el Derecho Público (CIDEP) y Academia de Ciencias Políticas y Sociales, Caracas, Venezuela, 2020. Visible en https://drive.google.com/open?id=1eG8DyfSEb-5eBL-NKZPkQcPb69fE-CcS1

__________, "*El Debido Proceso es una Garantía Esencial de Libertad, frente al Ejercicio de la Potestad Tributaria. Se denuncia su irrespeto sistemático en Venezuela*", en Revista de Derecho Constitucional, Nro. 15, Facultad de Ciencias Jurídicas, Universidad del Salvador, Buenos Aires, Argentina, junio 2020. Visible en: https://ar.ijeditores.com/pop.php?option=publicacion&idpublicacion=34&idedicion=3411

BOTELLA GARCÍA-LASTRA, Carmen, "La Finalización Convencional de los Procedimientos Tributarios y Otras Técnicas Transaccionales para la Resolución de Conflictos", en *Convención y Arbitraje en el Derecho Tributario*, Instituto de Estudios Fiscales, Marcial Pons, Madrid, 1996.

FALCÓN Y TELLA, Ramón, "El Arbitraje Tributario", en *Convención y Arbitraje en el Derecho Tributario,* Instituto de Estudios Fiscales, Marcial Pons, Madrid, 1996.

FERREIRO LAPATZA, José Juan, "Arbitraje sobre Relaciones Tributarias", en *Convención y Arbitraje en el Derecho Tributario,* Instituto de Estudios Fiscales, Marcial Pons, Madrid, 1996.

FRAGA PITTALUGA, Luís, "El Arbitraje y la Transacción como Métodos Alternativos de Resolución de Conflictos Administrativos", *Compilación de ponencias de las IV Jornadas Internacionales de Derecho Administrativo "Allan Randolph Brewer Carías": "La relación jurídico-administrativa y el procedimiento administrativo",* Fundación de Estudios de Derecho Administrativo (FUNEDA), Caracas, noviembre 1998.

FROMONT, Michel, "Les Modes Alternatifs de Règlement de Litiges. L'Exemple Allemand", AJDA, *L'Actualité Juridique Droit Administratif "Modes Alternatifs de Règlement de Litiges*", N° 1/1997, París, Janvier 1997.

JARROSON, Charles, "L'arbitrage en droit public", AJDA, *L'actualité juridique droit administratif Modes alternatifs de règlements de litiges,* Nro. 1/1997. París, janvier 1997.

RAMALLO MASSANET, Juan, "La Eficacia de la Voluntad de las Partes en las Obligaciones Tributarias", en *Convención y Arbitraje en el Derecho Tributario, Instituto de Estudios Fiscales*, Marcial Pons, Madrid, 1996.

RICHER, Laurent, "Les Modes Alternatifs de Règlement de Litiges et le Droit Administratif", AJDA, *L'Actualité Juridique Droit Administratif "Modes Alternatifs de Règlement de Litiges",* Nro. 1/1997, París, Janvier 1997.

ROCA MARTÍNEZ, José María, *Arbitraje e Instituciones Arbitrales*, J.M. Bosch Editor, Barcelona, 1992.

RUÁN SANTOS, Gabriel, "Visión crítica sobre la transacción y el arbitraje en el derecho tributario. Hacia acuerdos procedimentales", *Revista Derecho Tributario*, Nro. 105, Caracas, 2005.

____, "Nueva dimensión del derecho tributario por aplicación directa de la Constitución. Aspectos sustantivos y adjetivos", en *La Administración Tributaria y los derechos de los contribuyentes, Libro Homenaje a la Memoria de Ilse van der Velde,* FUNEDA, Caracas, 1998.

SPISSO, Roberto, *La tutela judicial efectiva en materia tributaria. Protección del contribuyente ante el estado de sitio fiscal*, Depalma, Buenos Aires, 1996.

CONSIDERACIONES SOBRE LA INCONSTITUCIONALIDAD E ILEGALIDAD DE LA ACTUALIZACIÓN DE LAS MULTAS ESTABLECIDAS EN EL CÓDIGO ORGÁNICO TRIBUTARIO Y LA LEY ORGÁNICA DE ADUANAS DE 2020

ELVIRA DUPOUY MENDOZA*

SUMARIO

I. INTRODUCCIÓN

El cálculo y pago de las multas actualizadas con base en el valor de la Unidad Tributaria, ha sido fuente de innumerables y muy válidas disputas entre la Administración Tributaria y los sujetos pasivos de obligaciones tributarias, desde su incorporación en el Código Orgánico Tributario del año 2001, cuando por primera vez se estableció este mecanismo para la indexación de las multas y sanciones pecuniarias[1],

* Abogado egresada de la UCAB, Miembro del Colegio de Abogados del Distrito Federal (hoy Capital), con Especialización en Derecho Tributario de la Facultad de Ciencias Jurídicas y Políticas de la UCV y Diplomado en Derecho Tributario Internacional de la UCAB. Profesora de Pregrado en la Facultad de Derecho de la UCAB y de la Especialización en Derecho Tributario de la Facultad de Ciencias Jurídicas y Políticas de la UCV. Ex Presidente y Miembro Honorario de la AVDT. Ex Miembro del Directorio del ILADT. Socia de la firma de abogados Rodríguez & Mendoza.

1 El Código OrgánicoTributario de 2001, publicado en Gaceta Oficial N° 37.305 de fecha 17 de octubre de 2001, en el Parágrafo Primero del artículo 94 estableció que: "*Cuando las multas establecidas en este Código estén expresadas en unidades tributarias (U.T), se utilizará el valor de la unidad tributaria que estuviere vigente en el momento del pago";*

no obstante existir la figura desde el Código Orgánico Tributario de 1994, como medida de valor y ajuste automático de montos expresados en valores nominales. Igual que en el Código de 2001, se mantuvo dicho ajuste o actualización en el Código Orgánico Tributario del año 2014, no obstante las impugnaciones a nivel administrativo y judicial originadas por la inconstitucionalidad e ilegalidad de este mecanismo de corrección[2]. En efecto, el Código de 2014, con algunas modificaciones cosméticas, también estableció la Unidad Tributaria, no solo como mecanismo de ajuste de las bases imponibles, tramos y otros elementos, sino también como mecanismo de actualización de las multas allí previstas, como sanciones de los ilícitos tributarios. Ahora bien, la problemática generada por esta actualización se mantuvo en el inconstitucional "*Decreto Constituyente mediante el cual se dicta el Código Orgánico Tributario*" de 2020 por la Asamblea Nacional Constituyente, en el cual igualmente se establece la indexación de las multas y sanciones pecuniarias pero bajo una nueva modalidad, ya no sería la Unidad Tributaria conforme a la cual se realizaría la corrección, sino "*el Tipo de Cambio de la Moneda de Mayor Valor publicado por el Banco Central de Venezuela*", mecanismo igualmente incorporado en el Decreto Constituyente de Reforma Parcial del Decreto con Rango, Valor y Fuerza de Ley Orgánica de Aduanas de 2020.[3]

Para nadie es un secreto que la hiperinflación afecta todos los ámbitos de la vida nacional, incluyendo la recaudación tributaria y los ingresos por concepto de sanciones, sin embargo las "*soluciones*" no han sido las más idóneas. Coincidimos plenamente con ROMERO-MUCI,

---

agregando el Parágrafo Segundo: *"Las multas establecidas en este Código expresadas en términos porcentuales, se convertirán al equivalente en unidades tributarias (U.T) que correspondan al momento de la comisión del ilícito, y se cancelarán utilizando el valor de la misma que estuviere vigente para el momento del pago".*

[2] El Decreto N° 1.434 mediante el cual se dicta el Decreto con Rango Valor y Fuerza de Ley del Código Orgánico Tributario, publicado en Gaceta Oficial N° 6.152 Extraordinario de fecha 18 de noviembre de 2014, estableció en el artículo 91 lo que era la norma contenida en el Parágrafo Primero y en el artículo 92 la norma prevista en el Parágrafo Segundo, ambos del artículo 94 del Código de 2001 antes citado.

[3] Ver Decreto Constituyente mediante el cual se dicta el Código Orgánico Tributario de 2020 y Decreto Constituyente de Reforma del Decreto con Rango, Valor y Fuerza de Ley Orgánica de Aduanas, ambos en Gaceta Oficial N° 6.507 Extraordinario de fecha 29 de enero de 2020.

cuando señala que *"el legislador deslealmente difiere la aplicación de la U.T para medir la capacidad tributaria del contribuyente en perjuicio de es éste, pero, a su vez, pretende el cobro de sanciones tributarias con base en el valor actualizado de la U.T al momento del pago…"*.[4] Las mismas circunstancias económicas que han llevado a una subvaloración o sobrevaloración a conveniencia de la Unidad Tributaria, según el caso, han llevado erróneamente a considerar que la solución del problema es establecer otra forma de cálculo y pago de las multas distinta de aquella, pero igualmente perversa, habiendo escogido la Asamblea Nacional Constituyente el Tipo de Cambio de la Moneda de Mayor Valor. Este nuevo mecanismo de corrección para las sanciones pecuniarias, sin perjuicio de los aspectos que destacaremos en este trabajo por ser su objeto, cabe destacar que proviene de dos instrumentos "*normativos*" que se están aplicando en la práctica, pero que carecen de constitucionalidad, al no haber sido dictados por la Asamblea Nacional a la que compete dictar las leyes, de acuerdo con el artículo 187 de la Constitución Nacional, especialmente aquellas de naturaleza tributaria[5].

Dichos textos normativos, como gran parte de las disposiciones en materia tributaria dictadas en tiempos recientes, constituyen imposiciones *de facto* sin base legal ni constitucional y con apenas unos meses de haber entrado en vigencia, aún no se han visto los efectos económicos reales que tendrán en el patrimonio de los sujetos pasivos de obligaciones tributarias, pero que se vislumbra llevarán al establecimiento de multas totalmente desproporcionadas a la infracción cometida y en consecuencia, propiciando la arbitrariedad y el uso abusivo de las sanciones. Como bien asienta MEIER "*(…) la Ley Constitucional (LC) y*

---

[4] Humberto Romero-Muci, *Uso, Abuso y Perversión de la Unidad Tributaria. Una reflexión sobre tributación indigna,* Serie Estudios 111, Editorial Jurídica Venezolana-Asociación Venezolana de Derecho Tributario, Caracas, 2016, p.11

[5] De conformidad con el artículo 187 de la Constitución, corresponde a la Asamblea Nacional: *"1. Legislar en las materias de la competencia nacional y sobre el funcionamiento de las distintas ramas del Poder Público"* y *"6. Discutir y aprobar el presupuesto nacional y todo proyecto de ley concerniente al régimen tributario y al crédito público"*. En el presente trabajo nos referimos principalmente a las normas relativas al uso del Tipo de Cambio de la Moneda de Mayor Valor publicado por el Banco Central de Venezuela para la determinación de las sanciones pecuniarias, sin embargo, partimos de la base de que todo texto normativo dictado por la Asamblea Nacional Constituyente en su génesis, está viciado de inconstitucionalidad e ilegalidad.

el Decreto constituyente (DC) son inconstitucionales ratione materiae porque el objeto de la Asamblea Constituyente es redactar una nueva Constitución que podría transformar el Estado y crear un nuevo ordenamiento jurídico y no legislar en materia tributaria, mediante textos inexistentes en el ordenamiento jurídico venezolano, y en usurpación de competencia exclusivas del poder legislativo nacional "[6].

A esto debemos agregar que también está vigente la denominada "Unidad Tributaria Sancionatoria", también inconstitucional e ilegalmente establecida por la Asamblea Nacional Constituyente mediante la "*Ley Constitucional sobre la creación de la unidad tributaria sancionatoria*"[7], cuyo objeto, de acuerdo con su artículo 1 es: "*crear una unidad tributaria especial que será utilizada exclusivamente para determinar las multas y sanciones pecuniarias, cuya base de cálculo esté prevista en unidades tributarias, en los respectivos instrumentos normativos que las prevén, la cual se denomina Unidad Tributaria Sancionatoria.*" Cabe señalar que esta "*Ley Constitucional*" está vigente y que aún no se ha creado la Unidad Tributaria Sancionatoria.

Nos encontramos actualmente frente a un panorama que establece varios tipos de Unidades Tributarias, fijadas de diferente manera y con objetivos distintos que están llamadas a coexistir, a saber: **i)** la Unidad Tributaria prevista en el Parágrafo Tercero del artículo 3 del Código Orgánico Tributario, para el ajuste de bases imponibles en leyes especiales y que actualmente solo podrá ser utilizada por la Administración Tributaria Nacional[8]; **ii)** la Unidad para el Cálculo Aritmético del Umbral Máximo y Mínimo (UCAU), para la determinación de los montos

[6] Eduardo Meier, "Teratologías tributarias y otras antinomias procesales", en *Memorias de las XVIII Jornadas Venezolanas de Derecho Tributario*, Asociación Venezolana de Derecho Tributario, Libro Digital, Caracas, 2019, p. 111.

[7] Ver "*Ley Constitucional sobre la creación de la Unidad Tributaria Sancionatoria*", publicada en la Gaceta Oficial N° 41.305 de fecha 21 de diciembre de 2017.

[8] El Parágrafo Tercero del artículo 3 del vigente Código Orgánico Tributario establece que: "*En su carácter de determinación objetiva y de simple aplicación aritmética, la Administración Tributaria Nacional reajustará el valor de la Unidad Tributaria de acuerdo con lo dispuesto en este Código. En los casos de tributos que se liquiden por períodos anuales, la unidad tributaria aplicable será la que esté vigente al cierre del ejercicio fiscal respectivo. Para los tributos que se liquiden por períodos distintos al anual, la unidad tributaria será la que esté vigente para el inicio del período.*
La unidad tributaria solo podrá ser utilizada como unidad de medida para la determinación de los tributos nacionales cuyo control sea competencia de la Administración Tributaria

en bolívares en materia de contrataciones públicas, conforme a la "Ley Constitucional contra la Guerra Económica"[9]; **iii)** la Unidad Tributaria Sancionatoria que, en virtud de las previsiones específicas sobre las multas contenidas en el Código Orgánico Tributario y la Ley Orgánica de Aduanas de 2020, no se indica expresamente para qué y por quiénes será aplicada, pero podría presumirse que será la utilizada para las sanciones que apliquen todos aquellos entes de la Administración Pública, distintos de la Administración Tributaria Nacional. Todo esto da cuenta de la desarticulación y destrucción de la figura de la Unidad Tributaria, tal y como fue concebida originalmente en el Código Orgánico Tributario de 1994.

II. LA UNIDAD TRIBUTARIA Y LA UNIDAD TRIBUTARIA SANCIONATORIA

Antes de referirnos a la problemática del Tipo de Cambio de la Moneda de Mayor Valor, creemos conveniente establecer cuál era la situación existente con respecto a las multas y sanciones pecuniarias antes de los inconstitucionales e ilegales "*Decretos Constituyentes*", mediante los cuales se dictó el señalado nuevo Código Orgánico Tributario y se reformó la Ley Orgánica de Aduanas.

Nacional, no pudiendo ser utilizada por otros órganos y entes del Poder Público para la determinación de beneficios laborales o tasas y contribuciones especiales derivadas de los servicios que prestan".

9 La señalada Unidad para el Cálculo Aritmético del Umbral Máximo y Mínimo (UCAU) fue creada en el marco de la "*Ley Constitucional contra la Guerra Económica*" para la sustitución de la Unidad Tributaria, a los fines de las operaciones aritméticas relacionadas con las contrataciones públicas para la *"Racionalidad y Uniformidad en la Adquisición de Bienes, Servicios y Obras Públicas".* Mediante Resolución Conjunta del Ministerio del Poder Popular de Planificación y de Economía y Finanzas, publicada en Gaceta Oficial N° 41.895 de fecha 5 de junio de 2020, esta UCAU fue fijada en la suma de Bs. 30.000,00. Cabe comentar que esta nueva unidad aritmética que sustituye a la Unidad Tributaria en materia de contrataciones públicas podrá ser actualizada periódicamente, mediante Resolución Conjunta de los señalados Ministerios *"a partir de criterios objetivos y cuando ello sea necesario para garantizar a la población el uso racional de los recursos púbicos, niveles óptimos de ejecución financiera para la protección de los derechos fundamentales y en el combate de las distorsiones de la economía nacional...";* no se indican cuáles serán esos criterios objetivos y la expresión "*cuando ello sea necesario*" pone de relieve que en definitiva la UCAU quedará a la discrecionalidad de los funcionarios de los señalados Ministerios, sin que existan criterios técnicos serios y confiables de la efectiva objetividad en su determinación.

Sin entrar en detalles sobre la evolución de la figura de la Unidad Tributaria desde su creación, afectada por los efectos perniciosos de una inflación que ha llegado a niveles hiperinflacionarios, en lugar de efectuarse los correctivos necesarios para su adecuada valoración, la Asamblea Nacional Constituyente dictó en el año 2017 la "*Ley Constitucional sobre la Creación de la Unidad Tributaria Sancionatoria*" con respecto a la cual ha sido denunciado que, "*Tales actos ni son leyes, ni son constitucionales. Son simples vías de hecho emanadas de la inconstitucional ANC con el propósito espurio de anular y suprimir a la Asamblea Nacional, único órgano del Poder Público legitimado por el pueblo venezolano mediante elecciones libres, universales, directas y secretas, para legislar en las materias de competencia Nacional*".[10]

Esta "*Ley Constitucional*" tiene por objeto la creación de una Unidad Tributaria especial, para ser usada exclusivamente en la determinación de las multas y sanciones pecuniarias *"cuya base de cálculo este prevista en unidades tributarias, en los respectivos instrumentos normativos que las prevén"*, lo que nos lleva a efectuar una primera precisión: que al momento de su creación, se estaba pensando en todas las multas y sanciones pecuniarias en general, distintas de aquellas que pueden ser impuestas por la Administración Tributaria Nacional, como veremos más adelante.

La finalidad de esta "*Ley Constitucional*" según su artículo 2 es: *"1. Contribuir al cumplimiento efectivo del ordenamiento jurídico, garantizando el carácter disuasivo de las multas y sanciones pecuniarias, cuya base de cálculo esté prevista en Unidades Tributarias. 2. Actualizar en forma periódica el valor real de las multas y sanciones pecuniarias calculadas en Unidades Tributarias. 3. Establecer criterios técnicos, transparentes y seguros para la fijación del valor de la Unidad Tributaria Sancionatoria"*, atribuyendo la competencia para determinar su valor y reajustarlo dentro de los primeros días del mes de febrero de cada año al Ejecutivo Nacional, *"en la misma oportunidad que lo haga respecto de la Unidad Tributaria Ordinaria"*. Estos criterios deben ser

[10] Humberto Romero-Muci, "(In)moralidad tributaria en Venezuela. Entre la distopía y la anomia social", en *Memorias de las XVIII Jornadas Venezolanas de Derecho Tributario*, Asociación Venezolana de Derecho Tributario, Libro Digital, Caracas, 2019, p. 195.

objetivos, y según el artículo 4 de la Ley son: la variación producida en el Índice de Precios al Consumidor (IPC) del Área Metropolitana de Caracas en el año inmediatamente anterior, (fijada por la autoridad competente), oída la opinión del Ministerio con competencia en seguridad ciudadana, el Tribunal Supremo de Justicia y el Poder Ciudadano.

La imposibilidad de usar la Unidad Tributaria establecida en el Código Orgánico Tributario para la imposición de las multas y sanciones pecuniarias, se desprende del artículo 5 de la "*Ley Constitucional*", al establecer que: *"Las multas y sanciones pecuniarias previstas en el ordenamiento jurídico cuyo monto sea establecido en base a la unidad tributaria deben calcularse en base a la Unidad Tributaria Sancionatoria..."*, de lo cual podríamos interpretar que esta Unidad Tributaria Sancionatoria es la que deberán aplicar todos los entes públicos distintos de la Administración Tributaria Nacional, para la imposición de las multas y sanciones pecuniarias en general, que estén establecidas en las leyes en Unidades Tributarias. No obstante parecer esta la intención del "*legislador*", no podemos omitir que en todo caso la creación de una Unidad Tributaria diferente, contraviene el sentido y razón de ser de la Unidad Tributaria tal y como fue concebida originalmente en el Código Orgánico Tributario de 1994 y luego en los Códigos de 2001 y 2014, como un mecanismo único y uniforme para el ajuste de bases imponibles, tramos y otros elementos, así como para la imposición de sanciones, aún con las reservas que tenemos respecto de la corrección aplicada en materia sancionatoria.

Así mismo y en cuanto a la fijación de la Unidad Tributaria Sancionatoria que hasta la fecha no se ha producido, cabe mencionar que conforme al artículo 3 del vigente Código Orgánico Tributario de 2020, a diferencia de lo que establecían los Códigos anteriores (2014 y 2001), de acuerdo con los cuales la Unidad Tributaria debía fijarse dentro de los primeros quince (15) días del mes de febrero de cada año, se establece ahora que la misma podrá ser fijada a conveniencia por el Ejecutivo Nacional[11]. De acuerdo con el numeral 15 del artículo 131 del Código

[11] El Código Orgánico Tributario de 2014 en el Parágrafo Tercero establecía que en los casos de tributos que se liquiden por períodos anuales, la Unidad Tributaria aplicable era la que hubiese estado vigente durante por lo menos ciento ochenta y tres /183) días continuos del

Orgánico Tributario vigente, una de las facultades de la Administración Tributaria es: *"Reajustar la unidad tributaria (U.T) previa autorización del Presidente de la República"*, nada se establece en cuanto a los parámetros a considerar ni en cuanto a los aspectos temporales, por lo que quedará al arbitrio del Presidente su fijación, legalizando lo que fue la práctica *de facto* durante los años 2018 y 2019, en los cuales no se siguió el procedimiento establecido en el artículo 3 del Código Orgánico Tributario de 2014 aplicable *ratione temporis*.

En efecto, en el año 2018 la Unidad Tributaria fue modificada ilegalmente varias veces luego de haber sido fijada (marzo Bs. F. 500,00, mayo Bs. F. 850,00, junio Bs F. 1.200,00 y finalmente en noviembre el salto a Bs. S. 17,00) luego de la reconversión monetaria, con lo cual, ninguna de ellas tuvo vigencia de más de ciento ochenta y tres (183) días durante el ejercicio fiscal, tal y como lo establecía el Código Orgánico Tributario de 2014 aplicable *ratione temporis* en el Parágrafo Tercero del artículo 3. Tal y como afirma ITURBE, *"Vista esta situación de no vigencia de ninguna de las UTs a los efectos del 2018, debe señalarse que cualquier multa de un tributo anual cuya actualización y pago se haya realizado con base en alguna de las mencionadas UTs es improcedente, ya que en todo caso la UT que debía considerarse vigente es la UT del ejercicio 2017 de Bs.F 300, en razón de que ésta*

período respectivo (caso típico el del Impuesto sobre la Renta) y para los que se liquiden por períodos distintos al anual, la que hubiese estado vigente para el inicio del período. Esta disposición ha sido modificada en el Parágrafo Tercero del artículo 3 del Código de 2020 vigente, estableciendo que en los casos en los que los tributos se liquiden anualmente será la Unidad Tributaria vigente al cierre del ejercicio fiscal respectivo y en los demás casos, igual que anteriormente, la vigente al inicio del período, lo que tiene su fundamento en que ya la Unidad Tributaria no deberá ser fijada dentro de los quince (15) primeros días del mes de febrero de cada año como lo establecía el numeral 15 del artículo 131 del Código derogado de 2014, sino en la oportunidad en que así lo decida el Ejecutivo Nacional conforme al numeral 15 del artículo 131 del Código de 2020 vigente. En este sentido, de acuerdo con dicho Código, pudiendo el Ejecutivo Nacional reajustar la Unidad Tributaria en la oportunidad que lo considere conveniente, salvo que la reajuste dentro de los primeros días de febrero de cada año, se producirá un desfase en la fijación de la Unidad Tributaria Sancionatoria que, como hemos señalado, de acuerdo con el artículo 3 de la "Ley Constitucional sobre la Creación de la Unidad Tributaria Sancionatoria" debe fijarla también el Ejecutivo Nacional dentro de los primeros días del mes de febrero *"en la misma oportunidad en que lo haga respecto de la Unidad Tributaria Ordinaria"*.

no fue aumentada o modificada legalmente para el año de 2018 y debía continuar aplicándose para el referido año".[12]

Esta situación totalmente irregular e ilegal, estuvo posteriormente soportada, no siendo por ello menos ilegal, en la emisión por parte del Servicio Nacional Integrado de Administración Aduanera y Tributaria (SENIAT) de la Providencia Administrativa N° SNAT/2018/0129 de fecha 3 de septiembre de 2018, en la que la Unidad Tributaria pasa a ser calculada de Bolívares Fuertes a Bolívares Soberanos y la Providencia Administrativa N° SNAT/2019/000046 de fecha 27 de febrero de 2019[13] y conforme a las cuales, en la primera se incrementaba el valor de la Unidad Tributaria a Diecisiete Bolívares Soberanos (Bs. S. 17,00) y en la segunda, de Diecisiete Bolívares Soberanos (Bs. S. 17,00) a Cincuenta Bolívares Soberanos (Bs. S. 50,00). Resultó llamativo en dichas Providencias, que de acuerdo con su artículo 2 se reservaba su uso para los tributos nacionales cuya recaudación y control fuera competencia de dicho organismo, lo que nos llevó a la conclusión de que la señalada Unidad Tributaria Sancionatoria no sería aplicable en el caso de los tributos nacionales cuya recaudación y control corresponde al Servicio Nacional Integrado de Administración Aduanera y Tributaria (SENIAT), caso en el cual se continuaba aplicando la Unidad Tributaria, pero ajustada conforme a dichas Providencias, hasta que se dictó el nuevo Código Orgánico Tributario y la reforma de la Ley Orgánica de Aduanas este año 2020, que modificaron la medida de referencia para la imposición de las multas y sanciones pecuniarias que corresponden a la Administración Tributaria Nacional y a la Administración Aduanera, al sustituir a la Unidad Tributaria por el Tipo de Cambio de la Moneda de Mayor Valor publicado por el Banco Central de Venezuela.

---

[12] Manuel Iturbe Alarcón, "*Algunos aspectos relevantes sobre la actualización de las multas conforme al Código Orgánico Tributario*", en *Memorias de las XVIII Jornadas Venezolanas de Derecho Tributario*, Asociación Venezolana de Derecho Tributario, Publicación Digital, Caracas, 2019, p. 655.

[13] Providencia Administrativa N° SNAT/2018/0129 de fecha 3 de septiembre de 2018, publicada en Gaceta Oficial N° 41.479 de fecha 11 de septiemnre de 2018 y N° SNAT/2019/000046 de fecha 27 de febrero de 2019, publicada en Gaceta Oficial N° 41.597 de fecha 7 de marzo de 2019. La Unidad Tributaria vigente actualmente fue fijada en Bs. S 1.500, mediante Providencia Administrativa N° SNAT/2020/00006 de fecha 21 de enero de 2020.

El artículo 2 de las señaladas Providencias Administrativas expresamente estableció que: *"El valor de la Unidad Tributaria establecida en esta Providencia Administrativa sólo podrá ser utilizado como Unidad de Medida para la determinación de los Tributos Nacionales cuya recaudación y control sean de la competencia del Servicio Nacional Integrado de Administración Aduanera y Tributaria, así como de las sanciones impuestas por este Servicio, no pudiendo ser utilizada por otros órganos o entes del poder público para la determinación de beneficios laborales o de tasas y contribuciones especiales derivados de los servicios que prestan".* Esta norma tenía fundamentalmente la idea inicial de reservar el uso de la Unidad Tributaria a la Administración Tributaria Nacional, tal como lo hizo el aparte del Parágrafo Tercero del artículo 3 del Código Orgánico Tributario de 2020 vigente, por lo que asumimos entonces, que esta nueva Unidad Tributaria será utilizada sólo para los tributos nacionales bajo competencia y control de la Administración Tributaria Nacional, manteniéndose la prohibición expresa de su uso a otros entes del Poder Público, para la determinación de beneficios laborales, tasas o contribuciones especiales derivadas de los servicios que prestan.

En virtud de lo anterior, a partir del nuevo Código Orgánico Tributario de 2020 otros entes del Poder Público y particularmente queremos hacer referencia al caso de los Municipios, a los cuales aplican supletoriamente las disposiciones de dicho Código, se encontraron ante la imposibilidad de poder aplicar la Unidad Tributaria prevista en el artículo 3 del dicho Código y más aún, en el artículo 346 contenido en las Disposiciones Transitorias, se ratifica la antedicha prohibición al establecer que: "*Los órganos y entes del Poder Público tendrán un plazo de un (1) año contado a partir de la fecha de publicación de este Decreto Constituyente en la Gaceta Oficial de la República Bolivariana de Venezuela, para sustituir la unidad de medida para la determinación de beneficios laborales o tasas y contribuciones especiales derivadas de los servicios que prestan, en los casos en que se encuentran actualmente establecidas en unidades tributarias*".

Esto ya había generado reacciones desde la vigencia de las Providencias Administrativas antes mencionadas y hemos visto cómo algunos Municipios han establecido sus propias Unidades Tributarias, bajo parámetros totalmente arbitrarios y disímiles, de dudoso rigor técnico frente a un mismo fenómeno inflacionario. En efecto, aún establecidas por los respectivos órganos legislativos locales, no podemos desconocer que la solución propuesta por algunos Municipios y que se puede replicar en todos los Municipios del país cuando transcurra el año establecido en el referido artículo 346 del Código Orgánico Tributario para el abandono de la Unidad Tributaria en él prevista[14], va a generar graves distorsiones y afectará sin duda la legalidad de este elemento que en definitiva forma parte de la determinación de la base imponible de algunos tributos y para el cálculo de las sanciones pecuniarias, lo que implica:[15]

---

[14] El artículo 346 del Código Orgánico Tributario de 2020 establece que: *"Los órganos y entes del Poder Público tendrán un plazo de un (1) año contado a partir de la fecha de publicación de este Decreto Constituyente en la Gaceta Oficial de la República Bolivariana de Venezuela, para sustituir la unidad de medida para la determinación de beneficios laborales o tasas y contribuciones especiales derivadas de los servicios que prestan, en los casos en que se encuentren actualmente establecidas en unidades tributarias".*

[15] Algunos Municipios como hemos indicado ya han establecido sus propias Unidades Tributarias. Así por ejemplo, el Municipio Bolivariano Libertador del Distrito Capital, ha creado la Unidad Tributaria Municipal equivalente a los "*bolívares que correspondan al uno coma siete por ciento (1.7%) del criptoactivo Petro fluctuante creado mediante Decreto N° 3.196 publicado en Gaceta Oficial N° 6.346 Extraordinaria de fecha 8 de diciembre de 2017*" (ver Ordenanza mediante la cual se establece la Unidad Tributaria Municipal en jurisdicción del Municipio Bolivariano Libertador del Distrito Capital, publicada en Gaceta Municipal N° 4.535 de fecha 27 de febrero de 2020), disponible en: https://sumat.gob.ve/wp-content/uploads/2020/03/Ordenanza-N%C2%B0-4535-Unidad-Tributaria-Municipal-en Jurisdiccio%CC% 81n-1.pdf; el Municipio Bolivariano Carirubana del Estado Falcón estableció la Unidad de Cálculo Aritmético Municipal (UCAM), fundamentada en el "Índice de Precios al Consumidor (IPC) publicado por el Banco Central de Venezuela (BVC) o en su defecto con base a criterios técnicos, *ecónomicos y sociales necesarios para garantizar los servicios y obras sociales de su competencia…*" (Ver Ordenanza de creación y aplicación de la Unidad de Cálculo Aritmético Municipal (UCAM) del Municipio Carirubana, publicada en Gaceta Municipal N° 343-2018 Extraordinaria de fecha 31 de mayo de 2018) disponible en: http://www.alcaldiadecarirubana.com.ve/documentos/ ORDENANZA %20 DE%20CREACION%20Y%20 APLICACION%20DE%20LA%20UNIDAD%20DE%20 CALCULO%20ARITMETICO%20MUNICIPAL.pdf; el Municipio Carrizal del Estado Miranda por su parte creó la denominada Unidad Tributaria Municipal, utilizando como referencia el precio del gramo de oro, fijándola en el 0.36% del precio referencial en bolívares de un gramo de oro, según la cotización internacional publicada por el Banco Central de Venezuela (ver Ordenanza sobre Unidad Tributaria Municipal del Municipio Carrizal del Estado Miranda, publicada en Gaceta Municipal N° 098/Extraordinario de fecha 30 de agosto de 2019), disponible en:http://www.concejodelmunicipiocarrizal.gob.ve/planificacion-y-contraloria/; y el Municipio Chacao del Estado Miranda, creo la Unidad de Valor Fiscal Municipal, anclada al valor del dólar publicado en el mercado cambiario regulado por el

i) La destrucción de la figura de la Unidad Tributaria como medida aritmética uniforme, determinada con base en elementos técnicos y bajo control legislativo nacional para la determinación de bases imponibles, tramos y otros elementos e igualmente, para la corrección de las multas, tal y como fue prevista originalmente, sin perjuicio de la objetable actualización de éstas últimas a la fecha del pago;

ii) El socavamiento de la codificación como mecanismo de integración de los aspectos fundamentales sustantivos y adjetivos de la tributación y los ilícitos asociados a ella, lo cual contribuye a la falta de certeza y seguridad jurídica, en el caso concreto en materia de multas y sanciones pecuniarias; y

iii) El desconocimiento de la armonización tributaria consagrada en el numeral 13 del artículo 156 de la Constitución, absolutamente necesaria para evitar la anarquía y solapamiento de potestades y competencias tributarias entre los distintos entes políticos territoriales, ejercidas todas ellas sobre un mismo patrimonio.[16]

Banco Central de Venezuela (ver Ordenanza de creación de la Unidad de Valor Fiscal Municipal, publicada en Gaceta Municipal Extraordinaria N° 8.824 de fecha 12 de abril de 2019) disponible en: https://atencionalciudadanochacao.blogspot.com/2019/02/gaceta-municipal-nro-extraordinario _5.html. En este último caso, cabe comentar que el Tribunal Supremo de Justicia en sentencia de la Sala Constitucional de fecha 8 de agosto de 2019, suspendió cautelarmente los efectos de la señalada Ordenanza, asi como los de la Ordenanza sobre Convivencia Ciudadana del mismo Municipio Chacao del Estado Miranda, que establecía multas conforme a la señalada Unidad de Valor Fiscal Municipal, declarando la Sala que el cobro de tributos y multas ancladas al valor de la moneda publicado por el mercado cambiario oficial regulado por el Banco Central de Venezuela es contrario a los artículos 316, 317 y 318 de la Constitución, decisión disponible en: http://historico.tsj.gob.ve/decisiones/scon/agosto/306927-0250-8819-2019-19-0333.HTML. Estos son apenas algunos ejemplos, sin contar el resto de los entes públicos afectados por la exclusión del uso de la Unidad Tributaria prevista en el Código vigente. Sobre este tema cabe mencionar la decisión N° 0078 de la Sala Constitucional del Tribunal Supremo de Justicia de fecha 7 de julio de 2020, que con motivo de este caso, suspendió por noventa (90) días, no solo para el Municipio Chacao sino para todos los Estados y Municipios del país, la aplicación de todo texto normativo que establezcaa tasas o contribuciones de naturaleza tributaria, decisión polémica por la ilegalidad de su alcance desde el punto de vista procesal, así como por su inconstitucionalidad al atentar gravemente contra las potestades tributarias de dichos entes político territoriales de acuerdo con la Constitución Nacional. Esta decisión está también disponible en: http://historico.tsj.gob.ve/decisiones/scon/julio/309924-0078-7720-2020-19-0333.HTML.

16 El numeral 13 del artículo 156 de la Constitución Nacional establece que es competentencia del Poder Nacional la: "*La legislación para garantizar la coordinación y armonización de las*

III. EL NUEVO CÓDIGO ORGÁNICO TRIBUTARIO Y LA REFORMA DE LA LEY ORGÁNICA DE ADUANAS DEL AÑO 2020

Como hemos señalado, el nuevo Código Orgánico Tributario de 2020 mantiene la figura de la Unidad Tributaria, al establecerla el Parágrafo Tercero del artículo 3 en los términos que transcribimos a continuación:

> *"Por su carácter de determinación objetiva y de simple aplicación aritmética, la Administración Tributaria Nacional reajustará el valor de la Unidad Tributaria de acuerdo con lo dispuesto en este Código. En los casos de tributos que se liquiden por períodos anuales, la unidad tributaria aplicable será la que esté vigente al cierre del ejercicio fiscal respectivo. Para los tributos que se liquiden por períodos distintos al anual, la unidad tributaria aplicable será la que esté vigente al inicio del período.*
> *La unidad tributaria solo podrá ser utilizada como unidad de medida para la determinación de los tributos nacionales cuyo control sea competencia de la Administración Tributaria Nacional, no pudiendo ser utilizada por otros órganos y entes del Poder Público para la determinación de beneficios laborales o tasas y contribuciones especiales derivadas de los servicios que prestan"*

Es decir, que continúa existiendo la Unidad Tributaria como unidad aritmética de medida para la determinación de bases imponibles, exenciones y otros elementos de las leyes que requieran corrección, pero su uso está limitado a la Administración Tributaria Nacional, incorporando así con algunas modificaciones, la intención contenida en el artículo 2 de las referidas Providencias Administrativas del SENIAT N° SNAT/2018/0129 y N° SNAT/2019/000046. La novedad con respecto a los Códigos anteriores, es que ya las multas y sanciones pecuniarias impuestas por la Administración Tributaria o la Administración Aduanera, del Servicio Nacional Integrado de Administración Aduanera y

---

distintas potestades tributarias, definir principios, parámetros y limitaciones, especialmente para la determinación de los tipos impositivos o alícuotas de los tributos estadales y municipales, así como para crear fondos específicos que aseguren la solidaridad interterritorial".

Tributaria (SENIAT), no se calcularán con base en la Unidad Tributaria como hasta ahora, sino con base en el Tipo de Cambio de la Moneda de Mayor Valor publicado por el Banco Central de Venezuela.

En efecto, el artículo 91 del Código Orgánico Tributario vigente establece que: "*Cuando los montos establecidos en este Código estén expresados en el tipo de cambio oficial de la moneda de mayor valor, publicado por el Banco Central de Venezuela, se utilizará el valor del tipo de cambio que estuviere vigente en el momento del pago*". Como complemento de lo anterior, el artículo 92 *eiusdem* prevé lo siguiente: *"Las multas establecidas en este Código expresadas en términos porcentuales se convertirán al equivalente al tipo de cambio oficial de la moneda de mayor valor publicado por el Banco Central de Venezuela que corresponda al momento de la comisión del ilícito y se cancelarán utilizando el valor de la misma que estuviere vigente para el momento del pago",* como se evidencia de la norma, se trata del mismo tratamiento anteriormente existente con la Unidad Tributaria, pero aplicando el Tipo de Cambio de la Moneda de Mayor Valor publicado por el Banco Central de Venezuela. Así las cosas, todas las multas previstas en el Código por el incumplimiento de deberes formales se establecen en tales términos, así como aquellas relativas a la obligación material de pago del tributo.

Será entonces el señalado Tipo de Cambio de la Moneda de Mayor Valor publicado por el Banco Central de Venezuela, el que será aplicado para el ajuste de las multas y sanciones pecuniarias previstas en el Código Orgánico Tributario en su Título III. "*De los Ilícitos y sus Sanciones*" en los Capítulos II "*De los Ilícitos Tributarios Formales*" (artículos 100 al 108) y III "*De los Ilícitos Materiales*" (artículos 110 al 117), sancionados con multas establecidas directamente en un número determinado de veces la referida unidad de valor, como ocurre en el caso de los ilícitos formales o en términos porcentuales, que deberán ser convertidos a dicha unidad al momento de la comisión del ilícito y luego ajustados a su valor al momento del pago, según lo establecido en los artículos 91 y 92 antes citados.

En el mismo sentido que las normas anteriores, el artículo 159 de la Reforma de la Ley Orgánica de Aduanas establece como parámetro para la imposición de las sanciones el Tipo de Cambio Oficial de la Moneda de Mayor Valor publicado por el Banco Central de Venezuela, en los siguientes términos: *"Cuando las multas establecidas en este Decreto con Rango, Valor y Fuerza de Ley se refieran al valor en aduana de las mercancías, se convertirán al equivalente del tipo de cambio de la moneda de mayor valor, publicado por el Banco Central de Venezuela que corresponda al momento de la comisión del ilícito, y se cancelarán en bolívares utilizando el tipo de cambio oficial que estuviere vigente en el momento del pago. En caso de que no se pudiera determinar el momento de la comisión del ilícito, se tomará en cuenta el momento en que la Administración Aduanera tuvo conocimiento del mismo".*

En el caso de los ilícitos aduaneros tenemos multas establecidas directamente en un número determinado de veces la referida unidad de valor o en términos porcentuales, que deberán ser convertidos a dicha unidad al momento de la comisión del ilícito y luego ajustados a su valor al momento del pago, o en su defecto el momento en que la Administración Aduanera tuvo conocimiento de él. Concretamente el Tipo de Cambio de la Moneda de Mayor Valor será aplicable a los ilícitos establecidos en la vigente Ley Orgánica de Aduanas, en el Título VII. Del Ilícito Aduanero, en los Capítulos III "*De las sanciones a los Auxiliares de la Administración Aduanera*" en sus Secciones I, relativa a las sanciones "*De aplicación General*" (artículo 161); y II relativa a las sanciones de "*Aplicación Específica*" (artículos 165, 166, 167 y 168). Así como en el caso de las sanciones contenidas en el Capítulo IV "De las Sanciones a los Regímenes Aduaneros" (artículos 177, 178, 179, 180 y 181).

Ahora bien, lo que se evidencia de la aplicación del Tipo de Cambio de la Moneda de Mayor Valor establecida en las normas anteriores, tanto del nuevo Código Orgánico Tributario como de la Reforma de la Ley Orgánica de Aduanas, es una clara intención recaudatoria propia de los tributos pero a través de las sanciones, lo que en modo alguno se corresponde con la finalidad de la sanción, entendida como pena o castigo ante la comisión de una infracción, siendo ello inadmisible, aun tratándose de sanciones pecuniarias, ya que éstas no tienen carácter resarcitorio, sino lo que buscan es el castigo del infractor por su incumplimiento de las normas. La doctrina nacional ha reconocido el carácter represivo del ilícito tributario, para MORENO de RIVAS, con el castigo del infractor no se busca resarcir el daño causado al sujeto activo de la relación tributaria, sino castigar el incumplimiento del infractor, admitiendo que independientemente del medio de castigo, ya sea pecuniario o privativo de la libertad, su naturaleza siempre será de carácter penal[17].

En el mismo sentido sobre la naturaleza penal del ilícito tributario ANZOLA, tesis en que le acompañan WEFFE[18] y BORGES entre los tributaristas y como ésta última bien expresa, la protección del Fisco es la de la economía y con la protección de esta se protege a la sociedad, *"de manera que al decidirse tipificar la infracción tributaria se está previniendo y castigando la perturbación de uno de sus órdenes, el orden económico, con todo lo que este apareja";*[19] consolidándose, según PRÍAS, la tesis de que el bien jurídico tutelado para el ilícito tributario es el orden económico social, dentro del cual la Hacienda Pública sirve de subespecie, más que como objeto, como medio estratégico a su servicio. Agrega este autor que tal concepción nos permite elaborar una definición de ilícito tributario, como aquél género de comportamientos que atentan contra el interés jurídico tutelado del orden económico social por la vía de la afectación de la Hacienda Pública.[20]

IV. LA INCONSTITUCIONAL E ILEGAL ACTUALIZACIÓN DE LAS MULTAS POR ILÍCITOS EN EL ÁMBITO DE LAS OBLIGACIONES TRIBUTARIAS Y ADUANERAS

Si el mecanismo de incremento de las multas y sanciones pecuniarias a través del mecanismo de la Unidad Tributaria era ilegal e inconstitucional, su ajuste y consiguiente incremento mediante el uso del

[17] Aurora Moreno de Rivas, "El Ilícito Tributario en la Legislación Venezolana", en *Temas de Derecho Penal Económico, Homenaje a Alberto Arteaga Sánchez*, Compiladora Carmen Luisa Borges Vegas, Fondo Editorial Asociación Venezolana de Derecho Tributario-Obras Colectivas OC 2 / Universidad Central de Venezuela, Caracas, 2006, p 494.

[18] Carlos Weffe H.., *El Ilícito Tributario: Naturaleza jurídica,* Ediciones Paredes, Caracas 2004, p. 79.

[19] Carmen Luisa Borges V., *Principios Penales en el Código Orgánico Tributario,* Universidad Central de Venezuela, Facultad de Ciencias Jurídicas y Políticas, Caracas, 1999, p.88.

[20] Juan Carlos Prías Bernal, *El Ilícito Tributario en el Derecho Penal,* Ediciones Doctrina y Ley LTDA, Bogotá, D.C, Colombia, p.173-174.

Tipo de Cambio de la Moneda de Mayor Valor publicado por el Banco Central de Venezuela adolece de los mismos vicios de ilegalidad e inconstitucionalidad de aquella, al contravenir el principio de Legalidad en materia penal, previsto en el numeral 6 del artículo 49 de la Constitución, el principio de Irretroactividad de la ley penal, consagrado en el artículo 24 del mismo texto constitucional y en el artículo 8 del Código Orgánico Tributario, lo que trae como consecuencia, la falta de certeza y seguridad jurídica sobre las consecuencias de la conducta ilícita que es inadmisible en derecho.

De acuerdo con el principio de Legalidad en materia penal: *"Ninguna persona podrá ser sancionada por actos u omisiones que no fueren previstos como delitos, faltas o infracciones en leyes preexistentes"*. Esto significa, por una parte, que ningún sujeto de derecho podrá ser castigado por un hecho que no estuviere previsto expresamente como punible en la ley, ni con penas que no hubieren sido establecidas previamente, tal y como también lo establece el Código Penal y, por la otra, que las normas tipificadoras de los hechos o conductas constitutivas de delitos o faltas, y aquéllas que regulan las sanciones aplicables, deben tener carácter y rango de ley formal. Es decir, aquella emanada del cuerpo legislativo representado por la Asamblea Nacional y en ejercicio de la competencia exclusiva del Poder Nacional relativa a la legislación en materia penal, prevista en el numeral 32 del artículo 156 de la Constitución.

Como bien ha señalado un importante sector de la doctrina nacional representado en ARTEAGA SÁNCHEZ, *"el principio de legalidad, en la fórmula acogida por nuestra ley, trasciende (...) la simple exigencia de que sólo la ley puede crear delitos y penas (principio de reserva legal o de legalidad stricto sensu), ya que implica, asimismo, que los hechos y las penas deben estar previamente establecidos en la ley para que una conducta pueda ser sancionada penalmente (principio de irretroactividad); y que ha de tratarse de hechos y penas determinadas expresamente por la propia ley (principio o exigencia de la tipicidad."*[21] .

En este orden de ideas, el principio de Legalidad en el Derecho Penal y Sancionatorio, como garantía de la libertad personal y de la

---

[21] Alberto Arteaga Sánchez, *Derecho Penal Venezolano*, 9ª Edición, Mc Graw Hill, Caracas, 2001, p. 42-43.

seguridad jurídica de los ciudadanos, se manifiesta en una doble vertiente: *reserva legal* (o garantía formal) y *mandato de tipicidad* (o garantía material), lo que implica cumplir con los postulados o exigencias de *lex scripta, lex previa, lex stricta* y *lex certa.* Es decir, se requiere la existencia de una norma de rango legal (*lex scripcta*), que esta norma sea anterior al hecho que se pretende sancionar (*lex previa*), y que contenga una descripción precisa, clara y detallada, tanto de la conducta considerada como antijurídica como de la pena aplicable (*lex stricta* y *lex certa).*

Por tanto, se infringe el principio de Legalidad en materia penal o sancionatoria, cuando la norma que establece el delito o tipo penal, no contiene una descripción precisa e inequívoca de la conducta considerada como antijurídica, o bien, cuando no existe certeza sobre el tipo y grado de la sanción aplicable a quien incurra en la conducta prohibida por la ley, situación ésta que es la que se presenta con el Código Orgánico Tributario y la Ley Orgánica de Aduanas, cuando establecen la actualización con base en el Tipo de Cambio de la Moneda de Mayor Valor en las normas anteriormente señaladas, lo que trae consigo una indeterminación de las sanciones las cuales, en definitiva, serán incrementadas en su cuantía empleando para ello como referencia, un elemento incierto y variable. Esto, debido a que el incremento injustificado de la cuantía de las multas (que la Sala Político Administrativa del Tribunal Supremo de Justicia en diversas decisiones considera indebidamente como un simple mecanismo de corrección monetaria)[22] y

[22] La jurisprudencia de la Sala Político Administrativa del Tribunal Supremo de Justicia ha venido reiterando este criterio en diversas decisiones, siendo emblemáticos el caso de la sentencia N° 01426 del caso The Walt Disney Company S.A de fecha 12 de noviembre de 2008, que al respecto ha declarando con referencia a la Unidad Tributaria que: *"(...) "en modo alguno se infringe el principio de legalidad, pues simplemente constituye un mecanismo de técnica legislativa que permite la adaptación progresiva de la sanción representada en unidades tributarias, al valor real y actual de la moneda. Por otra parte, tal actualización no obedece a una estimación caprichosa realizada por la Administración Tributaria, sino que se realiza con base al estudio y ponderación de variables económicas, (Indice de Precios al Consumidor (IPC) del Area Metropolitana de Caracas), que representan la pérdida del valor real del signo monetario por el transcurso del tiempo. Así, las providencias dictadas por el Superintendente Nacional Tributario, de conformidad con lo previsto en el artículo 121, numeral 15 del Código Orgánico Tributario publicado en la Gaceta Oficial No. 37.305 del 17 de octubre de 2001, sólo se limitan a actualizar anualmente el valor de las unidades tributarias", lo cual, a su vez, como en el caso de autos, incide en las sanciones ya previstas en normas de rango legal, como lo es la contenida en el artículo 94, eiusdem.* (Vid. Senten-

su aplicación a hechos pasados ya consolidados, no sólo se traduce en un desconocimiento para el eventual infractor de todas las consecuencias jurídico penales de su conducta (sea por acción u omisión), sino que también desconoce la exigencia constitucional de certeza que debe ofrecer la ley penal (y que se expresa en el principio de tipicidad penal), a fin de garantizar la seguridad jurídica de los ciudadanos.

Al respecto y tal como lo ha señalado la Sala Constitucional del Tribunal Supremo de Justicia, la predeterminación normativa de las conductas consideradas ilícitas y de su correspondiente sanción, constituye una de las garantías fundamentales en un Estado de Derecho, tal como lo sostuvo en la sentencia del *caso José Muci-Abraham,*[23] en la cual se declaró lo siguiente:

> *"(...) toda conducta que constituya un delito, así como las sanciones correspondientes deben estar previamente estipuladas en una*

---

cia N° 2813 y 01310 de fechas 27 de noviembre de 2001 y 06 de abril de 2005). Se trata, ha afirmado la Sala *"como antes se indicó, de un mecanismo del cual se vale el legislador para evitar que el transcurso del tiempo invalide o disminuya los efectos de la sanción que ha pretendido fijar como consecuencia de un ilícito tributario... "*, sentencia disponible en: http://historico.tsj.gob.ve/decisiones/spa/noviembre/01426-121108-2008-2006-1847. HTML. Igualmente sobre este punto, la sentencia N° 00815 del caso Tamayo & Cía. de fecha 4 de junio de 2014, en la cual se reitera el criterio declarando que: *(...) a los efectos del cómputo de la sanción entenderíamos entonces que, en ambos supuestos, la Administración Tributaria estaría obligada a convertir la multa que -en principio- está establecida en términos porcentuales al equivalente en unidades tributarias vigentes para el momento de la comisión de la infracción, vale decir, al vencimiento de la fecha en que estaba fijado dicho enteramiento y, posteriormente, emitir las planillas de liquidación en bolívares (moneda de curso legal) con el valor de la unidad tributaria vigente para la fecha de la emisión del acto administrativo sancionador, tomando en cuenta que esa será la oportunidad del pago de la sanción; sin embargo, si el infractor no paga la multa, ésta deberá ajustarse hasta tanto se efectúe su pago. Cabe destacar que si el valor de la sanción se mantuviese intacto para el momento en el que se produjo el ilícito, o bien cuando se pagó de manera extemporánea y de forma voluntaria el tributo omitido, la multa iría perdiendo todo su efecto disuasivo. Por tal motivo, no es posible aplicar a los fines del pago de la sanción, la unidad tributaria vigente al momento que la Administración fiscaliza y/o verifica y detecta el ilícito, ni tampoco la que esté vigente para cuando el sujeto pasivo pague la obligación principal (enteramiento tardío), sino la del pago de la respectiva multa, tomando en cuenta que lo pretendido es que la sanción no pierda su valor con el transcurso del tiempo* (Destacados del fallo) disponible en: http://historico.tsj.gob.ve/decisiones/spa/junio/165176-00815-4614-2014-2012-1813. HTML.

[23] Sentencia N° 2338 de la Sala Constitucional del Tribunal Supremo de Justicia, de fecha 21 de noviembre de 2001, disponible en: http://historico.tsj.gob.ve/decisiones/scon/noviembre/2338-211101-00-1455.HTM.

disposición normativa, general y abstracta (desde el punto de vista formal) que los defina, pues se entiende que tales sanciones afectan o inciden de manera directa e individual sobre la esfera jurídica de los ciudadanos, por lo que en este caso, no le estaría dado al legislador hacer remisiones "genéricas" para que, mediante un reglamento se establezcan delitos o sanciones relacionados con la Ley de que se trate.

Así, en aras de la seguridad jurídica que debe existir en todo Estado de Derecho, le corresponde a la ley definir todas aquellas conductas que pudieran calificarse como delitos y que por tanto, acarrearían penas y sanciones, tal exigencia se encuentra consagrada en la norma prevista en el artículo 49, numeral 6 de la Constitución vigente cuando dispone que el debido proceso se aplicará a todas las actuaciones judiciales y administrativas, y en consecuencia, "(...) 6. [n]inguna persona podrá ser sancionada por actos u omisiones que no fueren previstos como delitos, faltas o infracciones en leyes preexistentes".

La aplicación del principio de la legalidad de los delitos, faltas y las penas no resulta exclusivo del Derecho Penal sino que se ha sido extendido a las diversas ramas del Derecho, con mayor arraigo en los ilícitos y penas administrativas, por lo que actualmente se habla de postulados del Derecho Sancionatorio; de manera que, resulta necesaria la tipificación legal previa de los hechos calificados como delitos o faltas y la anticipada consagración de la medida sancionatoria que le corresponda, y por ello, no podría una ley contener formulaciones genéricas en materia sancionatoria y dejar en manos del Ejecutivo la determinación de los hechos o conductas ilícitas, pues de esta manera se abre la posibilidad de que, en la medida en que se presenten nuevos supuestos jurídicos, se establezcan hechos posteriores que originen tipos delictivos, en cuyo caso la ley estaría delegando la potestad normativa en materia de tipificación de delitos a futuros actos de contenido normativo pero de carácter sublegal."

Así pues, resulta contrario al principio de tipicidad en materia penal y sancionatoria, que el monto de la multa aplicable a los supuestos de contravención y demás ilícitos previstos en el Código Orgánico Tributario y en la Ley Orgánica de Aduanas, no se encuentre previa e invariablemente establecido en una norma legal, y que, por el contrario, su determinación o fijación definitiva dependa de un elemento futuro y mudable, como lo es la variación del Tipo de Cambio de la Moneda de Mayor Valor establecido por el Banco Central de Venezuela, entre la fecha de comisión de la infracción y la del pago de la sanción impuesta, lo que impide al sujeto infractor conocer con certeza y exactitud, cuál es la sanción aplicable a su antijurídica conducta.

El sujeto debe conocer al momento de la comisión del ilícito las consecuencias de su acción u omisión. Asumiendo el caso sencillo del incumplimiento de un deber formal, como por ejemplo la multa establecida en el numeral 1° del artículo 103 del Código Orgánico Tributario por no presentar declaraciones o presentarlas con un retraso superior a un (1) año, sancionada con clausura de la oficina, local o establecimiento, más una multa equivalente a ciento cincuenta (150) veces el Tipo de Cambio Oficial de la Moneda de Mayor Valor publicado por el Banco Central de Venezuela, supondría que para el momento de la comisión de la infracción, en el hipotético caso el 20 de marzo de 2020, la multa aplicable para esa fecha hubiese sido de Bs.11.745.367,50 (asumiendo que el Tipo de Cambio de la Moneda de Mayor Valor era de del euro de acuerdo con la publicación del tipo de cambio de referencia del Banco Central de Venezuela) siendo éste de Bs. 78.303,45 por euro. Ahora bien, suponiendo que el infractor es sancionado y que éste pagó la multa impuesta el 27 de julio de 2020, siendo el tipo de cambio para esta fecha de Bs. 288.293,72 por euro, la multa al momento del pago sería de Bs. 43.244.058,00.

Obsérvese cómo en el ejemplo presentado, el simple incumplimiento de un deber formal, pone en evidencia que el infractor: **i)** al momento de la comisión de la infracción desconocía la cuantía de la multa que finalmente pagaría; **ii)** que si hubiese sido sancionado conforme al tipo de cambio aplicable vigente al momento de la comisión de la infracción, la multa hubiese sido de Bs.11.745.367,50, cantidad ésta que podía determinar con una simple operación aritmética; y **iii)** que ha visto agravada su situación, al incrementarse la multa en Bs. 31.498.690,50, casi tres veces más el monto de la multa original en apenas unos meses (de marzo a julio) debiendo pagar la suma de Bs. 43.244.058,00, lo que además es demostrativo de la total y absoluta desproporción entre el ilícito cometido y la sanción aplicada, y que sin duda alguna pone en peligro el libre desarrollo de la actividad económica, así como el patrimonio de las personas naturales o jurídicas y sujetos pasivos en general, al pervertirse el uso del poder represor del Estado tratando de compensar el déficit en la recaudación, sin tomar en cuenta que con ello podría acabarse con la fuente generadora de la riqueza gravada con los tributos, abriendo por añadidura la puerta a la arbitrariedad y el abuso.

Peor resulta el caso de las infracciones por la comisión de ilícitos materiales, en los que las sanciones están establecidas porcentualmente, en unos porcentajes objetivamente escandalosos: el sólo tipo de la sanción prevista en el artículo 115 del Código Orgánico Tributario para los agentes de retención o percepción que no la hubiesen practicado, es del 500% del tributo no retenido o no percibido; o el supuesto de los agentes de retención o percepción que hubiesen enterado con un retardo superior a los cien (100) días los montos retenidos o percibidos, en que la multa es del 1.000% del tributo enterado tardíamente. La sola sanción es en sí misma total y absolutamente desproporcionada, antes de efectuar su conversión al Tipo de Cambio de la Moneda de Mayor Valor publicado por el Banco Central de Venezuela. Igualmente en el caso de las normas sobre la omisión o disminución de ingresos tributarios que son las que mayoritariamente han dado lugar a jurisprudencia como la mencionada anteriormente, caso en el que la multa impuesta en términos porcentuales deberá ser convertida a dicho tipo de cambio que esté vigente al momento de la comisión de la infracción de acuerdo con el artículo 92 del Código Orgánico Tributario, y luego debe ser ajustada al momento del pago, lo que en un proceso cuyo trámite administrativo y judicial puede tardar años, implica en la práctica un desproporcionado incremento de la sanción, cuyos efectos veremos en los próximos años cuando comiencen a imponerse las multas, con fundamento en las normas contenidas en los artículos 91 y 92 del Código Orgánico Tributario vigente.[24]

Bajo la aplicación de la Unidad Tributaria para la indebida corrección e incremento de las multas, criterio que *mutatis mutandi* sería apli-

[24] De acuerdo con el artículo 343 del Código Orgánico Tributario, las infracciones cometidas antes de su vigencia, serán sancionadas conforme al hoy derogado Código de 2014.

cable al Tipo de Cambio de la Moneda de Mayor Valor, observamos, como fue denunciado en diversos recursos ante los Tribunales competentes por la materia y el Tribunal Supremo de Justicia en apelación que, de aplicarse la indebida actualización de las multas, el resultado final como consecuencia de un reparo, es que la República estaría recibiendo:

i) El monto del impuesto determinado como consecuencia del reparo.

ii) Los intereses moratorios desde la fecha en que debió hacerse la declaración correspondiente, hasta el momento del pago, siendo estos intereses los que tienen el carácter resarcitorio por el tiempo transcurrido, no las multas.

iii) Una multa indexada o actualizada, que en la gran mayoría de los casos excede el monto del impuesto más los intereses.

En materia de ilícitos aduaneros nos encontramos con situaciones similares, tales como las multas previstas en el artículo 168 de la Ley Orgánica de Aduanas, para los agentes y agencias de aduanas, establecida en 1.000 veces el equivalente del Tipo de Cambio Oficial de la Moneda de Mayor Valor publicado por el Banco Central de Venezuela, cuando no se proceda al desaduanamiento de las mercancías dentro del lapso correspondiente (numeral 4); o de 550 veces cuando se liquiden o enteren incorrectamente los tributos, derechos antidumping o compensaciones cuando sean procedentes (numeral 5).

Lo que se pone de relieve con normas como las anteriores señaladas a título de ejemplo porque son muchas más en términos similares, es que la única forma de que el sujeto pueda conocer las consecuencias de su actuación, es siendo sancionado con la multa aplicable al momento de la infracción, tal y como lo establece el artículo 548 del Código Orgánico Procesal Penal, norma que parte de los fundamentos elementales de la responsabilidad en materia penal y de acuerdo con el cual: *"(...) El monto de la multa se calculará con base al valor de la unidad tributaria vigente en la fecha en que se cometió el hecho que origine la sanción".*[25] Esta norma establece el deber ser en materia penal, por

[25] El señalado artículo 548 del Código Orgánico Procesal Penal hace referencia a la Unidad Tributaria, pero lo que se quiere destacar de la norma, es que lo importante que es el valor a considerar para la imposición de la sanción sea el que estaba vigente al momento de la comisión del hecho sancionable.

lo que este instrumento legal deber ser el que establezca el lineamiento a seguir en materia de imposición de sanciones, con independencia de que se trate de sanciones tributarias o aduaneras, pues, tal y como lo reconoce el mismo Código Orgánico Tributario en su artículo 80, a falta de disposiciones especiales en el mismo, son aplicables supletoriamente los principios y normas de Derecho Penal compatibles con la naturaleza y fines del Derecho Tributario, lo cual también debe entenderse en materia aduanera, vista la aplicación supletoria en esta materia del Código Orgánico Tributario en los términos del artículo 1°.[26]

La realidad es que este incremento de las sanciones derivado de su indexación o ajuste, puede convertirlas en absolutamente desproporcionadas a la infracción cometida, lo que es muy claro en el caso del incumplimiento de deberes formales, que son castigados con multas que carecen de toda racionalidad y proporción lógica con respectivo al ilícito cometido, y que en algunos casos, podría implicar que las multas impuestas se tornen inclusive en confiscatorias. En virtud de la prohibición general de confiscaciones contenida en el artículo 116 de la Constitución y la prohibición expresa del establecimiento de tributos confiscatorios en el artículo 317, creemos que *mutatis mutandi* deben ser aplicables los mismos criterios con respecto a las sanciones pecuniarias tributarias, en cuanto a sus efectos devastadores desde el punto de vista económico para el infractor y la afectación de su derecho de propiedad, si como consecuencia de la sanción impuesta el sujeto resulta empobrecido de manera tal, que se le impida el normal desarrollo de la actividad económica.[27]

Nos referimos específicamente a la garantía del derecho de propiedad, en este caso por los efectos perniciosos que una sanción confiscatoria podría producir en el patrimonio del sujeto afectado, ya que la

---

[26] El artículo 1° del Código Orgánico Tributario establece que el mismo se aplicará para los tributos aduaneros: *"en lo atinente a los medios de extinción de las obligaciones, a los recursos administrativos y judiciales, la determinación de intereses y en lo relativo a las normas para la administración de tales tributos que se indican en este Código; para los demás efectos de aplicará con carácter supletorio"*.

[27] El artículo 116 de la Constitución establece que no se decretarán ni ejecutarán confiscaciones de bienes sino en los casos permitidos por la misma Carta Magna. Por su parte el artículo 317 establece expresamente que ingún tributo puede tener efecto confiscatorio, sin excepciones de ningún tipo.

concepción de la norma constitucional contenida en el artículo 317 está referida especialmente a la prohibición de tributos confiscatorios y está vinculada al principio de Capacidad Contributiva. Los criterios doctrinarios acerca de dicha prohibición pueden ser diferentes y se refieren fundamentalmente a los tributos. Como asienta FRAGA PITTALUGA, el problema de los efectos confiscatorios de los tributos ha ocupado buena parte de la doctrina desde hace bastante tiempo y en definitiva todo va a depender de la posición que se adopte sobre la génesis de la prohibición.[28] En nuestro criterio la protección del derecho de propiedad, al menos en el caso venezolano, puede ser uno de los fundamentos para la protección del sujeto frente a sanciones confiscatorias. No obstante lo anterior, realizando una interpretación teleológica de la prohibición de tributos confiscatorios, más allá del marco de un proceso en el cual estén involucradas obligaciones tributarias con sus accesorios y sanciones, en un procedimiento exclusivamente sancionatorio, creemos que si el efecto económico de las sanciones que nos ocupan impacta en el sujeto pasivo produciendo un efecto confiscatorio, la misma norma del artículo 317 podría ser aplicada para la protección de los derechos constitucionales violentados por la actuación administrativa, a fin de no dejar indefensos a los sujetos pasivos de estas obligaciones derivadas de sanciones frente al poder del Estado.

Esto fue lo que ocurrió en el *caso Justo Oswaldo Páez-Pumar y otros en Acción de Nulidad por Inconstitucionalidad contra el artículo 59 del Código Orgánico Tributario de 1994,* cuya nulidad parcial fue declarada en sentencia de fecha 14 de diciembre de 1999 de la Sala Plena de la antigua Corte Suprema de Justicia y su Aclaratoria de la Sala Constitucional del Tribunal Supremo de Justicia de fecha 26 de julio de 2000, precedente judicial dictado en ejercicio de la jurisdicción constitucional atribuida a esa Sala. En efecto, en dicha sentencia se declaró inconstitucional, por ser contraria al principio de Capacidad

---

[28] Así, en la doctrina tributaria, *"Para algunos se trata de un asunto que se reduce a la plena vigencia de la garantía del derecho de propiedad; para otros, es un reflejo del principio de acuerdo con el cual los tributos deben recaer sobre la verdadera capacidad contributiva del sujeto pasivo; otros ven el principio como un límite a la progresividad de los tributos; y, finalmente, hay quienes restan toda importancia a esta discusión"*. Luis Fraga Pittaluga, *Principios Constitucionales de la Tributación,* Fraga, Sánchez & Asociados, Editorial Torino, Caracas, 2006, p. 71.

Contributiva la indexación del impuesto prevista en la referida norma parcialmente anulada, aplicada conjuntamente con los intereses compensatorios e intereses moratorios, admitiendo sólo la constitucionalidad de la aplicación de éstos último dentro de los parámetros expuestos en la decisión. Podemos afirmar que el mismo efecto económico negativo podría producirse con la aplicación de multas actualizadas con base en el Tipo de Cambio de la Moneda de Mayor Valor establecido por el Banco Central de Venezuela vigente al momento del pago, resultando totalmente desproporcionadas las sanciones aplicadas, conjuntamente con unos intereses de mora que, de acuerdo con el artículo 66 del Código Orgánico Tributario, son los llamados a resarcir a la República por la demora en el pago del tributo no las multas, siendo éstos intereses equivalentes a uno punto dos (1.2) veces la tasa activa promedio de los seis principales bancos comerciales y universales del país con mayor volumen de depósitos, excluidas las carteras con intereses preferenciales, determinada por el Banco Central de Venezuela.

Aun cuando referida como expresamos a la aplicación conjunta del impuesto indexado, los intereses compensatorios y los intereses moratorios, hace la señalada sentencia una serie de afirmaciones que podrían aplicarse en cuanto a sus efectos, en el caso de las multas actualizadas, al declarar que el sistema de ajuste, *"(...) puede no reflejar los reales efectos de la inflación en el monto de los tributos objeto de reparo, incrementándolos más allá del valor real y convirtiéndolos por ende, en un sistema tributario injusto, pues se estaría exigiendo más tributo que el efectivamente causado y haciendo más oneroso el cumplimiento de la obligación tributaria"*.[29] En el caso de las multas, al ajustarse tomando como valor de referencia el Tipo de Cambio de la Moneda de Mayor Valor al momento del pago, distinto del que tenían al momento de cometerse la infracción, se estaría exigiendo una multa mucho mayor, más allá de lo que en virtud del principio de Proporcionalidad puede aplicarse en ejercicio del *Ius Puniendi* del Estado, con lo que igualmente

[29] Sentencia de la Sala Plena del Tribunal Supremo de Justicia de fecha 14 de diciembre de 1999 en el *caso Justo Oswaldo Paéz-Pumar y otros contra el artículo 59 del Código Orgánico Tributario*, consultada en Graciela Rodríguez, Extracto de sentencias de la Corte Suprema de Justicia, en *Revista de Derecho Tributario* N° 86, órgano divulgativo de la Asociación Venezolana de Derecho Tributario, Legislec Editores C.A, Caracas, 2000, p. 110.

se estaría haciendo más oneroso el cumplimiento del infractor, sin perjuicio de que la finalidad de las sanciones tributarias no es recaudatoria sino, como señalamos al inicio, el castigo del infractor, buscando que su conducta se ajuste a la norma en beneficio del orden social.

Igualmente declara la referida sentencia de la Sala Plena, que cuando el Código Orgánico Tributario -refiriéndose al indicado Código de 1994- estableció la figura de la indexación, *"(...) no concibe este medio correctivo por efecto de la inflación para todos los casos, ni toma en cuenta la naturaleza de la obligación tributaria como una obligación dineraria (su cuantía es conocida desde que se determina o liquida), sino como una mera obligación de valor (como si se tratara de una obligación indemnizatoria o restitutoria), cuando antes bien, el carácter meramente objetivo de la corrección monetaria, llamaría a corregir en el tiempo el valor de la moneda en que la obligación (tributaria) es expresada. Concibe pues el legislador, en el artículo 59 del Código Orgánico Tributario, una sanción o castigo adicional para aquél sujeto".*[30] Creemos que en el caso concreto de las multas indexadas o actualizadas, tales argumentos de conversión de la obligación tributaria en una obligación de valor, aplica igualmente en este caso las multas, pues ellas también son típicas obligaciones dinerarias. En el mismo sentido, en lo que se refiere a que en virtud del ajuste aplicado, se impone una sanción o castigo adicional al sujeto que ha sido sancionado.

Creemos que aspectos como los enunciados del criterio jurisprudencial anterior tienen perfecta cabida, ya que las normas vigentes, tanto del Código Orgánico Tributario como de la Ley Orgánica de Aduanas, están viciadas de nulidad por inconstitucionalidad, pues remiten la fijación del *quantum* de la sanción pecuniaria a un valor de cuantificación que no estaba vigente cuando se cometió la infracción, creándole al agente una situación más gravosa, salvo en aquellos casos en los cuales, entre la fecha de comisión del ilícito y la fecha del pago de la multa, no se produzca una modificación del valor del Tipo de Cambio de la Moneda de Mayor Valor, lo cual es difícil en el contexto económico actual.

Este desconocimiento del *quantum* de la sanción, en virtud de la aplicación de este mecanismo de indexación, nos lleva necesariamente al análisis de las deudas de valor. Tradicionalmente, la doctrina ha

[30] Ibidem, p.110.

distinguido entre deudas de dinero y deudas de valor, siendo la deuda tributaria un típico caso de deuda de dinero, es decir, aquella cuyo objeto es sólo una suma de dinero. Como señala MESSINEO en su Tratado de Derecho Civil y Mercantil, "*en las obligaciones de dinero el objeto debido es sólo una suma de signos monetarios de curso legal o sin él, pero siempre con prescindencia del valor real o poder adquisitivo que dicha suma representa. El deudor cumple entregando el objeto convenido, esto es, una suma igual a la pactada, sin atender a la posible depreciación de los signos monetarios que integran esa suma*".[31] En el mismo sentido RODNER, para quien la obligación pecuniaria es la obligación de entregar el dinero, siendo el dinero el objeto de la conducta. Entendiendo dinero en un sentido amplio "*contemporáneo*", como *"todo aquello que tenga la capacidad de extinguir una obligación pecuniaria (monedas, billetes del BCV, cheques, transferencias bancarias, etc.)* Siendo el pago el medio de extinción por excelencia de las obligaciones tributarias, accesorios y sanciones, resulta claro que en primer término mediante el uso del dinero se podría extinguir la obligación derivada de la imposición de una multa como sanción de naturaleza pecuniaria.

Igualmente reconoce RODNER, para el problema de la inflación en las obligaciones de dinero, la practicidad de extender más el uso de las cláusulas de valor en los contratos.[32] Sin embargo estas soluciones que pueden tener cabida en el ámbito del Derecho Privado, presentan dificultades cuando se trata de trasladarlas al Derecho Público y particularmente al ámbito de las obligaciones tributarias, regidas por el principio nominalista y sujetas a los enunciados Principios Constitucionales de Legalidad y Capacidad Contributiva, entre otros. En el caso que nos ocupa de las multas tributarias y aduaneras, por cuanto, como hemos expresado, en materia penal tributaria debe imperar el principio de Tipicidad o de Legalidad Penal, indefectiblemente deben darse las condiciones antes señaladas de *lex scripta*, *lex previa, lex stricta* y *lex certa,* las cuales evidentemente no están presentes en el caso de las

---

[31] Elvira Dupouy y José Rafael Belisario, "Inconstitucionalidad e Ilegalidad de la aplicación de la actualización monetaria y de los intereses moratorios a las obligaciones tributarias", en *Revista de Derecho Tributario N° 77*, órgano divulgativo de la Asociación Venezolana de Derecho Tributario, Legis Lec Editores C.A, Caracas, 1977, p.16.

[32] James-Otis Rodner, ob.cit.p. 397.

obligaciones de valor, siendo necesario como ha sido suficientemente afirmado, para la constitucionalidad y legalidad de la sanción impuesta, que el infractor conozca, desde la ilicitud de la conducta sancionada por estar previamente establecida, así como sus consecuencias, lo cual no ocurre si la sanción depende de la aplicación de una unidad de referencia como es el caso del Tipo de Cambio de la Moneda de Mayor Valor publicado por el Banco Central de Venezuela.

Sin embargo ¿qué ocurre cuando la sanción no está fijada en una suma de dinero sino que su cálculo depende de un valor de referencia determinado? La respuesta debe ser que esa obligación, por su naturaleza dineraria, se ha convertido en una obligación de valor[33], antes, mediante el uso de la Unidad Tributaria y ahora con el Tipo de Cambio de la Moneda de Mayor Valor, lo que constituye como bien asienta WEFFE, el traslado de la estructura de las obligaciones de valor a las penas pecuniarias, *"En tal sentido la pretensión de corrección monetaria de la pena pecuniaria fiscal constituye, especialmente en el supuesto venezolano de indexación a través de módulos monetarios de cuantía determinable por la Administración Tributaria, una ley penal en blanco «al revés». Estas confían al reenvío la fijación de las penas: si la norma complementaria de la pena en blanco procede de una instancia legislativa de inferior jerarquía, como es el supuesto en comentarios, entonces las leyes penales en blanco «al revés» así estructuradas son inadmisibles constitucionalmente. Esto es una renuncia del legislador a determinar él mismo el castigo al hecho punible inadmisible en un Estado de Derecho, cualquiera que sea la justificación que se pretenda".*[34]

---

[33] *"Las obligaciones de valor son aquellas cuyo monto está referido a un valor no monetario pero que se cumplen mediante el pago de una suma de dinero. En la obligación de valor, lo debido en el momento de nacer la obligación no consiste en una determinada cantidad de dinero, sino en un valor....Esto significa que no existe una correspondencia entre el contenido de la obligación y el medio de pago, a diferencia de lo que ocurre con las deudas dinerarias donde la suma está «in obligationem»*- e «in *solutionem »"* James-Otis Rodner, ob.cit. p 231.

[34] Carlos Weffe H., "Inflación y Derecho Penal Tributario. Las sanciones tributarias como obligaciones de valor", en *Revista de Derecho Tributario N° 150*, órgano divulgativo de la Asociación Venezolana de Derecho Tributario, Legislación Económica C.A, Caracas, 2016, p.89.

La utilización de estas herramientas en materia sancionatoria, pudiera justificarse como un mecanismo para evitar sucesivas reformas de las normas penales sancionatorias, que estarían destinadas a neutralizar los efectos de la inflación, pero a condición de que las multas que eventualmente se impongan a los contribuyentes, se calculen con base en la unidad de valor que hubiese estado vigente para la fecha de configurarse la infracción tal y como lo establece el referido Código Orgánico Procesal Penal. Lo que no puede admitirse jurídicamente en un Estado de Derecho, es la denunciada por WEFFE renuncia del legislador a la determinación de la pena, que implica la falta de aplicación de lo establecido en el numeral 32 del artículo 156 de la Constitución, que atribuye al Poder Nacional en forma exclusiva la legislación en materia penal y que ésta atribución debe ser ejercida solo a través de la Asamblea Nacional, conforme a lo establecido en el numeral 1° del artículo 187 de la misma Constitución, no por el Banco Central de Venezuela mediante el Tipo de Cambio de la Moneda de Mayor Valor que éste ente publique como rector del sistema monetario.[35]

La doctrina penal nacional es muy clara al respecto, *"Connotados y estudiosos del Derecho Penal como Alberto Arteaga, Carlos Simón Bello Rengifo, en su época José Rafael Mendoza y Tulio Chiossone, consideran* –con referencia a la posibilidad de que la Asamblea Nacional delegue esta facultad al Presidente de la República mediante ley habilitante – *que de aceptar este criterio, se estaría violando el principio del legalidad, que establece como única fuente para la creación de las leyes penales la ley como tal. Ley entendida como aquel procedimiento que cumpla todas las fases establecidas en la Constitución nacional para su formación, a través de la iniciativa legislativa o la iniciativa ciudadana; discusión, con la debida participación de la sociedad organizada en la fase de discusión; sanción de la ley; promulgación y publicación de la misma."*[36] En el mismo sentido gran parte de la doctrina

---

[35] La Constitución en el artículo 187 establece que corresponde a la Asamblea Nacional en su numeral 1°, legislar en las materias de la competencia nacional tal y como es el caso de la materia penal, conforme al señalado numeral 32 del artículo 156. Esta es una competencia propia de los legisladores, reconocida por la doctrina penal.

[36] Gladys Rodríguez de Bello, "La Jurisprudencia en el Derecho Penal Venezolana", en *Temas de Derecho Penal Económico, Homenaje a Alberto Arteaga Sánchez*, Compiladora Carmen

latinoamericana, sobre este tema CASÁS ha destacado la necesidad de que los ilícitos y sanciones tributarias estén establecidos "*siempre*" por ley, por aplicación directa de la norma constitucional que consagra el principio de "*reserva de ley*" en materia penal.[37]

En general la doctrina tributaria reconoce la exigencia de la tipicidad en esta materia, teniendo importancia fundamental en el ámbito del Derecho Penal Tributario, siendo necesaria la determinación previa de cuáles son las conductas infractoras y sus consecuencias, como bien lo expresa GARCÍA NOVOA citando a ATALIBA: *"el verdadero contenido sustancial de la seguridad jurídica en un sector del ordenamiento caracterizado por la imposición de obligaciones que surgen a partir de determinados presupuestos de hecho convertidos en imponibles por esa ya aludida decisión primaria del legislador, es el derecho a la previsión objetiva por los particulares de su propia situación jurídica, que en materia tributaria serán las obligaciones tributarias, deberes y sanciones previstas en caso de incumplimiento. Sólo la posibilidad de prever consecuencias genera la necesaria confianza, cuya protección, constituye, parte importante del contenido sustancial de la seguridad jurídica.*[38]

Por otra parte, por lo que respecta al principio de Irretroactividad en materia penal, éste debe considerarse vulnerado cuando se sanciona un hecho pasado, tomando como base un valor (Unidad Tributaria, Tipo de Cambio de la Moneda de Mayor Valor o cualquier otro elemento de cuantificación), que no se encontrare vigente para la fecha de cometerse la infracción, pues, esto implica en la práctica, una agravación de la sanción aplicable, por efecto de un elemento (apreciación del tipo de cambio y antes la inflación), que es posterior al hecho que se pretende sancionar y que además es totalmente independiente y ajeno de la conducta del infractor. En efecto, de acuerdo con lo establecido en el artículo 24 de la Constitución, *"Ninguna disposición legislativa tendrá efecto retroactivo excepto cuando imponga menor pena"*. Este principio cons-

---

Luisa Borges Vegas, Fondo Editorial Asociación Venezolana de Derecho Tributario-Obras Colectivas OC 2 / Universidad Central de Venezuela, Caracas, 2006, p 136.

[37] José Oswaldo Casás, *Derechos y Garantías Constitucionales del Contribuyente. A partir del principio de reserva de ley tributaria.* Editorial Ad-Hoc SRL, Buenos Aires, 2005, p.677.

[38] César García Novoa, *Seguridad Jurídica y Tributación,* Vergara & Asociados / Plural Editores, La Paz, Bolivia, 2013, p. 90.

titucional, reconocido igualmente en el artículo 8 del Código Orgánico Tributario, prohíbe que se aplique a cualquier hecho, una norma que no estuviese vigente para la fecha de su ocurrencia, salvo, en materia penal, cuando la promulgación de una nueva norma derogue la tipificación o la modifique estableciendo una menor pena o sanción para un ilícito cometido antes de su entrada en vigencia, en cuyo caso, la misma tendrá efecto retroactivo, todo ello, en acatamiento de la máxima *"tempus regit actum"*, según la cual *"...los hechos se regulan por la ley vigente para el momento de su realización, o, lo que es lo mismo: la ley solo se aplica a los hechos ocurridos durante su vigencia"*.[39]

El artículo 8 del Código Orgánico Tributario desarrolla este principio Constitucional al establecer que, *"(...) Ninguna norma en materia tributaria tendrá efecto retroactivo, excepto cuando suprima o establezca sanciones que favorezcan al infractor..."*. Ahora bien, la aplicación de los artículos 91 y 92 de dicho Código y del artículo 159 de la Ley Orgánica de Aduanas anteriormente referidas y, en particular, la utilización del Tipo de Cambio de la Moneda de Mayor Valor, que no estaba vigente para la fecha de configurarse la infracción, trae como consecuencia, además del desconocimiento de la cuantía de la sanción en forma previa, su agravación como demostramos anteriormente, afectando de esta forma una situación jurídica ya consolidada, en clara violación del expresado principio constitucional de Irretroactividad de la ley penal.

La garantía de la no aplicación retroactiva de disposiciones penales o sancionatorias, es una constante en la gran mayoría de los Estados de Derecho y está consagrada desde la Declaración de los Derechos del Hombre y del Ciudadano de Francia de 1789, de acuerdo con la cual nadie puede ser condenado por actos u omisiones que en el momento de realizarse no eran delictivos. En el mismo orden de ideas, la Declaración Universal de los Derechos Humanos adoptada por la Asamblea General de la Organización de Naciones Unidas el 10 de diciembre de 1948, establece en su artículo 11.2 que *"(...) nadie será condenado por actos u omisiones que en el momento de cometerse no fueron delictivos según el Derecho nacional o internacional. Tampoco se impondrá pena*

[39] Alberto Arteaga Sánchez. ob.cit, pág. 64.

más grave que la aplicable en el momento de la comisión del delito".[40] Igualmente el artículo 9 de la Convención Americana sobre Derechos Humanos "*Pacto de San José de Costa Rica*", establece en su artículo 9 que: *"(...) nadie puede ser condenado por acciones u omisiones que en el momento de cometerse no fueren delictivos según el derecho aplicable. Tampoco se puede imponer pena más grave que la aplicable en el momento de la comisión del delito. Si con posterioridad a la comisión del delito la ley dispone la imposición de una pena más leve, el delincuente se beneficiar*á de ello".[41]

Esto nos lleva a que siendo uno de los fines del Derecho la seguridad jurídica, debe respetarse el principio de la Irretroactividad de cualquier norma y más aun de las sancionatorias. Según la definición de Delos, la *"Seguridad jurídica es la garantía dada al individuo de que su persona, bienes y derechos no serán objeto de ataques violentos, y si éstos llegaran a producirse la sociedad les asegura protección y reparación."*[42] En conexión con dicha definición, *"En los ordenamientos jurídicos positivos existen normas con el fin de garantizar la Seguridad Jurídica. Algunas de las más importantes en Venezuela, son las siguientes: A) Presunción de conocimiento de la Ley... B) Irretroactividad de la Ley. C) Cosa Juzgada... D) Principio de la Reserva o legalidad penal...E) Prescripción...F) Principio de Publicidad"*[43]. El ordenamiento jurídico, debe respetar el derecho de las personas a ser sancionadas con base en los parámetros y disposiciones vigentes para la fecha en que se ejecutan los hechos objeto de la sanción, pues de lo contrario, se les impide conocer previamente la magnitud de las consecuencias de sus hechos, generando esto una gran inseguridad jurídica.

Solo con Seguridad Jurídica los operadores económicos pueden desarrollar sus actividades y ésta tiene una de sus manifestaciones más

---

[40] Pedro Nikken, *Código de Derechos Humanos. Compilación y Estudio Preliminar*, Colección Textos Legislativos N° 12, 2da. Edición, Editorial Jurídica Venezolana / Consejo de Desarrollo Científico y Humanístico UCV, Caracas, 2006, p.67.

[41] Ver Ley Aprobatoria de la Convención Americana sobre Derechos Humanos "Pacto de San José de Costa Rica", publicada en Gaceta Oficial N° 31.256 de fecha 19 de mayo de 1977.

[42] Luis María Olaso, *Introducción al Derecho*. Tomo I. Universidad Católica Andrés Bello, Editorial Sucre, Caracas, 1977, p. 429.

[43] *Ibidem*. p. 433.

importantes en materia de sanciones. La doctrina más calificada señala que, *"la retroactividad repugna a la seguridad jurídica, tal y como la venimos entendiendo; la posibilidad del ciudadano de calcular los efectos de sus actos es incompatible con la existencia de normas cuya validez se extienda a conductas anteriores a su promulgación, por la elemental razón de que en el momento de la realización de estas conductas resultaría imposible conocer el contenido de futuras leyes. Por tanto, parece ser que la exigencia de la previsibilidad del ordenamiento sólo se cumple si las normas actúan pro futuro..."*, lo cual es perfectamente aplicable con respecto a las sanciones tributarias, no solo a la obligación tributaria propiamente dicha.[44]

La aplicación retroactiva que representa la actualización de la sanción al momento del pago, bajo el argumento de que el dinero ha perdido poder adquisitivo en el tiempo por efecto de la inflación acumulada entre la fecha en que se produjo el ilícito y la fecha de pago de la correspondiente, reiteramos una vez más que es inconstitucional e ilegal, pues, la auténtica razón que justifica la existencia de la sanción, es la necesidad de reprender moralmente al infractor y no generar una mayor recaudación fiscal.

En efecto, desde el punto de vista jurídico, la razón que justifica la existencia de la sanción, es la necesidad de reprender moralmente al infractor, con la finalidad de persuadirlo al cumplimiento de las normas y así evitar ser sancionado. Como hemos expresado anteriormente, el fin de la sanción no es recaudatorio, vinculado con los requerimientos de recursos monetarios por parte del Estado, sino un fin vinculado con la necesidad de la protección de la economía de la que el sistema tributario forma parte, para establecer y conservar el orden social, a través de la obligación de observancia de las normas legales.

Por otra parte, el fin indemnizatorio que pretende atribuírsele a la multa indexada, es función propia de los intereses moratorios establecidos en el artículo 66 del Código Orgánico Tributario[45], los cuales tienen

---

[44] César García Novoa, ob. cit. p 141.

[45] El referido artículo 66 del Código Orgánico Tributario establece que: *"La falta de pago de la obligación tributaria dentro del plazo establecido hace surgir, de pleno derecho y sin necesidad de requerimiento previo de la Administración Tributaria, la obligación de pagar intereses moratorios desde el vencimiento del plazo establecido para la autoliquidación y*

por objeto resarcir al Fisco por el transcurso del tiempo y reestablecer la situación patrimonial en la que se encontraba al momento en que se debió dar cumplimiento a la obligación tributaria. En efecto, *"Como se ha dicho, los intereses moratorios cumplen una función típicamente resarcitoria en nuestro derecho común:*-igual que en el derecho tributario como se evidencia del señalado artículo 66-*constituyen una liquidación legal y forfetaria del daño causado por el retraso culposo de la obligación de pagar una suma de dinero. Producida la mora, se establece una presunción iure et de iure del daño, liquidado preventivamente en una medida fija, lo que excluye la prueba del daño por el retraso en el cumplimiento tempestivo de la obligación pecuniaria".*[46] (Interpolado nuestro).

Tampoco puede imputarse al infractor y hacer recaer en él, las consecuencias de la demora de la Administración Tributaria en la imposición de sanciones, en virtud del incumplimiento de deberes formales (más aún cuando existen sistemas automatizados que permiten su pronta detección), o por no realizar en forma tempestiva las fiscalizaciones y/o verificaciones de las obligaciones tributarias, que constituye por demás una de sus obligaciones primordiales, siendo premiada la ineficacia administrativa con el aumento de los lapsos de prescripción para el ejercicio de tales funciones, en detrimento de la seguridad jurídica de los sujetos pasivos. Esto es contrario a lo que establece el artículo 316 de la Constitución Nacional, cuando al consagrar el Principio de Justicia y de Capacidad Contributiva, establece que el sistema tributario procurará la justa distribución de las cargas públicas atendiendo al principio de progresividad..."*así como la protección de la economía nacional*

---

pago del tributo, hasta la extinción total de la deuda, equivalentes al 1.2 veces la tasa activa bancaria aplicable, respectivamente, por cada uno de los períodos en que dichas tasas estuvieron vigentes. A los efectos indicados, la tasa será la activa promedio de los seis (06) principales bancos comerciales y universales del país con mayor volumen de depósitos, excluidas las carteras con intereses preferenciales, calculada por el Banco Central de Venezuela para el mes calendario inmediato anterior. La Administración Tributaria Nacional deberá publicar dicha tasa dentro de los primeros diez (10) días continuos del mes. De no efectuar la publicación en el lapso aquí previsto, se aplicará la última tasa activa bancaria que hubiera publicado la Administración Tributaria Nacional...".

46 Humberto Romero-Muci: *Lo Racional y lo Irracional de los Intereses Moratorios en el Código Orgánico Tributario,* Asociación Venezolana de Derecho Tributario, Gráfica ADFA Unidos C.A, Caracas, 2004, p.17

y la elevación del nivel de vida de la población, y se sustentará para ello en un sistema eficiente para la recaudación de los tributos". En el mismo sentido, RODRIGUEZ PARÍS, al considerar inconstitucional y contraria al Principio de Eficacia que debe regir al sistema tributario esta reexpresión de las sanciones tributarias.[47]

En otras palabras, hoy día el principio de Eficiencia de la Administración Tributaria es de rango constitucional, precisamente por la importancia que para el Estado tienen los entes a cargo de la administración, gestión y recaudación de los tributos, como medios para que el Estado pueda dar cumplimiento de las prestaciones públicas que son su obligación para la satisfacción de las necesidades colectivas, con el objetivo, tal y como lo ordena dicho artículo 316, de elevar el nivel de vida de la población. Por ello no tiene ninguna justificación que las consecuencias negativas de la actuación de una Administración Tributaria que no cumple con su función constitucional, en la oportuna verificación y/o fiscalización de las obligaciones tributarias por parte de los contribuyentes, recaigan sobre éstos, mediante la imposición de sanciones que si hubiesen sido oportunamente impuestas, no hubiesen dado lugar a indexación o actualización alguna, por lo que no existe razón ni principio constitucional o legal alguno, que permitan justificar agravar la situación del contribuyente.[48]

---

[47] *"La reexpresión de las sanciones en materia tributaria además de suponer una flagrante violación a los principios de legalidad, capacidad contributiva y no confiscatoriedad, antes comentados, supone una violación al principio de eficacia que debe regir el sistema tributario consagrado en el artículo 317 de la Constitución, pues a través de la incorporación de un mecanismo que permite y garantiza el mantenimiento en el tiempo del valor monetario y que supone una automática indemnización, como lo es el ajuste de las sanciones en virtud de la inflación, se premia la inactividad, dilación y falta de eficiencia de la Administración Tributaria en ejercicio de sus funciones de control fiscal."* Nathalie Rodríguez París, "Inconstitucionalidad del ajuste por inflación de las sanciones de multa previsto en los parágrafos primero y segundo del artículo 94 del Código Orgánico Tributario", en *Temas de Actualidad Tributaria. Libro Homenaje a Jaime Parra Pérez.* Coordinadoras Dupouy Elvira y Varela Irene, Serie Eventos N° 27, Academia de Ciencias Políticas y Sociales / Asociación Venezolana de Derecho Tributario, Caracas, 2009, p.490.

[48] Obsérvese cómo incluso a partir de las inconstitucionales reforma del Código Orgánico Tributario de 2014 y nuevo Código Orgánico Tributario de 2020, se incrementaron los lapsos de prescipción de 4 a 6 años en los supuestos del artículo 55 y de 6 a 10 años en los supuestos del artículo 56 *eiusdem,* cuando desde el primer Código de 1982 la prescripción seimpre había sido de 4 y 6 años respectivamente, lo que además de constituir un retroceso

Lamentablemente el criterio de la jurisprudencia del Tribunal Supremo de Justicia en Sala Político Administrativa ha reiterado la admisibilidad de la actualización, bajo el argumento de la pérdida de valor de la moneda que no es en modo alguno responsabilidad del infractor, tal y como expresamos anteriormente al referirnos a decisiones judiciales tales como las dictadas en los *casos The Walt Disney Company S.A* y *Tamayo & Cía.* Igualmente la Sala Constitucional del mismo Tribunal Supremo, en diversas sentencias ha declarado "*no ha lugar*" las solicitudes de Revisión Constitucional sobre este tema, incurriendo nuevamente en el error de no advertir que en definitiva de lo que se trata es del indebido incremento de las sanciones sin sustento constitucional ni legal, conforme hemos expuesto. Esta situación podría ser corregida, al menos mientras se produce la necesaria reforma legislativa, mediante la desaplicación por control difuso de la constitucionalidad de los artículos 91 y 92 del Código Orgánico Tributario y 159 de la Reforma de la Ley Orgánica de Aduanas, de conformidad con lo establecido en el artículo 334 de la Constitución.[49]

---

pues la tendencia es hacia el establecimiento de lapsos cortos de prescripción sino que además propicia la ineficiencia de la Administración Tributaria en sus funciones de verificación y fiscalización de obligaciones tributarias, haciendo recaer en el contribueynte mediante el indebido incremento de las sanciones, los efectos de su falta de actuación, a lo que debemos añadir el tiempo en el cual transcurran los procedimientos administrativos y judiciales que procedan, situación ésta en la que podría hablar fácilmente de dos décadas para conocer los efectos ecónomicos reales de la sanción en el sujeto sancionado.

[49] La Sala Constitucional del Tribunal Supremo de Justicia, en diversas decisiones y sobre la base de que la revisión constitucional es una potestad extraordinaria, excepcional y discrecional, ha desestimado innumerables solicitudes de Revisión Constitucional de fallos dictados por la Sala Político Administrativa de ese Tribunal, y sin un análisis profundo de los planteamientos, en un párrafo ha desechado las solicitudes argumentando que en definitva de lo que se trata es de la informidad del recurrente con la decisión dictada. Creemos que realmente no se ha encarado el problema y de lo que se trata en definitiva es favorecer los intereses de la Administración Tributaria, como por ejemplo en sentencia del caso Mercantil C.A, Banco Universal, de fecha 08 de octubre de 2013, disponible en www.tsj.gov.ve/decisiones/scon/octubre/157265-1330-81013-13-0615.html. Ver artículo 334 de la Constitución, de acuerdo con el cual *"Todos los jueces y juezas de la República, en el ámbito de sus competencias y conforme a lo previsto en esta Constitución y en la ley, están en la obligación de asegurar la integridad de la Constitución. En caso de incompatibilidad entre esta Constitución y una ley u otra norma jurídica, se aplicarán las disposiciones constitucionales, correspondientdo a los tribunales en cualquier causa, aún de oficio, decidir lo conducente."*

V. LA FUNCIÓN DEL BANCO CENTRAL DE VENEZUELA Y LA INFLACIÓN

Constituye un hecho notorio la existencia de un fenómeno hiperinflacionario en Venezuela, al haberse producido un alza continuada en los precios de bienes y servicios y un exceso de masa monetaria para financiar el gasto público, con una evidente pérdida del valor de la moneda que también ha sufrido dos procesos de reconversión en períodos relativamente recientes. Las razones son diversas y objeto de estudio por los expertos en temas económicos y de finanzas públicas[50], pero lo que sí está claro es que ella implica el incumplimiento por parte del Banco Central de Venezuela, de las funciones que, con carácter exclusivo y obligatorio tiene, como rector del sistema monetario del país.

En efecto, las condiciones económicas actuales con una hiperinflación sin precedentes en Venezuela, evidencian el incumplimiento de una de sus funciones fundamentales, como lo califica la propia norma constitucional y que es la preservación del valor interno y externo de la unidad monetaria (el bolívar), hoy bolívar soberano, como lo establece el artículo 318 de la Constitución: *"Las competencias monetarias del Poder Nacional serán ejercidas de manera exclusiva y obligatoria por el Banco Central de Venezuela. El objeto fundamental del Banco Central de Venezuela es lograr la estabilidad de precios y preservar el valor interno y externo de la unidad monetaria. La unidad monetaria de la República Bolivariana de Venezuela es el bolívar. En caso de que se instituya una moneda común en el marco de la integración latinoamericana y caribeña, podrá adoptarse la moneda que sea objeto de un tratado que suscriba la República...Para el adecuado cumplimiento de*

---

[50] *"En cuanto a las fuentes que dan origen a la inflación, la teoría se debate entre una visión "monetaria-fiscal" y un enfoque de "balanza de pagos". Sin embargo, hay suficiente consenso en la teoría económica como para afirmar que la creación de dinero por encima del crecimiento real de la economía, con fines de financiamiento fiscal, es la principal fuente de crecimiento de precios, aunque no la única....los gobiernos tienen fundamentalmente tres vías para financiar sus gastos; recaudar impuestos, endeudarse o crear dinero. En ocasiones, los impuestos o el endeudamiento se topan con límites o rigideces, que obligan al gobierno a recurrir a la creación de dinero a través del financiamiento monetario. Cuando esto suceden el gobierno está haciendo uso del impuesto más simple de recaudar, como es el "señoreaje"*, Juan Cristóbal Carmona Borjas, *Mundo jurídico de las Criptomonedas*, Abogado Juan Cristóbal Carmona Borjas, Primera Edición, Producción Gráfica e Impresión Liliana Acosta, Caracas, 2019, p. 96.

su objetivo, el Banco Central de Venezuela tendrá entre sus funciones las de formular y ejecutar la política monetaria, participar en el diseño y ejecutar la política cambiaria, regular la moneda, el crédito y las tasas de interés, administrar las reservas internacionales, y todas aquellas que establezca la ley."

Agrega la norma las funciones propias para el cumplimiento de este objetivo, como son la formulación y ejecución de la política monetaria, así como participar en el diseño y ejecutar la política cambiaria, regulación de la moneda, el crédito y las tasas de interés, entre otras. Al menos en cuanto a la política monetaria, ya hemos visto los desastrosos resultados de la emisión de dinero inorgánico, que incluso ha llevado a la creación como instrumento de intercambio y ahorro de un "*criptoactivo*" con pretensiones de "criptomoneda" del Estado venezolano denominada "*Petro*".[51]

En desarrollo de la norma constitucional, la Ley del Banco Central de Venezuela establece en su artículo 5 que: *"El objetivo fundamental del Banco Central de Venezuela es lograr la estabilidad de precios y preservar el valor de la moneda (...) contribuirá al desarrollo armónico de la economía nacional, atendiendo a los fundamentos del régimen socio económico de la República...",* el cual, de conformidad con lo dispuesto en el artículo 299 del texto constitucional, se fundamenta en los principios de justicia social, democratización, eficiencia, libre competencia, protección del ambiente, productividad y solidaridad, a los fines de asegurar el desarrollo humano integral y una existencia digna y provechosa para la colectividad; objetivos que son imposibles de alcanzar para una sociedad castigada por la destrucción de su unidad monetaria y la consiguiente pérdida del poder de compra para la adquisición de bienes y servicios que le permitan ese desarrollo humano integral y existencia digna, que se convierte en letra muerta a pesar de las buenas intenciones plasmadas en la norma constitucional.[52]

---

[51] Sobre el tema del Petro ver en la doctrina nacional a Juan Cristóbal Carmona Borjas, quien analiza las criptomonedas y concretamente la figura del Petro, para escudriñar su verdadera naturaleza jurídica y posibles usos en Venezuela; Juan Cristóbal Carmona Borjas, ob.cit.

[52] En este sentido ver Decreto con Rango, Valor y Fuerza de Ley Orgánica del Banco Central de Venezuela publicada en Gaceta Oficial N° 6.211 Extraordinario de fecha 30 de diciembre de 2015.

La indexación o actualización de las sanciones pecuniarias tributarias y aduaneras, antes ancladas a la Unidad Tributaria, ahora al Tipo de Cambio de la Moneda de Mayor Valor publicado por el Banco Central de Venezuela, no será la solución mientras no sean resueltos los problemas estructurales de la economía venezolana. Resueltas las causas de las distorsiones inflacionarias y cambiarias, se irán resolviendo igualmente todas las distorsiones de muy diversa naturaleza que ellas ocasionan, no siendo necesario el uso de mecanismos de corrección que, como el referido tipo de cambio establecido en el nuevo Código Orgánico Tributario y en la reforma de la Ley Orgánica de Aduanas, sólo contribuyen al acrecentamiento de dichas distorsiones y que, concretamente en el caso de las multas y sanciones pecuniarias, son totalmente ajenas a la razón de ser y finalidad de la sanción por su naturaleza penal, más aún cuando las consecuencias adversas generadas por la hiperinflación, son responsabilidad exclusiva del mismo Estado que impone la sanción, por lo que no pueden trasladarse, además de por todas las razones anteriormente señaladas, por un elemental principio de Justicia Tributaria, a los sujetos castigados sobre la base de criterios recaudatorios.

Compartimos con OCTAVIO sus planteamientos, en el sentido de que si estos son los objetivos del Banco Central de Venezuela, en su función de rectoría de la política monetaria del Estado, *"el surgimiento del fenómeno inflacionario representa el incumplimiento de esta obligación, lo cual lo transforma, por una cuestión de lógica elemental, en el agente causante de los daños generados por el aludido fenómeno económico. Por ello, resulta contrario a nociones jurídicas básicas que el legislador exija este "resarcimiento" (ajuste por inflación de las multas), a los sujetos pasivos de la relación tributaria, por un daño (pérdida de valor del dinero) cuya responsabilidad recae sobre el Estado. Ello, no hay duda, se traduce en un enriquecimiento sin causa del ente acreedor y, en consecuencia, en una confiscación para el deudor, pues en definitiva los intereses moratorios es el mecanismo para resarcir al Fisco Nacional por la falta de cumplimiento oportuno de la obligación tributaria*"[53].

---

[53] José Andrés Octavio Leal, "El Ajuste por Inflación de las Sanciones en el Código Orgánico Tributario de 2001",en *Revista de Derecho Tributario N° 115,* órgano divulgativo de la Asociación Venezolana de Derecho Tributario, Legis Editores C.A, Caracas, 2007, p.68.

El carácter económico del fenómeno inflacionario (hoy hiperinflacionario), ha sido reconocido incluso en algunas decisiones del Tribunal Supremo de Justicia, como por ejemplo en sentencia N° 576 dictada por la Sala Constitucional de fecha 20 de marzo de 2006, en el caso Teodoro de Jesús Colasante Segovia en Recurso de Revisión, mediante la cual se declara -con referencia a la inflación- que, *"Esta realidad referida al poder adquisitivo de la moneda, sólo tiene lugar cuando existe en un país una tendencia continua, acelerada y generalizada al incremento del nivel general de precios (que abarca todos los precios y los costos de los servicios), por lo que ante el alza de los precios, el poder adquisitivo de la moneda cae. A esta situación se la llama inflación y ella atiende a un concepto económico y no jurídico. Por lo tanto, su existencia debe ser reconocida oficialmente por los entes que legalmente monitorean la actividad económica, como lo hace en Venezuela, el Banco Central de Venezuela."*[54].

Este fenómeno económico que en la práctica se convierte en el más perverso de los impuestos pues afecta a todos por igual, tienen efectos igualmente en las finanzas públicas y particularmente en la tributación (efecto Olivera-Tanzi). Acertadamente ROMERO-MUCI afirma que, *"En hiperinflación la tributación y la eficacia recaudatoria pierden sentido económico. Su funcionalidad queda reducida a la de otro mecanismo de control social, apalancada en la intimidación y en la amenaza de los medios administrativos y penales de coacción de la recaudación tributaria"*[55] y evidentemente, esto lleva al uso de mecanismos que, como la Tasa de Cambio de Mayor Valor, logran "*por ahora*" el objetivo, obteniéndose una mayor recaudación con el cobro de las sanciones pero distorsionando su verdadera naturaleza y objeto.

En conclusión, en primer lugar, lo más importante es destacar que la pretendida corrección de las multas y sanciones pecuniarias, con base en el Tipo de Cambio de la Moneda de Mayor Valor publicado por

---

[54] Sentencia de la Sala Político Administrativa del Tribunal Supremo de Justicia, de fecha 20 de marzo de 2020, caso Jesús Colasante Segovia, disponible en: http://historico.tsj.gob.ve/decisiones/scon/marzo/576-200306-05-2216.HTM .

[55] Humberto Romero-Muci, "*(In)Moralidad Tributaria en Venezuela. Entre la Distopia y la Anomia Social*" en, "Memorias de las XVIII Jornadas Venezolanas de Derecho Tributario, Asociación Venezolana de Derecho Tributario, Publicación Digital, Caracas, 2019, p. 197.

el Banco Central de Venezuela, carece de base constitucional y legal conforme hemos señalado y, en segundo lugar, creemos que si la hiperinflación no es corregida, el establecimiento de estos mecanismos de indexación para tratar de neutralizar o eliminar de ser posible, los efectos distorsionantes de la inflación en las sanciones y concretamente ahora, con el uso del señalado tipo de cambio, podrían no lograr el pretendido objetivo de evitar que la pérdida de valor del dinero afecte el monto de las sanciones al momento del pago. Si como algunos economistas afirman, la inflación aumenta a mayor velocidad que la de la apreciación de la moneda extranjera, nos preguntamos si al final, a mediano o largo plazo, podría no lograrse el objetivo de corrección del valor de las sanciones, en caso de que la inflación supere el valor de la moneda extranjera usada como referencia, por ser la del tipo de cambio de mayor valor, pues la génesis del problema es la galopante hiperinflación que afecta todos los renglones de la economía privada, así como a las finanzas públicas ávidas de fuentes de financiamiento.

Caracas, julio de 2020.

VI. BIBLIOGRAFÍA

ARTEAGA SÁNCHEZ, Alberto, *Derecho Penal Venezolano,* 9na. Edición, Serie Jurídica Mc. Graw Hill, Caracas, 1992.

BALZA ARISMENDI, Luis M., *Código Orgánico Procesal Penal. Comentado. Concordado con la Constitución Nacional, Leyes Especiales y Tratados Internacionales,* 3ra. Edición, Editado por Indio Merideño S.A, Mérida, Venezuela, 2002.

CARMONA BORJAS, Juan C., *Mundo Jurídico de las Criptomonedas,* Abogado Juan Cristóbal Carmona Borjas, 1ra. Edición, Producción Gráfica e Impresión Liliana Acosta, Caracas, 2019.

CASAS, José O., *Derechos y Garantías Constitucionales del Contribuyente. A partir del principio de reserva de ley tributaria.* Editorial Ad-Hoc SRL, Buenos Aires, 2005.

DUPOUY, Elvira y BELISARIO, José R., "Inconstitucionalidad e ilegalidad de la aplicación de la actualización monetaria y de los intereses mortatorios a las deudas tributarias", en *Revista de Derecho Tributario N° 77,* Órgano divulgativo de la Asociación Venezolana de Derecho Tributario, Legis Lec Editores C.A, Caracas, 1992.

FRAGA PITTALUGA, Luis, *Principios Constitucionales de la Tributación. Jurisprudencia*, Fraga Sánchez & Asociados, Editorial Torino, Caracas, Venezuela, 2006.

GARCÍA NOVOA, César, *Seguridad jurídica y tributación,* Vergara & Asociados/Plural Editores, La Paz, Bolivia, 2013.

ITURBE ALARCÓN, Manuel, "Algunos aspectos relevantes sobre la actualización de las multas conforme al Código Orgánico Tributario", en *Memorias XVIII Jornadas Venezolanas de Derecho Tributario*, Asociación Venezolana de Derecho Tributario, Caracas, 2019.

OCTAVIO, José A "El Ajuste por Inflación de las Sanciones en el Código Orgánico Tributario de 2001", en *Revista de Derecho Tributario N° 115*, Órgano divulgativo de la Asociación Venezolana de Derecho Tributario, Legis Editores C.A, Caracas, 2007.

OLASO, Luis M., *Introducción al Derecho,* Tomo I, Universidad Católica Andrés Bello, Manuales de Derecho, Editorial Sucre, Caracas, 1977.

PRÍAS BERNAL, Juan C., *El Ilícito Tributario ante el Derecho Penal,* Edición 2004, Ediciones Doctrina y Ley LTDA, Bogotá, Colombia, 2004.

MEIER GARCÍA, Eduardo, "Teratologías tributarias y otras antinomias procesales", en *Memorias XVIII Jornadas Venezolanas de Derecho Tributario*, Asociación Venezolana de Derecho Tributario, Caracas, 2019.

MEJÍA BETANCOURT, José A., "La crisis constitucional del Derecho Tributario", en *Memorias XVIII Jornadas Venezolanas de Derecho Tributario*, Asociación Venezolana de Derecho Tributario, Caracas, 2019.

MORENO DE RIVAS, Aurora, "El Ilícito Tributario en la Legislación Venezolana" en *Temas de Derecho Penal Económico. Homenaje a Alberto Arteaga Sánchez*, Compiladora Carmen Luisa Borges Vegas, Asociación Venezolana de Derecho Tributario, Obras Colectivas OC 2, Caracas, 2006.

NIKKEN, Pedro, *Código de Derechos Humanos*, Colección Textos Legislativos N° 12, 2da. Edición, Editorial Jurídica Venezolana / Consejo de Desarrollo Científico y Humanístico UCV, Caracas, 2006.

RODNER S., James-Otis, *El dinero, la inflación y las deudas de valor*, Editorial Arte, Caracas, 1995.

RODRÍGUEZ DE BELLO, Gladys, "La Jurisprudencia en el Derecho Penal Venezolano" en *Temas de Derecho Penal Económico. Homenaje a Alberto Arteaga Sánchez,* Fondo Editorial Asociación Venezolana de Derecho Tributario Obras Colectivas OC 2 / Universidad Central de Venezuela / Academia de Ciencias Políticas y Sociales, Caracas, 2006.

RODRÍGUEZ, Graciela, "Extracto de sentencias de la Sala Político Administrativa Especial Tributaria I y II y Corte Plena de la Corte Suprema de

Justicia en materia tributaria" en *Revista de Derecho Tributario N° 86*, Órgano divulgativo de la Asociación Venezolana de Derecho Tributario, Legislación Económica C.A, Caracas, 2000.

RODRÍGUEZ PARÍS, Nathalie, "Inconstitucionalidad del Ajuste por Inflación de las sanciones de multa previsto en los parágrafos primero y segundo del artículo 94 del Código Orgánico Tributario", en *Temas de Actualidad Tributaria. Libro Homenaje a Jaime Parra Pérez,* Coordinadoras Dupouy, Elvira / Irene de Varela, Serie Eventos N° 27, Academia de Ciencias Políticas y Sociales-Asociación Venezolana de Derecho Tributario, Caracas, 2009.

ROMERO-MUCI, Humberto, *Uso, abuso y perversión de la unidad tributaria. Una reflexión sobre tributación indigna,* Serie Estudios 111, Editorial Jurídica Venezolana-Asociación Venezolana de Derecho Tributario, Caracas, 2016.

______________, "(In)moralidad tributaria en Venezuela. Entre la distopía y la anomia social", en *Memorias XVIII Jornadas Venezolanas de Derecho Tributario*, Asociación Venezolana de Derecho Tributario, Caracas, 2019.

WEFFE HERNÁNDEZ, Carlos, "Inflación y Derecho Penal Tributario. Las sanciones tributarias como obligaciones de valor", en *Revista de Derecho Tributario N° 150*, Órgano divulgativo de la Asociación Venezolana de Derecho Tributario, Legislación Económica C.A, Caracas, 2016.

______________, *El Ilícito Tributario Naturaleza Jurídica,* Ediciones Paredes, Caracas, 2004.

Documentos electrónicos:

Sentencia de la Sala Constitucional del Tribunal Supremo de Justicia N° 2338 de fecha 21 de noviembre de 2001, *caso José Muci-Abraham* disponible en: http://historico.tsj.gob.ve/decisiones/scon/noviembre/2338-211101-00-1455.HTM, consultada en fecha 28 de julio de 2020.

Sentencia de la Sala Constitucional del Tribunal Supremo de Justicia N° 157265 de fecha 8 de octubre de 2013 *caso Mercantil C.A, Banco Universal,* disponible en: http://historico.tsj.gob.ve/decisiones/scon/octubre/157265-1330-81013-2013-13-0615.html, consultada en fecha 11 de junio de 2020.

Sentencia de la Constitucional del Tribunal Supremo de Justicia, N° 576, de fecha 20 de marzo de 2006 *caso Teodoro de Jesús Colasante Segovia* disponible en: http://historico.tsj.gob.ve/decisiones/scon/marzo/576-200306-05-2216.HTM, consultada en fecha 28 de julio de 2020.

Sentencia de la Sala Constitucional del Tribunal Supremo de Justicia, N° 0250 de fecha 08 de agosto de 2019, *caso Juan Garantón / Municipio Chacao* disponible en: http://historico.tsj.gob.ve/decisiones/scon/agosto/306927-0250-8819-2019-19-0333.HTML, consultada en fecha 24 de junio de 2020.

Sentencia de la Sala Constitucional del Tribunal Supremo de Justicia, N° 0078 de fecha 7 de julio de 2020, *caso Juan Garantón / Municipio Chacao* disponible en: http://historico.tsj.gob.ve/decisiones/scon/julio/309923-0078-7720-2020-19-0333.HTML, consultada en fecha 07 de julio de 2020.

Sentencia de la Sala Político Administrativa del Tribunal Supremo de Justicia, N° 01426 de fecha 12 de noviembre de 2008 *caso The Walt Disney Company Venezuela S.A,* disponible en: http://historico.tsj.gob.ve/decisiones/spa/noviembre/01426-121108-2008-2006-1847.HTML, consultada en fecha 28 de julio de 2020.

Sentencia de la Sala Político Administrativa del Tribunal Supremo de Justicia, N° 00815 de fecha 4 de junio de 2104 *caso Tamayo & Cía S.A* disponible en: http://historico.tsj.gob.ve/decisiones/spa/junio/165176-00815-4614-2014-2012-1813.HTML, consultada en fecha 28 de julio de 2020.

Legislación:

Venezuela, "Constitución de la República Bolivariana de Venezuela", (enmendada), publicada en Gaceta Oficial N° 5.908 Extraordinario, del 19 de febrero de 2000.

Venezuela, Ley Aprobatoria de la Convención Americana sobre Derechos Humanos "Pacto de San José de Costa Rica", publicada en Gaceta Oficial N° 31.256, del 19 de mayo de 1977.

Venezuela, "Decreto con Rango, Valor y Fuerza de Ley Orgánica del Banco Central de Venezuela" publicada en Gaceta Oficial N° 6.211 Extraordinario, del 30 de diciembre de 2015.

Venezuela, "Decreto-Ley de Código Orgánico Tributario" de 1994, publicado en Gaceta Oficial N° 4.727 Extraordinario, del 27 de mayo de 1994.

Venezuela, "Código Orgánico Tributario", publicado en Gaceta Oficial N° 37.305, del 17 de octubre de 2001.

Venezuela, "Decreto con Rango, Valor y Fuerza de Código Orgánico Tributario", publicado en Gaceta Oficial N° 6.153 Extraordinario, del 18 de noviembre de 2014.

Venezuela, "Decreto Constituyente de Código Orgánico Tributario", publicado en Gaceta Oficial N° 6.507 Extraordinario, del 29 de enero de 2020.

Venezuela, "Ley Constitucional sobre Creación de la Unidad Tributaria Sancionatoria", publicada en Gaceta Oficial N° 41.305, del 21 de diciembre de 2017.

Venezuela, "Resolución Conjunta del Ministerio del Poder Popular de Planificación y de Economía y Finanzas", publicada en Gaceta Oficial N° 41.895, del 5 de junio de 2020.

Venezuela, "Providencia Administrativa N° SNAT/2018/01293", publicada en Gaceta Oficial N° 41.479, del 11 de septiembre de 2018.

Venezuela, "Providencia Administrativa N° SNAT/2019/000046", publicada en Gaceta Oficial N° 41.597, del 7 de marzo de 2019.

Venezuela, "Ordenanza mediante la cual se establece la Unidad Tributaria Municipal del Municipio Libertador" del Distrito Capital, publicada en Gaceta Municipal Extraordinaria N° 4.535 del 27 de febrero de 2020, disponible en: https://sumat.gob.ve/wp-content/uploads/2020/03/Ordenanza-N%C2%B0-4535-Unidad-Tributaria-Municipal-en Jurisdiccio%CC% 81n-1.pdf, consultada en fecha 25 de junio de 2020.

Venezuela, "Ordenanza mediante la cual se establece la Unidad de Cálculo Aritmético del Municipio Carirubana" del Estado Falcón, publicada en Gaceta Municipal N° 343-2018 Extraordinaria del 31 de mayo de 2018, disponible en: http://www.alcaldiadecarirubana.com.ve/documentos/ORDENANZA%20DE%20CREACION%20Y%20APLICACION%20DE%20LA%20UNIDAD%20DE%20CALCULO%20ARITMETICO%20MUNICIPAL.pdf, consultada en fecha 25 de junio de 2020.

Venezuela, "Ordenanza mediante la cual se establece la Unidad Tributaria Municipal del Municipio Carrizal" del Estado Miranda, publicada en Gaceta Municipal N° 098 Extraordinaria del 30 de agosto de 2019, disponible en: http://www.concejodelmunicipiocarrizal.gob.ve/planificacion-y-contraloria/, consultada en fecha 24 de junio de 2020.

Venezuela, "Ordenanza mediante la cual se establece la Unidad de Valor Fiscal Municipal del Municipio Chacao" del Estado Miranda, publicada en Gaceta Municipal N° 8.824 Extraordinaria del 12 de abril de 2019, disponible en: https://atencionalciudadanochacao.blogspot.com/2019/02/gaceta-municipal-nro-extraordinario _5.html, consultada en fecha 25 de junio de 2020.

NOTAS SOBRE DEDUCIBILIDAD DE GASTOS PAGADOS POR ANTICIPADO

GABRIEL RUAN SANTOS*

RESUMEN

Este artículo analiza la deducibilidad del gasto pagado por anticipado en la determinación del impuesto sobre la renta, en el marco de los principios de anualidad y autonomía del ejercicio fiscal, de la imputación temporal de los ingresos y egresos, de los requisitos legales que deben satisfacer las deducciones y de la correspondencia entre los ingresos y egresos sujetos a la regla fundamental de disponibilidad de los mismos.

PALABRAS CLAVE

Deducción del gasto; temporalidad del gasto; disponibilidad del ingreso y del gasto, anticipación del pago del gasto, período anual del hecho imponible, autonomía del ejercicio.

I

La hiperinflación en la economía, así como la extrema volatilidad de la moneda de curso legal en Venezuela y el costo creciente de las divisas aplicables a las importaciones, sobre todo si se debe operar con la moneda nacional, ha llevado a muchas empresas a adelantar en el tiempo y a convenir en forma anticipada con sus proveedores, el suministro de bienes y servicios necesarios para su funcionamiento, con la finalidad de asegurar la existencia oportuna de los mismos y un precio de adquisición razonable, compatibles con la continuidad del proceso productivo y con una fijación de costos y gastos adaptable a un volumen incierto de ingresos en el futuro. Igualmente, los proveedores aseguran de este modo el valor del ingreso recibido en el momento de asumir el compromiso. Por ello, en la misma línea de protegerse de los efectos de la inflación, las empresas pagan algunos de sus gastos de manera

* Individuo de Número de la Academia de Ciencias Políticas y Sociales. Colaboración al libro homenaje del profesor Luis Cova Arria.

anticipada sin que los bienes o servicios contratados hubieran sido efectivamente recibidos o prestados.

La situación mencionada plantea con cierta premura la necesidad conceptual de examinar la posibilidad de aplicar la deducción de *gastos pagados por anticipado*, tomando en consideración que algunos han entendido que es indispensable para que proceda la deducibilidad del gasto que el mismo haya ocurrido, esto es, que se hayan ejecutado las prestaciones respectivas, por una parte, lo cual no es un principio sino que no pasa de ser un *"tópico interpretativo";*[1] y por la otra, que la Ley de Impuesto Sobre la Renta (LISLR) tiene como principal regla de disponibilidad del ingreso la del momento en que se realizan las operaciones que lo producen, lo cual genera la regla paralela que considera el gasto causado desde que se realicen también las operaciones que lo producen, lo que para algunos, como se ha dicho, pareciera exigir -para que proceda la deducibilidad del gasto- que el mismo haya ocurrido íntegramente, una vez que se concrete la relación causa-efecto entre el egreso y el ingreso.

La situación antes descrita ha propiciado un comportamiento de adaptación paulatina de la contabilidad del gasto al escenario mencionado, en cuyo seguimiento se han elaborado piezas auxiliares de contabilidad que contienen registros de gastos pagados anticipadamente, re-

---

1 Un pensamiento tópico y de naturaleza práctica, frecuentemente inspirado en la contabilidad mucho más que en las reglas de interpretación legal, y basado principalmente en criterios funcionales de recaudación tendentes a la solución expedita con restricción de los gastos deducibles. En efecto, el pensamiento tópico responde a una realidad: "*El intérprete no puede enfrentar su trabajo con la mente en blanco, sin algún rumbo predefinido de búsqueda, en vana espera de que el texto imponga un sentido...*", como afirma el profesor chileno Rodrigo Valenzuela, ya que los prejuicios o pre-percepciones, la experiencia, así como también los intereses de quien interpreta y aplica, condicionan la interpretación legal y la conducen hacia objetivos determinados que se busca o se necesita alcanzar, más allá del significado jurídico riguroso de las normas. De esta manera surgen los tópicos o criterios generados por la práctica, y hasta adoptados por la jurisprudencia o la doctrina, que sin tener el valor de axiomas, asumen inercialmente la forma y autoridad de máximas, aforismos o hasta criptotipos jurídicos o reglas operantes implícitas. Ver: Rodrigo Valenzuela; "Interpretación de la Ley Tributaria: Una Experiencia Docente"; *Revista de Derecho Económico* N° 72, Chile, 1995, páginas 30 y siguientes. También: Gabriel Ruan Santos, "Una Cuestión Controversial: ¿Son Deducibles o no las Provisiones Contables Relativas a los Riesgos de la Cartera de Crédito de los Bancos?"; Ponencia presentada a las *Jornadas Venezolanas de Derecho Tributario;* Caracas, 2013.

lativos al insumo de bienes y servicios requeridos en modo prolongado dentro del proceso productivo, tales como pagos de licencias, contratos de mantenimiento de equipos e instalaciones, cánones de arrendamiento, horas de asesoría técnica o profesional de diversa índole, adquisición constante de materias primas, etcétera. En los mencionados registros se observa una suerte de dinámica evolutiva o sucesiva con asientos contables que identifican los contratos, los montos pagados, tiempos a ser amortizados, tiempos amortizados, tiempos por amortizar, amortización mensual, amortización acumulada, y saldo pendiente. Sin embargo, recientemente, dichas piezas suelen registrar por anticipado pagos referentes a períodos mayores de un mes: bimensuales, trimestrales, semestrales. Los cuales se debitan cuando se registra el pago anticipado, lo cual implica –desde luego- recepción de la factura respectiva; y se acreditan cuando se amortiza idealmente el gasto por la fracción del período que corresponda. Cabe observar que normalmente se trata de gastos generales instrumentados mediante contratos de suministro de bienes o de prestaciones de servicios independientes, que podrían ser calificadas como de ejecución o tracto sucesivo, según la doctrina civilista, es decir, con ejecución por un tiempo relativamente prolongado.

A nuestro modo de ver el asunto, en la solución jurídica de este supuesto concurren varias normas fundamentales de la LISLR, como son el artículo 1 de esa ley, que define el hecho imponible del impuesto: "*los enriquecimientos anuales, netos y disponibles, obtenidos en dinero o en especie, causarán impuestos según las normas establecidas en este Decreto con Rango, Valor y Fuerza de Ley*"; el artículo 4 de la misma ley, que completa la definición del hecho imponible y describe la base de cálculo del mismo, así: "*Son enriquecimientos netos los incrementos de patrimonio que resulten después de restar de los ingresos brutos, los costos y deducciones permitidos en este Decreto,... sin perjuicio respecto del enriquecimiento neto de fuente territorial, del ajuste por inflación previsto en este Decreto...(esta última parte actualmente derogada para todos los contribuyentes especiales)";* el artículo 5 de la misma ley que establece *la regla de la disponibilidad de los ingresos gravables* y el artículo 32 relativo a la *regla de correspondencia entre deducciones e ingresos causados durante el año gravable;* y desde luego, la norma del artículo 27 "*ejusdem*", que define y regula las deducciones autorizadas por la ley.[2]

La interpretación armónica de ese conjunto de normas de cabecera del impuesto específico, revela la aplicabilidad de los principios de anualidad del impuesto, de autonomía relativa del ejercicio fiscal y de la regla de disponibilidad como piezas temporales del hecho imponible, así como también la vinculación causal entre ingresos y egresos, diada o binomio esencial de la estructura cuantitativa del impuesto, como guías para resolver la problemática planteada.

Nos proponemos entonces argumentar que existen razones válidas para considerar procedente la deducción de los gastos mencionados pagados por anticipado, en el ejercicio en que *se causan o comprometen,* en virtud del principio de disponibilidad de los ingresos y gastos según el momento en que ocurren las operaciones que los producen, de con-

---

[2] Artículo 27 (LISLR). "Para obtener el enriquecimiento neto global se harán de la renta bruta las deducciones que se expresan a continuación, las cuales, salvo disposición en contrario, deberán corresponder a egresos causados no imputables al costo, normales y necesarios, hechos en el país con el objeto de producir la renta". Explica Humberto Romero Muci, citado por Abache: "*Como apreciaremos, el término "deducción" es un concepto tecnificado (porque responde a una finalidad práctica concreta) e institucionalizado (porque tiene consecuencias jurídicas con significación específica*)". Y más adelante precisa que: "*En nuestro caso, el vocablo "deducción" no significa limitadamente reducción o sustracción en una medición en el contexto de la Ley de impuesto sobre la renta. Como demostramos anteriormente, significa minoración de gastos de la base imponible del tributo. Cumple una finalidad práctica específica, esto es, es condición necesaria para la determinación de la renta neta. De allí su cualidad de concepto técnico*" (resaltado del autor). A esto, añade Abache con respecto al concepto de causación del ingreso y de la deducción: "*Por su parte, los enriquecimientos [exclusivamente] causados, son aquéllos que sólo ameritan tener causa, esto es, una razón, motivo o circunstancia que jurídicamente justifique el nacimiento del enriquecimiento, o como lo refiere la ley, se entiende por tal momento la realización de la operación que da nacimiento al ingreso que constituirá su contraprestación, a otro decir, cuando tiene lugar el perfeccionamiento del negocio jurídico. Y en lo que a la regla de los enriquecimientos [causados y] devengados se refiere, los mismos se hacen disponibles una vez que el contribuyente tiene el derecho de crédito de exigir su pago, esto es, los que –además de causados- son jurídicamente exigibles o de plazo vencidos. Como le refiere la ley, se entiende por tal momento realización de la operación que da nacimiento al ingreso que constituirá su contraprestación, a otro decir, cuando tiene lugar el perfeccionamiento del negocio jurídico*". Resaltados de los textos. Ver: Serviliano Abache Carvajal; *Las piezas del derecho tributario. Sobre la teoría de los enunciados jurídicos. La interpretación de la disponibilidad/deducibilidad de las regalías y la reforma de la Ley de Impuesto Sobre la Renta de 2015.* Consultado en original, Caracas, 2019, páginas 17 y 19.

formidad con los artículos 5 y 32 de la LISLR[3] en atención –especialmente- a la finalidad complementaria del gasto de preservar, mantener o conservar la fuente de la renta, y no sólo de producirla, como ha sostenido pacíficamente la jurisprudencia y la doctrina relativa a este tributo, no obstante que el método práctico de deducción aplicado por algunos hasta ahora haya sido más conservador y haya incluido aparentemente como exigencia, a los fines del impuesto regido por esa ley, la ejecución de las prestaciones implícitas en cada tipo de gasto, como elemento de causación del mismo.

II

Antes de dar respuesta a la cuestión jurídica planteada en el punto anterior, nos permitimos hacer algunas consideraciones generales con el objeto de facilitar la comprensión de nuestro criterio. La norma del artículo 5 del Decreto con Rango, Valor y Efecto de Ley de Impuesto Sobre la Renta (LISLR) publicado en fecha 30 de diciembre de 2015, estableció como principio-regla general que "*los ingresos se consideran*

3 Artículo 5 (LISLR). "*Los ingresos se considerarán disponibles desde que se realicen las operaciones que los producen, salvo en las cesiones de crédito y operaciones de descuento, cuyo producto sea recuperable en varias anualidades, casos en los cuales se considerará disponible para el cesionario el beneficio que proporcionalmente corresponda. En todos los casos a los que se refiere este artículo, los abonos en cuenta se considerarán como pagos, salvo prueba en contrario. Los ingresos provenientes de créditos concedidos por bancos, empresas de seguros u otras instituciones de crédito y por los contribuyentes indicados en los literales b, c, d y e del artículo 7 de este Decreto con Rango, Valor, y Fuerza de Ley y los derivados del arrendamiento o subarrendamiento de bienes muebles e inmuebles, se considerarán disponibles sobre la base de los ingresos devengados en el ejercicio gravable. Los enriquecimientos provenientes del trabajo bajo relación de dependencia y las ganancias fortuitas, se considerarán disponibles en el momento en que son pagados*".
Artículo 32 (LISLR). Sin perjuicio de lo dispuesto en los numerales 3, 11 y 20 y en los parágrafos duodécimo y decimotercero del artículo 27, *las deducciones autorizadas en este Capítulo deberán corresponder a egresos causados durante el año gravable, cuando correspondan a ingresos disponibles para la oportunidad en que la operación se realice.* Cuando se trate de ingresos que se consideren disponibles en la oportunidad de su pago, conforme a lo dispuesto en el artículo 5 de este Decreto con Rango, Valor y Fuerza de Ley, las respectivas deducciones deberán corresponder a egresos efectivamente pagados en el año gravable, sin perjuicio de que se rebajen las partidas previstas y aplicables autorizadas en los numerales 5 y 6 del artículo 27 de este Decreto con Rango, Valor y Fuerza de Ley. Resaltados nuestros.

disponibles desde que se realicen las operaciones que los producen" (i), con las excepciones o categorías especiales que prevé el mismo artículo, como son, entre otros, los ingresos provenientes de *créditos* concedidos por bancos, empresas de seguros y otras instituciones de crédito y por otros contribuyentes indicados en la norma que realicen operaciones de crédito, así como también, los enriquecimientos derivados de *arrendamientos y subarrendamientos* de bienes muebles e inmuebles, que se consideran disponibles sobre la base de los ingresos devengados en el ejercicio gravable (ii) y los enriquecimientos provenientes del *trabajo bajo relación de dependencia* y las ganancias fortuitas, los cuales se consideran *disponibles en el momento en que son pagados* (iii).

Responde este principio general –contemporáneamente- al criterio legislativo expresado en la exposición de motivos del mencionado decreto ley, consistente en "*modificar los criterios de disponibilidad de la renta reduciendo (sic) los supuestos de enriquecimientos disponibles en el momento en que son cobrados, y aumentando los casos de rentas que serán gravadas en el momento en que se realizan las operaciones que los producen*". Por ello, y en atención a la hipótesis analizada referente al impuesto sobre la renta de empresas, nos concentraremos en la primera regla de disponibilidad (i), por ser la que rige la tributación general de las rentas y organizaciones empresariales colectivas e individuales.

En forma simétrica, el artículo 32 de la LISLR establece que "... *las deducciones autorizadas en este Capítulo, deberán corresponder a egresos causados durante el año gravable, cuando correspondan a ingresos disponibles para la oportunidad en que la operación se realice. Cuando se trate de ingresos que se consideren disponibles en la oportunidad de su pago... las respectivas deducciones deberán corresponder a egresos efectivamente pagados en el año gravable*".[4]

[4] "*El elemento disponibilidad, en la configuración lógica del hecho imponible de la LISLR, se dirige a fijar el momento en el cual el legislador establece cuándo se ha generado un enriquecimiento (y erogado un gasto, como más adelante se precisará) para el contribuyente, indistintamente de que efectiva y económicamente haya percibido tal incremento patrimonial, precisando así, por vía de consecuencia, el ejercicio fiscal al que corresponde. En otras palabras, la disponibilidad delimita –junto a la anualidad- el aspecto temporal del hecho imponible de este tributo*". Ver: Serviliano Abache Carvajal; obra citada; *Las piezas del derecho tributario... página 18.*

En línea con el artículo citado y como principio general, se ha sostenido siempre que se deben imputar a cada ejercicio los ingresos, costos y gastos *causados* dentro del mismo, sin que legalmente sea permitido al contribuyente asignarlos a un ejercicio distinto, anterior o posterior, en virtud de que el hecho imponible del impuesto sobre la renta son "*los enriquecimientos anuales, netos y disponibles, obtenidos en dinero o en especie*" (Art. 1 de la LISLR), lo cual constituye el principio de anualidad del impuesto y la consiguiente autonomía del ejercicio, principios que se ven reforzados, según la jurisprudencia, con la necesaria vinculación causal –eficiente y final- exigida entre los ingresos y los egresos en que se incurra para la obtención de los primeros, en cada ejercicio.

La vieja jurisprudencia del impuesto sobre la renta fue muy clara en relación con los principios mencionados. Así, el Tribunal de Apelaciones de ese impuesto sentenció: "*...y por regla general, cada año anterior o año gravable o ejercicio anual, tiene sus propios enriquecimientos netos o renta neta, es decir, sus propios ingresos brutos, su propia renta bruta, y sus propias deducciones distintas e independientes de los ingresos brutos, de la renta bruta y de las deducciones correspondientes a otro año gravable. Decimos por regla general, porque bien sabe el tribunal que hay excepciones, cuya exposición no considera necesaria para el caso de autos. O sea que cada ejercicio anual o año gravable es autónomo por lo que respecta a cualquier otro año gravable o ejercicio anual, y en lo que se refiere a los conceptos antes indicados*". Expresaba también la misma sentencia que "*si el gasto general de que se trate no se realizó con el objeto de producir esta renta gravable concreta de este ejercicio anual, aun cuando se hubiere realizado con el objeto de producir otra renta gravable de ejercicios anteriores, no sería deducible en el presente*".[5] Nótese que en este supuesto se trataba de la aplicación de gastos de un ejercicio a otro posterior, y no como como se plantea en la hipótesis que comentamos, en la cual se trata de aplicar un gasto presumiblemente aplicable a un ejercicio siguiente al ejercicio presente. Sin embargo, lo que se resalta en el criterio jurisprudencial es la correspondencia de la imputación del gasto al ejercicio en que se realizan las prestaciones inherentes al mismo.

[5] Sentencia N° 306 del Tribunal de Apelaciones (Primero) de fecha 24 de septiembre de 1965, caso Venezuela Atlantic Refining Company, C.A contra el Fisco Nacional.

En relación con las excepciones a la "*regla general*" de la anualidad y autonomía del ejercicio, a que hacía alusión el fallo citado, debemos destacar algunas reconocidas por la misma LISLR, como sería el supuesto de traslación de pérdidas de explotación a ejercicios posteriores a aquellos en que ocurrieron, la depreciación estimada de los activos proyectada sobre varios ejercicios y sobre todo las amortizaciones de gastos realizados en períodos pasados o no aplicados directamente a la producción de la renta imputables a rentas de ejercicios posteriores, las cuales constituyen medidas contables destinadas a tener en consideración el ciclo real de ciertos negocios que se extiende por varios períodos, o a evitar la formación y distribución de utilidades ficticias y la descapitalización de la empresa. Pues bien, estas "*excepciones*" a la regla general podrían contribuir a entender la racional flexibilidad de la regla general –cuando la imponga la realidad- y a buscar solución legal al problema planteado, en el marco de los modernos principios contables de general aceptación. Por ello, más que de excepciones se debería hablar de *extensiones* de la anualidad del ejercicio, surgidas y conducidas por el concepto de causa del gasto, especialmente centrado en su finalidad.

Desde el punto de vista financiero y contable dicha regla general no es diferente, sólo que admite una mayor adaptación a la realidad económica. Así, "*Para atribuir costos a un período –expresa L.O. Fernández- se emplea el criterio del apareamiento entre gastos e ingresos, por lo que cuando un costo esté vinculado con un ingreso determinado se debe imputar al período en que es reconocido. Cuando no se pueda precisar lo anterior, se procurará vincularlo a algún período a efectos de su cómputo; para el resto de los casos se utiliza el criterio de imputar el costo al momento en que es conocido*". Es más, para los supuestos de depreciaciones y amortizaciones se ha llegado a proponer el criterio de "*periodificación razonable del gasto computable…en función de la vida útil estimada o período de amortización; esto es el número de años en el cual se espera que el elemento material o inmaterial amortizable va a producir a pleno rendimiento*".[6] Este criterio indicado con

[6] Ver: Luis Omar Fernández, *Tratado de Tributación*, Tomo II, Política y Economía Tributaria, Impuesto Sobre la Renta; Editorial Astrea, Buenos Aires, páginas 180 y siguientes.

relación a las amortizaciones y depreciaciones, a nuestro juicio, podría ser extendido a la imputación temporal del gasto, pues en todo caso se plantea la necesidad de vincular *razonablemente* los ingresos y egresos de un sujeto, dentro de un período, lo cual en ciertos supuestos sería el resultado de verdaderas presunciones.

En relación con el tema de las amortizaciones en materia fiscal, se ha dicho atinadamente que ella se asocia más que todo con la finalidad de conservar o preservar la fuente productora de la renta, más que con la de producirla, lo cual ensancha lógicamente el campo de su deducibilidad a los efectos del impuesto sobre la renta: "*De la definición que de deducción presenta el maestro Villegas -Héctor Villegas, conocido autor argentino- debemos destacar que los gastos deducibles no sólo tienen por finalidad obtener la ganancia sino también conservar la fuente productora, por ello en la mayoría de las legislaciones tributarias se acepta que algunos cargos diferidos (por ejemplo los gastos de publicidad) sean amortizables por cuotas amortizables periódicas, en los porcentajes que la legislación establece*".[7]

III

Normalmente, de acuerdo con la experiencia, la contabilización de los denominados *pagos por gastos anticipados* se ha presentado mediante el concepto de *gasto diferido* para ser más fieles a la regla universal de apareamiento de ingresos y egresos y evitar confrontación con la normativa fiscal, y con cierta dosis de abstracción se han registrado y deducido fraccionadamente los gastos en períodos mensuales, a medida que se han ido causando idealmente, ya que se trata normalmente de prestaciones prolongadas por períodos de cierta duración, con la finalidad de que se reflejen en la forma más próxima al apareamiento los gastos con relación a la producción de los ingresos y también con la realización de las prestaciones. Desde luego que este método de periodificación de gastos obedece a estimaciones razonables y no a una operación exacta de cálculo, puesto que la dinámica de la realidad no

[7] *Teoría del Impuesto Sobre la Renta*; obra colectiva del Instituto Colombiano de Derecho Tributario, ICDT, Bogotá, 1995, página 182.

coincide siempre con esta abstracción, más teórica que práctica, pero que ha servido indudablemente a la contabilidad fiscal para limitar la deducción del gasto y lograr el resultado de una utilidad gravable mayor.

Sin embargo, la necesidad de neutralizar el efecto hiperinflacionario de la economía podría llevar a considerar la acreditación o deducción del gasto con un criterio diferente, influido en mayor grado por la conveniencia de anticipación real, puesto que el valor monetario del gasto deducible tiende igualmente a deteriorarse, en modo paralelo al deterioro monetario de los ingresos. Así percibimos la razón principal del fenómeno observado. En opinión nuestra, se podría hacer un paralelismo entre esta anticipación real del gasto y lo que desde hace muchos años se practica en la contabilidad de los costos de inventario, con el objetivo también de combatir la inflación, consistente en aplicar el método LIFO/UEPS a la toma de la imputación temporal respectiva del gasto, el cual se resume en la conocida frase "*último en entrar, primero en salir*", con lo cual se adelanta el mayor costo en las compras de inventario. Después de confrontar algunas dudas sobre la aplicabilidad de este método en la determinación del impuesto, debido al uso inconsistente del mismo por parte de algunos y surgidas precisamente a la luz de las reglas fiscales comentadas, terminó por ser admitido por las administraciones fiscales como extensiones válidas del principio de anualidad.

En relación con la admisión legal de los diversos métodos de valuación de inventarios el famoso tratadista ítalo-argentino Dino Jarach ha dicho que la legislación argentina ha dado un trato "*discrecional*" a su elección por parte de los contribuyentes, a pesar de su aparente alejamiento de la anualidad del ejercicio, y con respecto a su manejo frente a la inflación ha dicho: *"Es pues una observación de alcance general que puede extenderse a los métodos de valuación, que aquellos sólo permiten desplazar las ganancias o las pérdidas de un ejercicio a otro, anticipándolas o postergándolas. En definitiva, en el momento de la renta se determina irrevocablemente el beneficio o la pérdida total con respecto a cada unidad de mercadería*"[8].

[8] Dino Jarach; *Finanzas Públicas y Derecho Tributario*; tercera edición, Editorial Abeledo-Perrot, Buenos Aires, página 602.

A nuestro juicio, dicha necesidad podría ser afrontada legalmente con la invocación de dos criterios básicos, antes comentados: la finalidad complementaria del gasto de preservar la fuente de la renta y la adopción plena del principio-regla general que ata temporalmente la deducibilidad del gasto a la disponibilidad del ingreso, en el presente caso, a la oportunidad en que la operación se realice (Art. 32 LISLR). En efecto, el deterioro veloz del signo monetario afecta todas las variables económicas, y en el presente, el valor de la deducción del gasto es particularmente influido por ese fenómeno, por lo que podría ser tomado el gasto íntegramente en el ejercicio en que nace y se perfecciona el compromiso, y por tanto se adquiere también la obligación de pagar y el derecho correspectivo a recibir la prestación oportunamente, porque ello representa una medida de protección de la economía de la empresa, fuente de la renta gravable, porque se asegura una existencia, un precio y un valor monetario, por una parte; y por la otra, porque esta opción sería compatible con la nueva dimensión otorgada al principio-regla de disponibilidad por causación de los ingresos y gastos implantada por la reforma de la LISLR de 2015. Esta última opción, se ve reforzada por la circunstancia de que no sólo se tiene la factura en el momento de la acreditación, sino que se efectúa el pago en el mismo ejercicio, o sea, en oportunidad también adelantada a la ejecución total de la prestación, para cumplir realmente con la finalidad antiinflacionaria del gasto anticipado, que se acompaña con el ingreso también anticipado del proveedor.

Opinamos que la adopción de este criterio *"atiende a la significación económica"* de las normas de los artículos 5 y 32 de la LISLR, y con ello es conforme con la norma general del artículo 5 del Código Orgánico Tributario,[9] por cuanto el principio general de disponibilidad o causación del gasto establecido en esos artículos se identifica con el momento en que se realiza la operación en este supuesto, en el cual se contrae el compromiso mediante la celebración de un contrato o expe-

[9] Artículo 5 del COT: "*Las normas tributarias se interpretarán con arreglo a todos los métodos admitidos en derecho, atendiendo a su fin y a su significación económica, pudiéndose llegar a resultados restrictivos o extensivos de los términos contenidos en las normas tributarias*".

dición de una orden al proveedor, seguida de la recepción de la factura respectiva, y con posterioridad se adelanta el pago con respecto a las prestaciones que habrán de ser recibidas. Todo ello, claro está, en el entendido que la deducción del gasto sólo se haría en el ejercicio en curso y no podría ser repetida en el siguiente.

No obstante lo anterior, advertimos que esta opción sería aplicable a la mayoría de los gastos generales comentados, pero los gastos que correspondan estrictamente a ingresos cuya disponibilidad depende legalmente de su devengo periódico, como serían los intereses por créditos o los arrendamientos, pensamos que deberían continuar con el método de amortización periódica tradicional, según la causación de los mismos a medida que transcurre el período de disfrute de los bienes, para cumplir con las normas de los artículos 5 y 32 de la LISLR. Así mismo, hacemos salvedad con respecto a aquellas actividades específicas sujetas a un régimen de disponibilidad especial en la mencionada ley.

Sin perjuicio de lo expuesto, que es un análisis jurídico de la cuestión planteada, es conveniente consultar a los asesores contables el modo más adecuado de evidenciar en los balances la deducción íntegra en el ejercicio del gasto diferible que resulte, mediante las partidas de conciliación usuales en estos supuestos.

En conclusión, existen razones válidas para considerar procedente la deducción de los gastos mencionados pagados por anticipado, en el ejercicio en que se *comprometen,* en virtud del principio de disponibilidad de los ingresos y gastos según el momento en que ocurren las operaciones que los producen, de conformidad con los artículos 5 y 32 de la LISLR, en atención –especialmente- a la finalidad complementaria del gasto reconocida por la jurisprudencia de preservar la fuente de la renta, no obstante que el método habitual de deducción aplicado por algunos hasta ahora haya sido más conservador y haya incluido en la práctica la exigencia, a los fines del impuesto regido por esa ley, de la ejecución de las prestaciones implícitas en cada tipo de gasto.

Caracas, junio de 2020.

LA *DISFUNCIÓN* DEL BOLÍVAR Y LA *DOLARIZACIÓN DE FACTO* DE LA ECONOMÍA* *<ASPECTOS LEGALES Y FISCALES>*

HUMBERTO ROMERO-MUCI**

---

* Trabajo monográfico colaboración al libro homenaje al profesor Luis Cova Arria auspciado por la Academia de Ciencias Politicas y Sociales. En expresión de reconocimiento y admiración por su trayectoria académica y por su impronta de venezolano ejemplar. Agradecimiento muy especial al Economista Dr. Urbi Garay por la información sobre inflación y depreciación del bolívar. A los profesores Contadores John Beaujon, Luis Aguilera y Carmelo Segreto, por la revisión de los conceptos y opiniones contables. A Rayma Suprani por el uso de su ingeniosa caricatura sobre bolívar disfuncional. Por supuesto la responsabilidad de todo lo aquí expuesto, opinado y presentado es exclusivamente del autor.

** Abogado ***summa cum laude*** de la **Universidad Católica Andrés Bello**, Magister en Leyes de **Harvard Law School**, Doctor en Derecho de la **Universidad Central de Venezuela**, Profesor Titular y Jefe de la Cátedra de Derecho Financiero en la Universidad Católica Andrés Bello, Profesor de Derecho de la Contabilidad en el Postgrado de Derecho Financiero de la Universidad Católica Andrés Bello y en los Cursos de Doctorado en Derecho de la Universidad Central de Venezuela, Individuo de Número y Presidente de la Academia de Ciencias Políticas y Sociales de Venezuela (Sillón No. 14). Socio en el escritorio jurídico **D'Empaire**.

SUMARIO

RESUMEN

En este trabajo postulamos la legalidad del cambio de moneda funcional al dólar para reemplazar al bolívar con fines financieros. Particularmente detallamos las consecuencias prácticas y las alternativas para su aplicación en la determinación del impuesto sobre la renta y otras especies tributarias.

PALABRAS CLAVE

moneda funcional, moneda de presentación, disfunción del bolívar, ganancias y pérdidas en cambio

SUMMARY

In this paper we argue the legality of the change of functional currency to the dollar to replace the bolivar for financial purposes. We detail the practical consequences and the alternatives for its application in the determination of income tax and other tax species.

KEYWORDS

functional currency, reporting currency, bolivar dysfunction, exchange gains and losses.

INTRODUCCIÓN

La hiperdevaluación e hiperinflación pulverizaron el poder adquisitivo del bolívar, colapsando el sistema monetario nacional. El bolívar lleva dos reconversiones y la quita de ocho ceros[1]. En 20 años se depreció 316 millardos (mil millones) %[2]. La inflación acumulada es de 5.303 millardos (mil millones) %[3]. Estas cifras son difíciles de expresar, asimilar y entender.

Solo puede decirse una cosa: Hoy el bolívar es una moneda disfuncional. Como moneda perdió su capacidad para servir como unidad de cuenta, como medio de pago y para atesorar valor[4]. El bolívar, aunque sea de curso legal es tan disfuncional que, casi no circula, ni se usa.

---

1 La *reconversión monetaria* es una *redenominación* del valor nominal del bolívar como moneda de curso legal. Sólo afectó la función del bolívar como "*unidad de cuenta*". No incidió sobe el poder adquisitivo del bolívar o su poder liberatorio como moneda de curso legal (tasa de precios), ni en su convertibilidad externa (tasa de cambio). (i) *Gaceta Oficial No. 38.638*, de fecha 6 de marzo de 2007, Decreto Ley 5.229 de fecha 06 de marzo de 2007 y (ii) *Gaceta Oficinal* No. 41387 del 30 de Abril dc 2018. Ver nuestro trabajo, "*Contribución al estudio de la reconversión monetaria del bolívar: Aspectos jurídicos, financieros y fiscales*", en *La reconversion monetaria,* Serie Eventos No. 24, Academia de Ciencias Politicas y Sociales, Caracas 2007, p. 20. Ver sobre la inefectividad de la reconversión sin políticas efectivas de eliminación de la inflación. Pronunciamiento de las Academias Nacionales "Las Academias Nacionales a la opinión pública ante los anuncios en materia monetaria del gobierno nacional. 10 de abril de 2018", en *Boletín de la Academia de Ciencias Políticas y Sociales N° 157 –enero-diciembre 2018 pp.: 57-61 ISSN: 0798-1457.*

2 Según la información que aparece en la página del BCV, el IPC (2007=100) tiene los siguientes valores:
Febrero, 1999: 20,99; Mayo, 2020: 66.382.249.099,5. Es decir, algo que valía 20,99 Bs. en febrero de 1999, valdría 66.382.249.099,5 en mayo de 2020 (último mes reportado por el BCV). Una vez que se le agregan al bolívar los 8 ceros que se le quitaron por las dos reconversiones (tres ceros en 2008 y cinco ceros en 2018). Así que, entre febrero de 1999 y mayo de 2020, los precios han subido un 316 millardos (mil millones) porciento. Obviamente, estas cifras son difíciles de asimilar y de entender. Es importante recordar que desde 2017 la Asamblea Nacional calcula un índice de inflación distinto al del BCV (decidió hacerlo ante los retrasos recurrentes del BCV en divulgar esa información). Ese índice difiere del calculado por el BCV. Por ejemplo, en 2018, la tasa de inflación anual según el BCV fue de 130.060%, mientras que según los cálculos de la AN fue 1.698.488%, es decir, fue unas doce veces más alta.

3 Según BCV en febrero de 1999, la cotización Bs/$ fue Bs.576/$. Hoy la cotización es Bs.305.500 (24 de agosto 2020) Al agregarle los 8 ceros de las reconversiones del bolívar, la cotización actaul sería de Bs.30.550.000.000.000 de aquel entonces, es decir, treinta millardos quinientos cincuenta mil millones. El bolivar se depreció 53 millardos 38 millones 194 mil 444 veces.

4 Ver sobre las propiedades jurídicas del dinero, Brewer-Carías, Allan, "*Aspectos del régimen jurídico de la moneda*", en *Revista de Derecho Público* N° 13, Editorial Jurídica Venezola-

En su lugar la economía se dolarizó de facto[5]. El dólar norteamericano (dólar) desplazó el bolívar como medio para atesorar valor, para denominar obligaciones y servir como medio de pago. Ese desplazamiento funcional ocurre no solo en transacciones con el exterior, sino dentro de la propia economía. Así las cosas, internamente, el dólar se convirtió *"...en la moneda del entorno económico principal en el que se transa la operación de la mayoría de los agentes económicos en el país".*

Si bien el dólar no es moneda de curso legal en el país, lo cierto es que circula lícitamente[6] y se convirtió ***de facto*** en el medio de cambio que genera y se emplea fundamentalmente como efectivo o para indexar pagos en bolívares. En palabras resumidas, en la arruinada economía venezolana, el uso del dólar genera confianza entre sus usuarios por su estabilidad, mientras que el bolívar perdió aceptación por su volatilidad extrema.

Que la economía se haya dolarizado ***de facto*** significa mucho más que el uso del dólar como moneda de cuenta y pago efectivo, significa también que, se convirtió en moneda funcional para la cuantificación de la situación y rendimiento financieros (resultados) de la gran mayoría de los operadores económicos en el país, aunque el reporte siga efectuándose en bolívares.

En efecto, el dólar representa la sustancia económica como ***unidad de cuenta*** o referencia para establecer precios, costos y gastos de sus

---

na, Caracas, 1983, pp. 5 y ss; del mismo modo, Rodener, James-Otis, ***El dinero***, Academia de Ciencias Políticas y Sociales, Caracas 2005, pp. 34 a la 70.

5 Sobre la dolarización transaccional de la economía venezolana, ver Palma Carrillo, Pedro, *La política cambiaria en Venezuela (más de cien años de historia)*, Editorial Juridica Venezolana, Ediciones IESA, Caracas 2020, p. 365; Garcia Larralde, Humberto, "*Critica del actual control de cambio en Venezuela*", en web: [https://www.academia.edu/10234449/Cr%C3%ADtica_del_actual_control_de_cambio_en_Venezuela]; Ver sobre las posibilidades jurídicas de una dolarizacion formal, de derecho o propiemente dicha en Venezuela, Hernández G., José Ignacio, "*Aspectos jurídicos de la dolarización en Venezuela*", en *Revista de Derecho Público*, No. 153-154, Editorial Jurídica Venezolana, Caracas 2018, p. 314;

6 Nuestros analisis sobre la desregulación y despenalización del control de cambios, la potencial dolarizacion de facto creada por la libertad cambiaria y la disfuncion del bolivar *Cfr.* Romero-Muci, Humberto, "*Notas sobre las oscuridades intencionales del régimen cambiario de 2018:<aspectos jurídicos y contables>*" en *Revista de Derecho Tributario* No. 160, Asociación Venezolana de Derecho Tributario, Octubre-Diciembre de 2018, Caracas, p. 23 y ss.

operaciones y, además, es la moneda en la cual se mantiene el efectivo para el pago a terceros y accionistas.

El bolívar como moneda de curso legal quedó relegado a una simple función de reporte o presentación imperativa[7], que se cumple, cada día, con mayor precariedad, porque su denominación se hace inmanejable por la hiperinflación. Ni siquiera sirve para ser ajustado a valores constantes, o lo que es igual, ser ajustado por inflación porque el propio Banco Central de Venezuela (BCV) se encargó de generar todo tipo de dudas sobre la sinceridad de las cifras oficiales sobre inflación. Los INPC fueron subestimados, ocultados y demorados ostensiblemente, de modo que la corrección monetaria del bolívar nunca pudo ser un correctivo idóneo para garantizar la homogenización y comparabilidad de los valores denominados en esa moneda[8].

En este contexto, la disfunción del bolívar implica que, su uso genera desinformación contable. Tan sencillo como que, en bolívares el operador económico no se sabe si gana o si pierde. No puede tomar decisiones racionales sobre la disposición de sus recursos económicos. La contabilidad determinada en bolívares consiste en un batiburrillo informativo expresión de cifras incomparables, inconfiables e irrelevantes. Hoy ningún operador económico racional puede sostener con seriedad que los EEFF medidos en bolívares representan la ***imagen fiel*** del patrimonio y del resultado de una entidad económica[9].

---

7 La cualidad legal de moneda o unidad monetaria esta institucionalizada a través de la designación normativa del medio de pago y la atribución a dicho medio del poder liberatorio ilimitado de obligaciones pecuniarias en una jurisdicción política. En Venezuela solo el bolívar tiene reconocimiento como tal moneda de curso legal. Así lo confirman el artículo 318 Constitucional y los articulos 106 y 107 de la Ley del Banco Central de Venezuela (*Gaceta Oficial* No. 6.211 Extraordinario del 30 de diciembre de 2015). Los articulos 129 y 130 funcionaliza el bolivar como "lenguaje monetario" (generalización de sentido simbólico). Esta función linguística del bolívar busca hacer factible la reflexividad de los procesos comunicativos referido al valor económico mediante su uso obligatorio en los documentos que deben surtir efecto en Venezuela, sea (i) el reporte contable (Articulo 129) y (ii) en los memoriales, escritos, asientos y demas documentos relativos a operaciones internacionales (***recticus***: que involucren la referencia a la moneda extranjera) (articulo 130).

8 *Cfr.* Romero-Muci, Humberto, "*La mentira contable: crónica de incomunicación y engaño <Aspectos jurídicos de la liberación del tipo de cambio según el CC No. 1 y de la publicación extemporánea de los INPC por el BCV para los años 2016, 2017, 2018 hasta septiembre 2019>*", en *Revista de Derecho Público* No. 159-160, Julio-Diciembre de 2019, Editorial Juridica Venezolana, Caracas, p. 160; tambien en *Revista Venezolana de Legislacion y Jurisprudencia*, N.° 13, Caracas 2020, pp. 385-407.

9 *Marco conceptual*, parrafo 5.

Por esa razón, desde un punto de vista de la técnica contable, la necesidad de utilidad de la información financiera implica el uso de una unidad de cuenta que garantice la comparabilidad de esta[10]. Tal proceder se alinea con los mandatos de la técnica contable de aplicación en Venezuela. En esencia la Norma Internacional de Contabilidad No. 21 sobre "*efectos de las variaciones en los tipos de cambio de la moneda extranjera*"[11] ("NIC 21"), por reenvío de los principios de contabilidad de aceptación general ("PCGA") en Venezuela, declarados por la Federación de Colegios de Contadores Públicos de Venezuela ("FCCPV"), denominados "VEN NIF".

Por tanto, para los operadores económicos la adopción del dólar como moneda funcional implicará un cambio de política contable, que será razonable siempre que, efectivamente, (i) el dólar sea la moneda del entorno económico principal de la entidad, (ii) esa posición contable esté técnicamente justificada por los VEN NIF y (iii) esté avalada por los contadores y auditores financieros, esto es, que la aplicación de la moneda funcional dólar y su traducción a bolívares, representa la imagen fiel del patrimonio de aquel.

De otro lado, la hiperinflación, la liberación del tipo de cambio y la exclusión del ajuste por inflación fiscal para los sujetos pasivos especiales en el ISR, se traducen en importantes distorsiones en la medición de la renta gravable. Contradictoriamente induce a la imposición de ganancias monetarias ficticias, a la vez que omite la minoración de pérdidas reales por exposición a la inflación[12].

---

[10] La noción de comparabilidad supone que la medida y presentación del efecto financiero de similares transacciones y otros sucesos, deben ser llevadas a cabo de una manera consistente por toda la empresa, a través del tiempo para tal empresa y también de una manera consistente para diferentes empresas. *Marco Conceptual* Parrafo 39.

[11] *Cfr.* https://www.ifrs.org/issued-standards/list-of-standards/ias-21-the-effects-of-changes-in-foreign-exchange-rates/#translations

[12] Ver nuestros comentarios en Romero-Muci, Humberto, "*Aspectos protervos en la eliminación del ajuste integral por inflación fiscal a las entidades financieras y de seguros*", en *Tributación y regulación. Memorias de las XIV Jornadas Venezolanas de Derecho Tributario*, Asociación Venezolana de Derecho Tributario, Caracas, 2015; "*Aspectos financieros y fiscales del nuevo régimen cambiario de 2014*", en *VI Jornadas Aníbal Dominici. Homenaje Dr. Oswaldo Anzola P.*, Fundación Estudios de Derecho Administrativo, Caracas, 2014., Abache Carbajal, Serviliano, *La (des)institucionalización del impuesto sobre la renta (Sobre la «reforma jurisprudencial» de 2007, las «reformas ejecutivas» de 2014 y 2015, y el*

El tratamiento de las ganancias y pérdidas en cambio a los fines del ISR constituye uno de los asuntos de mayor interés y actualidad sobre valoración contable con consecuencias fiscales.

Es de sumo interés entender los criterios de pertinencia y validez de los cambios de la moneda funcional para fines financieros, su recepción para fines legales y su aplicación a los dominios de la base imponible del ISR (renta territorial y renta extraterritorial). Particularmente, ponderar si las funciones de la moneda de curso legal son exclusivas y excluyentes en la determinación tributaria respecto de cualquier otra unidad monetaria o si pueden limitarse al solo reporte o declaración, documentación y respaldo de la información fiscal.

Esas diferencias de valor plantean retos importantes para determinar cuándo y en qué contexto económico representan incrementos o decrementos patrimoniales que están disponibles o causados para fines impositivos, esto es, cuándo representan manifestaciones efectivas de capacidad contributiva.

El diseño de la base imponible del ISR no estuvo pensado para tan radical cambio de circunstancias. No estuvo pensado para aplicar en un contexto de anormalidad monetaria y colapso del bolívar como moneda de curso legal. Sí estuvo pensado para que funcionara la corrección monetaria de la base imponible, pero esta fue ilegítima y protervamente desaplicada a los llamados sujetos pasivos especiales.

La dolarización de facto de la economía y la adopción del dólar como moneda funcional pone en tensión los intereses técnicos que justifican los criterios de cuantificación para fines financieros y para fines fiscales, los cuales deben ser ponderados con otros valores superiores del ordenamiento jurídico para estimar, no solo la justicia de la imposición, sino su efectividad según la capacidad económica del contribuyente.

A estas consideraciones dedicamos el presente trabajo, anticipando nuestra conclusión sobre la licitud del cambio de la moneda funcional al dólar siempre que se cumplan las condiciones técnicas exigidas por la normativa contable al respecto. Para este fin hacemos una completo análisis de la función de los conceptos moneda funcional, monde

«Decreto Constituyente» de 2018), Serie Estudios No. 113, Academia de Ciencias Políticas y Sociales, Editorial Jurídica Venezolana, Asociación Venezolana de Derecho Tributario, Caracas 2019

de presentación, moneda extranjera, sus diferencias con la moneda de curso legal, el reconocimiento de las diferencias en cambio para fines financieros. Del mismo modo, confirmamos la licitud de la dolarización de facto del tráfico jurídico y exploramos las alternativas jurídicas de la recepción del dólar como moneda funcional para fines de la determinación de la base imponible del ISR, los particularismos que exige la imposición sobre ganancias cambiarias efectivas y no simplemente nominales, así como las circunstancias para la minoración de pérdidas cambiarias realmente consumadas. Finalmente, damos cuenta del tratamiento de los ajustes por cambios metodológicos de la unidad de cuenta y su aplicación en otros tributos incididos por la variación de la moneda funcional y su diferencia con las situaciones de reporte.

1. SOBRE LA MONEDA FUNCIONAL Y LA MONEDA DE REPORTE

La contabilidad es el lenguaje técnico universal con el que se informa de los derechos de los individuos a los recursos económicos en condiciones de transparencia y utilidad informativa para la toma de decisiones racionales sobre la asignación de recursos en la economía. Para que la información financiera sea útil debe ser relevante y representar fielmente lo que pretende representar. La utilidad de la información financiera se mejora si es comparable, verificable, oportuna y comprensible[13].

Los informes financieros representan fenómenos económicos utilizando palabras y números. El leguaje contable se expresa (simboliza) fundamentalmente en forma cuantitativa. Los distintos elementos reconocidos en los estados financieros se cuantifican en términos monetarios.

Este proceso se denomina genéricamente como "valuación" y se cumple combinando dos criterios que son insolubles: De un lado el uso de una (i) ***base de medición***[14] (costo histórico o valor corriente <valor

[13] *Cfr.* Consejo de Normas Internacionales de Contabilidad, *El marco conceptual para la información financiera*, Parrafo 2.4, consultado en https://www.nicniif.org/home/iasb/que-es-el-iasb.html

[14] *Cfr.* "*Una base de medición es una característica identificada del elemento que sea medido. La aplicación de una base de medición a un activo o pasivo crea una medida para ese activo o pasivo, asi como para cualquier ingreso y gasto relacionado*" en *El marco conceptual para la información financiera* Párrafo 6.1, consultado en https://www.nicniif.org/home/iasb/que-es-el-iasb.html

razonable, valor de uso o valor de cumplimiento>) y el uso de una (ii) ***unidad de medida*** con la que se expresa ese valor (moneda histórica o moneda de cierre)

Específicamente la ***unidad de medida*** representa un módulo o patrón representativo de un valor uniforme. En contabilidad la unidad de medida es típicamente una moneda o una unidad monetaria[15].

La moneda cumple una función fundamental como medio para denominar, intercambiar bienes y servicios y para atesorar valor. Permite la asignación de valor a las distintas transacciones, bienes y obligaciones, para después agregarlos y determinar cifras relevantes de los distintos elementos de los estados financieros de la entidad.

Se presume que por su uso general la moneada permite medir y representar en forma uniforme u homogénea el valor de las transacciones celebradas y el registro de los distintos elementos patrimoniales de una entidad. La homogeneidad del valor facilita la calidad comparable de la información financiera.

Con toda razón se ha dicho que, "*Toda la formulación contable reside en el postulado fundamental de la permanencia del patrón monetario de medida, es decir, de la estabilidad monetaria. Cuando esta se altera, la contabilidad pierde su significado, su función representativa y pasa a exponer un conjunto heterogéneo de valores no comparables entre sí, porque vienen expresados en unidades de medida con igual valor nominal, pero con dinero de distinto poder adquisitivo, correspondientes a las fechas en que fueron realizadas las adquisiciones*".[16]

---

[15] Por eso hemos dicho que, los criptoactivos no cumplen función de unidad de medida porque no tiene la condición económica ni jurídica de moneda. Que los criptoactivos cumplan funciones de medio de cambio y puedan ser valorados económicamente (siempre en términos de alguna moneda), no los convierte, ***per se***, en unidad monetaria, ni en unidad de cuenta y mucho menos en moneda. "*Porque los criptoactivos o el Petro no pueden utilizarse contablemente como unidad de medida contable, su pretendido uso como unidad de cuenta constituye jurídicamente un objeto ilícito y de imposible ejecución técnica, lo que hace inválido y nulo cualquier acto de aplicación que implique su uso obligatorio*". *Vid.* Romero Muci, Humberto, "*El petroengaño contable (análisis jurídico del Decreto No 4025, de la Providencia 097-2019 de SUNACRIP y del proyecto de BA VEN NIF No. 12 de la FCCPV sobre tratamiento contable de la tenencia de los criptoactivos en los EEFF preparados de acuerdo con VEN NIF y la presentación de los EEFF medidos en criptoactivos)*", en https://cedice.org.ve/observatoriogp/portfolio-items/3617/

[16] *Cfr.* J. Ma. Fernández Pirla, *Comentarios a la Ley de regularización de balances*, Ariel, Barcelona 1963, p. 20, citado por Eva Andrés Aucejo, ***op.cit.***, p. 19.

Por su parte la virtualidad sobre el valor fungible del dinero ha sido explicada con gran elocuencia por el profesor Chillida, señalando al efecto que, "*El dinero como unidad de cuenta se distingue de los demás bienes y servicios en que su precio no puede variar, ya que es siempre igual a uno; es decir, la relación de cambio de la unidad monetaria por otra unidad igual debe ser siempre uno. Por otra parte, los precios de los bienes, medidos en términos de dinero fluctúan libremente, dentro de ciertas limitaciones derivadas del mayor o menor grado de intervencionismo del Estado*".[17]

a. La NIC 21 *sobre el efecto de las variaciones en la tasa de cambio de la moneda extranjera*

Contablemente, la unidad monetaria sirve para (i) ***cuantificar*** como para (ii) ***reportar*** la situación y resultados financieros.

Las reglas técnicas y las construcciones conceptuales elaboradas para organizar la medición de los EEFF están contenidas en la NIC 21 ***sobre efecto de las variaciones en la tasa de cambio de la moneda extranjera.***

La función de ***cuantificación*** se atribuye a la llamada "*moneda funcional*" y la función de ***reporte*** se atribuye a la llamada "*moneda de presentación*".

Otro concepto central en la materia es la llamada "*moneda extranjera*" que designa cualquier otra moneda que no es la moneda funcional de la entidad. Sobre todos estos conceptos volveremos más adelante. Por ahora solo queremos destacar la racionalidad técnica que subyace a la unidad de cuenta y su finalidad institucional.

En sustancia el objeto de la NIC 21 es garantizar la cuantificación uniforme de los distintos elementos de los EEFF para asegurar la comparabilidad de las cifras utilizadas tanto para fines de cuantificación como de presentación de esa información[18]. Para ello asegura la homogenización de la unidad de cuenta utilizada en una sola unidad de

---

[17] ***Cfr***. Carmelo Chillida, *Análisis e interpretación de balances*, Tomo I, <situación financiera a corto plazo>, Universidad Central de Venezuela, Tercera reimpresión, Caracas 2000, p.202

[18] "*La contabilidad en su concepción clásica descansa sobre la hipótesis de la inmutabilidad del valor de la moneda. Para cumplir con sus objetivos recurre a una medida o patrón uniforme –o mejor, pretendidamente uniforme- como parte del lenguaje simbólico con el que intenta representar la actividad operativa real de la empresa. Ese patrón o unidad es la*

medida que se selecciona como principal o funcional por ser la más efectiva para cumplir ese fin práctico. Cualquier transacción denominada en otra moneda (extranjera), tendrá que ser convertida en términos de la moneda funcional para uniformar la agregación de cifras que resulten después en la síntesis de valor asignado a los distintos elementos de los EEFF[19].

La NIC 21 prescribe cómo se identifica la moneda funcional, cómo se incorporan o reconocen en los estados financieros de la entidad las transacciones en moneda extranjera y cómo se convierten los estados financieros a la moneda de presentación elegida.

Los temas principales que trata son (i) cómo se contabilizan las transacciones y los saldos en moneda extranjera, (ii) cómo se convierten los resultados y la situación financiera de la entidad en una moneda de presentación y (iii) como se presenta la tasa o las tasas de cambio a utilizar, y cual es (iv) la manera de informar sobre los efectos de las variaciones en las tasas de cambio dentro de los estados financieros.

b. La moneda funcional

La "*moneda funcional*" es aquella idonea para cumplir funciones de cuantificación. Esa aptitud viene dada por representar la sustancia o el entorno económico principal en el que opera la entidad[20]. Este ambiente se presume fundamentalmente a partir del uso de la moneda en

---

moneda. Pero sucede que la moneda no es una medida de valor inmutable. Este error proviene de confundir la obligatoriedad de su curso legal con su poder adquisitivo. Y cuando las situaciones que se muestran a través de ese patrón corresponden a momentos diferentes en el tiempo, se introducen en la medición distorsiones...". Cfr. López Santiso, Horacio y García, Fernando D., *Ajuste impositivo por inflación,* Ediciones Macchi, Buenos Aires 1988, p. 39.

[19] En los Estados Unidos rigen los principios contables emanados del Consejo de Normas de Contabilidad Financiera (FASB) Codificación de Normas de Contabilidad (ASC o Codificación). El equivalente de la NIC 21 es la ASC 830, Asuntos de moneda extranjera, proporciona los requisitos de cuantificación y presentación de informes para transacciones en moneda extranjera y la conversión de estados financieros de una moneda extranjera a la moneda de presentación. La ASC 830 también se aplica a la conversión de estados financieros para propósitos de consolidación, combinación o el método de contabilidad de participación. Ver para todo detalle Ernst & Young, *Financial Reporting Developments - Foreign currency matters, A comprehensive revised guide 29 Jul 2020* https://www.ey.com/en_us/assurance/accountinglink/financial-reporting-developments---earnings-per-share

[20] NIC 29, párrafo 9. Hoy, por ejemplo, los precios de la gasolina y demás combustibles son fijados en dólares.

que normalmente se genera y emplea efectivo y otras circunstancias técnicas significativas tales como la moneda que influye fundamentalmente en la denominación (cuenta) y liquidación (pago) de (i) los precios de venta de los bienes y servicios, (ii) los costos de la mano de obra, de los materiales y de otros costos de producción de los bienes y suministro de servicio, la denominación y pago de (iii) los fondos de las actividades de financiación, sea que corresponden a instrumentos de deuda o de patrimonio[21], o la (iv) moneda en que se mantienen los importes cobrados por las actividades operativas.

En caso de que los indicios comentados sean contradictorios y no resulte obvio cuál es la moneda funcional, la decisión será un juicio de la gerencia para determinar la moneda funcional que más fielmente represente los efectos económicos de las transacciones y sucesos y condiciones subyacentes[22]. La prioridad la tiene la moneda que influye fundamentalmente en la denominación de los precios de bienes y servicios objeto de la operación de la entidad.

La moneda funcional de la entidad reflejará las transacciones, sucesos condiciones que subyacen y son relevantes para la misma. Por consiguiente, una vez escogida la moneda funcional no se cambiará a menos que se produzca un cambio en tales transacciones, sucesos o condiciones[23].

Si la moneda funcional es la moneda de una economía hiperinflacionaria, los estados financieros de la entidad serán reexpresados de acuerdo con la NIC 29 sobre ***información financiera en economías hiperinflacionarias***[24].

---

[21] NIC 21, párrafo 10. Del mismo modo, se estableció el ajuste de los creditos bancarios según indice vinculado a la variación de la variacion del tipo de cambio de refencia de mercado. La Resolución No. 19-09-01 el BCV estableció que "*los créditos comerciales en moneda nacional a ser otorgados por las instituciones bancarias, deberán ser expresados únicamente mediante el uso de la Unidad de Valor de Crédito Comercial (UVCC)*".. La indexación en términos de la UVCC, consiste en ajustar el monto nominal del crédito resultante de dividir el monto en bolívares a ser liquidado del crédito otorgado entre el índice de inversión vigente para dicha fecha, el cual será determinado por el BCV tomando en cuenta la variación del tipo de cambio de referencia de mercado y publicado diariamente en su página web. *Gaceta Oficial* Nro. 41.742 de fecha 21 de octubre de 2019. Ver http://www.bcv.org.ve/estadisticas/tipo-de-cambio.

[22] NIC 21, párrafo 12.

[23] NIC 21, párrafo 13.

[24] NIC 21, párrafo 14.

A pesar de que la reexpresión de la moneda es una técnica idónea para procurar la homogeneidad de la unidad de cuenta en una economía hiperinflacionaria y cuantificar los distintos elementos de los EEFF de manera uniforme, lo cierto es que, en el caso venezolano, la corrección monetaria del bolívar no es confiable por la política deliberada de opacidad del BCV en la publicación de las estadísticas sobre los INPC[25].

El incumplimiento informativo del BCV respecto de la publicación de los INPC (sobre la variación de la inflación) también produjo y produce todavía incomunicación. Todo ello redujo las oportunidades de los operadores económicos de reconocer la inflación en los EEFF.

La situación anotada derivó en que, en Venezuela la contabilidad ajustada por inflación se convirtió en un conjunto recargado de estimaciones inconfiables, no verificables, que derivaron en información irrelevante, incomparable y por lo tanto inútil.

La particular aplicación de la NIC 29 en Venezuela está adaptada en la BA VEN NIF 2, versión 4 "Criterios para el reconocimiento de la inflación en los Estados Financieros" FCCPV[26], que contiene una aproximación a la solución del reconocimiento de la omisión de las estadísticas sobre los INPC y su publicación extemporánea y sobrevenida[27].

c. La moneda de presentación

La "*moneda de presentación*" es la que sirve para exteriorizar cuantitativamente la información sobre los resultados y la situación financiera del ente. La moneda funcional y la moneda de reporte por lo general coinciden, pero en caso de que sean distintas la situación y el

---

25 Ver nuestro libro Humberto ROMERO-MUCI, *Uso, abuso y perversión de la unidad tributaria. <Una reflexión sobre tributación indigna>*, Serie Estudios No. 111, Academia de Ciencias Políticas y Sociales, Editorial Jurídica Venezolana, Asociación Venezolana de Derecho Tributaria, Caracas, 2016, 119 p. ISBN 978-980-12-9063-6.

26 La FCCPV *BA VEN NIF-2, versión 4, "Criterios para el reconocimiento de la inflación en los estados financieros preparados de acuerdo con los VEN-NIF"*, Directorio Nacional Ampliado Extraordinario, Caracas, noviembre 2018, disponible en web: [https://www.ven-nif.com/normas/ba-ven-nif/ba-ven-nif-2.html]

27 Sobre la BA VEN NIF 2, verson 4 nuestros comentarios en "*La mentira contable crónica de incomunicación y engaño <Aspectos jurídicos de la liberación del tipo de cambio según el CC No. 1 y de la publicación extemporánea de los INPC por el BCV para los años 2016, 2017, 2018 hasta septiembre 2019>*", en *Revista de Derecho Público* No. 159-160, Julio-Diciembre de 2019, Editorial Jurídica Venezolana, Caracas, p. 203.

resultado medido en la moneda funcional deberá ser traducido a la moneda de presentación elegida[28].

El bolívar es la moneda de presentación obligatoria en Venezuela. Así lo confirma el artículo 129 de la LBCV, cuando ordena que "*...en la contabilidad de las oficinas públicas o privadas y en los libros cuyo empleo es obligatorio, de acuerdo con el Código de Comercio, los valores se expresarán en bolívares*". Se deja a salvo que, la norma permite que puedan asentarse (registrarse) operaciones de intercambio internacional contratadas en monedas extranjeras, cuya mención puede hacerse en dichas monedas, aunque haciendo la respectiva traducción al contravalor en bolívares. Del mismo modo, pueden habilitarse libros auxiliares para las mismas operaciones, con indicaciones y asientos en moneda extranjeras.

d. La moneda funcional y la moneda extranjera. Diferencias con la moneda de curso legal

Para fines técnicos contables la moneda funcional es la moneda que sirve para cuantificar las transacciones del entorno económico principal en el que opera la entidad, esencialmente en la que se genera y emplea el efectivo.

El efecto práctico más importante del uso de la moneda funcional es el registro de las transacciones y la valoración de los elementos de activos y pasivos denominados en una moneda distinta a la funcional. Esa otra moneda se denomina a los fines técnico-contables "*moneda extranjera*".

En este contexto epistémico una transacción en moneda extranjera es toda transacción cuyo importe se denomina o se exige su liquidación en una moneda distinta de la funcional, tanto para la compra o venta de bienes y servicios, préstamo o toma de fondos prestados cuando estos se establecen para el pago en dicha moneda o se adquiere o dispone de activos o se asumen pasivos, siempre que estas operaciones se hayan determinado en dicha moneda.

Esta precisión terminológica es necesaria para no incidir en una falacia de ambigüedad, porque el término tiene un diferente significado jurídico. Por tal razón puede generar confusión ya que, en derecho la

---

[28] NIC 21, párrafo 9.

"*moneda extranjera*" es la que no es de ***curso legal***. Se entiende por moneda de ***curso legal*** aquella que es de recepción obligatoria para la liberación de cualquier tipo de obligación pecuniaria, en una determinada jurisdicción monetaria, salvo pacto en contrario.[29]

Ese distinto sentido se evidencia del empleo prolijo del término en el contexto de la LBCV cuando se refiere a "*moneda extranjera*"[30] por oposición a la "*moneda nacional*", a "*moneda distinta al bolívar*"[31] o simplemente distingue entre "*moneda extranjera y bolívares*", incluso llega a utilizar el término "*divisa*" y "*moneda fiduciaria internacional*"[32]. Leyes y normas tributarias también se hacen eco del término "moneda extranjera".

En materia contable el concepto de la ***moneda funcional*** sirve para identificar la unidad monetaria que debe ser utilizada para cuantificar la situación y los resultados financieros de la entidad, porque representa la sustancia económica de la operación, independientemente de que sea de curso legal o no. En principio, la moneda funcional es la moneda de curso legal, pero puede diferir.

Como precisamos anteriormente, en contabilidad la moneda extranjera es cualquier moneda distinta a la moneda funcional. Por su parte, una transacción en moneda extranjera es toda transacción cuyo importe se denomina o exige su liquidación, en una moneda extranjera[33].

Así las cosas, toda transacción en moneda extranjera se registrará en el momento de su reconocimiento inicial utilizando la moneda funcional mediante la aplicación del importe en moneda extranjera de la tasa de cambio de contado a la fecha de la transacción entre la moneda funcional y la moneda extranjera[34]. Esta traducción de valor tiene por objeto asegurar la cuantificación de todos los elementos de los EEFF en una moneda homogénea.

---

[29] Artículo 128 de LBCV. Precisamente, porque la moneda legal no implica ni excluye que pueda convenirse obligaciones denominadas o pagarse en monedas distintas (moneda extranjera) o corregir los cambios de valor del bolívar, el curso legal no implica curso forzoso, esto es, el uso exclusivo del bolívar como moneda de cuenta y pago.

[30] Artículos 127, 128, 129, 130 y 131 LIBCV.

[31] Artículo 127 de LBCV.

[32] Artículo 127 de LBCV.

[33] NIC 21 párrafo 20.

[34] NIC 21, párrafo 21.

Insistimos en la cautela semántica para evitar el equívoco que pueda llevar a una errada convicción de que siendo el bolívar moneda de curso legal y moneda de presentación obligatoria[35], esto implique también que es moneda funcional obligatoria, porque no es moneda extranjera.

Aparte de que la función de cuantificación es distinta de la de presentación y no necesariamente coinciden, el sentido del término moneda extranjera tiene un significado distinto para fines financieros (moneda distinta a la funcional) que el que tiene para fines legales (moneda distinta a la del curso legal). Su uso no desdice ni compromete la condición del bolívar como moneda de curso legal, ni convierte al dólar o a cualquier moneda que califique como funcional, en moneda de recepción obligatoria para las operaciones del ente que lo aplique.

Lo importante es entender que la disfunción del bolívar no implica su abandono para fines legales de presentación o reporte, implica su abandono como moneda funcional para fines financieros. Por supuesto eso tiene otras consecuencias jurídicas, pero en ningún caso es una situación prohibida por el ordenamiento. Todo lo contrario, es una situación que potencia la calidad y utilidad de la información financiera y sus corolarios informativos en otros contextos institucionales como la tributación.

Paradójicamente, el bolívar se convierte, financieramente, en moneda extranjera en su propia jurisdicción, esto es, en el que circula con poder liberatorio obligatorio. Parece una ironía, pero es una consecuencia del *logos* objetivo de la realidad económica que termina siempre imponiéndose, para hacer patente el desenmascaramiento de las distorsiones acumuladas a la información financiera por la destrucción del bolívar como unidad de cuenta.

Probablemente, la denominación de la llamada "*moneda extranjera*" responde al hecho que las monedas son creaciones soberanas de los países, concretamente las monedas fiduciarias (***fiat money***) y son de curso legal en su jurisdicción (***legal tender***). La denominación "*extranjera*" sería el opuesto de "*doméstica*". Pero la condición de la moneda

[35] Articulo 129 de la LBCV.

funcional no depende de la nacionalidad de la moneda, sino del fin utilitario que cumple. En todo caso, la denominación de moneda extranjera no es "*funcional*".

e. Reconocimiento de las diferencias en cambio

El concepto "***partidas monetarias***" es esencial a la contabilización de transacciones en moneda extranjera. El término se refiere a unidades monetarias en efectivo, así como activos y pasivos que se van a recibir o pagar, mediante una cantidad fija o determinable de unidades monetarias[36]. Es decir, son aquellas partidas cuyo valor no varía de un ejercicio a otro. Se liquidan por un valor fijo.

La diferencia en cambio es la que surge al convertir un determinado número de unidades de una moneda a otra moneda utilizando tasas de cambio[37] diferentes[38].

El reconocimiento de las diferencias en cambio que surgen de liquidar las partidas monetarias o al convertir las partidas monetarias a tipos de cambio diferentes de los que se utilizaron para su reconocimiento inicial, ya se hayan producido durante el periodo o en estados financieros previos, se reconocerán en los resultados del periodo en el que aparezcan[39].

---

[36] NIC 21, parrafo 8.

[37] NIC 21, parrafo 8. Tasa de cambio es la relacion de cambio entre dos monedas.

[38] NIC 21, parrafo 8.

[39] NIC 21, párrafo 28.
Las diferencias de cambio pueden surgir por dos razones: (i) liquidar partidas monetarias y (ii) convertir las partidas monetarias a tipos diferentes de los que se utilizaron para su reconocimiento inicial. En cualquier caso, se reconocen en el resultado del periodo.
Los activos monetarios generarán ganancias cambiarias. Los pasivos monetarios generarán pérdidas cambiarias.
Ejemplo 1: Ganancia cambiaria:
La entidad tiene una cuenta bancaria en moneda extranjera por 1.000 USD. La tasa de cambio al momento de su reconocimiento inicial era 1,50.
Debe: Activo - Banco en moneda extranjera (1.000x1,50)............................... 1.500,00
Haber: Activo - Banco en moneda funcional (1.000x1,50)............................. 1.500,00

La tasa de cambio al cierre del periodo sobre el que se informa era 2,00.
Debe: Activo - Banco en moneda extranjera (1.000x(2,00-1,50))....................... 500,00
Haber: Ingreso - Ganancia cambiaria (1.000x(2,00-1,50))................................. 500,00

La mayor fuente de distorsión en la cuantificación de la información financiera por el uso de una unidad de cuenta que no es la moneda funcional se presenta fundamentalmente en las diferencias en cambio asociadas a las partidas monetarias en moneda extranjera. La valoración de estas partidas según el tipo de cambio de cierre puede generar ganancias o pérdidas que en realidad no existen. Simplemente deben reconocerse por consistencia con la técnica contable.

Por eso el uso de la moneda funcional idónea contribuye a homogenizar el cálculo de los agregados[40] de los distintos elementos de los EEFF y en consecuencia a sincerar la imagen fiel de cada una de esas partidas en la contabilidad de la entidad. Consecuentemente, una medición más razonable de sus resultados y de su situación financiera, facilita la comparabilidad de la información financiera, permite gestionar la planificación financiera de una manera óptima, disponer de una base más realista para la distribución de dividendos evitando la descapitalización de la entidad.

Vaya de muestra el siguiente ejemplo:

Si el entorno económico de una entidad es del dólar, esta no gana ni pierde en términos de dólar, porque la estabilidad de esa moneda afirma la homogeneidad en el cálculo de los agregados de los elementos de activos y pasivos que integran los EEFF.

La entidad gana o pierde por la tenencia del bolívar o de cualquier otra moneda que efectivamente cambie de valor durante el periodo de medición, al reconocerse las diferencias en cambio vinculadas a esas partidas por la variación de los tipos de cambio entre la moneda funcional y la moneda extranjera.

Ejemplo 2: Pérdida cambiaria: La entidad compra mercancía a un proveedor por 1.000 USD. La tasa de cambio al momento de la transacción era 1,50.
Debe: Activo - Inventario (1.000x1,50).. 1.500,00
Haber: Pasivo - Cuentas por pagar comerciales (1.000x1,50).......................... 1.500,00

La tasa de cambio al momento de la liquidación del pasivo era 2,00.
Debe: Pasivo - Cuentas por pagar comerciales (1.000x1,50).......................... 1.500,00
Debe: Gasto - Pérdida cambiaria (1.000x0,50)... 500,00
Haber: Activo – Bancos 2.000,00

[40] La adición conjunta de activos, pasivos, patrimnomio, ingresos o gastos que tienen características compartidas y estan incluidos en la misma claisficación. Marco conceptual, definición de términos. M.C 7.20

Cuando se pretende cuantificar EEFF con una moneda volátil en un entorno económico con sustancia del dólar, como sucede con el bolívar, se presentan ganancias o pérdidas que en realidad no existen, pero que se potencian por una exacerbación de la diferencia de las tasas de cambio entre el bolívar y esas otras monedas. Esta situación puede complicarse aún más al añadir cuantificaciones en bolívares distorsionados por la inflación.

En nuestro ejemplo solo consideramos la variación de las tasas de cambio entre monedas. Imaginemos una empresa con la siguiente composición patrimonial: Un activo de 90 dólares y otro en bolívares que al inicio del ejercicio representa 10 dólares. Un pasivo de 50 dólares y un patrimonio de 50 dólares. Consideremos que la variación de las tasas de cambio entre el dólar y bolívar se depreció 30% al cierre del ejercicio económico.

Comparemos cómo se mide la misma situación y cuáles son los resultados financieros si la moneda funcional es el dólar (ejemplo A) o el bolívar (ejemplo B).

Ejemplo A

Medido en US$							
Inicio				Cierre			
	Activo	Pasivo	Patrimonio		Activo	Pasivo	Patrimonio
US$	90	50	50	US$	90	50	50
Bs.	10			Bs.	7,7		
US$	100	50	50	US$	97,7	50	47,7 (50-2.3)

Ejemplo B

Medido en Bs.							
Inicio				Cierre			
	Activo	Pasivo	Patrimonio		Activo	Pasivo	Patrimonio
US$	90	50	50	US$	117	65	50
Bs.	10			Bs.	10		
Bs.	100	50	50	Bs.	127	65	62 (50+12)

En el ejemplo B la ganancia en cambio de Bs 12 por la tenencia de la posición del activo monetario neto en dólares no es real, sino aparente. El ente sigue teniendo los mismos dólares. Lo único que varió fue el valor de bolívar que se depreció, presentándose falazmente como un aumento de valor en bolívares de la posición monetaria neta en dólares. Este es el típico espejismo monetario que aparenta, en este caso, una ganancia ficticia.

La realidad es que, la única pérdida del caso se ubica en la tenencia de la posición neta acreedora en bolívares, que se depreció frente al dólar. En el ejemplo A la situación patrimonial medida en dólares permite evidenciar el importe deudor en el resultado de 2.31 dólares.

Lo cierto es que estos espejismos monetarios muestran una entidad medida en bolívares ganando (ejemplo B), cuando en realidad pierde por la tenencia de los bolívares (ejemplo A). La información contable en B no es razonable, no representa la imagen fiel de las distintas partidas del EEFF y, por lo tanto, no es útil.

Estas distorsiones se potencian con la inflación y por la volatilidad de las diferencias en cambio cuando la moneda de cuantificación no es la que representa la sustancia o el entorno económico del ente.

El gráfico que sigue abajo muestra las situaciones de distorsión comparativa por el uso inadecuado del bolivar como moneda funcional en un entorno económico dominado por el dólar. En la primera línea enfatiza la distorsión de los márgenes operativos, debido fundamentalmente a que los ingresos se cuantifican en bolívares actuales mientras que los costos se miden en bolívares históricos. Esto amplifica los márgenes operativos, cuando la realidad medida en la moneda funcional representa un margen bruto inferior.

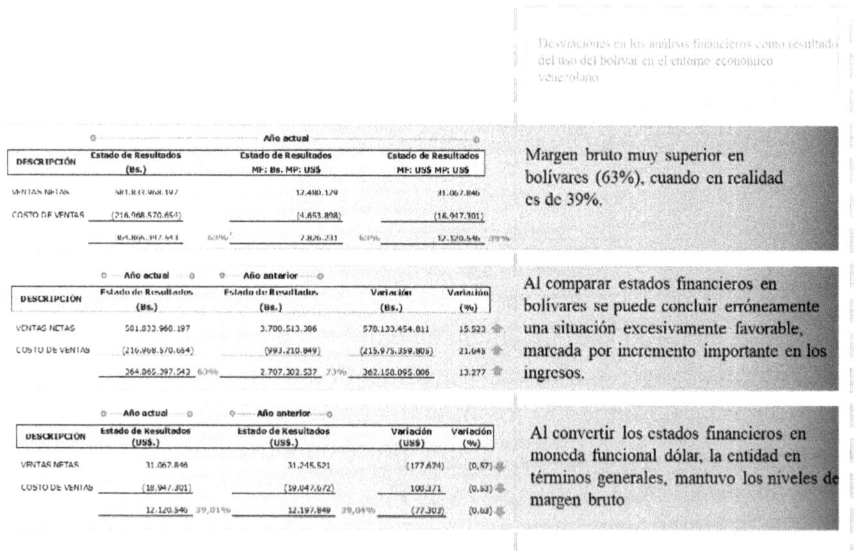

Desviaciones en los análisis financieros como resultado del uso del bolivar en el entorno económico venezolano

Año actual

DESCRIPCIÓN	Estado de Resultados (Bs.)		Estado de Resultados MF: Bs. MP: US$		Estado de Resultados MF: US$ MP: US$	
VENTAS NETAS	581.833.968.197		12.480.129		31.067.846	
COSTO DE VENTAS	(216.968.570.654)		(4.653.898)		(18.947.301)	
	364.865.397.543	63%	7.826.231	63%	12.120.546	39%

Margen bruto muy superior en bolívares (63%), cuando en realidad es de 39%.

Año actual — Año anterior

DESCRIPCIÓN	Estado de Resultados (Bs.)		Estado de Resultados (Bs.)		Variación (Bs.)	Variación (%)
VENTAS NETAS	581.033.960.197		3.700.513.386		578.133.454.811	15.523
COSTO DE VENTAS	(216.968.570.654)		(993.210.849)		(215.975.359.805)	21.645
	364.065.397.543	63%	2.707.302.537	73%	362.150.095.006	13.277

Al comparar estados financieros en bolívares se puede concluir erróneamente una situación excesivamente favorable, marcada por incremento importante en los ingresos.

Año actual — Año anterior

DESCRIPCIÓN	Estado de Resultados (US$.)		Estado de Resultados (US$.)		Variación (US$)	Variación (%)
VENTAS NETAS	31.067.846		31.245.521		(177.674)	(0,57)
COSTO DE VENTAS	(18.947.301)		(19.047.672)		100.371	(0,53)
	12.120.546	39,01%	12.197.849	39,04%	(77.303)	(0,63)

Al convertir los estados financieros en moneda funcional dólar, la entidad en términos generales, mantuvo los niveles de margen bruto

La segunda línea muestra la medición en bolívares en dos ejercicios. La medición en bolívares aparenta un crecimiento que en realidad es solo inflación, esto es, mediciones en una misma moneda con igual valor nominal pero con distinto poder adquisitivo.

La tercera línea muestra una comparación más razonable producto del uso de una moneda homogénea, esto es, mediciones en una misma moneda con el mismo valor nominal y una estabilidad de poder adquisitivo.

f. El cambio de moneda funcional

El cambio de moneda funcional implica un cambio de política contable[41], esto es, un cambio en la base específica de cuantificación adoptada por la entidad en la elaboración y presentación de sus EEFF.

Cuando se produce un cambio en monedas funcionales en la entidad esta debe emplear los procedimientos de conversión que sean aplicables a la nueva moneda funcional de forma prospectiva desde la fecha del cambio. La conversión abarca todas las partidas a la nueva moneda funcional utilizando la tasa de cambio a la fecha en que se produzca aquel. Los importes resultantes ya convertidos, en el caso de partidas no monetarias, se considerarán como su costo histórico.

g. La utilización de una moneda de presentación distinta de la moneda funcional. El bolívar como moneda de presentación

La disfunción del bolívar como moneda funcional implica su marginación a una limitada función de presentación o reporte. Esa función es perfectamente congruente con el sentido que se exige del bolívar como moneda de curso legal para el reporte, sea contable o documental ("*...que se exprese en bolívares*"), cuando deban surtir efectos en Venezuela[42].

---

41 Norma Internacional de Contabilidad n° 8 (NIC 8) Políticas contables, cambios en las estimaciones contables y errores. Consultar en https://www.ifrs.org/issued-standards/list-of-standards/ias-8-accounting-policies-changes-in-accounting-estimates-and-errors/#translations

42 Artículo 127 de la LBCV.

Sobre esto volveremos más adelante. Por lo pronto solo vale afirmar que esta exigencia se limita a una traducción de la información contable a valores "*...expres[ados] en bolívares*". No implica que la situación y resultados financieros deben cuantificarse exclusivamente en bolívares. La medición deberá hacerse en la moneda funcional como prescribe la técnica y el principio contable, independientemente de que técnicamente pueda reportarse en otra moneda distinta a la de cuantificación, esto es, la llamada moneda funcional.

Como quiera que, la entidad puede presentar sus estados financieros en cualquier moneda, si la moneda de presentación difiere de la moneda funcional de la entidad esta deberá convertir sus resultados y situación financiera a la moneda de presentación elegida[43]

La entidad deberá revelar en todos los casos la moneda funcional con la cual fueron elaborados los EEFF, así como la moneda utilizada para su presentación. Cuando la moneda de presentación sea diferente de la moneda funcional este hecho será puesto de manifiesto revelando además la identidad de la moneda funcional, así como la razón de utilizar una moneda de presentación diferente[44].

Cuando se hayan producido un cambio en la moneda funcional se revelará este hecho, así como la razón de dicho cambio[45].

2. SOBRE LA LEGALIDAD DEL CAMBIO DE MONEDA FUNCIONAL AL DÓLAR

No existe prohibición legal para que una entidad cambie la base de cuantificación a moneda funcional dólar y presente dichos EEFF

---

[43] NIC No. 21, párrafo 38
Los resultados y la situación financiera de una entidad, cuya moneda funcional no se corresponda con la moneda de una economía hiperinflacionaria, serán convertidos a la moneda de presentación, en caso de que ésta fuese diferente, utilizando los siguientes procedimientos:
(a) los activos y pasivos de cada uno de los estados de situación financiera presentados (es decir, incluyendo las cifras comparativas), se convertirán a la tasa de cambio de cierre en la fecha del correspondiente estado de situación financiera;
(b) los ingresos y gastos para cada estado del resultado integral o estado de resultados separado presentado (es decir, incluyendo las cifras comparativas), se convertirán a las tasas de cambio de la fecha de cada transacción;
(c) y todas las diferencias de cambio resultantes se reconocerán en otro resultado integral.

[44] NIC 21, párrafo 53.

[45] NIC 21, párrafo 54.

traducidos a bolívares, en la medida que, efectivamente, (i) el dólar sea la moneda del entorno económico principal de la entidad, (ii) esa posición contable esté técnicamente justificada por los VEN NIF y (iii) esté avalada por los contadores y auditores financieros del contribuyente, esto es, que la aplicación de la moneda funcional dólar y su traducción a bolívares, representa la imagen fiel del patrimonio de aquel.

En nuestra opinión, el cambio de la base de cuantificación a moneda funcional dólar y la presentación de dichos EEFF traducidos a bolívares, es consistente con las reglas de presentación y cuantificación de la información financiera previstas en el artículo 129 LBCV y en los artículos 304 y 307 del CCom que establecen las bases de cuantificación y presentación de la información financiera de las sociedades anónimas en el derecho común mercantil venezolano.

Esta posición no contradice el texto ni la finalidad del enunciado del artículo 129 LBCV[46], que ***(i)*** solo obliga a que se expresen en bolívares los valores que integran la contabilidad (la información contable) que sea de empleo obligatorio en las oficinas públicas o privadas de acuerdo con el CCom, enfatizando que, ***(ii)*** las transacciones en moneda extranjera deben contabilizarse al respectivo contravalor en bolívares y que ***(iii)*** la llevanza de estados financieros, libros y registros contables en moneda extranjera solo tiene carácter complementario o auxiliar.

El artículo 129 LBCV solo establece el bolívar como moneda obligatoria de presentación de los EEFF[47], porque el bolívar aparte de ser la moneda de curso legal en Venezuela[48], es la unidad

---

[46] Artículo 129 de la LBCV: "*En la contabilidad de las oficinas, públicas o privadas y en los libros cuyo empleo es obligatorio, de acuerdo con el Código de Comercio, los valores se expresarán en bolívares. No obstante, pueden asentarse operaciones de intercambio internacional contratadas en monedas extranjeras, cuya mención puede hacerse, aunque llevando a la contabilidad el respectivo contravalor en bolívares. Igualmente, pueden llevarse libros auxiliares para la misma clase de operación, con indicaciones y asientos en monedas extranjeras*".

[47] NIC 21, párrafo 8, definiciones: ***moneda de presentación*** "*...es la moneda en que se presentan los estados financieros*". *Moneda funcional* "*...es la moneda del entorno económico principal en el que opera la entidad*". *Moneda extranjera (o divisa)* "*...es cualquier moneda distinta de la moneda funcional de la entidad*".

[48] Artículo 116 de la LBCV: "*Las monedas y billetes emitidos por el Banco Central de Venezuela tendrán poder liberatorio sin limitación alguna en el pago de cualquier obligación pública o privada, sin perjuicio de disposiciones especiales, de las leyes que prescriban pago de impuestos, contribuciones u obligaciones en determinada forma y del derecho de estipular modos especiales de pago*".

monetaria[49] con la que, en principio se denominan los créditos y obligaciones pecuniarias de las transacciones que se realizan en el país y que expresan los resultados y la situación financiera que deben informar los comerciantes por imperativo del CCom. La presentación de la información contable en bolívares complementa el deber de presentación de la misma información en castellano[50-51], con el propósito de garantizar la comprensibilidad de esta por los usuarios o destinatarios de aquella. Así lo confirman los artículos 130 y 131 de dicha Ley. El primero establece "*...que todos los memoriales, escritos, asientos o documentos que presenten a los tribunales y otras oficinas públicas relativas a operaciones en moneda extranjera, deberán contener al mismo tiempo su equivalencia en bolívares*". El segundo enfatiza que, si el documento ha sido otorgado o ha de producir efectos fuera de la República, "*...puede contener expresión de cantidades pecuniarias en moneda extranjera, sin necesidad de indicación de su equivalencia en bolívares*". Por lo tanto, solo debe expresarse en bolívares los documentos -incluidos los contables- que deban producir efectos en Venezuela.

En ningún caso del texto del artículo 129, de su contexto o de su finalidad se infiere que la obligación de uso del bolívar implique su condición de moneda funcional exclusiva y excluyente. Una limitación con ese alcance y finalidad requeriría texto expreso.

No creemos válido el argumento en contra de la tesis anterior, según el cual, el artículo 129 de la LBCV establece el bolívar como moneda de presentación y como moneda funcional, porque considera como "*moneda extranjera*" cualquier moneda distinta del bolívar y como quiera que, según principios contables, "*<<la moneda extranjera>> es la moneda distinta de la moneda funcional de la entidad*" a los fines del

49 Artículo 106 de la LBCV "*La unidad monetaria de la República Bolivariana de Venezuela es el bolívar. En caso de que se instituya una moneda común, en el marco de la integración latinoamericana y caribeña, podrá adoptarse la moneda que sea objeto de un tratado que suscriba la República*".

50 Artículo 32 del CCom: "*Todo comerciante debe llevar en idioma castellano su contabilidad, la cual comprenderá obligatoriamente, el libro diario, el libro mayor y el de inventarios. Podrá llevar, además todos los libros auxiliares que estimará conveniente para el mayor orden y claridad de sus operaciones*".

51 NIC 21, Párrafo 8. Definiciones. "*moneda extranjera (o divisa) es cualquier moneda distinta de la moneda funcional*".

artículo 129, el bolívar debe ser moneda funcional porque no es "*moneda extranjera*" en Venezuela.

Que el bolívar sea moneda de presentación obligatoria, no implica que sea moneda funcional obligatoria. La moneda funcional puede diferir de la moneda de presentación. Se presume que la moneda funcional es la moneda de curso legal en una economía determinada, salvo prueba en contrario.

El principio contable es que, en caso de que la entidad tenga una moneda funcional distinta a la moneda de presentación, deberá convertir sus resultados y situación financiera a dicha moneda de presentación escogida[52] y, con mayor razón, ***a fortiori***, a la moneda de presentación que fuere obligatoria.

En el caso venezolano, la moneda de presentación obligatoria es el bolívar, independientemente de que resulte de la traducción de EEFF elaborados con otra moneda funcional. La referencia a la moneda extranjera como monedas de cuenta distinta del bolívar, y la permisión de la elaboración de EEFF con presentación en otras monedas con alcance auxiliar o complementario, solo enfatiza la finalidad de que el bolívar es moneda obligatoria de presentación, esto es, que el bolívar es la moneda que surtirá efectos legales en los contextos institucionales en los que la información contable sea obligatoria, pero no que, de origen deba ser la base de cuantificación de dicha información. Otra razón confirma este aserto: Solo puede haber una contabilidad con efectos jurídicos. Esa es la que se registra en los libros de contabilidad exigidos por el ordenamiento jurídico y son los habilitados por el Registro Mercantil, ***ex*** artículos 22, 34, 36 y 37 del CCom. Cualquier otro documento sobre la contabilidad es complementario y simplemente informativo.

Hemos sostenido que, los VEN NIF como PCAG en Venezuela, no son fuente directa de derecho y por lo tanto obligatorios por sí mismos. Esto no quiere decir que no tengan aplicación con virtualidad jurídica. La aplicación legal de los VEN NIF, opera por la vía indirecta de ***conceptos jurídicos indeterminados***, que en nuestro caso permiten la activación de las técnicas de cuantificación y presentación de la información financiera para dar sentido a los enunciados de las normas de

[52] NIC 21, párrafo 38, conversión a la moneda de presentación.

los artículos 35, 304 y 307 del CCom, en su referencia a la determinación del ***valor real del acervo social*** y de la medición de la ***utilidad liquida y recaudada*** como presupuestos de la distribución del beneficio como dividendo en el derecho de sociedades, la separación del socio de la sociedad (artículo 282), los reintegros y reducciones del capital, la liquidación de la sociedad (artículo 264). Se trata ***cláusulas generales*** que hace compatible la regla legal con la técnica contable. El principio contable tendrá virtualidad jurídica en la medida en que no contradiga expresamente alguna norma legal al respecto, para lo cual el aplicador deberá motivar la pertinencia técnica de la norma[53].

De otro lado, hemos dicho que[54], la solución de cualquier conflicto jurídico acerca de la contabilidad debe ser valorado y reconducido en función del valor jurídico de la utilidad de la información contable como expresión de la garantía de seguridad jurídica y como condición de eficiencia del sistema socio económico. La protección de la producción y el uso de información útil para la toma decisiones económicas, en función de las cualidades de comprensibilidad, relevancia, fiabilidad y comparabilidad de dicha información. Ese es el valor que expresa la unidad del derecho contable.

Por lo tanto, en el caso concreto, si para un contribuyente, conforme a las reglas contables es técnicamente idóneo y necesario el uso del USD como su moneda funcional para representar razonablemente la imagen fiel de sus resultados y los de la situación financiera, entonces, en ausencia de prohibición legal expresa al respecto, estará en conformidad con el CCom (estará permitido) el uso de dicha metodología de cuantificación de la información financiera según moneda funcional USD, debiendo ser traducida al bolívar como moneda de presentación obligatoria. Dicha traducción deberá cumplirse según las reglas técnicas y por los valores del bolívar en términos de moneda extranjera según el tipo de cambio que establece el ordenamiento jurídico en vigor. Sobre esto volveremos más adelante

Tampoco el cambio de moneda funcional al dólar está prohibido, porque la entidad haya llevado su contabilidad en moneda funcional

---

53 *Vid.* Romero-Muci, Humberto, *El derecho y el revés de la contabilidad*, Serie Estudios No. 94, Academia de Ciencias Políticas y Sociales, Caracas 2011, p. 73.

54 *Ibíd.*, p. 132.

bolívar en ejercicios anteriores. La llevanza de la contabilidad según esa otra moneda funcional no compromete la posibilidad técnica ni legal del cambio de su base de cuantificación, si ese cambio tiene por propósito representar de forma más razonablemente los resultados y la situación financiera de la entidad. Aparte de que la identificación de la moneda funcional y su cambio obedece a motivaciones técnicas contables, en derecho, los cambios metodológicos que tienen causa en los PCAG son admisibles cuando sean consistentes con dichos principios técnicos. Este es el principio jurídico que ha sentado la jurisprudencia del Tribunal Supremo en Sala Político-Administrativa, al señalar que, los PCAG constituyen el marco normativo técnico pertinente, con virtualidad jurídica aplicable para regular las situaciones contables previstas en las leyes, cuando no haya regulación expresa en contrario sobre el particular, siempre que sea dentro de parámetros de razonabilidad, consistencia y buena fe[55].

Finalmente, tampoco el cambio de moneda funcional al dólar implica el deber jurídico de reestructurar la presentación de la información financiera retroactivamente, esto es, desde la entrada en vigor del principio contable en 2008. El cambio será prospectivo. Sin embargo, porque la moneda funcional de la entidad refleja las transacciones, eventos

55 "*...se observa la falta de regulación expresa que norme tal circunstancia, quedando al libre albedrío de las sociedades involucradas, dependiendo de variados factores, tales como la complejidad de la mercancía que manejen, por su naturaleza genérica, los volúmenes de inventarios que operan, la alta rotación del producto, el grado de dificultad que en un momento de coyuntura económica se les presente, entre otros. En razón de ello, se hace necesario precisar que, si bien es cierto que los contribuyentes pueden elegir uno cualesquiera de los métodos mencionados, conforme a los Principios de Contabilidad generalmente aceptados, no es menos cierto que la aplicación del nuevo método que escoja debe hacerse dentro de unos lineamientos de razonabilidad, consistencia y buena fe.*
En estas circunstancias y conforme a las actas procesales, se observa en el caso bajo análisis que la contribuyente tiene como objeto la industrialización y comercialización de productos genéricos (cervezas y maltas) y que lleva su Contabilidad conforme a los artículos 32 y siguientes del Código de Comercio, 99 de la LISLR de 1986 y 190 del Reglamento de 1968, aplicable al caso por razón del tiempo; lo cual hace inferir a esta Sala, la sinceridad y necesidad de la actuación del contribuyente al efectuar el cambio de valoración de inventarios. Por esta razón, se estima también improcedente el reparo formulado por este concepto. Así se declara". Sentencia de la Sala Político-Administrativa del Tribunal Supremo de Justicia de fecha 29 de junio de 2005, con ponencia del Magistrado Levis Ignacio Zerpa, caso *Cervecería Polar del Centro, C.A. (Cepocentro)*. Consultada en: http://www.tsj.gov.ve/decisiones/spa/junio/04581-300605-2004-0592.htm

y condiciones que subyacen y sean relevantes para la misma, una vez decida la moneda funcional, no se cambiará, a menos que se produzca un cambio en tales transacciones, eventos o condiciones[56].

3. SOBRE EL TRATAMIENTO FISCAL DE LOS AJUSTES CONTABLES POR EL CAMBIO DE MONEDA FUNCIONAL

Los ajustes contables por cambio del criterio de moneda funcional no tienen consecuencias fiscales, para (i) el ISR, ni para los impuestos de producto como (ii) los impuestos de producto como (ii) el impuesto municipal de actividades económicas ("IAE"), o la (iii) la contribución de ciencia, tecnología e innovación ("CLOCTI"). Dichos ajustes contables no se representan en la cuenta de ganancias y pérdidas, sino directamente en el patrimonio. Los aumentos de los activos por ajustes cambiarios se excluyen de las bases de cálculo de los impuestos de producto.

Los incrementos o decrementos de patrimonio que puedan resultar de los ajustes contables por cambio de política contable, tal como el de la moneda funcional, no tienen incidencia en la determinación del ISR, ni como ganancias ni como pérdidas, pues los ajustes a las transacciones y a los valores contables de los activos o pasivos que le dieron causa, no se originan en operaciones del giro de la actividad productiva de rentas, sino que son ajenas a este. Así lo confirman los artículos 5,[57] cuando establecen que solo son gravables los enriquecimientos disponibles desde que se realicen las ***operaciones que los producen*** y el artícu-

---

[56] NIC 21, párrafo 14

[57] Artículo 5 de la LISLR: "*Los ingresos se considerarán disponibles desde que se realicen las operaciones que los producen, salvo en las cesiones de crédito y operaciones de descuento, cuyo producto sea recuperable en varias anualidades, casos en los cuales se considerará disponible para el cesionario el beneficio que proporcionalmente corresponda.*
Los ingresos provenientes de créditos concedidos por bancos, empresas de seguros u otras instituciones de crédito y por los contribuyentes indicados en los literales b, c, d y e del artículo 7 de este Decreto con Rango, Valor y Fuerza de Ley y los derivados del arrendamiento o subarrendamiento de bienes muebles e inmuebles, se considerarán disponibles sobre la base de los ingresos devengados en el ejercicio gravable.
Los enriquecimientos provenientes del trabajo bajo relación de dependencia y las ganancias fortuitas, se considerarán disponibles en el momento en que son pagados".

lo 6[58] que identifica al enriquecimiento territorial gravable como aquel que se origina en ***actividades económicas realizadas en el país***. Por interpretación a contrario, todo incremento de patrimonio que no tenga causa en el giro de negocios no es gravable a los fines del ISR. Por la misma razón, el decremento de patrimonio no será deducible como un gasto, por no estar causalmente vinculado a la producción de la renta.

En el caso de los impuestos de producto como el IAE, los ajustes contables no representan un ingreso y están expresamente excluidos de la base imponible correspondiente, según expresa disposición del artículo 212 (2) de la Ley Orgánica del Poder Público Municipal ("LOPPM")[59]: "*...Los ajustes meramente contables en el valor de los activos, que sean resultado de la aplicación de las normas de ajuste por inflación previstas en la Ley de Impuesto sobre la Renta o por aplicación de principios contables generalmente aceptados, siempre que no se hayan realizado o materializado*".

El tratamiento antes señalado sería igualmente predicable en la CLOCTI. Se trata de un de un tributo de producto, cuya base imponible está integrada por los ingresos brutos obtenidos por la actividad económica del contribuyente. Los aumentos de activos producto de los ajustes contables por cambio de moneda funcional, no constituyen ingresos ni son producto de la actividad económica del contribuyente, por lo que forzosamente también se excluyen de esta especie impositiva.

4. SOBRE EL TIPO DE CAMBIO APLICABLE A LA VALORACIÓN DE LOS EEFF EN DÓLARES

El Convenio Cambiario No. 1 ("CC No. 1")[60] celebrado por el Banco Central de Venezuela ("BCV") y el Ministerio para la Banca y Finanzas, el 7 de septiembre de 2018, derogó y eliminó el sistema de

---

[58] Artículo 6 de la LISLR: "*Un enriquecimiento proviene de actividades económicas realizadas en la República Bolivariana de Venezuela, cuando alguna de las causas que lo origina ocurra dentro del territorio nacional, ya se refieran esas causas a la explotación del suelo o del subsuelo, a la formación, traslado, cambio o cesión del uso o goce de bienes muebles o inmuebles corporales o incorporales o a los servicios prestados por personas domiciliadas, residentes o transeúntes en la República Bolivariana de Venezuela y los que se obtengan por asistencia técnica o servicios tecnológicos utilizados en el país*".

[59] *Gaceta Oficial* No. 6.015 Extraordinario del 28 de diciembre de 2010.

[60] *Gaceta Oficial* No. 6.405 Extraordinario del 7 de septiembre de 2018.

cambio controlado (entre ellos los tipos de cambio DICOM y DIPRO) previsto en los CC. Nos. 35, 36, 37 y 39.

La desregulación y la despenalización son las principales novedades de CC No. 1. Tanto (i) las contrataciones en moneda extranjera como las (ii) operaciones de cambio de monedas fueron sustancialmente liberalizadas, mediante (a) el efecto derogatorio de todas las normas sancionatorias a través del "*Decreto Constituyente derogatorio del régimen cambiario y sus ilícitos*"[61] y el (b) desmontaje que hace el nuevo CC No. 1 de todos los convenios cambiarios que integraban el antiguo régimen cambiario. En su lugar, se crean y organizan unas nuevas opciones institucionales de intercambio para el comprador o vendedor del bolívar por la moneda extranjera denominado "*sistema de mercado cambiario*".

El nuevo CC No. 1 confirma que hay plena ***libertad de contratación en moneda extranjera***, esto es, no hay restricciones para ofrecer pública o privadamente la venta o compra de bienes o la prestación de servicios en moneda extranjera o denominar, estipular y exigir el pago de obligaciones en moneda extranjera con exclusión de cualquier otra moneda[62], sin riesgo de que el deudor se libere en moneda de curso legal por razón de alguna restricción cambiaria alegando la aplicación del tipo de cambio oficial o corriente a la fecha del pago, incluso cuando el lugar del pago sea en Venezuela. Esta situación de libertad se extiende a la transferencia y recepción de fondos en moneda extranjera fuera y dentro del país[63].

---

[61] *Gaceta Oficial* No. 41.452 del 2 de agosto de 2018.

[62] Artículo 8 del CC No. 1: "*De acuerdo con lo dispuesto en el artículo 128 del Decreto con Rango, Valor y Fuerza de Ley del Banco Central de Venezuela, el pago de las obligaciones pactadas en moneda extranjera será efectuado en atención a lo siguiente: a) Cuando la obligación haya sido pactada en moneda extranjera por las partes contratantes como moneda de cuenta, el pago podrá efectuarse en dicha moneda o en bolívares, al tipo de cambio vigente para la fecha del pago. o b) Cuando de la voluntad de las partes contratantes se evidencie que el pago de la obligación ha de realizarse en moneda extranjera, así se efectuará, aun cuando se haya pactado en vigencia de restricciones cambiarias*".
Este enunciado normativo se repite casi igualmente el texto del artículo **128 de la Ley del Banco Central de Venezuela**: "*Los pagos estipulados en moneda extranjera se cancelarán, salvo convención especial, con la entrega de lo equivalente en moneda de curso legal, al tipo de cambio corriente en el lugar a la fecha de pago*".

[63] Para algunos la única excepción sería la prohibición especifica de contratación en moneda extranjera prevista en la Ley de protección al deudor hipotecario de viviendas, por tratar-

Como corolario de lo anterior, desde un punto de vista lógico, si los particulares están facultados para convenir la denominación y pago con exclusión de cualquier otra moneda, ***a fortiori***, queda implícito, que también están facultados para convenir el pago de la obligación en moneda extranjera al contravalor en bolívares al valor referencial que decidan establecer libremente esas mismas partes.

Hoy no hay excusa válida para justificar el pago en bolívares de una obligación en moneda extranjera con cláusula de pago exclusiva, alegando la vigencia del control de cambio[64], pues desde la vigencia del CC No. 1 ***(i)*** el cambio no está centralizado en el BCV, ***(ii)*** hay libertad de cambio para adquirir y hacer circular moneda extranjera sea en los mercados creados y organizados por el mismo CC No. 1 o fuera de estos, ***(iii)*** siendo disponibles los medios alternativos legales para obtener divisas, aunque sean más onerosos, sin que ello devenga en imposible[65].

---

se de una regla prohibitiva ajena a la Ley del régimen cambiario y sus ilícitos. Nosotros consideramos que también se encuentra derogada por obra de la derogatoria genérica del "*Decreto Constituyente derogatorio del régimen cambiario y sus ilícitos*". Sobre la validez jurídica del "Decreto Constituyente" volveremos más adelante. Por ahora solo enfatizamos sus efectos prácticos derogatorios, que comprende ***(i)*** La ley de régimen cambiario y sus ilícitos, ***(ii)*** el artículo 138 de la LBCV y ***(iii)*** "*...todas aquellas disposiciones normativas en cuento colidan con lo establecido en este Decreto Constituyente*". El alcance del decreto constituyente comprende el "*régimen cambiario*" y va más allá de la Ley del régimen cambiario y sus ilícitos, como lo comprueba su extensión al artículo 138 de la LBCV y la cláusula derogatoria genérica con la que finaliza.

64 **Articulo 8 (b) de CC No. 1**: "*Cuando de la voluntad de las partes contratantes se evidencie que el pago de la obligación ha de realizarse en moneda extranjera, así se efectuará, aun cuando se haya pactado en vigencia de restricciones cambiarias*".

65 De modo que, no obstante, el régimen de control de cambios, cuando se contrata en moneda extranjera y se promete pagar en la misma divisa, esta obligación debe ser cumplida tal como fue contraída, sin pretender forzar al acreedor para que reciba bolívares. La tenencia de divisas o la existencia de medios alternativos legales para obtenerlas, descarta el caso fortuito o la fuerza mayor como causa extraña no imputable para no cumplir. Existen medios medios alternativos legales para obtener divisas, aunque sean más onerosos, sin que ello devenga en imposible. La mayor onerosidad o dificultad no califica bajo el género *causa extraña no imputable*, ni dentro del subgénero *caso fortuito o de fuerza mayor*, ni tampoco dentro de la especie *hecho del príncipe*. Para que un evento sea liberatorio, la mayor onerosidad o dificultad no es suficiente, sino que se necesita la imprevisibilidad e irresistibilidad, que hacen imposible el cumplimiento. *Cfr.* Carlos E. ACEDO S. "*La Ley del Régimen Cambiario y sus Ilícitos (desde la Óptica del Derecho de las Obligaciones)*", en *Libro Homenaje a Aníbal Dominici,* Asociación Civil Juan Manuel Cagigal, Caracas, 2008,

El nuevo CC No. 1 también reconoce ***libertad cambiaria*** para realizar operaciones de cambio, esto es, compraventa de moneda extranjera por bolívares bien en el contexto de los ***(i)*** mercados creados y organizados por el nuevo CC No. 1 o ***(ii)*** incluso fuera de estos. Solo hay ***(iii)*** centralización en el BCV de las ***(a)*** transacciones cambiarias del sector público y ***(b)*** parcialmente para el sector exportador privado y de turismo[66], el ***(ii)*** desmontaje que hace el propio CC No. 1 de todos los convenios cambiarios que integraban el antiguo régimen cambiario y ***(iii)*** por supuesto, el limitado carácter sublegal de la regulación cambiaria en el CC No. 1 que no es idóneo para crear restricciones a la libertad de cambio de la moneda de curso legal y que solo debe y puede ser interpretado en el limitado alcance textual de su enunciado normativo.

No existe prohibición ***expresa*** ni sanción de realizar operaciones de compra o venta de moneda extranjera por el bolívar fuera de los mercados cambiarios creados y organizados por el CC No 1. Estos mercados, al no ser obligatorios, resultan lógicamente facultativos para la compra o venta de divisas. Del mismo modo, son licitas y válidas las

---

p. 379 a 435; y en *Estudios sobre Regulacao e Crises dos Mercados Finaceiros,* coordinado por Aurilivi Linares Martínez y a. Saddy, Río de Janeiro, 2011, p. 735 a 774); más recientemente "*Contratos, hiperinflación y mega devaluaciones*", texto de la ponencia presentada en el Foro "*Inflación, política y derecho*", a celebrarse el día 21 de Marzo de 2019 en la Academia de Ciencias Politicas y Sociales de Venezuela (inédito).

Ver sentencia de la Sala de Casación Civil del Tribunal Supremo de Justicia, 14 diciembre de 2017, caso *José Gregorio Medina Colombani, vs Sociedad Médicos Unidos Los Jabillos, C.A. (Policlínica Méndez Gimón),* "*De acuerdo a la norma y a los criterios jurisprudenciales transcritos ut supra, cuando el pago de cualquier tipo de obligación haya sido pactada mediante convención especial, en moneda extranjera, antes de la entrada en vigencia del régimen de control de cambio, es solo a través del pago en dicha moneda pactada como se cumple con la obligación adquirida.*

Si por el contrario la obligación en moneda extranjera fue pactada después de la entrada en vigencia del régimen de control de cambio, el pago se deberá realizar en bolívares al tipo de cambio vigente para el momento del pago y no para cuando la obligación fue causada". Consultada en web [http://historico.tsj.gob.ve/decisiones/scc/diciembre/206587-RC.000831-141217-2017-17-596.html]

66 Una lectura descontextualizada del CC No. 1 pudiera llevar a la convicción de que este supone y continua una restricción a la libertad cambiaria al establecer la creación y organización de unas opciones institucionales de intercambio aparentemente ***obligatorias*** para el comprador o vendedor del bolívar por la moneda extranjera. Sin embargo, esa conclusión es fácilmente desvirtuada por el radical cambio en la base normativa del régimen cambiario, particularmente del ***(i)*** efecto derogatorio de todas las normas sancionatorias a través del "*Decreto Constituyente derogatorio del régimen cambiario y sus ilícitos*" (Gaceta Oficial No. 41.452 de 2 de agosto de 2018).

transacciones que tengan lugar en cualquier otro espacio de intercambio de bolívares por divisas.

La conversión de la moneda extranjera para la determinación de la base imponible de las obligaciones tributarias derivadas de las operaciones aduaneras se efectuará al tipo de cambio de referencia[67].

Las obligaciones tributarias estipuladas en moneda extranjera podrán ser pagadas a elección del contribuyente*(i)* en la moneda extranjera en la que están denominadas, *(ii)* en su equivalente en otra divisa conforme a la cotización publicada al efecto por el BCV, *(iii)* en bolívares, aplicando el tipo de referencia[68].

5. SOBRE LA VALORACIÓN Y REGISTRO CONTABLE DE ACTIVOS Y PASIVOS EN MONEDA EXTRANJERA

El **Decreto Constituyente derogatorio del régimen cambiario y sus ilícitos** de 2018 derogó implícitamente la Resolución No. 16-03-01 del BCV ("Resolución 16-03-01") que fijó durante el régimen cambiario controlado los parámetros para la valoración de los estados financieros y el registro contable de los activos y pasivos denominados en moneda extranjera de los bancos, empresas de seguros, empresas del sector de mercado de capitales y, en general, de las personas naturales o jurídicas, públicas o privadas, que operan en Venezuela[69].

Bajo el régimen de libertad cambiaria según el CC No. 1 el reconocimiento de las transacciones de intercambio en moneda extranjera se realiza al tipo de cambio que represente la relación efectiva de intercambio entre la moneda extranjera y el bolívar según convengan las partes. Salvo prueba en contrario aplicará el tipo de "*cambio de referencia*" a que se refiere el artículo 9, parágrafo primero [70] del CC No. 1

[67] Artículo 84 del CC No.1.

[68] Artículo 86 de CC No. 1.

[69] *Gaceta Oficial* No. 40.879 del 5 de abril de 2016. Por su parte la Resolución No. 16-03-01 derogó expresamente la Resolución No. 13-02-02 del BCV, del 8 de febrero de 2013, que ordenaba la valoración y el registro contable de activos y pasivos denominados en moneda extranjera a la tasa de cambio de Bs. 6,30 por US$ correspondiente a los mercados SIMADI, SICAD.

[70] El tipo de cambio de referencia dispuesto en el presente artículo aplicará para todas aquellas operaciones de liquidación de monedas extranjeras del sector público y privado; y será el de referencia de mercado a todos los efectos

o si la transacción se realiza a través del sistema de mercado cambiario mediante operadores cambiarios autorizados[71].

Por su parte, la valoración de los saldos de los activos o pasivos denominados en moneda extranjera también se realiza al tipo de cambio de referencia a la fecha en que se elaboren los estados financieros.

6. SOBRE LAS IMPLICACIONES DEL TIPO DE CAMBIO

La determinación del tipo de cambio aplicable a la denominación y al pago de obligaciones en moneda extranjera debe hacerse atendiendo a lo dispuesto en el artículo 128 de la LBCV, según el cual: "*Los pagos estipulados en moneda extranjera se cancelan, salvo convención especial, con la entrega de lo equivalente en moneda de curso legal, al tipo de cambio corriente en el lugar de la fecha de pago*".

El artículo 128 es la disposición legal que regula el uso de las obligaciones denominadas en moneda extranjera, bien ***(i)*** ésta sea utilizada sólo como moneda de cuenta o ***(ii)*** simultáneamente como moneda de cuenta y moneda de pago con exclusión de cualquier otra moneda.[72]

Cuando la moneda extranjera es utilizada sólo como moneda de cuenta, esto es, solo para denominar la obligación, el artículo 128 de la LBCV expresamente señala que la conversión a bolívares de la obligación denominada en moneda extranjera debe hacerse al tipo de cambio "corriente" en el lugar y fecha de pago.

Esto ha sido confirmado por la más reciente jurisprudencia de la Sala de Casación Civil del Tribunal Supremo de Justicia, en aplicación del artículo 128 de la Ley del Banco Central de Venezuela, en sentencia del 4 de marzo de 2016, caso ***José Gregorio Medina Colombani vs. Médicos Unidos Los Jabillos, C.A.***, en la que consideró lícito el pago

---

[71] Como quiera que, el tipo de cambio que ha de regir para la compra y venta de monedas extranjeras fluctuará libremente de acuerdo con la oferta y la demanda de las personas naturales o jurídicas a través del Sistema de Mercado Cambiario. El Sistema de Mercado Cambiario corresponde a un sistema de compra y venta de moneda extranjera, en bolívares, en el que demandantes y oferentes participan sin restricción alguna.

[72] Sobre la significación de moneda extranjera como moneda de cuenta y moneda de pago, ver José Melich Orsini, *Doctrina General del Contrato,* Serie Estudios No. 61, Academia de Ciencias Políticas y Sociales, Caracas 2012, p. 623; y James Otis Rodner, *El dinero,* Academia de Ciencias Políticas y Sociales, Caracas 2005, p.316.

por parte de la sociedad demandada en equivalente en Bolívares de una obligación expresada en moneda extranjera, al tipo de cambio corriente para la fecha de pago[73].

La noción "*corriente en el lugar y fecha de pago*" constituye un ***concepto jurídico indeterminado***, esto es, una noción cuyo enunciado se refiere a una esfera de la realidad cuyos límites no se encuentran bien precisados, aun cuando se pretende delimitar un supuesto concreto.[74] Precisamente como consecuencia del carácter indeterminado del concepto jurídico en comentarios, su contenido es cambiante de acuerdo con las circunstancias de tiempo y lugar y debe ser precisado en referencia a las condiciones fácticas y jurídicas de tiempo y lugar en que se aplica.

En nuestro criterio la tasa de cambio **"corriente en el lugar y fecha de pago"** no puede ser otra que la **"tasa de cambio de referencia"**, ya que es este el tipo de cambio que más comúnmente podrá circular en la plaza y a la cual los usuarios, según las normas que rigen el dicho tipo de cambio, podrán tener libre acceso –en principio- con independencia de su condición o situación fáctica, pues, en este tipo de cambio el precio se forma, en principio, del libre juego entre la oferta y la demanda.

Para fines financieros los operadores económicos obligados a llevar contabilidad deben, en principio, valorar sus ingresos, costos, gastos, activos y pasivos denominados en moneda extranjera en virtud de lo prescrito en los VEN-NIF[75], que hace un reenvío a la NIC 21

---

[73] El anterior criterio ha sido confirmado en la reciente jurisprudencia de la Sala Político-Administrativa del Tribunal Supremo de Justicia en sentencia de fecha 10 de marzo de 2016, caso ***Bandes vs. Banco Espírito Santo*** en la que se acordó el embargo preventivo solicitado por la parte actora usando la tasa de cambio SIMADI (la cual era la tasa corriente en el lugar y fecha de pago a la fecha de la causa)

[74] Aluden a realidades que no admiten otro tipo de determinación más precisa, sean conceptos de ***experiencia*** (***i.e***. incapacidad para el ejercicio de funciones, premeditación, fuerza irresistible) o de ***valor*** (***i.e.***, buena fe, buen padre de familia, justo precio, etc.). La Ley no determina con exactitud los límites de esos conceptos porque se trata de un término que no admite una cuantificación o determinación rigurosa "*... pero que en todo caso es manifiesto que se está refiriendo a un supuesto de la realidad que no obstante la indeterminación del concepto permite ser precisado en el momento de la aplicación*". *Vid.* Humberto Romero-Muci, *El derecho <y el revés> de la contabilidad,* Serie Estudios No. 94, Academia de Ciencias Políticas y Sociales, Caracas 2012, p. 72.

[75] FCCPV, *Boletín de Aplicación VEN-NIF N° 8 (BA VEN-NIF-8): Principios de Contabilidad Generalmente Aceptados en Venezuela (VEN-NIF). Versión 4.* Marzo 2017, Este Boletín de

sobre "*Efectos de las variaciones en los tipos de cambio de la moneda extranjera*".

La NIC 21 establece que tanto el registro de las transacciones como los saldos de partidas monetarias en moneda extranjera, deben valorarse al tipo de cambio de contado a la fecha de la transacción entre la moneda funcional y la moneda extranjera[76] y los saldos a la fecha del balance al tipo de cambio de cierre[77], haciendo expresa aclaratoria que en caso de varios tipos de cambio "*...se utilizará aquél en el que pudieran ser liquidados los flujos futuros de efectivo representados por la transacción o el saldo considerado, si tales flujos hubieran ocurrido en la fecha de medición*".[78]

7. SOBRE LA VALORACIÓN DE LAS CUENTAS EN MONEDA EXTRANJERA PARA FINES DEL IMPUESTO SOBRE LA RENTA

Es importante señalar que el resultado contable no determina, compromete o condiciona la cuantificación del ISR, tal como ocurre en otras jurisdicciones del derecho comparado, en las que se parte del resultado contable como viene definido por las normas contables, sometiéndolo a correcciones previstas en la Ley tributaria. No existe regla legal que obligue a que las disposiciones de la contabilidad mercantil o que las reglas técnicas de contabilidad sean vinculantes para la confección y valoración de las bases de cálculo de los tributos. Esta es una protección que imponen las exigencias de la reserva legal tributaria, pues solo la Ley puede habilitar o excepcionar la aplicación de las normas contables para cuantificar las bases imponibles de los tributos.

La contabilidad fiscal es fundamentalmente transaccional, por oposición a la contabilidad financiera que es fundamentalmente valorativa[79]. Las bases de cuantificación para fines del ISR, siguen el criterio

---

Aplicación clasifica los Principios de Contabilidad Generalmente Aceptados en Venezuela (VEN-NIF) e identifica los pronunciamientos que los conforman. https://www.ven-nif.com/normas/ba-ven-nif/ba-ven-nif-8.html

[76] Párrafo 21.

[77] Párrafo 23 (a).

[78] Párrafo 26 *ejusdem*.

[79] Se focaliza en el principio del costo histórico. La medición de esos costos en el tiempo requiere la realización de eso activos, enfatizando la sincronización temporal entre los flujos

legal propio e independiente, previsto en la LISR, que se focaliza en la información histórica como información de origen para establecer el valor de los ingresos, costos y gastos del ejercicio, en la determinación del enriquecimiento neto gravable o la pérdida neta del ejercicio.

En efecto, para fines fiscales, la valoración de las cuentas en moneda extranjera se alinea con las pautas contables legales o en las pautas técnicas (VEN NIF), en todo lo que no quede contradicho por las leyes impositivas, por mandato de los artículos 146[80], 155 (1) (a)[81] del Código Orgánico Tributario ("COT") de 2020[82], en concordancia con el artículo 88[83] de la LISLR de 2015. Este no es más que una consecuencia adicional del deber formal tributario de llevar la contabilidad, como

de ingresos y egresos. Por oposición la contabilidad financiera es fundamentalmente valorativa. Se focaliza en el balance, esto, en lo que son y en el valor de los activos y pasivos. Es allí donde tiene cabida el concepto de "valor razonable". No importa tanto la distinción entre ingreso realizado o no. Esta aproximación define el ingreso como el incremento de patrimonio no realizado, ajustado por los pagos a y contribuciones de los accionistas. *Cfr.* Norberg, Claes, "Kari Tikka, "Memorial lecture: accounting and taxation", in *Accounting and taxation and assessment of EJC case law,* Edited by Michael Lang and Frans Vanistendael, EATLP Congress, Helsinki 2007

80 Artículo 146 del COT: "*Los montos de base imponible y de los créditos y débitos de carácter tributario que determinen los sujetos pasivos o la Administración Tributaria, en las declaraciones y planillas de pago de cualquier naturaleza, así como las cantidades que se determinen por concepto de tributos, accesorios o sanciones en actos administrativos o judiciales, se expresarán en bolívares*".

81 Artículo 155 (1)(a) del COT: "*...Los contribuyentes, responsables y terceros están obligados a cumplir con los deberes formales relativos a las tareas de fiscalización e investigación que realice la Administración Tributaria y, en especial, deberán: (1). Cuando lo requieran las leyes o reglamentos: (a). Llevar en forma debida y oportuna los libros y registros especiales, conforme a las normas legales y los principios de contabilidad generalmente aceptados, referentes a actividades y operaciones que se vinculen a la tributación y mantenerlos en el domicilio o establecimiento del contribuyente y responsable (...)*".

82 *Gaceta Oficial* No. 6.507 Extraordinario del 29 de enero de 2020.

83 Artículo 88 de la LISLR: "*Los contribuyentes están obligados a llevar en forma ordenada y ajustados a principios de contabilidad generalmente aceptados en la República Bolivariana de Venezuela, los libros y registros que esta Ley, su Reglamento y las demás Leyes especiales determinen, de manera que constituyan medios integrados de control y comprobación de todos sus bienes, activos y pasivos, muebles e inmuebles, corporales e incorporales, relacionados o no con el enriquecimiento que se declara, a exhibirlos a los funcionarios fiscales competentes y a adoptar normas expresas de contabilidad que con ese fin se establezcan. Las anotaciones o asientos que se hagan en dichos libros y registros deberán estar apoyados en los comprobantes correspondientes y sólo de la fe que estos merezcan surgirá el valor probatorio de aquellos*".

fuente de información fiscal, según reglas técnicas contables, referentes a actividades y operaciones que se vinculen a la tributación.

La posición interpretativa anterior, no contradice el texto ni la finalidad del enunciado del artículo 129 de la LBCV, que ***(i)*** solo obliga a que se expresen en bolívares los valores que integran la información contable (la contabilidad) que sea de empleo obligatorio en las oficinas públicas o privadas de acuerdo con el CCom, enfatizando que, ***(ii)*** las transacciones en moneda extranjera deben contabilizarse al respectivo contravalor en bolívares y que ***(iii)*** la llevanza de estados financieros, libros y registros contables en moneda extranjera solo tiene carácter complementario o auxiliar.

Hemos señalado con anterioridad que, solo debe expresarse en bolívares los documentos -incluidos los contables- que deban producir efectos en Venezuela. Esta obligación tiene fundamento en el artículo 129 LBCV, porque el bolívar aparte de ser la moneda de curso legal en Venezuela es la unidad monetaria con la que, en principio se denominan los créditos y obligaciones pecuniarias de las transacciones que se realizan en el país y que expresan los resultados y la situación financiera que deben informar los comerciantes por imperativo del CCom. La presentación de la información contable en bolívares complementa el deber de presentación de la misma información en castellano, con el propósito de garantizar la comprensibilidad de esta por los usuarios o destinatarios de aquella. Así lo confirma el artículo 130 de la LBCV, que establece "*...que todos los memoriales, escritos, asientos o documentos que presenten a los tribunales y otras oficinas públicas relativas a operaciones en moneda extranjera, deberán contener al mismo tiempo su equivalencia en bolívares*".

Tampoco debe llamar a dudas la norma del artículo 146[84] del COT reformado en 2020, que prescribe que las bases imponibles de los tributos deben determinarse en bolívares. Esa precepción se refiere

[84] Artículo 146 de COT. "*Los montos de base imponible y de los créditos y débitos de carácter tributario que determinen los sujetos pasivos o la Administración Tributaria, en las declaraciones y planillas de pago de cualquier naturaleza, así como las cantidades que se determinen por concepto de tributos, accesorios o sanciones en actos administrativos o judiciales, se expresarán y pagarán en bolívares, sin perjuicio de las excepciones que establezca el Banco Central de Venezuela a requerimiento delMinisterio con competencia en materia de Finanzas*".

limitadamente a la forma de reporte de la determinación tributaria consignada en declaraciones y demás documentos contables fiscales. No compromete el uso de la moneda de denominación o cuantificación de la información que sirve de base a la confección de la base imponible o cualquier otro elemento cuantitativo de la estructura del tributo.

Por su parte, tampoco el deber de llevanza de la contabilidad fiscal según las normas legales previstas en el CCom y la LBCV o las normas técnicas en los PCAG, compromete la obligación de los contribuyentes de aplicar una determinada metodología contable de cuantificación, ni que el resultado contable determine el resultado fiscal. El fin del artículo 146 del COT apunta exclusivamente a ordenar, para fines fiscales, la presentación de la información contable y su registro según principios contables como manifestación del deber formal del contribuyente de respaldar sus operaciones y, a su vez, como garantía del valor de fiabilidad de la información contable, que se presume y establece probatoriamente a partir de la llevanza ordenada de la misma contabilidad, para facilitar las funciones de control de la administración.

En el caso de la norma del artículo 88 de la LISR de 2015, la invocación de los PCAG también tiene fines fundamentalmente formales, esto es, función de respaldo, registro o documentación de la información fiscal. Esa ***ratio legis*** viene comprobada topográficamente por la ubicación del precepto en el título VII sobre ***Control Fiscal***, esto es, la invocación de los PCAG y la obligación de los contribuyentes de llevar en forma ordenada y ajustados a dichos principios, los libros y registros que la ley y el reglamento establecen de modo que, "*...estos sirvan como medios integrados de control y comprobación de todos sus bienes activos y pasivos, muebles e inmuebles, corporales o no corporales, relacionados o no con el enriquecimiento que se declara, a exhibirlos a los funcionarios fiscales competentes y a adoptar normas expresas de contabilidad que con ese fin se establezcan...*" y se añade que "*...las anotaciones o asientos que se hagan en dichos libros y registros deberán estar apoyados en los comprobantes correspondiente y solo de la fe que estos merezca surgirá el valor probatorio de aquellos*".

En consecuencia, para fines fiscales, la medición de las bases imponibles se alinea con las pautas contables, en todo lo que no quede contradicho por las leyes impositivas, por mandato de los precitados artículos 155 (1) (a) del COT de 2020, en concordancia con el artículo 88 de la LISLR de 2015. Se insiste, este no es más que una consecuencia más del deber formal tributario de llevar la contabilidad como fuente de información fiscal, según PCAG, pero su incidencia se limita a "*...las actividades y operaciones que se vinculen a la tributación...*" y una garantía de la reserva legal tributaria, según la cual solo la Ley puede regular la determinación de las bases imponibles de los tributos, incluidos los criterios de valoración correspondientes.

La gran pregunta es si el cambio de moneda funcional a una moneda distinta (dólar) del curso legal (bolívar) es válido jurídicamente para determinar la base imponible del ISR o si debe hacerse exclusivamente en la moneda de curso legal a pesar del cambio para fines financieros. No hay duda de que, siempre, la información independientemente de cómo se cuantifique deberá expresarse y reportarse en bolívares como expresión de un deber formal de información fiscal y legal que debe surtir efecto en el país.

A este respecto existen dos posiciones: Una primera que afirma que (i) la determinación de la base imponible del ISR, al menos la renta territorial, debe efectuarse y reportarse en bolívares y otra segunda (ii) la determinación de la base imponible del ISR, territorial y extraterritorial, debe hacerse en dólares y reportarse en bolívares.

La primera posición se afinca en la afirmación del carácter estrictamente transaccional de la contabilidad fiscal y en la inferencia contenida en el artículo 4 de la LSIR que distingue la cuantificación del enriquecimiento neto global entre la renta territorial y la extraterritorial. Solo para la primera prescribe la aplicación del ajuste por inflación, lo que lleva implícito la cuantificación en bolívares que solo afecta al curso legal. A la renta extraterritorial no aplica el ajuste por inflación, porque la inflación no tiene incidencia en ese entorno económico y, por lo tanto, la determinación debe realizarse en la moneda de origen o del entorno económico de la transacción. En suma: para la determinación de la renta territorial la información de origen se valoriza en bolívares y se reporta en bolívares. Para la determinación de la renta extraterritorial la información de origen se valoriza en la moneda extranjera respectiva a su registro y se reporta en bolívares.

La otra segunda posición afirma que la determinación de la base imponible puede y debe efectuarse directamente en moneda extranjera, tanto para la cuantificación de la renta territorial como extraterritorial cuando el dólar es moneda funcional para fines financieros. Por supuesto, el reporte debe hacerse en bolívares como moneda presentación obligatoria. Esta posición se fundamenta en la observación de que, independientemente de la exclusión del ajuste por inflación a los sujetos pasivos especiales, la corrección monetaria no tiene sentido en ese entorno económico porque la inflación no afecta la cuantificación de un resultado que es sustancialmente operado con el dólar, esto es, la capacidad contributiva es medida de forma más representativa en dólares. El resultado de una y otra fuente deberá traducirse a la moneda de curso legal utilizando los criterios de la técnica contable ***ex*** NIC 21, respetando los criterios de reconocimiento de los ingresos, gastos y costos, en cada categoría geográfica, previstos en la LISR. Las ganancias y pérdidas en cambio serán las que resulten de la extinción de las cuentas de activos y pasivos directamente denominadas en bolívares que ganarían o perderían cuando se realicen las plusvalías o minusvalías asociadas durante el ejercicio gravable.

En nuestra opinión esta última postura se justifica plenamente en caso de que el entorno económico del contribuyente sea el dólar y este haya sido adoptado como moneda funcional para fines financieros. La cuantificación de la base imponible bajo esta unidad de cuenta será una lógica consecuencia de la realidad financiera del contribuyente y, por lo tanto, consistente con una medida de capacidad contributiva más eficiente.

La primera posición se justifica en el caso de contribuyentes cuyo entorno económico todavía este dominado por el bolívar por lo que respecta a la determinación de la renta territorial. Aquí las distorsiones de la medición de la base imponible tendrán causa fundamental en la inflación del bolívar. La iniquidad de esta situación reside en la discriminatoria exclusión de la corrección monetaria para los contribuyentes identificados como sujetos pasivos especiales, la cual no se justifica técnica ni axiológicamente. Es contraria a la racionalidad del artículo 4 de la LISR que exige la determinación del enriquecimiento neto territorial "*sin menoscabo del ajuste por inflación*", esto es, libre de la distorsión inflacionaria, y del mandato constitucional 316 de cifrar el tributo sobre una capacidad contributiva efectiva, esto es, sobre una medida de capacidad económica real[85].

8. SOBRE LA VALORACIÓN DE LAS TRANSACCIONES EN MONEDA EXTRANJERA PARA FINES DEL IMPUESTO SOBRE LA RENTA

La LISLR, establece una única regla de valoración de las transacciones que representen ingresos extraterritoriales, ***ex*** artículo 16 de la LISR. "*A los fines de la determinación del monto del ingreso bruto de fuente extranjera, deberá aplicarse el tipo de cambio promedio del ejercicio fiscal en el país, conforme a la metodología empleada por el Banco Central de Venezuela*". Del resto, no hay más reglas de valoración de ingresos, ni siquiera de costos y gastos denominados en moneda extranjera.

La regla anterior lleva implícita una premisa incorrecta. Asume que solo las transacciones de fuente extranjera están o pueden denominarse en moneda extranjera. Lo cierto es que las transacciones internas o de fuente territorial, también pueden denominarse y cumplirse en moneda extranjera como confirma el artículo 128 de la LBCV y los artículos 8 y 9 del CC No. 1.

Por lo tanto, para fines fiscales, actualmente, los contribuyentes deberán valorar las transacciones en moneda extranjera al tipo de cambio que represente la relación efectiva de cambio de cada operación y en su defecto, según la pauta contable legal al ***tipo de cambio de referencia***, que es la tasa de cambio de mercado establecida en el correspondiente CC No. 1.

No existe una norma jurídica que especifique la metodología para calcular el promedio del tipo de cambio. Por tal razón, el contribuyente podrá legítimamente escoger alternativamente, entre un promedio simple o ponderado para valorar sus ingresos brutos denominados en moneda extranjera de fuente sea territorial o extranjera. Incluso, porque

---

[85] Vid., nuestro trabajo, "*Aspectos protervos en la eliminación del ajuste integral por inflación fiscal a las entidades financieras y de seguros*", en XIV *Jornadas Venezolanas de Derecho Tributario,* Asociación Venezolana de Derecho Tributario, Caracas 2015.

la regla "*tipo de cambio promedio*" constituye una regla de valoración presuntiva, solo aplica en caso de que el contribuyente, no disponga de la información sobre base directa y real[86].

[86] Es jurisprudencia constante de las Sala Constitucional y Político Administrativa del Tribunal Supremo de Justicia que, el uso de ficciones y de metodologías presuntivas de determinación tributaria ceden frente a la prueba en contrario que el contribuyente produzca para demostrar su realidad contributiva diferente a la fabulada por ficciones o establecidas por presunciones legales. Igualmente, la Sala Política Administrativa ha decidido que, las reglas sobre ***presunciones legales*** que facilitan la determinación y la recaudación tributaria, siempre deben relativizarse en atención a la realidad económica del contribuyente, allí donde su aplicación irrestricta lleve a una tributación desproporcionada o alejada de la realidad contributiva. Así lo decidió en sentencia N° 394 de la Sala Político Administrativa del Tribunal Supremo de Justicia de fecha 12 de mayo de 2010, al postular el razonamiento de que una regla sobre determinación del patrimonio neto en el ajuste por inflación, debía permitir al contribuyente la prueba de que las cuentas por cobrar entre empresas relacionadas correspondían a operaciones del giro del negocio respectivo y no constituyen una distribución oculta de beneficios de entender la exclusión de las cuentas por cobrar como una presunción. La Sala señaló que la dicha norma (artículo 103 de la Ley de impuesto sobre la renta de 1999) debía ser entendida de acuerdo con la finalidad que el legislador tuvo en mente para su creación (la corrección por inflación del patrimonio neto del contribuyente), admitiendo la prueba de la realidad contributiva para desvirtuar la presunción de la distribución oculta de beneficios. Caso ***Valores Unión, C.A***.: "*No cabe dudas de que la finalidad o propósito de la inclusión en la legislación tributaria de la normativa supra transcrita (artículo 103) es la de sincerar la inversión de los accionistas en el patrimonio de las empresas y adecuar los efectos que la inflación produce en los resultados reales del contribuyente, pretendiendo con la exclusión de las cuentas o efectos por cobrar a sus administradores, accionista o empresas afiliadas, evitar la posibilidad de que se produzcan transferencias de fondos a compañías afiliadas y que las mismas encubran disminuciones patrimoniales simulando préstamos.*
Sin embargo, si bien es cierto que tal situación puede presentarse en los manejos de fondos de empresas relacionadas por la vinculación que existe entre ellas, también es verdad que la realidad económica demuestra que tales operaciones no necesariamente representan distribuciones ocultas de beneficios. Por el contrario, existen relaciones comerciales auténticas entre empresas relacionadas, por cuya razón dicha norma debe interpretarse atendiendo al fin que tuvo el legislador para crearla, por lo cual sólo se deben excluir del cálculo del patrimonio neto inicial, las cuentas por cobrar que realmente no surjan en virtud de las operaciones normales y necesarias destinadas a la producción de la renta gravable. Surge así una presunción que puede ser desvirtuada con la prueba en contrario, de tal manera que el contribuyente pueda demostrar que las operaciones que dieron origen a las cuentas y efectos por cobrar se hallan directamente vinculadas con el proceso productivo de la renta, pues cualquier operación de créditos o pasivos con una empresa afiliada que esté relacionada con el normal desarrollo del negocio del contribuyente, representa una partida que en definitiva integra el aludido patrimonio al inicio del ejercicio fiscal susceptible de erosión por la inflación. Así se declara". (Resaltado nuestro). Disponible en: [http://historico.tsj.gob.ve/decisiones/spa/mayo/00394-12510-2010-2008-0957.html]

Por lo que respecta a los costos, la LISR ni su reglamento establecen un tratamiento específico sobre la valoración de aquellos denominados en moneda extranjera. Conforme a los artículos 21 y 23(a) y párrafo primero ***ejusdem,*** dicho costo será "*...el que conste en las facturas emanadas directamente del vendedor...*". La regla legal no hace sino repetir el principio contable según el cual, "*el costo de adquisición es el precio de compra*"[87].

El contribuyente podrá deducir en la determinación de la base imponible del ISR de fuente territorial, los gastos normales y necesarios que estén relacionados con la producción de la renta en el país, siempre que se cuente en Venezuela con los comprobantes que respalden la erogación denominada en moneda extranjera correspondiente.

Para la valoración de la erogación en moneda extranjera **el contribuyente** deberá igualmente aplicar el tipo de cambio específico de la transacción de que se trate cuando disponga de la prueba correspondiente, o supletoriamente aplicar el tipo de cambio promedio del ejercicio fiscal en caso de que no disponga de tal prueba.

9. SOBRE EL TRATAMIENTO DE LAS GANANCIAS Y PÉRDIDAS EN CAMBIO PARA FINES DEL IMPUESTO SOBRE LA RENTA CUANDO EL BOLÍVAR ES MONEDA FUNCIONAL

La LISR establece de forma categórica en su artículo 4 que, "*la determinación de la base imponible es el resultado de sumar el enriquecimiento neto de fuente territorial al enriquecimiento neto de fuente*

---

[87] **Norma Internacional de Contabilidad No. 2 (NIC 2), sobre "*inventario*", párrafo 8**. Para la atribución de significado al enunciado ***"costo de adquisición de la mercancía importada"***, existe, en el caso concreto, una ***codeterminación normativa*** entre la contabilidad y el derecho, entre el principio contable y la ley de impuesto sobre la renta, entre el término técnico contable "*costo*" y el enunciado legal ***"costo de adquisición de la mercancía importada"***. Es importante precisar que en este caso, la atribución de significados en comentarios, no infringe la reserva legal tributaria ni implica deslegalización de la base imponible, simplemente se resuelve en derecho mediante un trasvase de significados de un campo epistemológico al otro. Que el concepto ***"costo"*** no sea un concepto jurídico, esto es, con expresa significación jurídica (definido por enunciados jurídicos), no quiere decir que no tenga sentido preciso o precisable y que no pueda ser utilizado para dar sentido a un enunciado normativo jurídico como el analizado

extraterritorial". El enriquecimiento neto territorial se determina como la diferencia entre el ingreso bruto territorial menos los costos y gastos territoriales. Del mismo modo, el enriquecimiento neto de fuente extraterritorial se determina como la diferencia entre el ingreso bruto extraterritorial menos los costos y gastos extraterritoriales. También es imperativo el mandato de no imputar pérdidas de un origen con las de otro. En definitiva, constituyen compartimientos estancos los resultados de una y otra medición de la renta según su origen geográfico.

La dicotomía entre renta extraterritorial y renta territorial implica que las valoraciones de las transacciones en la moneda de origen opera de manera inversa según el ámbito territorial de que se trate. La moneda de origen es la moneda funcional o la del entorno económico en el que se generan fundamentalmente los enriquecimientos que se localizan en cada ámbito territorial.

La citada dicotomía lleva implícito que las valoraciones de las transacciones que ocurran en cada espacio geográfico deben hacerse en la moneda de origen de cada territorio, independientemente de que la presentación de la información de cada categoría, así como el enriquecimiento neto global, se presente en bolívares, pues es la moneda en que todos los documentos contables, incluidos los fiscales, están llamados a surtir efecto en el país, según las comentadas normas de los artículos 129 de la LBCV, 155 (1) (a) del COT y 88 de la LISR.

En efecto, solo el enriquecimiento neto de fuente territorial puede ser afectado por la inflación y por los ajustes cambiarios que la moneda de curso legal sufra en su intercambio en otra divisa. Así lo ordena la norma del artículo 4, al definir la materia gravable como "*el incremento neto de patrimonio*", que resultan de restar de los ingresos brutos, los costos y gastos, "*...sin perjuicio del ajuste por inflación respecto del enriquecimiento neto de fuente territorial*".[88]

La razón económica que justifica esa exclusión es obvia. En principio, la inflación de la moneda de curso legal solo afecta a las transac-

[88] "*Dicha norma permite establecer el alcance espacial de sistema de corrección monetaria fiscal, conduciendo a la conclusión de los activos y pasivos ubicados en el extranjero no son susceptibles de corrección monetaria y que tampoco integran el patrimonio neto inicial del contribuyente*". Cfr. Romero- -Muci, Humberto, *La racionalidad del sistema de corrección monetaria fiscal*, Editorial Jurídica Venezuela, Caracas 2005, p. 265.

ciones realizadas y a los patrimonios (activos y pasivos) ubicados en el ambiente económico territorial en que circula. Se trata de un fenómeno económico estrictamente territorial.

Por lo tanto, solo inciden en la determinación de la renta territorial las ganancias y pérdidas cambiarias (devaluación o depreciación del curso legal). Para la ***renta territorial***, el bolívar es obviamente la moneda de origen para la determinación de dicho resultado. Esa afirmación queda reforzada si efectivamente el bolivar es la moneda funcional en la contabilidad del contribuyente. El uso de otra moneda tendrá carácter de moneda extranjera. En el contexto territorial la inflación y la depreciación del bolívar frente a otras divisas, implica que, la tenencia de activos o pasivos denominados en divisas genera ganancias o pérdidas de valor respecto del bolívar. Solo cuando son disponibles esos cambios de valor asociados a esas transacciones, deben traducirse en los resultados fiscales como ganancias o como pérdidas en cambio de las dichas monedas extranjeras.

Por el contrario, las transacciones extraterritoriales solo quedan afectadas por las vicisitudes monetarias del entorno económico en el que ocurran. Las transacciones extraterritoriales no son afectadas por la inflación ni por la depreciación del bolívar. Las transacciones que ocurran extraterritorialmente, en divisas, no pierden valor en términos del bolívar. Es el bolívar el que pierde valor en términos de la moneda que corresponda al entorno económico extraterritorial.

Sin embargo, la representación de esa información en la moneda del entorno extraterritorial debe y tienen que traducirse al bolívar, que es la moneda de reporte. Pero esa traducción de valor no tiene virtualidad fiscal, pues solo constituye una estimación no disponible y, en consecuencia, no implica una expresión efectiva de capacidad económica. Solo un intercambio efectivo al bolívar de la posición en la moneda de origen extraterritorial generará una ganancia o una pérdida con efectos en los resultados fiscales territoriales.

Por esa razón, para la determinación de la renta extraterritorial la información de origen se valoriza en la moneda correspondiente a su registro y se reporta en bolívares. Es más, las ganancias o pérdidas cambiarias de fuente extraterritorial solo se verifican efectivamente cuando la moneda de origen se convierte al bolívar. Cualquier actualización de valor por traducción de la posición en moneda de origen, al bolívar como moneda de reporte, consecuencia de alguna transacción en la dicha moneda extranjera, solo será una estimación contable no disponible y por lo tanto no gravable a los fines de la determinación de la renta extraterritorial. En este caso no existe una manifestación de capacidad contributiva efectiva, sino un ajuste contable por traducción de la moneda de origen al bolívar como moneda de reporte. Dicho ajuste cambiario deberá conciliarse como una partida no gravable a la renta territorial.

Porque el ajuste por inflación solo tiene virtualidad para la determinación de la renta territorial, solo las ganancias y pérdidas por el ajuste de los activos o pasivos en moneda extranjera ubicados territorialmente, inciden en el resultado correspondiente. Desde la LISR de 1991[89] (reiterado en las reformas de 1999 y regulado en el RLISR de 1993), ese ajuste debía hacerse según la variación acumulada del tipo de cambio de la moneda extranjera respecto del bolívar a la tasa de cambio de la fecha de cierre del ejercicio gravable[90]. En la LISR de

---

89 Artículo 105 LISR 1991: "*Se acumulará en la partida de reajuste por inflación, como una disminución de la renta gravable, el mayor valor que resulte de ajustar las deudas u obligaciones en monedas extranjeras o pactadas con cláusulas de reajustabilidad, existentes al cierre del ejercicio tributario, según la cotización de la respectiva moneda extranjera a la fecha del balance o según el reajuste pactado. El menor valor que resulte de reajustar tales deudas u obligaciones se cargará a la cuenta de pasivos que corresponda y abonará a la cuenta de reajuste por inflación*".

Artículo 106 LISR 1991: "*Se acumulará en la partida de reajuste por inflación, como un aumento de la renta gravable, el mayor valor que resulte de actualizar las inversiones o acreencias en moneda extranjera o pactadas con cláusula de reajustabilidad existentes al cierre del ejercicio gravable, según la cotización de la respectiva moneda extranjera a la fecha del balance o según la cláusula de reajustabilidad pactada, respectivamente. El mayor valor que resulte de reajustar tales deudas u obligaciones, se cargará a la cuenta de activos que corresponda y abonará a la cuenta de reajuste por inflación*".

90 Como explicamos en otra oportunidad: **"Obsérvese que se trata de cargos a resultados autorizados por la ley, independientemente de su causación o erogación a los fines legales constituyen una ficción de deducción que sirve a los solos propósitos del ajuste y precisión de un nivel real de la renta gravable en términos de poder adquisitivo constante. Así las cosas, en el caso de los pasivos no monetarios se produce una importante excepción a la mecánica de traducción de los efectos cambiarios en los resultados impositivos, que lo hace depender de la realización o liquidación de la cuenta respectiva. Es bien sabido que, en el caso de los pasivos en moneda extranjera ha sido uniforme la jurisprudencia nacional en afirmar que, la sola fluctuación de la moneda extranjera**

2001[91] se estableció que la sola tenencia de activos y pasivos en moneda extranjera generaba ganancias o pérdidas, esto es, que los saldos por ajustes de la variación del tipo de cambio del bolívar respecto de la moneda extranjera debían ser reconocidos y registrados como parte del resultado fiscal. Esa regla se alineó con el tratamiento para fines contables según PCAG, según prescribe el Reglamento de la RLISR de 2003.

Con la reforma de la LISR de 2007[92] se restringió ese efecto temporal a los fines legales, considerando ***realizadas*** las situaciones de

---

en que aparece expresado el pasivo no autoriza la corrección en moneda nacional del pasivo en cuestión. El efecto cambiario sólo puede acusarse cuando se produzca la liquidación o extinción de la cuenta respectiva. A este parecer arribó la extinta Junta de Apelaciones del Impuesto sobre la Renta en sentencia del 3 de marzo de 1952 con ponencia del tercer vocal accidental José Rafael Vargas, caso *Compañía Anónima Nacional Teléfonos de Venezuela vs República Venezuela.* **Igualmente, sentencias del Tribunal Primero accidental número 10 del Impuesto sobre la Renta de fecha 11 de junio de 1967, caso** *Unión Gráfica vs República de Venezuela* **y sentencia del Tribunal Segundo de Impuesto sobre la Renta de fecha 28 de marzo de 1979, con ponencia del vocal Efraín Godoy Boada caso** *Andrene Compañía Anónima vs República Venezuela.* (nuestros comentarios en Romero-Muci Humberto, ***Los ajustes por inflación en la Ley de impuesto sobre la renta***, Editorial Jurídica Venezolana, Caracas 1992, p. 166).

91 Parágrafo segundo del artículo 173 de la LISLR 2001: "*Se consideran como activos y pasivos no monetarios, aquellas partidas del Balance General Histórico del contribuyente que por su naturaleza o características son susceptibles de protegerse de la inflación, tales como los inventarios, mercancías en tránsito, activos fijos, edificios, terrenos, maquinarias, mobiliarios, equipos, construcciones en proceso, inversiones permanentes, inversiones convertibles en acciones, cargos y créditos diferidos y activos intangibles. Los créditos y deudas con cláusula de reajustabilidad o en moneda extranjera y los intereses cobrados o pagados por anticipado o registrados como cargos o créditos diferidos se considerarán activos y pasivos monetarios*". Artículo 94, parágrafo único del RLISR de 2003 (vigente): "*Se consideran activos y pasivos monetarios, según el caso, las partidas del Balance General del contribuyente que representan valores nominales en moneda nacional que, al momento de su disposición o liquidación, éstas se hacen por el mismo valor histórico con que fueron registrados. Todos los activos y pasivos no clasificados como no monetarios se consideran monetarios.*

Parágrafo Único. El efectivo y otras acreencias y obligaciones en moneda extranjera o con cláusulas de reajustabilidad se consideran partidas monetarias y serán ajustadas a la tasa de cambio de la fecha de cierre del ejercicio gravable o de acuerdo con las respectivas cláusulas de reajustabilidad respectivamente, en la contabilidad del contribuyente, antes del ajuste por inflación de conformidad con los principios de contabilidad generalmente aceptados en Venezuela".

92 Artículo 188 de la LISLR 2007. "*A los fines de este capítulo, las ganancias o pérdidas que se originen de ajustar los activos o pasivos denominados en moneda extranjera o con cláusulas de reajustabilidad basadas en variaciones cambiarias, se considerarán realizadas en el ejercicio fiscal en el que las mismas sean exigibles, cobradas o pagadas, lo que suceda primero*".

ganancia o pérdida por tenencia, solo cuando la cuenta respectiva era exigible, fuera pagada o cobrada, lo que sucediera primero. Esa redacción quedó incólume en la reforma de 2014 y de 2015[93].

La interpretación ***a contrario*** de las normas de los artículos 4 y 188 de la LISR de 2014, aplicable ***ratione tempore*** al ejercicio 2015, impone la conclusión de que, no inciden en la determinación del enriquecimiento de fuente territorial o extraterritorial, esto es, no son gravables las ganancias ni son deducibles las pérdidas por tenencia de activos o pasivos en moneda extranjera, respectivamente, aunque la cuenta en moneda extranjera sea exigible.

En nuestro criterio, porque los ajustes por inflación no aplican a la determinación de la renta extraterritorial desde el ejercicio de 2016.

(a) La información contable sobre los ingresos, costos y gastos de fuente extraterritorial, se valorizan en la moneda de origen correspondiente a su registro y se reportan en bolívares al tipo de cambio oficial aplicable a la fecha de la transacción.

(b) Las ganancias o pérdidas asociadas a la disposición de los activos y pasivos de fuente extraterritorial solo serán gravables o deducibles, respectivamente, cuando sean ***disponibles*** según las reglas ordinarias de determinación del enriquecimiento operativo, esto es, la diferencia entre el ingreso bruto menos los costos y gastos según la regla básica de ***disponibilidad*** prevista en el artículo 5 y la regla de ***causación*** de los gastos prevista en el artículo 27[94], encabezado de la LISLR de 2015.

---

[93] Antes de la introducción de las reglas sobre ajuste por inflación en la LISR de 1991, las leyes respectivas solo hacían depender el registro de las ganancias y pérdidas por devaluación o fluctuación de la moneda de curso legal, cuando dichas ganancias se consideraban disponibles o las perdidas realizadas. Se trataba limitadamente de las cuentas en moneda extranjera (activas o pasivas) de fuente territorial, porque en aquel tiempo el ámbito espacial del hecho imponible del ISR estaba circunscrito al territorio nacional y no tenía alcance sobre la renta mundial, esto es, no incluía la renta extraterritorial. ver nuestros comentarios en Romero-Muci, Humberto, Los ajustes por inflación en la Ley de impuesto sobre la renta, Editorial Jurídica Venezolana, Caracas 1992.

[94] **Artículo 27 de la LISLR encabezado**: "*Para obtener el enriquecimiento neto global se harán de la renta bruta las deducciones que se expresan a continuación, las cuales, salvo disposición en contrario, deberán corresponder a egresos causados no imputables al costo, normales y necesarios, hechos en el país con el objeto de producir el enriquecimiento ....*".

(c) Cualquier actualización de valor por traducción de la posición de la moneda de origen al bolívar como moneda de reporte, consecuencia de alguna transacción en la dicha moneda de origen, esto es, un activo o un pasivo extraterritorial que sustituya a otro activo o pasivo extraterritorial solo será una estimación contable (i) no disponible y por lo tanto no gravable o (ii) no causada y por lo tanto no deducible, a los fines de la determinación de la renta extraterritorial. Esa actualización de valor en la moneda de reporte a la fecha de la transacción deberá mostrase como una partida no gravable en la conciliación de la renta.

(d) Las actualizaciones de valor por traducción de la posición de la moneda de origen al bolívar solo se convierten en ganancias o pérdidas cambiarias de fuente extraterritoriales en moneda origen, eso es, solo se verifican efectivamente cuando la moneda de origen se convierte al bolívar.

(e) Las plusvalías cambiarias por la simple tenencia de activos extraterritoriales no representan enriquecimientos disponibles y por lo tanto no deben ni pueden ser gravables. Sencillamente dichas ajustes de valor no representan incrementos o decrementos patrimoniales definitivos, ni una expresión de capacidad contributiva efectiva

En suma, las transacciones que incidan respecto de los activos y pasivos extraterritoriales deberán valorarse en la moneda de origen en que se denominen o liquiden la cuenta respectiva. Solo ese resultado deberá traducirse al bolívar para reportar su expresión en términos del tipo de cambio que aplique, según ya hemos explicado antes. Las actualizaciones de valor por traducción tanto de las transacciones como de los saldos de activos o de pasivos extraterritoriales, solo serán gravables cuando la cuenta respectiva sea efectivamente convertida en bolívares. Solo así puede predicarse la consumación de una ganancia efectiva como expresión de capacidad contributiva. De lo contrario, se tratará de una ganancia que no representa un incremento real de patrimonio, inconsistente con la materia gravable definida legalmente en el ISR.

No debe llamar a dudas que las normas del ajuste por inflación no apliquen a los contribuyentes distintos de contribuyentes especiales. Estas normas siguen teniendo valor vinculante en el contexto de la LISR, particularmente para fines de interpretación sobre el sentido y alcance de las reglas de determinación de la renta gravable en su doble fuente territorial y extraterritorial.

Un sector autorizado de la doctrina mantiene la tesis de la vigencia del articulo 186 LISR a pesar de la no aplicación del sistema de ajuste por inflación a los sujetos pasivos especiales. Argumenta que la racionalidad de esa norma no es consistente con el sistema de ajuste por inflación, sino que se integra a la unidad de sentido que regula el articulo 5 sobre el momento del reconocimiento del enriquecimiento gravable, esto es, de su disponibilidad. Justifica que la disposición está mal ubicada topográficamente, pues se encuentran fuera del ámbito de aplicación del sistema del ajuste por inflación, el cual responde a otra *razón de ser*, lo que no hace más que reforzarse si se repara en que estas partidas califican bajo la tipología de activos y pasivos *monetarios*, como lo establece expresamente el Parágrafo Segundo del artículo 171 de la LISLR[95]. Finalmente, Abache Carvajal colaciona la conclusión de que la disponibilidad de las ganancias y pérdidas en cambio continúa rigiéndose por la misma solución del artículo 186, independientemente de la exclusión de los sujetos pasivos especiales del ajuste por inflación. En palabras resumidas: las ganancias y pérdidas en cambio son disponibles o deducibles cuando los activos o pasivos asociados son exigibles o se paguen, lo primero que ocurra.

Nosotros consideramos que la norma del 186 no aplica debido a la exclusión del ajuste por inflación. Las ganancias o pérdidas en cambio solo son gravables o deducibles cuando se extingue la cuenta correspondiente, independientemente de que esos saldos sean exigibles.

Ciertamente el enunciado del articulo 186 está mal ubicado en el contexto de la LISR. Las partidas en moneda extranjera califican como monetarias y esa calificación responde a una alineación de sentido de la normativa tributaria con la técnica contable. Esa igualación de trato

---

95 *Cfr. Serviliano* Abache Carvajal, *La (des)institucionalización del impuesto sobre la renta Sobre la «reforma jurisprudencial»* de 2007, las «reformas ejecutivas» de 2014 y 2015, y el «Decreto Constituyente» de 2018, Serie estudios No. 113, Academia de Ciencias Politicas y Sociales, Editorial Juridica Venezolana y Asociacion Venezolana de Derecho Tributario, Caracas 2019, p. 149.

tiene un propósito de homogenización en la presentación (no de reconocimiento) de la corrección de las partidas monetarias, como parte del resultado operativo y no separadamente como parte del reajuste regular por inflación.

Sin embargo, la exclusión del ajuste por inflación para los sujetos pasivos especiales alteró radicalmente la forma de cuantificar los efectos y particularmente el reconocimiento de las pérdidas en cambio. Implicó una vuelta a la forma de reconocimiento de las ganancias y pérdidas en cambio sobre una unidad de cuenta histórica y no a valores constantes, tal como aplicaba antes de la introducción del sistema de ajuste por inflación en la LISR de 1991.

Esto implica que las ganancias en cambio solo son gravables cuando se extingue la cuenta respectiva por cualquier medio y no simplemente porque el activo asociado sea exigible. Esto supone el gravamen exclusivo de las ganancias realizadas efectivamente y no aquellas plusvalías que representen ganancias aparentes por apreciación de valor, aunque estén a la vista o sean exigibles. Del mismo modo, las pérdidas en cambio solo son deducibles cuando estén realizadas, esto es, cuando el pasivo asociado se extinga definitivamente por algún medio y no simplemente porque sean exigibles.

Esta es la posición más consistente con el derecho a contribuir conforme a una capacidad económica efectiva, en el especifico sector de los cambios de valor de los activos y pasivos monetarios en moneda extranjera, que solo reconoce como parte de la base imponible aquellos realizados, entendiendo por aquellos, los que representan alteraciones patrimoniales definitivas y no simples plusvalías o minusvalías latentes.

Este es un aspecto en el que la contabilidad fiscal se distancia de la contabilidad financiera por razones asociadas al orden público constitucional, donde se hace evidente la condición esencialmente valorativa de la contabilidad financiera por oposición al carácter transaccional de la contabilidad fiscal.

El argumento de la presentación uniforme de los resultados cambiarios como parte del resultado operativo solo tiene sentido en el contexto del ajuste integral por inflación, en la medida que se ajustan todas las partidas que son afectadas por la inflación y no solo las monetarias en moneda extranjeras. Al desaplicarse el ajuste integral se deslegitimiza el reconocimiento de las ganancias o pérdidas en cambio por tenencia de activos o pasivos monetarios denominados en moneda extranjera, por la sencilla razón de que no son resultados disponibles o realizados transaccionalmente, no susceptibles de ser integrados a la base imponible del ISR.

Vayan de muestra varios ejemplos para ilustrar las explicaciones anteriores sobre e comportamiento de los ajustes cambiarios y cuáles trascienden a la base imponible del ISR.

Asumimos las siguientes premisas:

- Activo Extraterritorial: Inversión en bono.
- Costo del activo en moneda extranjera: US$ 1.500
- Tasa de cambio al inicio del ejercicio: Bs. 638 / US$
- Tasa de cambio al final del ejercicio: Bs 46.620 / US$
- Tasa de cambio promedio del ejercicio: Bs. 23.629 / US$
- En la renta territorial se ha obtenido un enriquecimiento gravable de Bs. 1000.000

Entre otras consideraciones hacemos notar el efecto contable y fiscal ***(i)*** de un ingreso extraterritorial; ***(ii)*** de una venta con ganancia en la inversión extraterritorial; ***(iii)*** de una venta con pérdida en la inversión extraterritorial; ***(iv)*** de la simple tenencia de la inversión extraterritorial.

Escenario 1.

Se muestra el tratamiento contable y fiscal en Venezuela relacionado a una inversión extraterritorial.

- ➢ Valoración contable en Bs. al inicio del ejercicio de la inversión extraterritorial (1.500US$ * 638Bs. /US$): Bs. 957.000.
- ➢ Valoración contable en Bs. al momento de la venta de la inversión extraterritorial (1.500US$ * 46.620Bs. /US$): Bs. 69.930.000. (actualización del costo por tenencia al momento de la venta)
- ➢ Resultado neto en Bs. por la tenencia de la inversión extraterritorial Bs. 68.973.000 (69.930.000-957.000).

Detalle	Renta Territorial	Renta Extraterritorial	Renta Mundial
Determinación del Resultado Económico			
Ganancia Territorial	10.000.000		10.000.000
Ganancia en cambio por traducción de la inversión en Bs.	68.973.000	68.973.000	
Resultado Económico Global	**10.000.000**	**68.973.000**	**78.973.000**
Conciliación de la Renta			
Partidas No Gravables			
Estimación contable por traducción		(68.973.000)	(68.973.000)
Enriquecimiento Neto Gravable	**10.000.000**	**0**	**10.000.000**
Impuesto causado (34%)	**3.400.000**	**0**	**3.400.000**

Escenario 2.

Se muestra el tratamiento contable y fiscal en Venezuela asociado al rendimiento de una inversión extraterritorial de 500US$ y del efecto en Venezuela de la traducción a Bs. por la tenencia de la inversión extraterritorial.

- Valoración contable en Bs. del **rendimiento extraterritorial** por la tasa promedio (500US$ * 23.629Bs./US$): Bs. 11.814.500.
- Valoración contable en Bs. al inicio del ejercicio de la inversión extraterritorial (1.500US$ * 638Bs. /US$): Bs. 957.000.
- Valoración contable en Bs. al cierre del ejercicio de la inversión extraterritorial (1.500US$ * 46.620Bs. /US$): Bs. 69.930.000.
- Resultado neto en Bs. por la tenencia de la inversión extraterritorial Bs. 68.973.000 (69.930.000-957.000).

Detalle	Renta Territorial	Renta Extraterritorial	Renta Mundial
Determinación del Resultado Económico			
Ganancia Territorial	10.000.000		10.000.000
Ingreso por rendimiento en la inversión extranjera		11.814.500	11.814.500
Ganancia en cambio por traducción de la inversión en Bs.		68.973.000	68.973.000
Resultado Económico Global	**10.000.000**	**80.787.500**	**90.787.500**
Conciliación de la Renta			
Partidas No Gravables			
Estimación contable por traducción		(68.973.000)	(68.973.000)
Enriquecimiento Neto Gravable	**10.000.000**	**11.814.500**	**21.814.500**
Impuesto causado (34%)	**3.400.000**	**4.016.930**	**7.416.930**

Escenario 3.

Se muestra el tratamiento contable y fiscal en Venezuela asociado a la venta al cierre del ejercicio con ganancia de la inversión extraterritorial, cuyo precio de venta fue de 2.000US$, originando un enriquecimiento extraterritorial de 500US$.

- Valoración contable en Bs. de la venta de la inversión extraterritorial efectuada al cierre del ejercicio por la tasa de cierre del ejercicio (2.000US$ * 46.620 Bs./US$): Bs. 93.240.000.
- Valoración contable en Bs. al inicio del ejercicio de la inversión extraterritorial (1.500US$ * 638Bs. /US$): Bs. 957.000.
- Valoración contable en Bs. al momento de la venta de la inversión extraterritorial (1.500US$ * 46.620Bs. /US$): Bs. 69.930.000. (actualización del costo por tenencia al momento de la venta)

Resultado neto en Bs. por la tenencia de la inversión extraterritorial Bs. 68.973.000 (69.930.000-957.000).

Valoración contable de la venta neta con el costo actualizado de la inversión traducido a Bs. 23.310.000 (93.240.000-69.930.000).

Detalle	**Renta Territorial**	**Renta Extraterritorial**	**Renta Mundial**
Determinación del Resultado Económico			
Ganancia Territorial	10.000.000		10.000.000
Ingreso neto por venta de la inversión extranjera		23.310.000	23.310.000
Ganancia en cambio por traducción de la inversión en Bs.		68.973.000	68.973.000
Resultado Económico Global	**10.000.000**	**92.283.000**	**102.283.000**
Conciliación de la Renta			
Partidas No Gravables			
Estimación contable por traducción		(68.973.000)	(68.973.000)
Enriquecimiento Neto Gravable	**10.000.000**	**23.310.000**	**33.310.000**
Impuesto causado (34%)	**3.400.000**	**7.925.400**	**11.325.400**

Escenario 4.

Se muestra el tratamiento contable y fiscal en Venezuela asociado a la venta al cierre del ejercicio con pérdida de la inversión extraterritorial, cuyo precio de venta fue de 1.000US$, originando una pérdida extraterritorial de 500US$.

- Valoración contable en Bs. de la venta de la inversión extraterritorial efectuada al cierre del ejercicio por la tasa de cierre del ejercicio (1.000US$ * 46.620 Bs./US$): Bs. 46.620.000.
- Valoración contable en Bs. al inicio del ejercicio de la inversión extraterritorial (1.500US$ * 638Bs. /US$): Bs. 957.000.
- Valoración contable en Bs. al momento de la venta de la inversión extraterritorial (1.500US$ * 46.620Bs. /US$): Bs. 69.930.000. (actualización del costo por tenencia al momento de la venta)
- Resultado neto en Bs. por la tenencia de la inversión extraterritorial Bs. 68.973.000 (69.930.000-957.000).
- Valoración contable de la venta neta con el costo actualizado de la inversión traducido a Bs. (23.310.000) (46.620.000-69.930.000).

Detalle	Renta Territorial	Renta Extraterritorial	Renta Mundial
Determinación del Resultado Económico			
Ganancia Territorial	10.000.000		10.000.000
Pérdida neta por venta de la inversión extranjera		(23.310.000)	(23.310.000)
Ganancia en cambio por traducción de la inversión en Bs.		68.973.000	68.973.000
Resultado Económico Global	**10.000.000**	**45.663.000**	**55.663.000**
Conciliación de la Renta			
Partidas No Gravables			
Estimación contable por traducción		(68.973.000)	(68.973.000)
Enriquecimiento Neto Gravable (Pérdida)	10.000.000	(23.310.000)	13.310.000
Impuesto causado (34%)	**3.400.000**	**0**	**3.400.000**

10. SOBRE LA POSIBILIDAD JURÍDICA DE LA VALORACIÓN DIRECTA DE LA BASE IMPONIBLE DEL ISR EN MONEDA FUNCIONAL DÓLAR

Alternativamente, el contribuyente podría considerar determinar la base imponible del ISR directamente en dólares si esa fuera su moneda funcional. Ello implicaría aplicar las normas de disponibilidad y causación del ingreso y del gasto (conciliación fiscal), a la información contable llevada en dólares, para obtener el enriquecimiento neto gravable del ejercicio y posteriormente aplicar la alícuota correspondiente.

Para este fin la información cuantitativa en dólares será traducida al bolívar al tipo de cambio de referencia según las reglas de traducción establecidas en la NIC 21. A estos efectos, **el contribuyente** puede escoger entre traducir el monto total de los ingresos disponibles y gastos causados al final del ejercicio; o traducir los ingresos y los gastos en la oportunidad en que tuvieron incidencia fiscal. En el segundo caso pudieran presentarse resultados distintos dependiendo del momento de disponibilidad o de causación que pudiesen alterar el resultado fiscal[96].

Entre ambas opciones, consideramos la de traducir el monto total de los ingresos y los gastos como la más razonable y práctica.

Al ser la moneda funcional dólar, los saldos de las partidas en bolívares generarán ganancia o pérdida en cambio por tenencia. Esas diferencias en cambio no integrarán el resultado fiscal mientras no se realicen, esto es, mientras no se alteren patrimonialmente con un cambio que extinga la cuenta respectiva por cualquier medio[97].

Las consideraciones anteriores son consistentes con el principio constitucional de contribuir de acuerdo con la capacidad económica efectiva (artículo 316). La utilización de la moneda funcional dólar permite medir con mayor efectividad la situación económica del contribuyente (***imagen fiel***), acercando la determinación del ISR al ***desiderátum*** constitucional.

Algunos podrían rechazar esta posición, argumentando que las normas del ISR exigen implícitamente la determinación con base a información contable en bolívares con fundamento en el artículo 4 de la LISLR, el cual obliga a la aplicación del ajuste por inflación para el cálculo de la renta territorial. En el caso concreto, este argumento sería

---

[96] A modo de ejemplo: imaginemos un resultado que, en moneda funcional USD no genera renta gravable (ingresos brutos 1 USD y gasto 1 USD). Supongamos que los gastos se causaron en enero y los ingresos en noviembre. Por la diferencia del tipo de cambio en las fechas de conversion de elementos de ingreso y gasto en tiempos distintos seguramente generá renta gravable para CONTRIBUYENTEporque el tipo de cambio se depreciará en el tiempo. Lo contrario sucederá a la inversa.

[97] Observese que, al ser la moneda funcional dólar, las partidas en moneda extranjera pasarán a ser las denominadas originalmente en bolívares, por lo que, financieramente, existirá una ganancia ó una pérdida en cambio en la medida en que la entidad tenga bolívares en activo ó bolívares en pasivo y esa diferencia en cambio pasará por resultados financieros. Asimismo, la diferencia en cambio registrada en los resultados al momento de la adopción de la nueva moneda funcional debe ser reversada.

impertinente, en el caso de los sujetos pasivos especiales , resulta irrazonable y sin sentido partiendo del resultado en una moneda que no se afecta por la depreciación del bolívar y que estos contribuyentes están excluidos del derecho de ajustar por inflación la base imponible del ISR

11. SOBRE EL TRATAMIENTO A LOS FINES DEL IMPUESTO AL VALOR AGREGADO Y DEL IMPUESTO DE IMPORTACIÓN

El artículo 84 del CC No. 1 establece que la valoración de la base imponible de las obligaciones tributarias producto de operaciones aduaneras se llevará a cabo al tipo de cambio de referencia

En tal sentido, el contribuyente deberá valorar la base imponible del impuesto de importación y del Impuesto al Valor Agregado ("IVA") de importación de mercancías e insumos al ***tipo de cambio de referencia*** vigente al tiempo de la entrada física de la mercancía por el puerto habilitado para la importación.

El mencionado criterio de valoración tiene fundamento en el artículo 9 del Acuerdo relativo a la aplicación del artículo VII del Acuerdo General sobre Aranceles Aduaneros y Comercio de 1994, según el cual las mercancías cuyo valor esté denominado en moneda extranjera deben valorarse al tipo de cambio vigente para el momento[98] de la importación[99], publicado por el BCV, así como se establece en el Reglamento de la Ley Orgánica de Aduanas[100].

---

[98] De acuerdo con la nota explicativa del artículo 9, VII sobre Valoración de las Mercancías del GATT de 1994, la expresión "*momento… de la importación*" podrá comprender el momento de la declaración en aduana. En ese sentido, el artículo 86 de la Ley Orgánica de Aduanas, las mercancías importadas causarán los impuestos previstos en dicha Ley a la fecha de su llegada a la zona primaria de cualquier aduana nacional habilitada para la operación y estará sometida al régimen aduanero vigente para esa fecha. (destacado nuestro).

[99] De acuerdo con el artículo9 del VII sobre Valoración de las Mercancías del GATT de 1994, el valor en aduana de las mercancías importadas se determinará en la moneda que el País Miembro establezca. Agregando al efecto que las conversiones monetarias para fines aduaneros se harán con base al tipo de cambio para la venta vigente a la fecha de la aceptación de la declaración en aduana de las mercancías importadas debidamente publicado por las autoridades competentes. Esto es, para el caso venezolano, el Banco Central de Venezuela. (destacado nuestro).

[100] ***Gaceta Oficial*** No. 4.273 Extraordinario del 20 de mayo de 1991. El artículo 239 del Reglamento de la Ley Orgánica de Aduanas contempla textualmente que: "*El valor de las*

De otro lado, el artículo 25[101] de la Ley de Impuesto al Valor Agregado[61] (la "LIVA"), establece que en los casos en que la base imponible del impuesto que grava la venta o prestación de servicios estuviere expresada en moneda extranjera, se establecerá su equivalencia en moneda nacional, al tipo de cambio corriente en el mercado del día en que ocurra el hecho imponible. Nuevamente se trata del ***tipo de cambio de referencia***.

Por su parte el artículo 51[102] del Reglamento General de la LIVA[63], ordena que en los casos que el precio de la operación estuviere sujeto a modificación del tipo de cambio, la diferencia positiva o negativa que se produzca al efectuarse el pago del bien o servicio, se deberá considerar gravado por el IVA, por constituir una corrección del precio, y por tanto, de la base imponible; y el contribuyente deberá anotar tal ajuste por medio de notas de débito o de crédito, según corresponda.

Sostenemos la interpretación de que las diferencias en cambio surgidas entre el momento de facturación y la fecha de pago no son susceptibles de modificar la base imponible del impuesto. Por lo tanto: i) no hay obligación de emitir notas de ajuste por la variación de la tasa de referencia; y ii) el monto de sus débitos fiscales y retenciones no variaría producto de la fluctuación.

Así las cosas, la llevanza de libros fiscales de compra y venta deberá hacerse únicamente en bolívares como unidad de reporte, registrando

---

mercancías en aduanas se establecerá en bolívares. A tal fin, la conversión de los valores expresados en monedas extranjeras se hará al tipo de cambio nominal establecido por el Banco Central de Venezuela, a la fecha de la llegada de las mercancías al lugar venezolano de destino habilitado para la importación". (Destacado nuestro).

101 Artículo 25 de la LIVA: "*En los casos en que la base imponible de la venta o prestación de servicio estuviere expresada en moneda extranjera, se establecerá la equivalencia en moneda nacional, al tipo de cambio corriente en el mercado del día en que ocurra el hecho imponible, salvo que éste ocurra en un día no hábil para el sector financiero, en cuyo caso se aplicará el vigente en el día hábil inmediatamente siguiente al de la operación*". [61] *Gaceta Oficial* No. 6.507 Extraordinario del 29 de enero de 2020.

102 Artículo 51 de la LIVA: "*En los casos en que se realicen ventas de bienes o prestaciones de servicios y el precio esté expresado en moneda extranjera, se establecerá la equivalencia en moneda nacional. Si el precio y demás componentes de la operación estuviere, según el contrato, sujeto a modificación del tipo de cambio, la diferencia positiva o negativa que se produzca al efectuarse el pago del bien o servicio adquirido se deberá considerar, por constituir una corrección del precio, para ajustar la base imponible y determinar el impuesto. Tal ajuste se practicará emitiendo la correspondiente nota de débito o de crédito*". *Gaceta Oficial* Extraordinario No. 5.363 del 12 de julio de 1999.

las operaciones en moneda extranjera a la tasa del día de la factura. En estos casos, pudieran generarse diferencias entre la contabilidad financiera en moneda extranjera y las operaciones asentadas en los libros fiscales de compra y venta. La traducción de las cuentas de compra y venta al bolívar seguramente arrojarán disparidades con el contenido de los libros del IVA, ya que la traducción utilizará la tasa de referencia del día de reporte, mientras que la tasa de cambio reflejada en los libros fiscales será aquella del día de la emisión o recepción de la factura.

En todo caso: i) hay un exceso reglamentario en el artículo 51 del RLIVA por cuanto el IVA no grava las diferencias en cambio[103]; ii) dichas diferencias en cambio no constituyen una modificación del precio, ya que el precio es siempre el mismo en dólares; iii) el hecho imponible del IVA es instantáneo y ocurre con la emisión de la factura (en la mayoría de los casos), por tanto, la obligación tributaria queda delimitada en dicho momento y monto, no al momento del pago.

12. OTROS TRIBUTOS QUE SE DETERMINAN SOBRE INGRESOS BRUTOS

El uso de la ***tasa de cambio de referencia*** también incide sobre la valoración de los ingresos en moneda extranjera que integran las bases imponibles de los tributos de producto tales como el impuesto municipal a las actividades económicas y la CLOCTI, ya que ambos son calculados sobre el ingreso bruto obtenido por operaciones en Venezuela.

Sin embargo, los ingresos por diferencial cambiario e intereses por tenencia no son considerados gravables con el impuesto municipal por no tener causa en el giro del negocio del contribuyente[104], según jurisprudencia pacífica de los tribunales tributarios y regulación expresa

[103] La Sala Político-Administrativa del TSJ, en un caso en el cual el contribuyente facturaba y recibía pagos en dólares por sus servicios, decidió que las diferencias en cambio surgidas entre la fecha de la factura en dólares y la fecha del pago no daba lugar a ajustes de la base imponible. En criterio del TSJ, el hecho imponible del IVA se perfeccionó el día de la emisión de la factura y por tanto se debía usar el tipo de cambio de ese día (Caso: ***Zaramella & Pavan Construction Company, S.A.***, disponible en http://historico.tsj.gob.ve/decisiones /spa/noviembre/01652-181109-2009-2009-0838.HTML).

[104] Sentencia del Tribunal Superior Primero de lo Contencioso Tributario del 30 de marzo de 1998, caso ***Forwest de Venezuela, C.A. Motorvenca vs. Dirección de Hacienda del Municipio Lagunillas del Estado Zulia***. Consultada en original.

ex artículo 214 (3) de la LOPPM. Este criterio podría extenderse al tributo establecido en la LOCTI, no obstante, al no haber regulación ni precedentes al respecto, tal posición podría enfrentar el rechazo de la administración tributaria parafiscal, esto es por el Fondo Nacional de Ciencia, Tecnología e Innovación (FONACIT).

CONCLUSIONES

1. Desde el CC No. 1 puede afirmarse que hay ***(i) libertad de contratación*** en moneda extranjera, tanto para que cumpla función como moneda de cuenta como de pago en obligaciones pecuniarias y hay ***(ii) libertad cambiaria*** para intercambiar la moneda de curso legal por cualquier otra divisa.
2. No existe prohibición legal para que una entidad cambie la base de cuantificación a moneda funcional USD y presente dichos EEFF traducidos a bolívares, en la medida que, efectivamente, (i) el USD sea la moneda del entorno económico principal de la entidad, (ii) esa posición contable esté técnicamente justificada por los VEN NIF y (iii) esté avalada por los contadores y auditores financieros del contribuyente, esto es, que la aplicación de la moneda funcional dólar y su traducción a bolívares, representa la imagen fiel del patrimonio de aquel.
3. Los ajustes contables por cambio del criterio de moneda funcional no tienen consecuencias fiscales, ni para (i) el ISR, los impuestos de producto como (ii) IAE, ni para (iii) CLOCTI. Dichos ajustes contables no se representan en la cuenta de ganancias y pérdidas, sino directamente en el patrimonio. Los aumentos de los activos por ajustes cambiarios se excluyen de las bases de cálculo de los impuestos de producto.
4. El cambio de moneda funcional al USD no afecta la base de cuantificación para fines del ISR. Esta sigue un criterio legal propio e independiente, previsto en la LISR, que se focaliza en la ***información histórica*** como ***información de origen*** para establecer el valor de los ingresos, costos y gastos del ejercicio, en la determinación del enriquecimiento neto gravable o la pérdida neta del ejercicio.

5, Si el contribuyente emplea moneda funcional bolívar, entonces, para la determinación de la renta territorial la información de origen se valoriza en bolívares y se reporta en bolívares. Para la determinación de la renta extraterritorial la información se valoriza en la moneda de origen respectiva a su registro y se reporta en bolívares.
6. Desde la reforma de la LISLR 2015, las ganancias o pérdidas cambiarias originadas por la tenencia en activos o pasivos denominados en moneda extranjera ubicados en el país o en exterior no integran la determinación de la renta de fuente territorial ni extraterritorial. En nuestra opinión, dichos enriquecimientos o pérdidas solo están sujetas a imposición sobre la base de disponibilidad por extinción o alteración definitiva del saldo del activo y/o pasivo respectivo, ya que las variaciones cambiarias del bolívar no afectan ni representan cambios efectivos de capacidad contributiva respecto de los activos o pasivos territoriales o extraterritoriales denominados en moneda extranjera, de acuerdo con las disposiciones de la LISR.
7. Desde el ejercicio fiscal 2016 solo inciden en el resultado fiscal, como ***ganancias en cambio***, los enriquecimientos por transacciones que envuelvan activos y pasivos denominados en moneda extranjera cuando sean ***disponibles***. Se considerarán disponibles cuando se cause el evento que origine el enriquecimiento gravable en la forma de una alteración jurídica, liquidación o extinción por cualquier medio del saldo del activo y/o pasivo en moneda extranjera. Solo ese resultado deberá traducirse al bolívar para reportar su expresión en términos del tipo de cambio oficial que aplique, según explicaremos más adelante
8. A la recíproca, las ***pérdidas en cambio*** solo serán deducibles, cuando estén causadas y se vinculen a erogaciones normales y necesarias para producir el enriquecimiento gravable, sea territorial o extraterritorial, respectivamente. La causación de la pérdida se asocia a la erogación efectivamente incurrida, aunque no haya sido pagada o no implique una salida de flujo de caja (***i.e***. novación de pasivos, daciones pagos), esto es, el que representa una alteración patrimonial definitiva, bien que se haya

recibido el bien o servicio correspondiente al gasto de que se trata o porque haya implicado la disminución cierta de un activo o el aumento cierto de un pasivo.

9. El contribuyente deberá valorar sus ingresos, costos y gastos de fuente territorial y extraterritorial denominados en moneda extranjera en la determinación de la base imponible del ISR, a la tasa de cambio vigente para la fecha del registro contable de la operación denominada en moneda extranjera de que se trate. Esa tasa de cambio será la que represente la relación efectiva de cambio a la fecha de la transacción. En caso de no disponer de la prueba sobre la información específica de la tasa de cambio de la operación en moneda extranjera de que se trate, deberá aplicar supletoriamente un tipo de cambio de referencia de la fecha de transacción.
10. Sin menoscabo de las conclusiones expuestas, si el contribuyente efectivamente asume una contabilidad funcional en dólares, entonces, podría considerar determinar la base imponible del ISR directamente de la información de los resultados en dólares. Ello implicará aplicar las normas de disponibilidad y causación del ingreso y del gasto (conciliación fiscal), a la información contable llevada en dólares, para obtener el enriquecimiento neto gravable del ejercicio y posteriormente aplicar la alícuota correspondiente. La información debe traducirse al bolívar para hacer la cuantificación y presentación correspondiente.
11. La consideración anterior es consistente con el principio constitucional de contribuir de acuerdo con la capacidad económica efectiva. La utilización de la moneda funcional dólares permite medir con mayor efectividad la situación económica de un determinado sujeto (imagen fiel), acercando la determinación del ISR al desiderátum constitucional.
12. Los pasivos en moneda extranjera correspondiente a solicitudes de adquisición de divisas tramitadas bajo la vigencia del régimen cambiario derogado pueden y deben valorarse al "*tipo de cambio de referencia*" o de mercado y no al tipo de cambio empleado en la oportunidad correspondiente a su registro

y valoración como establece el artículo 83 del CC No. 1. Esta disposición debe desaplicarse por razones técnicas contables con validez jurídica por no representar la imagen fiel de dichas partidas conforme a los artículos 35, 304 y 307 del CCom.

BIBLIOGRAFÍA

ABACHE CARBAJAL, Serviliano, *La (des)institucionalización del impuesto sobre la renta (Sobre la «reforma jurisprudencial» de 2007, las «reformas ejecutivas» de 2014 y 2015, y el «Decreto Constituyente» de 2018),* Serie Estudios No. 113, Academia de Ciencias Políticas y Sociales, Editorial Jurídica Venezolana, Asociación Venezolana de Derecho Tributario, Caracas 2019.

ACADEMIA DE CIENCIAS POLÍTICAS Y SOCIALES, Pronunciamiento de las Academias Nacionales "Las Academias Nacionales a la opinión pública ante los anuncios en materia monetaria del gobierno nacional. 10 de abril de 2018", en *Boletín de la Academia de Ciencias Políticas y Sociales Nº 157 – enero-diciembre 2018 pp.: 57-61 ISSN: 0798-1457*

ACEDO S., Carlos E., "La Ley del Régimen Cambiario y sus Ilícitos (desde la Óptica del Derecho de las Obligaciones)", en *Libro Homenaje a Aníbal Dominici,* Asociación Civil Juan Manuel Cagigal, Caracas, 2008

______________, *"Contratos, hiperinflación y mega devaluaciones", texto de la ponencia presentada en el Foro "Inflación, política y derecho", a celebrarse el día 21 de Marzo de 2019 en la Academia de Ciencias Politicas y Sociales de Venezuela (inédito).*

BREWER-CARÍAS, Allan, "Aspectos del régimen jurídico de la moneda", en *Revista de Derecho Público* N° 13, Editorial Jurídica Venezolana, Caracas, 1983

CHILLIDA, Carmelo, *Análisis e interpretación de balances,* Tomo I, <situación financiera a corto plazo>, Universidad Central de Venezuela, Tercera reimpresión, Caracas 2000.

FERNÁNDEZ PIRLA, J. Ma. *Comentarios a la Ley de regularización de balances,* Ariel, Barcelona 1963,

HERNÁNDEZ, José Ignacio, "Aspectos jurídicos de la dolarización en Venezuela", en *Revista de Derecho Público,* No. 153-154, Editorial Jurídica Venezolana, Caracas 2018

MÉLICH ORSINI, José, *Doctrina General del Contrato,* Serie Estudios No. 61, Academia de Ciencias Políticas y Sociales, Caracas 2012

NEWMAN, David B., "Tax consequences of foreign currency transactions a look at current law and an análisis of the treasury department discusión draft", en *The Tax Lawyer, Vol. 36, No. 2, (Winter 1983).*

NORBERG, Claes y Kari Tikka, "Memorial lecture: accounting and taxation", in *Accounting and taxation and assessment of EJC case law*, Edited by Michael Lang and Frans Vanistendael, EATLP Congress, Helsinki 2007.

LÓPEZ SANTISO, Horacio y García, Fernando D., *Ajuste impositivo por inflación,* Ediciones Macchi, Buenos Aires 1988

PALMA CARRILLO, Pedro, *La política cambiaria en Venezuela (más de cien años de historia)*, Editorial Jurídica Venezolana, Ediciones IESA, Caracas 2020.

ROMERO-MUCI, Humberto, Los ajustes por inflación en la Ley de impuesto sobre la renta, Editorial Jurídica Venezolana, Caracas 1992

_____________, La racionalidad del sistema de corrección monetaria fiscal, Editorial Jurídica Venezuela, Caracas 2005.

_____________, "Contribución al estudio de la reconversión monetaria del bolívar: Aspectos jurídicos, financieros y fiscales", en *La reconversión monetaria,* Serie Eventos No. 24, Academia de Ciencias Políticas y Sociales, Caracas 2007.

_____________, El derecho y el revés de la contabilidad, Serie Estudios No. 94, Academia de Ciencias Políticas y Sociales, Caracas 2011.

_____________, "Aspectos financieros y fiscales del nuevo régimen cambiario de 2014", en *VI Jornadas Aníbal Dominici. Homenaje Dr. Oswaldo Anzola P.,* Fundación Estudios de Derecho Administrativo, Caracas, 2014.

_____________, "Aspectos protervos en la eliminación del ajuste integral por inflación fiscal a las entidades financieras y de seguros", en *Tributación y regulación. Memorias de las XIV Jornadas Venezolanas de Derecho Tributario,* Asociación Venezolana de Derecho Tributario, Caracas, 2015.

_____________, Uso, abuso y perversión de la unidad tributaria. *<Una reflexión sobre tributación indigna>,* Serie Estudios No. 111, Academia de Ciencias Políticas y Sociales, Editorial Jurídica Venezolana, Asociación Venezolana de Derecho Tributaria, Caracas, 2016, 119 p. ISBN 978-980-12-9063-6.

_____________, "Notas sobre las oscuridades intencionales del régimen cambiario de 2018: <aspectos jurídicos y contables>" en *Revista de Derecho Tributario* No. 160, Asociación Venezolana de Derecho Tributario, Octubre-Diciembre de 2018, Caracas.

_____________, “La mentira contable”: crónica de incomunicación y engaño <Aspectos jurídicos de la liberación del tipo de cambio según el CC No. 1 y de la publicación extemporánea de los INPC por el BCV para los años 2016, 2017, 2018 hasta septiembre 2019>”, en *Revista de Derecho Público* No. 159-160, Julio-Diciembre de 2019, Editorial Jurídica Venezolana, Caracas.

_____________, “La mentira contable”: crónica de incomunicación y engaño <Aspectos jurídicos de la liberación del tipo de cambio según el CC No. 1 y de la publicación extemporánea de los INPC por el BCV para los años 2016, 2017, 2018 hasta septiembre 2019>”, en *Revista Venezolana de Legislacion y Jurisprudencia,* N.° 13, Caracas 2020,

_____________, “El petroengaño contable (análisis jurídico del Decreto No 4025, de la Providencia 097-2019 de SUNACRIP y del proyecto de BA VEN NIF No. 12 de la FCCPV sobre tratamiento contable de la tenencia de los criptoactivos en los EEFF preparados de acuerdo con VEN NIF y la presentación de los EEFF medidos en criptoactivos)”, en https://cedice.org.ve/observatoriogp/portfolio-items/3617/

RODNER, James Otis, *El dinero,* Academia de Ciencias Políticas y Sociales, Caracas 2005

Legislación.

Venezuela. Constitución de la República Bolivariana de Venezuela, publicada en *Gaceta Oficial* No. 5.908 extraordinario de fecha 19 de febrero de 2009.Venezuela. Código de Comercio, publicado en *Gaceta Oficial* No. 475 Extraordinaria, de fecha 21 de diciembre de 1955.

Venezuela. Ley de Impuesto Sobre la Renta, publicada en *Gaceta Oficial* No. 4.300 Extraordinario de fecha 13 de agosto de 1991.

Venezuela. Reglamento de la Ley Orgánica de Aduanas, publicado en *Gaceta Oficial* No. 4.273 Extraordinario del 20 de mayo de 1991.

Marrakech. Acuerdo relativo a la aplicación del artículo VII del Acuerdo General sobre Aranceles y Comercio, adoptado el 15 de abril de 1994.

Venezuela. Sentencia del Tribunal Superior Primero de lo Contencioso Tributario, caso *Forwest de Venezuela, C.A. Motorvenca vs. Dirección de Hacienda del Municipio Lagunillas del Estado Zulia,* del 30 de marzo de 1998

Venezuela. Ley Orgánica de Aduanas, publicada en *Gaceta Oficial* No. 5.353 Extraordinario de fecha 17 de junio de 1999.

Venezuela. Reglamento General de la Ley del Impuesto al Valor Agregado, publicado en Gaceta Oficial No. 5.363 Extraordinario de fecha 12 de julio de 1999.

Venezuela. Ley de Impuesto Sobre la Renta, publicada en *Gaceta Oficial* No. Extraordinario de fecha 28 de diciembre de 2001.

Venezuela, Reglamento de la Ley de Impuesto Sobre la Renta, publicado en Gaceta Oficial No. 5.662 Extraordinario de fecha 24 de septiembre de 2003.

Venezuela. Sentencia de la Sala Político-Administrativa del Tribunal Supremo de Justicia, Caso: *Cervecería Polar del Centro, C.A. (Cepocentro),* de fecha 29 de junio de 2005, con ponencia del Magistrado Levis Ignacio Zerpa, disponible en web: [http://www.tsj.gov.ve/decisiones/spa/junio/04581-300605-2004-0592.html]

Venezuela., Ley de Impuesto Sobre la Renta, publicada en *Gaceta Oficial* No. 38.628, de fecha 16 de febrero de 2007.

Venezuela. *Gaceta Oficial* No. 38.638 , de fecha 6 de marzo de 2007, Decreto Ley 5.229 de fecha 06 de marzo de 2007.

Venezuela. Sentencia de la Sala Político Administrativa del Tribunal Supremo de Justicia, N° 394, Caso: *Valores Unión, C.A.,* de fecha 12 de mayo de 2010, disponible en web: [http://historico.tsj.gob.ve/decisiones/spa/mayo/00394-12510-2010-2008-0957.html]

Venezuela. Ley Orgánica del Poder Público Municipal, publicada en *Gaceta Oficial* No. 6.015 extraordinario de fecha 28 de diciembre de 2010.

Venezuela. Ley Orgánica de Ciencia, Tecnología e Innovación, publicada en *Gaceta Oficial* No. 6.151 extraordinario de fecha 18 de noviembre de 2014.

Venezuela., Ley de Impuesto Sobre la Renta, publicada en *Gaceta Oficial* No. 6.210, de fecha 30 de diciembre de 2015.

Venezuela. Ley del Banco Central de Venezuela, publicada en *Gaceta Oficial* No. 6.211, de fecha 30 de diciembre de 2015.

Venezuela. Sentencia de la Sala de Casación Civil del Tribunal Supremo de Justicia, caso: *José Gregorio Medina Colombani vs. Médicos Unidos Los Jabillos, C.A,* de fecha 4 de marzo de 2016, disponible en web: [http://historico.tsj.gob.ve/decisiones/scc/marzo/185904-RC.000136-4316-2016-15-490.HTML]

Venezuela. Sentencia de la Sala Político-Administrativa del Tribunal Supremo de Justicia, caso: *Bandes vs. Banco Espírito Santo,* de fecha 10 de marzo de 2016, disponible en web: [http://historico.tsj.gob.ve/decisiones/spa/marzo/186051-00264-10316-2016-2015-1201.HTML]

Venezuela. Resolución *No. 16-03-01* del Banco Central de Venezuela (BCV), publicada en ***Gaceta Oficial*** N° 40.879, de fecha 5 de abril de 2016.

Venezuela. Sentencia de la Sala de Casación Civil del Tribunal Supremo de Justicia , caso: *José Gregorio Medina Colombani, vs Sociedad Médicos Unidos Los Jabillos, C.A. (Policlínica Méndez Gimón),* de fecha 14 diciembre de 2017, disponible en web: [http://historico.tsj.gob.ve/decisiones/scc/diciembre/206587-RC.000831-141217-2017-17-596.HTML]

Venezuela. Decreto Constituyente derogatorio del régimen cambiario y sus ilícitos, publicado en *Gaceta Oficial* No. 41.452 del 2 de agosto de 2018.

Venezuela. Código Orgánico Tributario, publicado en *Gaceta Oficial* No. 6.507 Extraordinario del 29 de enero de 2020.

Venezuela. Ley del Impuesto al Valor Agregado, publicada en *Gaceta Oficial* No. 6.507 Extraordinario del 29 de enero de 2020.

Documentos electrónicos.

COMITÉ DE NORMAS INTERNACIONALES DE CONTABILIDAD (IASC), Norma Internacional de Contabilidad (NIC) No. 2 sobre *inventario,* disponible en web: [https://www.ven-nif.com/normas/nic/nic-02.html]

_____________, Norma Internacional de Contabilidad (NIC) No. 8 sobre *políticas contables, cambios en las estimaciones contables y errores,* disponible en web: [https://www.ven-nif.com/normas/nic/nic-08.html]

_____________, Norma Internacional de Contabilidad (NIC) No. 21 sobre *efectos de las variaciones en los tipos de cambio de la moneda extranjera,* disponible en web: [https://www.nicniif.org/files/u1/NIC_21_0.pdf]

_____________, Norma Internacional de Contabilidad (NIC) No. 29 sobre *información financiera en economías hiperinflacionarias,* disponible en web: [https://www.ven-nif.com/normas/nic/nic-29.html]

_____________, *El marco conceptual para la información financiera,* disponible en web: [https://www.nicniif.org/home/iasb/que-es-el-iasb.html]

GARCÍA Larralde, Humberto, "*Crítica del actual control de cambio en Venezuela*", disponible en web: [https://www.academia.edu/10234449/Cr%C3%ADtica_del_actual_control_de_cambio_en_Venezuela]

Ernst & Young, *Financial Reporting Developments - Foreign currency matters, A comprehensive revised guide29 Jul 2020*, https://www.ey.com/en_us/assurance/accountinglink/financial-reporting-developments---earnings-per-share

FEDERACIÓN DE COLEGIOS DE CONTADORES PÚBLICOS DE VENEZUELA, *BA VEN NIF-2, versión 4* "Criterios para el reconocimiento de la inflación en los estados financieros preparados de acuerdo con los VEN-NIF", Directorio Nacional Ampliado Extraordinario, Caracas, noviembre 2018, disponible en web: [https://www.ven-nif.com/normas/ba-ven-nif/ba-ven-nif-2.html]

_____________, *BA VEN-NIF-8: Principios de Contabilidad Generalmente Aceptados en Venezuela (VEN-NIF). Versión 4.* Marzo 2017, https://www.ven-nif.com/normas/ba-ven-nif/ba-ven-nif-8.html

_____________, *BA VEN NIF -12 "Sobre tratamiento contable de la tenencia de los criptoactivos en los EEFF preparados de acuerdo con VEN NIF y la presentación de los EEFF medidos en criptoactivos)",* disponible en web: [https://cedice.org.ve/observatoriogp/portfolio-items/3617/]

EL AGENTE NAVIERO Y SU TRATAMIENTO EN LA LEGISLACIÓN ADUANERA VENEZOLANA

MARÍA FERNANDA LUNA MÁRQUEZ*

SUMARIO

1. INTRODUCCIÓN

El comercio marítimo internacional se encuentra regulado por diversas leyes relacionadas con la actividad aduanera, marítima y comercial, y cada una de ellas regula la actividad de diferentes sujetos involucrados en este comercio que se encuentran relacionados en su operatividad con diferentes entes públicos que a su vez los van a regular y sancionar.

Así tenemos que el derecho aduanero contiene un conjunto de normas que aplican a los medios de transporte, a las mercancías y a las personas que intervienen en el comercio internacional, razón por la cual, es importante su estudio y análisis para comprender la complejidad que conlleva el comercio marítimo internacional.

Es importante resaltar que la legislación aduanera venezolana establece que para que este intercambio comercial internacional se realice legalmente éste debe efectuarse a través de una aduana habilitada, por lo tanto, el intercambio comercial que se realice por sitios distintos a las aduanas tendrá un carácter delictual ante la ausencia de la intervención

* Abogada y Especialista en Derecho Administrativo por la Universidad Católica Andrés Bello. Especialista en Derecho de la Navegación y del Comercio Exterior por la Universidad Central de Venezuela. Profesora del postgrado en Derecho de la Navegación y Comercio Exterior de la Universidad Central de Venezuela.

de la autoridad aduanera para controlar y autorizar el ingreso o egreso de mercancías al territorio aduanero nacional.

En consecuencia, tenemos que la legislación aduanera cambia su objeto principal rentista y se centra en la facilitación del comercio internacional a través de la intervención, facilitación y control de la entrada, permanencia y salida del territorio nacional de las mercancías objeto de tráfico internacional y de los medios de transportes que las conduzcan. De aquí que se pueda afirmar que los sujetos involucrados en la operatividad y en los regímenes aduaneros van a prestar servicios a las mercancías o a los medios de transporte, en el caso que nos ocupa, sería al Buque.

En el presente trabajo analizaremos la figura del Agente Naviero como Auxiliar de la Administración Aduanera regulada por esta legislación especial, este sujeto es común a la legislación marítima pero con implicaciones diferentes dentro de su ámbito de actuación en cada una de estas legislaciones.

2. AUXILIARES DE LA ADMINISTRACIÓN ADUANERA

La legislación aduanera desde el año 1999[1] establece la figura de los Auxiliares de la Administración Aduanera para hacer referencias a aquellas personas naturales o jurídicas que participan en las operaciones de comercio internacional ante la Administración Aduanera, ya sea en nombre propio o en representación (por cuenta y en nombre) de otro de los actores del comercio internacional.

No obstante, ni la Ley Orgánica de Aduanas de 1999, ni la vigente del año 2020, establecen un concepto sobre estos Auxiliares de la Administración Aduanera. Sin embargo, la página web del Servicio Nacional Integrado de Administración Aduanera y Tributaria SENIAT al referirse a estos auxiliares establece lo siguiente:

> *"Los auxiliares de la Administración Aduanera son aquellas personas tanto naturales como jurídicas, a quienes la Administración Aduanera autoriza mediante acto administrativo, para actuar ante*

[1] Venezuela. *Ley Orgánica de Aduanas*. Publicada en Gaceta Oficial N° 5.353 Extraordinario de fecha 17 de junio de 1999.

> *los órganos competentes, en nombre y por cuenta de aquél que contrata sus servicios, en el trámite de una operación o actividad aduanera.*
> *Estas personas como auxiliares de la Administración Aduanera, tienen la función de colaborar con las autoridades aduaneras en la correcta aplicación de las normas legales relacionadas con la materia aduanera y de comercio exterior, y en este sentido, se hacen responsables ante el Tesoro Nacional por las infracciones cometidas a la normativa aduanera derivadas de sus actuaciones u omisiones en el ejercicio de sus funciones. Al mismo tiempo, tienen la obligación ante sus clientes, de facilitarles el cumplimiento de la normativa aduanera a través de sus actuaciones de intermediación en la actividad aduanera.*
> *Como consecuencia de este rol de auxiliares, estas personas tienen la obligación de cumplir con determinadas obligaciones ante la Administración Aduanera y Tributaria, a los fines de conservar la autorización otorgada para operar como tales, y evitar sanciones administrativas que acarrea la incorrecta aplicación de las normas y procedimientos aduaneros."*[2]

Asimismo, tenemos que autores como Jorge Luis Tosi en su obra Derecho Aduanero[3] resalta que los auxiliares de la Aduana son auxiliares del comercio que no tienen relación de dependencia con aquella; la autoridad aduanera los autoriza a ejercer su profesión, los inscribe como tales, vigila su conducta pudiéndoles aplicar sanciones hasta ser suspendida su matrícula. Estos auxiliares colaboran con el Fisco Nacional en la percepción de los tributos aduaneros en cuanto al cálculo de los mismos y en el pago derivando de ello una responsabilidad fiscal.

Entonces, podemos deducir que la legislación aduanera venezolana a los Auxiliares de la Administración Aduanera les impone una profesionalidad en el ejercicio de su actividad dentro del comercio internacional. En virtud de ello, van a ser controlados y hasta sancionados

---

2 Página web del Servicio Nacional Integrado de Administración Aduanera y Tributaria SENIAT: http://declaraciones.seniat.gob.ve/portal/page/portal/MANEJADOR_CONTENIDO_SENIAT/04ADUANAS/4.1OBLIGACIONES_ADUAN/4.1.html consultada el 21 de marzo de 2020

3 Jorge Luis Tosi. *Derecho Aduanero*. Fundación Centro de Estudios Políticos y Administrativos. Ediciones Ciudad Argentina. Buenos Aires. 1996. Págs. 77-78

por la autoridad aduanera, para dar confiabilidad a los demás sujetos involucrados en la cadena del comercio, en especial a los importadores y exportadores que son sobre quienes recae la responsabilidad por la declaración de las mercancías.

Pero también, es necesario destacar que cada tipo de auxiliar tiene obligaciones y responsabilidades diferentes ante la Administración Aduanera, ya que algunos prestan servicio a la mercancía y otros a los medios de transporte como anteriormente se señaló. En razón de ello, nos limitaremos a analizar el rol de los transportistas y sus representantes legales como prestadores de servicios al buque ya que son los sujetos comunes con la legislación marítima.

La reforma de la Ley Orgánica de Aduanas del año 2014, establece una reestructuración de estos auxiliares, y se les otorga por primera vez en la legislación aduanera, derechos y obligaciones propios para cada tipo de auxiliar. Igualmente se establecen los requisitos y condiciones que deben cumplir para ser autorizados y registrados ante la Administración Aduanera.[4] A pesar de haber sufrido una reforma reciente esta Ley (2020), las normativas relativas a los Auxiliares de la Administración Aduanera, no fueron modificadas.

El artículo 89 de la Ley Orgánica de Aduanas hace una enumeración no taxativa, de los auxiliares de la Administración Aduanera, y dentro de estos no menciona expresamente a los agentes navieros, pero sí a las empresas de transporte, razón por la cual, debemos analizar esta Ley de forma integral, para determinar la manera cómo se incluye a los agentes navieros como auxiliares de la Administración Aduanera y por lo tanto, estar sometidos al control de esta legislación especial.

---

[4] Venezuela. *Ley Orgánica de Aduanas*. Publicada en Gaceta Oficial N° 6.507 Extraordinario de fecha 29 de enero de 2020. "Artículo 89. *Son auxiliares de la Administración Aduanera: los agentes y agencias de aduanas; las empresas de almacenamiento o depósitos aduaneros; las tiendas y depósitos libres de impuestos (Duty Free Shops); las empresas de Mensajería Internacional Courier, consolidación de carga transporte; y aquellas que la Administración Aduanera designe como tales mediante Providencia Administrativa.*
Estos auxiliares deberán estar autorizados y registrados por la Administración Aduanera, según corresponda, de conformidad con las disposiciones establecidas en el Reglamento.
Salvo los casos previstos en este Decreto con Rango, Valor y Fuerza de Ley, los auxiliares de la Administración Aduanera no podrán ser autorizados para realizar conjuntamente actividades de agentes de aduanas, transporte, consolidación de carga y almacenaje."

Así tenemos que, el artículo 13 de la Ley Orgánica de Aduanas vigente establece que los vehículos que realicen operaciones de tráfico internacional (transportistas) deben contar con un representante domiciliado en el país que será responsable solidario del porteador por las obligaciones aduaneras que derivan de sus operaciones. El legislador, previó que el transportista para operar en territorio venezolano no tenía que estar domiciliado en el país, y por lo tanto podía actuar a través de un representante que si debía tener su domicilio fiscal en el territorio nacional.

No obstante, la norma no otorga otra denominación a estos representantes del transportista, pero en la costumbre práctica en las aduanas, a estos representantes se les ha denominado agentes navieros, agentes aéreos y agentes de transporte internacional, de acuerdo al tipo de medio de transporte que gestionen. Entonces, de allí la inclusión de los agentes navieros en la legislación aduanera a través de la figura de representante de los transportistas.

Luego tenemos que a lo largo de la Ley Orgánica de Aduanas se refieren a "los transportistas, porteadores o sus representantes legales" cuando se dispone las actuaciones que deben asumir estos sujetos del Derecho Aduanero. En consecuencia, es necesario revisar otras leyes especiales relacionadas con la actividad marítima para determinar quiénes son estos agentes navieros, y cómo interactúan en la actividad aduanera como sujetos del derecho aduanero denominados auxiliares de la Administración Aduanera.

Así entonces, empezaremos por revisar lo dispuesto en la legislación marítima, específicamente lo establecido en el artículo 235 de la Ley General de Marinas y Actividades Conexas[5] relativo a los agentes navieros, el cual textualmente expresa:

> ***"Artículo 235.*** *Se consideran agencias navieras, aquellas dedicadas a efectuar gestiones en nombre de los propietarios, arrendadores, armadores o capitanes de buques, en la actividad marítima y comercial, en los puertos de la República". (Subrayado nuestro)*

---

[5] Venezuela. Ley General de Marinas y Actividades Conexas. Publicada en la Gaceta Oficial N° 6.150 extraordinario de fecha 18 de noviembre de 2014.

Del artículo antes transcrito, se evidencia que para la legislación marítima, se considera a las agencias navieras como aquellas personas que gestionan en nombre de los propietarios, arrendadores, armadores o capitanes de buques, es decir, que representan al buque en su actividad en los puertos venezolanos.

En este mismo sentido, tenemos lo expuesto en artículo 29 de la Ley de Comercio Marítimo que dispone[6]:

> *"**Artículo 29.** El agente naviero designado para realizar o que realice ante la aduana, capitanía de puerto, y el administrador portuario las gestiones relacionadas con la atención de un buque en puerto venezolano, tiene la representación activa y pasiva, judicial y extrajudicial del buque, conjunta o separadamente de su Capitán, propietario o armador, cuando éstos no estuvieren domiciliados en el lugar, a todos los efectos y responsabilidades que surjan del viaje que el buque realice a dicho puerto o desde el mismo y hasta tanto se designe por escrito a otro en su reemplazo."*

De acuerdo a lo dispuesto en el artículo antes transcrito, tenemos varias consideraciones resaltantes en materia aduanera, primero que el agente naviero es la persona designada para realizar ante la aduana las gestiones relacionadas con la atención al buque, y en segundo lugar que su representado (Capitán, propietario o armador) no está domiciliado en el país. Aunque la norma aduanera antes referida, artículo 13 de la Ley Orgánica de Aduanas, no lo establece expresamente, se puede deducir que estos representantes de los transportistas son necesarios en aquellos casos en que el operador de transporte no esté domiciliado en el país, en caso contrario, el mismo actúa ante la administración aduanera para todas las operaciones relacionadas con el buque.

De la interpretación del artículo 13 de la Ley Orgánica de Aduanas, en concordancia con el artículo 235 de la Ley General de Marinas y Actividades Conexas y el artículo 29 de la Ley de Comercio Marítimo, tenemos que los agentes navieros son representantes del buque ante la administración aduanera, teniendo como principal actividad la de pre-

[6] Venezuela. Ley de Comercio Marítimo. Publicada en la Gaceta Oficial N° 38.351 de fecha 05 de enero de 2006.

sentar al buque ante la aduana y transmitir los documentos de transporte respectivos, relacionados con las mercancías a ser descargada en el puerto. Para poder ejercer esta representación ante las aduanas del país, deben cumplir con la normativa aduanera relacionada con los auxiliares de la Administración Aduanera y en consecuencia, estar autorizados y registrados como representantes de los transportistas.

Asimismo, tenemos que la Administración Aduanera al momento de autorizar a los agentes navieros como auxiliares, solicita dentro de sus recaudos la autorización emitida por el Instituto Nacional de los Espacios Acuáticos (INEA) conforme a lo previsto en el artículo 240 de la Ley General de Marinas y Actividades Conexas, lo cual demuestra que en la práctica aduanera, la Aduana respeta el principio de especialidad de la legislación marítima al considerar que dentro de los auxiliares de la Administración Aduanera se deben considerar a los agentes navieros.

3. AUTORIZACIÓN COMO AGENTES NAVIEROS

La legislación aduanera establece ciertas condiciones a estos representantes de los buques, para que puedan actuar ante las autoridades aduaneras, es decir, no todas aquellas personas que deseen ejercer esta actividad lo pueden hacer sin antes cumplir con lo dispuesto en el derecho aduanero y por lo tanto, que sea dictado el respectivo acto administrativo a través del cual se les permita ejercer esta actividad.

Lo primero que debemos observar es que la legislación aduanera establece que estos auxiliares deben estar autorizados y registrados por la Administración Aduanera; en consecuencia, se configura un procedimiento administrativo para poder otorgar la autorización correspondiente. En este sentido, es necesario recordar lo dispuesto en el Derecho Administrativo sobre los actos administrativos autorizatorios para entender la naturaleza de los actos administrativos a través de los cuales se concede a estos sujetos aduaneros la posibilidad de operar ante la Administración Aduanera.

Así tenemos que Brewer-Carías en su ponencia en la III Jornadas Internacionales de Derecho Administrativo celebrada en Caracas, resalta que los actos administrativos autorizatorios están destinados a permitir a un sujeto de derecho ejercer un derecho preexistente, teniendo, en general, por objeto remover un obstáculo jurídico que impedía su ejercicio. Es el mundo de las licencias, permisos y demás autorizaciones administrativas, tan característico de la actuación administrativa de nuestro tiempo y que son el signo cotidiano de la presencia de la Administración Pública[7].

José Araujo-Juárez en su libro Derecho Administrativo Parte General[8], en relación a las clases de los actos administrativos señala que los mismos pueden clasificarse en actos administrativos ampliatorios que modifican el estatuto jurídico existente, dentro de los cuales se incluiría la autorización administrativa, definida como el acto administrativo que remueve un obstáculo impuesto por la ley al ejercicio de un derecho, es decir, el derecho preexiste a la autorización administrativa, sin embargo, ese derecho no puede ejercerse mientras las Administración Pública no autorice su ejercicio.

De lo antes expuesto, podemos destacar que la Administración Aduanera a través de estos actos administrativos autorizatorios, otorga al auxiliar la posibilidad de operar ante ella en todo lo relacionado con las operaciones y regímenes aduaneros. En consecuencia, la persona que no realice la solicitud correspondiente y cumpla con los requisitos establecidos, no podrá operar ante la Administración Aduanera como auxiliar, en virtud que dicha Administración no ha removido el obstáculo jurídico para el ejercicio de esta actividad.

Ahora bien, es importante resaltar que dentro de la normativa aduanera podemos conseguir cierta disparidad en relación al régimen aplicable a los agentes navieros, ya que el artículo 59 del Reglamento de la Ley Orgánica de Aduanas[9], hace referencia a que la Administración Aduanera llevará un Registro de los representantes legales de los

---

[7] Allan R. Brewer-Carías. "La importancia de la noción del acto administrativo para el Derecho Administrativo". *III Jornadas Internacionales de Derecho Administrativo*. Caracas. Noviembre. 1997. Disponible en: http://allanbrewercarias.net/Content/449725d9-f1cb-474b-8ab2-41efb849fea2/Content/I.1.593.pdf consultada en fecha 20 de marzo de 2020. Pág. 29.

[8] José Araujo-Juárez. *Derecho Administrativo. Parte General*. Ediciones Paredes. Caracas. Mayo. 2007. Págs. 537 – 539.

[9] Venezuela. Reglamento de la Ley Orgánica de Aduanas. Publicado en la Gaceta Oficial N° 4.273 Extraordinario de fecha 20 de mayo de 1991.

vehículos que realicen operaciones de tráfico internacional, no obstante, hay que recordar que este Reglamento es anterior a la Ley Orgánica de Aduanas vigente y que en consecuencia, no está compaginada con la misma, razón por la cual, cuando la nueva Ley establece un régimen autorizatorio para todos los auxiliares de la Administración Aduanera, es mucho más claro el contenido del acto administrativo que será emitido por esta Administración, razón por la cual, las personas que ejerzan esta actividad sin la correspondiente autorización estarán sujeto a control y sanción por parte de la autoridad competente.

Para obtener la autorización de la Administración Aduanera como agente naviero o representante del transportista marítimo, las personas interesadas deben cumplir con los siguientes requisitos establecidos por la normativa aduanera en forma general para todos los tipos de auxiliares:

1. Estar domiciliado en la localidad donde se efectuarán las operaciones aduaneras[10], es decir, debe tener establecida oficina en la localidad donde se encuentre la aduana – puerto donde se va a prestar los servicios al buque o buques, por lo que para operar en otras circunscripciones, deberá abrir las sucursales que considere necesarias en las ciudades donde se encuentren los otros puertos donde se va aprestar el servicio y conseguir una nueva autorización o ampliación para cada una de las aduanas donde va a operar.
2. Constituir garantía permanente para cubrir las obligaciones de los porteadores[11] derivadas de la aplicación de la legislación aduanera. Esta garantía presentada ante la Aduana por la cual se ha autorizado a operar, debe ser renovada anualmente para cubrir las obligaciones de los porteadores; si está autorizado por varias aduanas, por cada una de ellas debe presentar una garantía diferente.
3. Capital social determinado a través del Reglamento que se dicte al efecto[12]. Este requisito sólo aplica para las personas jurídicas,

[10] Artículo 13 y numeral 14 del artículo 90 de la Ley Orgánica de Aduanas.

[11] Artículo 13 y numeral 2 del artículo 90 de la Ley Orgánica de Aduanas.

[12] Numeral 1 del artículo 90 de la Ley Orgánica de Aduanas.

no obstante, desde el año 2014 el Ejecutivo Nacional está en mora con la promulgación del referido instrumento normativo, razón por la cual al día de hoy no es exigible por carecer de base jurídica.

4. Acreditar y mantener ante la Administración Aduanera, representante legal o apoderado legal con facultades de representación suficientes[13]; igualmente, este requisito sólo es aplicable a las personas jurídicas.
5. Disponer de infraestructura física adecuada, técnica y administrativa para el servicio y la actividad aduanera[14]. En relación a este requisito, hay que destacar que en cuanto a la infraestructura física, se refiere al domicilio fiscal, es decir, a las oficinas del auxiliar, por supuesto que esta infraestructura va a cambiar de acuerdo al tipo de auxiliar, ya que los almacenes o depósitos, tienen condiciones de seguridad diferentes al resto de los auxiliares. En relación a la infraestructura técnica y administrativa, al no haber ninguna otra referencia a ello en la Ley, entendemos que debería ser desarrollado en el referido Reglamento, ya que en la actualidad, solamente a los agentes y agencias de aduanas se les requiere certificados de conocimientos en materia aduanera.

Estos requisitos son revisados y verificados por la Administración Aduanera durante el procedimiento para otorgar la correspondiente autorización, lo cual se realiza a través de la Intendencia Nacional de Aduanas del Servicio Nacional Integrado de Administración Aduanera y Tributaria SENIAT. De verificarse el cumplimiento de los mismos, la Administración debe emitir el acto administrativo autorizatorio, en caso contrario, se debe participar al interesado cuáles son los requisitos que no cumplen y que dentro del lapso establecido, deberán reformular para continuar el procedimiento para la autorización a operar como auxiliar de la Administración Aduanera.

Ahora bien, la Administración Aduanera al momento de efectuar el análisis para dictar el acto administrativo autorizatorio, si bien es cierto

[13] Numeral 15 del artículo 90 de la Ley Orgánica de Aduanas.
[14] Numeral 16 del artículo 90 de la Ley Orgánica de Aduanas.

que se podría decir que este acto sería reglado, al estar establecido todos los requisitos y condiciones en la Ley Orgánica de Aduanas, también es cierto que al no haber actos administrativos cien por ciento (100%) reglados ni cien por ciento (100%) discrecionales, es importante hacer mención que la Administración debe revisar que el solicitante, persona natural o jurídica, no ha estado incurso en los supuestos de revocatoria conforme a lo dispuesto en el artículo 164 *eiusdem*; ya que al haber sido objeto de una revocatoria anterior, no se le puede otorgar una nueva autorización en un lapso de cinco años desde la publicación de dicha revocatoria, o de forma definitiva.

Asimismo, la normativa aduanera dispone que el agente naviero, a su vez puede representar a varios porteadores, es decir, cuando es autorizado por la Administración Aduanera para operar como representante de porteadores, no se autoriza de forma exclusiva para representar a un sólo porteador, razón por la cual, el agente naviero, podrá ampliar o disminuir su cartera de representados sin que afecte la autorización otorgada o pueda considerarse como una modificación a las condiciones bajo las cuales se otorgó la autorización.

La legislación aduanera, no establece ninguna restricción o condición en cuanto a que las personas que soliciten la autorización para operar como agentes navieros sean exclusivamente personas jurídicas. Y como ya se ha dicho anteriormente, al no haber Reglamento que desarrolle esta materia, tampoco se puede establecer que esta actividad no pueda ser desarrollada por personas naturales conforme a esta legislación.

No obstante, debemos analizar la práctica aduanera y la legislación marítima como norma especial; la Ley General de Marinas y Actividades Conexas[15] establece la definición de las agencias navieras, y al igual que todas las personas que van a realizar estas actividades conexas tendrán la figura jurídica de compañías y deberán inscribirse en el registro que lleve el Instituto Nacional de los Espacios Acuáticos (INEA).

[15] Ley General de Marinas y Actividades Conexas. Título IV, De las Actividades Conexas y Servicios. Capítulo XII, De las Compañías Navieras, Certificadoras, de Agenciamiento Naviero, Operadoras y Agenciadoras de Carga, Consolidadoras de Carga, de Transporte Multimodal y de Corretaje Marítimo. Artículos 235 y 240.

En este sentido, Gustavo Omaña Parés en relación a si la figura del agente o agencia naviero puede ser persona natural o jurídica explica lo siguiente:

> *"En el artículo 241 de la Ley de Marinas y Actividades Conexa, el legislador pone en cabeza de las agencias navieras, o sea el agente naviero como persona jurídica, el deber de presentar al Instituto Nacional de los Espacios Acuáticos un informe trimestral contentivo de la cantidad de carga movilizada, clase, valor del flete discriminado, puerto de embarque y puerto de destino. Norma esta que debe relacionarse con el artículo 75 de la Ley General de Puertos que establece que los servicios portuarios solo pueden ser prestados por las empresas inscritas en el Registro de Empresas de Servicios Portuarios.*
> *Atendiendo a lo anterior, es evidente que el legislador ha procurado, en salvaguarda de la prestación que procura el agente naviero, que éste sea una persona jurídica pues sería un sinsentido aceptar que la agencia naviera tuviera por ley una serie de obligaciones con la administración y con terceros que no fueran exigibles a los agentes navieros, si estos fueran personas naturales. Por tanto, los agentes navieros únicamente pueden ser personas jurídicas"*[16].

De lo antes expuesto, podemos observar que la legislación marítima restringe el uso de las agencias o agentes navieros solamente para personas jurídicas, esto con la finalidad de resguardar la prestación de servicios que efectúan éstos tanto ante sus representados como ante la Administración Pública.

La práctica aduanera, al tratar de llenar los vacíos dentro de su legislación, y dando prioridad a la ley especial, ha establecido dentro de los requisitos a presentar por el interesado todos aquellos relacionados con las personas jurídicas, pero es importante destacar que establecen como requisito indispensable la presentación del Registro ante el Instituto Nacional de los Espacios Acuáticos (INEA) como Agente Naviero. En consecuencia, la práctica aduanera, haciendo uso de la legislación

---

[16] Gustavo Adolfo Omaña Parés. *"Introducción al Estudio Jurídico del Agente Naviero". Revista de la Asociación Venezolana de Derecho Marítimo.* N° 14 – 3 de la Segunda Etapa. Caracas. Mayo. 2019. Pág. 99.

marítima, ha limitado las autorizaciones como agentes navieros exclusivamente a personas jurídicas.

4. OBLIGACIONES DE LOS AGENTES NAVIEROS ANTE LA ADMINISTRACIÓN ADUANERA

Los agentes navieros, como auxiliares de la Administración Aduanera, tienen obligaciones de hacer y no hacer dentro de su actividad como operadores de transporte, en consecuencia, la legislación aduanera ha establecido estas obligaciones a lo largo de su articulado, incluyendo aquellas establecidas en las normas reglamentarias, que aun cuando no han sido adaptadas a la reforma legislativa, no contrarían lo dispuesto en la Ley. Dentro de estas obligaciones tenemos las siguientes:

1. Registrar a través del Sistema Aduanero Automatizado los manifiestos de carga a más tardar con 48 horas de anticipación a la fecha de llegada o salida del buque[17].
2. Entregar las mercancías a los responsables de los recintos, almacenes o depósitos aduaneros autorizados, o a quien acredite ser el propietario, a más tardar al día siguiente hábil de su descarga[18] y emitir, conjuntamente con el almacén, constancia de entrega y recepción de la carga, dejando constancia expresa de los bultos sobrante o faltantes, así como los desembarcados en malas condiciones exteriores[19].
3. Llevar registros de todos los actos y regímenes aduaneros en los que intervenga[20].
4. Facilitar las labores de reconocimiento, control, verificación o cualquier otra actuación de la Administración Aduanera en el ejercicio de sus facultades[21].

---

[17] Artículo 20 de la Ley Orgánica de Aduanas, en concordancia con los artículos 66 y 67 de su reglamento y los artículos 7 y 9 del Reglamento Parcial de la Ley Orgánica de Aduanas relativo al Sistema Aduanero Automatizado. Numeral 1 letra a), numeral 2 y numeral 3 del artículo 103 de la Ley Orgánica de Aduanas.

[18] Artículo 22 de la Ley Orgánica de Aduanas.

[19] Numeral 1, letra d) del artículo 103 de la Ley Orgánica de Aduanas.

[20] Numeral 3 del artículo 90 de la Ley Orgánica de Aduanas.

[21] Numeral 4 del artículo 90 de la Ley Orgánica de Aduanas.

5. Velar por la utilización de los dispositivos o mecanismos de seguridad en las unidades de carga que sean implementados por la Administración Aduanera[22].
6. Pagar las tasas correspondientes por la utilización de los servicios que presta la Administración Aduanera[23].
7. Conservar y mantener a disposición de la Administración Aduanera los documentos y las informaciones relativas a su gestión hasta un año después de la prescripción de las obligaciones fiscales[24].
8. Exhibir los libros de contabilidad, sus anexos, libros especiales, archivos, registros contables y cualquier otra información de transcendencia tributaria o aduanera y los archivos electrónicos, soportes magnéticos o similares que respaldan o contengan dicha información[25].
9. Transmitir la información relativa a los actos y regímenes aduaneros en los que participe[26].
10. Cumplir con los procedimientos y correspondientes formatos para la transmisión electrónica de datos[27].
11. Comprobar las condiciones y estados de los embalajes, sellos, precintos y demás medidas de seguridad de las mercancías y medios de transportes y comunicar inmediatamente a la Administración Aduanera de cualquier irregularidad[28].
12. Acreditar ante la Administración Aduanera a los empleados que los representarán en su gestión aduanera[29].
13. Suministrar información adecuada a los usuarios de sus servicios[30].
14. Ser diligentes en el ejercicio de sus funciones[31].

---

[22] Numeral 5 del artículo 90 de la Ley Orgánica de Aduanas.
[23] Numeral 6 del artículo 90 de la Ley Orgánica de Aduanas.
[24] Numeral 7 del artículo 90 de la Ley Orgánica de Aduanas.
[25] Numeral 8 del artículo 90 de la Ley Orgánica de Aduanas.
[26] Numeral 9 del artículo 90 de la Ley Orgánica de Aduanas.
[27] Numeral 10 del artículo 90 de la Ley Orgánica de Aduanas.
[28] Numeral 11 del artículo 90 de la Ley Orgánica de Aduanas.
[29] Numeral 13 del artículo 90 de la Ley Orgánica de Aduanas.
[30] Numeral 18 del artículo 90 de la Ley Orgánica de Aduanas.
[31] Numeral 19 del artículo 90 de la Ley Orgánica de Aduanas.

15. Actualización anual[32].
16. Al arribo del buque, notificar a la Administración Aduanera la finalización de la descarga[33].

Estas obligaciones del agente naviero, van a ser verificadas por la Administración Aduanera durante el ejercicio del control previo, durante el despacho, posterior y permanente, y en caso de ser procedente, se aplicarán las sanciones a que haya lugar.

5. ACTUALIZACIÓN ANUAL

Vamos a hacer especial referencia a esta obligación de actualizarse anualmente, por varias razones, la primera es porque la misma no era obligatoria legalmente para todos los tipos de auxiliares, a pesar de que en la práctica aduanera ya se venía haciendo; y la segunda razón es por las implicaciones que puede traer al agente naviero el no cumplir con la misma.

Tenemos que es la Ley Orgánica de Aduanas del año 2014[34] que impone la obligación legal de actualizar anualmente, dentro del primer trimestre del respectivo año calendario, la verificación de los requisitos que dieron lugar a su autorización. Anterior a este año, era práctica administrativa que estos agentes navieros, presentaran dentro de los tres meses siguientes al cierre de su ejercicio fiscal, la renovación de la fianza de fiel cumplimiento y cualquier modificación de su documento constitutivo estatutario.

Siendo una práctica ya común en la actividad aduanera, podemos afirmar que la reforma legislativa del año 2014, lo que hizo fue establecer la obligación legal de esta actualización a los fines de ejercer un mayor control aduanero sobre todos los tipos de auxiliares existentes, y no sólo sobre los agentes de aduanas, que hasta la fecha eran los que tenían mayores controles legales.

Es necesario resaltar que la legislación aduanera establece un cambio en el lapso en que debe hacerse esta actualización, estableciendo un

32 Artículo 92 de la Ley Orgánica de Aduanas.

33 Numeral 1 letra b) del artículo 103 de la Ley Orgánica de Aduanas.

34 Ley Orgánica de Aduanas Publicada en la Gaceta Oficial N° 6.155 Extraordinario de fecha de 19 de noviembre de 2014.

lapso perentorio del primer trimestre del año calendario, y para ello se instituye un cambio en la práctica administrativa, ya que la actualización es para el año en curso, y no como se venía realizando por la Administración Aduanera que actualizaba el año anterior al que se efectuaba el correspondiente trámite.

Pero igualmente se establece que este lapso perentorio es único y común para todos los auxiliares de la Administración Aduanera, lo cual también viene a cambiar la práctica administrativa llevada hasta la fecha, de hacer la actualización dentro de los tres meses siguientes al cierre del ejercicio fiscal. Tenemos entonces que todos aquellos agentes navieros con ejercicios fiscales irregulares, aquellos que no coinciden con el año calendario, deben adaptarse a este nuevo lapso de actualización al primer trimestre del año, sin que esto conlleve al cambio del ejercicio fiscal, es decir, el contribuyente conserva su ejercicio fiscal irregular, pero su obligación de actualizarse es dentro del primer trimestre del año calendario, es decir, de enero a marzo de cada año.

Asimismo es importante destacar que dentro de la teoría del Derecho Administrativo relativa a los actos administrativos autorizatorios estos tienen carácter temporal, y en consecuencia, la Administración con cierta temporalidad revisará que las condiciones y supuestos de hechos por los cuales fue otorgada la autorización permanecen. Ya que en caso contrario, los actos administrativos deberán ser revocados conforme a lo previsto en la ley.

De aquí tenemos que la obligación de actualizar o verificar anualmente que el auxiliar mantiene las condiciones y requisitos por los cuales se le otorgó la autorización original para empezar a ejercer esta actividad aduanera, es una actividad de policía administrativa propia de la Administración al otorgar autorizaciones.

El incumplimiento de la obligación de actualizarse para los agentes navieros, pueden conllevar no sólo una sanción monetaria, aplicación de multas administrativas, sino también la suspensión o revocatoria de la autorización otorgada.

En este sentido tenemos varios supuestos de hecho: la actualización fuera del lapso legalmente establecido, la no actualización, y la pérdida de las condiciones y requisitos por los cuales se otorgó la autorización.

Estos supuestos de hecho acarrearían por parte de la Administración Aduanera la aplicación de diferentes sanciones que irían desde la multa establecida en el numeral 3 del artículo 161 de la Ley Orgánica de Aduanas, hasta la suspensión del artículo 162 y la revocatoria del artículo 163 *eiusdem*.

Como consecuencia, tenemos que es una obligación importante el que el agente naviero cumpla con la actualización anual, ya que a través de ella la Administración analizará los cambios de las condiciones bajo las cuales se otorgó la autorización, el cambio de las condiciones sin que sean notificadas pueden conllevar a la suspensión y hasta revocatoria temporal o definitiva de la actividad aduanera.

6. CONTROL ADUANERO

En la reforma de la legislación aduanera del año 2014, el legislador aumentó las sanciones a los auxiliares de la Administración Aduanera, incluyendo sanciones expresa de acuerdo al tipo de auxiliar y a la actividad llevada a cabo. Todo esto discutible dentro del sector aduanero, ya que al carecer de exposición de motivos de la Ley, no se puede interpretar la motivación real al hacerlas más severas o incrementarlas.

Pero también es importante destacar que esta reforma tuvo su inspiración en lo dispuesto en el Código Aduanero del Mercado Común del Sur (MERCOSUR), Comunidad Aduanera a la que para la época estábamos en proceso de incorporación y dentro de las obligaciones se encontraba la adopción de las normas comunitarias, razón por la cual, se adoptaron estas normas dentro de esta reforma.

Asimismo, esta afirmación tiene su fundamento en las normas MERCOSUR que fueron acogidas expresamente dentro de nuestra legislación interna y que fueron publicadas en la Gaceta Oficial de la República Bolivariana de Venezuela N° 6.250 Extraordinario de fecha 12 de agosto de 2016; dentro de estas normas internalizadas en la Gaceta referida, es necesario destacar la norma CCM/DIR N°32/08 relativa a Norma de Control Aduanero Administraciones Aduaneras del Mercosur adoptada a través de la Providencia Administrativa SNAT/2016-0075 del 22 de julio de 2016.

Además de la parte sancionatoria, esta reforma tuvo una importante modificación en los controles que ejerce la Administración Aduanera y en las normas relacionadas con los auxiliares.

En cuanto a los controles aduaneros, se hace hincapié en el control que se deben realizar sobre los auxiliares de la Administración Aduanera, ya que como hemos mencionado anteriormente, la legislación aduanera antes del 2014 no tenía casi ninguna norma donde se regulara las actuaciones de estos sujetos.

En cuanto al control aduanero, tenemos que este es el ejercido por la Administración Aduanera para fiscalizar, verificar, supervisar y evaluar el cumplimiento de la normativa aduanera y la actividad de las personas naturales y jurídicas que intervienen en las operaciones de comercio internacional[35]. De allí, que la actualización anual de los agentes navieros forme parte de este control aduanero.

Este Control Aduanero en nuestro país se divide en control previo, durante el despacho, posterior y permanente[36]. La normativa MERCOSUR sobre esta materia, clasifica al control aduanero dentro de las fases que se realiza como control previo, durante el despacho y a *posteriori*. Así entonces tenemos, que en Venezuela se agrega el control permanente que es aquel que se ejerce en cualquier momento sobre los auxiliares de la Administración Aduanera respecto del cumplimiento de sus requisitos de operación, deberes y obligaciones[37].

Al establecer la Ley estos requisitos para que las personas naturales o jurídicas puedan comenzar a ejercer esta actividad aduanera de agenciamiento naviero, dispone la relevancia de la actividad para la Administración Aduanera, la cual debe tener controles desde el momento de su autorización.

Es por ello que también se dispone que estos requisitos y condiciones deben permanecer en el tiempo para asegurar la confianza depositada en estos sujetos, confianza respaldada en la pericia en el cumplimiento de la actividad y sus obligaciones aduaneras y tributarias.

---

[35] Artículo 140 de la Ley Orgánica de Aduanas. Publicada en la Gaceta Oficial N° 6.507 Extraordinario de fecha de 29 de enero de 2020.

[36] Artículo 141 de la Ley Orgánica de Aduanas.

[37] Artículo 141 de la Ley Orgánica de Aduanas.

De allí que el control sobre los auxiliares de la Administración Aduanera, entre ellos los agentes navieros, se efectúe en forma permanente, ya que no solamente se hace en el momento de la actualización anual, sino diariamente en el cumplimiento cabal y oportuno de sus actividades ante la Aduana, y hasta excepcionalmente en el momento de efectuarse las auditorias o fiscalizaciones puntuales que la Administración acuerde dentro de su planificación.

En este sentido, si los agentes navieros efectúan cambios en las condiciones bajo las cuales se otorgó la autorización y registro, tales como: ventas de acciones, cambio en la administración de la sociedad, cambio de domicilio fiscal, entre otros, la documentación que los avale, deberá ser analizada por la Administración Aduanera, a fin de que se verifique si mantienen dichas condiciones.

Esto igualmente ayudará en el momento de la evaluación para la calificación de los Operadores Económicos Autorizados, figura que será utilizada para la agilización de las operaciones de comercio internacional. Esto ya que los agentes navieros como parte de la cadena logística internacional, tienen gran importancia y los hace susceptibles de ser calificados dentro de esta figura aduanera.

Del ejercicio de este control permanente, pueden surgir sanciones pecuniarias y administrativas que conlleven a la suspensión o revocatoria de la autorización otorgada, conforme a lo establecido en la Ley Orgánica de Aduanas, y conforme a la graduación de la acción que conlleve a la sanción.

Asimismo, tenemos que en el ejercicio del control aduanero permanente, la Administración Aduanera podrá solicitar a los agentes navieros los documentos, bien sean los contratos de servicios o los poderes especiales, a través de los cuales se demuestre la relación entre el transportista y el respectivo agente naviero. Igualmente, estos documentos podrán ser solicitados por la Aduana en el ejercicio del control durante el despacho.

7. RESPONSABILIDAD DE LOS AGENTES NAVIEROS

En materia de responsabilidad de los agentes navieros, la Ley Orgánica de Aduanas hace referencia a dos tipos de responsabilidades:

1) La responsabilidad solidaria de los representantes de los transportistas por las obligaciones en que pueden incurrir los obligados principales, que se deriven de la aplicación de esta Ley[38].
2) La responsabilidad solidaria por las consecuencias tributarias de los actos, omisiones, infracciones y delitos en que incurran sus empleados en el ejercicio de sus funciones[39].

El derecho aduanero ha evolucionado a través del tiempo hasta perder su primitivo carácter rentístico o fiscal para transformarse, en un instrumento destinado a asegurar el desarrollo de la industria nacional, es un punto para ejercer la seguridad y defensa del Estado, protección sanitaria, entre otras competencias. En consecuencia, la aduana dentro de sus funciones está encargada del control de las operaciones de comercio exterior, al vigilar, supervisar, y autorizar el intercambio comercial internacional y ya no sólo se ocupa de la recaudación de tributos producto del intercambio comercial internacional.

No obstante, podemos observar reminiscencia de su carácter fiscal, cuando la Ley establece la responsabilidad solidaria de los auxiliares con el obligado principal; en el caso de los agentes navieros, por ser representantes de los transportistas, son estos los obligados principales que deben cumplir con las obligaciones aduaneras y tributarias. Vemos que de esta manera, el legislador, persigue la protección de los derechos aduaneros a través del establecimiento de la responsabilidad solidaria entre el transportista y su representante.

Aunque en principio la responsabilidad es personal, es decir, cada quien está obligado a responder por sus actuaciones u omisiones que ocasionan daños personales o patrimoniales; al establecer la ley expresamente la responsabilidad solidaria en determinados casos, como el que nos ocupa, cambia el régimen de responsabilidad.

En cuanto a la responsabilidad solidaria, es necesario revisar lo dispuesto en el Código Civil Venezolano:

> *"**Artículo 1.221.** La obligación es solidaria cuando varios deudores están obligados a una misma cosa, de modo que cada uno pueda ser constreñido al pago por la totalidad, y que el pago hecho*

[38] Artículo 13 de la Ley Orgánica de Aduanas.

[39] Artículo 91 de la Ley Orgánica de Aduanas.

por uno solo de ellos liberte a los otros, o cuando varios acreedores tienen el derecho de exigir cada uno de ellos el pago total de la acreencia y que el pago hecho a uno solo de ellos liberte al deudor para con todos."

Del artículo antes transcrito, podemos determinar que la Administración Aduanera puede solicitar el pago de los impuestos aduaneros o el resarcimiento por el daño causado en forma indistinta al transportista (obligado principal) o al agente naviero (responsable solidario). Con la aplicación de esta responsabilidad, la Administración Aduanera no tiene que esperar el pago o resarcimiento del daño de parte del transportista, sino que va a ir contra el agente naviero para verificar el cumplimiento de las obligaciones derivadas de la actividad aduanera.

Asimismo, tenemos que el artículo 20 del Código Orgánico Tributario[40], también establece la responsabilidad solidaria para aquellas personas respecto de las cuales se verifica el mismo hecho imponible, en todos los demás casos la responsabilidad debe estar expresamente establecida por el Código o la Ley.

No obstante, consideramos que el Código Orgánico Tributario no fue inspiración del legislador aduanero, ya que la norma de responsabilidad solidaria para los representantes de los transportistas contemplada en el artículo 13 de la Ley Orgánica de Aduanas está consagrada en la legislación aduanera desde el año 1978[41], y el primer Código Orgánico Tributario en Venezuela data de 1982 y entró en vigencia el 31 de enero de 1983, tal como lo señala José Andrés Octavio en su escrito "*Comentarios al Código Orgánico Tributario – 1994. Antecedentes - Características. Consideraciones Generales sobre la Reforma de 1994. Disposiciones Preliminares*"[42].

---

40 Decreto Constituyente mediante el cual se dicta el Código Orgánico Tributario. Publicado en la Gaceta Oficial N° 6.507 Extraordinario de fecha 29 de enero de 2020.

41 Artículo 13 de la Ley Orgánica de Aduanas. Publicada en la Gaceta Oficial N° 2.314 Extraordinario de fecha 26 de septiembre de 1978.

42 José Andrés Octavio. "Comentarios al Código Orgánico Tributario – 1994. Antecedentes - Características. Consideraciones Generales sobre la Reforma de 1994. Disposiciones Preliminares". Asociación Venezolana de Derecho Tributario. Pág7. Disponible en: http://avdt.msinfo.info/bases/biblo/texto/COMENTARIOS%20AL%20CODIGO%20ORGANICO%20TRIBUTARIO%201994.pdf consultada en fecha 22 de abril de 2020

La obligación aduanera es el vínculo jurídico entre la administración aduanera y cualquier persona directa o indirectamente relacionada con cualquier destino, régimen, formalidad, trámite u operación aduanera, derivado del cumplimiento de la normativa aduanera. Siendo así, tenemos que para el transportistas hay ciertas obligaciones de hacer que deben cumplirse directamente ante la Aduana respectiva, y por lo tanto, tomando en cuenta que no siempre los transportistas se encuentran domiciliados en el país, de allí que se utilicen a los agentes navieros para prestar los servicios al buque y en consecuencia responder ante las autoridades nacionales por las obligaciones en su nombre contempladas en la referida Ley.

Ahora bien, el agente naviero también tiene responsabilidad solidaria por las actuaciones de sus empleados ante la Administración Aduanera, siempre que estas acciones tengan consecuencias tributarias. En este sentido podemos observar que el legislador hace una distinción al restringir esta responsabilidad sólo cuando las consecuencias tengan repercusión tributaria.

Entonces, a diferencia de la responsabilidad solidaria con su representado que es mucho más amplia, porque abarca cualquier tipo de obligación; en el caso de la responsabilidad por las actuaciones de sus dependientes se limita a las consecuencias tributaria de esas acciones.

Siendo así, si de las actuaciones de los dependientes ocasiona el nacimiento de una obligación tributaria, está será asumida por el agente naviero, es decir, si se genera el pago de impuestos, tasas o contribuciones especiales, el agente naviero, deberá pagar estos tributos.

Esta responsabilidad obedece a que el dependiente actúa en nombre de su empleador, y por lo tanto, las actuaciones en el ejercicio de la actividad propia del agenciamiento naviero, recaen sobre la persona natural o jurídica que lo ha empleado.

En consecuencia, la Administración Aduanera, siempre va a poder ejercer acciones contra el agente naviero como su auxiliar, para de esta manera cubrir tanto las obligaciones aduaneras como las tributarias derivadas de sus actuaciones, ya sea a nombre de otro, o realizadas por sus dependientes en su nombre.

CONSIDERACIONES FINALES

La función de la Aduanas va mucho más allá del cobro de los impuestos, además de la tradicional función recaudadora, la aduana sirve de puerta de entrada y salida del país, ya que todas las cargas internacionales deben pasar por ellas para poder ingresar o egresar del circuito comercial nacional, razón por la cual, las actividades y servicios prestados en ella son bastantes complejos porque abarcan diferentes ámbitos.

La legislación aduanera venezolana, ha sido actualizada conforme a las realidades internacionales y dentro de estas reformas se incluyeron regulaciones sobre los auxiliares de la Administración Aduanera, que no habían sido desarrollados con anterioridad.

En este sentido, tenemos que la legislación aduanera cataloga como auxiliar de la Administración Aduanera al transportista, no obstante, no se hace referencia a los agentes navieros, pero luego de interpretar la norma aduanera en concordancia con la legislación marítima, podemos observar que estos agentes no son más que los representantes de los transportistas y por lo tanto, para empezar a operar ante la Aduana, deberán primeramente ser autorizados como auxiliares de la Administración Aduanera.

La autorización otorgada por la Administración Aduanera, es primordial para poder dar inicio a las operaciones o actividades de representación ante la aduana, pero también los controles que ejercerá la Administración Aduanera sobre esta actividad, ya sea diariamente o a través de auditorías y fiscalizaciones puntuales que se requieran. Para ello es importante que los agentes navieros autorizados conserven los requisitos y condiciones por los cuales se les otorgó la autorización, y en caso de que se presenten cambios en estos, participe de forma oportuna a la Administración para evitar las sanciones que van desde multas hasta la suspensión y revocatoria.

Asimismo, podemos observar que el agente naviero se encuentra sujeto a registro en diferentes legislaciones nacionales y debe realizarse en un orden determinado ya que priva como requisito en los otros Registros; así tenemos que debe registrarse ante el Instituto Nacional de los Espacios Acuáticos INEA (artículo 240 LGMAC), luego en el

Registro de Auxiliares de la Administración Aduanera del Servicio Nacional Integrado de Administración Aduanera y Tributaria SENIAT y por último ante Bolivariana de Puertos en el Registro de Empresas de Servicios Portuarios.

La importancia del servicio prestado por los agentes navieros, ha repercutido en que la legislación marítima haya reservado esta actividad solamente para personas jurídicas; y la legislación aduanera, en respeto a la legislación especial, en su práctica administrativa ha empleado la misma fórmula de reservar las autorizaciones de agentes navieros como auxiliar de la Administración Aduanera exclusivamente para personas jurídicas.

REFERENCIAS BIBLIOGRÁFICAS, NORMATIVAS Y ELECTRÓNICAS

ARAUJO-JUÁREZ, José. *Derecho Administrativo. Parte General,* Ediciones Paredes. Caracas. Mayo. 2007.

BREWER-CARÍAS, Allan R. "La importancia de la noción del acto administrativo para el Derecho Administrativo". *III Jornadas de Derecho Administrativo*. Caracas, 1997. Disponible en: http://allanbrewercarias.net/Content/449725d9-f1cb-474b-8ab2-41efb849fea2/Content/I.1.593.pdf consultada en fecha 20 de marzo de 2020.

OCTAVIO, José A. "Comentarios al Código Orgánico Tributario – 1994. Antecedentes - Características. Consideraciones Generales sobre la Reforma de 1994. Disposiciones Preliminares". Asociación Venezolana de Derecho Tributario. Pág7. Disponible en: http://avdt.msinfo.info/bases/biblo/texto/COMENTARIOS%20AL%20CODIGO%20ORGANICO%20TRIBUTARIO%201994.pdf consultada en fecha 22 de abril de 2020

OMAÑA PARÉS, Gustavo A. "Introducción al Estudio Jurídico del Agente Naviero". *Revista de la Asociación Venezolana de Derecho Marítimo.* N° 14 – 3 de la Segunda Etapa. Caracas. Mayo. 2019. Pág. 99.

TOSI, Jorge L. *Derecho Aduanero*. Fundación Centro de Estudios Políticos y Administrativos. Ediciones Ciudad Argentina. Buenos Aires. 1996.

Venezuela. Código Civil. Publicado en la Gaceta Oficial N° 2.990 Extraordinario de fecha 26 de julio de 1982.

Venezuela. Decreto Constituyente de Reforma del Decreto con Rango, Valor y Fuerza de Ley de Reforma de la Ley Orgánica de Aduanas. Publicada en la Gaceta Oficial N° 6.507 Extraordinario de fecha 29 de enero de 2020.

Venezuela. Decreto Constituyente mediante el cual se dicta el Código Orgánico Tributario. Publicado en la Gaceta Oficial N° 6.507 Extraordinario de fecha 29 de enero de 2020.

Venezuela. Decreto N° 1.416, mediante el cual se dicta el Decreto con Rango, Valor y Fuerza de Ley de Reforma de la Ley Orgánica de Aduanas. Publicada en la Gaceta Oficial N° 6.155 Extraordinario de fecha 19 de noviembre de 2014.

Venezuela. Ley Orgánica de Aduanas. Publicada en la Gaceta Oficial N° 2.314 Extraordinario de fecha 26 de septiembre de 1978.

Venezuela. Reglamento de la Ley Orgánica de Aduanas. Publicado en la Gaceta Oficial N°4.273 Extraordinario de fecha 20 de mayo de 1991.

Venezuela. Reglamento Parcial de la Ley Orgánica de Aduanas relativo al Sistema Aduanero Automatizado. Publicado en la Gaceta Oficial N° 37.967 de fecha 25 de junio de 2004.

Venezuela. Ley de Comercio Marítimo. Publicada en la Gaceta Oficial N° 38.351 de fecha 05 de enero de 2006.

Venezuela. Ley General de Marinas y Actividades Conexas. Publicada en la Gaceta Oficial N° 6.153 Extraordinario de fecha 18 de noviembre de 2014.

NATURALEZA JURÍDICA Y JUSTIFICACIÓN TELEOLÓGICA DE LOS "SUJETOS PASIVOS ESPECIALES" TRIBUTARIOS*

SERVILIANO ABACHE CARVAJAL**

1. A MODO DE INTRODUCCIÓN. LA IMPORTANCIA DEL SUJETO PASIVO POR SU DOBLE VIRTUALIDAD COMO ELEMENTO CONSTITUTIVO DEL TRIBUTO Y LA RESERVA LEGAL TRIBUTARIA

El tributo está constituido, como es sabido, por cuatro elementos fundamentales: dos *cualitativos*, que son (i) el *hecho imponible* (que a su vez está estructurado en cuatro aspectos: material u objetivo, ***personal o subjetivo***, espacial y temporal), y (ii) los ***sujetos***, que se clasifican

---

* Trabajo preparado para el libro homenaje al profesor Luis Cova Arria, Individuo de Número y ex-Presidente de la honorable Academia de Ciencias Políticas y Sociales, a propósito de la celebración de los 25 años de la creación de la Especialización en Derecho de la Navegación y Comercio Exterior, impartida en el Postgrado de la Facultad de Ciencias Jurídicas y Políticas de la Universidad Central de Venezuela, de la cual ha sido su propulsor y Coordinador, a cuya labor dedico.

** Profesor de Postgrado en Derecho Tributario, Universidad Central de Venezuela y Universidad Católica Andrés Bello. Profesor de Pregrado de Argumentación Jurídica, Universidad Católica Andrés Bello. Miembro de Número, Consejo Directivo y Coordinador del Comité Editorial de la Revista de Derecho Tributario, Asociación Venezolana de Derecho Tributario. Representante Titular por Venezuela al Directorio, Instituto Latinoamericano de Derecho Tributario.

en activo y pasivo; y dos *cuantitativos*, cuales son (iii) la *base imponible*, y (iv) la *alícuota*.

El sujeto pasivo, además, es tanto elemento constitutivo o esencial del tributo de manera *autónoma* (o *directa*), como elemento constitutivo del tributo por integrar un *aspecto* del hecho imponible (o *indirectamente*). El sujeto tiene, a estos fines, una *doble virtualidad*: por un lado (i) es un elemento esencial y autónomo del tributo, que como tal únicamente debe ser regulado a través de una *ley formal*[1] y, por otro lado, (ii) también es un elemento integrante del tributo en la medida que se presenta como el *aspecto subjetivo* de otro elemento fundamental del mismo, cual es el hecho imponible, que al igual que el sujeto, la base imponible y la alícuota, son todos –o, mejor dicho, *deben ser*– de *estricta reserva legal* (concepción *cerrada* del principio de legalidad tributaria[2]).

En lo que se refiere al *sujeto pasivo* de la relación jurídico tributaria, el mismo puede ser, en tanto *deudor* de la obligación tributaria: (i)

---

1 Debe siempre tenerse presente que la materia tributaria es de estricta reserva legal (*ley formal*: producto del parlamento), por lo que su regulación por parte del Ejecutivo atenta directamente contra la libertad individual y, en consecuencia, contra la Constitución misma. En efecto, *la autoimposición es libertad*, por lo que la "ejecutiva-imposición" es una manifestación despótica, abusiva y, en fin, autoritaria del poder, mediante la cual se subvierte la libertad individual y se pulveriza la propiedad privada. Sobre el principio de reserva legal tributaria, *vid.* Luis Fraga Pittaluga, *Principios constitucionales de la tributación*, Editorial Jurídica Venezolana, Colección Estudios Jurídicos N° 95, Caracas, 2012, p. 41-68. Nuestras consideraciones sobre este estándar de la tributación pueden consultarse en: Serviliano Abache Carvajal, "Liberalismo y tributación. Especial atención al principio de reserva legal de los tributos", en *Revista Instituto Colombiano de Derecho Tributario*, N° 69, Instituto Colombiano de Derecho Tributario, Bogotá, 2013, p. 27-51.

2 Conforme la cual, como bien lo plantea Belisario: "*Todos los elementos que integran la relación tributaria deben estar establecidos en la norma legal sin que se permita al legislador la delegación de dichos elementos al reglamentista, en contraposición al modelo de Principio de Legalidad Abierta o llamada también Esencialista que consiste en una mayor flexibilidad para el legislador, al permitirse delegar en el reglamentista elementos no esenciales de la relación tributaria, o establecer parámetros que permitan al reglamentista fijar alícuotas u otros elementos de la relación tributaria, pero sin exceder los límites fijados por el legislador*". José Rafael Belisario Rincón, "El principio de legalidad tributaria en Venezuela. Análisis crítico acerca de la inconstitucionalidad de algunas normas tributarias y de una sentencia de la Sala Constitucional del Tribunal Supremo de Justicia", en *30 años de la codificación del Derecho tributario venezolano. Memorias de las XI Jornadas Venezolanas de Derecho Tributario*, tomo I, Asociación Venezolana de Derecho Tributario, Caracas, 2012, p. 156.

contribuyente o deudor por deuda propia, o (ii) *responsable* o deudor por deuda ajena. De otro lado, en cuanto al *hecho imponible*, éste es definido por el artículo 36 del Código Orgánico Tributario[3] como *"(...) el presupuesto establecido por la ley para tipificar el tributo, y cuya realización origina el nacimiento de la obligación tributaria"*. Ese presupuesto es el que da origen a la obligación tributaria y, con ella, a la relación jurídico-tributaria sustantiva, *ex* artículo 13 del Código, conforme con el cual:

> *Artículo 13 del Código Orgánico Tributario: "La obligación tributaria surge entre el Estado, en las distintas expresiones del Poder Público, y los sujetos pasivos, en cuanto ocurra el presupuesto de hecho previsto en la ley. La obligación tributaria constituye un vínculo de carácter personal, aunque su cumplimiento se asegure mediante garantía real o con privilegios especiales".*

En este sentido, resulta necesario atender lo que establece el Código Orgánico Tributario en relación al hecho imponible y a los sujetos pasivos, como elementos constitutivos o integradores del tributo, en cuyo artículo 3 delimita lo siguiente:

> *Artículo 3 del Código Orgánico Tributario: "**Sólo a las leyes corresponde regular con sujeción a las normas generales de este Código**, las siguientes materias:// 1. Crear, modificar o suprimir tributos, **definir el hecho imponible**, fijar la alícuota del tributo, la base de su cálculo e indicar los **sujetos pasivos** del mismo.// 2.*

---

[3] Publicada su reciente "*reforma*" en Gaceta Oficial N° 6.507 Extraordinario, 29 de enero de 2020, la cual fue dictada por la denominada "*Asamblea Nacional Constituyente*", que por razón de la inexistencia jurídica de las pretendidas "tipologías normativas" que emana ("*leyes constitucionales*", "*decretos constituyentes*", etc.) y dada su patente inconstitucionalidad por violación del principio de reserva legal tributaria (*vid.* Luis Fraga Pittaluga, "Algunos comentarios sobre la reforma del Código Orgánico Tributario de 2020". Disponible en: http://fragapittaluga.com.ve/fraga/index.php/component/k2/item/9-algunos-comentarios-sobre-la-reforma-del-codigo-organico-tributario-de-2020, consultado el 25 de mayo de 2020), la misma adolece de la más severa e insalvable *invalidez*, en tanto no fue: (i) dictada por el órgano competente, (ii) siguiendo el procedimiento establecido, (iii) respetando las normas de rango superior. Sobre ésta y tantas otras consideraciones que demuestran la abierta inconstitucionalidad de la "Asamblea Nacional Constituyente" y de sus "actos", *vid.* Allan R. Brewer-Carías y Carlos García Soto (Comp.), *Estudios sobre la Asamblea Nacional Constituyente y su inconstitucional convocatoria en 2017*, Editorial Jurídica Venezolana - Editorial Temis, Caracas, 2017, *in totum*.

Otorgar exenciones y rebajas de impuesto.// 3. Autorizar al Poder Ejecutivo para conceder exoneraciones y otros beneficios o incentivos fiscales.// 4. Las demás materias que les sean remitidas por este Código (...)// Parágrafo Segundo: ***En ningún caso se podrá delegar la definición y fijación de los elementos integradores del tributo así como las demás materias señaladas como de reserva legal por este artículo****, sin perjuicio de las disposiciones contenidas en el Parágrafo Tercero de este artículo. No obstante, la ley creadora del tributo correspondiente, podrá autorizar al Ejecutivo Nacional para que proceda a modificar la alícuota del impuesto en los límites que ella establezca" (resaltado agregado).*

Es precisamente la figura del sujeto pasivo, en tanto elemento constitutivo del tributo, el único de éstos que goza de una doble garantía (como elemento autónomo y como aspecto integrante del hecho imponible) y protección axiológica constitucional por razón del principio de reserva legal de los tributos, por tanto, este elemento que goza de una doble virtualidad sólo puede ser creado, modificado o suprimido a través de una ley formal[4]. De esta manera, al ser el sujeto pasivo un elemento constitutivo del tributo por carácter propio, así como por integración del aspecto subjetivo del hecho imponible, el mismo está especialmente delimitado por la estricta reserva legal, ex artículos 115, 133 y 317 Constitución, y artículos 3 y 2 del Código, sobre los cuales volveremos en un momento.

---

[4] Esta *tipología normativa* es la referida en el artículo 30 de la Convención Americana sobre Derechos Humanos, según ha sido expresamente declarado por la Corte Interamericana de Derechos Humanos con ocasión a una consulta formulada por la República Oriental de Uruguay, en la cual señaló que la expresión "*leyes*" empleada en el indicado enunciado (referido a las restricciones permitidas en el marco de la protección de los *derechos humanos*, criterio aplicable, en esencia, a las limitaciones de los *derechos constitucionales, e. g.* el derecho a la propiedad privada), debe entenderse en el sentido de *ley formal*, esto es, una "*norma jurídica adoptada por el órgano legislativo y promulgada por el Poder Ejecutivo, según el procedimiento requerido por el derecho interno de cada Estado*". Opinión Consultiva OC-6/86 de 09-05-1986, párrafo N° 27, Corte Interamericana de Derechos Humanos, consultada en: Juan Antonio Travieso, *La Corte Interamericana de Derechos Humanos. Opiniones consultivas y fallos*, Abeledo-Perrot, Buenos Aires, 1996, p. 179 y s. Una acotación sobre la citada Opinión Consultiva, puede verse en: Daniel Alberto Sabsay, "Comentario a la Opinión Consultiva 6", en *Derechos Humanos. Corte Interamericana*, tomo I, Ediciones Jurídicas Cuyo, Mendoza, 2000, p. 421 y s.

La reserva legal, en los términos que ha sido considerada por la mejor doctrina, es una norma sobre la normación y sobre la producción normativa[5], cuya función principal consiste en la atribución por disposición constitucional de la regulación de una determinada materia a la ley formal, sustrayendo, paralelamente, dicha materia de la disciplina de otras fuentes jurídicas subordinadas a la ley formal, como lo son la normativa reglamentaria y los proveimientos administrativos discrecionales del Poder Ejecutivo[6], de lo que se infiere su directa vinculación con las fuentes del Derecho[7]. Dicho de otra manera, la reserva de ley se refiere a la esfera normativa del principio general de legalidad.

En lo que respecta al fundamento constitucional en Venezuela del principio de legalidad (o reserva legal) de los tributos, el mismo se halla en los mencionados artículos 115, 133 y 317 de la Norma Fundamental, de acuerdo con los cuales:

> *"Artículo 115 de la Constitución: "Se garantiza el derecho de propiedad. Toda persona tiene derecho al uso, goce, disfrute y disposición de sus bienes. La propiedad estará sometida a las contribuciones, restricciones y obligaciones que establezca la ley con fines de utilidad pública o de interés social (...)".*
> *Artículo 133 de la Constitución: "Toda persona tiene el deber de coadyuvar a los gastos públicos mediante el pago de impuestos, tasas y contribuciones que establezca la ley".*
> *Artículo 317 de la Constitución: "No podrá cobrarse impuesto, tasa, ni contribución alguna que no estén establecidos en la ley, ni concederse exenciones y rebajas, ni otras formas de incentivos fiscales, sino en los casos previstos por la ley que cree el tributo correspondiente. Ningún tributo puede tener efecto confiscatorio".*

---

[5] Cf. Massimo Severo Giannini, "I proventi degli enti pubblici minori e la reserva della lege", en *Rivista de Diritto Finanziario e Sciencia delle Finanze*, Giuffrè, Milano, 1957, p. 9, parafraseado en Sitlali Torruco Salcedo, "El principio de reserva de ley tributaria en la jurisprudencia mexicana", en *Lecciones de Derecho tributario inspiradas por un maestro. Liber Amicorum en homenaje a Eusebio González García*, tomo I, Editorial Universidad del Rosario-Instituto Colombiano de Derecho Tributario, Bogotá, 2010, p. 93.

[6] Cf. Gonzalo Pérez Luciani, *El principio de legalidad*, Serie Estudios N° 81, Academia de Ciencias Políticas y Sociales, Caracas, 2009, p. 121.

[7] Cf. Sitlali Torruco Salcedo, *ob. cit.*, p. 93.

Por su parte, el Código Orgánico Tributario desarrolla este principio a nivel legal en su artículo 3, en los términos ya transcritos, el cual debe ser interpretado sistemáticamente con el parágrafo segundo del artículo 2 *eiusdem*, el cual delimita la interpretación –a fines de la reserva legal– del concepto de *ley*:

> *"Artículo 2 del Código Orgánico Tributario: "Constituyen fuentes del derecho tributario:// Parágrafo Segundo: A los efectos de este Código se entenderán por* ***leyes*** *los* ***actos sancionados*** *por las autoridades nacionales, estadales y municipales actuando como* ***cuerpos legisladores****" (resaltado agregado).*

De esta manera, debe tenerse en cuenta que mal puede utilizarse la categoría "*sujeto pasivo especial*", en tanto figura *administrativa* (control fiscal) y *legalmente* inexistente a fines de regular la tipología de los sujetos pasivos tributarios (contribuyentes y responsables) conforme los artículos citados del Código, por demás en abierta desatención del principio de reserva legal al ser éstos un elemento constitutivo del tributo por *doble vía* (en tanto elemento autónomo, cuanto por integrar el hecho imponible) y, por tal razón, necesariamente deben establecerse en la *ley formal*, para pretender excluir a cualquier y todo "*sujeto pasivo especial*" de la aplicación de la metodología del ajuste por inflación de la LISLR, con base en una figura sin fundamento *legal* y cuya *finalidad* nada tiene que ver con la categoría del *sujeto pasivo de la obligación tributaria*, en tanto elemento constitutivo del tributo, sino para estrictos y exclusivos fines de control, supervisión y recaudación.

En efecto, partiendo de que el principio de reserva de ley se presenta en la actualidad como un *derecho del contribuyente*[8] y, particular-

8 Derecho N° 1 de la *Carta de derechos del contribuyente para los países miembros del Instituto Latinoamericano de Derecho Tributario (ILADT)*: «Derecho a que toda prestación patrimonial pública, sea o no tributaria (y siempre que sea coactiva de hecho o de derecho), se establezca por ley». Disponible en: http://iladt.org/FrontEnd/docs/Carta_Derechos_Contribuyente_ILADT_aprobada_y_Presentacion.pdf, consultado el 30 de mayo de 2020. Sobre este derecho en la Carta del ILADT, *vid.* José Osvaldo Casás, *Carta de derechos del contribuyente latinoamericano: para el Instituto Latinoamericano de Derecho Tributario*, Ad-Hoc, Buenos Aires, 2014, p. 55-68. Para nuestras consideraciones sobre la caracterización de este estándar de la tributación como *derecho subjetivo*, *vid.* Serviliano Abache Carvajal, "El derecho a la legalidad tributaria del contribuyente: una cuestión de libertad y propiedad

mente en lo que a los tributos se refiere, constituye una garantía básica del derecho de propiedad, así como un freno al Estado intervencionista (y a la rama ejecutiva del poder), luce evidente que cualquier manifestación normativa distinta a una ley formal que pretenda crear o reformar tributos, se colocará al margen de la Constitución.

Así las cosas, la pretendida utilización de los "*sujetos pasivos especiales*" –en tanto grupo o categoría de *control fiscal*– así como, evidentemente, la totalidad de la "*reforma ejecutiva*", están impregnadas de inconstitucionalidad por desatender los artículos 115, 133 y 317 de la Constitución, así como el Parágrafo Segundo del artículo 2 y artículo 3 del Código, en los cuales se delimita, entre otras cosas, que los sujetos pasivos tributarios, como (doble) elemento constitutivo, deben regularse por la ley en sentido *formal*, esto es, la dictada por el Poder Legislativo, como garantía esencial de la libertad de los contribuyentes.

2. LOS SUJETOS PASIVOS TRIBUTARIOS (CONTRIBUYENTES Y RESPONSABLES) Y LA SITUACIÓN JURÍDICA DE LOS "*SUJETOS PASIVOS ESPECIALES*"

Es sabido que la única clasificación y caracterización *legal* que existe de los sujetos pasivos de la relación jurídico-tributaria en Venezuela se encuentra en los artículos 22 y siguientes del Código Orgánico Tributario, conforme la cual éstos se dividen en *contribuyentes*[9] (quienes realizan el hecho imponible y, por ello, son deudores por *deuda propia*) y *responsables*[10] (quienes sin realizar el hecho imponible, por lo que califican como deudores por *deuda ajena*, deben cumplir con la

privada", en *Derechos de los contribuyentes*, Academia Mexicana de Derecho Fiscal, Ciudad de México, 2019, p. 31-70.

9 Artículo 22 del Código Orgánico Tributario: "*Son contribuyentes los sujetos pasivos respecto de los cuales se verifica el hecho imponible.// Dicha condición puede recaer:// 1. En las personas naturales, prescindiendo de su capacidad según el derecho privado.// 2. En las personas jurídicas y en los demás entes colectivos a los cuales otras ramas jurídicas atribuyan calidad de sujeto de derecho.// 3. En las entidades o colectividades que constituyan una unidad económica, dispongan de patrimonio y tengan autonomía funcional*".

10 Artículo 25 del Código Orgánico Tributario: "*Responsables son los sujetos pasivos que, sin tener el carácter de contribuyentes, deben por disposición expresa de la ley, cumplir las obligaciones atribuidas a los contribuyentes*".

obligación tributaria por mandato de la ley), los cuales –a su vez– son subclasificados en responsables *directos* (agentes de retención y percepción) y responsables *solidarios*.

Por su parte, los agentes de retención y percepción detentan una doble condición de *responsables solidarios* "*junto con*" el contribuyente (de *no* efectuar la retención o percepción) y de *sustitutos* "*en lugar*" del contribuyente (de *realizar* la retención o percepción, y no enterar el importe al Fisco), aun cuando tal denominación no es formalmente empleada por el Código.

Por otro lado, el Código Orgánico Tributario en el Capítulo V, artículo 41, relativo a los medios de extinción de la obligación tributaria, al regular la institución del pago establece que:

> *Artículo 41 del Código Orgánico Tributario: "(...) La Administración Tributaria podrá establecer plazos para la presentación de declaraciones juradas y pagos de los tributos, con carácter general para determinados grupos de contribuyentes o responsables de similares características, cuando razones de eficiencia y costo operativo así lo justifiquen (...)".*

Como puede observarse, en el Código se otorgó a la Administración Tributaria la facultad de organizar ciertos grupos de contribuyentes y responsables, *v. g.* los "*sujetos pasivos especiales*", con la *finalidad* de darle a los mismos –en todo caso– una *atención especializada* (jamás discriminatoria) y ejercer un control y supervisión más *eficiente* para, en todo caso, aminorar *costos operativos* y mejorar la *recaudación tributaria*.

Lo anterior ya deja ver que, la eventual designación de un contribuyente o responsable como "*sujeto pasivo especial*" no es –en sentido estricto– una tipología de *sujeción pasiva* en la legislación venezolana, o una "*nueva clasificación*", "*subclasificación*" o "*especie*" del género *sujetos pasivos* de la obligación tributaria, como sí lo son, en los términos precisados, los *contribuyentes* y *responsables* –cuyas definiciones *legales* giran alrededor del hecho imponible y, por ello, de la obligación tributaria-, razón por la cual ser o no calificado como "*sujeto pasivo especial*", no modifica –no puede hacerlo– las dimensiones cualitativas y cuantitativas de la *obligación tributaria*, teniendo incidencia y trascendencia tal designación exclusivamente a los efectos del cumplimiento de los *deberes formales* (forma y tiempo)[11].

3. REGULACIÓN SUB-LEGAL, NATURALEZA JURÍDICA Y JUSTIFICACIÓN TELEOLÓGICA DE LOS "*SUJETOS PASIVOS ESPECIALES*"

Como ya fue adelantado, la Administración Tributaria está facultada –a los exclusivos fines de *supervisar* y *controlar* el cumplimiento de las obligaciones tributarias, esto es, los *deberes formales*– para regular "*regímenes ordinarios y especiales*" (no crear nuevas *tipologías subjetivas*, con ámbitos de aplicación *particulares*), como a tenor literal lo establece la Ley del SENIAT[12], específicamente en su artículo 4, numerales 10, 20 y 21, conforme los cuales:

> *Artículo 4 de la Ley del SENIAT: "Corresponde al Servicio Nacional Integrado de Administración Aduanera y Tributaria la aplicación de la legislación aduanera y tributaria nacional, así como el*

---

[11] Allende la inconstitucional designación como agentes de retención o percepción del IVA, a los "*sujetos pasivos especiales*" vía Providencia Administrativa, en abierta desatención del principio de reserva legal, en tanto en cuanto se delimita por un acto sub-legal un *sujeto pasivo* de la obligación tributaria, el cual, por ser un elemento constitutivo del tributo, *ex* artículo 3 del Código Orgánico Tributario, sólo puede ser creado, modificado o extinguido por ley, lo cierto es que la *justificación teleológica* de los "*sujetos pasivos especiales*" –que enseguida será atendida- explica, a su vez, como en la Ley del IVA de 1993 se establecía la posibilidad de designar agentes de retención para actividades realizadas por contribuyentes de *difícil control*, como bien lo explica Escalante: "*Al igual que los supuestos de responsabilidad genérica analizados anteriormente, –a excepción de la responsabilidad por cambio de destino- los Agente de Retención en el IVA está contemplados desde la Ley del IVA de 1993, la cual incluía en su artículo 6 un supuesto que denotaba incluso una mayor racionalidad en el derogado texto legal, que en las actuales disposiciones normativas. Dicho texto indicaba acertadamente que se designarían Agente de Retención en los casos de operaciones o actividades realizadas con contribuyentes de difícil control. (...) Como se pudo observar anteriormente, la ley permite a la Administración Tributaria usar el mecanismo de la designación de Agentes de Retención, como sujetos pasivos responsables del pago del tributo de un tercero (contribuyente), para facilitar o controlar su función recaudadora de impuestos*" (cursivas del autor y resaltado agregado). Xabier Escalante Elguezabal, "Los contribuyentes y los responsables del IVA en Venezuela", en *Imposición al Valor Agregado (IVA) en Venezuela*, Asociación Venezolana de Derecho Tributario, Caracas, 2004, p. 285-286. Y es ésta la razón principal, como veremos, detrás de la figura misma de los "*sujetos pasivos especiales*".

[12] Publicada en Gaceta Oficial de la República de Venezuela N° 6.211 Extraordinario, 30 de diciembre de 2015.

ejercicio, gestión y desarrollo de las competencias relativas a la ejecución integrada de las políticas aduanera y tributaria fijadas por el Ejecutivo Nacional. En el ejercicio de sus funciones es de su competencia: (...)// 10. Definir y ejecutar las ***políticas administrativas*** *tendentes a reducir los márgenes de evasión fiscal y, en especial, prevenir, investigar y sancionar administrativamente los ilícitos aduaneros y tributarios. (...)// 20. Llevar los registros, promover,* ***coordinar*** *y* ***controlar*** *la inscripción de los sujetos pasivos de la relación jurídica tributaria y aduanera;// 21. Diseñar, administrar,* ***supervisar*** *y* ***controlar*** *los* ***regímenes ordinarios y especiales*** *de la tributación nacional (...)" (resaltado agregado).*

Pero lo cierto es que, para entender con rigor la naturaleza jurídica y el *aspecto teleológico* de la calificación o designación *administrativa* –sin siquiera entrar en las críticas de *inconstitucionalidad* que se han dirigido a esta figura[13]– de los "*sujetos pasivos especiales*", hay que ir un poco más atrás. Al respecto, el Decreto N° 863[14], mediante el cual se dictó el "*Reglamento sobre el Cumplimiento de Deberes Formales y Pago de Tributos para Determinados Sujetos Pasivos con Similares Características*", en su artículo 1 facultó a la Administración Tributaria para que *"mediante providencia administrativa, califique a determinados grupos de sujetos pasivos con características similares"* y, con ello, lograr lo perseguido por lo establecido en su artículo 2, conforme con el cual:

Artículo 2 del Reglamento sobre el Cumplimiento de Deberes Formales y Pago de Tributos para Determinados Sujetos Pasivos con Similares Características: "Los sujetos pasivos calificados como especiales ***deberán presentar sus declaraciones ante la oficina o dependencia de la Administración Tributaria de la jurisdicción de su domicilio fiscal a la cual le haya sido atribuida la competencia****. Para tales efectos, en la notificación que se les haga en su condición de contribuyente especial, deberá indicarse, en forma expresa,*

[13] Al respecto, *vid.* Eduardo Meier García, "Constitución fachada: a propósito de la tributación selectiva en las reformas del ISR", en *El impuesto sobre la renta. Aspectos de una necesaria reforma. Memorias de las XVI Jornadas Venezolanas de Derecho Tributario*, Asociación Venezolana de Derecho Tributario, Caracas, 2017, p. 181.

[14] Publicado en Gaceta Oficial de la República de Venezuela N° 35.816, 13 de octubre de 1995.

la ***dirección de la oficina o dependencia*** *en la cual les corresponda cumplir con sus obligaciones tributarias y las* ***formas o modalidades*** *establecidos para ese fin.// Los sujetos pasivos calificados como especiales que posean más de un establecimiento donde realicen sus operaciones estarán obligados a* ***presentar sus declaraciones y efectuar el pago de sus tributos en la oficina o dependencia de la Administración Tributaria ubicada de jurisdicción del domicilio fiscal de su respectiva oficina principal****" (resaltado agregado).*

Por su parte, el artículo 72 de la Resolución N° 32[15] sobre la "*Organización, Atribuciones y Funciones del Servicio Integrado de Administración Tributaria SENIAT*", también dejaba ver la *finalidad* detrás de los "*sujetos pasivos especiales*". De acuerdo con esta norma:

Artículo 72 de la Resolución N° 32 sobre la Organización, Atribuciones y Funciones del Servicio Integrado de Administración Tributaria SENIAT: "Para la ***eficiente administración, atención y control especializado*** *de los sujetos pasivos,* ***se crea la Gerencia Regional de Tributos Internos de Contribuyentes Especiales de la Región Capital****; su sede será la ciudad de Caracas, y tendrá las competencias y potestades correspondientes para administrar los* ***sujetos pasivos calificados en esta categoría****" (resaltado agregado).*

Debe recordarse, como lo ha hecho la doctrina[16], que inclusive se llegaron a realizar estudios por parte de la Administración Tributaria para determinar sobre qué tipos de contribuyentes debía recaer la calificación de "*especiales*". En efecto, en los considerandos 2 y 3 de la Resolución N° 34[17] del SENIAT se indicaría que:

Resolución N° 34 del SENIAT: "Considerando que el SENIAT está desarrollando el proceso de modernización de su organización y funcionamiento, con el objeto de brindar las ***máximas facilidades*** *a los sujetos mencionados,* ***para que puedan cumplir sin demoras ni inconvenientes con sus obligaciones tributarias****, por lo que*

15 Publicada en Gaceta Oficial de la República de Venezuela N° 35.682, 29 de marzo de 1995.

16 Cf. Escalante Elguezabal, Xabier, *ob. cit.*, p. 294.

17 Publicada en Gaceta Oficial de la República de Venezuela N° 35.682, 29 de marzo de 1995.

es necesario crear en determinadas regiones del país ***controles*** *y* ***servicios especiales.*** *// Considerando que como primera etapa de tal proceso, se realizaron los* ***estudios pertinentes****, definiéndose como* ***contribuyentes y responsables especiales*** *de la jurisdicción de la Región Capital,* ***aquellos cuyo monto total de ingresos anuales hayan superado el equivalente a ciento veinte mil unidades tributarias (120.000 U.T.)*** *en el ejercicio anterior a la entrada en vigencia de la presente Resolución y a los Institutos Autónomos y demás entes descentralizados de la República, de los Estados y de los Municipios que actúen en su calidad de agentes de retención o de percepción de tributos" (resaltado agregado).*

Una vez más, se pone en evidencia la *razón* de esta calificación: brindar las mayores facilidades a los "sujetos pasivos especiales", dada su importancia, para que pudieran cumplir de la *mejor forma posible* –sin demoras ni inconvenientes– sus obligaciones tributarias, cuestión que se pretendía lograr mediante el establecimiento de *controles* y *servicios* especiales. O lo que es igual y como lo venimos planteando, lo que se llevó a la calificación o agrupación *administrativa* de ciertos contribuyentes bajo el rótulo de "*sujetos pasivos especiales*", no fue otra intención más que habilitar los mecanismos necesarios para asegurar una *atención privilegiada* a los "*grandes contribuyentes*", a través del establecimiento de unos *deberes formales*[18] y *controles* especialmente pensados para *facilitarles* el cumplimiento de sus *obligaciones tributarias*. Nada más.

Igualmente es necesario tener en cuenta la Providencia N° 0685[19] emitida por el SENIAT, sobre los "*sujetos pasivos especiales*", en la cual se delimita –en sintonía con las normas anteriores– el *aspecto te-*

[18] Como también lo ha considerado Escalante: "*Una vez notificada su designación como contribuyentes «especiales», estos contribuyentes son sujetos a un régimen con instrucciones que limitan estrictamente los parámetros en los cuales deben cumplir sus deberes formales, tales como las declaraciones y registros contables, así como cualquier comunicación o consulta que dirijan a la Administración Tributaria, para lo cual se designaron oficinas específicas con esta finalidad*". Xabier Escalante Elguezabal, *ob. cit.*, p. 294-295.

[19] Publicada en Gaceta Oficial de la República de Venezuela N° 38.622, 8 de febrero de 2007, la cual reformó parcialmente la Providencia N° 0828 de 21 de septiembre de 2005, sobre sujetos pasivos especiales.

leológico de esa calificación o designación, conforme sus considerandos 2, 3 y 4, de acuerdo con los cuales:

> *Providencia N° 0685 del SENIAT: "**Considerando**// Que la **recaudación y fiscalización** de tributos deben atender a criterios afines al ejercer el **control** y **administración** de **sujetos pasivos con características similares**, respondiendo a las tendencias actuales de estratificación de contribuyentes.// **Considerando**// Que ciertas categorías de sujetos pasivos requieren de una **atención especializada** por parte de la Administración Tributaria Nacional, en función de su nivel de ingresos, sector o actividad económica.// **Considerando**// Que los sujetos pasivos pertenecientes al sector de hidrocarburos, de acuerdo con su nivel de ingresos y actividad económica, tienen una alta incidencia en la recaudación de la renta petrolera y requieren de una **atención especializada** por parte de la Administración Tributaria Nacional" (resaltado agregado).*

Queda claro, entonces, que la calificación de "*sujetos pasivos especiales*" tiene una finalidad única y exclusiva de *control fiscal* por parte de la Administración Tributaria y, con ello, de fiscalización y recaudación de aquellos sujetos pasivos que, por su *nivel de ingresos*, *sector* o *actividad económica*, requieren una *atención especializada*.

4. A MODO DE CONCLUSIÓN. LOS "*SUJETOS PASIVOS ESPECIALES*" Y SU EXCLUSIÓN DE LA METODOLOGÍA DEL AJUSTE POR INFLACIÓN DE LA LEY DE IMPUESTO SOBRE LA RENTA

En sintonía con lo expuesto, la designación *administrativa* de "*especial*" por parte de la Administración Tributaria no puede ser empleada –porque carece de la *entidad racional*– para justificar un ámbito de aplicación subjetivo *distinto* en los variados tributos vigentes, como sería el caso de la LISLR, en lo general, y de la metodología del ajuste por inflación, en lo particular[20], lo cual afectaría la dimensión propia

[20] Como ocurrió en la inconstitucional "*reforma ejecutiva*" de la Ley de Impuesto sobre la Renta (LISLR) de 2015, en la cual –como es sabido- se "*excluyeron*" de la metodología del ajuste por inflación a los "*sujetos pasivos especiales*", al igual que ocurrió en 2014 en

de la *obligación tributaria* (no el cumplimiento de *deberes formales*), como lo pretende hacer el segundo aparte del artículo 171[21], a otro decir, tal calificación no tiene la *fuerza jurídica* (naturaleza o justificación teleológica) para erigirse como parámetro de exclusión –discriminatoria[22]– de algunos contribuyentes del sistema de corrección monetaria de la LISLR[23].

---

relación con los bancos y empresas de seguros. Sobre la "reforma ejecutiva" de la LISLR de 2014 en ese aspecto, *vid.* Humberto Romero-Muci, "Sobre la deducibilidad del resultado monetario deudor (pérdida monetaria) por inflación: el caso de las entidades financieras y de seguro", en *El impuesto sobre la renta. Aspectos de una necesaria reforma. Memorias de las XVI Jornadas Venezolanas de Derecho Tributario*, Asociación Venezolana de Derecho Tributario, Caracas, 2017, p. 415-432. Para nuestras reflexiones sobre este tema, *vid.* Serviliano Abache Carvajal, "Capacidad contributiva y corrección monetaria. A propósito de la exclusión de los «sujetos pasivos especiales» del ajuste por inflación fiscal", en *Derecho tributario contemporáneo. Libro homenaje a los 50 años de la Asociación Venezolana de Derecho Tributario*, Editorial Jurídica Venezolana - Asociación Venezolana de Derecho Tributario, Caracas, 2019, p. 525-547; y Serviliano Abache Carvajal, "La antinómica exclusión de los sujetos pasivos especiales del ajuste por inflación fiscal", en *Patologías del sistema tributario venezolano. Memorias de las XVIII Jornadas Venezolanas de Derecho Tributario*, Asociación Venezolana de Derecho Tributario, Caracas, 2019, p. 501-515. En general, sobre ambas "reformas ejecutivas" de la LISLR en 2014 y 2015, así como sobre la "*reforma jurisprudencial*" de 2007 y el "*decreto constituyente*" de 2018, nuestras consideraciones en: Serviliano Abache Carvajal, *La (des)institucionalización del impuesto sobre la renta*, Academia de Ciencias Políticas y Sociales - Editorial Jurídica Venezolana - Asociación Venezolana de Derecho Tributario, Serie Estudios de la Academia N° 113, Caracas, 2019, 391 p.

[21] Artículo 171 de la LISLR: "*A los solos efectos tributarios, los contribuyentes a que se refiere el artículo 7° de este Decreto con Rango, Valor y Fuerza de Ley, que iniciaron sus operaciones a partir del 1° de enero del año 1993, y realicen actividades comerciales, industriales, explotación de minas e hidrocarburos y actividades conexas, que estén obligados a llevar libros de contabilidad, deberán al cierre de su primer ejercicio gravable, realizar una actualización inicial de sus activos y pasivos no monetarios, según las normas previstas en este Decreto con Rango, Valor y Fuerza de Ley, la cual traerá como consecuencia una variación en el monto del patrimonio neto para esa fecha.// Los contribuyentes que realicen actividades bancarias, financieras, de seguros, reaseguros y los sujetos pasivos calificados como especiales por la Administración Aduanera y Tributaria, quedarán excluidos del sistema de ajustes por inflación previsto en este Decreto con Rango, Valor y Fuerza de Ley*" (resaltado agregado).

[22] Artículo 21 de la Constitución: "*Todas las personas son iguales ante la ley; en consecuencia:// 1. No se permitirán discriminaciones fundadas en la raza, el sexo, el credo, la condición social o aquellas que, en general, tengan por objeto o por resultado anular o menoscabar el reconocimiento, goce o ejercicio en condiciones de igualdad, de los derechos y libertades de toda persona.// 2. La ley garantizará las condiciones jurídicas y administrativas para que la igualdad ante la ley sea real y efectiva; adoptará medidas positivas a favor de personas o grupos que puedan ser discriminados, marginados o vulnerables; protegerá*

Lo que se quiere dejar claro es que, si la figura de los "*sujetos pasivos especiales*" está –exclusivamente– vinculada con el régimen de *control fiscal* y de cumplimiento de los *deberes formales*, y en el ejemplo planteado en materia de la LISLR la metodología del ajuste por inflación se circunscribe al ámbito de la determinación (nacimiento y cuantificación) de la *obligación tributaria*, se presenta evidente que la calificación o designación como "*sujetos pasivos especiales*" de algunos contribuyentes *nada tiene que ver* con *–ni puede incidir* en– las dimensiones cualitativas y cuantitativas de la obligación tributaria de este tributo (ni de cualquier otro), específicamente, en lo atinente al enriquecimiento neto *por tenencia* o propio del ajuste por inflación, siendo tal pretensión *teleológicamente irracional*[24] y, con ello, abiertamente *inconstitucional.*

En efecto, el *fin* de excluir del ajuste por inflación a los "*sujetos pasivos especiales*" *no es realizable ni procedente* desde esta perspectiva, precisamente porque dicha figura sólo tiene eficacia en cuanto al

---

especialmente a aquellas personas que por alguna de las condiciones antes especificadas, se encuentren en circunstancia de debilidad manifiesta y sancionará los abusos o maltratos que contra ellas se cometan.// 3. Sólo se dará el trato oficial de ciudadano o ciudadana, salvo las fórmulas diplomáticas.// 4. No se reconocen títulos nobiliarios ni distinciones hereditarias".

23 En las atinadas palabras de Escalante: "*Es muy importante resaltar que la calificación de «Contribuyentes Especiales» no afecta ni atañe en ningún momento a la naturaleza o características que pueda tener un contribuyente con relación a un impuesto particular, ya que esta categoría no es de índole legal sino meramente administrativa. (...) Visto todo lo anterior debemos concluir entonces sobre la diferencia importante que existe entre una categoría legal que contemple diversos tipos de contribuyentes, creando diferentes obligaciones para ellos, con relación al hecho imponible que tenga su origen en las actividades económicas de cada uno; y una categoría simplemente administrativa que etiquete a ciertos y determinados contribuyentes por sus características propias, con el propósito de guiar el modo en que deban cumplir las obligaciones que la ley estableció para ellos (plazos para declarar y pagar tributos). Esta última modalidad de agrupación de diversos contribuyentes tiene únicamente sustento en la necesidad de la Administración de reducir costos y mejor la eficiencia en el mecanismo de control y recaudación*". Xabier Escalante Elguezabal, *ob. cit.*, p. 295-296.

24 Sobre la concepción jurídica de *racionalidad* y sus tipologías, puede consultarse: Manuel Atienza, *Contribución a una teoría de la legislación*, Editorial Civitas, 1ª edición, Madrid, 1997, *in totum*. Nuestras consideraciones sobre este tema, en: Serviliano Abache Carvajal, *La atipicidad de la "presunción" de legitimidad del acto administrativo y la carga de la prueba en el proceso tributario*, Editorial Jurídica Venezolana - Fundación Estudios de Derecho Administrativo, Colección Estudios Jurídicos N° 93, Caracas, 2012, p. 235-249.

régimen de *deberes formales*, por oposición al de la *obligación tributaria*, no resultando un *medio eficaz* para afectar –en lo absoluto– la caracterización de lo imponible, esto es, de los hecho y base tributarias de la LISLR que están estructurados, por demás, conforme el principio *constitucional* de capacidad contributiva[25], de ahí su consecuente *inconstitucionalidad.*

En suma, el sistema de ajuste por inflación fiscal deben aplicarlo, como expresamente lo establece el encabezado del artículo 171 de la LISLR: *"los contribuyentes a que se refiere el artículo 7° de este Decreto con Rango, Valor y Fuerza de Ley, que iniciaron sus operaciones a partir del 1° de enero del año 1993, y realicen actividades comerciales, industriales, explotación de minas e hidrocarburos y actividades conexas, que estén obligados a llevar libros de contabilidad"*, sean éstos "especiales" o no. Ello es, simplemente, *irrelevante.*

Caracas, 14 de junio de 2020.

BIBLIOGRAFÍA

ABACHE CARVAJAL, Serviliano, *La (des)institucionalización del impuesto sobre la renta*, Academia de Ciencias Políticas y Sociales - Editorial Jurídica Venezolana - Asociación Venezolana de Derecho Tributario, Serie Estudios de la Academia N° 113, Caracas, 2019.

_____________, "Capacidad contributiva y corrección monetaria. A propósito de la exclusión de los «sujetos pasivos especiales» del ajuste por

[25] Artículo 316 de la Constitución: "*El sistema tributario procurará la justa distribución de las cargas públicas según la capacidad económica del o la contribuyente, atendiendo al principio de progresividad, así como la protección de la economía nacional y la elevación del nivel de vida de la población; para ello se sustentará en un sistema eficiente para la recaudación de los tributos*"; y derecho N° 14 de la *Carta de derechos del contribuyente para los países miembros del Instituto Latinoamericano de Derecho Tributario (ILADT)*: «Derecho a la igualdad tributaria y a la tributación de acuerdo con la capacidad contributiva individual. En función de ello, el contribuyente tiene derecho a ser gravado por actos, hechos o circunstancias que sean indicativos de riqueza real, efectiva y actual (exclusión de los tributos que gravan capacidad económica ficticia) y a que la cuantificación tenga en cuenta la capacidad singular manifestada por cada contribuyente». Disponible en: http://iladt.org/FrontEnd/docs/Carta_Derechos_Contribuyente_ILADT_aprobada_y_Presentacion.pdf, consultado el 9 de junio de 2020. Sobre este derecho en la Carta del ILADT, *vid.* José Osvaldo Casás, *op. cit.*, p. 96-125.

inflación fiscal", en *Derecho tributario contemporáneo. Libro homenaje a los 50 años de la Asociación Venezolana de Derecho Tributario*, Editorial Jurídica Venezolana - Asociación Venezolana de Derecho Tributario, Caracas, 2019.

_____________, "La antinómica exclusión de los sujetos pasivos especiales del ajuste por inflación fiscal", en *Patologías del sistema tributario venezolano. Memorias de las XVIII Jornadas Venezolanas de Derecho Tributario*, Asociación Venezolana de Derecho Tributario, Caracas, 2019.

_____________, "El derecho a la legalidad tributaria del contribuyente: una cuestión de libertad y propiedad privada", en *Derechos de los contribuyentes*, Academia Mexicana de Derecho Fiscal, Ciudad de México, 2019.

_____________, "Liberalismo y tributación. Especial atención al principio de reserva legal de los tributos", en *Revista Instituto Colombiano de Derecho Tributario*, N° 69, Instituto Colombiano de Derecho Tributario, Bogotá, 2013.

_____________, *La atipicidad de la "presunción" de legitimidad del acto administrativo y la carga de la prueba en el proceso tributario*, Editorial Jurídica Venezolana - Fundación Estudios de Derecho Administrativo, Colección Estudios Jurídicos N° 93, Caracas, 2012.

ATIENZA, Manuel, *Contribución a una teoría de la legislación*, Editorial Civitas, 1ª edición, Madrid, 1997.

BELISARIO RINCÓN, José R., "El principio de legalidad tributaria en Venezuela. Análisis crítico acerca de la inconstitucionalidad de algunas normas tributarias y de una sentencia de la Sala Constitucional del Tribunal Supremo de Justicia", en *30 años de la codificación del Derecho tributario venezolano. Memorias de las XI Jornadas Venezolanas de Derecho Tributario*, tomo I, Asociación Venezolana de Derecho Tributario, Caracas, 2012.

BREWER-CARÍAS, Allan R., y GARCÍA SOTO, Carlos (Comp.), *Estudios sobre la Asamblea Nacional Constituyente y su inconstitucional convocatoria en 2017*, Editorial Jurídica Venezolana - Editorial Temis, Caracas, 2017.

CASÁS, José O., *Carta de derechos del contribuyente latinoamericano: para el Instituto Latinoamericano de Derecho Tributario*, Ad-Hoc, Buenos Aires, 2014.

ESCALANTE ELGUEZABAL, Xabier, "Los contribuyentes y los responsables del IVA en Venezuela", en *Imposición al Valor Agregado (IVA) en Venezuela*, Asociación Venezolana de Derecho Tributario, Caracas, 2004.

FRAGA PITTALUGA, Luis, "Algunos comentarios sobre la reforma del Código Orgánico Tributario de 2020". Disponible en: http://fragapittaluga.com.ve/fraga/index.php/component/k2/item/9-algunos-comentarios-sobre-la-reforma-del-codigo-organico-tributario-de-2020.

_____, *Principios constitucionales de la tributación*, Editorial Jurídica Venezolana, Colección Estudios Jurídicos N° 95, Caracas, 2012.

GIANNINI, Massimo S., "I proventi degli enti pubblici minori e la reserva della lege", en *Rivista de Diritto Finanziario e Sciencia delle Finanze*, Giuffrè, Milano, 1957.

Instituto Latinoamericano de Derecho Tributario, *Carta de derechos del contribuyente para los países miembros del Instituto Latinoamericano de Derecho Tributario (ILADT)*. Disponible en: http://iladt.org/FrontEnd/docs/Carta_Derechos_Contribuyente_ILADT_aprobada_y_Presentacion.pdf

MEIER GARCÍA, Eduardo, "Constitución fachada: a propósito de la tributación selectiva en las reformas del ISR", en *El impuesto sobre la renta. Aspectos de una necesaria reforma. Memorias de las XVI Jornadas Venezolanas de Derecho Tributario*, Asociación Venezolana de Derecho Tributario, Caracas, 2017.

PÉREZ LUCIANI, Gonzalo, *El principio de legalidad*, Serie Estudios N° 81, Academia de Ciencias Políticas y Sociales, Caracas, 2009.

ROMERO-MUCI, Humberto, "Sobre la deducibilidad del resultado monetario deudor (pérdida monetaria) por inflación: el caso de las entidades financieras y de seguro", en *El impuesto sobre la renta. Aspectos de una necesaria reforma. Memorias de las XVI Jornadas Venezolanas de Derecho Tributario*, Asociación Venezolana de Derecho Tributario, Caracas, 2017.

SABSAY, Daniel A., "Comentario a la Opinión Consultiva 6", en *Derechos Humanos. Corte Interamericana*, tomo I, Ediciones Jurídicas Cuyo, Mendoza, 2000.

TORRUCO SALCEDO, Sitlali, "El principio de reserva de ley tributaria en la jurisprudencia mexicana", en *Lecciones de Derecho tributario inspiradas por un maestro. Liber Amicorum en homenaje a Eusebio González García*, tomo I, Editorial Universidad del Rosario-Instituto Colombiano de Derecho Tributario, Bogotá, 2010.

TRAVIESO, Juan Antonio, *La Corte Interamericana de Derechos Humanos. Opiniones consultivas y fallos*, Abeledo-Perrot, Buenos Aires, 1996.

DERECHO PENAL

El poder de la sospecha.
Venezuela. Carlos Simón Bello Rengifo

EL PODER DE LA SOSPECHA

CARLOS SIMÓN BELLO RENGIFO*

SUMARIO

1. SOSPECHA Y PASIÓN

Otelo. –¿Qué dices Yago?
Yago. –¿Es qué conocía Miguel Cassio vuestro amor cuando hacíais la corte a la señora?
Otelo. –Lo conoció desde el principio hasta el fin ¿Por qué me preguntas eso?
Yago. –Solo por la satisfacción de mi pensamiento; no por nada más grave.
Otelo. –¿Y cuál es tu pensamiento Yago?
Yago. –No creí que tuviera entonces conocimiento con ella.
Otelo. –¡Oh, sí!, y a menudo nos ha servido de intermediario.
Yago. –¿De veras?

* Investigador-docente Instituto de Ciencias Penales. Facultad de Ciencias Penales y Criminológicas. Universidad Central de Venezuela (UCV). Abogado Magna Cum Laude UCV. Especialista en Ciencias Penales y Criminológicas. UCV. Doctor en Derecho. UCV. Profesor pregrado y posgrado en Derecho Penal, Derecho Procesal Penal y Bioética Jurídica.

Otelo. –«! De veras!» sí, de veras... ¿Percibes algo en esto? ¿No es él *hombre honrado?*
Yago. –¿Honrado, señor?
Otelo. –«! Honrado!» Sí, honrado.
Yago. –Mi señor, por cosa así le tengo.
Otelo. –¿Qué es lo que piensas?
Yago. –¿Pensar, señor?
Otelo. –«! Pensar señor!» ¡Por el Cielo, me sirve de eco, como si encerrada en su pensamiento algún monstruo demasiado horrible para mostrarse! … Tú quieres decir algo… Te oí decir ahora... que no te agradaba eso, cuando *Cassio abandonó a mi mujer. ¿Qué es lo que no te agradaba? Y cuando te he dicho que estaba en mis secretos durante mis amores, has exclamado: « ¿De veras? » Y tus cejas se han contraído, haciendo plegarse la frente en forma de bolsa, como si hubieras querido encerrar en tu cerebro alguna concepción horrible, Si me estimas, muéstrame tu pensamiento.*
Yago. –Señor, sabéis que os estimo.
Otelo. –Lo creo, y precisamente porque sé que estás lleno de afecto y de honradez y que pesas tus palabras antes de proferirlas, es por lo que tus reticencias me asustan más; pues tales modos de conducirse son perfidias habituales en un bellaco desleal y mentiroso; pero en un hombre justo son revelaciones veladas que se escapan de un pecho incapaz de dominar su emoción.
Yago. –Por lo que toca a Miguel Cassio, me atrevería a jurarlo, pienso que es un hombre honrado.
Otelo. –Y yo también.
Yago. –Los hombres debieran ser lo que parecen. ¡Ojalá ninguno de ellos pareciese lo que no es![1]

El malévolo Yago infeccionó el alma del moro al despertar sospechas que prendieron la oscura pasión de los celos que culminó en una aberrada convicción, arraigada en la equivocada confianza que le dispensaba a Yago que, valido de la manipulación de las circunstancias,

---

1 Conf. William Shakespeare, *Otelo, el moro de Venecia.* Acto Tercero. Escena Primera. Obras Completas. Tomo II. P. 392.

perturbó la racionalidad de Otelo que, en vez de conducirse según la razón ante situaciones de faz ambigua, fue llevado por la pasión que huye de la razón, del buen sentido y del impulso moral. El apresuramiento en sus juzgamientos lo condujeron a una certeza despojada de la verdad. No fue racional, mucho menos justo.

La sospecha no se comporta siempre de la misma manera, pues es distinta en los espíritus mal inclinados que en los prudentes y racionales. Se anida fácilmente impulsando apresuramientos en los espíritus maliciosos, cuando no ponzoñosos, que se deleitan, y a la vez sufren, con la intriga y la malquerencia, no así en los segundos propicios a razonar e indagar desde sus iniciales intuiciones; pero la sospecha, no es solo malicia insana o intuición sensata, es también fuente de actividad cognoscitiva, que se comporta de modo distinto según la condición de quien la abrigue, aunque siempre se expresa con un ánimo urticante, punzante, que puede conducir a distintos estados volitivos y resoluciones que transitan desde su surgimiento hasta una decisión que espira una determinada certeza, irracional o no, que acompaña al estado anímico que le es propia.

Cuando la anima la malquerencia o la insensatez, conduce a un desvelo aparente de su objeto, que aunque no resulta de indagaciones racionales y prudentes, prohíja una sensación sustitutiva de aquella que ilumina el descubrimiento de la verdad. Esta sensación proviene de juicios previos que reafirma el desvarío mental e intelectual de su presa. Estos falsos desvelos dan por verdad según una innoble certeza.

Muy distinto, cuando a la inquieta gestación de la sospecha le sucede un ánimo de equilibrio, sensatez y prudencia, guiado por la razón, pues entonces se diluye en la duda que gesta los procesos intelectivos y volitivos que pueden llevar al descubrimiento de la verdad, aposentada en la serenidad de espíritu que a su amistad acompaña. La duda permite evolucionar hacia nieles superiores de conocimiento y decisión normativamente correctos y éticamente buenos, justos o bellos, según su mundo sea el ético, el jurídico o el estético.

En síntesis, la sospecha transita desde la percepción que la despierta, como conocimiento y sentimiento, hacia la volición que culmina en una decisión que se transforma en una acción que conjuga conocimiento, sentimiento y volición.

La sospecha y la duda son importantes en el desarrollo de la vida y de las experiencias del ser humano en todos los momentos y tramos de su devenir, incluyendo aquel en el cual las normas extrínsecas de conducta se introducen en la dimensión existencial. Es decir, son también relevantes en la experiencia jurídica.

El Derecho Penal también se topa con la sospecha, las pasiones y la maldad que marcan la historia humana, tanto por aquello que enfrenta como por parte de quien lo enfrenta, no en el sentido máximo de la moral, sino en los términos de mantener o restablecer el equilibrio social que reclama la mínima moral que sustenta la vida en relación y hace posible el disfrute y ejercicio de los derechos que definen al hombre como un ser recto, o sea, justo, sin que la rectitud referida sea necesariamente el perfeccionamiento espiritual, pues este le está vedado al Derecho, so pena de hacerse tiranía, y erigirse en todo lo contrario de lo que dice perseguir. Es suficiente para el Derecho y la convivencia justa, un mínimo de corrección en el comportamiento de los individuos entre sí, e indispensable preservar la diferencia entre las esferas de lo moral y lo social, sin renegar su relación.

El ejercicio del poder punitivo en el proceso penal está en nada exento de distorsiones de su función y misión. Cierto que su estrecha cercanía al delito le exige agudeza de criterios, celeridad en sus acciones y justeza en sus decisiones, lo que no siempre es fácil de alcanzar, especialmente en los momentos coetáneos o muy próximos al delito, donde debe muchas veces equilibrar derechos con poder y astucia, tanto suyos como ajenos. Transformar la sospecha del delito en duda y esta en certeza es un camino angosto y espinoso.

Tratar de despejar la inquietud que suscita las posibles desavenencias entre la sospecha y el Derecho es lo que nos proponemos, en el ámbito limitado de aquella fase procesal donde la acción investigadora puede incidir en la esfera de los derechos fundamentales, especialmente si no es capaz de convertir a quienes realizan la justicia, en investigadores animados por el buen sendero de la duda, antes que por el torcido de la sospecha.

Es decir, la relación entre la sospecha y la investigación penal es el objeto de esta colaboración, a fin de indagar acerca de sus límites de legitimidad, con especial referencia a la flagrancia.

2. SOSPECHA Y DERECHO

2.1. Doctrina y jurisprudencia

Jesús Eduardo Cabrera Romero, autor de reconocidas obras en materia de derecho probatorio, y quien llegó a ser magistrado del Tribunal Supremo de Justicia, ha planteado la tesis de la diferencia entre el delito flagrante y la detención *in fraganti*, conceptos que, según propone, son complementarios uno del otro. El primero corresponde a la percepción coetánea de la ejecución de un delito de acción pública, o inmediatamente posterior, por quien o quienes pueden ser luego órganos de prueba del hecho y su autoría, y es en esta dimensión donde sostiene que el delito flagrante es objeto de prueba; mientras que la otra cara de la flagrancia es la detención, sea inmediata o posterior, según los términos en que interpreta la *cuasi flagrancia,* procedente sin orden judicial.[2] Tal diferencia trae consecuencias.

Considerada la flagrancia como una condición probatoria, es factible que se acredite mediante la intervención de aparatos que capten el hecho coetáneamente con su percepción masiva, por lo que se puede proceder a la aprehensión del sujeto aunque no sea inmediatamente después de la comisión del hecho. De donde se sigue que, si no hubo detención *in situ* o persecución consecutiva desde el escenario del delito, puede que proceda la detención después y en otro lugar.

Esta afirmación la sostiene sobre el argumento de que la persecución debe tener hoy en día un significado distinto al que prevalecía años atrás, cuando no existían mecanismos de captación, conservación y reproducción de imágenes que dilatan la significación de la persecución, que el autor denomina «en caliente», en un lenguaje más periodístico y policial, que jurídico. Abona a su favor que entender actualmente que la «única persecución consiste en unos policías corriendo detrás de una persona que huye del lugar del crimen, es una irrealidad».[3] *Ergo*, se fundamenta en la «realidad» de los avances tecnológicos, aunque

---

2 Conf. Jesús Eduardo Cabrera Romero. *El delito flagrante como un estado probatorio.* P. 34.

3 Id. P. 21.

reconoce que hay un conflicto con el mandato legal de la interpretación restrictiva en materia de flagrancia.[4]

A esta «*realidad*» se suma, el dato normativo de que la legislación no establece con precisión el tiempo que media entre la percepción del hecho y la detención de su autor o partícipe. En tal orden de ideas, apela a la autoridad doctrinaria (Borjas)[5], que si bien comentó el derogado Código de Enjuiciamiento Criminal, sus disposiciones en materia de flagrancia no son marcadamente diferentes a las del Código vigente. En consecuencia, conjuga el dato normativo y el progreso tecnológico y criminalístico.[6]

Estos factores llevan a Cabrera Romero a justificar la persecución «en caliente», según estos supuestos: a) Sujeto que fue identificado en el lugar de los hechos, se da a la fuga y recibió la voz de alto. Puede ser perseguido por aire o tierra; b) Sujeto que desapareció de inmediato del sitio del delito, pero luego es reconocido por quienes presenciaron el hecho, y la policía procede a detenerlo, incluso en su morada, ante las sospechas fundadas basadas en el dicho de los reconocedores; c) Cadena persecutoria que nace de reconocimientos fotográficos, resultados de exámenes de rastros, métodos biométricos, es decir, reconocimientos personales e identificación por medios técnicos o científicos; d) Huida en un vehículo cuyas características coinciden con otro que es identificado en un lugar distinto al del sitio del crimen; e) Seguimiento satelital de quien hurtó o robó un vehículo, por ejemplo.[7]

---

4 Ib. P. 19.El artículo que cita equivale al vigente artículo 233 que ordena que todas las disposiciones restrictivas de la libertad, limitación de facultades y definición de flagrancia «*serán interpretadas restrictivamente.*»

5 «*La ley no fija norma alguna al efecto y deja a la libre apreciación del juzgador, según el caso, resolver si el tiempo transcurrido entre la perpetración del delito y el del encuentro del presunto autor, luce o no inverosímil.*» Id.

6 Aunque no renuncia a la mediación de pruebas convencionales, como los testigos que luego reconocen al sujeto, que permiten vincular la percepción coetánea del hecho con una identificación posterior, o proseguir sin solución de continuidad la persecución. Ib.

7 Ib. Pp. 22 y 24. Entre sus argumentos: «*Se trata de una persecución en caliente, que puede durar tiempo y que hasta momentáneamente se suspende, por falta de recursos policiales o personal dispuesto, pero que no por ello pierde su naturaleza de persecución de quien cometió un delito in fraganti.*» P. 22.

Si bien Cabrera Romero discurre con consideraciones casuísticas o ejemplificativas, se puede intentar establecer las categorías de persecución con aprehensión que considera válidas.

La primera consiste en la continuación ininterrumpida de la persecución desde su percepción. La segunda es la interrupción de la persecución con subsistencia de los elementos que permiten identificar posteriormente al aprehendido como aquel que fue inicialmente perseguido. En tercer término, está la figura que llama el «merodeador», etiqueta del supuesto de conducta que prevé el artículo 234 del estatuto procesal.[8] La cuarta y última categoría autoriza la detención y persecución sin orden judicial, porque el hecho fue captado y almacenado por instrumentos que permiten ubicar e identificar al autor o partícipe, ya que, a su juicio, «***no puede argüirse que la flagrancia debe ser interpretada restrictivamente***, *porque la* ***flagrancia*** *–como estado probatorio– en la actualidad* ***puede manifestarse en otras formas y medios***.»[9]

Recurre al ejemplo de la captación fotográfica del suceso criminal o de otros medios que permitan «*presencias colectivas, a distancia*»**, en tanto que las mismas se difundan pública**mente[10], asunto que trata en un discurso escasamente diáfano, tanto por lo anecdótico, como por la sensible carencia de conceptualizaciones que estructuren su tesis.

En definitiva, lo fundamental es la transmisión masiva de las imágenes, que no ocurre con la fijación fotográfica, aclara, a diferencia de la transmisión televisiva del delito y su percepción masiva: «*Mayor flagrancia no puede haber, ya que es colectiva. El delito en toda su*

---

[8] « *Para los efectos de este Capítulo, se tendrá como delito flagrante el que se esté cometiendo o el que acaba de cometerse. También se tendrá como delito flagrante aquel (...) en el que se le sorprenda a poco de haberse cometido el hecho, en el mismo lugar o cerca del lugar donde se cometió, con armas, instrumentos u otros objetos que de alguna manera hagan presumir con fundamento que él o ella es el autor o autora.*»

[9] Ib. Pp. 64-65. He destacado. En estos casos, añade, puede que no ocurra de inmediato la aprehensión, pero «las imágenes pueden ser el punto de partida de una persecución sostenida, que comienza con la identificación o búsqueda del autor cuya imagen se capta cometiendo el delito.» Ib. P. 68.

[10] Agrega que la «*presencia a distancia*» *no es un fenómeno exclusivo de los tiempos que corren, sino que si una persona provista de unos binóculos, que no son artefactos de la tecnología contemporánea, presenciaba un delito en un sitio lejano, se movía y atrapaba al delincuente, era un caso de flagrancia. Ib.*

extensión es percibido coetáneamente con su ejecución por los televidentes, quienes además obtienen la vivencia del mismo porque en cierta forma están en el lugar del hecho delictivo»[11]

Tales transmisiones, afirma, son hechos notorios comunicacionales[12], cuando se transmiten al unísono por medios, aunque advierte que es necesario presentar una copia certificada como prueba de doble propósito «para la flagrancia si es que hacen falta detalles y, mediatamente, para el fondo.» El mismo razonamiento opera respecto a la Internet, en razón de que cámaras colocadas en vías públicas pueden captar y reproducir la imagen de los sucesos en el lugar que cubre el aparato.[13]

En todos los casos, subraya, la persecución no proviene de cualquier juicio subjetivo, sino que cuenta con un «*fundamento razonable*», en razón de que el aprehensor vio el suceso en pleno desarrollo, o bien que se acaba de cometer, o bien porque emana de la persecución por la policía, por varias personas o por el clamor público, o bien porque esté merodeando por el sitio a poco de haberse perpetrado, con signos objetivos de participación en el hecho.[14]

En su más restringida síntesis, el argumento de Cabrera Romero amerita al menos dos observaciones. La primera, al parecer de menor importancia, respecto al significado del término «*merodeador*», que desvincule la percepción del sujeto de la percepción del hecho, tesis que el texto legal puede cobijar. La segunda tiene que ver con la per-

---

[11] Ib. P.68. Alberto Arteaga Sánchez ha expresado su discrepancia con la tesis de Cabrera Romero en cuanto la equiparación a flagrancia y, por tanto, legitimante de la detención en cualquier momento y sin orden judicial con base en la captación del hecho por cámaras. Conf. Alberto Arteaga Sánchez, *La flagrancia según Jesús Eduardo Cabrera Romero*. P. 347.

[12] Es una figura de creación jurisprudencial como una especie de los hechos notorios. Afloró en la decisión Nº 98 del 15-3-00, con ponencia del mismo Cabrera Romero. Sobre la notoriedad vale recordar a Bentham cuando afirma que en materia judicial «*resulta precisamente muy sospechosa. Es un pretexto muchas veces utilizado cuando no hay asomo de prueba o cuando la prueba se hace demasiado difícil.*» Conf. Jeremías Bentham. *Tratado de las pruebas judiciales*. Vol. I. P.97.

[13] Ib. Páginas atrás afirma con contundencia: «*En nuestro criterio, resulta ilógico que porque no haya detenidos, un hecho delictivo captado en toda su extensión por una o varias personas, si es conocido por las autoridades policiales o el Ministerio Público, pierda la naturaleza de flagrante, y el autor identificado no pueda detenerse donde se le halle, sin orden judicial, a pesar de estar plenamente precisado.*» Ib. P. 32.

[14] Ib. P. 20.

secución discontinua, que, como hemos visto, no ocurre en la misma unidad de tiempo en la cual ocurrió el delito.

La conceptualización de la flagrancia como un **estado probatorio** permite la persecución y aprehensión con base en niveles de conocimiento que son propios de situaciones posteriores a la comisión del hecho, y lo que es más grave, sin su percepción. Esta tesis no la encuentro claramente asentada en el artículo anteriormente comentado, pero si reluce en una sentencia pronunciada por el mismo Cabrera Romero, poco tiempo después de la publicación de dicho artículo.

En la misma se lee:

Observa la Sala que, según la norma anterior [artículo 257, hoy 234], la definición de flagrancia implica, en principio, cuatro (4) momentos o situaciones:

1. Delito flagrante se considera aquel que se esté cometiendo en ese instante y alguien lo verificó en forma inmediata a través de sus sentidos.

La perpetración del delito va acompañada de actitudes humanas que permiten reconocer la ocurrencia del mismo, y que crean en las personas la certeza, o la presunción vehemente que se está cometiendo un delito.

Es esa situación objetiva, la que justifica que pueda ingresarse a una morada, establecimiento comercial en sus dependencias cerradas, o en recinto habitado, sin orden judicial escrito de allanamiento, cuando se trata de impedir su perpetración (artículo 210 del Código Orgánico Procesal Penal, publicado en la Gaceta Oficial Nº 3.558 Extraordinario del 14 de noviembre de 2001).

Ahora bien, existen delitos cuya ejecución se caracterizan por la simulación de situaciones, por lo oculto de las intenciones, por lo subrepticio de la actividad, y en estos casos la situación de flagrancia sólo se conoce mediante indicios que despiertan sospechas en el aprehensor del supuesto delincuente.

Si la sola sospecha permite aprehender al perseguido, como lo previene el artículo 248 del Código Orgánico Procesal Penal, y considerar la aprehensión de dicho sospechoso como legítima a pesar de que no se le vio cometer el delito, con mayor razón la sola sospecha de que se está perpetrando un delito, califica de flagrante a la situación.

No debe causar confusión el que tal detención resulte errada, ya que no se cometía delito alguno. Ello originará responsabilidades en el aprehensor si causare daños al aprehendido, como producto de una actividad injustificable por quien calificó la flagrancia.

… (omissis) …

De acuerdo a la diversidad de los delitos, la sospecha de que se está cometiendo y la necesidad de probar tal hecho, obliga a quien presume la flagrancia a recabar las pruebas que consiga en el lugar de los hechos, o a instar a las autoridades competentes a llevar a los registros e inspecciones contempladas en los artículos 202 y siguientes del Código Orgánico Procesal Penal. (Decisión No. 2580, de fecha 11-12-2001, ponente Jesús Eduardo Cabrera Romero[15]

Inspirada en esta decisión, y en la distinción entre delito flagrante y estado probatorio de la flagrancia, otra decisión, ahora proveniente de la Sala Plena, unifica la naturaleza sustantiva de una categoría de delito con la categoría de delito flagrante, luego de citar el fallo 272 del 15 de febrero de 2007, y amplios párrafos del artículo *El delito flagrante como un estado probatorio,* afirma:

> *"En casos de delitos permanentes es indicativo de una acción o estado que subsiste en el tiempo, es decir, de un comportamiento que se está ejecutando o perpetrando, de lo que podemos concluir en la compatibilidad de esta institución procesal con la flagrancia, concretamente a la definición legal del delito que se está cometiendo, así las cosas, de la particularidad de delitos permanentes resulta la compatibilidad entre la noción de permanencia que los caracteriza y la flagrancia, lo que nos lleva en un primer momento a la conclusión de que todos los delitos caracterizados por tal noción son flagrantes.*
> *En el caso de los delitos de asociación y de legitimación de capitales, resulta evidente que al comienzo de la consumación le sigue un estado antijurídico duradero por la prolongación de la conducta voluntaria del sujeto, de modo que el delito se agota solo cuando aquella se suspende, y en estos delitos el hecho lo caracteriza el estado antijurídico duradero que lo prolonga en el tiempo la*

[15] Conf. http://historico.tsj.gob.ve/decisiones/scon/diciembre/2580-111201-00-2866.HTM (He destacado)

> *conducta del sujeto, quien puede hacerlo cesar, y que, en la estructura del delito, se pone como requisito necesario.*
> *En relación al delito permanente Soler, 1963: 159, refiere "...en el delito permanente todos los momentos constitutivos de la continuidad o permanencia se entienden como su consumación, en tanto que en los delitos instantáneos la acción que lo consuma se perfecciona en un solo momento, debiendo destacarse que el carácter de instantáneo no se lo da el efecto que causa ni la forma como se realiza, sino que ello viene determinado por la acción consumatoria definida en la ley mediante el verbo rector. En tal sentido se afirma: ".existe delito permanente cuando todos los momentos de su duración pueden imputarse como consumación".*
> *En virtud de los razonamientos expuestos, resulta claro que la noción de delitos permanentes, lleva a la conclusión de que se tratan de delitos flagrantes. (Decisión Nº AA10-L-2017-000097. De fecha 17-8-2017. Ponente Juan José Mendoza Jover).[16]" (Negritas fuera del original)."*

En conclusión, según la Sala Plena, todo delito permanente es flagrante. Vemos así, como una condición procesal que legitima intervención de derechos fundamentales sin orden judicial, se sobrepone a una condición típica de conducta penal, y se soslaya la condición procesal: su percepción coetánea. Por tanto, si hay sospecha de delito permanente, hay flagrancia, *ergo,* procede la detención sin orden judicial.

2.2. Legislación

La flagrancia es una figura constitucional-procesal que aparece en distintas leyes. Voy a indicar tres de ellas.

2.2.1. Código Orgánico Procesal Penal

Varias de sus disposiciones incorporan el sustantivo «sospecha» o el adjetivo que le atañe, y no solamente cuando prescribe la flagrancia: artículos 133, último aparte; 191, único aparte; 194, encabezado; 200, encabezado; 234, encabezado y primer aparte; y 238.

[16] http://historico.tsj.gob.ve/decisiones/tplen/agosto/203196-66-16817-2017-2017-000097.HTML

2.2.2. Código Orgánico de Justicia Militar

"Artículo 205°
Se considera delito in fraganti:
1. El que se comete actualmente o acaba de cometerse.
2. Aquel por el cual el culpable se vea perseguido por la autoridad o señalado por la opinión pública; o se le sorprenda a poco de haberse cometido el hecho en el mismo lugar donde se cometió, con armas, instrumentos u otros objetos que de alguna manera hagan presumir con fundamento que él es el culpable".(He destacado).

2.2.3. Ley Orgánica sobre el Derecho de las mujeres a una vida libre de violencia

"Definición y forma de proceder Artículo 93.
Se tendrá como flagrante todo delito previsto en esta Ley que se esté cometiendo o el que acaba de cometerse. También se tendrá como flagrante aquél por el cual el agresor sea perseguido por la autoridad policial, por la mujer agredida, por un particular o por el clamor público, o cuando se produzcan solicitudes de ayuda a servicios especializados de atención a la violencia contra las mujeres, realizadas a través de llamadas telefónicas, correos electrónicos o fax, que permitan establecer su comisión de manera inequívoca, o en el que se sorprenda a poco de haberse cometido el hecho, en el mismo lugar o cerca del lugar donde se cometió, con armas, instrumentos u objetos que de alguna manera hagan presumir con fundamento que él es el autor.
En estos casos, toda autoridad deberá y cualquier particular podrá, aprehender al agresor.
Cuando la aprehensión la realizare un particular, deberá entregarlo inmediatamente a la autoridad más cercana, quien en todo caso lo pondrá a disposición del Ministerio Público dentro de un lapso que no excederá de doce horas a partir del momento de la aprehensión.
Se entenderá que el hecho se acaba de cometer cuando la víctima u otra persona que haya tenido conocimiento del hecho, acuda dentro de las veinticuatro horas siguientes a la comisión del hecho punible al órgano receptor y exponga los hechos de violencia relacionados con esta Ley. En este supuesto, conocida la comisión del hecho punible el órgano receptor o la autoridad que tenga

conocimiento, deberá dirigirse en un lapso que no debe exceder de las doce horas, hasta el lugar donde ocurrieron los hechos, recabará los elementos que acreditan su comisión y verificados los supuestos a que se refiere el presente artículo, procederá a la aprehensión del presunto agresor, quien será puesto a la disposición del Ministerio Público, según el párrafo anterior". (He destacado)

Como vemos, solo el Código Orgánico Procesal Penal relaciona la flagrancia con la «*sospecha*».

La intromisión en el goce y ejercicio del derecho de libertad es una de las manifestaciones más agudas del poder en la esfera de los derechos individuales, de allí que procederé a un breve examen sobre el concepto de poder, para esclarecer su vínculo con la «*sospecha*».

3. PODER Y SOSPECHA

3.1. Del poder en general

Del poder es mucho lo que se ha reflexionado, padecido y escrito, y escapa a los límites de este artículo un estudio apenas introductorio sobre el mismo, sin embargo, es preciso resaltar algunos de los enfoques que sobre él se han elaborado, pues resulta muy basto limitarse a la indicación que la sospecha es fuente del poder represivo del Estado, no sin antes algunas precisiones que perfilen con mayor definición el rostro del poder.

El poder, como todo fenómeno humano, es susceptible de ser examinado desde distintos puntos de vista, especialmente por su función de interconexión en la vida de relación. Toda organización social mantiene alguna relación de poder, por precaria que sea, y frente a él se generan, por eso mismo, distintos modos de conexión.

En su interioridad, esfera psíquica, el individuo gesta y vive experiencias de poder en su relación objetiva con el mundo externo que dan lugar a la aparición de la *sensación de poder* cada vez que actúa para la satisfacción de sus instintos, mediante la apropiación de objetos que generan dicha sensación. Pero, no es suficiente la satisfacción inmediata, sino que la misma se tiende a perpetuar para asegurar el placer y, además, satisfacer la necesidad de seguridad. El apoderamiento de los objetos gratificantes de instintos es también satisfactorio del ansia de seguridad ante un mundo incierto: «*La voluntad de poder exige hacer eterno el instante, como expresión del instinto que busca siempre el «sí» de la realización del mismo en el acto.*»[17]

Analizada esta sensación en el ámbito de lo mental, significa que cada vez que el sujeto es estimulado por el entorno con la percepción de objetos, hay lugar a dos momentos: el pasivo y el activo. En el primero, el individuo deja que los sucesos transcurran; mientras que en el segundo se escenifica el esfuerzo por encontrarse con el objeto de los sucesos, que se transforma en «real» y suscita acción, pues un querer sin acto es simple fantasía. Esta acción se enfrenta a una cierta resistencia del objeto, cuyo vencimiento genera el placer del poder, por eso el poder busca lo que se le resiste, para vencerlo. Este esfuerzo se considera como la base de la cultura y hace del esfuerzo parte del trabajo.[18]

De modo similar, se expresa Bertrand Russell cuando afirma: «*Entre los deseos infinitos del hombre, los principales son los deseos de poder y de gloria. No son idénticos, aunque están estrechamente aliados: el primer ministro tiene más poder que gloria, el rey tiene más gloria que poder. Por lo general, sin embargo, el camino más fácil para la gloria es obtener el poder.*»[19]

Considerado el poder en su perspectiva psíquica, como la sensación de placer que mana del esfuerzo para vencer la resistencia del objeto por cuya resistencia se apetece, no es difícil relacionarla con la acción represiva de los agentes subjetivos del poder punitivo que desarrolla la sensación placentera del dominio sobre otro. Ahora, en la medida en que se trate de un ejercicio en el seno de una sociedad jurídicamente organizada, es decir, trazada alrededor del respeto del goce y ejercicio de los derechos de los individuos que la componen, las acciones del placer del poder han de ser reguladas y controladas, a fin de que los agentes del poder no actúen solo bajo el imperio de la satisfacción de sus instintos primarios de dominio.

---

[17] Conf. Leonardo Iglesias, *Psicología de la voluntad de poder.* P.p. 86 y 87.

[18] Id. Agrego que la voluntad de poder es una de las condiciones de la civilización, pero no es la única, ni tampoco explica en su totalidad la diversidad fenoménica de las civilizaciones.

[19] Conf. Bertrand Russell, *El poder. Un nuevo análisis social.* P.12.

Esta última frase se desprende de los antes expuesto por Iglesias y Russell que colocan la voluntad de poder en el centro de la acción humana, lo que a su vez lleva a la tesis de colocar dicha voluntad como «*concepto fundamental de la ciencia social... en el mismo sentido en que la Energía es el concepto fundamental de la física.*»[20]

La condición de posibilidad de la voluntad de poder consiste en una relación primaria de desigualdad: «*...hay poder siempre que se produce una situación de* ***desigualdad,*** *sea esta social, sexual, geográfica o cultural. Poder es potestad, poderío, prepotencia, preponderancia, dominio, mando, privilegio, pero sobre todo* ***superioridad; todo poder es una conspiración permanente contra el débil****. Y cualquier ciudadano es débil respecto a otro o alguna situación.*»[21]

Si el poder significa una relación asimétrica, es decir, de desigualdad, entonces puede ser empleada en beneficio o en perjuicio del débil, y es el último sentido donde es pertinente el juicio peyorativo de Estefanía, recién citado. Sin embargo, afirmar que el poder es moralmente neutro en sí, porque puede ser en beneficio o en perjuicio, deja en el aire algo tan importante como es el criterio del bien y del mal y de quién es el decisor, tema que escapa muy largamente de los objetivos mucho más modestos de este trabajo, mas lo cierto es que en la dimensión sociopolítica del poder, es preciso prever posibles desvaríos, ante los cuales conviene instituir canales y correctivos constituidos fundamentalmente por los derechos individuales, sus normas y garantías de protección.

El poder dirigido contra el derecho a la libertad, el respeto a la dignidad y el de intimidad exige ser medido, controlado y revisado porque es muy propenso a extralimitarse por la interferencia del elemento político que propende a intervenir en el goce y ejercicio del estatus de libertad de los ciudadanos. Esos mecanismos de medición, control y revisión los estructura el Derecho y la ciencia jurídica le corresponde estudiarlos, ordenarlos y estructurarlos.

El Derecho es la sociedad en cuanto su organización, fundamentalmente en orden a las relaciones de poder presentes en la interacción de sus elementos. Por eso, estudia la sociedad en su modo (socio) norma-

---

[20] Conf. Bertrand Russell. Op. Cit. P. 12.

[21] Conf. Joaquín Estefanía. *El poder en el mundo.* P.22. Destacados en el original.

tivo como su objeto. De donde se sigue que la ciencia del Derecho no es una ciencia social como tal, al modo de la sociología, sino que forma parte del universo preceptivo que comparte con la ética y la estética, aunque de diferente modo y respectivas distancias respecto a una y otra.

Si la sociedad es objeto en segundo plano del saber jurídico, y en la sociedad el poder ejerce rol definitorio de sus relaciones. Siendo así, el estudio del poder ocupa un lugar importante en el conocimiento de la sociedad, mas también en el mundo del Derecho, sobre todo cuando el poder se ejerce de manera inmediata sobre las personas y sus derechos.

Un acercamiento al conocimiento del poder, en perspectiva sociológica y psíquica, revela que involucra la obediencia, que proviene del reconocimiento de la legitimidad del dominio, que la es *Autorität* como poder reconocido cuya legitimidad generadora de obediencia proviene de determinadas creencias. En efecto, la *Autoritat* no es simplemente *Macht*, fuerza, sino legitimidad de dominio a la cual el sujeto se somete según unos determinados motivos –que van desde la mera costumbre hasta la razón instrumental–, que inducen al reconocimiento, sin el cual no hay obediencia debida. Por tanto, la relación legítima del dominio no es unidireccional, del poder al sujeto, sino que este último entra en la relación asistido por «u*na mínima voluntad de obedecer, es decir, un interés –material o espiritual– en obedecer*.»[22]

Por tanto, hay un ligamen en tal enfoque entre la legitimidad del dominio que ejerce el poder y el mundo jurídico, pues como agrega las condiciones de la obediencia se basa en el reconocimiento de la *Autorität* o dominación, entre cuyas especies se encuentra la racional, que es la aceptación de la legalidad del ordenamiento jurídico y del derecho de dar órdenes por parte de quien las imparte.[23]

Lo cierto es que el Derecho comprende la actuación y regulación del poder. En cuanto actuación, el poder actúa en el Derecho, y el De-

[22] Conf. Max Weber, *Sociología del Poder. Los tipos de dominación.* P.59. Cursivas en el original.

[23] Las condiciones de la obediencia basada en el reconocimiento de la *Autorität* o dominación dan lugar a varios tipos de dominación legítima, además de la racional. Así, la tradicional, que es la que otorga un carácter sagrado a las tradiciones que extiende legitimidad a los que ejercen la autoridad; carismática, que se apoya «en la entrega extraordinaria a la santidad, heroísmo o ejemplaridad de una persona y del ordenamiento creado o revelado por esta persona.»Id. P. 65.

recho es poder; y en cuanto regulación, el poder es controlado por el Derecho, al menos en las organizaciones sociales que han alcanzado altos niveles de civilidad y humanidad, en las cuales ocurre una relación muy cercana a la simbiosis, entre norma jurídica y poder, pero sin que el dominio, sustancia del poder, se agote en el Derecho.

El anterior esbozo de los enfoques psíquicos, políticos y sociológicos del poder, busca realzar la relevancia del poder en la esfera del ejercicio del poder investigativo del Estado, propio de facultad cognoscitiva de sus órganos, surgida tantas veces de la sospecha.

3.2. Del poder punitivo y la sospecha

Como hemos apuntado, la «*sospecha*» en su sentido más general, puede ser vista desde la perspectiva de la facultad cognoscente y anímica-volitiva del ser humano. Además, puede integrarse, más allá de su inclusión en tipos penales, al ejercicio material del poder punitivo-represivo del Estado que le permite privar fácticamente de libertad al ciudadano o perseguirlo con el mismo fin.[24] Es el poder estatal en su máxima expresión, si excluimos el ejercicio de la fuerza militar o de la pena de muerte.

La concepción liberal de la relación Estado-sociedad reclama la fundamentación ética-política del ejercicio del poder político, en todas sus fases, incluyendo la punitiva, a fin de evitar que su empleo arbitrario menoscabe la integridad del goce y ejercicio de los derechos humanos, cuyos titulares esperan de su organización política-jurídica anillos de protección, defensa y condiciones propicias de desarrollo e interacción. Por tanto, todo uso del poder estatal que contradiga tales propósitos y funciones se convierte en ilegítimo, cuando no delictivo, frente al cual el ciudadano le asisten sus derechos de defensa.

La «*sospecha*» como base del ejercicio del poder en general, y del punitivo en especial, se asocia históricamente a procesos autoritarios y

[24] El poder punitivo se constituye en distintos niveles: define conductas, amenaza con penas, aplica y ejecuta las penas privando o restringiendo derechos; pero aun antes de la ejecución de penas, el Estado puede ejercer su poder de un modo análogo: privando de libertad, interviniendo en la esfera de los derechos o restringiéndolos, sin el fundamento de una sentencia definitivamente firme.

totalitarios, pues de suyo ella es psicológicamente entendida una intuición que, en manos del poder, si no hay controles eficaces, fácilmente deriva en abusos y crímenes, pues, como la historia enseña, los tiranos son seres sumamente inseguros a quienes la sospecha de infidelidad o desobediencia de sus órdenes les resulta intolerable.

En el orden jurídico-penal, la sospecha, como ya se vio, puede actuar como propulsor de intervención de derechos fundamentales, de la cual la flagrancia es una de sus más graves manifestaciones, pero no es solo porque las normas jurídicas abriguen la sospecha en su conformación, sino también porque ella es propia de la intuición policial que, de no ser controlada, puede llevar a detenciones injustas, alimentadas por la sensación placentera del dominio.

Como ya vimos, el poder es voraz en su dimensión instintiva de apropiación y perpetuación ante el objeto resistente que se pretende vencer, y cuya resistencia exalta la fuerza de dominio. Por tanto, puede decirse que la relación entre la acción de aprehensión y el aprehendido puede surgir de la sospecha surgida de la imaginación, experiencia y deseos de dominio del aprehensor. Es decir, la satisfacción placentera del dominio, que tiene su génesis en una irritación celular que despierta la percepción de un fenómeno, intelectualmente se transforma en «*sospecha*» por la resistente apetecibilidad del objeto ideal que se prende al acto concreto de vencimiento del aprehendido.

El agente de la aprehensión puede actuar con base en la sospecha de que concurren condiciones normativas que legitiman el vencimiento de la libertad o de otros derechos del sujeto dominado. Por supuesto, estamos ante un nivel básico de actuación que en sí mismo parece extraño al Derecho, pues para este son indiferentes las sensaciones de placer o de sufrimiento, salvo que se manifiesten como motivo o fines de acciones dañosas a terceros.[25]

[25] Los sentimientos en sí mismos pertenecen al campo de la religión, la moral, la ética y la estética, y solo son relevantes para el Derecho Penal, cuando su reprochabilidad se asocia a acciones dañinas a terceros, en tanto esos sentimientos los ubique dentro del marco de esas acciones como condicionantes relevantes, casi siempre por su función impulsora de tales acciones. Así, por ejemplo, para el Derecho Penal es significativo el sentimiento de codicia en el delito de ultraje al pudor, en su segundo supuesto, del artículo 381; pero no lo es en la figura básica del delito de incendio, del artículo 344, ambos del Código Penal, aunque de concurrir daría lugar a la agravante genérica del numeral 2° del artículo 77 *eiusdem*.

La sospecha impulsora de la intervención en la esfera de derechos ajenos nutrida por la sensación placentera del ejercicio del poder que derrota la incolumidad de los derechos ajenos, es un sentimiento que puede darse en el ejercicio de los poderes de detención de los funcionarios policiales, e incluso de particulares cuando están facultades para aprehender, flagrancia, por ejemplo. Sin embargo, este sentimiento no es en sí mismo relevante para el Derecho, para el cual solo importa la acción en cuanto intervención injusta, o sea, constitutiva de delito[26], aunque esa emoción puede impulsar la acción de injusta intervención.[27]

El ejercicio del poder punitivo en cualquiera de las fases procesales, desde la inspección, pasando por la detención *in fraganti* y la cautelar, hasta su definitiva declaración y ejercicio en la conclusión y ejecución de la sentencia condenatoria definitivamente firme es de hecho una relación desigual, en lo que tendría razón Estefanía en su discurso peyorativo del poder. Sin embargo, el Derecho interviene para que en esa asimetría se respete un equilibrio en el ámbito de los derechos, lo que supone que la sospecha no puede, en el Estado de Derecho, ser la base de sustentación de todo el proceso de intervención, sino que se exige que se reelabore como juicio de presunción razonable, conforme a ciertas reglas sobre el proceso cognoscitivo y acción subsecuente, que conjuren un eventual abuso de poder. Por tanto, el Derecho ha de estar atento para no dar pábulo y vigor a la sospecha, más allá de un primer instante, cuando debió someterse a un proceso más complejo intelectual y materialmente hablando. En conclusión, la sospecha como fuente primaria y precaria de conocimiento no genera una relación de dominio sobre el sujeto de derechos, en un Estado de garantías.

Es su reelaboración cognoscitiva mediante la aplicación de normas jurídicas, la que da lugar a la legitimidad de su actuación y a la aceptación de obediencia, y entonces prefiero llamarla «duda». De no ser así,

---

[26] Privación ilegítima de libertad, artículo 176; o abuso de autoridad, artículo 69 del Decreto con rango, valor y fuerza de ley de reforma de la Ley contra la corrupción, por ejemplo. Si bien el sentimiento que acompaña la acción injusta no es relevante para la tipificación del hecho, la misma es explicable, ética y psicológicamente hablando, según tal sentimiento.

[27] Que para el Derecho Penal no es significativa la emoción del aprehensor para determinar la arbitrariedad con ocasión de una situación de flagrancia, sino la objetividad de su improcedencia, no implica que sea innecesaria su referencia para el desarrollo de esta colaboración.

puede ocurrir el no-reconocimiento de la legitimidad de la acción del órgano del poder punitivo por la falta de sustentación en la legalidad, frente a la cual cabe justa resistencia a la autoridad[28]. Ahora, hasta qué punto el reconocimiento de la legitimidad se apoya en la legalidad formal y qué se entiende por ella, es un asunto a explorar en un desarrollo de ideas que no corresponde en propiedad a este trabajo, no obstante su proximidad.[29]

La reelaboración cognoscitiva de la sospecha normativamente considerada se corresponde con ciertos estándares jurídicos que actúan como modelos del razonamiento del órgano del poder estatal, que son correspondientes a los conceptos de presunción (razonable) a las que el mismo Código Orgánico Procesal Penal recurre para sustentar de razonabilidad ciertas actuaciones estatales, como ocurre, por ejemplo, en los artículos 204 y 236. De igual manera, cuando se provee de su similar, el adverbio «razonablemente», que aparece en los artículos 242 y 300; o bien de otras voces cercanas como «prudente», que se localiza en los artículos 250 y 363; y «razonable» o «razonablemente» que ilustran los artículos 204, 236, 242 y 300, varios de ellos remitidos al ejercicio del poder interventor del Estado en la esfera de los derechos individuales.

En pocas palabras, el poder punitivo del Estado debe ser racionalmente ejercido, y esto no solo significa que la razón lo dota de legitimidad, y por tanto le confiere dominio –exigencia de obediencia–, sino que también se trata de un conjunto de acciones que intelectualmente se sustentan en formas jurídicas.

---

[28] En este punto, son importantes los delitos de resistencia a la autoridad del artículo 218, y de pesquisa personal arbitraria del artículo 178, ambos del Código Penal. Su estudio escapa a los límites y objetivos de este trabajo.

[29] Según Weber, «En el caso de la dominación legal, la obediencia se presta a un *ordenamiento* legal *impersonal* y objetivo y a *las personas* establecidas por ese ordenamiento en virtud de la legalidad formal de sus órdenes y dentro del ámbito de esas personas» Conf. Op. Cit. P.65. (Cursivas en el original). La legalidad formal puede limitarse al cumplimiento de ciertas objetividades sometidas a la percepción del ciudadano, aunque sean sustancialmente injustas; pero también puede asociarse al cumplimiento de las normas reguladoras del comportamiento del órgano del poder que integran la exteriorización de ciertas condiciones, con elementos más sustantivos. El asunto trasunta hacia la subsunción de la situación según la tipicidad como hacia el ejercicio de legítima defensa frente a acciones interventoras abusivas. Como puede observarse, es una temática sumamente compleja.

3.2.1. De la sospecha del poder a la duda, el indicio, la presunción y la razonabilidad

La sospecha inicial del órgano del poder punitivo al someterla al proceso intelectivo de la razonabilidad[30] se hace duda, guía de la acción investigadora, que da lugar a presunciones formadas a partir de hechos configurados como indicios. Este proceso da por resultado un cierto grado de certeza que legitima acciones sucesivas de intervención en la esfera de los derechos fundamentales.

Algunas palabras sobre los conceptos de indicio y presunción que recién aparecen.

3.2.1.1. Del indicio y la presunción

En lenguaje vulgar, dice Jesús Sáez Jiménez, indicio equivale «a cualquier acción o señal que da a conocer o entender alguna cosa, generalmente oculta.»[31]

El indicio jurídicamente considerado, y continuamos siguiendo al mismo autor, es un concepto con distintos elementos: a) el fáctico, que es el hecho que denuncia el hacer o no hacer de una persona; b) el racional: interviene el discurso lógico que dota al hecho de densidad y contenido suficientes para que sirva de base a la racionalidad que la Ley exige; c) el propiamente jurídico, en virtud del cual las indicaciones del hecho se trasladan a la figura típica.[32]

Germán Pabón Gómez propone la analogía entre las fases del conocimiento científico y el que corresponde al proceso judicial, pues en ambos se presenta un tránsito dialéctico desde la ignorancia y la duda hacia la verdad y la certeza: a) fase sensorial; b) fase de abstracción; c)

---

[30] La razonabilidad es la cualidad fundamental del razonamiento jurídico desde sus momentos iniciales, como son aquellos que tocan a la investigación penal, hasta el culminante de la emisión de la sentencia, que trasciende a su ejecución si de condenatoria se trata. La razonabilidad responde al pensamiento articulado, estructurado, pero no apodíctico al modo del lógico-formal de la matemática, por ejemplo. Sin embargo, su expresión es racional, es lógica, no por su elaboración, sino por su manifestación. Es por ello que hemos privilegiado la voz que atiende a la cualidad prudencial de la razón, antes que a la propiedad más puramente lógica como la «racionalidad».

[31] Conf. Jesús Sáez Jiménez, *Enjuiciamiento Criminal. Comentarios prácticos a la L. E. Crim. referidos a la Ley de Urgencia.* P. 357. Por esa condición de «señal» de lo «oculto», consideramos preferible el concepto de signo.

[32] Id. P. 358.

fase conceptual; d) fase de verificación, que en lo sustancial coincide con la menos elaborada de Sáez Jiménez.[33]

El primero ocurre en la fase sensorial, que se proyecta en el recaudo de objetos que reflejan tanto lo objetivo como lo subjetivo de un hecho criminal, más ello no es suficiente para avanzar hacia el conocimiento, pues, citando a Rosental, hay que «penetrar en las profundidades de las cosas, distinguir en ellas sus lados esenciales y no esenciales, diferenciar lo exterior frecuentemente ilusorio engañoso de los interno, lo más importante y decisivo de las cosas»[34].

Se pasa entonces a la fase de abstracción, en la cual se seleccionan los hechos que guardan relación directa con el problema que se investiga, que es la que le permite al investigador ir examinar el objeto de su investigación como un todo, pero con la atención centrada en el tipo legal y en las relaciones causales[35].

En la etapa conceptual se define la situación jurídica, aunque se trata de una fase cambiante, susceptible de cambios y modificaciones, como se observa en el cambio de contenido y sentido entre las decisiones que se adoptan para dictar una medida cautelar, o para acusar o sentenciar[36]. En nuestra opinión, es en esta etapa cuando se forman las presunciones, por lo que no son lo mismo indicios y presunciones, tal como lo sostiene, por ejemplo, Muñoz Sabaté[37], para quien el indicio no representa ningún razonamiento discursivo ni categoría especial de inferencia, a diferencia de la presunción que parte de la afirmación base del indicio, que no es más que el hecho base, como se desprende incluso de su etimología: *inde dico*, «*de allí digo*»[38], opinión que comparto.

---

[33] Conf. Germán Pabón Gómez. *Lógica del indicio en materia criminal*. P. 43.

[34] Id. P. 47

[35] Ib. Pp. 50 y 51.

[36] Ib. P. 58.

[37] Conf. Luis Muñoz Sabaté, *Técnica Probatoria*. P. 241. En Venezuela, Salcedo Cárdenas precisa que el indicio es la prueba indirecta del hecho y su autoría, es el «hecho conocido y probado» que lleva a un «hecho desconocido», a través de una presunción judicial que, según agrega, se alcanza mediante un razonamiento lógico que es inductivo-deductivo y científico. Conf. Juvenal Salcedo Cárdenas, *Los indicios son prueba*. P.26. De donde interpreto, que, en su opinión, la prueba es el indicio mediante el proceso lógico de que es objeto. Creo que es más preciso, si se distingue el indicio como hecho o signo, y que la prueba es la presunción resultante de un proceso cognoscitivo que le brinda significado probatorio.

[38] Conf. Luis Muñoz Sabaté. Op. Cit. P. 241.

Por último, tenemos la verificación, que conduce al establecimiento de la verdad, con todos los graves problemas teóricos y prácticos que entraña, con la cual se determina la aplicación de la hipótesis mediante la prueba práctica. Es la etapa más importante en el proceso de conocimiento, pues este tiene como objetivo fundamental comprobar la validez o no del contenido de los conceptos.[39]

Como podemos concluir, el entrelazamiento sucesivo de las fases de la duda para arribar a un grado de conocimiento según los indicios que dan lugar a las presunciones, está hilvanado por la razón que escruta, combina y concluye, mas como no se trata de una razón sujeta a leyes de necesidad, sino de probabilidad de acción humana, es entonces la razón razonable y no la razón apodíctica la que priva en este proceso.[40]

En síntesis, el proceso judicial, en cuanto método de conocimiento, transcurre también en distintos momentos conectados entre sí. Ese conocimiento, que varía en grado según corresponda a las distintas etapas procesales, es la base de los distintos juicios, decisiones y acciones consecutivas que las constituyen, entre ellas los actos de investigación, que ocurren primordialmente en la fase preparatoria, y que por su alcance afectan los derechos individuales. Es durante esta etapa cuando ocurren las intervenciones más profundas del poder punitivo sobre la libertad, dignidad y privacidad, excepción hecha, por supuesto de la ejecución de la sentencia condenatoria, que muchas veces es la prolongación de medidas interventoras previamente adoptadas.

Estos actos provienen de procesos cognoscitivos que deben adoptar una forma racional desde una expresión de voluntad apenas formalizada, pues se ejecutan casi a la vez del acto mental que la impulsa, hasta

---

[39] Conf. Germán Pabón Gómez, Op. Cit. P. 59.

[40] Que lo decisivo en materia indiciaria es el proceso mental al cual se somete ha sido destacado también por jurisprudencia del máximo tribunal peruano:« *En general, la prueba indiciaria consiste en establecer relaciones entre los indicios –hechos conocidos– y el hecho desconocido que investigamos; al respecto el Tribunal Constitucional y nuestra Corte Suprema de Justicia han coincido en sostener que lo relevante en la aplicación de la prueba indiciaria es el razonamiento lógico que damos a los indicios fehacientemente probados, debiéndose ser, siempre una inferencia lógica–razonada*»
Conf. Daniel Pisfil, "La prueba indiciaria y su relevancia en el Proceso Penal". *Revista de la Maestría en Derecho Procesal.*

actos más rígidos en sus requisitos, ambos provenientes de un esquema intelectual razonable. Entre los primeros, por ejemplo, la inspección en un lugar o sobre un individuo, y entre los segundos, las sentencias, o algunas algo menos las que corresponden a la solicitud y acuerdo de medidas cautelares. La intensidad de la intromisión en el goce y ejercicio del derecho es lo que explica, en la mayoría de los casos, la mayor o menor exigencia formal, y es la «sospecha», por su propia constitución, la más alejada a la formalización.

En conclusión, los actos de investigación se deben sustentar en presunciones razonables que derivan de un proceso cognoscitivo sobre signos de hechos, cuyo significado se establece progresivamente en formas sucesivas de juicios de mayor extensión que van configurando tales presunciones cuya razonabilidad es determinante para ejecutar distintos actos de privación y restricción de la libertad, así como de intromisión en el goce y ejercicio de otros derechos humanos. Como señalé al comienzo, la relación entre estos actos y la sospecha, es determinante para establecer su legitimidad.

4. ACTOS DE INVESTIGACIÓN. MARCO NORMATIVO

La actividad investigativa del Estado está regulada básicamente por el Código Orgánico Procesal Penal, particularmente en sus dispositivos sobre la actividad probatoria (artículos 186 y siguientes), la aprehensión por flagrancia y privación judicial preventiva de libertad (artículos 234, 235 y 236 y siguientes), así como en el Título I (Fase Preparatoria) del Libro Segundo (artículos 262 y siguientes). Igualmente, en la Ley Orgánica del Ministerio Público, la Ley del Cuerpo de Investigaciones Científicas Penales y Criminalísticas y la Ley orgánica del Servicio de Policía y del Cuerpo de Policía Nacional, y por supuesto, con fundamento en el reconocimiento y respeto a los derechos fundamentales que expresa la Carta Magna en su Capítulo III (De los derechos civiles) del Título III (De los derechos humanos y garantías, y deberes).

La validez de estos actos está condicionada a la licitud de la obtención de los elementos que los fundamentan y a su incorporación, cuyo norte es el respeto a los derechos fundamentales y a las formas establecidas legalmente[41], lo que también rige para los actos de aprehensión y detención que son los que actúan directamente sobre la libertad ambulatoria. Veamos ahora, brevemente, algunas referencias a actos interventores de derechos. En primer lugar, la flagrancia.

4.1. Actos de privación y restricción de la libertad. Flagrancia.

La libertad es tan un valor como un principio y, por supuesto, un concepto. Su naturaleza multiforme depende del contexto donde se ubique. Desde un ángulo antropológico, es un estado o condición humana según su compleja realidad (mental, espiritual, física), de allí que se pueda hablar de libertad de conciencia, de religión, de expresión, entre otras muchas otras opciones semánticas y conceptuales.

Esa doble condición abstracta-concreta no facilita determinar una diferencia estrictamente empírica entre privación y restricción, pues en lo que concreto prive, en lo abstracto limita. Por tanto, la mejor manera de avanzar es la propuesta de Rebato Peño, en el sentido de entender por privación toda detención ordenada por un órgano del Estado en la ejecución de un procedimiento legalmente previsto que declara la vinculación del sujeto con un hecho punible.[42] Así, se relaciona el elemento abstracto y general (Ley) con una condición fáctica, la detención

Sobre la delimitación con los actos de restricción, su propuesta es la siguiente: *«... las restricciones de libertad tendrán una duración muy limitada en el tiempo, y entendemos que se deberán realizarse en el mismo lugar en que se retiene el sujeto, si aquella conlleva un desplazamiento o traslado forzoso a otro lugar ya no estaríamos ante una restricción de la libertad, sino ante una privación de la libertad.»*[43] Aclara que, en muchas ocasiones, las restricciones de la libertad tienen finalidad distinta a la privación de libertad, pues se relacionan con la

---

[41] Artículo 181 del Código Orgánico Procesal Penal.

[42] Define la detención en sentido estricto, inspirada en cita de Gimeno Sendra, como la medida que pueden dictar órganos como la autoridad judicial y otras, consistente *«en la privación de libertad como consecuencia de su vinculación a un hecho delictivo.» Por lo que, explica, está «estrechamente conectada a un eventual proceso penal que podría surgir o no, por la presunta comisión de un hecho punible.»* Conf. María Elena Rebato Peño, *La detención desde la Constitución.* P. 34 y 35.En nuestro ordenamiento jurídico, sólo la autoridad judicial es la que puede ordenar la detención así definida.

[43] Id. P. 40.

actividad gubernativa dirigida al mantenimiento del orden público, la paz social y la seguridad ciudadana. Por lo que la diferencia proviene de la naturaleza, finalidad, duración, efectos y ejecución. Es, entonces, una diferencia de grado.[44]

En mi opinión, el traslado desde el sitio inicial de la restricción, donde ocurrió el registro, por ejemplo, hasta el lugar de reclusión sigue siendo restricción y no privación, por una razón normativa: no ha sido ordenada por la autoridad judicial, aunque, desde el punto de vista material no haya diferencia de percepción por quien la padece y su entorno.

El acto de restricción de libertad (aprehensión) por excelencia es el que ejecuta la autoridad o un particular por flagrancia[45]. En tanto que la privación de libertad (detención) es la ejecución de un auto de privación judicial privativa de libertad[46], y fue sobre la primera que disertó Cabrera Romero en el artículo parcialmente reproducido al inicio, a su vez, origen de las decisiones del Tribunal Supremo de Justicia a las que antes nos referimos.[47]

Tanto la doctrina como la jurisprudencia que hemos comentado, se sustentan en la concepción sustantiva de la flagrancia, diferente de su estado probatorio, cuando lo cierto es que la flagrancia no es la condición de un delito en cuanto abstracción. Tampoco hay una escisión normativa y sustantiva entre la flagrancia y la aprehensión que le sucede, ni es menos un estado probatorio, aunque deba probarse. Veamos por qué.

La flagrancia es una institución jurídica de carácter constitucional-procesal que cumple básicamente dos finalidades: a) satisfacer la necesidad social de la persecución de los autores de delitos; b) satisfacer la necesidad política-jurídica de garantizar el goce y ejercicio del derecho de libertad, mediante las garantías que constituyen sus condiciones de aplicación. Ambas interactúan entre sí.

---

[44] Ib. P. 40 y 41. A continuación, entre los actos de restricción de libertad ubica la retención a los fines de identificación y las prácticas policiales de cacheo y registro.

[45] Artículo 234 del Código Orgánico Procesal Penal.

[46] Artículo 236 del Código Orgánico Procesal Penal.

[47] Recordemos que la primera es la No. 2580 del 11-12-2001, y su ponente el mismo Cabrera Romero, Sala Constitucional; y la segunda, emitida en fecha 17-8-2017, y su ponente Juan José Mendoza Jover, en Sala Plena.

Considerada de esta manera, el marco constitucional garantista es el ámbito de realización de la flagrancia, y respecto a ella el vector probatorio es el que rodea de eficacia a la garantía constitucional. Al perder de vista esta fundamentación constitucional, se abre la compuerta para decisiones como las antes comentadas.

En su enclave constitucional, la flagrancia permite el ejercicio del poder punitivo directamente o por delegación, y dicho ejercicio no puede descansar en la simple sospecha, sino en la presunción razonable de la perpetración de un hecho punible[48] y de que el aprehendido fue su autor o partícipe. La razonabilidad de esta presunción le brinda legitimidad al acto de aprehensión, no obstante pueda el juez de control acordar su libertad y se continúe el proceso, pues en su segundo momento, la audiencia de presentación, el órgano jurisdiccional y el fiscal deben atender a factores más específicos que aquellos que fundaron la primera presunción en cabeza y manos del aprehensor.

La presunción de la aprehensión se edifica sobre la percepción del hecho coetánea con su perpetración seguida de inmediata persecución jurídicamente controladas. La percepción coetánea suple, en principio, la investigación[49], y puede dar lugar a la solicitud de privación judicial preventiva de libertad; y la condición de continuidad en la persecución y aprehensión es una garantía en previsión de abusos lesivos a derechos fundamentales.

La percepción del hecho es la que suministra base fáctica a la presunción, que como tal, en un Estado de Derecho, no puede sustentarse en juicios hipotéticos como la «*sospecha*». Sin embargo, no puede negarse que la errónea interpretación de la flagrancia mantenida en la

[48] El requisito de que sea de acción pública puede traer dificultades de interpretación y aplicación, por la posible incidencia de error del aprehensor y eventual privación ilegítima de libertad. Su inclusión literal la considero innecesaria, pues el juez de control puede acordar la libertad por falta de uno de los requisitos de procedibilidad, con prescindencia del conocimiento de la condición procesal de la acción por parte del aprehensor, especialmente si no fuere funcionario público. Por lo que se refiere al análisis que adelanto, no es indispensable profundizar en este elemento, su significación y consecuencias.

[49] En la práctica forense, según la experiencia enseña, lo que debe ser la excepción es la regla: se aprecia como flagrante la detención y, sin embargo, se concede al Ministerio Público el plazo ordinario de investigación.

doctrina y jurisprudencia antes anotadas, cuenta con factores que la han favorecido.

Uno es de carácter histórico-político. Ambas –doctrina y jurisprudencia– surgen en momentos de declinación progresiva del Estado de Derecho, apuntalada por los distintos órganos del poder político, incluyendo los operadores del sistema de justicia. Los derechos fundamentales se minimizan ante el poder.

El segundo factor es de tipo tecnológico. En efecto, como ha sostenido Cabrera Romero, existen hoy en día mecanismos de captación, almacenamiento y reproducción de imágenes que plantean situaciones muy distintas a las que corresponde el texto legal en materia de flagrancia. Otro asunto es hasta dónde la tensión Derecho-realidad puede ser resuelta sin atentar derechos fundamentales, cuestión que la doctrina en cuestión evade mediante un malabarismo discursivo.

En efecto, reconoce que el artículo 233 impone una interpretación restrictiva. Ella impone, ajustarse al significado propio de los términos de la ley en su mínimo alcance; pero a esta conclusión no se llega, sino que se recurre al mundo de la necesidad de los hechos. De este modo, la flagrancia considerada en sustantivo debe adaptarse al mundo de lo necesario, desprendida del soporte constitucional de respeto estricto a los derechos fundamentales[50].

Por último, el lenguaje del artículo 234. Sobre el mismo elaboró, cual si fuese figura procesal específica, el concepto de «*sospechoso*», cuya persecución justifica. También del mismo, se extrajo la figura del «*merodeador*», no muy diferente del «*sospechoso*», pues la disposición legal no es muy clara respecto a si las condiciones en que se percibe a dicho sujeto es la base para inferir que hubo delito, o si por el contrario, debe haber una prelación cronológica de lo segundo, asunto nada trivial que la doctrina analizada soslaya.[51]

[50] Aunque no lo diga expresamente, entiendo que la errónea premisa de la desnaturalización de la flagrancia es lo que permitió que la norma del artículo 233, de sentido garantista, perdiera aplicación ante la fuerza ominosa y opresiva del avance tecnológico sobre la dignidad de los derechos.

[51] En el artículo citado, Cabrera Romero dice del «*merodeador*», que es «*de quien se presume con fundamento es el autor de un delito. De nuevo la sospecha basta para detener a alguien y luego conectarlo con delito cometido. Estamos ante la sospecha razonada, ante una presunción de hombre, fundada en hechos que hacen penar (sic) –subjetivamente– a alguien,*

Si se interpreta la frase de la parte final del encabezado del artículo 234[52], en el sentido de que autorice a la aprehensión del sujeto, porque se infiere de su situación que ha cometido un delito, que, en efecto, luego se descubre, se podría satisfacer la racionalidad policial, pero no es la que comparto.

La fundamentación constitucional, al igual que el imperativo interpretativo que estampa la Ley procesal, determinan que la autoridad o el particular haya percibido **previamente** el hecho, y este conocimiento lo vincula a la condición del sujeto, en su contexto de tiempo, espacio y tenencia de objetos o instrumentos, en una misma unidad tiempo-espacio que legitima la aprehensión. De otro modo, lo que existe es una **sospecha** derivada de la intuición o malicia de quien aprehende.

En cuanto la terminología, no obstante que el estatuto procesal emplee el término «*sospechoso*» en la configuración de la flagrancia, en vez de «*culpable*», que tampoco era una denominación correcta[53], no debe dar lugar a la entronización de una especie de sujeto procesal, haciendo privar la letra sobre el modelo garantista que inspira la legislación procesal que procura la máxima protección de los derechos fundamentales[54] y un control que restrinja su intervención. Es erróneo convertir al Derecho en una logomaquia, pues si bien se manifiesta con palabras, lo que importa es su significado según la concepción de la relación individuo-Estado que la enmarque.

Sin agotar los actos de restricción a la libertad que pueden ocurrir en la investigación, me voy a referir a continuación a algunos que menoscaban el goce y ejercicio de otros derechos, que también pueden ir acompañados de la lesión a la libertad, pero que distinguimos por razones de facilitación expositiva.

---

que la persona ante sí acaba de cometer un delito, de allí que el artículo 248 (hoy 234) citado, expresa: que se le sorprenda a poco de haberse cometido el hecho, en el mismo lugar o cerca del lugar donde se cometió.» (Conf. Cabrera Romero, Op. Cit. P. 87) (Negritas fuera del original. Cursivas del original)

52 *«... o en el que se le sorprenda a poco de haberse cometido el hecho, en el mismo lugar o cerca del lugar donde se cometió, con armas, instrumentos u otros objetos que de alguna manera hagan presumir con fundamento que él o ella es el autor o autora.»*

53 Comentarios acertados en tal sentido, José Fernando Núñez, *La flagrancia en el proceso penal venezolano.* P.39.

54 Vid. Artículo 2 constitucional.

En materia de violencia contra la mujer[55], la extensión de la persecución y aprehensión hasta por treinta y seis horas luego de la perpetración del delito es una desmesura que atenta contra derechos fundamentales. Es entendible que la política criminal se oriente hacia un mayor rigor contra la criminalidad que victimiza la mujer, pero bien puede recurrirse a mecanismos de control judicial céleres que atenúen los riegos del abuso policial.

En cuanto el Código Orgánico de Justicia Militar, el señalamiento y persecución por la «*opinión pública*», en el actual contexto de lo que este término significa, es otra desmesura que desnaturaliza la flagrancia como figura constitucional-procesal y permite la transgresión de derechos fundamentales.

Hemos examinado aspectos relevantes del acto más invasivo de la libertad que puede darse en la fase de investigación, detengámonos brevemente en otros de menor intensidad.

4.2. Actos de intromisión en otros derechos

4.2.1. De inspección y examen

Algunos de estos actos requieren orden judicial y otros no[56]. Entre los primeros tenemos los que puede realizar la policía, como la inspección en «*lugares, cosas, los rastros y efectos materiales que existan y sean de utilidad* ***para la investigación del hecho*** *o la* ***individualización de los partícipes*** *en él.*[57]» También, la inspección y examen sobre personas[58]; en vehículos, lugares y mueble o compartimientos cerrados[59].

En todos estos casos, la autoridad debe proceder sobre la base de una presunción razonable, incluso sin exigencia expresa de la disposición legal.

En la inspección de lugares, que puede afectar tanto el derecho a la posesión pacífica, como el de intimidad, es un acto que se realiza en el

---

[55] La condición de hombre (varón) o mujer (hembra) es sexual, en tanto que género es una elaboración cultural que no depende de la genitalidad. Sin embargo, el término género se ha solapado sobre la condición sexual, posiblemente por influencia del inglés.

[56] Es el criterio de clasificación que adoptó el Código Procesal Penal colombiano de 2004.

[57] Artículo 186 del Código Orgánico Procesal Penal. He destacado.

[58] Artículos 191, 192, 194 y 195 del Código Orgánico Procesal Penal.

[59] Artículo 194 del Código Orgánico Procesal Penal.

desarrollo de una investigación cuyo inicio debió ordenar el Ministerio Público, por lo tanto, hay el conocimiento de una investigación abierta y la percepción de un lugar u objetos que razonablemente se asocian al delito o a su autoría.

La inspección de personas, que implica palpar su cuerpo o revisar su ropa o pertenencias, depende de una presunción suficiente, *expressis verbis* del artículo 191, de que «*oculta entre sus ropas o pertenencias o adheridos a su cuerpo, objetos relacionados con un hecho punible*». El mismo dispositivo otorga garantías previas al ciudadano, en el sentido de advertirle de la «*sospecha*» y de lo que se busca, y exhortarlo a que lo exhiba y, además, se procurará que se realice en compañía de dos testigos, respetando su pudor. Pese al empleo del término «*sospecha*», no se trata de aquella a la que nos hemos referido, sino que equivale a una presunción razonable, pues el órgano que inspecciona no «*busca*» cualquier objeto al azar, sino que está predeterminado cuál es, y de ello se le informa al sujeto[60], y hay un segundo nivel de conocimiento, el contextual, que da «*motivo suficiente para **presumir***» que oculta el o los objetos que el investigador busca. No es entonces el resultado de una simple intuición, maliciosa o no, del funcionario.

El examen corporal o mental que prevé el artículo 195 también depende de una presunción razonable. En efecto, este acto solo se puede realizar sobre un **imputado**, por lo que se trata de un sujeto sobre el cual el Ministerio Público tiene fundados elementos para creer que es autor o partícipe de un delito. La disposición legal, sin embargo, es ambigua, puesto que no determina las razones de hecho por las cuales se considera «***necesario***» practicar un acto que es más invasivo a la intimidad y privacidad que el registro. En todo caso, la necesidad depende del nexo causal (explicativo o demostrativo) entre la materia examinada (objeto del examen) y el hecho desconocido, que, por supuesto, debe ser relevante en la configuración típica del delito que fue objeto de imputación, o en la determinación de las características y condiciones del imputado.

[60] En condiciones abusivas, es usual que el funcionario no sepa realmente cuál es el objeto que puede portar el sujeto. En términos de «sospecha», puede ser cualquiera. O si lo intuye, puede que tampoco se lo informe al sujeto, y se proceda abruptamente al «cacheo».

Por otra parte, es una norma defectuosa, porque no son nada claros sus diferencias con la experticia, y, además, se puede extender «*a otras personas, cuando sea absolutamente indispensable para descubrir la verdad*». Si bien es cierto que la cláusula de absoluta necesidad limita su ejecución, lo cierto es que no es cónsono con un Estado de garantías que un ciudadano a quien no se le impute la comisión de delito sea objeto de una intromisión tan invasiva en su intimidad, no obstante haya casos extremos que no escapan a nuestro análisis.

Pasando a la inspección en objetos, tenemos que la de vehículos se rige por los mismos principios de los previstos para las personas. Es decir, se restringe al mismo supuesto de presumir que la persona que está en el vehículo, oculta. El cambio es con relación a la situación de la persona, ahora en un vehículo, por lo que el ocultamiento puede que no esté en su cuerpo, ropa o pertenencias, sino en un compartimiento del vehículo.

4.2.2. Registro

El estatuto procesal denomina «registro» la incursión investigativa en lugares públicos donde se encuentren rastros del delito; el «fugado» o «*sospechoso*»; **muebles o compartimientos cerrados.**

En todos los supuestos rigen las condiciones positivas de que se trate de un lugar público, y, en segundo término, que haya una presunción basada en «*motivo suficiente*», **que, como reiteradamente hemos expuesto, no se puede equiparar** a una «*sospecha*». **Dado que el sujeto buscado y el mueble o compartimiento cerrado se encuentran dentro de un lugar público, la condición negativa para el acceso a este rige para toda la actividad investigativa y de captura que en el mismo se realice, es decir, que no se requiera orden judicial, requisito este último que será examinado** *infra.*

La base fáctica de la presunción de que en el lugar se encuentran rastros del delito proviene, en primer término, de que se trata de una investigación en curso, es decir, de la previa percepción o información sobre la comisión de un delito, conocimiento que se articula con la percepción del lugar que permite relacionarlo de modo razonable con el hecho que se investiga. Las circunstancias del lugar permiten considerarlo como indicios de ubicación de rastros. Si ello rige respecto al universo, el lugar, también rige para los muebles o compartimientos cerrados que en el mismo se encuentran, de allí que su registro debe estar precedido de la presunción razonable de que en los mismos pueden hallarse «*objetos relacionados con un hecho punible*»[61].

El registro del lugar y de los muebles o compartimientos cerrados está acompañado de la exigencia de testigos que lo presencien, sea quien lo habite, o quien esté en posesión del lugar, del encargado, si está ausente, y a falta de este por cualquier persona mayor de edad.[62]

El registro en lugar público también procede en orden a la captura del «*fugado*» y del «*sospechoso*».

En atención al mandato del artículo 233, «*fugado*» **no parece ser otro que aquel autor incurso en una investigación por el delito de fuga, previsto en los delitos 258 y siguientes del Código Penal, sobre el que pese auto de privación judicial preventiva de libertad.**

Descartada la viabilidad del «sospechoso» como sujeto susceptible de sufrir intromisión o restricción de sus derechos, es razonable concluir que es una expresión infeliz para designar a quien viene siendo perseguido por flagrancia y se refugia en un lugar público. Por tanto, en el caso del «fugado» hay una percepción del lugar y sus circunstancias para presumir razonablemente que en el mismo se encuentra el sujeto buscado; y en cuanto el «*sospechoso*» **hay una percepción previa de la flagrancia, a la que sigue la persecución inmediata que culmina con el registro en el lugar donde se presume con motivo suficiente** que allí se encuentra.

4.2.3. Allanamiento

El término allanamiento corresponde a dos posibilidades de la incursión del poder en un lugar: a) con orden judicial; b) sin orden judicial.

La orden judicial se requiere cuando el allanamiento se practica en «*una morada, oficinas públicas, establecimiento comercial, en sus dependencias cerradas, o en recinto habitado*».[63] La base fáctica de

---

[61] Ex artículo 191, encabezado.

[62] Artículo 194, último aparte.

[63] Artículo 196, encabezado.

la presunción debe ser expuesta por el fiscal en la solicitud del allanamiento, y deja constancia la orden del juez.[64]

El acto investigativo, además, está rodeado de un conjunto de garantías que rodean su procedimiento, tal como lo disponen los artículos 196 y 198. Sin embargo, se puede prescindir de la orden judicial, cuando se trate de impedir la perpetración de un delito o su continuación, o para aprehender a quien se persigue por flagrancia.[65]

En ambos casos, hay una percepción previa del delito, por lo que no se trata de una «sospecha», sino de la ejecución de un acto de conocimiento que reviste de razonabilidad la incursión en el lugar.

4.2.4. Ocupación e interceptación de correspondencia y comunicación

Están previstos entre los artículos 204 y 207, ambos inclusive.

En ambos casos, le corresponde al juez verificar los supuestos fácticos de la presunción razonable que invoca el fiscal en su solicitud, pues aún a despecho del silencio legal en cuanto la incautación –no así en cuanto la interceptación y grabación de comunicaciones–, rige el principio general del artículo 157 que obliga a la motivación de la decisión.

Cabe señalar que la incautación de documentos en poder de terceros no debe extenderse a no debe extenderse a documentos de su autoría

---

[64] Artículo 197.

[65] El artículo 199 declina la excepción, cuando se trate de oficinas administrativas de servicios públicos y establecimientos de reunión y recreo «*mientras estén abiertos al público*». Esta disposición es sumamente confusa, pues colide con lo previsto en el artículo 196. En el texto aprobado en 1998, se decía que la «*restricción*» del entonces artículo 225, hoy 196, no regía para las oficinas y establecimientos antes mencionados mientras estuviesen abiertos al público, pero que debería darse aviso de la orden judicial a cuyo cargo estuviesen dichos locales, a menos que fuese perjudicial para la investigación. Que se dé a conocer la orden del juez, supone que hay orden de allanamiento, y la «*restricción*» debía ser la necesidad de orden judicial. Posteriormente, se cambia «*restricción*» por «*excepción*», lo que dificulta más la interpretación, pues debe ser la falta de necesidad de orden judicial. Cabrera Romero, aunque versaba sobre el código del 98, proponía que existe un error de redacción, pues las oficinas administrativas están al servicio del Estado y sus órganos, y si se trata de establecimientos de reunión y de recreo, aunque sean de propiedad privada, pero de acceso público, no resulta lógico que se exija orden de allanamiento, que sí es necesaria si están cerrados. Conf. Jesús Eduardo Cabrera Romero, *Algunas apuntaciones sobre el sistema probatorio del COPP en la fase preparatoria y en la intermedia* .Pp. 119 y 120.

o propiedad, pues sería una intromisión en el derecho de privacidad de terceros que no han sido imputados y porque, además, el encabezado del artículo 204 rige como principio general, expresa que se presuman que emanan del autor del hecho, o los ha enviado.

En cuanto la interceptación y grabación de llamadas, el fiscal, por expreso mandato del artículo 206, debe formular una solicitud «razonada», con un contenido expreso, por lo que tampoco se trata de una «sospecha».

4.2.5. Coacción: información y retención

Existen al menos dos actos que se pueden ejecutar durante la investigación con amplia discrecionalidad, según la letra legal.

De acuerdo con el artículo 189, durante la inspección y «*cuando sea necesario*», el funcionario que la practique puede ordenar que no se ausenten del lugar las personas que allí se encuentren o que comparezca alguna otra. Como es fácil concluir, se trata de actos que inciden sobre la libertad personal de quien no es imputado u objeto mismo de la inspección. El mejor sentido que se le puede dar es que su fin es reforzar la garantía del cumplimiento de las condiciones y fines de la inspección, aunque la frase «*cuando sea necesario*» **abre la puerta a la arbitrariedad, que puede ser conjurada si se considera que no es en sí mismo un acto de investigación, por lo que la necesidad de presunción se dirige no a descubrir la verdad, sino a asegurar el mejor cumplimiento del acto.**

Muy distinto es el supuesto del artículo 219, cuyos términos conminatorios son clara expresión de su orientación represiva, antes que de prosecución razonable de la investigación. No obstante su letra y sentido, su interpretación y aplicación debe operar dentro del marco constitucional de prevalencia de los derechos humanos, por lo que el uso legítimo de esta facultad tampoco puede descansar en la «*sospecha*».

5. EN CONCLUSIÓN

La sospecha es un primer momento cognoscitivo que puede gestar procesos volitivos pasionales que, al no ser guiados por la razón, desvían al sujeto de la verdad; pero si, por el contrario, prevalece la sensatez y la racionalidad da lugar a la duda que se desarrolla en actos sucesivos que permitan alcanzar su confirmación o no, es decir, llegar a la verdad, cuyo establecimiento es uno de los objetivos fundamentales del proceso en general, y de la fase de investigación en modo muy particular.

El hecho, sus circunstancias y autoría o participación que llegan a los sentidos a partir de percepciones inmediatas que, por lo general, dan lugar a sospechas; pero este momento genético debe generar un método de conocimiento para establecer la verdad. Este método se despliega en procesos intelectuales, volitivos y operativos respetuosos de los derechos humanos, conforme la directriz general de la acción del Estado, consagrada en el artículo 2 constitucional. Es decir, desarrollarse mediante presunciones razonables, que no son más que la elaboración de hipótesis de probabilidad a partir de hechos –fenómenos o situaciones–, cuya verificación o no, da lugar a actos que pueden ser invasivos en mayor o menor medida en la esfera de goce y ejercicio de derechos fundamentales, por lo cual deben ajustarse a ciertas formas, requisitos y racionalidad, que se puede llamar razonabilidad, pues no se trata de conclusiones apodícticas, al modo de las ciencias formales.

Los actos de investigación para establecer la verdad pueden ser privativos y restrictivos de derechos, o intrusivos en los mismos, al igual que los de coacción. Los dos primeros afectan la libertad, y respecto a ellos doctrina y jurisprudencia han desnaturalizado la figura constitucional-procesal de la flagrancia, al dividirla en una dimensión sustantiva (delito flagrante) y otra probatoria (estado probatorio), para sustraerla del mandato limitativo de la interpretación restrictiva, y de este modo ha permitido su aplicación basada en la sospecha, raíz de su ilegitimidad.

La razón de legitimidad de los otros actos de investigación, aunque no sean privativos o restrictivos de la libertad, pero que afectan otros derechos fundamentales, e incluso conjuntamente con la libertad, igualmente radica en el elemento cognoscitivo de la presunción razonable, aun cuando, lamentablemente, no siempre los dispositivos legales hacen gala de meridiana claridad.

6. *LAST BUT NOT LEAST*

Me complace contribuir a este homenaje al profesor Luis Cova Arria, por su muy estimable labor en la Facultad de Ciencias Jurídicas y Políticas de la Universidad Central de Venezuela, donde fue creador de la Especialización en Derecho Marítimo y de la Navegación, cuya coordinación ha continuado desempeñando con singular dedicación, competencia y compromiso universitarios. Vayan para él nuestros parabienes en este muy bien ganado libro homenaje auspiciado por la Academia de Ciencias Políticas y Sociales, a cuyos organizadores agradezco la gentil invitación de participar en el mismo.

REFERENCIAS BIBLIOGRÁFICAS

ARTEAGA SÁNCHEZ, Alberto, "La flagrancia según el profesor Jesús Eduardo Cabrera Romero". En: *Revista de la Facultad de Ciencias Jurídicas y Políticas.* N° 127. Universidad Central de Venezuela. Caracas. 2007.

BENTHAM, Jeremías, *Tratado de las pruebas judiciales.* Vol. I. Ediciones Jurídicas Europa-América. Clásicos del Derecho Procesal. 1. Traducción del francés por Manuel Ossorio Florit. Buenos Aires.1971.

CABRERA ROMERO, Jesús E., "*El delito flagrante como un estado probatorio*". En: *Revista de Derecho Probatorio.* No. 14. Ediciones Homero. Caracas. 2006.

_____, "Algunas apuntaciones sobre el sistema probatorio del COPP en la fase preparatoria y en la intermedia". En: *Revista de Derecho Probatorio.* No.11.Ediciones Homero. Caracas. 2006 9-275.

ESTEFANÍA, Joaquín, *El poder en el mundo.* Plaza Janés Editores S.A. Colección El Círculo Cuadrado. Barcelona. 2000.

IGLESIAS, Leonardo, *Psicología de la voluntad de poder.* Anthropos. Serie Psicología Social. No. 25. Barcelona.2003.

MUÑOZ SABATÉ, Luis, *Técnica Probatoria. Estudio sobre las dificultades de prueba en el proceso.* Editorial Temis S.A. Santa Fe de Bogotá. Tercera edición. 1997.

NÚÑEZ, José F., *La Flagrancia en el proceso Penal Venezolano.* Livrosca. Caracas. 2005.

PABÓN GÓMEZ, *Lógica del indicio en materia criminal. Ediciones Jurídicas Gustavo Ibáñez.* Bogotá. 1994.

REBATO PEÑO, María E., *La detención desde la Constitución.* Centro de Estudios Políticos y Constitucionales. Cuadernos y debates 167. Madrid. 2006.

RUSSELL, Bertrand, *El poder. Un nuevo análisis social.* RBA Libros S.A. Quinta edición. Traducción de Luis Echávarri. Barcelona, 2011.

SÁEZ JIMÉNEZ, Jesús, *Enjuiciamiento Criminal. Comentarios prácticos a la L. E. Crim. referidos a la Ley de Urgencia.* Ediciones Santillana. Libros Jurídicos. Colección La Toga. Madrid. 1962.

SALCEDO CÁRDENAS, Juvenal, *Los indicios son prueba.* Universidad Central de Venezuela. Facultad de Ciencias Jurídicas y Políticas. Serie Trabajos de ascenso. s/f

SHAKESPEARE, William: *Otelo, el moro de Venecia.* En: *Obras Completas.* Tomo II. Primera versión íntegra del inglés. Decimosexta edición. Aguilar S.A de Ediciones. Madrid. 1974.

WEBER, Max: *Sociología del poder. Los tipos de dominación.* Alianza Editorial. El Libro de Bolsillo. Sociología. Segunda reimpresión. 2010.

Fuentes electrónicas

http://www.tsj.gob.ve/es/web/tsj/decisiones#. Disponible 22-6-2020.

PISFIL, Daniel: "La prueba indiciaria y su relevancia en el Proceso Penal". *Revista de la Maestría en Derecho Procesal.* Vol. 5(1), 2014, (ISSN 2072-7976) [119]. Pontificia Universidad Católica del Perú. file:///C:/Users/Dell/Downloads/10373-Texto%20del%20art%C3%ADculo-41120-1-10-20140922.pdf. Disponible 22-6-2020.

HISTORIA

Thomas Paine y Francisco de Miranda:
el *common sense* y su influencia en Venezuela.
Venezuela. Allan R. Brewer-Carías

Las prácticas de los mercaderes en la obra de Daniel Defoe.
Venezuela. Julio Rodríguez Berrizbeitia

Epílogo de las leyes coloniales de las Indias
y prólogo de la codificación en Venezuela.
Venezuela. Pedro Casale Valvano

Notas para la Historia de la Academia:
Veinte Políticos Académicos.
Venezuela. Ramón Guillermo Aveledo

THOMAS PAINE Y FRANCISCO DE MIRANDA: EL *COMMON SENSE* Y SU INFLUENCIA EN VENEZUELA[*]

ALLAN R. BREWER-CARÍAS[**]

Mi apreciado amigo Luis Cova Arria ha sido, sin duda, el fundador de los estudios sobre derecho marítimo en Venezuela, a lo cual ha dedicado décadas de estudio, como docente, académico y como abogado. Es, por tanto, un justo homenaje el que le hace la Academia de Ciencias Políticas y Sociales al promover esta obra, en la cual con gusto he aceptado participar.

Y no podía ser de otra manera pues, además, así honro a una larga amistad personal que se remonta a 1958, cuando coincidimos trabajando juntos, como escribientes, incluso junto con mi querido socio Alberto Baumeister Toledo, en el Juzgado Primero de Primera Instancia en lo Mercantil del Distrito Federal y Estado Miranda entonces a cargo del Juez, profesor y amigo Gonzalo Pérez Luciani. Desde entonces los tres conservamos una franca amistad personal, habiendo Luis sido, incluso, por varias décadas mi vecino en nuestras residencias en Caracas.

Con tanto tiempo fuera del país pensé que un tema de interés general para este trabajo en su homenaje, podía ser el que sigue, que se refiere a lo que fue la obra fundamental de Thomas Paine, en 1776, el panfleto *Common Sense* que, como grito democrático frente al régimen monárquico, sirvió de detonante de la Independencia de las Colonias Norteamericanas de la Corona Británica, y que, además, tuvo una influencia específica en el propio proceso de Independencia de Venezuela en 1811. Thomas Paine, además, desde 1784, tuvo una especial relación

---

[*] Trabajo preparado para la Obra Homenaje al profesor Luis Cova Arria, Academia de Ciencias Políticas y Sociales, Caracas, 2020.

[**] Profesor emérito, Universidad central de Venezuela.

personal con Francisco de Miranda, que no ha ido estudiada, habiendo ambos participado plenamente en el proceso político de la Revolución francesa, donde ambos, incluso, fueron perseguidos por el mismo Maximilien Robespierre en la época del Terror. Ambos pudieron salvarse de la guillotina: Miranda, porque salió absuelto del proceso habiendo tenido entre otros, como testigo a Paine; y Paine, porque Robespierre mismo sería guillotinado antes de poder ejecutarse su sentencia de muerte.

I

En efecto, en el mundo moderno, puede decirse que la democracia, como régimen político republicano de gobierno representativo, comenzó a formularse en la práctica política y constitucional precisamente desarrollada, a partir de 1776, en las antiguas colonias británicas en Norteamérica, dando origen, unos pocos años después, a la conformación de lo que sería el primer Estado republicano de la historia, como nuevo modelo frente a los Estados Monárquicos, que fueron los Estados Unidos de América.

Ese proceso fue el producto de la necesidad que tuvieron los líderes de las antiguas colonias del nuevo mundo americano, al entrar en conflicto con el poder monárquico y colonial de la metrópolis inglesa, representado por el Parlamento británico, de idear una alternativa de gobierno frente al único que había sido conocido en el mundo durante centurias, que era el de las Monarquías absolutas hereditarias donde, por supuesto, no solo no había en general completa representación, sino que no cabía para nada la alternabilidad en el gobierno.

Para esa sustitución los escritos de Thomás Paine, precisamente jugaron el papel más importante, comenzando con la publicación de este opúsculo de una cuarentena de páginas, el *Common Sense. Addressed to the Inhabitants of America,* el cual apareció inicialmente en forma anónima en Philadelphia, en enero de 1776.[1] Gracias a ese folleto, que

[1] *Common Sense; Addressed to the Inhabitants of America, on the following interesting subject: I. Of the Origin and Design of Government in general, with concise Remarks on the English Constitution. II. Of the Monarchy and Hereditary Succession. III. Thoughts on the present State of American Affairs. IV. Of the present ability of America, with some miscellaneous Reflections,* Philadelphia, R. Bell, 1776

materialmente fue leído por todos los colonos, Paine se convirtió en el ideólogo más importante de la independencia norteamericana.

Como el mismo Paine lo dijo posteriormente al referirse a su trabajo, "*la causa de América me hizo escritor*" y también, un revolucionario. Con la publicación del *Common Sense* puede decirse que en las Colonias norteamericanas cambió todo en la percepción de su relación con la Corona Inglesa, contribuyendo a redefinir el objetivo por el cual los colonos americanos estaban luchando. Como lo expresó Harvey J. Kaye:

> "*Un conflicto sobre impuestos, la autoridad del Parlamento, y el lugar de las Colonias en el Imperio Británico se convirtió en una guerra de independencia, en una lucha por crear una república democrática, y en el acto fundamental de crear un Estado-Nación en América y una nueva era en la historia de la humanidad.*"[2]

Treinta y cinco años después, en 1811, las dos primeras partes del libro, junto con otros escritos de Paine y documentos políticos y constitucionales fundamentales del proceso de independencia norteamericana, fue traducido al castellano y publicados en un libro, también editado en Philadelphia, *La independencia de Costa Firme justificada por Thomas Paine treinta años ha, Extracto de sus obras,* en la imprenta de T. y J. Palmer (1811). El traductor y editor fue Manuel García de Sena, venezolano residenciado en esa ciudad,[3] en una edición que tuvo un extraordinario y decisivo impacto en la inspiración de los procesos de independencia en varios países latinoamericanos.

II

Thomas Paine no fue originario de las Colonias norteamericanas ni había tenido vínculo o relación alguna con ellas hasta que llegó a

---

[2] Véase Harvey J. Kaye, *Thomas Paine and the Promise of America*, Hill and Wang, New York 2005, pp. 14, 38

[3] Véase Manuel García de Sena, *La independencia de Costa Firme justificada por Thomas Paine treinta años ha, Extracto de sus obras,* T. y J. Palmer (1811), edición conmemorativa del Bicentenario de la Constitución de los Estados Unidos de América, (Estudio preliminar de Pedro Grases), Ministerio de Relaciones Exteriores, Caracas, 1987.

Philadelphia en 1774. Había nacido en 1737 en Thetford, situado en el condado de Norfolk, en East Anglia de Inglaterra. En esa zona rural, y en la del condado de East Sussex, más al sur, pero igualmente de carácter eminentemente rural, vivió durante casi cuarenta años, hasta cuando decidió migrar hacia las colonias británicas en Norte América.

Durante esas décadas anteriores, en Inglaterra, Paine había llevado una vida relativamente inestable, sin éxitos personales ni familiares, y nada fulgurante desde el punto de vista político, trabajando en su ciudad natal como artesano en la confección de corsés, y luego en la ciudad de Lewes, como agente de aduana y colector de impuestos, como vendedor de tabaco, y como maestro esporádico de escuela. Durante esa época, solo tuvo actuación en asuntos cívicos propios del gobierno local de Lewes, donde se había casado, en 1771, habiendo tenido solo una única actuación pública en su vida, cuando en 1772 participo en un reclamo colectivo que los agentes de aduana formularon ante el Parlamento, buscando mejores salarios y condiciones de trabajo. El resultado de esa actuación, fue la publicación de lo que sería su primer escrito político, un folleto de 12 páginas sobre *The Case of the Officers of Excise*, [4] cuyos ejemplares distribuyó personalmente en Londres. En parte, a raíz de esas actuaciones, fue despedido de su cargo en los servicios de aduanas, terminó quebrado en el negocio de tabacos y, sumido en deudas, en 1774 se divorció.

En ese mismo año, alentado y recomendado por Benjamin Franklin, decidió buscar nuevos aires y oportunidades en las Colonias americanas. Franklin había estado en Londres como agente colonial, y años antes había actuado en representación de la Asamblea de Pennsylvania para oponerse a la sanción por el Parlamento del *Stamp Act.*

Como tantas veces sucede en la vida de los hombres, el cambio y las nuevas necesidades de sobrevivencia en un país hasta entonces desconocido, lo convertirían en lo que nunca hubiera quizás logrado, de haber permanecido en Inglaterra, es decir, en el principal ideólogo de la revolución norteamericana que estaba comenzando a gestarse y que no había logrado materializarse, habiendo posteriormente influido no solo

---

4 Véase el texto de este trabajo en Michael Foot and Isaac Kramnick (editors), *Thomas Paine. Reader* Penguin Books, 1987, pp. 39-51

en el proceso revolucionario francés sino en la independencia de los países latinoamericanos.

Y así, después de una larga y azarosa travesía en la cual casi todo el pasaje enfermó de tisis, desembarcó en Philadelphia a finales de noviembre de 1774, habiendo sido recibido allí por el mismo Franklin quien ya había regresado. A las pocas semanas obtuvo la ciudadanía de Pennsylvania y en marzo fue designado Editor de la *Pennsylvania Magazine*. A principios de 1775 se había fundado otra revista, la *American Magazine*, con el propósito de tener una circulación más amplia hacia todas las Colonias.[5] Paine contribuyó con muchos escritos en los números sucesivos,[6] entre ellos, sobre el tema de la esclavitud, abogando por su abolición,[7] y al poco tiempo Paine, ya transformado en periodista, también fue designado Editor de la misma. Bajo su conducción, la Revista tuvo una circulación importante en todas las Colonias, habiendo sido un vehículo para canalizar la vocación de los pueblos de Norteamérica hacia lo que él mismo llamó, la "*Libertad americana*."[8]

III

Cuando Paine llegó al Nuevo Mundo americano aún no había cesado la convulsión general que había provocado la sanción, por el Parlamento británico, el 22 de marzo de 1765, del mencionado *Stamp Act*, mediante el cual se estableció un impuesto de estampillas en las Colonias sobre todos los documentos legales, periódicos, publicaciones, grados académicos, almanaques, licencias de licores y cartas de juego. Ello provocó una enorme y generalizada hostilidad, a lo que se sumó

---

5 Véase Jack Frutchman Jr., *Thomas Paine. Apostle of Freedom*, Four Walls Eight Windows, New York 1994, p. 39

6 Ver la lista de sus escritos iniciales en Craig Nelson, *Thomas Paine. Enlightenment, Revolution and the Birth of Modern Nation*, Penguin Books, 2007, pp. 61-62 para lo cual uso varios seudónimos como Humanus, Atlanticus, Vox Populi Aesopk.

7 Véase el escrito "Africam Slavery in America," en Michael Foot and Isaac Kramnick (editors), *Thomas Paine. Reader* Penguin Books, 1987, pp. 52-56 (firmado "Justicia y humanidad."

8 See Edward Larkin, *Thomas Paine and the Literature of Revolution*, Cambridge University Press, 2005, pp. 31-40. Paine incluso fue el redactor de la canción *The Liberty Three* ("El árbol de la Libertad"). Véase Harvey J. Kaye, *Thomas Paine and the Promise of America*, Hill and Wang, New York 2005, p. 37

la reacción política contra el mismo, basada en el principio y derecho tradicional de todo súbdito británico, de no estar sujeto a impuestos o tasas sino con previo consentimiento. El enunciado tradicional que venía, incluso, en la Edad Media, había surgido la propia institución parlamentaria: "*No taxation without representation,*" es decir, que no podía haber imposición sin estar aprobada por los representantes de los contribuyentes en el Parlamento.

La reacción que se produjo en las colonias fue relativamente organizada y definitivamente generalizada, llegando a originar incluso convenios inter-coloniales con el objeto de establecer *boycots* económicos contra la metrópolis. En tal sentido, la primera reunión conjunta de significado constitucional entre las Colonias para demostrar el rechazo contra el *Stamp Act,* se efectuó en un Congreso que celebraron los representantes en la ciudad de Nueva York de 1765, en el cual se adoptaron las *Resolutions of the Stamp Act Congress* de 19 de octubre de 1765, en cuyas resoluciones Nos. 3, 4 y 5 se estableció:

> *"3º Que es inseparablemente esencial a la libertad de un pueblo, y un indudable derecho de los ingleses, que no se les deben imponer impuestos sino con su propio consentimiento, dado personalmente o mediante sus representantes;*
> *4º Que el pueblo de estas Colonias no está, y desde el punto de vista de sus circunstancias locales, no puede estar representado en la Cámara de los Comunes de Gran Bretaña;*
> *5º Que los representantes del pueblo de estas Colonias, son las personas escogidas por ellas mismas; y que nunca impuesto alguno ha sido establecido, ni podría ser impuesto al pueblo, sino por las respectivas legislaturas."* [9]

En este Congreso, a pesar de que se declaró "*la debida subordinación a ese cuerpo augusto, el Parlamento de Gran Bretaña,*" se cuestionó el carácter representativo del mismo, partiendo del supuesto de que los impuestos establecidos en el *Stamp Act* no habían sido aprobados

---

9 Véase Allan R. Brewer-Carías, *Reflexiones sobre la revolución norteamericana (1776), la revolución francesa (1789) y la revolución hispanoamericana (1810-1830) y sus aportes al constitucionalismo moderno*, 2ª Edición Ampliada, Serie Derecho Administrativo No. 2, Universidad Externado de Colombia, Editorial Jurídica Venezolana, Bogotá 2008, p. 61,

por las Asambleas Coloniales. Las resoluciones del Congreso tenían por objeto implorar justicia al Monarca, pues era el Parlamento el que aparecía como "*violando los derechos de súplica.*" Por ello, las protestas estuvieron acompañadas de una vigorosa y terminante Resolución prohibiendo la entrada a las colonias de mercancías de procedencia inglesa, mientras el *Stamp Act* no fuera derogada.

Benjamín Franklin, como agente colonial de Pennsylvania, incluso fue llamado a testificar en la Cámara de los Comunes, y si bien en 1766 el Parlamento inglés anuló el *Stamp Act,* sin embargo, impuso una serie de derechos aduaneros a los productos coloniales; inicialmente en relación al vidrio, al plomo, los colorantes, el papel y el té, creándose, a tal efecto, un cuerpo de Comisarios de Aduanas con amplios poderes de investigación.

La reacción colonial, de nuevo, fue generalizada y terminante, negándose las Colonias a comerciar con productos ingleses, de manera que ya para 1769, las importaciones de Inglaterra ya habían descendido notablemente. La presión de la *City* sobre el Parlamento condujo, a propuesta del gobierno, a la derogación de las leyes impositivas, pero el Parlamento, para salvaguardar su prerrogativa, decidió mantener un impuesto, aunque bajísimo, sólo sobre el té. Ello condujo a que, en julio de 1770, los comerciantes americanos decidieron importar nuevamente mercancías inglesas, salvo el té.

En 1773, la *East India Company* contaba con una enorme existencia de té en Londres, que no podía exportar a las Colonias, lo que la colocaba en grave situación económica. Obtuvo una exención del impuesto de aduanas y decidió vender directamente el té en Boston, sin acudir a los comerciantes coloniales, única forma de competir efectivamente contra el té holandés. El hecho indignó a los comerciantes de Boston que tenían grandes existencias de té. La *Dartmouth,* apenas anclada en el muelle de Boston, fue abordada por falsos indios, y el té fue a dar al mar.

En abril de 1774, el Parlamento votó cinco leyes, calificadas en las Colonias como intolerables, en las cuales se cerró el puerto de Boston hasta el reembolso del valor del té; se revocó la Carta de Massachussets, prohibiendo las *town meetings,* atribuyendo al Rey el derecho de nombrar los funcionarios; se acordó la transferencia a Inglaterra de los procesos criminales en relación a estas leyes; se resolvió el alojamiento de tropas en *Massachussets;* y se acordó la libertad religiosa a los católicos de Canadá (Acta de *Quebec*).

Frente a estas medidas de la Metrópoli, la solidaridad colonial fue inmediata, y todas las colonias acudieron a ayudar a Boston. Con motivo de las leyes votadas por el Parlamento, resultaba claro que los problemas individuales de las Colonias, en realidad, eran problemas de todas ellas, y ello trajo como consecuencia la necesidad de una acción en común, con el resultado de la propuesta de Virginia, de la realización de un Congreso anual para discutir los intereses comunes de América. Como consecuencia, en 1774, se reunió en Philadelphia, el Primer Congreso Continental con representantes de todas las Colonias, excepto de Georgia.

IV

En las Colonias inglesas de Norteamérica, ya para la primera mitad del Siglo XVIII, las asambleas coloniales habían adquirido un importante poder e influencia, resolviendo muchos de los problemas coloniales de carácter local, habiendo sido ese espíritu asambleísta, sin duda, uno de los principales factores del proceso de independencia. Por ello, la *Declaration and Resolves of the First Continental Congress* del 14 de octubre de 1774, teniendo en cuenta que contrariamente a los derechos del pueblo, las Asambleas habían sido frecuentemente disueltas, cuando habían intentado deliberar sobre quejas, resolvió que "*los habitantes de las Colonias inglesas en Norte América, por las inmutables leyes de la naturaleza, los principios de la Constitución inglesa, y varias Cartas y Manifiestos*", tenían sus propios derechos entre los cuales estaba:

> *"El derecho a reunirse pacíficamente para considerar sus quejas y peticiones al Rey; y que todas las persecuciones y proclamaciones prohibitivas, y compromisos en tal sentido, son ilegales."*

El principal elemento político que se discutió en el Congreso, de nuevo, fue la autoridad que las Colonias deberían conceder al Parlamento, y sobre qué bases, sea que fueran las leyes de la naturaleza, la

Constitución británica o las *Charters* americanas. Se decidió que las leyes de la naturaleza *(law of nature)* y no sólo el *common law,* eran las que debían ser reconocidas como uno de los fundamentos de los derechos de las Colonias. En consecuencia, el Congreso declaró, como un derecho de los habitantes de las Colonias inglesas en Norte América, en el mismo sentido que las Resoluciones del *Stamp Act Congress:*

> *"Que el fundamento de la libertad inglesa y de todo gobierno libre, es el derecho del pueblo a participar en sus Consejos Legislativos; y en virtud de que los colonos ingleses no están representados, y desde el punto de vista local y de otras circunstancias, no pueden estar propiamente representados en el Parlamento Británico, ellos tienen el derecho a un poder libre y exclusivo de legislación en sus diversas legislaturas provinciales, donde sólo sus derechos de representación pueden ser preservados en todos los casos de imposición y política interna, sujetos sólo a la negativa de su Soberano, en la forma y manera como hasta ahora ha sido usado y acostumbrado."* [10]

En estas Resoluciones, aun cuando la lealtad al Rey se mantuvo, se le negó al Parlamento británico competencia para establecer impuestos en las Colonias.

Como consecuencia de este Congreso, puede decirse que la guerra económica quedó declarada, junto con la suspensión de las exportaciones e importaciones, hacia y desde Inglaterra.

V

Thomas Paine llegó precisamente a Philadelphia, cuando dicha guerra económica rápidamente comenzó a convertirse en una de orden militar, reuniéndose de nuevo el Congreso en mayo de 1775 (Segundo Congreso Continental). Inglaterra envió tropas a las Colonias; éstas se

---

[10] Véase Allan R. Brewer-Carías, *Reflexiones sobre la revolución norteamericana (1776), la revolución francesa (1789) y la revolución hispanoamericana (1810-1830) y sus aportes al constitucionalismo moderno*, 2ª Edición Ampliada, Serie Derecho Administrativo No. 2, Universidad Externado de Colombia, Editorial Jurídica Venezolana, Bogotá 2008, p. 63.

comenzaron a defender y hubo batallas entre ambos bandos. El Congreso de Philadelphia nombró a George Washington *como* Comandante en Jefe del Ejército Colonial, adoptando la *Declaration of the causes and necessity of taking up arms* de 6 de julio de 1775, como una reacción contra el poder "*enorme*" e "*ilimitado*" del Parlamento de Gran Bretaña. Por ello puede decirse que la Revolución Americana fue una revolución contra la soberanía del Parlamento británico.

El primer Congreso, además, había requerido de las Colonias que respecto de las que aún no lo habían hecho, formaran gobiernos separados para el ejercicio de toda autoridad. El Congreso así, resolvió:

> *"Que se recomienda a las respectivas Asambleas y Convenciones de las Colonias Unidas, donde aún no se hubiere establecido un gobierno suficiente a las exigencias de sus asuntos, el adoptar tal gobierno en forma tal, que en opinión de los representantes del pueblo, pueda conducir mejor a la felicidad y seguridad, en particular de sus ciudadanos y en general de América."* [11]

Apenas se adoptó la declaración de tomar las armas, el rey Jorge III emitió el 23 de agosto de 1775, con una *Proclamación de Rebelión* contra las Colonias, y en su Discurso del Trono en octubre de 1775, declaró que la Corona jamás renunciaría a sus Colonias, anunciando una política de fuerza, cuando ésta no existía, por lo cual la Corona tuvo que contratar mercenarios alemanes para asumir la guerra.

VI

Hasta ese entonces, sin embargo, puede decirse que la idea de la Independencia no se había manejado aún en las Colonias, y prevalecía la tendencia a buscar la solución al conflicto mediante la reconciliación de las colonias con la Corona. Para la Independencia, en realidad, parecía que solo faltaba un sólido impulso doctrinario, que fue el que

---

[11] Véase Allan R. Brewer-Carías, *Reflexiones sobre la revolución norteamericana (1776), la revolución francesa (1789) y la revolución hispanoamericana (1810-1830) y sus aportes al constitucionalismo moderno*, 2ª Edición Ampliada, Serie Derecho Administrativo No. 2, Universidad Externado de Colombia, Editorial Jurídica Venezolana, Bogotá 2008, p. 65.

precisamente apareció bajo la forma de un panfleto anónimo, publicado en Filadelfia por el impresor Robert Bell, el 10 de enero de 1776, bajo el título de *Common Sense*,[12] donde se explicitaban todas las causas y necesidad de la independencia en la confrontación del republicanismo contra el régimen monárquico.

Thomas Paine, quien se identificó como su autor unos meses después y luego de varias ediciones, planteó la necesidad de idear para el nuevo mundo, una nueva alternativa de gobierno frente al único conocido hasta entonces y durante las centurias anteriores, que era el de las Monarquías absolutas hereditarias.

En esta forma, cuando en el *Common Sense,* Paine se pronunció por la separación de las Colonias norteamericanas de la Monarquía británica, y formuló la idea de la independencia, lo hizo dejando claro que el nuevo régimen político a establecer no podía ser el de la "*locura del Gobierno hereditario de los reyes*," o el de "*la absurdidad de la sucesión hereditaria,*" la cual consideró como:

> *"un insulto y una imposición sobre la posteridad, porque siendo todos los hombres iguales en su origen, ninguno por su nacimiento pudo tener un derecho para establecer para siempre su misma familia con una perpetua preferencia sobre todas las demás."*[13]

La propuesta de Paine, que luego plasmó en muchos de sus escritos posteriores, partió de la idea simple que delineó posteriormente en 1795, de lo que llamó la división primaria de las formas de gobierno, que era: *primero*, el gobierno por elección de representantes; y *segundo*, el gobierno de sucesión hereditaria. Y fue esa división simple, la que dio origen, precisamente, a la revolución en los Estados Unidos, a la

---

[12] Solo meses después, en la tercera edición apareció el nombre de Paine como autor. Antes se especuló que los autores podían haber sido John Adams, Benjamin Rush, o Benjamin, en Jack Frutchman Jr., *Thomas Paine. Apostle of Freedom*, Four Walls Eight Windows, New York 1994, pp. 76-77.

[13] Véase Thomas Paine, 75-77. Véase en Michael Foot and Isaac Kramnick (editors), *Thomas Paine. Reader* Penguin Books, 1987, pp. 52-56; y en Manuel García de Sena, *La independencia de Costa Firme justificada por Thomas Paine treinta años ha*, (1811), edición conmemorativa del Bicentenario de la Constitución de los Estados Unidos de América, Ministerio de Relaciones Exteriores, Caracas 1987, pp. 81-84

cual siguió la revolución en Francia, basadas, en palabras de Paine, en el conflicto entre "*el sistema representativo fundado sobre los derechos del pueblo; y el sistema hereditario fundado en la usurpación*,"[14] que o solo estaba formado con Monarcas de sangre, sino incluso establecido por dictadores, citando nada menos que a quien años después sería su perseguidor –como lo fue también de Francisco de Miranda– Maximillien Robespierre en representación de la Convención en Francia. El mundo del gobierno monárquico o de la usurpación, era para Paine, en definitiva, lo contrario al "*sistema representativo*" que en su criterio era "*la invención de mundo moderno*." [15]

Y así fue en el *Common Sense*, en un capítulo sobre "*de la Monarquía y sucesión hereditaria*," donde Paine sentó las bases para esos planteamientos, expresando, al establecer el contraste entre Monarquía hereditaria y la república, que "*el gobierno hereditario no tiene derecho de existir; no puede ser establecido con base a principio alguno de derecho; y antes por el contrario, es una violación de todos los principios*."

En cambio, decía Paine:

> *"el gobierno por elección y representación tiene su origen en los derechos naturales y eterno del hombre; porque bien sea que el hombre fuese su mismo legislador, como lo seria en aquel primitivo estado de la naturaleza; o bien que ejerciese su porción de soberanía legislativa en su misma persona, como podría suceder en las pequeñas democracias, donde todos se pueden juntar para la formación de las leyes, por las cuales deben gobernarse; o bien ya que la ejerciese en la elección de las personas que le han de representar en la asamblea nacional de los representantes, el origen del derecho es el mismo en todos los casos. El primero, como se ha dicho antes, es defectivo en poder; el segundo es practicable solamente en democracias de pequeña extensión; el tercero es la mayor escala sobre que puede establecerse un gobierno humano."*

[14] Véase el estudio "Dissertation on First Principles of Government" (1705),e Michael Foot and Isaac Kramnick (editors), *Thomas Paine. Reader* Penguin Books, 1987, p. 453

[15] Véase en Michael Foot and Isaac Kramnick (editors), *Thomas Paine. Reader* Penguin Books, 1987, p. 454.

Más adelante destacaba que, entre las distinciones entre los hombres:

> *"hay una distinción tan enorme, que no se puede justificar ni con razones sacadas de la naturaleza, ni de la religión; esta es la que se nota entre reyes y vasallos: y es cosa muy digna de nuestra atención, inquirir cómo vino al mundo una raza tan superior a los demás hombres, y tan privilegiada, que parece ser de muy diferente especie; y también nos toca indagar si estos semidioses son más bien útiles que perjudiciales a la felicidad del género humano."*
> *[...]*
> *Al mal de la monarquía hemos añadido nosotros el de la sucesión hereditaria: y así como la primera es una degradación en nosotros mismos, así también la segunda, pretendida como una materia de derecho, es un insulto y una imposición sobré la posteridad; porque siendo todos los hombres iguales en su origen, ninguno pudo por su nacimiento tener un derecho para establecer su misma familia con una perpetua diferencia sobre todas las demás; y aunque alguno pudiese haber merecido de sus contemporáneos algún grado de distinción en la sociedad; con todo, sus descendientes pueden ser indignos de heredarlo." [...]*
> *En conclusión, la sucesión de la monarquía hereditaria ha cubierto de sangre y de cenizas, no este o aquel reino, sino en el mundo entero: es una forma de gobierne reprobada por la palabra de Dios, y por consiguiente funesta a todas las naciones."*

Hay que situarse en 1776, en pleno auge del régimen monárquico en el mundo, para captar la trascendencia de esta diatriba, que explicó Paine en el capítulo sobre "*de la Monarquía y sucesión hereditaria*" – que fue el único que se tradujo en el libro de García de Serna de 1811. A dicho capítulo, sin embargo, Paine agregó otro, quizás el más importante, referido precisamente al tema de la independencia de Norteamérica, donde hizo "*reflexiones sobre el estado actual de los asuntos americanos*." Allí Paine planteó directamente, basado en argumentos derivados de los principios de la naturaleza y del *sentido común*, la necesaria independencia de las Colonias, desmontando los argumentados que se habían ido formulando a favor de la reconciliación con la Corona, explicando qué era lo que se podía esperar si las Colonias se separaban o seguían dependientes de la misma.

Paine analizó cada uno de los argumentos que se habían esgrimido para que las Colonias permanecieran dependientes, como el progreso económico que habían logrado, la relación entre ellas a través de la metrópolis, la descendencia común de los ingleses, para en definitiva concluir, al final, que "*la autoridad de Gran Bretaña sobre este continente, es una forma de gobierno que temprano o tarde tiene que tener un fin,*" y que era "*repugnante para la razón, y el orden universal de las cosas el suponer que este continente puede continuar sujeto a un poder externo.*" Y agregaba Paine: "*La reconciliación es un sueño falaz,*" considerando absurdo que "*un continente sea perpetuamente gobernado por una isla,*" pues "*Inglaterra es para Europa y América para sí misma.*"

En definitiva, el *Common Sense* fue la vía de expresión de "*la doctrina de la separación en independencia*" de América, a cuyo efecto Paine en el libro materialmente diseñó la forma como debían irse organizando las Colonias, cómo debían elegir sus Asambleas, y cómo establecer un Congreso Continental para el nuevo gobierno, y la adopción de una *Continental Charter or Charter of the United Colonies,* respondiendo al principio de que un "*gobierno propio es nuestro derecho natural.*" La propuesta republicana fue, en definitiva, que "*en América la ley sea el Rey. Así como en un gobierno absoluto el Rey es la Ley, en los países libres la Ley tiene que ser el rey; y no puede haber otro." Concluyó Paine su manifiesto, proponiendo que se adoptara en América "una abierta y determinada declaración de independencia,*" acuñando incluso la frase de "Estados Unidos de América"[16] para identificar el nuevo Estado.

Todo esto la afirmó Paine en enero de 1776, y conforme a esas ideas, precisamente, fue que se forjó el régimen republicano en Norteamérica, basado en la elección y representación, es decir, en un gobierno representativo, desarrollado en cada Colonia, con un Congreso

---

[16] Véase lo indicado por Michael Foot, "Introduction," en *Thomas Paine, Rights of Man*, Alfred Knopf, New York, 1994, p. xi; Christopher Hitchens, *Thomas Paine, Rights Of Man. A Biography*, Manjul Publishing House2008, p. 36; Craig Nelson, *Thomas Paine. Enlightenment, Revolution and the Birth of Modern Nation*, Penguin Books, 2007, p. p.8

Continental; en un régimen contrapuestos al régimen de gobierno monárquico hereditario, considerando Paine, simplemente, como lo repitió en 1795, que éste no tenía "*derecho de existir*."[17]

VII

El *Common Sense* tuvo un éxito editorial inusitado,[18] pues frente a las generales intenciones y sentimientos que existían en las Colonias de búsqueda de una reconciliación con la Metrópolis, por la guerra económica que se había desatado en las Colonias, lo que en su texto planteó Paine fue un grito por la Independencia, sobre lo cual nadie hasta ese momento había escrito.

La primera reacción ocurrió en la Asamblea Legislativa de Virginia, la cual adoptó el 12 y el 29 de junio de 1776, no sólo el *Bill of Rights* sino la *Constitution or Form of Government of Virginia.* Esta puede decirse que fue la primera Constitución republicana que se adoptó en la historia del mundo, con la cual comenzó el desmantelamiento del régimen monárquico y del Estado absoluto, pues la misma no fue otorgada por un Monarca. Con ello, también, se dio inicio al fin del proceso de colonización británica de Norteamérica que los ingleses habían comenzado en 1607, con el envío de los primeros colonos emigrantes de la Compañía de Virginia, que establecieron un asentamiento, precisamente llamado Virginia, por Sir Walter Raleigh en honor de Elizabeth I, llamada la *Virgin Queen* (1558-1603).

En paralelo al proceso desarrollado en Virginia, el 10 de junio de 1776, el Congreso Continental designó un Comité integrado por Thomas Jefferson, John Adams, Benjamin Franklin, Roger Sherman y Robert R. Livingston para elaborar una declaración de las Colonias respecto del Reino Unido. Ninguno de ellos antes había escrito jamás nada sobre la independencia; y lo único que tuvieron como pauta para su

---

[17] Véase en Michael Foot and Isaac Kramnick (editors), *Thomas Paine. Reader* Penguin Books, 1987, p. 454.

[18] En tres meses se imprimieron 120.000 ejemplares; y en dos años se imprimieron 500.000 ejemplares en todas las Colonias. Véase Michael Foot, "Introduction," en *Thomas Paine, Rights of Man*, Alfred Knopf, New York, 1994, p. xiv. Se sido considerada que un quinto de los colonos leyó el documento, habiendo sido el libro con la mayor venta desde el invento de las letras Véase Jack Frutchman Jr., *Thomas Paine. Apostle of Freedom*, Four Walls Eight Windows, New York 1994, p. 63.

tarea fue la declaración del segundo Congreso Continental, adoptada en su sesión del 2 de julio de 1776, conforme a la cual las Colonias se declararon a sí mismas libres e independientes, así:

> *"Que las Colonias unidas son, y por derecho, deben ser, Estados libres e independientes; que ellas están absueltas de toda obediencia a la Corona Británica, por lo que toda conexión política entre ellas y el Estado de Gran Bretaña, es y tiene que ser, totalmente disuelto."*

El Congreso ratificó, además, la encomienda dada a la Comisión presidida por Jefferson, para preparar una Declaración proclamando al mundo las razones de la separación de la Metrópoli, y fue así como el 4 de julio de 1776 el Congreso adoptó la *Declaración de Independencia* en formal ratificación del acto ya ejecutado. El redactor material de dicho texto, fue Paine,[19] asistente de los representantes, quien sirvió de escribidor para la Comisión.[20] Tan importante fue su rol que incluso, dos meses después, en septiembre de 1776 y bajo su dirección se redactó y adoptó la Constitución de Pennsylvania, con un texto extenso, considerada como la más democrática de las Constituciones americanas.

Como Paine no era miembro del Congreso ni firmó la Declaración de Independencia, su rol en la preparación de la misma no fue siempre reconocido, ni siquiera por los padres fundadores. Por ello, luego de una breve estadía en el gobierno como miembro del Comité de Asuntos Exteriores del Congreso, progresivamente fue marginado. Solo el Estado de Nueva York, en reconocimiento a sus aportes a la revolución de independencia, le donó una finca de casi trescientas acres en New Rochelle, al norte de New York, donde permaneció hasta 1787 cuando regresó a Inglaterra. Allí regresó en 1802, después de su periplo político y revolucionario en Francia que comenzó cuando tuvo que abandonar Inglaterra en 1792, perseguido por sedición.

---

[19] Vease el comentario de Craig Nelson, sobre el hecho de los elementos comunes entre los escritos de Paine y el texto de la declaración, lo que ha llevado a muchos historiadores a decir que Paine mismo fue quien redacto secretamente el texto, y que Jefferson lo copió con exactitud. Véase Craig Nelson, *Thomas Paine. Enlightenment, Revolution and the Birth of Modern Nation*, Penguin Books, 2007, pp. P. 09.

[20] Véase por ejemplo, Joseph Lewis, *Thomas Paine. Author of the declaration of Independence,* Freethouht Press, New York 1947.

VIII

La Declaración de Independencia de los Estados Unidos de 1776, que Paine contribuyó a forjar es, sin duda, un documento de interés histórico universal, pues a través de la misma apareció abiertamente en la historia constitucional, la legitimidad jurídico-política-racionalista del auto gobierno democrático y representativo. Para ello, en la misma ya no se recurrió para fundamentarla ni al *common law,* ni a los derechos de los ingleses, sino exclusivamente a las *leyes de la naturaleza y a Dios,* y a las verdades evidentes en sí mismas, como:

> *"Que todos los hombres son creados iguales; que son dotados por su Creador de ciertos derechos inalienables; que entre éstos están la vida, la libertad y la búsqueda de la felicidad. Que para garantizar estos derechos se instituyen entre los hombres los gobiernos, que derivan sus poderes legítimos del consentimiento de los gobernados; que cuando quiera que una forma de gobierno se haga destructora de estos principios, el pueblo tiene el derecho a reformarla o aboliría e instituir un nuevo gobierno que se funde en dichos principios, y a organizar sus poderes en la forma que a su juicio ofrece las mayores probabilidades de alcanzar su seguridad y felicidad".*

Como consecuencia, todo lo que no estaba adaptado racionalmente a los objetivos establecidos derivados de los derechos inalienables del hombre, era injustificable e ilegítimo, debiendo los Estados estar organizados en la forma más adecuada para alcanzar dichos objetivos.

La premisa básica del planteamiento, como un silogismo, partió de la consideración de todos aquellos actos de la Corona que, de acuerdo a John Locke, definían la tiranía, siendo obvia la conclusión del silogismo que al violar el Rey el pacto que lo unía a sus súbditos americanos, había perdido toda posibilidad de reclamar su lealtad, y consecuentemente, las Colonias se convirtieron en Estados independientes.

Pero el proceso político, por supuesto, no se quedó con la declaración de independencia de las Colonias, sino que en paralelo, en las mismas, que comenzaron a configurarse como Estados libres, con su propia Constitución y su *Bill of Rights,* comenzó a surgir la idea de la necesidad de una Confederación o Unión entre ellas, entre otros motivos para asegurar la unión política a los efectos de la conducción de la guerra contra Inglaterra. Comenzó así el proceso de creación de lo que al final sería la fórmula del Estado federal que fue una creación norteamericana para el mundo moderno. Todo comenzó con la adopción, por el Congreso Continental, el 15 de noviembre de 1777 – el mismo año en el cual Carlos III creó la Capitanía General de Venezuela -, de los *Artículos de la Confederación* que han sido considerados como la primera Constitución Americana, en la cual se creó una confederación y unión perpetua entre Estados, cuyo objetivo era "*la defensa común, la seguridad de sus libertades y el mutuo y general bienestar*," en un sistema conforme al cual cada Estado permanecía con "*su soberanía, libertad e independencia,*" y titular de cualquier poder, jurisdicción y derecho no delegado expresamente a los Estados Unidos en Congreso.

Después de la Declaración, el Congreso nombró como representante oficial en Francia a Benjamin Franklin quien tuvo a su cargo obtener el apoyo y alianza de la Monarquía francesa a la independencia de Norteamérica. Y así, el 17 de diciembre de 1777, Luis XVI decidió el reconocimiento de la independencia de los Estados Unidos, firmándose por Franklin el Tratado de Comercio y Amistad con Francia, lo que llevó a dicho país a participar en la guerra, desatándose, entre otros, la activa participación militar del Marqués de La Fayette, noble francés quien además de haber luchado en América, abogó por la causa americana en Francia.

La guerra entre el nuevo Estado americano y Gran Bretaña, se prolongó hasta 1783, cuando la misma concluyó con la firma del Tratado de Paz con Inglaterra, el Tratado de Versalles de 3 de septiembre de 1783, mediante la cual Inglaterra reconoció oficialmente la independencia de las trece colonias que formaron los Estados Unidos de Norteamérica.

IX

En julio de ese mismo año de 1783, Francisco de Miranda llegó a las costas de Norteamérica, luego de desertar del Ejército español para salvarse de ser detenido en La Habana, donde estaba sirviendo como oficial del Ejército Español y bajo el comando del Gobernador de la Isla de Cuba, Juan Manuel Cajigal. Allí, con el conocimiento de Cajigal, quien incluso le dio cartas de referencia, se embargó en la *Prudence,* llegando el 10 de julio de 1783, a New Bern en Carolina del Norte, pasando de seguidas hasta Charleston, en Carolina del Sur, que era donde originalmente el barco tenía su destino.

Hasta entonces, su único contacto con Norteamérica había sido su activa participación en la toma de Pensacola, contra los ingleses en 1782, donde las fuerzas españolas que comandaba habían tenido cierta ayuda de parte de independentistas americanos. Desembarcó en Norteamérica, con el propósito de conocer el mundo y, en particular, de todo lo que estaba ocurriendo en Norteamérica, de manera que sin duda, entre los primeros libros que debió haber adquirido apenas llegó Charleston, tuvo que ser el *Common Sense*, y el texto de la Declaración de Independencia.

Miranda fue el primer venezolano y quizás latinoamericano que recorrió todas las antiguas Colonias, habiéndose nutrido directamente, de todos los principios del constitucionalismo norteamericano, los cuales 25 años después comenzarían a circular en Venezuela, clandestinamente, por las traducciones realizadas por venezolanos, como fue el libro de Joseph Manuel Villavicencio, *Constitución de los Estados Unidos de América,* publicado en Filadelfia en 1810, que fue la primera traducción al castellano de la misma; y el antes mencionado libro de Manuel García de Sena, *La Independencia de la Costa Firme, justificada por Thomas Paine treinta años ha. Extracto de Sus Obras (1811),* con la traducción al castellano – como se ha dicho – de parte del *Common Sense*, de otros textos de Thomas Paine, y de los textos constitucionales de los Estados Unidos.

Con ese contacto, a través de los libros, desde entonces se estableció una relación muy particular entre los dos hombres que pueden ser considerados como los más universales de finales del siglo XVIII y principios del siglo XIX: por una parte, Thomas Paine, quien sin duda fue el más popular y más leído escritor de su época en ambos lados del Atlántico, en Inglaterra y Francia y en América tanto del Norte como del Sur,[21] habiendo incluso participado en las revoluciones de Norteamérica; y Francisco de Miranda, quien llegó a tener el conocimiento y

[21] Como por ejemplo lo destacó Michael Foot, "Introduction," en Thomas Paine, *Rights of Man*, Alfred Knopf, New York, 1994, p. xi.

vivencia personal más universal de su época, quien también participó activamente en los procesos de independencia norteamericana y de la revolución francesa, y además, en la revolución hispanoamericana, habiendo sido quizás la única persona de su época que viajó por el Caribe, Norteamérica y toda Europa hasta Rusia.[22]

También sus vidas tuvieron la coincidente característica de que a pesar de la fama universal de la que ambos gozaron en vida, la misma no fue reconocida en sus propios países donde le fue negada, habiendo sido ambos condenados en ausencia en los mismos, Paine, por sus libelos sediciosos expresados en Londres en 1792, y Miranda por su invasión armada a las provincias de la capitanía general de Venezuela en 1806. Ambos escribieron utilizando a veces pseudónimos, *noms de plume,* como era usual en la época; ambos fueron acusados de traidores o espías, Paine de Norteamérica o de Francia; Miranda de Inglaterra, de Francia y de Rusia; y ambos tuvieron en común, además, el haber participado activa y particularmente en el proceso revolucionario francés entre 1792 y 1795, uno como miembro de la Convención, y otro como miembro del Ejército Allí, ambos, además, fueron perseguidos y encarcelados por Maximilien Robespierre, salvándose ambos de la guillotina, Miranda porque fue declarado inocente por el Tribunal del Terror, en un juicio en el cual Paine fue testigo de su causa; y Paine, por los azares de la vida y por la muerte de Robespierre antes de que se ejecutara su sentencia.

X

El país que Miranda "*descubrió*" en Norteamérica entre 1783 y 1784, como se dijo, venía de terminar formalmente una guerra contra los ingleses, y el Reino Unido venía de reconocer su independencia. Los signos militares de la guerra, sin embargo, estaban en todas partes, y a ellos Francisco de Miranda dedicó una atención particular durante el año y medio que permaneció en suelo norteamericano, desde cuando

[22] Véase Allan R. Brewer-Carías, *Sobre Miranda. Entre la perfidia de uno y la infamia de otros, y otros escritos*, Segunda edición corregida y aumentada, Colección Cuadernos de la Cátedra Fundacional de Historia del derecho, Charles Brewer Maucó, Universidad Católica Andrés Bello, Caracas / New York 2016, p. 34.

desembarco en Carolina del Norte, hasta cuando zarpó de Boston el 15 de diciembre de 1784, rumbo a Londres.

Miranda recorrió toda la costa este de los Estados Unidos, habiendo visitado Beaufort, Wilmington, Charleston y Philadelphia, donde pasó la navidad de 1783, el mismo mes y año en el que nació en Caracas Simón Bolívar. En 1784, visitó New York, West Point, Albany, New Haven, Wethersfield, Hartford, Middletown, New London, New Port, Salem, Portsmouth, Newburyport y Boston. En todas esas ciudades conoció todo lo que había de interés, y toda persona de interés y relevancia, y además, particularmente, las instalaciones y defensas militares que habían quedado, tanto inglesas como norteamericanas, de la guerra recién terminada; y las bibliotecas y universidades.[23]

El conocimiento de Miranda sobre los Estados Unidos fue tan vasto que John Adams, quien fue el segundo presidente de os Estados Unidos, expresó de Miranda que:

> *"Es una opinión generalizada que en los Estados Unidos nadie conoce mejor o más que Miranda, las familias, grupos y relaciones del país y que ningún oficial de nuestro ejército ni ningún hombre de Estado de nuestros consejos, conoce mejor o más que él de ninguna campaña, sitio, batalla o refriega que se haya dado durante toda la guerra."* [24]

En su periplo, en efecto, conoció a George Washington, Alexander Hamilton, Thomas Jefferson, John Adams, Thomas, Henry Knox, el marqués de Lafayette, entre otros, con quienes incluso comenzó a discutir sus propios planes de liberación para "*Colombia*" que era la América Hispana. Por ello, el mismo Miranda diría años más tarde (en 1792) que allí:

---

[23] De todo ello Miranda dejó constancia pormenorizada en el diario que llevó, y que William Spence Robertson, su biógrafo, publicó en 1928: William Spence Robertson, *The Diary of Francisco de Miranda. Tour of the United States 1783-1784*, New York, 1828

[24] Véase en la obra de Charles Francis Adams, *The Works of John Adams, second President of the United States, with a Life of the Author, notes and illustrations by his grandson.* Little, Bown and Company, Boston 1856. Véase en http://www.franciscodemiranda.info/es/documentos/adams-letter.htm.

"fue que, en el año 1784 en la ciudad de New York, se formó el proyecto actual de la Independencia y Liberación de todo el Continente Hispanoamericano, con la cooperación de Inglaterra; tanto más interesada, cuanto que la España había dado ya el ejemplo, forzándola a reconocer la independencia de sus Colonias en el propio Continente." [25]

En Nueva York fue precisamente donde conoció a Paine, habiendo llegado a la ciudad en enero de 1784, en un duro invierno, como él mismo lo describió en su diario, atravesando a pie el río Delaware, que para esa fecha estaba congelado, caminando detrás del carruaje que lo transportaba. En Nueva York conoció, además, entre otros, a Alexander Hamilton, con quien mantendría posteriormente correspondencia regular por más de veinte años; a Robert L. Livingston y familia, al general Henry Knox con quien también mantendría correspondencia posteriormente, particularmente en temas militares para la liberación de América Hispana.

Miranda, por supuesto, para cuando se entrevistó con Paine ya conocía del *Common Sense*, y de cómo ese folleto había sido el detonante de la independencia norteamericana, como debió haberlo constatado Miranda después haber visitado durante seis meses, seis de las trece Colonias. Su primer contacto lo tuvieron en abril de 1784, habiendo establecido con él una relación que los llevaría a reunirse posteriormente, en 1792, en Londres; y luego en París, entre 1793 y 1795, donde incluso Thomas Paine resultó ser el testigo clave en la defensa de Miranda en el juicio por traición que se le siguió ante el Tribunal criminal por acusación de Robespierre, en la Época del Terror.

En 1806, aun cuando ya distanciados, debió haber tenido de nuevo algún contacto con Paine, quien había regresado a Nueva York, para la preparación de su proyecto de invasión a Venezuela; y luego, finalmente, se toparía de nuevo con Paine, aun cuando en forma indirecta y figurativa, en Caracas, en 1811, al manejar de nuevo su obra, ya traducida

---

[25] Véase en el Manifiesto "*para Gensone*", París 10 octubre 1792, quien debía hacer el manifiesto para la Independencia, en Francisco de Miranda, *América Espera* (Ed. J.L. Salcedo Bastardo), Biblioteca Ayacucho, Caracas 1982, p. 120.

al castellano por Manuel García de Sena. Algunas partes del trabajo de Paine, incluso salieron publicadas en la *Gaceta de Caracas* en 1811.

XI

Después de dejar Norteamérica en 1785, Miranda llegó a Londres, partiendo de seguidas, en compañía del capitán William Smith, en un viaje de conocimiento general y militar por toda Europa y Rusia, del cual regresó a Londres en junio de1789, en vísperas de la revolución Francesa, luego de haber presenciado la instalación de la Asamblea Nacional francesa en Versailles. Al llegar a Londres entró en contacto con el Primer Ministro William Pitt, habiéndose entrevistado con él en su casa de Hollywood para plantearle su propuesta de liberación del Continente americano,[26] teniendo posteriormente muchas otras entrevistas. En ese tiempo también, en 1790 y 1791, de nuevo se entrevistó Thomas Paine, quien había llegado allí desde 1788, desde donde viajó en varias oportunidades a París (1789-1791). Paine publicaría en Londres en dos partes su libro *The Rights of Man* (1791-1792),[27] en apoyo franco a la Revolución Francesa, y en respuesta a las críticas contra la misma que se habían formulado a la misma en Inglaterra por Edmund Burke, en su famoso libro *Reflexiones sobre la Revolución Francesa* (1790).

Entre las entrevistas que tuvieron Paine y Miranda, una fue en conjunto con el Ministro del Interior Greenville como en la casa comercial de John Turnbull.[28] Fue el tiempo del incidente en *Nootka Sound*, un asentamiento situado en la costa norte del Pacífico que casi provocó una declaración de guerra entre Inglaterra y España, por la que entonces Miranda abogaba ante el gobierno de Pitt, buscando apoyo para la causa hispano americana. Años más tarde, por ello, Paine, quien en 1792 fue perseguido por el Ministro Pitt, denunciaría a Miranda ante James

[26] Véase Francisco de Miranda, *América Espera* (Ed. J.L. Salcedo Bastardo), Biblioteca Ayacucho, Caracas 1982, pp. 104-107.

[27] Véase el texto completo en Thomas Paine, *Rights of Man*, Dover Publications, Torono 1999; y en Michael Foot and Isaac Kramnick (editors), *Thomas Paine. Reader* Penguin Books, 1987, pp. 201-364

[28] Véase Jack Fruchtman Jr., *Thomas Paine. Apostle of Freedom*, New York 1994, p. 202

Monroe, como un conspirador junto con Pitt, en contra de los intereses norteamericanos.[29]

El sitio o asentamiento de *Nootka Sound,* en efecto, estaba situado en la costa oeste de la Isla de Vancouver, al norte de la costa del Pacífico en Norte América, y era utilizado no solo por navegantes rusos que incluso pretendían establecer allí una fortificación, sino que era utilizado con frecuencia por los navegantes británicos y particularmente comerciantes británicos de pieles.

Era un sitio alejado de los asentamientos españoles de México y California, por lo que habiendo sido informado el Virrey de la Nueva España, Manuel Antonio Flores, de esa situación por el navegante y explorador español Esteban José Martínez, cuando pasó por allí en viaje exploratorio hacia Alaska, el Virrey lo instruyó para ocupar el sitio y establecer una población a los efectos de dejar claramente establecida la soberanía española en la zona. Y así, hacia mitades de 1789, Martínez formalmente estableció en el sitio el *Puerto de San Lorenzo de Nuca,* dando inicio durante el resto del año a una serie de acciones confiscatorias y de toma de diversos navíos británicos. La medida no afectó, sino ocasionalmente, a navíos de bandera de los Estados Unidos a los cuales se les permitió zarpar dado que Estados Unidos era un aliado de España, y España incluso había ayudado a los Estados Unidos en la guerra de independencia.

La captura de los barcos británicos fue precisamente la que originó la crisis llamada de *Nootka Sound,* la cual por muy poco no terminó en una declaración de guerra entre el Reino Unido y España,[30] como alentaba y esperaba Miranda. El gobierno del Primer Ministro William Pitt cuestionó las pretensiones españolas de soberanía de la costa del Pacífico de Norte América, que España alegaba tener conforme a los términos del Tratado de Tordesillas de 1493; alegando en cambio dere-

---

[29] Jack Fruchtman Jr., *Thomas Paine. Apostle of Freedom*, New York 1994, pp. 306-307

[30] El mismo Miranda se refirió a ello en un Memorándum que dirigió al Ministro Pitt sobre sus conversaciones, recordándole que "*tuvimos una larga conferencia sobre el tema de los preparativos para una guerra con España a consecuencia de los acontecimientos en Nootka-Sound, la fuerza posible de las fuerzas navales españolas, la disposición del pueblo en la América del Sur a unirse a los ingleses por su independencia contra los españoles, etc.*" Véase en Francisco de Miranda, *América Espera* (Ed. J.L. Salcedo Bastardo), Biblioteca Ayacucho, Caracas 1982, p. 111.

chos británicos de descubrimiento como resultado de las expediciones que habían hecho Francis Drake (1579) y James Cook (1778). La superioridad de la Armada británica sobre la española, en todo caso, forzó a España a llegar a unos acuerdos, el primero de los cuales se firmó el 28 de octubre de 1790, mediante el cual ambos países reconocieron el derecho mutuo de ubicar asentamientos en la costa en sitios no ocupados, así como la libertad de navegación y comercio, poniendo fin al monopolio español de descubrimiento, conquista y comercio que venía ejerciendo por los dos siglos anteriores.

Lo que Miranda expresó, al conocer el acuerdo, fue que había sido "*¡vendido por un tratado de comercio con España!*",[31] refiriéndose al desistimiento de Pitt de prestar ayuda alguna a su empresa libertaria para Hispanoamérica. Ello, por supuesto, no terminó con sus entrevistas con Pitt y su insistencia de obtener apoyo, incluso solicitándole en 1791 y 1792 que se le asignara una renta ofreciendo trabajar para el gobierno británico.[32] Por ello recibió algunos pagos en libras esterlinas ordenados por Pitt.[33] Sin embargo, ante la falta de apoyo, y luego de repetidos reclamos con solicitud de devolución de los planos y documentos que había dejado en poder de Pitt,[34] Miranda desistió de su empeño, y en marzo de ese mismo año 1792, viajó a Francia en marzo de ese mismo año en busca de apoyos para su empresa de parte del gobierno que había surgido de la Revolución.

XII

Antes de su viaje a Francia, Miranda sin duda, ya se había empapado del proceso revolucionario iniciado en 1789, apenas había salido de París hacia Londres. Sin duda, había leído tanto la publicación por Edmund Burke de su libro *Reflections on the Revolution in France*, que fue una crítica política muy importante contra la revolución

[31] Véase en Francisco de Miranda, *América Espera* (Ed. J.L. Salcedo Bastardo), Biblioteca Ayacucho, Caracas 1982, p. 558.

[32] Véase en Francisco de Miranda, Francisco de Miranda, *América Espera* (Ed. J.L. Salcedo Bastardo), Biblioteca Ayacucho, Caracas 1982, pp. 109.

[33] Ibidem, pp. 115.

[34] Ibidem, p. 116.

francesa publicado el 1 de noviembre de 1790; como también la respuesta a dicha crítica que formuló Thomas Paine con su libro: *The Rights of Man*, primera parte, publicado en marzo de 1791, en defensa de la Revolución.

La polémica entre ambo había dominado el debate político de la época, el cual incluso ha sido considerado, históricamente, como el origen a la división entre "*derechas e izquierda*" en la lucha política en el mundo.[35]

La publicación del libro de Paine, en todo caso, coincidió con graves agitaciones políticas en Londres, que llevaron al gobierno de William Pitt, incluso, a emitir una *Proclamación Real contra la sedición, subversión y disturbios* publicada el 22 de mayo de 1792.[36] Thomas Paine fue citado y encausado por sedición. El juicio se pospuso, y en el interín Paine, obstinado, llegó incluso en uno de sus escritos a proponer la convocatoria de una Convención en Inglaterra, electa por el pueblo, para preparar una constitución republicana para Inglaterra acabando con la Monarquía. La orden de arresto fue dada de inmediato, por lo que una vez avisado, Peine pudo salir escondido desde Dover a Calais el 14 de septiembre de 1792, para ya no volver nunca más a Inglaterra. Posteriormente fue condenado en ausencia, por sus libelos "*sediciosos*," publicados en forma "*malvada, falsa, maliciosa, escandalosa y sediciosamente*."[37] En Calais sería recibido en otra forma, al punto de habérsele concedido la ciudadanía francesa y aun sin dominar el francés, haber sido electo como miembro de la Convención por el Distrito de Calais.

El mismo año 1792, y antes que Paine, Miranda, quien como se dijo no había encontrado en Inglaterra el apoyo que buscaba, ya instalada la revolución en Francia, viajó a París con las mismas ideas y propósitos de tratar de obtener apoyo político de los líderes de la Revolución para sus ideas de independencia de América, y además, con la

---

35 Véase Yuval Levin, *The Great Debate. Edmund Burke and Thomas Paine, and the Birth of Right and Left*, Basic Books, New York, 2014.

36 Véase Christopher Hitchens, *Thomas Paine, Rights Of Man. A Biography*, Manjul Publishing House2008, p. 52

37 Véase Michael Foot, "Introduction," en *Thomas Paine, Rights of Man*, Alfred Knopf, New York, 1994, p. xvii

intención inicial de volver a Rusia. En París, sin embargo, entró en contacto con los principales hombres del partido de los Girondins, Jacques Pierre Brissot (líder del grupo), Jérôme Pétion (Alcalde de París), Jean Roland y Charles François Dumouriez (Ministro del Interior), Joseph Marie Servan (Ministro de Guerra), y de nuevo con su antiguo conocido Thomas Paine.

El cierre de las fronteras francesas el 12 de agosto de 1792, como consecuencia de la insurrección contra la Monarquía que llevó a la detención de Luis XVI y su familia, y a la Asamblea Nacional a abolirla, le impidió a Miranda salir de Francia y poder regresar a Londres, como lo había pensado. La invasión de Champagne por las fuerzas de Prusia, y el peligro en el cual se encontró Francia por los avances de tropas europeas en defensa del absolutismo monárquico, hizo que sus amigos le ofrecieran incorporarse al ejército francés, con el rango de mariscal de campo, bajo el mando del general Charles Dumouriez.

El 2 de septiembre de 1792 se eligió la Convención, en la cual, entre otros pocos extranjeros, como se dijo, Thomas Paine fue electo en el departamento de Calais. Cuatro días después, el 6 de septiembre, Miranda salió de París hacia el ejército del Norte, siendo recibido por el general Charles François Dumouriez, estando ya para el 12 de septiembre en campaña.

Así, Miranda había pasado, en un mes, de despedirse airadamente del primer ministro de la Gran Bretaña, y de ser simple espectador de los acontecimientos políticos de Francia, a ser Comandante en Jefe del Ejército del Norte, siendo ascendido de inmediato (9 octubre 1792) por sus logros militares al grado de Teniente General de los ejércitos franceses. Su nombre terminaría inscrito en el Arc de Triunfo de París.

XIII

El 21 de septiembre de 1792 se instaló la Convención, siendo la primera decisión adoptada, la de declarar la abolición de la Monarquía que en la Constitución de 1791 había sido concebida como una monarquía constitucional, designándose al nuevo Estado como la República francesa. La Convención, además, asumió todos los poderes de la República, es decir, el ejecutivo, el legislativo e incluso el judicial, asumiendo la función propia de un tribunal supremo, como luego ocurriría en el caso del juicio por traición que se le siguió al Rey.

La Convención estaba entonces dominada por los Girondinos, lo que le permitió a Miranda escribirle a Petion, entonces miembro de la Convención, desde Valenciennes, el 26 de octubre de 1792, en cuanto a la legislación de la Convención que:

> *"me contenta mucho ver que el demagogo de Robespierre cayó en el olvido, en el que ha debido estar siempre para el bien público al cual no poco daño hiciera. Pero veo con indignación que ustedes están soportando a otros todavía peores, como son Marat, Cha, etc... Difamar impunemente a los pro-hombres, la nación y la Convención Nacional."*[38]

No anticipaba Miranda, sin embargo, que muy pronto se produciría un cambio político radical, y que el gobierno pasaría a manos de los Jacobinos, precisamente con Robespierre a la cabeza.

Entretanto, mientras Miranda estaba en la avanzada del ejército en Maeseyck-sur-Meuse donde llegó el 6 de diciembre. En esos mismos días, en París, la Convención le siguió juicio al rey Luis XVI acusándolo el 11 de diciembre de 1792 por traición, abriéndose el proceso quince días después. Los girondinos querían evitar la condena a muerte del Rey Luis XVI, considerando que ello provocaría la guerra de todas las potencias europeas contra Francia. Entre quienes se opusieron a la condena a muerte del Rey, estuvo el mismo Thomas Paine.[39]

Los jacobinos, con Maximilien Robespierre a la cabeza, al final se impusieron, y el 15 de enero la Convención decidió en votación la condena a muerte del Rey. Fue guillotinado seis días después, el 21 de enero de 1793; y meses después, el 16 de octubre, su esposa María Antonieta también sería ajusticiada. Con los Jacobinos en el poder, tanto Paine como Miranda sabía que corrían peligro, apenas se impuso el Régimen del Terror.

---

[38] Véase Francisco de Miranda, *América Espera* (Ed. J.L. Salcedo Bastardo), Biblioteca Ayacucho, Caracas, 1982, p. 123.

[39] Véase Tomás Paine, "Reasons for Preserving the Life of Louis Capet (1793)," en Michael Foot and Isaac Kramnick (editors), *Thomas Paine. Reader,* Penguin Books, 1987, pp. 394-394.

XIV

En marzo de ese año (1793), con ocasión del desastre militar de Neerwinden que obligó al ejército francés a evacuar los Países Bajos, los Jacobinos, formularon cargos de traición contra Dumouriez por querer restaurar la Monarquía. Miranda fue envuelto en las acusaciones, viéndose de nuevo involucrado en un proceso al cual se lo arrastró injustamente. Fue por ello perseguido por Maximilien Robespierre y Jean-Paul Marat, jefe de una de las facciones (Montagnard) de los Jacobinos, habiendo sido detenido y sometido a juicio ante el Tribunal Revolucionario de París. La acusación fue por traición a la Revolución por hechos relacionados a sus acciones de guerra como comandante de los Ejércitos del Norte de Francia, con motivo del fracaso de las tropas francesas en la toma de Neerwinden, por culpa de órdenes dadas de Dumouriez que Miranda incluso cuestionó por escrito, pero tuvo que cumplir.

Por ello, el 21 de marzo de 1793 la Convención ordenó el arresto de Miranda,[40] quien escribió un detallado memorial en su propia defensa, en el cual analizó la conducta de Dumouriez, y cómo, bajo su protesta, tuvo que obedecer sus órdenes en el sitio de Neerwinden.

Luego de haber sido interrogado los días 8 al 10 de abril de 1793[41] y de un examen preliminar del caso por la Convención, el 10 de mayo Miranda fue hecho prisionero y fue sometido a juicio ante el Tribunal revolucionario, habiendo sido acusado por el Fiscal Fouquier-Tinville, en particular, de:

> *"haber hecho traición, adrede y con maldad, a los intereses de la República, y provocado su disolución, no oponiéndose a la invasión del territorio por sus enemigos, y aun facilitándola, cuando tenía todos los medios suficientes para impedirla; y de haberle causado pérdidas incalculables, tanto en hombres, dinero y víveres, como en*

---

[40] Véase el texto de la orden de arresto, en Arístides Rojas, *Miranda en la revolución francesa,* Imprenta Nacional, Caracas 1889, pp. 137-138.

[41] Véase el texto íntegro del interrogatorio, preguntas y respuestas, en Arístides Rojas, *Miranda en la revolución francesa.* ob. Cit., pp. 138-165.

> *municiones de guerra las cuales han quedado en poder del traidor Dumouriez y de sus secuaces."* [42]

Su abogado fue Claude François Chauveau-Lagarde,[43] el mismo aguerrido y destacado abogado que fue luego defensor, entre otros, de la reina María Antonieta de Austria, esposa del Rey Luis XVI, de Charlotte Corday, quien asesinó de Marat, en cuyo caso, la defendió alegando que actuó bajo la exaltación del fanatismo político; y de muchos girondinos, y entre ellos, de Jacques Pierre Bissot, jefe de los mismos, quien había sido el que había ofrecido y comprometido a Miranda para que sirviera en el Ejército de Francia.

Chauveau-Lagarde tuvo que iniciar sus argumentos ante el Tribunal en defensa de Miranda, expresando cuán extraño era el destino de tener que defenderlo de las infundadas acusaciones de traición a la Revolución, formuladas "*en el momento mismo en que la defendía gloriosamente con las armas en la mano, y de haberle hecho traición de concierto con el hombre que era entonces su más mortal enemigo*," refiriéndose a Miranda como el:

> *"hombre que en todo Europa es conocido por su filosofía, principios y carácter, como uno de los más celosos partidarios de la libertad; que en las dos naciones más libres, antes de la revolución francesa, Inglaterra y América, se ha granjeado la amistad de los hombres más conspicuos por sus virtudes, talento y trabajos en favor de la libertad; que a causa de ésta ha sido perseguido por el despotismo del uno al otro polo; que durante su vida no ha discurrido, respirado y combatido sino por ella, habiéndole fortuna, aspiraciones y hasta amor propio."*[44]

En el proceso Miranda mismo contribuyó a su propia defensa. Como lo afirmó el propio abogado defensor:

---

[42] Véase Arístides Rojas, *Miranda en la revolución francesa,* Imprenta Nacional, Caracas 1889, p. 130.

[43] Véase los argumentos y legajos de la defensa de Miranda en Francisco de Miranda, *América Espera* [Ed. J.L. Salcedo Bastardo], *cit*., pp. 127 ss. Véase también el texto en Arístides Rojas, *Miranda en la revolución francesa,* ob. cit., pp. 174- 212.

[44] Véase Arístides Rojas, *Miranda en la revolución francesa.* Ob. Cit., p. 166.

> *"el General Miranda, en sus respuestas, lo ha explicado, aclarado y probado todo, de manera que después de haber brillado en los consejos y en los ejércitos, como uno de los más ilustres é intrépidos defensores de la República, se ha mostrado en este tribunal el más elocuente defensor de sí mismo que pudiera tener; y si me ha dejado alguna tarea que cumplir, lo es menos para su justificación que para su apología. Y ésta no será difícil: reproduciré algunas de sus palabras y pintaré sus acciones."*[45] [46]

Por su parte, Jérôme Pétion en una respuesta al largo libelo de Maximilien Robespierre: concluía:

> *"¿Y es á tal hombre á quien Robespierre no vacila en herir con cierta especie de ferocidad? No lo ataca como á reo, sino afirma que es culpable. Cobardes! Esperad a lo menos que se le haya oído: será entonces tiempo de sentenciar, de castigar ó de absolver."*[47]

Al final, Miranda pudo salvarse habiendo sido declarado inocente en el proceso que se desarrolló en su contra, ordenándose su libertad el 16 de mayo de 1793. Chauveau-Lagarde, luego del juicio, dijo de Miranda:

> *"Viles calumniadores, hombres sediciosos de sangre, que no ven sino culpables, que no quieren sino víctimas, que no se ruborizan de ultrajar hasta la última virtud. El día más hermoso de mi vida ha sido aquél en que defendí a Miranda. Declaro que jamás he conocido hombre que me haya inspirado más estima, y más diré, ni más veneración. Es imposible tener más grandeza de carácter, más elevación de ideas, ni un amor más verdadero a todas las virtudes. No es preciso ser más preciso en las respuestas, más claro en las explicaciones, más fuerte en el razonamiento, más enérgico en todo*

---

45 Véase los argumentos y legajos de la defensa de Miranda en Francisco de Miranda, *América Espera* (Ed. J.L. Salcedo Bastardo), Biblioteca Ayacucho, Caracas 1982, p. 167.

46 Véase os argumentos y legajos de la defensa de Miranda en Francisco de Miranda, *América Espera,* ob. cit., pp. 127 ss.

47 *Idem.*, pp. 245-247. Véase el texto, además, en Arístides Rojas, *Miranda en la revolución francesa,* ob. cit., pp. 245-247.

> *lo que emana del sentimiento; y sobre todo, tener más de esa calma imperturbable que solo es fruto de una sana conciencia."*[48]

Ese grande elogio, por supuesto, puso de manifiesto también cuántos debieron haber sido sus enemigos en ese entonces, y en Francia, y no sólo en la Convención y sus tumultuarias barras, sino en sus acusadores; todo lo cual confirma la extraordinaria personalidad de Miranda, odiado por tantos y admirado por otros tantos. Marat, en todo caso, atacó a Chauveau-Lagarde por su defensa, acusándolo de haber dejado libre a un culpable.

Uno de los testigos a favor de Miranda en el proceso fue precisamente su amigo Thomas Paine, quien incluso había recibido la llave de la Bastilla de parte del Marqués de Lafayette (1790) para ser entregada a George Washington. Paine testificó sobre Miranda diciendo entre otras cosas:

> *"Es imposible que un hombre pueda entender el corazón de otro tan bien como entienda el propio; pero de todo lo que sé sobre el General Miranda no puedo creer que desea traicionar la confianza que la República Francesa ha puesto en él, muy especialmente cuando el destino de la revolución Francesa estuvo tan íntimamente ligado al objeto favorito de su corazón, es decir, la liberación de la América Hispana, un designio que persiguió por las cortes de España durante la mayor parte de su vida."*[49]

Leído el veredicto del Tribunal revolucionario en lo Criminal, de fecha 16 de mayo de 1793, declarando inocente a Miranda,[50] como lo reportó el *Moniteur* del 21 de mayo de 1793: "*El pueblo aplaudió la*

---

[48] Véase en el libro de José María Antepara, *Miranda y la emancipación sur-americana* (1810), edición de la Biblioteca Ayacucho, Caracas 2006, pp. 87-88; y en *Documentos Históricos sobre la vida del generalísimo Miranda iniciador de la Independencia Sur-Americana*, Ofrenda del Gobierno del Estado Zulia, 4 de julio de 1896, Maracaibo 1896, p. 130. Véase el escrito de la defensa de Francisco de Miranda, en Francisco de Miranda, *América Espera* ob. cit., pp. 127-130. Véase igualmente en Arístides Rojas, *Miranda en la revolución francesa,* ob. cit., pp. 219 ss.

[49] Véase William Spence Robertson, *The Life of Miranda*, Volume I, The University of North Carolina Press, Chapel Hill, 1929, p. 137.

[50] Véase el texto de la sentencia del Tribunal revolucionario en lo Criminal del 16 de mayo de 1793 en Véase el texto, en Arístides Rojas, *Miranda en la revolución francesa*, ob. cit., pp. 218-219.

sentencia sobre Miranda y también su discurso; lo tomaron en hombros, y lo llevaron triunfante y lo rodearon."[51]

Luego de que terminara el juicio contra Miranda, y hacia finales de ese mismo año 1793, los jacobinos terminarían también persiguiendo a Paine. Como se dijo Paine, miembro de la Convención, si bien siempre había sido un oponente a la monarquía, se había opuesto vehementemente a la ejecución del Rey Luis XVI. Ello provocó que después de la ejecución del Rey en enero de 1793, se hubiese retirado de la Convención y se hubiese instalado en una pequeña casa en Saint-Denis, a unos kilómetros del centro de París. Regresó a la ciudad, sin embargo, con motivo del juicio a Marat, un Jacobino con quien tenía gran enemistad, a quien se acusaba de persecución a extranjeros. Testificó en su contra, pero en definitiva el mismo salió absuelto.

La persecución desatada por los Jacobinos contra los Girondinos, y la persecución desatada contra los "*extranjeros conspiradores*" envolvió finalmente a Paine, quien fue detenido en noviembre de 1793, cuando estaba terminando de escribir otro de sus libros: *The Age of Reason*, donde, siempre crítico, denunció las organizaciones religiosas.

Fue llevado al Palacio de Luxemburgo, convertido en prisión. Allí vio a Georges Danton pasar para ser guillotinado, y finalmente, por los asares de la vida, cuando por orden del fiscal, dada el 24 de julio de 1793, le tocó el turno a Paine, por un error burocrático que cometieron los guardias al marcar erradamente la celda que correspondía para el cadalso, se salvó de la guillotina. Afortunadamente para Paine, las autoridades no tuvieron tiempo para rectificar, pues el 27 de septiembre de 1793 Robespierre caería del poder, y a su vez sería guillotinado, y con ello terminaría la Época del Terror.[52]

Paine pudo salir de prisión en noviembre de 1794 con la protección del representante americano ante Francia, que en ese momento era James Madison, habiendo permanecido bajo su protección por dos años. Posteriormente, no pudiendo regresar a Inglaterra por la condena de sedición en su contra, siguió en Francia hasta 1802, cuando regresó a los

---

[51] Véase William Spence Robertson, *The Life of Miranda*, ob. Cit., p. 138.

[52] Véase Harvey J. Kaye, *Thomas Paine. Firebrand of the Revolution*, Oxford University Press, 2000, pp. 105-115I

Estados Unidos; no sin antes escribir y publicar su trabajo *Dissertación on First Principles of Government,* que fue otro de los estudios de Paine que García de Sena tradujo y publicó en 1811.

XV

La última relación directa entre Miranda y Paine, aun cuando por vía epistolar, se produjo en 1806, con ocasión de la empresa que Miranda montó en Nueva York, con el conocimiento silencioso de los altos funcionarios del gobierno de los Estados Unidos para invadir Venezuela, la cual, además de haber fracasado, dio lugar al desarrollo de un importante y notorio juicio desarrollado ante la Corte Federal de Circuito del Distrito de Nueva York entre marzo y junio de 1806, que tuvo repercusiones y secuelas políticas importantes en los Estados Unidos de Norteamérica, mientras Miranda todavía deambulaba por el Caribe después del fracaso de su expedición. Se trató del conocido caso: *Estados Unidos vs. William Smith and Samuel G. Ogden,* el primero, destacado miembro de la élite política y militar del país, Superintendente del Puerto de Nueva York, amigo de Miranda, y con quien, cuando era Secretario de la Legación norteamericana en Londres, había viajado por Europa en 1785, y el segundo, amigo de Smith, quien había sido el propietario del barco *Leander*, buque insignia de la expedición de Miranda, que éste compró y armó en el propio Puerto de Nueva York para su expedición; ambos acusados de haber sido los financistas y promotores de la misma. La acusación que se les formuló, fue que Smith y Ogden comenzaron "*una expedición militar contra los dominios de un príncipe extranjero, del rey de España, en los territorios de la provincia de Caracas, contra la paz de los Estados Unidos y su dignidad*", en violación de la Ley.

Miranda, quien desde 1799 había regresado a Inglaterra, luego de ser perseguido en Francia, en efecto, viajó a Nueva York a finales de 1805 con la intención de buscar el apoyo del gobierno americano para una expedición tendiente a invadir la provincia de Venezuela. Al desembarcar, viajó a Washington donde se reunió con sus antiguos amigos, el Presidente Thomas Jefferson y el secretario de Estado James Madison. Confiado en haber obtenido el apoyo requerido de parte de ellos, lo que comunico a William Smith su antiguo amigo y compañero de viaje por Europa en 1785, quien ocupaba el cargo de Supervisor del Puerto de Nueva York. Y ello mismo fue lo que precisamente alegaron Smith y Ogden en su Memoria pública enviada al Congreso, cuando comenzaron las acusaciones políticas contra ellos, citando incluso las cartas que Miranda había enviado tanto al presidente como a su Secretario de Estado, que éste les había dado a leer antes de despacharlas, informándoles que se había conformado en toda forma a las intenciones del Gobierno, exigiéndoles que guardasen el secreto. Los demandados se basaron en las explicaciones y cartas de Miranda, y en el hecho de que el *Leander* no hubiera sido fuera retenido, para fundamentar su caso pidiendo la intervención del Congreso.[53]

El *Leander*, en efecto, propiedad de Samuel Ogden, quien fue presentado a Miranda por Smith, era una corbeta de guerra de alrededor de 200 toneladas de desplazamiento, la cual adquirió Miranda para su expedición, pagando parcialmente el valor. La misma, que estaba anclada en el puerto de Nueva York, fue armada a plena luz del día, con 18 cañones montados, 40 piezas de campaña, 1.500 fusiles y otras tantas lanzas, y municiones abundantes. Además, lo más extraordinario, entre el "*armamento*" embarcado estaba una imprenta que adquirió Miranda en el puerto, a los efectos de ir imprimiendo a bordo, las proclamas y documentos en defensa de lo que se pretendía con la expedición.

La *Leander* zarpó de Nueva York el 2 de febrero de 1806, como se dijo, sin objeción alguna de parte de las autoridades del Puerto, con una tripulación formada por cerca de doscientos hombres, casi todos americanos, ingleses, irlandeses y franceses que habían sido reclutados en el mismo puerto. Entre ellos había hombres con experiencia militar y otros que no la tenían, pero a quienes se daría entrenamiento a bordo, teniendo todos como común denominador, el espíritu aventurero. La corbeta ancló en Staten Island donde se notificó al Oficial Naval sobre las armas que estaban a bordo, siendo en todo caso autorizado su zarpe

53 Véase "General Miranda's Expedition" *Atlantic Monthly*, u Vol. 5, N° 31, Boston May 1860, p. 591. Véase en http://www.fulltextarchive.com/pa-ge/Atlantic-Monthly-Vol-5-No-31-May-1860/ Véase el mismo texto también en: http://www.dominiopublico.gov.br/download/texto/gu009472.pdf.

hacia Jacquemel, en la Isla de Haití, por no existir ley alguna que lo impidiera.

En el puerto de Nueva York, sin embargo, quedó el rumor de que la expedición era para atacar posesiones españolas en el Caribe, sobre lo cual, días después, el 21 de febrero, tres días después de que el *Leander* ancló en Jacquemel, aparecerían noticias en la prensa de la ciudad dando cuenta sobre la queja formal que el Embajador español Marqués de Yrujo, apoyado por el Embajador francés, había hecho ante el Gobierno. Sobre ello, el mismo Miranda en carta al ministro británico Castlereagh dos años después, en 10 de enero de 1808, le expresó, sobre el fracaso de la expedición, que ello se debió, entre otros factores, "*a la mala fe de los agentes del Gobierno de los Estados Unidos, quienes revelaron el secreto a nuestros enemigos*"[54] es decir, a los españoles.

En todo caso, la protesta pública del Embajador español, originó entre otras, la publicación en el *Philadelphia Gazette* de una serie de preguntas formuladas directamente al Secretario de Estado Madison en las cuales indirectamente se acusaba al gobierno de haber alentado la preparación de la expedición o de estar en connivencia con la misma.

La presión sobre el gobierno originó que las autoridades de Washington ordenaran la detención de Ogden y del Coronel Smith en aplicación de la Ley de 1794 que prohibía armar expediciones, en territorio de los Estados Unidos, contra potencias amigas.

Al poco tiempo Smith fue removido de su cargo de Supervisor del Puerto de Nueva York, habiendo encontrado el partido federalista, que estaba en la oposición, en Miranda y su expedición un inesperado aliado para atacar a Jefferson y a los Demócratas, particularmente desde la *New York Gazettte*, acusando al Gobierno de que sabiendo cuál era el destino del *Leander* y el objetivo de la expedición, sus altos funcionarios no impidieron que zarpara, castigando a Smith ante la opinión pública incluso antes de que fuera sometido a juicio, como por una especie de "*tribunal de la inquisición.*" El Gobierno respondió no saber nada sobre la expedición, acusando a Rufus King, viejo amigo de Miranda desde cuando era cónsul americano en Londres, de haberla montado con el apoyo de los ingleses para afectar al Gobierno. Años

---

[54] Véase en Francisco de Miranda, *América Espera,* ob. cit. p .366.

después, Jefferson, luego de ser reelecto y terminar la Presidencia, negó la acusación de Yrujo sobre su "*injustificable cooperación y connivencia con la expedición de Miranda*" aclarándole a Valentin de Fornonda, quien durante los acontecimientos era Cónsul General de España en Philadelphia (1801-1807) y luego fue Ministro Plenipotenciario ante los Estados Unidos en Washington (1807-1809), que aun cuando estuvo enterado de la expedición, sin embargo, "*no tuvo la más mínima sospecha de que Miranda iba a contratar hombres para la misma, pensando que solo iba a adquirir efectos militares, para lo cual no había ley alguna que lo impidiera.*" Agregó Jefferson que quizás el secreto con el cual procedió Miranda, fue lo que originó que todo hubiera sido desconocido por el Marqués de Yrujo y por el Cónsul español en Nueva York, "*ya que ninguno de ellos le había advertido al gobierno sobre la recluta de hombres, sino hasta cuando ya fue muy tarde para que pudieran tomarse medidas desde Washington para impedir el zarpe.*"[55]

Las autoridades españolas, sin embargo, supieron de inmediato sobre la expedición, habiendo dado parte al Capitán General de Venezuela, Guevara Vasconselos, quien también, de inmediato, comenzó a preparar las provincias ante la anunciada invasión, disponiendo incluso el envío de espías a Jacquemel para enterarse, solicitando además el auxilio del Gobernador Ernouf de la isla francesa de Guadalupe, quien envió a Caracas a un cuerpo de veteranos de doscientos hombres que luego sirvieron de guardia de honor del gobernador. [56]

Todo ello, en definitiva, contribuyó al fracaso de la expedición de Miranda, todo lo cual él mismo explicó, en 1808, aun cuando usando el *nom de guerre* de William Burke, en el libro: *Additional Reasons for our Immediately Emancipating Spanish America: deducted from the New and Extraordinary Circumstances of the Present Crisis: and containing valuable information respecting the Important Events, both at Buenos Ayres and Caracas: as well as with respect to the Present Disposition and Views of the Spanish Americans: being intended to Supple-*

[55] Véase "General Miranda's Expedition," *Atlantic Monthly*, u Vol. 5, N° 31, Boston May 1860, p. 595. Véase en http://www.fulltextarchive.com/pa-ge/Atlantic-Monthly-Vol-5-No-31-May-1860/ Véase el mismo texto también en: http://www.dominiopublico.gov.br/download/texto/gu009472.pdf.

[56] Ibidem.

ment to "South American Independence."[57] Miranda terminó siendo perseguido en ausencia, por la expedición.

XVI

En Nueva York, antes de que la expedición zarpara de Jacquemel hacia las costas de Venezuela, el día 7 de abril ya el Gran Jurado había recibido la acusación contra Smith, Ogden, Miranda y Thomas Lewis, el capitán del *Leander*, por haber "*puesto en marcha y comenzado con fuerza y armas una cierta empresa militar o expedición, a ser llevada desde los Estados Unidos contra los dominios de un príncipe extranjero: en concreto, los dominios del rey de España; estando entonces dicho Rey de España en paz con los Estados Unidos.*"[58]

En el juicio, en efecto, como se dijo, se acusó a Smith y Ogden, quienes eran los que estaban en Nueva York, de haber violado las leyes federales norteamericanas al haber participado en la organización de una expedición militar contra un país amigo; habiendo sido la principal defensa de los acusados el hecho de que el presidente Jefferson y el Secretario de Estado Madison le habían dado apoyo oficioso a la expedición. Por el escándalo político y la diatriba interpartidista que se desató, el gobierno terminó acusando a Smith y a Ogden, prohibiendo a la vez que los funcionarios ejecutivos que acudieran al juicio como testigos, como lo requería la defensa.

El procedimiento se inició con una declaración voluntaria de Ogden dada el 1 de marzo de 1806, en el cual reconoció que era el único propietario del *Leander*; en el cual el General Francisco de Miranda se había dirigido a Jacquemel con 180 personas a bordo, 17 cañones, armas, pólvora y uniformes; indicando que dichas personas a bordo no habían sido organizadas como tropa para actuar en alguna operación

---

57 Publicado por F. Ridgway, London 1807. (Ridgway, London 1808).

58 Véase Yanes, *Historia de Venezuela*, según se transcribe en el libro: *Documentos históricos sobre la vida del Generalísimo Miranda*, p. 28. Las actas del juicio, del cual los acusados fueron absueltos, se recogieron en un libro titulado: *The Trials of William Smith and Samuel G. Ogden for Misdemeanous, had in the Circuit Court of the United States for the New York District, July 1806, with a Preliminary Account of the Preceedings of the same Court against Messes. Smith & Ogden, in the precceding April Term, 1806,* Thomas Lloyd and Stephen Raper, Stenogreapher, printed by and for I Riley and Co., New York, 1807.

militar; negando que hubiese preparado expedición alguna de naturaleza hostil contra un Estado extranjero.

Reconoció en su declaración que vio por primera vez a Miranda el 27 o 28 diciembre de 1805 en Nueva York, presentado por William S. Smith, constándole que tenía en su poder varias cartas de crédito emitidas en Londres a su favor por 2000 libras esterlinas, por de Nicholas Vansittart y John Turnbull, y otras por 5000 libras emitida por Joseph Lambert y William Brown de Trinidad.

Ogden declaró, además, que sabía que Miranda había ido a Washington luego de su llegada a Nueva York, y que se había entrevistado con el presidente Jefferson y con el secretario de Estado James Madison, con quienes había hablado de la situación en Sur América y la opresión que se ejercía sobre sus habitantes; y además, que entendía que Miranda estaba en buenos términos con el gobierno británico y que ese gobierno estaba dispuesto a promover y secundar sus puntos de vista sobre la conducta de España en tierra firme.

El otro acusado fue William Stephens Smith, quien como se dijo, era amigo de Miranda desde su llegada a Londres en 1785, quien declaró el mismo día ante el Tribunal, indicando que Miranda había sido invitado por sus amigos en Caracas para regresar a su país, y que además lo había invitado a él, a Smith a acompañarlo, pero que declinó viajar, excepto si llegaba a obtener permiso del gobierno de Estados Unidos. Indicó, además, que sabía que Miranda había ido a Washington y le había comunicado al presidente Jefferson y al Secretario de Estado Madison el objeto de su regreso a Caracas. Informó además al Tribunal que Miranda le había escrito desde Washington indicándole que él había pedido permiso oficial ante esas altas autoridades para que Smith fuera con él, informando que le contestaron que no era correcto que le dieran una carta de servicio pues ello podría comprometer al gobernó, pero que Smith estaba en libertad de ir como quisiera; y que sin embargo, desistió de la idea de acompañarlo.

Informó, además, que Miranda le había preguntado sobre una nave apropiada para usarla para el regreso a su país, para lo cual le presentó al capitán Lewis y a Ogden, indicándole sobre la nave *Leander* como la más apropiada, el cual, además, navegaba en el comercio con las Indias occidentales. Smith confirmó ante el Tribunal que tenía una larga amistad con general Miranda y que por ello consintió que su hijo William Steuben Smith acompañara a Miranda, quién lo cuidaría como un padre.

Smith informó además al Tribunal que Miranda había comunicado abiertamente sus puntos de vista y planes al presidente Jefferson y a Madison, quienes le comunicaron que ellos no estaban en ese momento listos para ir a una guerra y que no podían darle ninguna ayuda pública ni aprobación, pero que ellos no tenían objeción respecto de que cualquier ciudadano individual de los Estados Unidos se comprometiera en esos actos, siempre que no se infringieran las leyes de los Estados Unidos. Informó además al Tribunal que Miranda, al salir de Nueva York, les escribió sendas cartas al presidente y al Secretario de Estado, que Smith mismo vio y leyó y que él mismo puso en el correo, donde les decía que esperaba que salieran complacidos de su decisión, aun cuando no se decía expresamente cuál había sido.

Igualmente informó al Tribunal que Miranda estaba en buenos términos con el gobierno británico pero que este no era favorable al proyecto de liberar Caracas de sus opresores; y que a su regreso a Washington Miranda le había comunicado que todo lo ocurrido se lo había informado a Rufus King de Nueva York

La parte medular del expediente del juicio, que comprende más de la mitad de los legajos, se refirió a la discusión judicial sobre los testigos promovido por la defensa, particularmente respecto de James Madison, quien el 17 de junio de 1806, junto con H. Dearborne, Robert, Smith, Jacob Wagner y William Thorton, comunicaron a la Corte que no acudirían al juicio, dadas sus funciones ejecutivas, lo que repitieron el 8 de julio.

El destacado abogado Cadwallader D. Colden, quien fue el abogado de la defensa, indicó en su alegato que esos funcionarios eran testigos materiales de William Smith, y que esa negativa comunicada a la Corte por dichos jefes de departamentos por órdenes del Presidente, constituía "*un intento del Ejecutivo de interferir con el poder judicial, lo que la corte debía rechazar indignada*." Precisó Colden que Madison y los otros eran testigos del hecho de que la expedición y empresa de Miranda había sido preparada y se había iniciado con el conocimiento y aprobación del presidente de los Estados Unidos y con del secretario de Estado Madison; y de que si hubiera habido alguna preocupación con dicha expedición y empresa, la misma no hubiera contado con la aprobación del Presidente y del Secretario de Estado. Alegó también Colden, que la persecución contra Smith se había iniciado por orden del presidente Jefferson; y que el Secretario James Madison y Robert Smith estaban impedidos de asistir al juicio por órdenes o interposición de los Estados Unidos.

En definitiva, Colden argumentó que dichos funcionarios no tenían excusas para no asistir, y que no podían alegar de entrada la existencia de cuestiones políticas; insistiendo que los funcionarios debían comparecer y una vez juramentados era que podrían excusarse basándose en asuntos de secreto de Estado

Lo que Colden quería probar en el juicio fue que había una creencia universal de que el Congreso había aprobado secretamente un acto de guerra contra España, a cuyo efecto leyó el Mensaje del presidente en la apertura del último Congreso. Y el objetivo era probar que, por la notoriedad de la operación de preparación de la expedición del general Miranda, de lo que se trataba era de que se había comenzado y poner en marcha, preparar y dar los medios para una expedición militar contra una nación con la cual Estados Unidos no estaba en paz; pero protestando que el presidente, luego de que había aprobado la actuación, posteriormente buscaba castigarlo. En fin, la defensa más destacada fue el alegato de considerar que "*la expedición militar contra Caracas se realizó con el conocimiento y aprobación del presidente y del Secretario de Estado*," a quienes se acusó de violar una ley.

En el curso del procedimiento el Juez Patterson preguntó si Madison podía ser perseguido si respondía que la conducta del Coronel Smith había sido llevada a cabo con su conocimiento o con el conocimiento y consentimiento del presidente; argumentando el Juez que en definitiva, aun si fuera cierto que el presidente y Madison sabían y habían apoyado la expedición, ello no exoneraría de responsabilidad al acusado Smith, desechando entonces el testimonio de los altos funcionarios del Estado por no ser pertinente ni por ser una vía o excusa legal que pudiera justificar la defensa.

Luego de este inicio del proceso, el mismo comenzó el 18 julio, con la acusación fiscal contra Smith y Odgen de haber preparado una expedición militar desde Nueva York, contra un Estado extranjero con quien se estaba en paz; lo cual por lo demás, no había sido cierto pues el objeto de la expedición fue secreta y solo fue, fuera de los Estados Unidos, en Jacquemel, cuando se comenzó a conocer su objeto.

En todo caso, en el juicio, mediante sucesivos testimonios, se dejó constancia que había una carta de crédito a nombre de George Martin, pagada a Miranda, quien viajaba con ese nombre; y que el embarque del *Leander* se hizo a la luz del día, sin secreto alguno de lo que se embarcó. Georges Honkinns además, dio testimonio de la compra y embarque de una imprenta con caracteres en español.

La defensa, en resumen, argumentó que los actos de Smith, que en el juicio se consideraban crímenes, habían sido realizados con la sanción y aprobación del presidente de los Estados Unidos. Sin embargo, la lectura solicitada de algunos documentos oficiales fue rechazada, así como el testimonio de Rafus King, el amigo de Miranda desde 1800, y a quien Miranda todo le había informado.

La defensa, en todo caso, concluyó su alegato expresando sobre William Smith, ciudadano americano, veterano de la Revolución, compañero y camarada militar de George Washington, e hijo de Adams Smith, que nadie podía pensar que hubiera sugerido o planificado la expedición de Miranda; que el mismo no preparó ni dio medios para la expedición militar; que una imprenta puede ser una formidable máquina para una Revolución pero nunca antes había oído que fuera una munición de guerra; que la expedición no se formó en los Estados Unidos sino en Santo Domingo, en Jacquemel; y que en todo caso, había una situación de hostilidad con España, país que atacaba y capturaba a norteamericanos. En resumen: que la expedición de Miranda fue armada con el conocimiento, consentimiento y aprobación del presidente Jefferson y de su Ministro Madison Secretario de Estado.

El abogado Colden, además, se preguntó ante la Corte sobre dónde estaban los testigos de descargo, dónde estaba Madison, el favorito y tenedor de los secretos del presidente. Diciendo en defensa de Miranda; que solo había oído calumnias; que la expedición era cosa conocida y conversada y desarrollada bajo los ojos del gobierno y conocida por muchos dada sus conexiones con Washington, desde cinco o seis semanas antes del zarpe, y que nada se había hecho para detenerla. De Jefferson dijo que él debió saber que el *Leander* fue a Jacquemel; que llevaba armas y municiones para Santo Domingo lo que no estaba prohibido; que los que viajaron, americanos o no, lo hicieron como pasajeros y que del carácter militar solo se enteraron en un puerto extranjero, en Santo Domingo; y que ninguna expedición militar salió de Nueva York que pudiera afectar relaciones con España.

El Fiscal, por su parte, se refirió a Miranda como un "*caballero errante de la libertad*" y la posición del Juez ante el Jurado en el caso, siguió la orientación que le dijo desde el inicio en relación con los funcionarios del Poder Ejecutivo, reconociendo que había una considerable expectativa e importancia en el caso, tanto por los individuos acusados como por el sistema de política de neutralidad. Estimó, así, que incluso el conocimiento por parte del presidente de actos ilegales de un ciudadano no podía justificar la violación del derecho constitucional; reconociendo que fue en Santo Domingo que la expedición adquirió carácter militar. Indicó finalmente que el caso sometido a la decisión del Jurado "*no es una cuestión de política partidista*," sino un caso en el cual "*el pueblo de los Estados Unidos de todas las denominaciones está igualmente interesado*."

En definitiva, a pesar de la no comparecencia de los testigos llamados por la defensa, tanto Smith como Ogden fueron declarados inocentes el 18 y el 26 julio de 1806.

XVII

El juicio, en todo caso, tuvo mucha importancia, pues además de que Francisco de Miranda, en ausencia, estuvo involucrado en el mismo, se trató del juicio más famoso y publicitado que se había desarrollado en Nueva York, coincidiendo con el origen del partidismo en los Estados Unidos, con el *Federalist Party* que creció alentado por Alexander Hamilton y que daría origen al Partido Republicano, y el *Democratic Republican Party* fundado por James Madison y Thomas Jefferson, que daría origen al Partido Demócrata. Jefferson fue presidente desde 1804 y precisamente lo sucedió Madison en 1808.

Una de las secuelas del escándalo político que originó la expedición de Miranda en Nueva York, y esa fue la última relación directa entre Paine y Miranda, fue una carta que Paine dirigió "*a un señor en Nueva York*", el 30 de marzo de 1806, en la cual expuso su opinión sobre Miranda.[59] A quién fue dirigida la carta, nunca se supo, pero debió haber sido a alguien de interés en el conflicto, y con motivaciones políticas, al punto de que en ella Paine autorizó a su destinatario a hacerla pública. Recordemos, además, que Miranda había conocido a Paine en Nueva York en 1784, que lo había visto posteriormente, en 1791-1792, en Londres; y luego en París, entre 1793 y 1795, donde incluso Thomas Paine fue uno de los testigos en su defensa en el juicio que le siguió el Tribunal del Terror por traición.

La carta fue escrita algo más de un mes después que el *Leander* había zarpado hacia Jacquemel, y fue escrita cuando ya las noticias de la expedición de Miranda estaban en toda la prensa, cuando ya se había iniciado el juicio contra Smith y Ogden, y en medio de la diatriba contra el gobierno por el apoyo dado a la expedición. En ese contexto, Paine se encargó de resumir lo que sabía "*respecto del General Miranda,*" indicando que lo había conocido inicialmente "alrededor de 1783" (en realidad fue en 1784). Y que era "*un hombre de talentos y empresa, y toda su vida ha sido una vida de aventuras.*" Luego indicó Paine que cuando fue a Francia en 1787, el Sr Littlepage, de Virginia, quien era agente del rey de Polonia en París, le informó sobre las actividades de Miranda "*haciéndose presentar a la Emperatriz Caterina de Rusia, y obtener de ella una suma de dinero de cuatro mil libras,*" *sin que supiera "cuál había sido el objeto para el cual se le había dado ese dinero, creyendo que era un retaining fee.*"

Continuó Paine su narración indicando que después de haber publicado la primera parte de su libro *Rights of Man* en Inglaterra, en 1791, se había encontrado "*con Miranda en la casa de los mercaderes Turnbull & Forbes*" sabiendo que "*había estado poco antes empleado por el Sr. Pitt, en relación con el asunto de Nootka Sound, pero no lo supe en ese momento;*" indicando que en el curso de la carta le informa-

59 Véase en Moncure Daniel Conway, *The Life of Thomas Paine, With a History of his Literary, Political and Religious Career In America, France, and England*, Vol. II, Putnam's Sons, New York, 1982. Disponible en: http://thomaspaine.org/aboutpaine/life-of-thomas-paine-vol-ii-by-moncure-conway.html

ría a su destinatario "*cómo terminó esta conexión entre Pitt y Miranda, pues lo sé por mi propio conocimiento.*" Continuó Paine indicando en la carta que había publicado la segunda parte de su libro: *Rights of Man* en Londres, en febrero de 1792, y que había continuado en Londres hasta que fue electo como miembro de la Convención francesa en septiembre de ese año; viajando de Londres a París para tomar posesión de su cargo en la Convención, que debía instalarse el 20 de ese mes. Y agregó:

> *"Llegué a París el 19. Después de que la Convención se instaló, Miranda fue a París y fue nombrado general del Ejército francés, bajo el General Dumouriez. Pero a comienzos del año 1793 como los asuntos de ese ejército salieron mal, Miranda fue sujeto de sospecha, y fue llevado bajo arresto a París para enfrentar su juicio. Él me citó a mi para comparecer sobre su persona, al igual que el Sr. Thomas Christie, quien tenía conexión con la casa Turnbull & Forbes. Yo di mi testimonio como pensé, que fue que su objetivo principal era y ha sido la emancipación de su país, México (sic), de la esclavitud de España; pues yo no sabía en ese tiempo de sus compromisos con Pitt. La evidencia del Sr. Christie estuvo dirigida a mostrar que Miranda no fue a Francia como un aventurero necesitado, sino que pensaba que fue por otros de motivos de interés público; y que tenía una gran cantidad de dinero en las manos de Turnbull & Forbes. La casa Turnbull & Forbes tenía entonces un contrato para suplir a Francia de harina. Miranda fue declarado inocente.*
> *Unos días después de que fue declarado inocente [Miranda] vino a verme y unos días después yo regresé a visitarlo. Parecía deseoso de demostrarme que era independiente, y que tenía dinero en manos de Turnbull & Forbes.*
> *No me dijo de su relación con la vieja Catalina de Rusia, ni le dije que yo sabía de ello. Pero entramos en conversación con respecto de Noortka Sound, y puso en mis manos varias cartas del Sr. Pitt para él sobre el tema; entre ellas, una que pienso me dio por equivocación, porque cuando la abrí y había comenzado a leer, puso su mano y dijo "Oh, esa no es la carta que yo pensaba;" pero como la carta era corta la vi toda rápidamente, y se la devolví sin hacer comentario alguno sobre la misma La disputa con España estaba entonces comprometida; y Pitt comprometió a Miranda por sus ser-*

> *vicios entregándole mil doscientas libras esterlinas, siendo ese el contenido de la carta.*
> *En consecuencia, si es verdad que Miranda trajo consigo un crédito sobre ciertas personas en Nueva York por seis mil libras, no es difícil suponer de quien vino el dinero; ya que la apertura de cualquier proposición entre Pitt y Miranda ya había sido hecha con el asunto de Nootka Sound. Miranda estaba en París cuando el Sr. Monroe llegó allí como ministro; y como Miranda quería conocerlo, yo advertí al Sr. Monroe contra él, y le dije sobre el asunto de Nootka Sound, y los mil doscientas libras."*

La carta, sin duda escrita para alimentar la diatriba política provocada por la expedición, terminaba indicándole a su destinatario que "*Usted está en libertad de hacer uso de esta carta como quiera, y con mi nombre en ella.*"[60]

La relación entre ambos, era evidente que se había agriado, por la creencia de Paine de que Miranda, desde los años cuando coincidieron en París, era un agente británico, particularmente conspirador con Pitt, su enemigo, que lo había acusado de sedición en Londres en 1792, de que quien Miranda había recibido dinero.

El mismo Miranda, en su momento, había captado la animadversión de Paine, como lo expresó en carta que dirigió desde París a Alexander Hamilton el 1 de abril de 1797, en la cual, al remitirle un libro sobre la revolución francesa de Antoine-Fantin Desodoards (*Historie philosophique de la Revolution de France*), le dijo "*menciona las causas [de la Revolución] con conocimiento, imparcialidad y moderación*", recomendándole leerlo, y le indicó que "*Mister Paine y M[onroe], quienes se han ido de aquí rumbo a su país, tal vez no comparten este criterio, pero pienso que ellos son más conocedores del sistema de los Jacobinos que del concerniente a la revolución francesa,*" diciéndole además sobre Paine "*que se ha convertido en un verdadero Marat.*"

---

[60] Véase en Moncure Daniel Conway, *The Life of Thomas Paine, With a History of his Literary, Political and Religious Career In America, France, and England*, Vol. II, Putnam's Sons, New York, 1982. Disponible en: http://thomaspaine.org/aboutpaine/life-of-thomas-paine-vol-ii-by-moncure-conway.html

En la posdata a esta carta de Miranda, dirigida a su "*muy querido amigo*" Hamilton, le dijo:

> *"Acabo de recibir en estos momentos una carta del Sr. Monroe, a través de su secretario Prevost. El contenido de dicha carta me hace sospechar alguna que otra cábala o intriga por parte de los señores Paine y Monroe (con quien jamás estuve ligado). Asimismo, me apresuro a enviarle copia de esta pequeña correspondencia para que pueda contestar las calumnias que son las armas de la secta Jacobitte."* [61]

Era evidente que Paine tenía el convencimiento de que Miranda había participado en alguna forma al servicio del Reino Unido en el conflicto de *Nootka Sound*, el asentamiento en las costa norte del Pacífico, en Norte América, que España e Inglaterra reclamaban, y que por poco no termina en una declaración de guerra entre esos países. Lamentablemente para Miranda el acuerdo entre el Reino Unido y España en la controversia *Nootka Sound* disipó toda posibilidad de ayuda británica a sus planes libertarios de América Hispana; habiendo ido por ello, a Francia a buscar ayuda, terminando años después, armando personalmente una expedición para liberar las provincias de Venezuela.

XVIII

En todo caso, la última relación indirecta entre Paine y Miranda, fue con ocasión de la influencia que el primero tuvo en el proceso de independencia de Venezuela y, en general, de toda América Latina, particularmente a través de sus libros.

Todos los próceres de la independencia de Venezuela,[62] en efecto, en una u otra forma se habían nutrido de las ideas que derivaron tanto del proceso revolucionario francés como norteamericano, las cuales por supuesto penetraron en la Capitanía General no sólo clandestinamente

---

61 Véase en Francisco de Miranda, *América Espera* (Ed. J.L. Salcedo Bastardo), Biblioteca Ayacucho, Caracas 1982, pp. 187-188.

62 Véase Allan R. Brewer-Carías, Enrique Viloria, Asdrúbal Aguiar (Coordinadores), *Independencia y el Estado constitucional en Venezuela: como obra de civiles (19 de abril de 1811, 5 de julio de 1811, 2 de diciembre de 1811), Primera reimpresión*: Colección Cuadernos de la Cátedra Fundacional Charles Brewer Maucó sobre Historia del Derecho en Venezuela, Universidad Católica Andrés Bello, Editorial Jurídica Venezolana, Caracas 2018.

desde 1794, como ocurrió con los documentos sobre los derechos del hombre,[63] sino específicamente a partir de 1810 con los papeles del *Archivo* de Miranda, y en ese mismo año, por el trabajo que venían realizado varios venezolanos en el exterior.

Es así, por ejemplo, que ya en 1810, al comenzar la revolución en Venezuela, Joseph Manuel Villavicencio, natural de la Provincia de Caracas, publicó en Philadelphia la primera traducción de la *Constitución de los Estrados Unidos de América,*[64] la cual circuló profusamente en América Hispana, a pesar de la prohibición que la Inquisición había impuesto a ese tipo de publicaciones.

Además, sin duda, las obras de Thomas Paine fueron también conocidas por la elite venezolana, y fueron también traducidas y publicadas numerosas veces desde 1810, distribuyéndose copiosamente por Hispano América. Entre esas, se destaca la traducción realizada por Manuel García de Sena, quien desde 1803 había fijado su residencia en Philadelphia, la cual publicó en su libro: *La Independencia de la Costa Firme justificada por Thomas Paine treinta años ha. Extracto de sus obras,*[65] editado en 1811 en la imprenta que T. y J. Palmer. También debe mencionarse la traducción abreviada realizada por Anselmo Nateui, con el título *Reflecciones políticas escritas bajo el título de Instinto Común por el ciudadano Tomas Paine*, en Lima en la Imprenta de Rio, 1821.

El libro de García de Sena contiene la primera traducción al castellano de los dos primeros capítulos del "*Common Sense*" (Philadelphia, 1776), de dos de sus principales disertaciones: *Dissertations on the Principles of Government*, y además, de la Declaración de Independencia (4 de julio de 1776), de los artículos de la Confederación (1778), del texto de la Constitución de los Estados Unidos y Perpetua Unión (8 de

---

63 Allan R. Brewer-Carías, *Las declaraciones de derechos del pueblo y del hombre de 1811 (Bicentenario de la Declaración de "Derechos del Pueblo" de 1º de julio de 1811 y de la "Declaración de Derechos del Hombre" contenida en la Constitución Federal de los Estados de Venezuela de 21 de diciembre de 1811),* Prólogo De Román José Duque Corredor), Academia de Ciencias Políticas y Sociales, Caracas 2011.

64 Véase, Joseph Manuel Villavicencio (ed), *Constitución de los Estados Unidos de América*, editado en Filadelfia en la imprenta Smith & M'Kennie, 1810.

65 Una reimpresión de esta obra se realizó por el Ministerio de Relaciones Exteriores de Venezuela en 1987, como Edición conmemorativa del Bicentenario de la Constitución de los Estados Unidos de América, Caracas 1987.

julio de 1778) y de sus primeras Doce Enmiendas (1791, 1798, 1804); del texto de las Constituciones de Massachusetts (1780), de New Jersey (1776), de Virginia (1776), y de Pennsylvania (1790); así como la relación de la Constitución de Connecticut.[66]

Posteriormente, García de la Sena también publicó en 1812, en la misma casa de T. and J. Palmer en Philadelphia, la traducción al castellano de la tercera edición (1808) del libro de John M'Culloch, *Concise History of the United States, from the Discovery of America, till 1807*, con el título *Historia Concisa de los Estados Unidos desde el descubrimiento de la América hasta el año 1807.*

A partir de 1811, por tanto, todos esos trabajos y documentos eran piezas esenciales para explicar en la América hispana el significado y alcance de la revolución norteamericana, proceso en el cual los trabajos de Paine tuvieron una importancia destacada, moldeando e influenciando en la redacción de los documentos constitucionales de la independencia. Por ello, entre los primeros actos del gobierno de Domingo Monteverde en 1812, fue la incautación de los ejemplares de la referida traducción de Manuel García de Sena.

Esta traducción de García de Sena, como él mismo lo expresó, tenían el propósito de "*ilustrar principalmente a sus conciudadanos sobre la legitimidad de la Independencia y sobre el beneficio que de ella debe desprenderse, tomando como base la situación social, política y económica de los Estados Unidos*." Sus obras, como se dijo, tuvieron una enorme repercusión en los tiempos de la Independencia Venezuela y en América Latina en general,[67] circulando de mano en mano. Incluso, en la *Gaceta de Caracas,* que se inició en 1808 con la introducción de la imprenta en la Provincia – imprenta que fue precisamente la que Miranda embarcó en el Leander - , en los números de los días 14 y 17 de enero de 1812 se publicó parte del libro de García de Serna contentivo

---

66 Una moderna edición de esta obra es *La Independencia de la Costa Firme, justificada por Thomas Paine treinta años ha.* Traducido del inglés al español por don Manuel García de Sena. Con prólogo de Pedro Grases, Comité de Orígenes de la Emancipación, núm. 5. Instituto Panamericano de Geografía e Historia, Caracas, 1949.

67 Véase en general, Pedro Grases, *Libros y Libertad,* Caracas 1974; y "Traducción de interés político cultural en la época de la Independencia de Venezuela," en *El Movimiento Emancipador de Hispano América, Actas y Ponencias,* Academia Nacional de la Historia, Caracas 1961, Tomo II, pp. 105 y ss.; Ernesto de la Torre Villas y Jorge Mario Laguardia, *Desarrollo Histórico del Constitucionalismo Hispanoamericano,* UNAM, México 1976, pp. 38–39.

de la traducción de la obra de Paine.[68] La obra de Paine también aparece citada, por ejemplo, en uno de los editoriales de la *Gaceta de Caracas* de 1811, firmados por William Burke – pseudónimo utilizado, entre otros, del mismo Miranda para difundir las ideas de la independencia y que se nutrió de los papeles de su Archivo-,[69] y que se recogieron en la obra *Derechos de la América del Sur y México,* que recopiló todos los Editoriales de William Burke, publicada en 1811.[70]

Esa influencia, en todo caso, por ejemplo en materia de representación, desde el inicio fue decisiva, y ello sólo explica cómo en el Ayuntamiento de Caracas, transformado en Junta Suprema de conservación de los derechos de Fernando VII en 1810, se le hubiera dado "*representación*" no sólo a estratos sociales extraños al Cabildo, como los representantes del clero y los denominados del pueblo, sino a un representante de los pardos.[71]

Todos los actos políticos adoptados en esa fecha, que fue la del inicio de la independencia de Venezuela, fueron incluso criticados pú-

---

[68] Véase Pedro Grases "Manual García de Sena y la Independencia de Hispanoamérica" en la edición del libro de García de Sena que realizó el Ministerio de Relaciones Interiores, Caracas 1987, p. 39.

[69] Véase Allan R. Brewer-Carías, *Sobre Miranda. Entre la perfidia de uno y la infamia de otros, y otros escritos*, Segunda edición corregida y aumentada, Colección Cuadernos de la Cátedra Fundacional de Historia del derecho, Charles Brewer Maucó, Universidad Católica Andrés Bello, Caracas / New York 2016, pp. 74 ss.

[70] Se refiere a la "célebre obra titulada *Sentido Común.*" Véase William Burke, *Derechos de la América del Sur y México,* 18110 ediciones de la Academia nacional de la Historia, Caracas 1959, Tomo II, p.104

[71] Véase José Gil Fortoul, José Gil Fortoul, *Historia Constitucional de Venezuela, Obras Completas,* Tomo. I, Caracas, 1953, pp. 203, 208 y 254. Es de tener en cuenta, como señala A. Grisanti, que "*El Cabildo estaba representado por las oligarquías provincianas extremadamente celosas de sus prerrogativas políticas, administrativas y sociales, y que detentaban el Poder por el predominio de contadas familias nobles o ennoblecidas, acaparadoras de los cargos edilicios...*". Véase Angel Grisanti, Prólogo al libro *Toma de Razón, 1810 a 1812,* Caracas, 1955. El cambio de actitud del Cabildo caraqueño, por tanto, indudablemente que se debe a la influencia que sus miembros ilustrados recibían del igualitarismo de la Revolución Francesa: *Cf.* L. Vallenilla Lanz, *Cesarismo Democrático. Estudio sobre las bases sociológicas de la Constitución efectiva en Venezuela,* Caracas 1952, pp., p. 36. Este autor insiste en relación a esto de la manera siguiente: "*Es en nombre de la Enciclopedia, en nombre de la filosofía racionalista, en nombre del optimismo humanitario de Condorcet y de Rousseau como los revolucionarios de 1810 y los constituyentes de 1811, surgidos en su totalidad de las altas clases sociales, decretan la igualdad política y civil de todos los hombres libres*", *op. cit.*, p. 75.

blicamente por el depuesto y antiguo Capitán General Vicente de Emparan, mediante un *Manifiesto* que publicó en Philadelphia el 6 de julio de 1810,[72] cuyo contenido fue rebatido en la "*Refutación á la Proclama del Ex-capitán General Emparan,*" publicada en Caracas como "*contestación del Gobierno de Venezuela.*"

Dicha Refutación fue redactada por Ramón García de Sena, hermano de Manuel García de Sena[73] el traductor de las obras de Thomas Paine, quien luego sería el redactor de *El Publicista Venezolano* (órgano del Congreso General de 1811), y después, destacado oficial del Ejercito de Venezuela, secretario de Guerra y Marina en 1812 y, además, uno de los firmantes de la extensa y completa "*Constitución de la República de Barcelona Colombiana,*" de 12 de enero de 1812.[74]

En todo caso, el éxito inmediato que tuvo la difusión de las ideas revolucionarias originadas en Caracas, provocó que la nueva Junta de Gobierno asumiera el diseño de una segunda tarea, que fue la de establecer un poder central constituido, que requería la unión de todas las provincias de la antigua Capitanía General. Esa tarea surgió del rápido proceso revolucionario de las Provincias de Venezuela, hacia donde se había expandido, de lo que surgió que para junio de 1810 ya se hablara oficialmente de la "*Confederación de Venezuela.*"[75] La Junta de Caracas, además, con representantes de Cumaná, Barcelona y Margarita ya había venido actuando como Junta Suprema pero, por supuesto, sin ejercer plenamente el gobierno en toda la extensión territorial de la antigua Capitanía General. De allí la necesidad que había de formar un "*Poder Central bien constituido*", es decir, un gobierno que uniera las Provincias, por lo que la Junta Suprema estimó que había "*llegado el momento de organizarlo*" a cuyo efecto, procedió a convocar:

---

72 En la edición del *El Mercurio Venezolano* del 1 de enero de 1811 el Manifiesto de Emparan fue objeto de comentarios y una respuesta al mismo fue ofrecido en el siguiente número de la revista. Véase la edición facsimilar en<http://cic1.ucab.edu.ve/hmdg/bases/hmdg/textos/Mercurio/Mer_Enero1811.pdf>.

73 Véase el texto en *El Mercurio Venezolano*, N° II, febrero 1811, pp. 1-21, edición facsimilar publicada en <http://cic1.ucab.edu.ve/hmdg/ba-ses/hmdg/textos/Mercurio/Mer_Febrero1811.pdf>.

74 Véase *Las Constituciones Provinciales* (Estudio Preliminar por Ángel Francisco Brice), Biblioteca de la Academia Nacional de la Historia, Caracas 1959, p. 249.

75 Véase la "Refutación a los delirios políticos del Cabildo de Coro, de orden de la Junta Suprema de Caracas" de 1 de junio de 1810, en *Textos Oficiales de la Primera República de Venezuela,* Biblioteca de la Academia Nacional de la Historia, 1959, Tomo I, p. 180.

"A todas las clases de hombres libres al primero de los goces del ciudadano, que es el de concurrir con su voto a la delegación de los derechos personales y reales que existieron originariamente en la masa común."

XIX

Recordar todos estos hechos políticos que contribuyeron a formar la nación en Venezuela, y sobre todo, rememorar libros fundamentales para el desarrollo político contemporáneo, casi doscientos años después de que fueron escritos, como el fundamental de Thomas Paine, el *Sentido Común*, tiene siempre la justificación, como lo escribió uno de los biógrafo de Paine, pues en definitiva, se trata de:

"un acto de lealtad, ya que cualquiera que viva en una nación moderna, ya se sabe de memoria cada una de sus ideas e innovaciones, pues las mismas han sido completamente adoptadas por la sociedad y el gobierno modernos, al punto de parecer que nunca requirieron ser inventadas, como algo sui generis como por ejemplo fue la gravedad de Newton o el oxígeno de Priestley. Sin embargo, para cualquiera que necesite ser recordado sobre el núcleo de las creencias de la Ilustración – que los gobiernos solo pueden ser empoderados por sus ciudadanos; que dichos ciudadanos han nacido con ciertos derecho naturales; que nadie ha nacido superior a cualquier otro; que todos serán tratados con igualdad ante la ley; y que el Estado tiene el deber de ayudar a los más necesitados de su pueblo -; leer a Paine ofrece una inspiración espiritual y política, aquella que ha conducido a hombres y mujeres a lograr grandeza a través de la historia. Entre las muchas razones de Paine para atreverse a publicar trabajos por los que pudo haber sido ahorcado o guillotinado en las Colonias Unidas, en el Reino Unido, o Francia, su legado es su gloria."[76].

Nueva York, enero 2020

[76] Véase Craig Nelson, *Thomas Paine. Enlightenment, Revolution, and the Birth of Modern Nation*, Penguin Books 2007, p. 339.

LAS PRÁCTICAS DE LOS MERCADERES EN LA OBRA DE DANIEL DEFOE

JULIO RODRÍGUEZ BERRIZBEITIA*

SUMARIO

Primera parte. Las prácticas de los mercaderes en la obra de Daniel Defoe. Segunda parte. Una vida extraordinaria. Tercera parte. Los consejos de Defoe a los comerciantes: The Complete English Tradesman. Cuarta parte. Una actividad sometida a pruebas (un modelo para los tiempos presentes). • Comentarios finales. • Bibliografía.

PRIMERA PARTE
LAS PRÁCTICAS DE LOS MERCADERES EN LA OBRA DE DANIEL DEFOE

Pareciera que hace ya bastante tiempo el interés por el comerciante, hoy empresario, después del Código italiano de 1942 ha venido diluyéndose.[1] Pero aun si extendemos nuestro entendimiento del pasado hacia el presente pareciera que no es fácil en la ecuación actual sustituir al comerciante de antes por el empresario de hoy. Aunque la persona natural ocupara el puesto del comerciante (hoy empresario) no es posible lo mismo cuando nos referimos a las personas jurídicas. Tal situación se explica, por ejemplo, en la definición que nos aporta Sánchez Calero:

> *"... puede darse una noción de empresario diciendo que es la persona física o jurídica que profesionalmente y en nombre propio*

---

* Profesor de Derecho Mercantil de la Universidad Católica Andrés Bello (Caracas) y de Filosofía Jurídica de la Universidad Monte Ávila (Caracas). Individuo de Número de la Academia de Ciencias Políticas y Sociales de Venezuela

1 Ver Alfredo Morles Hernández, *Curso de Derecho Mercantil. Introducción. La Empresa. El Empresario*, Tomo 1, Universidad Católica Andrés Bello, Caracas, 2010. pp. 328 y 329. Para Manuel Broseta Pont y Fernando Martínez Sanz ...la teoría de la empresa trasladó el criterio central de nuestra disciplina de la actividad en masa a la organización que la realiza: la empresa. Ver: Manuel Broseta Pont y Fernando Martínez Sanz, *Manual de Derecho Mercantil*, Undécima Edición, volumen I, Tecnos, Madrid, 2002. pp. 51 y 52.

ejercita la actividad de organizar los elementos precisos para la producción de bienes o servicios para el mercado. De una manera más breve podrá decirse que es empresario la persona que profesionalmente y en nombre propio ejercita una empresa económica."[2]

En realidad, lo que nos interesa en este trabajo es lo que Carlos Petit denomina "*antropología del comerciante*".[3] En este sentido la obra de Defoe que desborda lo comercial nos aproxima, igual que la de Savary, Cotrugli y Peri entre otros, a una época apasionante para la historia mercantil, aquella en que las prácticas de los comerciantes empiezan a perfilar lo que sería la disciplina que conocemos hoy en día. Lo anterior no nos habla, como sucede en el mundo de las ciencias naturales, según Kuhn de un proceso continuo. Continuo en el sentido de que el Derecho de hoy fue la costumbre de ayer. Aceptarlo sería ignorar los procesos de positivización del Derecho que no se pueden reducir, simplemente como demostró Reinach, a la positivización de lo a priori o lo moral.[4] Lo anterior no quiere decir que el legislador no pueda reconocer a la costumbre como fuente de Derecho. De lo que hablamos es de una antropología del comerciante tomando el término ya señalado, el cual nos aproxima, a pesar de las dificultades que veremos más adelante, al entendimiento de una disciplina jurídica como la mercantil. Dicho enfoque nos plantea una pregunta clave, no es nuestra pretensión resolverla sino proporcionar elementos para su reflexión, acerca de si es posible hablar de una "*antropología*" del empresario (comerciante) actual. Muchos son los obstáculos que tenemos que enfrentar, uno no de menor importancia, se refiere a la manera de tratar de unificar las "*ciencias*" en el mundo de hoy a raíz de las teorías de Quine. No deja de ser relevante que Ernst Cassirer en su *Ensayo del hombre*, traducido al español como *Antropología filosófica* se refiera a la relación de la historia con la ciencia de la siguiente manera:

---

2 Fernando Sánchez Calero, *Instituciones de Derecho Mercantil. Introducción, Empresa y Sociedades,* tomo I, vigésima edición, McGraw-Hill, Madrid, 1997, p. 55.

3 Carlos Petit, *Mercatorum y ius Mercatorum.* "Materiales para una antropología del comerciante premoderno" en *Del Ius Mercatorum al Derecho mercantil*, Marcial Pons, Madrid, 1997. p. 15.

4 Julio Rodríguez Berrizbeitia, *Adolf Reinach o un esfuerzo por entender el Derecho de los filósofos*, Academia de Ciencias Políticas y Sociales, Caracas, 2019.

"Un gran científico Max Planck, describe todo el proceso del pensamiento científico como un esfuerzo constante para eliminar los elementos "antropológicos". Tenemos que olvidar al hombre a los efectos de estudiar la naturaleza y descubrir y formular sus leyes. En el desarrollo del pensamiento científico, el elemento antropomórfico se desplaza progresivamente hacia el fondo, hasta que desaparece por entero en la estructura ideal de la física. La historia procede de un modo bien diferente. No puede vivir sin respirar más que en el mundo humano. Lo mismo que el lenguaje y el arte, es, fundamentalmente, antropomórfica."[5]

Lo que debemos tomar en cuenta, en el mundo de las ciencias naturales que las sociales y las culturales querían emular, es que a partir de la obra de Thomas Kuhn (1962) *La estructura de las revoluciones científicas,* el enfoque científico sufrió profundos cambios (lo cual no quiere decir que todos aceptaron su teoría). En tal sentido señala Wenceslao J. González:

"Fruto del giro histórico que tiene un hito en la Estructura de las revoluciones científicas, hay una serie de enfoques posteriores que, para su fundamentación o para aspectos concretos de su concepción, remiten a las posiciones kuhnianas e insisten en planteamientos netamente sociológicos o, en su caso, de índole antropológico-social."

El cambio que representa Kuhn en las ciencias no desmerece su respeto por Planck del cual cita su autobiografía al mencionar lo dicho por él: "*una nueva verdad científica no triunfa convenciendo a sus oponentes y haciéndolos ver la luz, sino más bien porque sus oponentes eventualmente mueren y una nueva generación crece estando familiarizada con esa verdad*".[6]

---

[5] Ernst Cassirer, *Antropología filosófica,* Fondo de Cultura Económica, México, 2013. p. 280.

[6] Wenceslao J. González, "Las revoluciones científicas y la evolución de Kuhn" en *Análisis de Thomas Kuhn: Las revoluciones científicas*. Edición de Wenceslao J. González, Editorial Trotta, Madrid, 2004. p. 36. Pascual F. Martínez nos habla de la antropología como una ciencia implicada en el campo de la investigación cognitiva. Ver Pascual F. Martínez Freire, "La revolución cognitiva" en *Análisis de Thomas Kuhn: Las revoluciones científicas*, ob. cit., p. 302. Thomas Kuhn, *The Structure of Scientific Revolutions with an Introductory Essay by Ian Hacking*. Fourth Edition. The University Chicago Press, Chicago and London, 2012. p. 150.

El hecho relevante que Kuhn aporta a los efectos de este trabajo es su enfoque histórico (historiografía) y antropológico-social de las ciencias. El tema es importante a la hora de entender al Derecho mercantil y a su historia como algo inseparable porque su historia es un componente esencial para comprender cómo los hombres del pasado regularon su actividad independientemente de si dichas regulaciones coinciden con las de hoy en día. En otras palabras, los hechos son confrontados en contextos socio-culturales diferentes que definen la mejor manera de hacerlo en el entendido de que las regulaciones que interesan al Derecho solo son partes de algo mucho más amplio dentro del sistema social (Luhman hablaría de subsistemas). La relación con la cultura es evidente, a pesar de que se puede ir reduciendo en nuestras consideraciones positivas el valor de los cimientos que ayudaron a construir el edificio. Carlos Petit expresa esa relación de lejanía con el pasado, en los siguientes términos:

> *"Derecho mercantil no es sin más la traducción de ius mercatorum. Aún más que la lengua separa esas expresiones la cultura. Es posible la historia del primero sin detenerse demasiado en la comprensión del segundo, pero resulta intelectualmente muy arriesgado proceder sin cautelas a la viceversa: el Derecho mercantil tiende a suplantar, con su catálogo de cuestiones y su referente exclusivamente jurídico, la identificación de los textos pretéritos, comprometiendo seriamente con ello la labor más desinteresada de lectura.*[7]

Pretender borrar de nuestras consideraciones el pensamiento de los que día a día practican una actividad como la comercial (empresarial) es renunciar a un elemento fundamental para entender cómo debe regularse esa actividad. Como decía Collingwood: "*No puede haber historia de otra cosa que no sea el pensamiento*".[8] Más en un mundo como el de hoy, en el cual las ideas preceden a las regulaciones en el entendido de que estas últimas pueden poner límites al desarrollo de una libre actividad. Fenómenos actuales como el *blockchain* y los criptoactivos son solo algunas muestras de la tendencia antijuridificadora del mundo

---

7 Carlos Petit, ob. cit., p. 15.

8 R.G. Collingwood, *Idea de la historia*, Fondo de Cultura Económica, México, 1972, p. 291.

de hoy. Cuantas veces hemos visto que las fuertes regulaciones de una actividad, como por ejemplo la bancaria, vienen seguidos después de desregulaciones. Sobre los criptoactivos ha señalado el académico Juan Cristóbal Carmona en su discurso de incorporación a la Academia de Ciencias Políticas y Sociales:

> *"Reiteramos que el mundo de los criptoactivos representa para el Derecho y sus operadores una realidad que no debe ser ignorada, la cual demanda a la brevedad del mayor esfuerzo científico y político para la definición de su regulación, procurando en caso de así concluirse la preservación de una invención que, si bien registra debilidades, goza también de valiosas virtudes".*[9]

Pero frente, como señala Petit, "*a un Derecho mercantil que nace y se desarrolla al mismo tiempo que su historia*" pareciera que hace falta volver a su genética. Lo cual, emulando a dicha disciplina, no quiere decir que los rasgos de ayer son los de hoy, lo cual implicaría mundos iguales, lo que ciertamente es imposible.[10] Pero, tratando de aprovechar los comentarios que nos aporta Petit en la búsqueda de ese comerciante que escribió la historia de su actividad, debemos ir a los textos, por eso quiero tomar el modelo de Defoe, para definir la antropología (en ese caso del comerciante premoderno). Petit nos plantea lo que él denomina una biblioteca para la lectura. En realidad, su visión se refiere a una historia de textos, sobre los mismos indica que:

> *"...textos hay en la cultura europea que esperan aun su lector. Lo tuvieron desde luego en su momento: personajes de formación variada y muy compleja, dedicados profesionalmente al tráfico mercantil, pero también moralistas o matemáticos que produjeron y consumieron unos tratados de países y medidas de mercancía, unos libros del arte de la mercatura, unas sumas que se decían de aritmética del comercio, unas gacetas mercantiles, unos diccionarios de comercio."*[11]

---

[9] Juan Cristóbal Carmona Borjas, *Múltiples caras de los criptoactivos. Especial referencia al petro.* Discurso de incorporación, Academia de Ciencias Políticas y Sociales, Caracas, 2018. p. 68.

[10] Carlos Petit, ob. cit., p. 15.

[11] Carlos Petit, ob. cit., pp. 21 y 22.

Lo mismo, en el caso venezolano, trató de reportarnos el ilustre académico venezolano Alfredo Morles Hernández en su libro Historia del Derecho mercantil venezolano. La parte dos de su obra contiene temas como el Derecho mercantil en la época colonial; el Real Consulado de Caracas (1793-1810); las ordenanzas de Bilbao; la Compañía Guipuzcoana y el comercio y el comerciante en la época colonial. Mucha de la obra del gran maestro venezolano está imbuida por esa necesidad de expresar la antropología del actor central de la actividad comercial, el mismo continuó realizando sus actividades a pesar de los tropiezos que la época actual de nuestro país le ha impuesto.[12] El libro del profesor Morles es ilustrativo de algunas de las cosas que hemos mencionado hasta ahora. Su significado antropológico del comerciante es ratificado en el Prólogo del libro ya señalado por el académico Hernández Bretón:

> *"Conocer la legislación de un país significa comprender sus circunstancias de tiempo y de lugar. Esto comporta, igualmente, colocarse en la mentalidad de los hombres de cada época, sin pretender evaluar lo actuado en el pasado con las ideas del presente. El Derecho, hemos repetido, es un producto cultural que refleja una manera de ver y de entender el mundo y las necesidades del hombre en un lugar y en un tiempo determinado."*[13]

---

[12] Alfredo Morles Hernández, *Historia del Derecho mercantil venezolano*, Universidad Monteávila y Universidad Católica Andrés Bello, Caracas, 2015. pp. 30 y ss. En la introducción de su libro el profesor Morles señala: "*Se efectúa una valoración del trabajo de codificación de los siglos XIX y XX, con precisiones acerca de las materias incorporadas en cada uno de los códigos de 1862, 1873, 1904 y 1919; se da razón del debate doctrinal y se toma posición sobre el fenómeno de la codificación mercantil y la unidad del Derecho privado en un solo código; y, finalmente se deja constancia de la incertidumbre que rodea la vigencia efectiva de las normas mercantiles, fundadas en la libertad de comercio con vistas del proceso de legislación inconstitucional que se dicta en el período de transición de la economía de mercado a la economía colectiva propia del socialismo, así como de la incertidumbre que existe en el año 2015 en torno a unos hipotéticos proyectos de reforma mercantil*". Ver Alfredo Morles Hernández, ob. cit., p. 14.

[13] Eugenio Hernández Bretón, "Prólogo" en Alfredo Morles Hernández, *Historia del Derecho Mercantil venezolano*, ob. cit., p. 7. El profesor Hernández Bretón asume una posición similar a la planteada por Herbert Butterfield en su obra *The Whig Interpretation of History*, (1931). En dicho libro criticaba la tendencia a ver y entender el pasado con los ojos del presente. Ver José Manuel Sánchez Ron en Herbert Butterfield, *Los orígenes de la ciencia moderna*, Editorial Taurus, Segunda edición, 1019. p. XI.

Tal como decía Leibniz "*Le présent est chargé du passé, et gros de l'avenir*". En todo caso la lectura acerca de los comerciantes va más allá de un conjunto de opiniones personales producidas en un momento histórico particular, es al final una guía indispensable para construir la actividad de una época, en este caso la comercial, y para entender la manera de acercarse a los problemas que tuvieron las personas que realizaban dicha actividad. De alguna forma ellos perfilaron la mejor manera de regularla lo cual constituye un elemento indispensable para entender la evolución de la misma. Cómo ignorar por ejemplo la forma de desarrollar su actividad de los gremios de mercaderes de Babilonia en la época del Edicto de Ammiŝaduqa el cual se publicó el primer mes del primer año (1646) del rey Ammiŝaduqa (ca. 1946-1626 a.n.e), décimo rey de la I Dinastía babilónica que comenzó a reinar cuando Hammurabi llevaba muerto más de un siglo: Sabemos que los mercaderes babilónicos, una asociación de mercaderes o un gremio de mercaderes operaba por cuenta del Palacio (monarca) o de la oligarquía local.

Es como si hoy en día pensáramos en empresarios (comerciantes o auxiliares de los mismos) que cumplen algunas funciones por cuenta del Estado. Lo cierto es que en el mundo de hoy las formas de asociación entre el Estado y los empresarios pudieran ser más (de hecho, lo son) complejas, pero al final del día la idea de participación conjunta Estado-comerciante es bastante antigua y nos habla de una disposición empresarial para realizarla.[14]

De igual manera, a título ejemplificativo, no podríamos referirnos al Consulado de Mar sin incluir a los comerciantes. En tal sentido, nos aporta Aquilino Iglesia un comentario de gran interés para los estudiosos del comercio marítimo en el Mediterráneo en el siglo XV. Así señala refiriéndose a la obra de Celelles aparecida en 1494:

> *"No existía, pues, antes de la aparición de la obra de Celelles un Llibre de Consolat de Mar, entendida como una compilación con un contenido típico, que era copiada de unos manuscritos a otros, sino que, como había señalado ya Twiss, todos los consulados redactaban su propio libro de consulado que, necesariamente ofrecían*

---

[14] *Códigos legales de tradición babilónica*, edición y traducción de Joaquín Sanmartin, Trotta, Ediciones de la Universidad de Barcelona, Barcelona, 1999. pp. 187, 193 y 200.

las mismas características..., pero que se diferenciaban entre sí, aunque tan solo fuese por eso, por la sección en la que se recogía el Derecho propio. Al lado de estos Llibres de Consolat de Mar de los respectivos consulados, existían igualmente aquellos Llibres de los comerciantes, en los que se recogían aquellos elementos de Derecho mercantil marítimo que les interesaban..."[15]

Sin embargo, no ha sido fácil el reencontrar en nuestra disciplina el reconocimiento requerido, insisto no se trata solo de un valor que incrementa nuestra cultura mercantil con hechos del pasado, su elemento más importante es que determinó de alguna manera, a través del pensamiento de los comerciantes, la forma que una regulación mercantil debía asumir (independientemente de que haya sido convertida en Derecho positivo o no). Se trata más bien de entender el sentido que los comerciantes le dieron a sus actividades. Con toda razón Cassirer señalaba "*que el problema del sentido antecede al problema del desarrollo histórico*".[16]

De alguna forma no hizo falta el Derecho mercantil para que los comerciantes realizaran, con todos los elementos antropológicos del caso, su actividad. Ciertamente no todo ello fue recogido por el Derecho positivo el cual tiene que añadir a sus regulaciones elementos que vienen de otro tipo de determinaciones meramente profesionales. Si quisiéramos hablar en términos de hoy pudiéramos decir que las costumbres y prácticas de los comerciantes constituyen el patrimonio del Derecho mercantil y marítimo, así como el ADN constituye el patrimonio genético de la especie humana. Desde esta perspectiva el *jus*

---

[15] Aquilino Iglesia Ferreirós, "El Llibre del Consolat de mar" en *Del Ius Mercatorum al Derecho mercantil,* ob. cit. p. 126. El autor citado se refiere a Sir Travers Twiss (1809-1897) que fue un ilustre jurista inglés conocido sobre todo por su obra *The Law of Nations in Peace and The Law of Nations in War*. El libro al que se refiere el profesor Iglesia es *The Black Book of Admiralty*, que es una compilación de Derecho marítimo inglés creada en períodos correspondientes a distintos monarcas ingleses, en el mismo se incluyen las disposiciones más significativas de la Admiralty Court. Travers Twiss fue el editor de ese libro (1871-1876) publicado originalmente en cuatro volúmenes. Sir Travers Twiss tradujo por razones de utilidad al inglés el libro originalmente escrito en francés antiguo (1874). Ello fue factor de difusión del mismo a lo largo del mundo. El mismo fue considerado en más de un país como fuente de Derecho comercial marítimo.

[16] Ernst Cassirer, ob. cit., p. 109.

mercatorum es imprescindible para entender la actividad que se generó cuando algún ser humano decidió de forma habitual hacer del comercio de productos excedentarios su actividad principal. Como señala Petit frente a las tendencias descalificadoras de la vasta lectura que ejemplifica la práctica de los mercaderes:

> *"Las propuestas de una Cultural History cercana a la antropología –esa ciencia de las culturas diferentes– vienen traduciéndose en apreciables resultados: precisamente se trata de convertir en objeto de la encuesta el nudo textual más desconcertante para el historiador. Si lo más promisorio es lo más enigmático, resulta, al final, que nuestra biblioteca de prácticas mercantiles, con su impenetrable mezcla de saberes, causa de olvido y de desuso, es patrimonio intelectual poco menos que imprescindible cuando se aspira a describir el momento cultural que representa un también olvidado ius mercatorum".*[17]

En nuestro intento por ilustrar la actividad de algunos comerciantes por aportarnos su propia experiencia como reflejo de un esfuerzo colectivo dirigido al perfeccionamiento de su profesión y a la defensa de la misma hay dos ejemplos resaltantes. No solo por el interés de su obra, sino por el contexto en el que vivieron sus vidas (diferentes) y por el aporte que nos proporcionaron para entender a los comerciantes. Uno de ellos es Jacques Savary que escribió: "*Le parfait négociant, ou instruction générale pour ce qui regarde le comerce de marchandises de France, et des Pays Etranger*". De él señala Petit:

> *"En la obra de Savary el latín carece ya de cualquier utilidad para el comercio y aun se entendía inadecuado para disertar sobre materias mercantiles: "heureusement pour moi, il n'étoit pas nécessaire d'un style si relevé, pour écrire les matières que j'ai traitées, et il suffisoit que je m'attachasse seulement, ainsi que j'ai fait à si bien m'expliquer, que le moindre apprentis pût entendre et concevoir toutes les choses que je lui propose pour bien apprendre sa profession".*[18]

---

[17] Carlos Petit, ob. cit., p. 28.

[18] Carlos Petit, ob. cit., pp. 46 y 47.

Tal como señala Michel Vergé-Franceschi en el siglo XVII el comercio interior se realizaba en los mercados locales y en las ferias regionales. Colbert ministro de Luis XIV lo sabía perfectamente, debido a que su familia siempre estuvo relacionada con las ferias de Champagne. Él conocía bien las ferias y las grandes plazas financieras, fue precisamente Lyon, donde él debutó a los quince años, en la cual se celebraban cuatro grandes ferias anuales cada una de quince días. Su principal colaborador en esta materia, Jacques Savary, antiguo comerciante de mercerías en París, fue el autor de la ordenanza de comercio (1673), corrientemente llamada por Pusort: "*El Código Savary*". Él es igualmente el célebre autor del Parfait Negociant (1675). Dicho libro fue escrito bajo la inspiración de Colbert. El autor que comentamos adicionalmente señala que Savary fue un buen amigo de Colbert, la confianza que le tuvo de alguna forma justificó su trabajo en el "Código Savary" proyectado por Colbert.[19] En realidad la historia mercantil ha asociado la figura de Savary con Colbert, de este último señala Peter Watson quien ha resaltado el surgimiento económico de Francia (algunos como Butterfield hablan de estabilidad) bajo el reinado de Luis XIV:

> *"Una figura clave en este contexto fue Jean-Baptiste Colbert, el ministro de Finanzas de Luis XIV entre 1663 y 1683, quien creía que para prosperar el Estado necesitaba un conocimiento preciso de la situación social y económica. El estudio de estas cuestiones fue una de las tareas que se encargaron a la Académie des Sciences cuando se la creó en 1666. Fue así como los detalles a propósito de los créditos, las leyes de contratación, la libertad de comercio y la circulación de dinero se convirtieron en asuntos de interés por derecho propio."*[20]

En el contexto señalado por Watson no llama la atención que Colbert haya acudido a Savary. El otro comerciante al cual queremos referirnos y sobre el que concentraremos nuestra mayor atención es Daniel Defoe. Su obra *The Complete English Tradesman* solo se ha podido ver

---

[19] Michel Vergé-Franceschi, *Colbert. La Politique du bon sens*, Petite Bibliothèque Payot, París, 2005, pp. 459 y 418.

[20] Peter Watson, *Ideas. Historia intelectual de la humanidad*, Crítica, Barcelona, 2011. p. 856.

opacada por su enorme éxito como novelista. En efecto nuestro autor, del cual vamos a hablar, fue un personaje complejo en el cual se mezclaron su capacidad como novelista, ensayista y polémico periodista.

En el aspecto comercial Defoe nos da una visión completa de lo que era el comercio entre el siglo XVII y el XVIII y del entorno social (incluyendo lo familiar) dentro del cual se movía el comerciante. En un sentido más general Defoe a través de su obra completa nos da una visión de su época en la cual se alternan las prácticas comerciales con la historia, incluso donde los eventos políticos y naturales no quedan por fuera. En este sentido pocos autores, independientemente del lenguaje utilizado, nos dicen tanto de su tiempo como él, lo cual constituye un aporte valioso para entender la actividad a lo cual nos referimos en este trabajo. Por ejemplo, Carlos Petit en su obra ejemplifica algunas de esas características de los comerciantes en temas que los afectan en su vida diaria como "*una casa que funciona, a un tiempo como complejo doméstico y como ámbito de un ejercicio profesional*".[21] Refiriéndose a Defoe menciona lo señalado por este en cuanto a los riesgos que para el mercader se derivan en la llevanza dispendiosa de su casa en el peligro –para él, que es profesional de la riqueza y conoce un rigurosísimo régimen de responsabilidad ante los acreedores– de tener mujer e hijos derrochadores, en la consecuente cura con que debe seleccionar su esposa y sus admoniciones sobre la edad más idónea para esposarse.[22]

Igualmente, como señala también Petit, en Defoe está presente la necesidad de educar a la mujer para ayudar a su marido en el negocio o sustituirlo si por cualquier razón no llegara a estar a cargo de él.[23] Adicionalmente menciona: "*La razón de la formación mercantil de la mujer, que impartirá el marido, ... se relaciona con la deseable continuidad del negocio familiar*". El autor que venimos comentando, citando a Olwen Hufton y a Serge Chassagne, añade:

> *"Se aplaude la antigua costumbre de colaboración femenina en los negocios que hay que mantener, para lo cual se requiere enseñar*

[21] Carlos Petit, ob. cit., p. 31.
[22] Carlos Petit, ob. cit., p. 38.
[23] Carlos Petit, ob. cit., p. 5.

a la esposa el manejo del giro, "but a Little" y siempre teniendo presente, pues la querelle sexual está muy lejos de hallarse resuelta, que ciertos ramos mercantiles son impropios del sexo femenino. Toda una historiografía interesada por los avatares de algunas casas de comercio ha podido establecer hasta qué punto las estrategias matrimoniales del mercader, en su caso "pour remédier à son insuffisance commerciale", incluyeron candidatas especialmente dotadas "à mener un menage et même a conduire une maison de commerce".[24]

El texto anterior evidencia la condición en función de la cual el mercader combinaba su vida familiar con su profesión de tal manera que si quisiéramos conocer la antropología del mismo no podemos separar ambas esferas de su vida. Es curioso señalar como en las regulaciones posteriores al *ius mercatorum* tuvo que pasar bastante tiempo para que los códigos de comercio reconocieron el rol y la independencia de la mujer como comerciante. En Venezuela es la reforma del Código de Comercio de 1955 la que dio un paso significativo en esa materia. La discusión de tal asunto fue objeto de vivas polémicas en el Congreso Nacional de la época.[25]

A fin de cuenta, como ya señalamos, la relación familia-negocio, lo que Petit llama la apuesta decidida por la casa mercantil-familiar, es común entre los autores-comerciantes de la época en que escribió Daniel Defoe. Sobre este Petit señala:

"Daniel Defoe presentaba también su tratado bajo la forma literaria de "familiar letters" destinadas a impartir reglas de vida y profesión a un incipiente trasdesman. La consideración detenida del best seller de Defoe, con sus largos capítulos –cargados de anécdotas– sobre el aprendizaje en el escritorio, nos llevaría demasiado lejos; es suficiente destacar que la formación impartida por este y

---

[24] Carlos Petit, ob. cit., p. 54.

[25] Ver Julio Rodríguez Berrizbeitia, "La reforma del Código de Comercio de 1955 en su perspectiva actual", *Boletín de la Academia de Ciencias Políticas y Sociales*, N° 143, enero-diciembre 2005, Caracas, p. 245. Ver Alfredo Morles Hernández, *Curso de Derecho Mercantil*, Tomo I, ob. cit., p. 349.

otros libros del género encontraba en la experiencia cotidiana en los negocios su ámbito natural."[26]

El modelo que hemos tomado de *jus mercatorum,* fundado en las recomendaciones de Defoe, de alguna forma ilustran toda una realidad de prácticas comerciales que tuvieron gran importancia antes de la revolución francesa, en dicha época se mezclaron como vimos ya en el Consulado de Mar las compilaciones de los Consulados de Mar respectivos y las de los comerciantes. El gran tema en nuestra disciplina es determinar el punto cero a partir del cual la juridificación mercantil dejó de lado las prácticas de los comerciantes. Las ordenanzas de Colbert son una muestra interesante de cómo dichas prácticas se convirtieron en Derecho, pero lo cierto es que ya no había vuelta atrás. Creo que Petit resume parte de lo que queremos expresar de la siguiente manera:

> *"Frente al mito del año cero, tan sabiamente urdido por los revolucionarios franceses, hoy podemos dar por admitido que la revolución liberal o burguesa ha de leerse como un complejo haz de transformaciones históricas no simultáneas... el modelo general y los casos paralelos no resuelven inmediatamente un problema particular, como el que encierra nuestra pregunta por el alcance del cambio histórico sufrido por el ius mercatorum hacia el Derecho mercantil. El recurso a la continuidad que se esgrime meritoriamente en otros terrenos institucionales, no viene aclarando, en el nuestro, demasiado, en tanto la aceptación de la autonomía, en tiempos y de fenómenos, del proceso revolucionario que afectó al ordenamiento del comercio parece, en orden a lograr la deseada interpretación, una condición tan necesaria como insuficiente".*[27]

En la siguiente parte de este trabajo queremos, con los límites del caso, introducir al autor de nuestras consideraciones comerciales.

---

[26] Carlos Petit, ob. cit., pp. 61 y 62. Petit se refiere a *The Complete English Tradesman* y citando en la nota a pie de página 198 a Otho Clinton Williams (*A Study of Daniel Defoe's*) indica: La obra comienza como colección de cartas de dos personajes, pronto reducidos a uno, con abandono de esta forma literaria en el "*Supplement*", dividido en capítulos. De todas formas, es bastante reducida, –un brevísimo encabezamiento y una rápida fórmula de despedida– la impronta epistolar, allí cuando existe. Ver Carlos Petit, ob. cit., p. 61, cita al pie de página 198.

[27] Carlos Petit, ob. cit., p. 69.

SEGUNDA PARTE
UNA VIDA EXTRAORDINARIA

En uno de los libros que muchos leemos en nuestra juventud se lee:

> *"Nací en la ciudad de York en el año 1632. Provengo de una buena familia, aunque oriunda de otra región. Mi padre era de Bremen y se instaló primeramente en Hull, donde logró hacer una modesta fortuna en el comercio, y al retirarse trasladóse a York, donde casó con mi madre, cuya familia se llamaba Robinson. Por ello se me bautizó Robinson Kreutznaer; pero, debido a la costumbre inglesa de desfigurar los vocablos extranjeros, se nos llama, o mejor dicho, nos llamamos y escribimos nuestro apellido Crusoe, y así me han llamado siempre mis amigos."*[28]

El que escribió la obra que acabamos de mencionar es Daniel Defoe autor entre otras muchas obras de *Robinson Crusoe*. Si quisiéramos hacer algún comentario de su época podríamos citar a Peter Watson quien nos habla de Londres del tiempo en que Defoe produjo su obra:

> *"En Londres había teatros, pero el público de estos no superaba el cuarto de millón en un país con una población de cinco millones de habitantes. Defoe y Bunyan fueron, al menos entre los escritores ingleses, de los primeros en subsistir fuera de lo que Steele denominó "el círculo del ingenio", la sociedad predominantemente aristocrática de los escritores favorecidos por un mecenas "Al estudiar las memorias ... de los muchos autodidactas que consiguieron distinguirse en el siglo XVIII y comienzos del siglo XIX, se advierte que casi invariablemente su primer contacto con la cultura fue a través de El progreso del peregrino, La Biblia, El paraíso perdido, Robinson Crusoe".*[29]

---

[28] Daniel Defoe, *Robinson Crusoe*, Editorial Libsa, Madrid, 2001, p. 5.

[29] Peter Watson, ob. cit., p. 841. John Bunyan (1628-1688) fue un escritor inglés que según *The Oxford History of Britain* escribió uno de los libros más representativos del espíritu puritano de la Restauración: Pilgrim's Progress. El mismo se refiere a la búsqueda personal por paz y salvación. Ver *The Oxford History of Britain*, edited by Kenneth. O. Morgan, Oxford University Press, Oxford and New York, 1988, p. 395.

Daniel Defoe fue un personaje conspicuo que vivió entre lo que La Historia de Inglaterra de Oxford ha llamado "*Los Estuardos*" (1603-1688) y el Siglo XVIII (1688-1789). Nació en Londres en 1660 y murió en la misma ciudad en 1731. Hijo de un próspero comerciante dedicado a la fabricación de velas (destinadas a los hogares) a partir de grasa animal *(tallów chandlers)*, fue llamado Daniel y antepuso el "*de*" de su apellido posteriormente. Estudió para sacerdote, pero en 1685 decidió dedicarse a los negocios. Se hizo representante de tejidos con lo cual tuvo la oportunidad de realizar viajes en Inglaterra y otros países. Sus ambiciones eran grandes lo que lo hacía estar en deuda permanentemente. En 1692 se vio forzado a declararse en quiebra. Al final abandonó los negocios por la literatura y el periodismo lo cual le dio la fama por la cual lo conocemos.[30]

Richard West en su obra acerca de Defoe, menciona que el mismo siempre fue un puritano como cualquier otro, creador de la novela para quien el mundo completo aparecía como un sueño. Adicionalmente indica que cuando Robert Louis Stevenson quiso descubrir los momentos supremos de la literatura imaginativa solo señaló dos ejemplos entre los escritores modernos, ellos fueron Defoe y Bunyan. Para el autor citado hay una falta frustrante de información con respecto a él, ya que pocas veces aparece en alguna memoria de la época. Para West el hombre que fue periodista, escritor conocido, político, espía, narrador de los eventos de una época y hábil relator de la geografía inglesa con sus ciudades, pueblos, comarcas, etc. (*A Tour Through The Whole Island of Great Britain*, 1724), fue alguien que proporcionó poca información acerca de él (solo se conocen dos cartas en su familia).[31] El estilo de Defoe fue polémico, y tal como señala West:

> *"En su independencia, y en otros aspectos, Defoe me hace pensar en George Orwell, el cual exasperaba a los de izquierda aún más que a los de derecha. Fue Orwell el que acotó en uno de sus*

---

[30] Daniel Defoe, *Robinson Crusoe*, Introducción, ob. cit., p. 3.

[31] Richard West, *The Life and Strange Surprising Adventures of Daniel Defoe*, Sharpe Books, London, 2019, Edición Electrónica de Amazon Kindle, Pos 127 a 211. El autor que acabamos de citar recomienda para un estudio detallado de Defoe que vaya más allá de sus libros importantes la obra de Paula R. Backscheider Daniel Defoe His Life (John Hopkins, 1989).

ensayos unas líneas de un canto infantil del siglo diecinueve, que perfectamente puede haber sido escrito acerca de Defoe:
"Dare to be a Daniel
Dare to stand alone ...".[32]

Dada la naturaleza del presente trabajo no podemos referirnos a toda la trayectoria de Defoe. Lo que West llamaba "*una vida sorprendente*". A los efectos de la trayectoria de Defoe que ilustren lo que pretendemos en este estudio, vamos a utilizar algunos comentarios de Barzun para mejor lograr nuestro cometido.[33] Antes de ir a los comentarios de Barzun (los cuales comentaremos en el orden en que él lo hace y no necesariamente con continuidad cronológica), debemos señalar que en 1685 Defoe se unió a la llamada Rebelión de Monmouth promovida por el hijo natural del rey Carlos II. Todo ese movimiento terminó con la derrota del mismo en la batalla de Sedgemoor (6 de julio de 1685). Pudo escapar a la condena por rebelión, los castigos fueron cruentos, gracias a un indulto logrado con la ayuda del magistrado George Jeffreys.

En 1688 apoya a Guillermo II de Orange en la Revolución Gloriosa. Algunos de estos eventos son descritos por Barzun y son los que a continuación citamos. En tal sentido indica el autor que mencionamos que un poco antes de 1715, Defoe escribió *The Shortest Way With The Diserters*...recomendando que fueran totalmente erradicados, lo cual provocó la ira de los bandos de disputa, no viendo los disidentes donde estaba la ironía. Fue acusado y juzgado por libelo sedicioso, encarcelado y tres veces puesto en la picota. Pero mientras estaba en prisión su Himno a la picota dejó clara su postura, y durante la humillación a la que fue expuesto el pueblo de Londres bebió a su salud y le arrojó flores.[34]

A continuación, Barzun se refiere a acontecimientos anteriores que cimentaron la relación entre Defoe y el Rey Guillermo, el cual tuvo

---

32 Richard West, ob. cit., pos 237.

33 Jacques Barzun, *Del amanecer a la decadencia. Quinientos años de vida cultural en Occidente (De 1500 a nuestros días)*, Editorial Taurus, Madrid, 2001. Jacques Barzun fue francés-americano, profesor de la Universidad de Columbia en Nueva York y autoridad en materia de historia e historia cultural. La obra a que nos referimos fue publicada originalmente en 2001 cuando el profesor Barzun tenía noventa y tres años. Por el valor de sus comentarios acerca de Defoe queremos comentarla en este trabajo.

34 Jacques Barzun, ob. cit., p. 467.

que soportar ataques relacionados con su condición de ser holandés. Recordemos que las disputas entre Inglaterra y Holanda (enemigos tradicionales) no eran fáciles de no ser tomadas en cuenta. En tal sentido señala Barzun:

> *"...Defoe defendió al nuevo rey; su poema titulado The-True Born Englishman... satiriza la idea de que pueda existir semejante cosa. Por este y otros poemas y panfletos, y especialmente por su Review, una revista política que hacía él solo una a la semana en un principio y después tres a la semana Defoe ha sido calificado como padre del periodismo moderno. Sería más exacto decir del periodismo político... El activismo político de Defoe incluyó servicios de inteligencia ... El ideal del periodismo puramente de información es tardío en la historia de la prensa y no duró mucho tiempo".*[35]

Es un hecho notorio para los biógrafos de Swif y Defoe, las diferencias existentes entre ambos. West señala que:

> *"la distinción de clase, así como la política, ayuda a explicar por qué Defoe nunca se mezcló con los escritores contemporáneos famosos tales como Dryden, Addison, Steele, Swift y Pope. Eso también explica su insistencia en llamarse a sí mismo un caballero, su peluca que lo hiciera lucir como un dandi y el diamante en su anillo."*[36]

El siguiente texto de Barzun ilustra lo que queremos resaltar:

> *"Como periodistas, Swift y Defoe no solo escribieron para partidos políticos contrarios, sino que estuvieron también muy alejados en categoría social. Defoe, con su publicación, Review, era un "plumífero despreciable", popular entre los disidentes y el populacho londinense; Swift era un clérigo anglicano, que acabó como dean de la Catedral de San Patricio de Dublin y se codeaba con ministros del gobierno... Pero como creadores de literatura perdurable ambos hombres están a la misma altura. Defoe creó un tipo de relato*

[35] Jacques Barzun, ob. cit., pp. 467 a 469.
[36] Richard West, ob. cit., pos 605.

clásico totalmente original, convirtiendo acontecimientos reales en un tipo de ficción que pareciera historia: Diario del año de la peste, El año del gran viento, y, claro está, Robinson Crusoe. El primero de estos libros relata las calamidades sufridas por Londres inmediatamente antes de que el gran fuego de 1666 devastara la ciudad con la destrucción de 400 acres de su centro; el segundo describe lo ocurrido en 1709; y el último, cuenta cómo un heroico marinero solitario (Alexander Selkirk) náufrago, sobrevive en la isla desierta de Juan Fernández, frente a las costas de Chile. Estas obras no son lo mismo que la posterior invención de Walter Scott, la novela histórica; son lo que a menudo se cree un género del siglo XX llamado novela reportaje. Defoe escribió también relatos picarescos –Moll Flanders, Colonel Jack– y otros donde se narra con detalle la dura vida y los dudosos subterfugios de un personaje, todo ello imaginario, pero sin duda basados en hechos observados. Estas historias tienen también un registro a reportaje. El genio de Defoe residía en su capacidad para mostrar más que para decir."[37]

TERCERA PARTE
LOS CONSEJOS DE DEFOE A LOS COMERCIANTES: *THE COMPLETE ENGLISH TRADESMAN*

En esta parte del trabajo mencionaremos, de forma general, algunos señalamientos de Defoe provenientes de su obra *The Complete English Tradesman.*[38] El libro está dividido en XXV capítulos, llenos de anécdotas y experiencias personales. Su finalidad es pedagógica, por eso en su prefacio señala que su objetivo, tal como lo señala el título de su obra, es realizar un índice de actuaciones del comerciante. Ya desde el principio se percibe un intento por acumular experiencias buenas y malas con el objeto de usarlas para generar, a partir de ellas, consejos y recomendaciones. El destinatario central de su obra es el comerciante joven.[39] En un mundo cambiante, un piloto experimentado pierde su

---

[37] Jacques Barzun, ob. cit., p. 485.

[38] Daniel Defoe, *The Complete English Tradesman*, (1839 ed.) A Public Domain Book, London, 1726, Edimburgh, 1839. Edición electrónica de Amazon Kindle.

[39] Ibidem. pos 34.

nave por exceso de confianza y uno más joven, por ignorancia y falta de experiencia.[40]

El autor que comentamos hace una afirmación con respecto a la cantidad de quiebras que se producen entre comerciantes en el momento en que él hace su análisis, ello es mayor que lo que se producía antes. Todo ello a pesar de que en la Inglaterra de su época había mucho más comercio que en épocas anteriores (al menos lo que él recuerda). En su preocupación por dar respuestas que tengan un valor práctico y cambien la manera de proceder de los comerciantes a los que pretende aconsejar señala:

> *"Si permitiéramos a otras personas juzgar, ellos nos dirían que hay más comercio, que el mismo produce mayores ganancias, por qué razón entonces el comerciante no puede vivir de su comercio, no puede abrir sus tiendas, no puede mantenerse y mantener a sus familias, tal como lo podía hacer antes."*

Pero con todo el sentido práctico que orienta su trabajo, luego de pasearse por elementos relacionados con la personalidad del comerciante y su forma de vivir, Defoe se pregunta acerca de los mismos fundamentos que orientan la labor del comerciante. Al respecto nos proporciona una afirmación que pretende sustentar los consejos que más adelante va a dar:

> *"Él debe fallar (el comerciante) en la parte esencial o él no fallaría en su comercio. Las mismas causas tienen los mismos efectos en todas las épocas; las mismas ganancias, pero también los mismos costos, todo ello lo debe dejar en el mismo lugar en que dejó a su predecesor en el mismo negocio; sin embargo, vemos que uno se hizo rico y el otro se arruinó, todo bajo las mismas circunstancias."*[41]

---

[40] Ibidem, pos 34 y 41. Lo anterior es ejemplificado con el caso del fatal desastre marítimo en el cual Sir Cloudesley Shovell y varios cientos de marinos perdieron la vida en las rocas de Scilly (Islas Sorlingas localizadas al oeste del condado de Cornualles). El evento, producido probablemente por la incapacidad de los marinos para calcular la longitud, dio origen a la longitud Act siete años después.

[41] Daniel Defoe, ob. cit., pos 49 a 59.

Lo anterior exige para Defoe, un análisis de los tiempos que se viven, en los cuales hay ciertas notas características: los gastos familiares son diferentes a los de antes; el comerciante no vive como tal, en la misma casa que lo hacía antes y, lo más importante es que la manera de vivir de los comerciantes que lo rodean, impone una diferencia que exige tratar de actuar como ellos. Todo ello permite decir que el comerciante está condenado a la misma por el destino de los tiempos.[42] La situación no es totalmente diferente a la que le puede suceder a muchos empresarios del mundo de hoy. La constatación de Defoe le va a permitir ahondar en sus recomendaciones. La ecuación es relativamente sencilla: "*no puedes gastar más de lo que ganas*", si lo haces, pierdes el crédito y con él tu negocio.[43]

La clave en el escritor inglés que comentamos es que él se da perfecta cuenta de que sus advertencias y direcciones para los comerciantes pueden ir muy lejos en los detalles y ser fastidiosas, por lo cual prefiere ir a temas más específicos que de alguna forma necesitan y requieren algún grado más de profundización. En tal sentido señala:

> *"Yo quisiera hablar de algunas ramas del comercio local que necesariamente llevan al comerciante local al comercio con el exterior y hacen al comerciante de un comercio local tener que dedicarse a ello, quiéralo o no. Por ejemplo, casi todos los que tienen comercios en tierra en localidades (towns) con puertos, mismo en las partes con agua de Londres, son necesariamente dueños de barcos y al menos deben preocuparse de ellos, si no del viaje. Lo anterior hace que tengan que relacionarse en la construcción, equipamiento, etc., de ellos... Otros deben ocuparse de las cargas... En este caso, el comerciante (shop keeper) es a veces aventurero, quiera o no y algunos de sus negocios se refieren a aventuras marinas... Por lo anterior algunas consideraciones me obligan a hacer advertencias con respecto a esos comerciantes y lo referente a lo que es particular de ellos..."*[44]

[42] Ibidem, pos 59 y 61.
[43] Ibidem, pos 66.
[44] Ibidem, pos 69 a 84.

Al final en Defoe lo práctico se impone, si el Derecho quiere tomar esos criterios está bien, pero las cosas se definen por lo que se hace y se ve. Por ejemplo, para él, comerciante es el que tiene todo tipo de depósitos o almacenes, tiendas, ya sea vendedor al por mayor o el detal. Si el concepto tiene dudas pasa a enumerar todas las actividades posibles con la exclusión de las que no lo son, por ejemplo, el fabricante.[45]

De alguna manera, la habitualidad se combina con la tenencia de la estructura adecuada para el desarrollo de la actividad que como vimos, si se pretende expandir requiere, aunque sean propios, de los medios de transporte adecuados. Pero si en algo podemos tomar elementos de Defoe para nuestra disciplina, es en las reflexiones relativas a lo que no se considera como actividad comercial y en consecuencia comerciante al que la realiza. Dicho tema es significativo para entender la evolución posterior del concepto de comerciante (jurídicamente hablando) hacia el de empresario. La reducción que ejemplifica Defoe es una muestra de lo limitado del concepto de comerciante frente al adoptado en épocas posteriores del desarrollo mercantil de empresario.

En tal sentido menciona que el concepto de comerciante es visto por mucha gente y en varios lugares de forma diferente. Por ejemplo, hablando de su época, en el norte de Inglaterra y en Irlanda se consideraba comerciantes a los mecánicos y otros artesanos como herreros, carpinteros y zapateros. También en otros lugares se consideraba comerciante a los que transportaban bienes de un lugar a otro. Ya hemos visto que, en Inglaterra, y especialmente en Londres, el concepto se aplicaba a los dueños de depósitos o almacenes, tiendas, etc. (independientemente de ser mayoristas o minoristas). Pero no se consideraba a los manufactureros (los industriales de hoy) como comerciantes, aunque vendieran directamente sus productos. Tampoco era comerciante el que vendía pequeñas cantidades de cosas viajando a lo largo de distintas localidades (*travelling merchants*). Igualmente era costumbre que el título de comerciante se le diera por razones "*hónrosas*" (distinción honorable) a aquellos que eran simplemente importadores y exportadores de productos hacia Inglaterra y desde Inglaterra (*Trade Beyond Sea*).

[45] Ibidem, pos 128 y 131.

Tampoco eran comerciantes todos aquellos que simplemente servían de apoyo al comerciante en su actividad diaria. Esto último nos hace pensar en los agentes viajeros, factores y dependientes en el mundo de hoy. En cualquier caso, lo que para Defoe era o no comerciante ha definido la evolución del concepto a lo largo de los siglos. En definitiva, la materia prima para elaborar el concepto legal ya estaba sobre el terreno en la óptica de un comerciante.[46] Pero el análisis de lo característico, para ser más precisos el carácter del comerciante, es descrito por Defoe en los siguientes términos:

> *"No es un especialista en la compra y venta de determinado tipo de productos sino más bien un comerciante en el sentido total de la palabra. Alguien que entiende el entorno de la actividad y que es capaz de tomar las decisiones académicas cuando los cambios lo requieran. Por otro lado, ello exige que conozca las diferentes clases de productos y la procedencia de los mismos. Lo anterior supone conocer países y la forma de ser de las personas y de los comerciantes de dichos países. Igualmente, los requerimientos y necesidades de las personas a las cuales van dirigidos los bienes".*

El otro aspecto está relacionado con la habilidad para conocer los métodos para lograr lo que Defoe llama correspondencia: dar dinero o bienes por dinero, ya sea fuera de Inglaterra o dentro de ella. Si lo anterior se paga de contado o se recibe crédito para ello. El tema relativo a las comisiones a pagar por compra venta. Adicionalmente entre todas las cosas a considerar, está el tema de la vieja institución de las ferias que determina la conveniencia de escoger las más adecuadas para asistir en función de los intereses del comerciante. Todo lo anterior configura una forma de actuar que caracteriza al comerciante.[47]

En los distintos capítulos de su obra Defoe nos aporta detalles de lo ya generalmente expuesto, los mismos combinan elementos no fácilmente visibles, en conjunto, en el mundo de hoy: relaciones familiares con esposa e hijos; cómo entrenar a los aprendices y qué esperar de ellos; relaciones con los auxiliares de los comerciantes (especialmente

46 Ibidem, pos 123 a 143.
47 Ibidem, pos 160 a 172.

banqueros de la época); relaciones con los clientes y el trato debido a ellos; manejo de los proveedores y el crédito de ellos; entorno social y el análisis de cambios de preferencias, etc.

Comentemos someramente algunas de las proposiciones derivadas de dicho análisis. Aunque Defoe escribe en lo que algunos historiadores como Barzun llaman la edad moderna, la institución de los aprendices sigue muchos de los lineamientos de la edad media. El proceso de formación del aprendiz, en la Londres de Defoe, era largo. Profundamente relacionado con los productos que comerciaba el negocio. El aprendiz pasaba de relacionarse con los productos, sus valores y características, a empezar a manejar los conocimientos requeridos de contabilidad comercial. En tal sentido, se involucraba directamente con las facturas de los bienes comprados, a fin de conocer cuanto costaba cada cosa y qué ganancia se podía hacer con las mismas. Igualmente, se le explicaba con detalle el por qué se podía perder con algunos productos. A fin de cuentas, se le enseñaba a saber emitir juicios con respecto al cumplimiento o no de las expectativas comerciales que se esperaban. Dicha formación pretendía "*llevarlo de forma natural a tener un buen juicio acerca de los productos*".[48]

El tiempo que pierda el aprendiz en adquirir las herramientas necesarias lo va a llevar al negocio "*como una persona que, antes de tiempo, necesita anteojos*".[49] En los consejos de Defoe al aprendiz está presente algo muy actual, que es el manejo del riesgo frente a la imprevisibilidad de los eventos. Él lo llama "*hazard*" y lo expone así:

> "*...si yo aventuro poner mi dinero por encima de mi propio juicio, el azar no es del vendedor, sino del comprador, y nadie tiene que ver con eso... yo advierto esto al joven comerciante, para mostrarle qué necesario es para él, tener un juicio claro acerca de los productos que él compra, y qué fácil es abusar de él con un producto defectuoso, si no tiene un juicio claro.*"[50]

[48] Ibidem, pos 192 a 199.
[49] Ibidem, pos 204.
[50] Ibidem, pos 247, 248, 252 y 255.

Al final de un largo proceso, un promedio de siete años más o menos, al aprendiz le quedan, si sirvió generando confianza y de forma diligente, una serie de beneficios para su desarrollo futuro y, en muchos casos independiente: conocimiento del manejo de los clientes; capacidad para comprar y vender; manejo de los libros del comercio; conocimiento de las cosas generales requeridas para calificarlo en el negocio.[51]

Como conclusión de esa relación del aprendiz con el maestro (master) Defoe enfatiza que: la relación del aprendiz con el maestro no es de servitud ni de sujeción; su comportamiento debe ser el de un caballero; debe relacionarse con el maestro más como un compañero que como un sirviente; lo que gana en la adquisición de una profesión es exorbitante y él adquiere la habilidad de ser comerciante y no los clientes de su maestro.[52]

Uno de los temas abordados por Defoe en sus consejos se refiere a la manera de comunicarse el comerciante con clientes y proveedores. Para lograr el mejor desempeño en ese arte señala: "*Una manera simple (sin decoración ni añadidos) y sin limitaciones es característico de belleza y excelencia en el hablar. De igual forma una manera concisa de escribir es el mejor estilo que puede lucir un comerciante*".[53]

Las arengas, los reconocimientos y las adulaciones convierten al comerciante más en poeta que en lo que realmente debe ser. Defoe llega hasta el detalle de describir cómo debe hacerse una carta en la cual se solicita una mercancía y se manda en pago una letra de cambio con los requerimientos de esta. No deja de advertirse que los productos a enviar deben ser bien escogidos, correctamente enviados y lo más económico posible. Igualmente, se ratifica la continuidad de negocios en el futuro y se despide con una fórmula usada en la época entre comerciantes "*I am, your humble servant*".[54] Sería imposible narrar todo lo aportado por Defoe, tampoco es el objeto de este trabajo, lo que pretendemos es reu-

---

[51] Ibidem, pos 272 a 281.

[52] Ibidem, pos 303 a 321.

[53] Ibidem, pos 323 a 324.

[54] Ibidem, pos 336 a 341. La carta que describe Defoe la originó un joven comerciante que se inicia en el negocio por la muerte de su maestro. En la misma realiza una pequeña orden para dotar a su nuevo establecimiento.

nir detalles que nos iluminen con respecto a la manera en que un gremio determinado actuaba en la Inglaterra del siglo XV y XVI. Por ejemplo, con respecto a las órdenes de compra de los productos, Defoe señalaba que deberían ser explícitas y particulares, con el objeto de no confundir al *dealer* (distribuidor), especialmente cuando se dirigían al manufacturero de los productos o cuando los productos tenían unos requerimientos particulares (calidad, colores o perecederos en el tiempo).[55]

Lo que Defoe pretende es adentrarse en el "*estilo del comercio*" si al principio lo hizo para enseñar a los prospectos de comerciantes probablemente no pensó que su trabajo iba a dejar una estela en la historia acerca de cómo se establecían, en su época las comunicaciones comerciales. Todo ello en un país que construyó la estructura lógica más eficiente para llegar a convertirse en un jugador importante en el comercio internacional de la época. Lo curioso del estilo al que se refiere Defoe es que en el mundo de hoy, con los recursos tecnológicos actuales, los comerciantes empresarios tratan de hacer lo mismo: simplificar sus actividades a lo largo del mundo con un lenguaje común y unas reglas, apoyadas por instituciones supranacionales, que han sido calificadas de *ius-mercatoum.*

Al final, no es inexacto decir que las necesidades son las mismas frente a recursos de todo orden diferentes. Probablemente en el mundo de hoy podamos enseñar a los empresarios en las universidades, de hecho, ya se hace, cómo hacer un pedido desde el correo electrónico o la videoconferencia o cualquier otro medio actual. Pero, ¿enseñamos adecuadamente el contenido y el lenguaje de la solicitud? Si lo hacemos, de alguna manera estamos dentro del espíritu que dio luz a los requerimientos de Daniel Defoe. Hoy como ayer, no es labor a no tomar en cuenta la relativa a: que cualquiera entienda lo que el comerciante diga; evitar la ambigüedad en la forma de comunicación; dar a los productos su nombre específico; conocer los usos y costumbres de los distintos lugares del mundo con los cuales se comercia; tener un *lexicon teachnicum*, como diría Defoe.[56]

---

[55] Ibidem, pos 377 a 380.
[56] Ibidem, pos 426 a 468.

Tal como nos aporta Barzun:

> *"La atención minuciosa al detalle, el respeto por las cantidades pequeñas y la exigencia de información exacta no eran características aristocráticas sino del comerciante plebeyo... el comercio internacional hacía ya tiempo que era capitalista, basado en el crédito, protegido por seguros y regido por una rigurosa contabilidad. Ya en la aurora del siglo XVI, el principal tratado de aritmética, álgebra y geometría, escrito por Pietro Pacioli, contenía una sección sobre la doble contabilidad (doppia scritura), la primera descripción impresa de este sistema."*[57]

El comerciante con conocimientos generales puede evaluar, con juicio, distintas alternativas que le permitan cambiar de ramo si ello se requiere. Pero también evitar los riesgos inherentes a todos aquellos que pueden presentar "*burbujas y proyectos*" que en apariencia lucen bien, pero pueden ser riesgosos. Defoe nos alerta "*contra unas personas fatales llamadas proyectistas (projectors) las cuales están, sin embargo, entre los comerciantes, como pájaros de presa entre las aves de corral para devorarlas y destruirlas*".[58] En realidad, tal como señala Butterfield, el siglo XVII inglés trajo cambios sociales y matices nuevos que comienzan a hacerse perceptibles en la mentalidad de la gente:

> *"Encontramos las primicias de esta novedad en los debates que se producían durante el gobierno de Jacobo I, cuando vemos que en el Parlamento se ataca a ciertas personas denominadas "proyectistas", gente que hoy llamaríamos promotores de empresa, y cuya preocupación constante era encontrar nuevos medios de ganar dinero... Poco antes de terminar el siglo XVII, Daniel Defoe, que destaca por su mente extraordinariamente moderna, publicó la obra Essay on Projects, en la que hacía comentarios sobre el fenómeno y satirizaba a los proyectistas, aunque acaba ofreciendo muchas ideas de cosecha propia para hacerse rico rápidamente... Defoe ideó un plan para mejorar el comercio resolviendo el problema de los piratas de Berberia..."*[59]

---

[57] Jacques Barzun, ob. cit., p. 323.
[58] Daniel Defoe, ob. cit., pos 559.
[59] Herbert Butterfield, ob. cit., pp. 241 y 242.

En realidad, Defoe a pesar de sus críticas terminó viendo, al menos para él, como señala Butterfield, las ventajas de ser proyectista (aunque solo fuera de forma eventual).

Defoe tiene una concepción moderna del riesgo. No es accidental que le dedique todo tipo de consideración. El verdadero comerciante siempre debe confrontarse con él. Lo anterior lo obliga a tener que buscar en su propia esfera alguien en quien confiar y pedir consejos. A fin de cuentas, un comerciante es alguien calificado para informar a los demás sobre las cosas más difíciles e intrincadas, así como las más urgentes. Tal como señala Defoe: "*No es necesario que cada comerciante sea un filósofo, pero cada comerciante a su manera conoce algo que hasta un filósofo puede aprender de él*".[60] Ese conjunto de conocimientos propios del comerciante (*nostrum*) es lo que permite entre ellos poder hablar de las mejores técnicas para comprar y vender.[61]

Ciertamente la forma de ver el mundo para el comerciante ilustrado por Defoe se relaciona estrictamente con una serie de prioridades que por su importancia se listan como: las exigidas por la naturaleza; las obligaciones religiosas o las relacionadas con la vida futura y los negocios y la profesión. De dicho equilibrio entre todos esos compromisos irrenunciables depende el lograr un estado de satisfacción en la vida independientemente de ganar más o menos en los negocios.[62]

Pero los malos momentos pueden aquejar al comerciante mejor intencionado, Defoe lo vivió en carne propia, no se lo contaron, en tal caso se requiere (cuando no haya mala fe) tratar de evitar la quiebra y mantener el negocio. En la época, las regulaciones acerca de la quiebra habían sido suavizadas en comparación con situaciones pasadas. La discusión estaba abierta y algunos pensaban que se era muy tolerante con el insolvente. Defoe, sin querer generar mayor debate, difiere de aquellos que abogan por leyes más estrictas. El terror que imponía la Comisión de Quiebras fue eliminado como debía ser, porque era exorbitante y poco razonable debido a que el mismo hacía más precaria la situación del comerciante que caía en ruina y la de su familia. Le qui-

[60] Daniel Defoe, ob. cit., pos 558, 578, 584 y 625.

[61] Ibidem, pos 639.

[62] Ibidem, pos 722.

taba lo poco que le quedaba, le hacía imposible conseguir crédito, lo sacaba del negocio lo cual no era correcto para alguien que había sido un comerciante honesto. La sustitución del terror que imponía la comisión por apoyo podía permitir al comerciante que no había incurrido en irregularidades poder recuperarse. Como dice Defoe "*recibía al final de sus problemas un tratamiento compasivo*".[63]

El tema no es sencillo ni en la sociedad de hoy. De cualquier forma, el argumento de Defoe por leyes menos rigurosas con el comerciante honesto, frente a los que pedían leyes más rigurosas (acreedores, banqueros, proveedores, etc.) es el siguiente:

> *"Yo pienso sin lugar a dudas, que la facilidad del procedimiento de la comisión de quiebras no va a motivar a ningún comerciante a quebrar, o al menos ocuparse de pensar en eso, con menos horror y aversión al que tenía antes de la ley actual."*[64]

Ciertamente, Defoe anticipa muchas de las preocupaciones actuales de los empresarios con respecto al manejo del riesgo –*risk management*– por supuesto lo hace –como es la intención de su obra– de forma sencilla, clara y llena de símiles:

> *"...los hombres son aptos para ser insensibles al peligro: un barco puede también perderse en un mar tranquilo, así como en uno con un viento muy fuerte cuando hay tormenta si no tiene piloto, o el mismo es ignorante y no cuidadoso, los desastres de la naturaleza ocurren frecuentemente como otros y son fatales."*[65]

El listado de Defoe de los riesgos combina lo propio del ser humano con la actividad desarrollada por él, a título de ejemplo podemos señalar:

> *"Gastos exagerados que se añaden a placeres inmoderados; poco control sobre el crédito y la caja; estar fuera del negocio con frecuencia; matrimonio sin tener los recursos suficientes (esto es especialmente grave para los aprendices); dejar el negocio en manos de sirvientes; no entender que no es lo mismo dirigir una tienda que la*

[63] Ibidem, pos 972 a 977.
[64] Ibidem, pos 1003 y 1004.
[65] Daniel Defoe, ob. cit., pos 1510.

> *totalidad del negocio; no controlar la variedad del inventario; relacionarse de forma inconveniente con deudores o acreedores (por ejemplo para generar cuentas por cobrar que no existen o deudas por dinero no entregado en ambos casos hablamos de una conducta fraudulenta), etc."*[66]

En realidad, todavía en Defoe está presente ese concepto medieval del honor que prevalece sobre la ley: "*La ley se hizo para los que ofenden no es necesaria para el hombre inocente*".[67]

En función de lo anterior, el comerciante debe tratar de llegar a un arreglo con sus acreedores a fin de poder asegurar la viabilidad del negocio. Ello supone el poder poner sobre la mesa una línea de argumentación que se fundamente en: no haber botado el negocio con situaciones viciosas o gastos superfluos; las pérdidas eran inevitables; no ha gastado todo lo que pidió prestado y está dispuesto a enseñar sus libros para mostrar su honestidad.[68] Para Defoe es también mejor para el acreedor llegar a un arreglo por la vía de la composición que recurrir a la Comisión de quiebra, todo ello sujeto, por supuesto, a la factibilidad de la oferta.[69]

Defoe, en un capítulo de su obra, nos introduce en todo el tema de lo que hoy es la competencia desleal, en su argumentación no solo se incluyen argumentos de naturaleza profesional, sino incluso también morales y religiosos. El tema incluye toda aquella actividad de un comerciante relativa a tratar de arruinar a otro mediante la difusión de rumores y clamores tendientes a producir escándalos que afecten la confianza que se tiene en el comerciante que se pretende dañar.[70]

Aquí podemos observar que nadie como Defoe, con su agitada vida periodística, que lo llevó incluso a la cárcel más de una vez, podía tener presente los efectos de la difusión de comentarios con respecto a las personas. Más, cuando en el caso particular del comerciante señaló: "*Hay muy pocos comerciantes que pueden decir que no han estado*

---

[66] Ibidem, pos 1516 a 2223.
[67] Ibidem, pos 2314.
[68] Ibidem, pos 2346 a 2358.
[69] Ibidem, pos 2367 a 2369.
[70] Ibidem, pos 2467 y ss.

expuestos a falsos señalamientos y, que la malicia de los enemigos, no los haya herido con la lengua".[71]

Pero cambiemos de tema y refirámonos a la escogencia de un socio. Defoe plantea que hay negocios que necesitan socios y otros que no. Por ejemplo, los que tienen negocios en puertos extranjeros suelen poner a la cabeza de ellos hijos y aprendices, no obstante, según entiende Defoe, este tipo de negocio requiere de un socio (en la época se llamaban esos lugares en el exterior "*casas comerciales*").[72] A fin de cuentas, la sociedad es una aventura cuyos resultados no están garantizados por la sola honestidad y diligencia del socio.[73] Los riesgos siempre están presentes. Si bien los casos son variables e inciertos que luce difícil enumerarlos, Defoe piensa que hay algunos que vale la pena poner de relieve: un socio puede contraer deudas sin la autorización del otro; igualmente puede recibir pagos sin dar recibo y no llevar el dinero a la caja; puede suscribir bonos o notas sin ingresar el dinero en la caja; puede vender y dar crédito a quien no califica para ello o también pueda incurrir en una quiebra fraudulenta de la empresa en sociedad, etc.[74]

La atención en el tema de las sociedades nunca es suficiente. Sin embargo, Defoe propone algunas máximas en esta materia que pudieran servir de algo:

1. Es preferible buscar a alguien que esté en negocios diferentes (imaginamos que para evitar que haya un conflicto entre los negocios propios y los de la sociedad).

2. También no es aconsejable buscar un socio que represente la mitad de la participación en la sociedad, ya que, si no fuera así y tuviese que pagar al socio su parte, el peso sería mayor que con una participación menor. Tampoco debería perderse la influencia en el gobierno del negocio.

3. Finalmente si tú tienes un socio deja que este sea más joven (junior), en vez de que sea una persona ya madura (senior) en el negocio. Ello permite una superioridad en el negocio que permite el control

[71] Daniel Defoe, ob. cit., pos 2680 a 2681.
[72] Ibidem, pos 2806 a 2812.
[73] Ibidem, pos 2857 y ss.
[74] Ibidem, pos 2896 a 2906.

sobre el mismo. Se trata no de un tema de orgullo y de vanidad, sino más bien de autoridad para inspeccionar la conducta del socio.[75]

Para ilustrar lo señalado Defoe recurre al ejemplo de los romanos que tenían dos generales o cónsules para comandar sus ejércitos sobre el terreno. Uno era joven y aportaba vigor y coraje a las tropas para pelear y el otro mayor que proporcionaba la experiencia para hacer las cosas mejor.[76]

Un tema central para Defoe, debemos reconocer que el conocimiento contable ya había tenido importante desarrollo en la actividad de los comerciantes, es el referente a cómo llevar los libros de contabilidad. Defoe indica que "*es una anciana y admirable costumbre del comerciante en Inglaterra siempre balancear sus cuentas de inventario, y sus ganancias y pérdidas, al menos una vez al año; ello normalmente se hace en Navidades o Año Nuevo*".[77] Para lograr lo mencionado es necesario que el comerciante mantenga sus libros siempre en orden; su libro diario llevado de la manera esperada, su efectivo propiamente balanceado, y todas las cuentas de la gente preparados en forma tal, que puedan ser revisados.[78] Para Defoe, el que disfruta sus negocios debe disfrutar sus libros, ellos son el registro de su situación y el índice de su inventario.[79] La siguiente afirmación pretende, con la contundencia que le quiere dar su autor, resaltar la importancia de los libros en la actividad del comerciante: "*Todo lo que el comerciante tiene en el mundo debe ser buscado en estos tres artículos o alguno de ellos: bienes en la tienda; dinero en la caja; deudas afuera*".[80]

Defoe con el estilo propio de aproximación a la gente sin mayores cultismos (el libro se escribió en inglés y no en latín como ya señalamos) indica: "*Un comerciante sin sus libros en caso de una demanda por deuda, es como una mujer casada sin su certificado de matrimonio*".[81] En un capítulo de su obra Defoe se refiere, lo que ya hemos antes

---

[75] Ibidem, pos 2937 a 2953.
[76] Ibidem, pos 2958 a 2961.
[77] Ibidem, pos 3508 y 3509.
[78] Ibidem, pos 3515 a 3516.
[79] Ibidem, pos 3516 a 3519.
[80] Ibidem, pos 3520.
[81] Ibidem, pos 3732.

mencionado, a la necesidad de formación de la esposa del comerciante para poder, en caso de viudez, llevar adelante su negocio. En un siglo como el XVIII, en el cual las mujeres empiezan a lograr posiciones importantes en varias actividades, no podía faltar el llamado a la competencia femenina en la actividad de los comerciantes. Las apreciaciones y recomendaciones del autor inglés no son muy consideradas con cierto tipo de profesionales, en tal sentido acota Defoe sobre las viudas poco preparadas para asumir el negocio:

> *"Esto las lleva a caer en las manos de abogados (lawyers, attorneys y solicitors) para poder seguir adelante, si bien los profesionales siguen adelante, muchas veces dejan a la "pobre" viuda en una situación más desconsolada y perpleja que la que tenía antes.*[82] *Igualmente, si hay hijos, la mujer puede prepararlos para asumir el negocio".*[83]

En Defoe vemos toda una actitud favorable la cual se manifiesta en sus obras literarias como Roxana: *The Fortunate Mistress* (1724)[84] a la participación de la mujer en ciertas actividades como la de soportar al marido y a los hijos en el negocio familiar. Desde esa perspectiva personal Defoe critica las actitudes desconfiadas del hombre hacia la mujer;[85] el mantenerla aislada de la situación favorable o desfavorable del negocio[86] y el ignorar que el negocio es una empresa común de la familia.[87]

En el fondo del análisis de Defoe está implícita la idea de la importancia que los negocios y los negociantes tienen para la Inglaterra de su época. Citando a Carlos II de Inglaterra señala que "*los comerciantes son los miembros más importantes de la sociedad inglesa*".[88] Todo ello va íntimamente entrelazado con la dignidad del negocio en Inglaterra,

---

82 Ibidem, pos 3784 y 3786. En el Derecho anglosajón el *solicitor* es un profesional que tradicionalmente se ocupa de la mayoría de los asuntos legales en algunas jurisdicciones. En Estados Unidos el "general solicitor" es el representante del Estado ante los tribunales. Defoe usa el término para referirse a un abogado.

83 Ibidem, pos 3838.

84 Ver Carlos Petit, ob. cit., pp. 50 y 51.

85 Daniel Defoe, ob. cit., pos 3858.

86 Ibidem, pos 3862 y 3864.

87 Ibidem, pos 3879 y ss.

88 Ibidem, pos 4001.

el cual, en definitiva, no es inconsistente con la idea de que el comerciante es un caballero (*gentlemen*).[89] Lo anterior cobra algún grado de valor si pensamos que la obra de Defoe plantea mantener, preservar y ampliar esa idea de honor presente en el comerciante y que no había sido considerada como tal por muchas sociedades. Al final del día el gremio es el principal obligado a mantener una disciplina de la cual dependen muchas cosas, entre ellas las relaciones de sus asociados con el gobierno, los clientes y de modo más amplio con la sociedad. Por ello los consejos de Defoe hablan de dos vertientes: la del comerciante como persona y la del mismo como miembro de un gremio.

Defoe desarrolló su actividad en un siglo de grandes definiciones políticas, sociales y económicas. Si bien convivió con los efectos del mercantilismo (ya había fallecido cuando en 1776 Smith publicó *La riqueza de las naciones*), era un hombre de su tiempo que entendió el rol del comercio y de todo lo que lo mueve dentro de una sociedad. Su réplica permanente por la defensa del crédito en una sociedad libre lo expresó muchas veces en este sentido:

> *"El crédito, cerca del inventario real, es el fundamento, la vida y el alma, del negocio de un comerciante privado; es su prosperidad; es su soporte y la sustancia de todo su comercio; mismo en materias públicas, es la fuerza y el fundamento de una nación."*[90]

En definitiva, como enseña una larga historia, "*cuando el crédito vive la usura declina y las cosas vuelven a su sitio*".[91] En su explicación de cómo funciona la letra de cambio entre comerciantes (*bills of exchange*) y la dinámica propia que permite el financiamiento a través de este instrumento, Defoe introduce la siguiente afirmación: "*Las letras de cambio tienen 3 días a partir de su presentación para el pago dicha disposición no está establecida por la ley sino por la costumbre de comercio*".[92] Hoy sabemos que por la uniformización creada por las Convenciones de la Haya de 1912 (artc. 37) y de Ginebra de 1930 (artc. 38):

---

[89] Ibidem, pos 4075.

[90] Ibidem, pos 4404 y 4406.

[91] Ibidem, pos 4550.

[92] Ibidem, pos 4672.

"El portador de una letra de cambio pagadera a día fijo o a un determinado plazo de la fecha o de vista debe presentar la letra de cambio para el pago, sea el día en que es pagadera, sea uno de los dos días hábiles siguientes."[93]

En todo caso el comentario de Defoe le da pie para señalar: "*Es difícil decir cuando la costumbre prevalece o cuando comienza, pero es un caso donde podemos decir que la costumbre de comercio es igual a una ley establecida*".[94] En los términos anteriores nos hemos referido con las limitaciones propias de este trabajo, a aspectos resaltantes de los consejos de Defoe a los comerciantes que empiezan a realizar esta actividad que constituye una forma de vida.

Vamos brevemente en la parte siguiente a comentar la importancia que Defoe le da, mismo en momentos difíciles, a la realización de dicha actividad. Con ello pretende poner a prueba el verdadero talante del comerciante.

CUARTA PARTE
UNA ACTIVIDAD SOMETIDA A PRUEBAS (UN MODELO PARA LOS TIEMPOS PRESENTES)

En los últimos tiempos que hemos vivido una pandemia preocupante frente al nivel de desarrollo alcanzado por el mundo. Quisiéramos añadir a este trabajo, solo desde el punto de vista de la reflexión de un comerciante, la obra de Daniel Defoe: *History of the plague in London,* nos ubica en la Londres de 1665 haciendo frente a la plaga (peste bubónica) que la azotó.[95] Lo curioso del caso es que la tragedia de los

---

[93] Ver Héctor Cámara, *Letra de cambio y vale o pagaré*, Tomo III, Lexis Nexis, Buenos Aires, 2005, pp. 489 y 507. El artc. 446 del Código de Comercio venezolano tiene una disposición similar en cuanto al pago.

[94] Daniel Defoe, ob. cit., pos 4673.

[95] Daniel Defoe, *History of the plague in London*, A Public Domain Book, New York, Cincinatti and Chicago, 1894, edición de Amazon Kindle. En la introducción a dicho libro se señala que de los doscientos cincuenta libros y panfletos escritos por Defoe se puede decir que *Robinson Crusoe* y *The history of the plague of London* eran los más conocidos no por todo el mundo sino por los estudiantes especiales de literatura del siglo XVIII. La gran peste de Londres descrita por Defoe en la obra ya mencionada duró de 1665 a 1666. Fue la última

londinenses no terminó con esa calamidad ya que el incendio de la ciudad en 1666 (durante los días dos a cinco de septiembre) arrasó la parte medieval de la ciudad.[96]

En su obra Defoe se refiere a un comerciante que reflexiona sobre como salvarse él y su familia de la plaga. Pero la reflexión es la propia de tal condición:

> *"la mejor preparación para la plaga es escaparse de la misma trasladándose a otro lugar, pero debo considerar el argumento de perder mi negocio, mis bienes, o deudas el cual me confronta y me da tanto peso para tomar la decisión de quedarme. Al final debo confiar en Dios y que él va a velar por mi salud y mi seguridad. Luego de una larga reflexión, en la cual el comerciante comparte su preocupación con su hermano que decidió irse, se inclina, poniéndose en las manos de Dios, por quedarse cuidando su negocio y bienes".*[97]

Tal como narra Defoe el comerciante trata de mantener su vida corriente yendo a las calles como de ordinario lo hace y vigilando los bienes de familiares que ya no están en la ciudad.[98] El tratar de vivir dentro de los parámetros de la normalidad dentro de los cuales el ejercicio de la profesión, en este caso de comerciante, no puede dejar de lado que se está viviendo en una ciudad "*extrañamente alterada*". Su descripción de la misma es emotiva y de alguna manera despierta en el lector la vivencia del miedo que genera el alto grado de peligro con el

---

gran epidemia de peste bubónica en Inglaterra. La misma mató cerca de 100.000 personas lo cual constituía casi una cuarta parte de su población. El 17 de marzo de 1722 apareció la obra de Defoe. Si bien era un niño de cuatro años cuando se produjo la peste, su obra fue elogiada por el realismo con el cual la impregnó, creando la impresión de haber estado presente en todo lo narrado por él. Ver Ibidem, Introducción, pos 71, 69, 93, 95, 101 y 102. El tema de la "*plaga*" siga dando que hablar en la literatura. Geraldine Brooks publicó una novela que trata sobre ese tema en la Inglaterra del siglo XVII, que lleva por título Year of Wonders (2001, Viking Press). La obra se desarrolla en 1666 como la de Defoe con la diferencia de géneros literarios entre una y otra y las localidades en la que se desarrolla (Defoe es en Londres y Brooks en Eyam).

[96] El incendio de Londres de 1666 destruyó 13.200 casas, 87 iglesias parroquiales, la Catedral de San Pablo y muchas edificaciones públicas.

[97] Daniel Defoe, ob. cit., pos 318 y 327.

[98] Ibidem, pos 386 y 388.

que se vive. Lágrimas y lamentaciones son el elemento común de vida dentro de las casas. Es la expresión más patética de "*tener los ojos siempre frente a la muerte*".[99]

En el mar de preocupaciones y temores, Defoe expresa reconocimiento a las medidas tomadas por los magistrados para garantizar la seguridad general y prevenir la extensión de la enfermedad. En tal sentido alaba la prudencia de los magistrados, su caridad, su vigilancia hacia los pobres y su esfuerzo para preservar el buen orden, dando provisiones cuando ello era requerido.[100]

No es ajeno a Defoe las limitaciones de la libertad que suponen las medidas adoptadas para restringir la propagación de las enfermedades. Al final, la solución no ha cambiado mucho: quedarse en la casa. No obstante, luce difícil evitar mantener sanos a todos (sirvientes, aprendices, familiares, etc.). Sin embargo, la vida sigue y comerciantes como el vendedor de carne y otros similares no tocan el dinero, piden que las monedas se depositen en un recipiente con vinagre.[101]

Adicionalmente, Defoe señala que los compradores llevan con ellos pequeñas botellas de perfume para usarlo en las manos, y evitar el contagio. Pero el comercio ciertamente se vio seriamente comprometido ya que no se aceptaban en otros puertos los barcos provenientes de Londres.[102] Igualmente se presenta un problema de todas las épocas en la medida en que el comercio se deteriora, por ejemplo, por la falta de transporte fluvial o marítimo para trasladar productos, las personas dependientes de ese tipo de actividad pierden sus trabajos (su actividad depende solo de los comerciantes).[103] Igualmente, los comerciantes dedicados a construir o reparar casas ven sus actividades afectadas, el mercado está repleto de casas vacías.[104]

El problema también se hace patético con respecto a la dotación de los buques, sus reparaciones y las construcciones requeridas, etc. Todo ello deja fuera a una cantidad de comerciantes de este tipo de actividad.

---

[99] Ibidem, pos 401 y 411.
[100] Ibidem, pos 649 y 651.
[101] Ibidem, pos 1193 y 1196.
[102] Ibidem, pos 3549.
[103] Ibidem, pos 1408.
[104] Ibidem, pos 1410.

Sin hablar también de las tripulaciones que quedan temporalmente sin trabajo.[105]

Tal como señala Defoe, frente a un problema que el mundo de hoy tiene luego de la pandemia de 2020:

> *"No quisiera ser más detallista en esto, pero es suficiente mencionar, en general, siendo paralizado el comercio, el empleo cesa, el trabajo que representa el pan del pobre es paralizado, y primeramente el grito del pobre es lamentablemente oído. Ello va a requerir de la distribución de caridad para poder paliar la situación."*[106]

Por otra parte, el autor que comentamos explica que había la tendencia a creer, lo cual no era del todo cierta, que los comerciantes que llevaban mercancía, en algunos casos puerta a puerta, de las afueras de Londres a Londres y regresaban no habían sufrido los efectos del contagio, por cuanto dicho comercio seguía en pie. En realidad, si estaban expuestos, pero a pesar de los riesgos, la actividad continuaba.[107]

Otro tema comentado por Defoe es el relativo a precios y a tiendas abiertas. Por ejemplo, el precio del pan no aumentó casi nada.[108] En otro orden de ideas, las panaderías permanecieron abiertas. Un problema que se presentó fue que muchas personas de servicio llevaban de las casas el pan para hornearlo en las panaderías, lo que, según algunos entendidos, aumentaba los riesgos de contaminación.[109] Igualmente los panaderos fueron sometidos a órdenes especiales, y el maestro de la Compañía de Panaderos fue, con su corte de asistentes obligado a acatar las órdenes del lord mayor en lo relativo al peso que debía tener el pan, el cual podía cambiar semanalmente. Adicionalmente todos los panaderos eran obligados a mantener los hornos constantemente prendidos. De tal forma que siempre hubo pan, a precios económicos como era la costumbre.[110]

---

[105] Ibidem, pos 1413 a 1418.
[106] Ibidem, pos 401 y 411.
[107] Ibidem, pos 2138 y ss.
[108] Ibidem, pos 2729.
[109] Ibidem, pos 2729 y ss.
[110] Ibidem, pos 2793 a 2797.

Con gran detalle relata Defoe las distintas políticas de las autoridades portuarias de otros países con respecto a los barcos provenientes con mercancías de Inglaterra. Más tolerante, por ejemplo, Turquía que España y Portugal que prohibían desembarcar las mercancías e incluso podían destruirlas y aplicar sanciones.[111] Una estrategia más agresiva fue la de los holandeses que compraban productos en la parte no contaminada de Inglaterra, los trasladaban a Holanda y luego con gran utilidad los vendían a otros países europeos. Lo anterior no dejaba de tener sus riesgos (confiscación de productos y barcos cuando se determinaba el origen de las mercancías).[112] En realidad, Defoe describe con detalle toda la estrategia comercial desarrollada por los barcos ingleses para sobrevivir a la calamidad. Lo que no se pudo evitar fue el daño sufrido por los productos de manufactura inglesa.

La conclusión a la que llega Defoe es que todos los mercados extranjeros estaban vacíos de productos ingleses, por el paro producido por la plaga y antes de que el mercado comercial fuera permitido otra vez. A lo anterior se agregaba la caída en el mercado local. Pero en un período de siete años después de la plaga y del incendio de Londres la demanda de productos ingleses, a lo largo de todo el país, se incrementó a niveles nunca conocidos.[113]

Defoe concluye su obra de la cual hemos resaltado lo comercial en los siguientes términos:

> *"In the year sixty-five,*
> *which swept and hundred*
> *thousand souls*
> *away, yet I alive."*[114]

COMENTARIOS FINALES

En sus reflexiones sobre historia universal Jakob Burckhardt define la tarea del historiador como un intento de establecer los elementos constantes, recurrentes, típicos, porque tales elementos pueden evocar

[111] Ibidem, pos 3277 y ss.
[112] Ibidem, pos 3315 y 3317.
[113] Ibidem, pos 3434 y 3436.
[114] Ibidem, pos 3834.

un eco resonante en nuestro intelecto y en nuestro sentimiento.[115] Si tuviéramos que aplicar eso a la historia del Derecho mercantil, nos conseguiríamos con algunos de esos elementos que debemos estudiar con detalle para tener una idea aproximada, no solo de lo que sucedió, sino de lo que puede suceder en el futuro, con los cambios tecnológicos de nuevo cuño, a la actividad comercial (empresarial).

En tal sentido, y con las limitaciones de un trabajo de esta naturaleza, me atrevo a proponer algunos elementos comunes para nuestra reflexión. En primer lugar, para ser consecuente con el modelo económico que entiendo es el más apropiado, aunque perfectible, la actividad empresarial debe ser caracterizada como lucrativa, es decir, como una capaz de generar recursos a través de la interposición, como decía Alfredo Rocco. Lo anterior supone que tiene que haber un mercado bien definido, para dicha actividad, lo cual no requiere cambios con respecto a la situación expuesta por Defoe. En segundo lugar, debe haber un gremio capaz de organizar esa actividad y mediar entre los reguladores y los miembros del mismo. Ciertamente que el mundo de hoy, si bien permite la existencia de algunos gremios especializados, cuenta a diferencia de la época de Defoe, con instituciones que representan a los empresarios. ¿Cuál va a ser la función de ellas en el futuro? es algo por definir de acuerdo con la capacidad de las mismas para influir en la manera en que las sociedades y los gobiernos toman sus decisiones.

Lo ya señalado no es obstáculo para que en el mundo de hoy surjan organizaciones de hecho que asuman esos roles sin la estructura institucional y la necesidad de permanencia de las señaladas anteriormente. Lo que no podemos desdeñar desde ningún punto de vista, es el valor de los grupos a partir de la obra de Thomas Kuhn en 1962, a pesar del mismo referirse a lo científico.[116] En tercer lugar, otro elemento común a analizar es el relativo a la relación de la actividad con el Derecho.

---

[115] Ernest Cassirer, ob. cit., p. 254.

[116] Adicionalmente a la obra de Kuhn, *The Structure of Scientific Revolutions*, podemos mencionar, que autores como Bruno Latour realizan investigaciones etnográficas dentro de los distintos sistemas de valores de las sociedades modernas. En tal sentido, se ha ocupado de la ciencia, la tecnología, la religión, el arte y el Derecho entre otros temas. De acuerdo a los estudios de Latour presumimos que la organización empresarial tiene, más elementos comunes de los que pensamos, con otros sectores de actividad, como, por ejemplo, la ciencia.

Especialmente, cuando hoy hablamos de un nuevo *jus mercatorum* producto de todas las directivas y promulgaciones que se producen fuera del ámbito nacional. Adicionalmente, la dinámica de la sociedad de riesgo, como dice Kaufmann, produce situaciones en que las regulaciones "*profesionales*" preceden a las legales, creando dudas profundas en cuanto a cómo debe ser la regulación positiva.

La situación que acabamos de exponer tiene también impacto sobre la manera de resolver los conflictos entre comerciantes, lo cual abre la puerta a medios extrajudiciales. Por último, lo muestran los últimos eventos en el mundo, la concreción de riesgos para los cuales no estábamos preparados, determina capacidades de respuesta que al final deben sumar la participación de todos. Creo que el relato de Daniel Defoe sobre "*la plaga*" es suficientemente ilustrativo de esto.

Al final Defoe nos muestra cómo la actividad de un gremio determina pautas de comportamiento de sus agremiados, lo cual combina lo social con la aptitud asumida frente a los problemas más graves de la sociedad.

Daniel Defoe fue un hombre de su tiempo, capaz de adelantar temas tan importantes como el periodismo económico, la novela, el realismo en sus descripciones, y un lenguaje capaz de adaptarse a lo que la mayoría de la gente podía entender, sin caer en la incomprensibilidad de lo abstracto. En materia de comercio nos dio, a través de sus consejos, una ajustada relación de la actividad comercial de una época (no tan diferente a la nuestra en muchos aspectos). No solo documentó los hechos importantes, sino también aportó detalles, que al sumarlos, dan una aproximación más o menos fiel del momento histórico en el cual vivió. De la obra de Daniel Defoe podemos decir lo que dijo el historiador alemán Leopold Von Ranke: *wie es eingentlich gewesen* (Tal como ocurrió en realidad).

BIBLIOGRAFÍA

BACKSCHEIDER, Paula R., *Daniel Defoe His Life*, John Hopkins, 1989.

BARZUN Jacques, *Del amanecer a la decadencia. Quinientos años de vida cultural en Occidente (De 1500 a nuestros días)*, Editorial Taurus, Madrid, 2001.

BROOKS, Geraldine, *Year of Wonders*, Viking Press, 2001.

BROSETA PONT, Manuel y MARTÍNEZ SANZ, Fernando, *Manual de Derecho Mercantil*, Undécima Edición, volumen I, Tecnos, Madrid, 2002.

BUTTERFIELD, Herbert, *Los orígenes de la ciencia moderna*, Editorial Taurus, Segunda edición, 2019.

_____________, *The Whig Interpretation of History*, (1931).

CÁMARA Héctor, *Letra de cambio y vale o pagaré*, Tomo III, Lexis Nexis, Buenos Aires, 2005.

CARMONA BORJAS, Juan C., *Múltiples caras de los criptoactivos. Especial referencia al petro.* Discurso de incorporación, Academia de Ciencias Políticas y Sociales, Caracas, 2018.

CASSIRER, Ernst, *Antropología filosófica*, Fondo de Cultura Económica, México, 2013.

COLLINGWOOD R.G., *Idea de la historia*, Fondo de Cultura Económica, México, 1972.

DEFOE Daniel, *Robinson Crusoe*, Editorial Libsa, Madrid, 2001.

_____________, *History of the plague in London*, A Public Domain Book, New York, Cincinatti and Chicago, 1894, edición de Amazon Kindle.

_____________, *The Complete English Tradesman*, (1839 ed.) A Public Domain Book, London, 1726, Edimburgh, 1839. Edición electrónica de Amazon Kindle.

GONZÁLEZ, Wenceslao J., "Las revoluciones científicas y la evolución de Kuhn" en *Análisis de Thomas Kuhn: Las revoluciones científicas*. Edición de Wenceslao J. González, Editorial Trotta, Madrid, 2004.

HERNÁNDEZ BRETÓN, Eugenio, "Prólogo" en MORLES HERNÁNDEZ, Alfredo, *Historia del Derecho mercantil venezolano*, Universidad Monteávila y Universidad Católica Andrés Bello, Caracas, 2015.

IGLESIA FERREIRÓS, Aquilino, "El libro del Consulado de mar" en *Del Ius Mercatorum al Derecho mercantil,* Marcial Pons, Madrid, 1997.

KUHN, Thomas, *The Structure of Scientific Revolutions,* with an Introductory Essay by Ian Hacking. Fourth Edition. The University Chicago Press, Chicago and London, 2012.

MARTÍNEZ FREIRE, Pascual F., "La revolución cognitiva" en *Análisis de Thomas Kuhn: Las revoluciones científicas*, Edición de Wenceslao J. González, Editorial Trotta, Madrid, 2004.

MORGAN, Kenneth. O., Editor, *The Oxford History of Britain*, Oxford University Press, Oxford and New York, 1988.

MORLES HERNÁNDEZ, Alfredo, *Historia del Derecho mercantil venezolano*, Universidad Monteávila y Universidad Católica Andrés Bello, Caracas, 2015.

MORLES HERNÁNDEZ, Alfredo, *Curso de Derecho Mercantil. Introducción. La Empresa. El Empresario*, Tomo 1, Universidad Católica Andrés Bello, Caracas, 2010.

PETIT, Carlos, *Mercatorum y ius Mercatorum.* "Materiales para una antropología del comerciante premoderno" en *Del Ius Mercatorum al Derecho mercantil*, Marcial Pons, Madrid, 1997.

RODRÍGUEZ BERRIZBEITIA, Julio, *Adolf Reinach o un esfuerzo por entender el Derecho de los filósofos*, Academia de Ciencias Políticas y Sociales, Caracas, 2019.

_____________, "La reforma del Código de Comercio de 1955 en su perspectiva actual", *Boletín de la Academia de Ciencias Políticas y Sociales*, N° 143, enero-diciembre, Caracas, 2005.

SÁNCHEZ CALERO, Fernando, *Instituciones de Derecho Mercantil. Introducción, Empresa y Sociedades,* Tomo I, vigésima edición, McGraw-Hill, Madrid, 1997.

SÁNCHEZ RON, José Manuel, Introducción en BUTTERFIELD, Herbert, *Los orígenes de la ciencia moderna*, Editorial Taurus, Segunda edición, 2019.

SANMARTIN, Joaquín, Editor y traductor, *Códigos legales de tradición babilónica*, Trotta, Ediciones de la Universidad de Barcelona, Barcelona, 1999.

VERGÉ-FRANCESCHI, Michel, *Colbert. La Politique du bon sens,* Petite Bibliothèque Payot, París, 2005.

WATSON Peter, *Ideas. Historia intelectual de la humanidad*, Crítica, Barcelona, 2011.

WEST, Richard, *The Life and Strange Surprising Adventures of Daniel Defoe*, Sharpe Books, London, 2019, Edición Electrónica de Amazon Kindle.

EPÍLOGO DE LAS LEYES COLONIALES DE LAS INDIAS Y PRÓLOGO DE LA CODIFICACIÓN EN VENEZUELA

PEDRO CASALE VALVANO*

SUMARIO

INTRODUCCIÓN

La intención de estas líneas no es realizar un estudio a profundidad sobre la formación de las leyes venezolanas, más bien queremos destacar algunas circunstancias que influyeron tanto en su fase inicial como en la transición a la codificación moderna.

---

* Universidad Central de Venezuela: Abogado; Especialista en Derecho del Trabajo por la UCV; Doctorando UCV; Coordinador del postgrado en Derecho del Trabajo UCV. Profesor de la materia Derecho Procesal del Trabajo en el postgrado en Derecho del Trabajo UCV. Este artículo corresponde a una línea de investigación que iniciamos en el Doctorado en Ciencias, Mención Derecho, UCV, en la materia Génesis Constitucional, con la Profesora Irene Loreto, y en la materia Historia de las Instituciones Coloniales Hispanas, con el Profesor Tulio Alberto Álvarez.

Durante el ciclo historiográfico de la conquista y colonización se aplicaron exclusivamente leyes especiales españolas y después, precisamente con la proclamación de la república, se abre paso a algunas leyes locales que compartían validez jurídica con aquellas. Ese dicotómico sistema legal, que se mantuvo cerca de un siglo, pervive hasta finales del siglo XIX cuando se adopta la codificación.

Otro hecho, no menos importante, pero que condicionó no solamente el proceso de formación de nuestras leyes sino además nuestra formación sociocultural, política y económica, es que esas leyes estructuradas originalmente en la Península Ibérica impuestas en las Indias occidentales se fundamentaron principalmente en el derecho quiritario. La colonización se ejecutó al estilo de la *Imperium* romano: *se asume como querido por Dios que existan quienes en la sociedad civil gobiernen a la masa y, la consecuencia necesaria, quienes no lo acaten perpetran un pecado manifiesto*[1], abriendo la puerta al absolutismo.

Para acometer el objetivo, analizamos la evolución diacrónica de la formación normativa indiana, que comprende el periodo transcurrido desde la conquista/colonización hasta la alteración ocurrida con los acontecimientos políticos de 1810, pero que no concluye sino hasta finales del siglo XIX al preferirse la codificación moderna al estilo del código napoleónico.

Para su comprensión, dividimos el ensayo en tres momentos esenciales. El primero, comprende desde el descubrimiento/colonización hasta la conformación de la Capitanía General de Venezuela y la fundación de las separadas provincias - conforme al sistema de división territorial creado por los romanos - donde se instaura un sistema legal especial principalmente para la ordenación del territorio, redactado generalmente en España, salvo algunas órdenes o instrucciones particulares dictadas por algunos funcionarios en las tierras de las Indias occidentales para surtir efectos en el territorio de ultramar. Para ese momento, no existía un derecho indígena[2], tampoco el derecho español se encontraba sistematizado jurídicamente, y lo que realmente existía era un laberinto de leyes que seguramente influyó en la tardía codificación

---

[1] Tulio Álvarez, "Juan Germán Roscio, Padre del Constitucionalismo Latinoamericano" disponible en https://www.academia.edu/35907646/JUAN_GERMÁN_ROSCIO_PADRE_DEL_CONSTITUCIONALISMO_LATINOAMERICANO.

[2] Aclaro que el término utilizado se hace bajo el enfoque de *otredad cultural.*

en la Península. Tal vez, y por esa misma circunstancia se dictó primero un Código Civil en Venezuela que en España.

Como consecuencia de las transformaciones políticas ocurridas en Venezuela a finales del siglo XVIII, particularmente con la creación de La Intendencia de Ejército y Real Hacienda, la Real Audiencia de Caracas, el Real Consulado de Caracas, se asoman los primeros intentos legislativos que marcan la dirección para la construcción de un derecho redactado en el país. Por supuesto, no fue sino hasta la ocurrencia del levantamiento de 1810 cuando la juridicidad se asienta en Venezuela, precisamente para ordenar el nuevo gobierno recién instalado.

El segundo periodo se centra en 1810. Dado que existía la imperiosa necesidad de reglamentar el nuevo orden social e institucional, los integrantes de la junta suprema[3] y el congreso constituyente se encargaron de este periodo especial, aunque esa labor jurídica fue suspendida en el tiempo por la guerra de independencia y la caída de la primera república. El propósito es destacar (i) la dualidad legislativa que comenzó a regir en ese momento en la sociedad venezolana: dos sistemas jurídicos en supervivencia, uno autóctono, novedoso, consecuencia de las profundas transformaciones políticas que pretendían irrumpir contra el antiguo régimen, y el derecho español vigente desde el descubrimiento. Más adelante, a causa de la integración colombina, estuvimos sujetos a tres sistemas legislativos, a saber, el venezolano, el colombiano y el español; (ii) que, intrínsecamente a la transformación política surge la transformación jurídica, la cual simboliza la fase inicial del abandono del derecho español inspirado en el derecho quiritario.

Desvinculados definitivamente de la Gran Colombia iniciamos a tomar la distancia normativa frente al derecho colonial español, principalmente con la promulgación de las nuevas constituciones y otros actos jurídicos dictados por el ejecutivo, aunque continuaron rigiendo algunas leyes extranjeras (mixtura legal) en la sociedad venezolana hasta la creación de los códigos nacionales a finales del siglo XIX.

Finalmente, con la intención de concretar este ensayo, en el último periodo aportamos un esquema que ejemplifica la paulatina abolición del derecho español que abre a la vez la dirección del derecho nacional. Precisamente con la creación y redacción escalonada de los códigos

[3] Destacada la actuación épica de los civiles que la legitimaron el levantamiento de 1810.

nacionales se abandona la vestidura quiritaria-española en materia legal, tanto sustantiva como procesal en materia civil, penal, mercantil y tributaria.

A. DESDE EL DESCUBRIMIENTO HASTA LOS ACONTECIMIENTOS DE 1810

1. Escenario jurídico como consecuencia del descubrimiento

Según el contenido de la Bula del Papa Alejandro VI, *Eximiae devotionis*[4] la Iglesia concedió en 1493 a los reyes de España, Fernando e Isabel, reyes de Castilla y Aragón, la posesión y jurisdicción sobre las tierras del nuevo mundo. Con esa facilidad se concretó la integración para que las Indias formaran parte del estado español. Aquella Bula combinada con la breve apostólica *Inter Caetera,* de la misma fecha y de otras inmediatamente posteriores, constituyeron la base jurídica o el fundamento legal de la época para definir la ocupación y conquista de las tierras americanas y de sus habitantes, llamados en ese tiempo con el gentilicio de indios por haber creído erróneamente Colón llegar a la India Occidental.

Describen los historiadores[5], quienes a su vez glosan las crónicas de los misioneros, que los nativos a pesar de no estar totalmente

---

4 Contenido de la *Eximiae devotionis*: "*...Alejandro obispo, siervo de los siervos de Dios: Al muy amado hijo en Cristo rey Fernando, y a la amadísima hija en Cristo Isabel, reina de Castilla, de León, de Aragón y de Granada, ilustres, salud y bendición apostólica. La sinceridad de la insigne devoción y la lealtad con que reverenciáis así a Nos como a la Iglesia Romana, os hacen justamente acreedores a que benévolamente se os otorgue todo lo necesario para que mejor y con más facilidad de cada día se os haga posible llevar adelante vuestro santo y loable empeño y perfeccionar la obra iniciada en pro del descubrimiento de tierras e islas remotas y desconocidas, para mayor gloria de Dios Todopoderoso, propagación del imperio de Cristo y exaltación de la fe católica. De aquí se origina haber Nos hecho donación, concesión y asignación perpetuas, tanto a vosotros como a vuestros herederos y sucesores, los reyes de Castilla y León, de todas y cada una de las tierras firmes e islas apartadas e incógnitas, situadas hacia las regiones occidentales, descubiertas hoy o por descubrir en lo futuro, ya por vosotros, ya por vuestros emisarios al efecto destinados, no sin grandes trabajos, peligros y dispendios, con todos sus dominios, ciudades, castillos, lugares, villas, derechos y universales jurisdicciones, siempre que no se encontraren debajo del actual temporal Dominio de algún otro príncipe cristiano, según más largamente en las letras al efecto promulgadas se contiene... Nos {....] os concedemos, lo mismo que a vuestros herederos y sucesores, que podáis y debáis, en todo y por todo, usar y poseer y disfrutar libre y lícitamente en las islas y tierras por vosotros así descubiertas o en las por descubrir,*

civilizados cumplían reglas de convivencia y de forma de vida, tenían sus propias costumbres y hábitos. Incluso, emplearon distinciones sociales como el de los caciques o los indios caribe, conocieron del matrimonio, la familia, algunos practicaban la poligamia, otros habían construido ciudades como las del Delta del Orinoco, algunos, como los caribes fueron antropófagos. *Los principios de una elemental legislación consuetudinaria, la única que podríamos descubrir en la época precolombina, no nos interesa como elementos formativos de lo jurídico, sino como hechos históricos en delimitación de lo que hemos denominado precivilización aborigen*[6].

Con el transcurso del tiempo, el desenfrenado propósito de tomar posesión del territorio propicia algunos hechos que trastornan la autóctona forma de vida de los nativos: la actuación de los conquistadores les quitó sosiego y hubo entonces luchas extremas con los indígenas, quienes ejercieron resistencia al ser indignamente tratados y usurpados. Los secuestraban para esclavizarlos, robarlos y asesinarlos; los sometieron a trabajos forzados[7]. Frente a los escenarios de crueldad, carecían además de una organización social y política homogénea.

Es solo a mediados del siglo XVI que el imperio español instaura el sistema organizativo-territorial y surgen las primeras provincias que se van unificando para crear luego la Capitanía General de Venezuela en 1777[8]. Con la creación de las provincias a semejanza del sistema

---

de todas y cada una de las gracias, privilegios, exenciones, libertades, facultades, inmunidades, letras e indultos a los reyes de Portugal concedidos... Dada en San Pedro de Roma, a tres días del mes de mayo en el año de la Encarnación del Señor de mil cuatrocientos noventa y tres, primero de nuestro pontificado... ". Disponible en: www.artic.ua.es/biblioteca/u85/documentos/1830.pdf[, consultado el 23 de junio de 2020.

5 José Gil Fortoul, *Historia Constitucional de Venezuela*. Obras Completas Vol. I. 4° Edición. Tomo Primero: *La Colonia, La Independencia, La Gran Colombia*. Ministerio de Educación, Dirección de Cultura y Bellas Artes. Caracas 1954. p. 39 - 113.

6 Tulio Chiossone, *Formación Jurídica de Venezuela en la Colonia y la República*. Universidad Central de Venezuela. Facultad de Ciencias Jurídicas y Políticas. Instituto de Ciencias Penales y Criminológicas. Caracas, 1980, p. 39.

7 Sobre la reacción indígena frente a los conquistadores, recomendamos revisar a Tulio Chiossone, ob. cit., p. 25-35, donde se atreve a califica esas actuaciones como el primer acto *genocida* en pleno renacer europeo.

8 Sobre la conformación de las *provincias* durante los siglos coloniales, recomendamos leer a Allan Brewer-Carias, en su obra intitulada *Historia Constitucional de Venezuela*, tomo I, Editorial Alfa, 1° Edición, diciembre 2008, Caracas, 2008.

español, a la vez este profundamente influenciado por el sistema quiritario de colonización territorial, comienza a surgir en Venezuela nuevas reglas de conducta distintas a las que se conocían y empezaron a aplicarse las leyes dictadas en España en el territorio conquistado, entendiéndose como el inicio de la constitución material.

Los indígenas, que según Ángel Rosenblat en ese momento eran unos 350.000[9], quedaron sujetos a la legislación española dictada exclusivamente para ser aplicadas en las Indias: Las Leyes de Burgos; las Ordenanzas de Zaragoza (1518); Las Leyes Nuevas (1542); Recopilaciones no Oficiales; Recopilaciones Territoriales: Cedulario de Vasco de Puga, Recopilaciones Generales: Código de Ovando, Proyecto de Alonso Zorita, Cedulario indiano recopilado por Encinas, Recopilación de Cedulas de Solórzano Pereira; la Real Audiencia de Valladolid (1543) y la Recopilación de 1680, cuyos propósitos era la organización geopolítica del territorio, justificación de la conquista para luego servir de fuente del derecho, y de manera especial la regulación de la protección de los nativos.

Se dictan regulaciones especiales para proteger la vida y salud de los nativos como consecuencia de las constantes quejas de los monjes franciscanos, capuchinos, jesuitas, dominicos, agustinianos, quienes eran los únicos que testificaban el real maltrato a los indios. En esas leyes indianas se previeron algunos beneficios, como el derecho de propiedad de las granjas y productos, la prohibición de trabajar embarazadas, prohibición de cargarlos como bestias, prohibición de trabajar los menores de 14 años, límites a la jornada de trabajo, en fin, se previó la protección de la dignidad del indio y la prohibición de esclavizarlos[10].

A pesar de toda esa inflada regulación, los antecedentes documentales de los misioneros confirmaron que la actitud y comportamiento de los conquistadores se caracterizó por ser contrario a lo dispuesto por el Estado Español. Se violaron todas las normas protectoras de la

---

9 Ángel Rosenblat, *La Población Indígena de America. Desde 1492 hasta la Actualidad.* Disponible en: https://pueblosoriginarios.com/textos/rosenblat/1492.html, consultado el 05 de abril 2020.

10 Tomás Carrillo-Batalla, "Las Fuentes del Derecho Venezolano a partir del Fin de la Colonia y su Empalme con el Derecho Republicano". *Revista de la Facultad de Ciencias Jurídicas y Políticas* N° 137, año 2012. p. 42 y ss.

integridad y salud de los indígenas y desconocieron el valor de las leyes y normas jurídicas. *La colonización en Venezuela fue el más estupendo escenario de la trasgresión legal*[11].

2. Régimen político y legal en el período colonial hasta la creación de la Capitanía General de Venezuela (1777)

Como consecuencia de la colonización se fundaron en territorio venezolano las principales ciudades al estilo de conquista quiritario, que a su vez fungieron como capitales de las provincias. Fueron pobladas principalmente por los indígenas y los representantes misioneros provenientes de España: Margarita, Venezuela o Caracas, Nueva Andalucía o Cumana, Guayana y Maracaibo, la cual comprendía la de Mérida-La Grita.

Las provincias se constituyeron con una jurisdicción territorial y con un sistema político-administrativo separado, emulando al modo formal de conquista romano[12], hasta la integración en la Capitanía General de Venezuela[13] que en definitiva sería el territorio que conformaría la república en 1811.

Las provincias tuvieron un régimen interno constituido por varias autoridades, cuyo principal representante fue el Gobernador y sus funciones preestablecidas en las leyes, pero dependientes unas de la Audiencia de Santo Domingo y otras de la Audiencia de Santa fe. *Aparecen las primeras ordenanzas particulares para su gobierno, en las cuales encontramos magníficas directivas que forman la legislación primigenia de Venezuela, desde el punto de vista histórico*[14].

El Gobernador también administraba justicia civil y criminal en primera instancia con el asesoramiento de un letrado denominado Te-

---

[11] Tulio Chiossone, ob.cit., p. 54.

[12] Diocleciano impuso la tetrarquía y dividió al imperio romano en cuatro partes. Constantino la disolvió y dividió al imperio en cuatro prefecturas: Oriente (Bizancio), Iliria (Sirmio), Italia (Milán) y Galia (Tréveris), con 14 diócesis y 117 provincias. El imperio español en los territorios ocupados en America impuso un esquema parecido, identificados como virreinatos, capitanías generales y provincias.

[13] La Capitanía General de Venezuela se instaló el 8 de septiembre de 1777 como elemento unificador en lo militar de las separadas provincias, con respecto a la antigua Provincia de Venezuela.

[14] Tulio Chiossone, ob. cit., p. 63.

niente de Gobernador y Auditor de Guerra. De sus decisiones conocían los Alcaldes Ordinarios en apelación. Esta injerencia del ejecutivo participando en la administración de justicia, encarna un signo distintivo de la cultura política en nuestro país, el cual, a la fecha de este ensayo, no hemos superado.

Según el historiador Guillermo Morón[15], el régimen interno administrativo de cada ciudad lo constituían de acuerdo con las Leyes de Indias, las siguientes autoridades: El cabildo, los regidores, los Alcaldes Ordinarios, Alcaldes provinciales, Escribanos Públicos y de Cabildo, Alféreces Reales, Fieles Ejecutores, Depositarios Generales. Pero, entendemos que el máximo representante del ejecutivo de la época era el Gobernador de la provincia.

Durante ese periodo colonial regían en las Indias Occidentales las Leyes de Indias a través del Consejo de Indias, suprema autoridad después del rey sobre el gobierno del nuevo continente. *Se creó igualmente la Casa de Contratación de Sevilla para controlar los asuntos mercantiles y de justicia*[16].

Las reglas y normas de la recopilación de la Leyes de Indias, rigieron la vida civil y comercial, los delitos y las penas, los procedimientos civiles, criminales y mercantiles, los impuestos y rentas públicas, los Cabildos o Ayuntamientos y otros cuerpos y tribunales públicos, el régimen militar de los veteranos y de milicias y todo aquello que requería cierta regulación y orden.

3. Marco legal durante la colonización e independencia. (Constitución Material)

a) Las leyes españolas

En la época del descubrimiento no existía en la Península un sistema ordenado de leyes, al contrario, había una inflación de normas que se encontraban dispersas en distintas leyes[17]. Para el momento de la

[15] Citado por Chiossone, Tulio, ob. cit., p. 62.

[16] Irene Loreto González, *Algunos Aspectos de la Historia Constitucional Venezolana (Independencia, Federalismo de J.G. Roscio en los Primeros textos Constitucionales)*. Academia de Ciencias Políticas y Sociales. Serie estudios N° 91. Caracas 2010. p. 107.

[17] Tal vez, y por esa misma circunstancia se dictó primero un Código Civil en Venezuela que en España (24 de julio de 1889).

gestación revolucionaria y la independencia venezolana, el derecho español no se encontraba codificado en el sentido moderno sino repartido en varios ordenamientos jurídicos, no asumía la unidad teórica francesa que contaba con el Código Civil de 1804, a saber, el llamado Código Napoleónico.

Efectivamente para ese momento las principales leyes españolas eran, el Ordenamiento de Alcalá, las 83 Leyes del Toro, la Recopilación de las Leyes de Castilla, Novísima Recopilación de las Leyes y el libro de las Partidas.

La Novísima Recopilación de las Leyes impuso el orden a seguir en la observancia de las leyes, expresando que primero se debe seguir las leyes de la recopilación y las que se han establecido después de ellas, con la advertencia de que las más antiguas ceden a las más recientes que le son contrarias, y en segundo lugar las del Fuero Real y los Fueros Municipales y por ultimo las de las Siete Partidas.

Se debe puntualizar que la fuente jurídica española de la edad media estaba influenciada esencialmente por el *derecho romano*. En los siglos V al VII se impuso en la Península el sistema jurídico calificado como visigótico, que como recordamos se asentó principalmente en las costumbres, y no fue sino hasta principios del siglo VIII que se produce la invasión musulmana que no dejo huellas en la cultura jurídica en la Península[18]. En los siglos XI y XIII la labor de los glosadores determino el retorno del derecho romano, se promovió nuevamente la enseñanza del derecho Justiniano con la alianza de los cánones de la Iglesia.

b) Derecho Indiano

Constituido por el ordenamiento dispuesto en España para ser aplicado en los pueblos hispanos. Rigió tanto en las indias orientales como occidentales (Américas y Filipinas) y su vigencia se extendió desde el descubrimiento hasta la formación de los derechos nacionales hispanoamericanos en el siglo XIX.

---

[18] Sobre la pervivencia y eterno retorno del derecho romano, recomendamos leer a Tulio Alberto Álvarez, en *Antecedentes y evolución de las leyes coloniales de las indias*, en la obra intitulada *Historia de las Instituciones Coloniales Hispanas*, Universidad Católica Andres Bello, 1° Edición, Caracas, 2014, p. 27 y ss.

Más adelante[19], analizamos como ese derecho importado coexistió con el derecho nacional desde 1810 hasta la promulgación de los códigos nacionales, simbolizando la derogatoria definitiva de este derecho.

El derecho indiano proviene de la tradición jurídica europea dominada especialmente por la Recopilación de las Leyes de Castilla por ser el reino que logró el descubrimiento y conquista de américa. Las primeras iniciativas las constituyeron las Leyes de Burgos especialmente dictadas para el tratamiento de los indios, en dos momentos distintos: la primera el 27 de diciembre de 1512 y las cuatro últimas el 28 de julio de 1513. Posteriormente se publica por orden del emperador Carlos I de España las Leyes Nuevas de 1542-1543, la cual se caracterizó por la diversidad de materias que regulaba y trataba el nacimiento del Virreinato de Perú y la Audiencia de Lima, y se crea la Audiencia Real de los Confines, con jurisdicción en Centroamérica. Fue un derecho creado y ordenado para evangelizar a los indios y ordenar el sistema político-administrativo de la colonia al buen estilo quiritario de colonización.

Siguiendo la tradición dispersiva, aquí también existía una normativa en reales cédulas, decretos, ordenanzas, pragmáticas, provisiones, mandatos, instrucciones, cartas, las cuales fueron recopiladas desde 1609 por Juan de Solórzano y Pereira, que a su vez constituyó la base de la recopilación de las leyes de indias de 1680[20].

En definitiva, este derecho indiano se caracterizó por ser ambiguo y complejo por su adaptación a otras costumbres y organización política foránea. Además, por la dificultad del castellano de la época para los venezolanos representaba un sistema legal abstruso y farragoso.

En Venezuela, básicamente estaba compuesto por:

1. **La Recopilación de las Leyes de Indias**, promulgada en 1680. Dividida en cuatro tomos con un total de 9 libros[21] que contienen 6.385

---

[19] Páginas 21-22 de este artículo.

[20] Sobre la conformación de unas leyes para las indias, recomendamos leer a Tulio Alberto Álvarez, en *Antecedentes y evolución de las leyes coloniales de las indias*, en la obra intitulada *Historia de las Instituciones Coloniales Hispanas*, Universidad Católica Andres Bello, 1° Edición, Caracas, 2014, p. 50 y ss.

[21] Estaba compuesta por nueve libros Los Libros, según sus nombres con la grafía original:
Libro Primero. De la Santa Fé Católica.
Libro Segundo. De las Leyes, Provisiones, Cedvlas, y Ordenanças Reales.
Libro Tercero. De el Dominio, y Ivrisdicion Real de las Indias.

leyes agrupadas en 218 títulos. Siguiendo el mismo estilo del *Codex Iustinianus*. Cada ley señala el año, rey y lugar de expedición de dicha norma.

2. Por otra parte, **Las Partidas** del siglo XIII con marcada influencia en américa hasta la codificación nacional, aunque en España tuvo aplicación secundaria, *pues primero se atiene en los tribunales a las leyes de la Recopilación y las que se han establecido después de ellas, por su defecto a las del Fuero Real y a las de los fueros municipales en cuanto estén en uso, y últimamente a las de las Siete Partidas*[22].

Alfonso X, soberano de León y Castilla, propició desde 1252 la integración del derecho. Su obra legislativa se concentró en instrumentos: A) El Fuero Real; b) El Espéculo; c) Las Leyes de Estilo, y d) Las Partidas.

Las Partidas, además de organización político-territorial y proclamación de la fe cristiana, contempló los derechos reales y personales, la división de las cosas, la costumbre o derecho no escrito y el patronazgo, el vasallaje, los modos de adquirir el dominio, posesión, servidumbre, hipoteca y prenda, enfiteusis, contratos, distinción entre pacto y contrato, géneros de contratos, testamentos, las penas, entre otros. Fue un texto jurídico fundamentado en el derecho romano justinianeo, canónico y feudal[23].

Libro Quarto. De los Descvbrimientos.
Libro Quinto. De los Terminos, Division, y Agregacion de la Governaciones.
Libro Sexto. De los Indios.
Libro Septimo. De los Pesqvisidores, y Ivezes de Comifsion.
Libro Octavo. De las Contadvrias de Cventas, y fus Miniftros.
Libro Nono. De la Real Avdiencia, y Casa de Contratacion, que reside en Sevilla.

22 Citado por Juan Garrido Rovira, *Independencia, Derecho Nacional y Derecho Español*. Universidad Monteávila. Caracas 2011. p. 105, cita de Joaquín Escriche de: *Diccionario Razonado de legislación Civil, Penal, Comercial y forense*. España 1838 y reimpreso en Caracas en la imprenta Valentín Espinal en 1840.

23 Resumen: Primera Partida: En la que el autor demuestra que todas las cosas pertenecen a la iglesia católica, y que enseñan al hombre conocer a Dios por las creencias. Segunda Partida: Lo que conviene hacer a los reyes, emperadores, tanto por sí mismos como por los demás, lo que deben hacer para que valgan más, así como sus reinos, sus honras y sus tierras se acrecienten y guarden, y sus voluntades según derecho se junten con aquellos que fueren de su señorío. Tercera Partida: La Justicia que hace que los hombres vivan unos con otros en paz, y de las personas que son menester para ella. Cuarta Partida: Los desposorios, los casamientos que juntan amor de hombre y de mujer naturalmente y de las cosas que les pertenecen, y de

Como antecedente histórico, Las Siete Partidas adquirió una vigorosa presencia en Venezuela, incluso, hasta más allá de la codificación, tanto en carácter de ley vigente como de obra doctrinaria apreciada por juristas y otros escritores. Particularmente tuvo mayor aceptación aquí que en la Península. Fue el cuerpo legal de mayor aplicación en Venezuela y principal fuente para el proceso de formación de los códigos nacionales.

3. Se han de considerar también un conjunto de reales cedulas, pragmáticas e instrucciones, órdenes, bando, provisiones, autos, emanadas de la Corona[24].

Gran parte de los mencionados cuerpos normativos indianos, previeron disposiciones procesales sobre competencias, pleitos y sentencias, apelaciones, recusaciones, referencia a la cuantía mínima, facultad de los árbitros, inmediación procesal, se establecieron términos o lapsos razonables para las apelaciones y suplicaciones. Para las apelaciones de segunda suplicación (causas de mayor cuantía) para ante el rey, los pobres en lugar de dar fianza daban caución juratoria, contempló sanciones por corrupción, cárceles y carceleros; aposentos apartados para las mujeres, separación en atención a su posición social y política, los regidores diputados eran los defensores, vistas de cárcel, sanción a los falsos testigos, que prácticamente rigió hasta la creación de la Junta Suprema de 1810.

---

los hijos derechureros que nacen de ellos, y de los otros de cualquier manera que sean hechos y recibidos, del poder que tienen los padres sobre sus hijos y de la obediencia que ellos deben a sus padres, pues esto, según naturaleza junta amor por razón de linaje, y del deudo que hay entre los criados y los que crían, y entre los siervos y sus dueños, los vasallos y sus señores, las razones del señorío y de lo bien hecho que los menores reciben de los mayores y otrosí por lo que reciben los mayorales de los otros. Quinta Partida: Trata de los empréstitos y de los cambios y de las miercas, y de todos los otros pleitos y conveniencias que los hombres hacen entre ellos, placiendo a ambas partes, como se deben hacer y cuáles son valederas o no, y cómo se deben partir las contiendas que entre las partes nacieren. Sexta Partida: Los testamentos, quién los debe hacer, y cómo deben ser hechos y en qué manera pueden heredar los padres a los hijos y a los otros parientes suyos y aun a los extraños, y otrosí de los huérfanos y de las cosas que les pertenecen. Séptima Partida: Y en la setena partida de todas las acusaciones y los males y las enemigas que los hombres hacen de muchas maneras y de las penas y de los escarmientos que merecen por razón de ellos.

[24] Cfr. Juan Garrido Rovira, *Independencia, Derecho Nacional y Derecho Español*. Universidad Monteávila. Caracas 2011. p. 89 y ss.

c) Derecho Criollo

Es el derecho nacido en los territorios americanos y de exclusiva aplicación al territorio donde ejercía sus funciones la autoridad que las creó. Son elaboradas por gobernadores, veedores y otras autoridades y enviadas al Consejo de Indias para la confirmación real.

4. Transformación de los órganos del Poder Público.

Debido al crecimiento económico y poblacional en las provincias -que luego conforman la Capitanía General de Venezuela- suceden importantes cambios en la estructura orgánica del país que positivamente contribuyó con el avance cultural, político, económico y legal en ese momento histórico. Se fundaron por las autoridades españolas nuevas instituciones políticas-jurídicas que constituyeron paradójicamente nuestra primera fuente legislativa y judicial, las cuales dejaron importantes huellas en la creación de un derecho nacional. A saber:

4.1. **La Intendencia de Ejercito y Real Hacienda**: Se funda el 8 diciembre de 1776 por cédula de Carlos III (instrucción Real), regulando principalmente lo relativo a la materia económica y propiedad de las tierras[25]. Regía lo relacionado a las rentas, alcabala de tierras, alcabala de mar, el derecho al almirantazgo, el almojarifazgo, derecho de armada, arrendamiento de tierras realengas, venta de papel sellado, del aguardiente, juegos de gallos, boliches y billares, la de la sal, la de las minas, las del tabaco y chimó, un valioso antecedente del derecho tributario nacional. Después de la Batalla de Carabobo fue abolida por las autoridades republicanas.

4.2. Luego de un extenso proceso de formación, el día 6 de julio de 1786 se dictó el real decreto de creación de la **Audiencia de Caracas**, para matizar el desacreditado exceso político y militar que estaba en manos de los gobernadores y el capitán general.

Se funda este tribunal con variadas funciones políticos-administrativas. Ejerció un permanente control de funcionarios e instituciones. Intervino en los fueros militares. Atendió asuntos eclesiásticos. Vigiló el buen tratamiento de los indígenas. Fiscalizó la Real Hacienda.

[25] Aquí encontramos el origen de la propiedad rural y urbana de Venezuela.

Legisla sobre varios asuntos sobre la base de la Recopilación de Leyes de Indias de 1680, y tenía jurisdicción en todo el territorio provincial y luego en la Capitanía General de Venezuela. Realmente fue un medio para agilizar los asuntos judiciales, pero a la vez fue un instrumento para apaciguar los ánimos de los diferentes sectores de la sociedad y evitar en lo posible las arbitrariedades de los gobernadores, del intendente y demás funcionarios locales: se deseaba rescatar la deteriorada autoridad española.

Se consagró como la cúspide de la administración de justicia, dado que se concibió como tribunal de apelación. *"...La instalación de la Real Audiencia de caracas fue un gran acontecimiento, porque tal institución vino a encauzar las actividades judiciales que se cumplieron a través de casi trescientos años en el territorio venezolano. Puede decirse que la Real Audiencia desempeña la más elevada función en orden a la cohesión social y política, con la consolidación de la juridicidad, pues aun en las épocas de crisis de la ley y del derecho, ante la avalancha militarista encabezada por Domingo Monteverde y José Tomás Boves, el Alto cuerpo judicial, representado por su regentes, entre quienes se destaca Don Francisco José Heredia, dio siempre el frente con singular heroicidad para mantener en alto el estandarte de la ley y la justicia..."*[26]. Sin embargo, sus funcionarios y magistrados no escaparon de la tradición colonial, la corrupción y el desorden[27]. Según los propósitos de su creación y la forma posterior de funcionamiento, de acuerdo a lo que nos explican los glosadores, nos convence la idea que allí se encuentra el antecedente de la corrupción que siempre se ha infiltrado en el poder judicial venezolano.

Aspecto que merece destacar, es que la Audiencia nos libera del dominio de las Reales Audiencias de Santa Fe y de Santo Domingo, y realiza la unificación de las provincias venezolanas (1777). Significó un factor importante en el proceso de integración jurídico-política de las dispersas provincias, lo cual dio configuración a la jurisdicción territorial que conformaría la República de Venezuela de 1811 y fundamentaría el principio de *Uti possidetis iuris*.

---

[26] Tulio Chiossone, ob.cit., p. 111.

[27] Fundación Empresas Polar, *Diccionario de Historia de Venezuela*, Segunda Edición, Caracas 2010, Tomo 1, p. 309.

Mantuvo sus funciones, incluso, después de la promulgación de la constitución de 1811 - que había plasmado la separación de poderes y creado el Poder Judicial como la Corte Suprema de Justicia - dado que por el conflicto bélico esas instituciones no se conformaron. Hasta la caída de la primera república soportó el caos de la guerra, y desde 1812 hasta 1821 representó la única fuerza legal en el territorio venezolano[28].

Este tribunal sintió los oprobiosos embates de Monteverde quien fue el último capitán general presidente de la Real Audiencia. Perdida la causa española por su derrota en la batalla de Carabobo condujo a su extinción, culminando con la actuación de una institución que de alguna manera puede considerarse la antecesora de los altos tribunales del país.

Además de lo mencionado, también se le puede atribuir como hechos históricos relevantes, la promoción de los (i) estudios jurídicos: bachilleres en leyes, abogados y doctores en derecho que se habían formado en el Seminario Colegio de Señora Santa Rosa de Santa María de Lima de Santiago de León de Caracas donde se erige luego la Real y Pontifica Universidad de Caracas[29], el Seminario Colegio de San Buenaventura de Mérida de los Caballeros. De sus aulas egresaron importantes figuras intelectuales de nuestro proceso emancipador[30]; como su

---

[28] Con el triunfo de Bolívar en la campaña admirable se disolvió la Real Audiencia y entramos en un nuevo periodo hasta la ocupación de Caracas por Boves y se gobierna con los decretos del libertador como el decreto de guerra a muerte, asuntos fiscales y sobre hechos punibles. Hasta el 12 de julio de 1814, que marca la entrada triunfal de Boves a Caracas, el régimen jurídico lo estableció Bolívar, pero respetando la organización jurídica y administrativa existente, menos la real Audiencia que se autodisolvió.

[29] Para la época, los estudios de derecho comprendían principalmente los cuatro libros de la *Instituta,* o sea, el derecho romano del emperador Justiniano, y los que se cursaban en la Academia de Derecho español. Para obtener el título se requería de 4 años de práctica. Indudablemente que los abogados de la colonia, tuvieron una formación *humanística*, formados bajo la filosofía de la libertad y de los derechos humanos. También el *Colegio de San Buena Ventura de Mérida*, que después vendría a ser la Universidad de los Andes fue semillero de abogados y juristas. De ambas universidades y del Colegio de Abogados de Caracas, salen para todo el territorio de la Capitanía General de Venezuela los hombres de leyes que contribuirán a la formación jurídica venezolana.

[30] Basta solo con recordar la destacada actuación de *Juan Germán Roscio*, prolijo pensador de los juristas que iniciaron la revolución de 1810. Sobre Roscio, véase: Luis Ugalde, *El pensamiento teológico-político de Juan Germán Roscio*, La Casa de Bello, Caracas, 1996; Luz Anai Morales Pino, *Juan Germán Roscio: La subversión de la palabra*, Caracas, UCAB, 2008; Nydia Ruiz, *Las Confesiones de un pecador arrepentido, Juan Germán Roscio y los orígenes del discurso liberal en Venezuela,* UCV-Fondo Editorial Tropykos, Caracas, 1996.

contribución (ii) en la instalación del Colegio de Abogados de Caracas (1788) y la creación de la Academia de Derecho Español y Público (1790).

Con absoluta convicción, podemos afirmar que, con el funcionamiento de este tribunal, la juridicidad comienza a formar parte de nuestra cultura.

4.3. El 3 de junio de 1793 fue expedida en Aranjuez la real cédula de erección del **Consulado de Caracas**, el cual fue un órgano establecido con el propósito de incrementar y fomentar la actividad económica. Sus funciones eran la de administrar justicia en los pleitos mercantiles. Constituyó un instrumento de poder económico de mucho valor utilizado por la burguesía caraqueña como elemento político de gran proyección. Sirvió de base para la acción iniciada el 19 de abril de 1810.

Con este Consulado se instaura un derecho fiscal, un derecho mercantil y nuevas normas para la administración de justicia. Inicia en la sociedad un clima legalista.

Fue una de las primeras instituciones jurídicas especializadas, verdaderamente autóctona. Constituyó el primer Tribunal Mercantil con jurisdicción en toda la Capitanía General de Venezuela, la cual previó que lo que no estuviese establecido en ella se decidirá por las leyes de indias.

Esta institución sufrió una notable decadencia durante los primeros años del siglo XIX, el terremoto de Caracas y la guerra de independencia afecto su estructura. A partir de 1813 siguió funcionando ante las autoridades de la república como las realistas. En 1816 se instaló en una casa que había sido de Simón Bolívar, conocida como la Casa Consular. Fue eliminada en 1821.

B. ECOS DE LA REVOLUCIÓN FRANCESA EN NUESTRA JURIDICIDAD.

1. Mientras el absolutismo regio adquiría protagonismo político en los países europeos, al inicio del siglo XIX se abre en todo el mundo hispánico un ciclo historiográfico de profundas transformaciones: comienza en España la revolución liberal y en América el proceso que va a lograr la independencia. No obstante ello, sigilosamente se hace presente la anterior idea de la Ilustración que ocupa nuevos espacios y

se reivindica bajo la victoria del individuo en la sociedad, considerado como valor supremo y criterio de referencia[31]. Para enfrentar y segregar al monarca, el modelo ideal del hombre y de la sociedad invade los escenarios públicos, y solo a través de la ruptura del *Ancien Regime* (una verdadera refundación, un nuevo pacto social) se alcanzarían las condiciones para construir este nuevo mundo: El hombre se concibe ante todo como individuo, como ciudadano; la nación, como un pacto voluntario entre estos hombres, independiente de los organismos o regímenes particulares. La única fuente posible de legitimidad es la que surge de esta nación y la soberanía nacional reemplaza a la soberanía del monarca. *La nación soberana es libre de darse una nueva ley, la Constitución, que no resulta de la restauración de las «leyes fundamentales», sino de un nuevo pacto social, capaz de curar todos los males sociales y de crear ex nihilo un hombre poderes fundados en la tradición o en la Providencia y no en la voluntad de los ciudadanos*[32].

2. Inicialmente con el pensamiento central de la Revolución Inglesa del siglo XVII se postula y difunde la noción de hombres dotados de libertad de conciencia e igualdad ante el derecho. Esas ideas liberales europeas alcanzan a las colonias americanas del norte y con ellas el deseo y la búsqueda de la independencia.

Un tiempo después, los ideales de la ilustración, a saber, libertad, igualdad, legalidad, separación de poderes, que confluyen en el proceso revolucionario iniciado en 1789 en Francia[33] -unos 20 años después de la Revolución de las Trece Colonias o de la Revolución Estadounidense- fueron conocidos tanto en España como en las Indias Occidentales, y en ese sentido intervino ideológicamente a los movimientos independistas hispanoamericanos, con excepción de Brasil[34], que tuvo

---

[31] Visible en lo político con Descartes, con Hobbes, Locke y Rousseau

[32] François-Xavier Guerra, *Modernidad e Independencias, Ensayos sobre las revoluciones hispánicas.* Editorial Mapfre. Colección Relaciones entre España y América. Madrid 1992, p. 30, disponible en: https://rodrigomorenog.files.wordpress.com/2012/01/guerra-modernidad-e-independencias-1992.pdf, consultado en fecha 20 de abril 2020.

[33] Las ideas de Juan Jacobo Rousseau, Robespierre y Emmanuel Sieyés.

[34] Alejandro Mendible Zurita, *El Imperio Luso-brasileño: la original independencia de Brasil en el contexto latinoamericano*, en el libro *Las Independencias de Iberoamérica.* Compiladores Tomas Straka, Agustín Sánchez Andrés, Michele Zeuske. Fundación Empresa Polar, UCAB, Fundación Konrad Adenauer, UMSNH. Caracas, 2011.p. 828 y ss.

un proceso de unidad con la colonia que contrasta con los demás países de Sudamérica al trasladarse a ese país la corona portuguesa en su huida estratégica ante el acoso del ejército de Napoleón, *y con ella se puede decir que quedaron codificadas las ideas fundamentales de la filosofía política del siglo XVIII*[35].

3. La alentadora experiencia de los Estados Unidos de Norteamérica y la resistencia contra Napoleón dan origen a la revolución tanto en la Península como en Venezuela: los levantamientos Peninsulares de 1808 a la disolución de la Junta Central en enero de 1810, los movimientos revolucionarios venezolanos de abril de 1810, gestaron la independencia. La formación revolucionaria caraqueña de 1810 es contemporánea, políticamente, con la desaparición de la Junta Central. Fueron los liberales caraqueños del siglo XIX quienes pretendieron su filiación con la Francia revolucionaria para independizarse de España. *La Independencia americana es hija de la Revolución Francesa y consecuencia de la difusión en América de sus principios*[36].

La Declaración de los Derechos del Hombre y el Ciudadano (1789) se adoptó con especial veneración en la conciencia de los pensadores civiles y eclesiásticos criollos, así como en los abogados, invocando la necesidad de contar con un estado independiente, una nación soberana gobernada bajo el manto de la juridicidad, distanciada de la monarquía y de la catolicidad colonial[37]. De inmediato los postulados promovidos por la revolución francesa[38] cuyo protagonista es el pueblo como depositario del poder de Dios, desencadenan las nuevas ideas de cambio con relación a los aspectos políticos y sobrevienen instintivamente los *precedentes del proceso independentista,* con verdaderas intenciones de erradicar la monarquía, las cuales resumimos por ser un tema más largo y de separada discusión[39]: ***(i)* Conspiración de Gual y España**

[35] Irene Loreto González, ob. cit., p. 35.

[36] François-Xavier Guerra, ob. cit., p. 16.

[37] En el artículo XVI, se afirmó que *"Toda sociedad en la cual la garantía de los derechos no esté asegurada, ni la separación de poderes determinada, no tiene Constitución."*

[38] A saber, el principio de la soberanía que reside en la nación, de la legalidad, de separación de poderes, asamblea legislativa, creación del tribunal supremo y descentralización.

[39] Con anterioridad hubo sublevaciones en la ciudad de San Felipe el Fuerte durante los años 1740 y 1741, como la revuelta de los habitantes de El Tocuyo en 1744, como la rebelión de Juan Francisco de Leon entre 1749 y 1752, la del zambo Andresote ocurrida en 1731 y la de los Comuneros de El Socorro en 1781, pero solo aspiraban mejorar las condiciones económicas.

en 1797, motivados por el reaccionario español Juan Bautista Picornell[40] tuvo amplios objetivos políticos que consideraba un programa de igualdad y de independencia. Este movimiento fue descubierto el 13 de julio y sus promotores fueron capturados y sentenciados. Manuel Gual logra huir a Curazao y desde el exilio siguió cruzando correspondencia con Francisco de Miranda. Promocionaron algunos documentos independentistas, como la *Carta a los Españoles Americanos* de Juan Pablo Viscardo y Guzmán (jesuita peruano), utilizada con frecuencia por los próceres independentistas sudamericanos. ***(ii)*** **El ataque a Venezuela de Francisco de Miranda en 1806**, también llamado el *primer gran criollo de América.* Como sabemos, decide organizar una expedición a Venezuela para liberarla del dominio de la monarquía española. Su expedición contó con el apoyo del ministro inglés Pitt, y zarpó desde Nueva York el 2 de febrero de 1806, luego pasa por Haití y llega posteriormente a las costas de Ocumare, pero tuvo que retirarse por la gran maquinaria de guerra del adversario, especialmente de los buques españoles y por el incondicional apoyo del pueblo de Coro a la monarquía. Su trayectoria política, cultural y militar fue encomiable. Participó en las guerras de independencia de américa del norte y con actuación destaca en la revolución francesa. Posteriormente asumió los poderes de la primera república, aunque no tuvo la dicha de presenciar a Venezuela emancipada, dado que fallece en Cádiz el 14 de julio de 1816, y hasta la fecha se desconocen sus restos. Es destacable su proyecto de *Constitución Americana*, el *Proyecto Constitucional de 1901 y la Proclama de los Pueblos de Colombia de 1806*, y ***(iii)*** **La Conspiración de los Mantuanos entre 1808 y 1810,** que fue un movimiento juntista inspirado por jóvenes del sector económico y social más poderoso de Caracas (no fue un movimiento popular) que pretendían crear una Junta Conservadora de los Derechos de Fernando VII - en ese momento España estaba gobernada por José Bonaparte - para constituir a Venezuela como una provincia más de las provincias de España. La idea de los mantuanos pudo concretarse el 19 de abril de 1810 cuando depone, en un sincronizado y muy bien preparado movimiento compuesto por los

---

[40] Quien había organizado en la capital de España un golpe de Estado que tenía como propósito derrocar al régimen monárquico e instaurar una república al estilo francés (de la época).

integrantes del cabildo de Caracas, por los diputados nombrados por el pueblo, del clero y del gremio de pardos quienes contaban con el apoyo de las tropas regulares y de milicias destacadas en la ciudad, el capitán general Emparan, y se nombra *La Junta Suprema Conservadora de los Derechos de Fernando VII* que proclamó la autonomía de la provincia Venezuela sujeta a Fernando VII, encausando nuestro primer congreso constituyente, luego se redacta el Acta de Independencia y la Constitución Federal de 1811.

En definitiva, las tendencias liberales europeas, la crisis política acontecida en España con un Consejo de Regencia en extinción[41], los autóctonos movimientos reaccionarios de los venezolanos, la cual soliviantó gran parte de la America del Sur, el contenido del texto de la constitución francesa napoleónica de 1793, supuso la creación de *cabildos criollos* con marcado predominio independentista.

4. Los letrados venezolanos de la época colonial sabían de la situación política de España y Francia, y apelaron a los postulados marcos de la revolución francesa y de todo el pensamiento liberal europeo, alcanzando en definitiva la independencia de la monarquía española a través del Derecho. *Es reconocido que la inestable situación política de España, invadida por las tropas francesas, y con un vacío de poder, apenas cubierto por la Junta Suprema de Gobierno establecida por Fernando VII poco antes de su marcha a Bayona, influye directísimamente en las ideas de la independencia y constitucionales de los venezolanos de 1811*[42].

Una vez instalada la Junta Suprema Conservadora de los Derechos de Fernando VII[43] tuvieron que debatir - además de ser la base para la

---

[41] El manifiesto a los americanos redactado por este consejo, aceleró el proceso independentista al considerar que los americanos seguían siendo colonia española.

[42] Irene Loreto González, ob. cit., p. 43.

[43] La Junta Suprema de Caracas fue el órgano provisorio que gobernó la Capitanía General de Venezuela tras la renuncia del Capitán General Vicente Emparan el 19 de abril de 1810, hasta el 2 de marzo de 1811 cuando se instala el primer congreso constituyente. Tras los sucesos del 19 de abril de 1810, en los que el Capitán General designado por José I de España fue obligado a renunciar por la presión pública caraqueña, se constituyó esa misma tarde el Cabildo de Caracas como la Junta Suprema conservadora de los derechos de Fernando VII. Inmediatamente comienzan a tomar control de los cuarteles de la ciudad y a asegurar el apoyo de las provincias a la junta. Tras haber asegurado el apoyo militar con la designación de comandantes favorables a la Junta, designa el 25 de abril la Junta Suprema de Gobierno que

conservación del orden social durante el periodo excepcional de cambio - las razones para constituir un nuevo gobierno sobre las bases legales existentes y un nuevo orden jurídico apropiado para construir la futura república sobre fundamentos sólidos. Se establece un nuevo gobierno en donde quedaban privados del mando el Gobernador y Capitán General, el Intendente del Ejército y Real Hacienda, el Subinspector de Artillería y el Auditor de Guerra, así como la Real Audiencia.

Siendo su principio la provisionalidad, ello no les excusó de redactar actas y dictar normas para mantener el orden en la sociedad, motivar su legitimidad y reconocimiento hasta la instalación del Congreso Constituyente de 1811. Fue inmensa y encomiable la labor legislativa de esta junta, suprimida luego por la guerra de independencia. Por su trascendencia requieren especial mención, el reglamento de elecciones de diputados, las normas sobre conservación del orden interior y relaciones diplomáticas y comerciales internacionales, las medidas económicas. Incluso, debatieron ampliamente sobre la competencia del congreso para declarar la independencia.

Estamos convencidos que el movimiento inicialmente juntero y luego con verdaderas intenciones políticas, aparte de representar la

---

la integran con derecho de palabra y voto: José de las Llamozas; Martín Tovar Ponte; Feliciano Palacios y Blanco; Nicolás de Castro; Juan Pablo Ayala; José Cortés de Madariaga; José Hilario Mora; Isidoro Antonio López Méndez; Francisco José Ribas; Rafael González; Valentín de Ribas; José Félix Sosa; Juan Germán Roscio; Juan de Ascanio; Pablo Nicolás González; Francisco Javier de Ustáriz; Silvestre Tovar Liendo; Nicolás Anzola; José Félix Ribas; Fernando Key Muñoz; Lino de Clemente; José María Blanco y Dionisio Palacios. Como secretarios de la Junta son nombrados José Tomás Santana y Casiano Bezares. Ese mismo día la Junta de Gobierno designa los encargados de los distintos despachos: Juan Germán Roscio para Relaciones Exteriores, Nicolás Anzola en Gracia y Justicia, Hacienda a Fernando Key Muñoz y para Guerra y Marina Lino de Clemente. Igualmente se constituye un Tribunal Superior de Apelaciones presidido por el Marqués de Casa León y los ministros José Bernabé Díaz; José María Ramírez; Bartolomé Ascanio y Felipe Fermín Paúl. Constituido el gobierno, la Junta procuro la adhesión de las provincias al movimiento. La Junta consigue pronunciamientos favorables en Cumaná y Barcelona el 27 de abril, Margarita el 4 de mayo, Barinas el 5 de mayo, Mérida el 16 de septiembre y Trujillo el 9 de octubre. Guayana se pronuncia el 11 de mayo a favor de la junta pero al tener conocimiento el 3 de junio de la instalación en España del Consejo de Regencia reconoce a este como el legítimo y se aleja de la revolución caraqueña. Por el contrario, las Provincias de Coro y Maracaibo se mantiene fieles desde el principio de la revolución al Consejo de Regencia. En la actitud de Coro influiría su vieja enemistad con Caracas desde que perdió el estatus de capital de la Provincia de Venezuela a finales del siglo XVI, Maracaibo por su parte se distancia de Caracas por sus fuertes relaciones con el Virreinato de Nueva Granada.

transformación social y política para la subsistencia de la sociedad, significó en Venezuela un proceso jurídico que dio vida a una legislación autóctona que a la postre fue evolucionado. El aspecto jurídico preocupó a los hombres de 1810 y 1811, *la independencia fue, ante todo, un proceso jurídico*[44].

C. JURIDICIDAD ENTRE 1810 Y 1830

Las reacciones antinapoleónicas[45], los sentimientos generados por la conspiración de Gual y España y las ideas de Francisco de Miranda y los mantuanos, así como los nuevos ideales de los estudiosos del derecho, la inestable situación política en España, la decadencia del Consejo de Regencia, confluyen sinérgicamente para la insurrección del 19 de abril de 1810, la instalación del congreso constituyente del 2 marzo de 1811 y la firma del acta de independencia el 5 julio de 1811. Su resultado transforma y constituye a Venezuela en una unidad política y territorial soberana, libre e independiente, donde se articularon las genéticas provincias de la entonces Capitanía General de Venezuela, con excepción de Coro, Guyana y Maracaibo, que siguieron bajo las reglas del derecho español.

Es necesario precisar que, al margen del proceso de transformación política, inexorablemente ocurren en el país - para abonar su legitimidad - las transformaciones jurídicas. Esas novedades legales tuvieron que construirse y redactarse en la recién fundada República, que a la vez marca el inicio de la separación - escalonada por supuesto, como quedara evidenciado en los siguientes capítulos - del derecho español por un derecho nacional.

1. Sinopsis de las fases del nacimiento del derecho nacional

b) Primera fase: Nacimiento de un nuevo derecho

No cabe duda que tras los acontecimientos políticos ocurridos el 19 abril de 1810 nace un derecho nacional con características propias, a cuenta de la cesación de las funciones de las autoridades políticas,

44 Tomás Polanco Alcántara, *Las Formas Jurídicas en la Independencia*. Instituto de Estudios Jurídicos. Facultad de Derecho Universidad Central de Venezuela, Caracas 1960. p. 10.

45 El Acta de Instalación de la Junta Suprema de Venezuela del 19 de abril de 1810.

militares y judiciales de la Capitanía General de Venezuela. *El derecho español no podía satisfacer las nuevas aspiraciones políticas y la organización del nuevo estado, pero tampoco podía ser suprimido, los tres siglos habían afianzado un sistema social, cultural y económico*[46].

Con la instalación de la Junta Suprema se conduce - inimaginable en los periodos anteriores - a significativos cambios jurídicos en el país. Recordemos que hasta ese momento (1810) los actos legislativos estaban reservados a las autoridades españolas.

El acta del 19 de abril de 1810 representa la transición jurídica del poder político al Ayuntamiento de la Ciudad de Caracas. *El acta fue firmada por todos los asistentes incluso los depuestos. La revolución se llevó a cabo sin derramamiento de sangre*[47].

En esta fase inicial, se debe destacar algunas actuaciones políticas como legislativas, entre otros: 1) Se establece un nuevo gobierno, quien a su vez formalizó las juntas provinciales; 2) Se dicta el Bando de Organización Interior, donde se ratifica principalmente la instalación de la Junta Suprema de Caracas y se cambia su denominación por Junta Conservadora de los Derechos de Fernando VII; se crea un Tribunal de Policía que sustituye al anterior Ayuntamiento de Caracas; las facultades judiciales de la Real Audiencia de Caracas fueron asignadas a un Tribunal de Apelaciones, Alzadas y Recursos y luego a la Alta Corte de Justicia; encomienda a un Corregidor las causas que conocía el gobernador y su teniente y las del Juzgado de los Bienes de Difuntos y otro corregidor la de los Tribunales de los Alcaldes Ordinarios y Juez de provincia; 3) Organización Militar para la defensa de Caracas; 4) Decreto sobre la Conducta de los empleados de la Administración del Estado; 5) Proclama sobre conspiraciones; 6) Decreto de elección de jueces ordinarios y empleado de la Real Hacienda; 7) Una serie de medidas económicas, fiscales y aduaneras, como el Bando sobre libre comercio con los amigos y neutrales, supresión al tributo indígena; reciprocidad de ventajas comerciales con Inglaterra, abolición de los derechos de importación para las máquinas y utensilios agrícolas, trigo,

[46] Juan Garrido Rovira, ob. cit., p. 48.

[47] Irene Loreto González, *Algunos Aspectos de la Historia Constitucional Venezolana (Independencia, Federalismo de J.G. Roscio en los Primeros textos Constitucionales)*. Academia de Ciencias Políticas y Sociales. Serie estudios N° 91. Caracas 2010. p. 66.

cebada, centeno, así como, de la alcabala y en la subsistencias y objetos de necesario consumo; establecimiento de una sociedad patriótica de agricultura y economía; decreto de prohibición de extracción de plata y oro. 8) El 11 de julio de 1810 se dictó el Reglamento para la Elección de Diputados que han de componer el Cuerpo Conservador de los Derechos del Señor Don Fernando VII en las Provincias de Venezuela, que significó el desconocimiento de la Convocatoria a Cortes y abrió el camino para la instalación del Congreso Constituyente de 1811, que como sabemos, separó los poderes, declaró la independencia, consagró la soberanía popular y sancionó la Constitución Federal de 1811.

b) Segunda fase: Transición Legal (Mixtura de sistemas legales)

En ese contexto de legitimación de la Junta Suprema como la instalación del Congreso Constituyente de 1811, se altera el orden de cumplimiento de las leyes al encontrarse la sociedad con dos sistemas legales. La sociedad venezolana comenzó a enfrentarse a una situación inexplorada hasta la fecha, la dualidad legislativa: empiezan a coexistir dos regímenes jurídicos en supervivencia, uno autóctono, novedoso, consecuencia de la nueva república y el derecho español existente desde el descubrimiento, circunstancia que perdura hasta el Congreso de Angostura. Luego, hasta 1830, conviven leyes venezolanas, colombianas y españolas.

Enunciamos a título ilustrativo las actuaciones políticas y jurídicas que marcaron la transición legal:

1. Los diputados integrantes del ***Congreso Constituyente*** que se instaló el 2 de marzo de 1811 para sustituir a la Junta Suprema de Caracas, debieron legislar sobre la base de los principios republicanos y sostener al mismo tiempo la continuidad institucional. Se dictaron varias leyes, decretos y reglamentos, como la ley de abolición de la tortura, ampliación de la ley sobre papel moneda, ley para abolir el tribunal de la inquisición en toda la confederación, ley para el establecimiento de una ciudad federal, ley sobre matrimonios, ley sobre papel sellado, reglamento que prescribe las facultades de la sección administrativa de la Hacienda Nacional, ley de derechos del pueblo, declaración de la soberanía y derechos del hombre en sociedad, reglamento sobre la libertad de imprenta, ley sobre recusación de magistrados judiciales, entre otros.

Sin embargo, todavía no rompimos definitivamente los lazos jurídicos con España. *De esta forma, todo el derecho que se va estableciendo en el periodo de fundación de la República de Venezuela, comprendiendo entre abril de 1810 y abril de 1812, mediante los diversos actos políticos-jurídicos emanados de la Suprema Junta y los actos legislativos sancionado por el Primer Congreso General de Venezuela, tiene como telón de fondo histórico-jurídico el derecho español vigente en Venezuela, que se extendía prácticamente a todas las relaciones institucionales y personales*[48].

2. Inmediatamente luego de su instalación, el 5 de marzo de 1811 el Congreso dictó un ***Reglamento Orgánico Provisorio para la Separación de los Poderes***[49], reservándose el Congreso el Poder legislativo, designando a tres ciudadanos para ejercer el Poder Ejecutivo Nacional, turnándose en la presidencia por períodos semanales, y constituyendo, además, una Alta Corte de Justicia. Ese reglamento provisorio canalizó el tránsito a la república aun antes de la declaración de independencia y de la Constitución de 1811. Tal fue su importancia republicana que se recogió luego en la Constitución de Cádiz de 18 de marzo de 1812[50].

3. El ***Acta de Declaración de Independencia*** no tiene una particular referencia al problema de la vigencia de las leyes; sin embargo, señala que las Provincias Unidas de Venezuela podían desde ese momento *"hacer y ejecutar todos los demás actos que hacen y ejecutan las naciones libres e independientes",* dentro de los cuales estaba la formación y sanción de las leyes.

4. La ***Constitución Federal para los Estados de Venezuela de 1811***[51] entrevió la construcción de un Código Civil y Criminal y el orden de observancia de las leyes:

---

[48] Juan Garrido Rovira, ob. cit. p.48.

[49] Ese principio estuvo vigente hasta la Constitución de 1999 que modifica el sistema clásico de división de poderes e incorpora dos poderes adicionales, a saber, el poder ciudadano y el poder electoral.

[50] Se distribuyeron las potestades así: la potestad de hacer las leyes se atribuyó a las Cortes con el Rey (art. 15); la potestad de hacer ejecutar las leyes, al Rey (art. 16); y la potestad de aplicar las leyes, a los tribunales (art. 17).

[51] Paralelamente, en las demás Provincias se constituyeron nuevos gobiernos - de escasa vigencia - y elaboraron sus propias constituciones antes de que se aprobase la Constitución Federal, como la Constitución Provincial de Mérida que rigió hasta que el gobierno de Caracas dictase la carta de confederación; la Constitución de Trujillo del 2/9/1811; la de Barcelona

> *"Artículo 228: Entretanto que se verifica la composición de un Código Civil y Criminal acordado por el Supremo Congreso en 8 de marzo último, adaptable a la forma de gobierno establecido en Venezuela, se declara en su fuerza y vigor el Código que hasta aquí nos ha regido en todas las materias y puntos que, directa o indirectamente, no se opongan a lo establecido en esta Constitución."*

Al caer la primera república esa constitución perdió vigencia, y nuevamente se aplicaban las leyes de indias, hasta los decretos de Bolívar.

5. Actos emanados de los ***gobiernos provisorios de Simón Bolívar (1813-1818)***, como la Ley contra defraudadores de la renta del tabaco, ley sobre uniformes, divisas y graduaciones de los Ejércitos de la República de Venezuela, indulto a los americanos, supresión de los máximos grados militares españoles, sobre libertad de los esclavos, declaración de la República de Venezuela el 20 de noviembre de 1818, sobre el Pabellón Nacional, entre otros.

6. El ***Decreto de Organización del Poder Judicial de 1817***, previó en el artículo 13 lo siguiente: *En sus procedimientos y decisiones se sujetará la Alta Corte de la República a las leyes, usos y prácticas que han regido siempre en Venezuela, a menos que estén derogadas o se deroguen por el presente decreto, o por alguna ley o decreto de la República.*

7. La ***Constitución de la República de Colombia de 1821*** contempla la necesidad de dar comienzo a la vida republicana con observancia de las leyes.

> *"Artículo 188: Se declaran en su fuerza y vigor las leyes que hasta aquí han regido en todas las materias y puntos, que directa o indirectamente no se opongan a esta Constitución, ni a los decretos y leyes que expidiere el Congreso."*

8. ***Actos emanados de los Congresos de Colombia***, como la ley sobre el peso de las monedas de oro y plata, emisión de una moneda

---

denominada "*Código Constitucional del Pueblo Soberano de Barcelona Colombiana*" con importante influencia de Miranda quien residía allí y fue electo diputado al Congreso Constituyente de Barcelona; la Constitución de Caracas de 1812.

de cobre, ley sobre extinción del derecho de alcabala en el comercio de todas las producciones del país y su reducción a un dos y medio por ciento en el de los bienes raíces y mercaderías extranjeras, extinción de los tributos de los indígenas, organización de los tribunales y juzgados, ley en que se determina el modo de conocer de las causas de comercio, de sustanciarlas y determinarlas, ley del 28 de julio de 1824 que declara que toca a la república el ejercicio del derecho de patronato, el 11 de mayo de 1825 se dicta la ley orgánica del poder judicial, entre otros.

9. La ***Ley del Congreso de Colombia del 13 de mayo de 1825*** previó con relación al orden de observancia de las leyes, lo siguiente:

> *"Artículo 1: El orden con que deben observarse las leyes en todos los tribunales y juzgados de la República, civiles, eclesiásticos o militares así en materias civiles como criminales es el siguiente. 1° Las decretadas o que en lo sucesivo, decretare el poder Legislativo, 2° Las pragmáticas, cédulas, órdenes, decretos y ordenanzas del gobierno español sancionadas hasta el 18 de marzo de 1808 que estaban en observancia bajo el mismo gobierno español en el territorio que forma la República, 3° Las leyes de la Recopilación de Indias, 4° Las de la Nueva Recopilación de Castilla, y 5° Las de las Siete partidas.*
> *Artículo 2: En consecuencia no tendrán vigor ni fuerza alguna en la República las leyes, pragmáticas, cédulas, órdenes y decretos del gobierno español posteriores al 18 de marzo de 1808, ni las expresadas en el artículo anterior en todo lo que directa e indirectamente se opongan a la constitución a las leyes y decretos que haya dado o diere el Poder Legislativo."*

10. ***Actos emanados de las facultades extraordinarias asumidas por el Libertador (1827/28)***, como el reglamento de la hacienda pública de 1827, reglamento de aduanas, arreglo y régimen de la renta de tabaco, reglamento de la universidad de caracas, resolución sobre el establecimiento del hospital de Caridad y San Juan de Dios, obligatoriedad de la publicación de la leyes y avisos oficiales en la Gaceta del Gobierno de Caracas, se ordena formar un estado de las causas civiles y criminales pendientes en toda la república, refacción de los caminos

nacionales, prohibición de admitir en los conventos a los menores de 25 años, entre otros.

11. ***Actos emanados del gobierno dictatorial de Simón Bolívar (1828/30)***, quien asume en 1828 el poder supremo del Estado con el título de Libertador Presidente, establece tribunales militares basados en la ordenanza española de 1768, reorganización de los tribunales de la Republica el 17 de noviembre de 1828, elección de los Jueces de Hecho, resolución para que organicen dos salas de Cortes de Apelaciones, Reforma los estatutos de la Universidad de Caracas, reitera relaciones con el Vaticano, entre otros.

12. La ***Constitución del 24 de septiembre de 1830***, además de señalar el orden de cumplimiento de las leyes, ordenó la formación de los *códigos nacionales*, construyendo el sendero original para la pausada formación de nuestros códigos.

> *"Artículo 87: son atribuciones del Congreso:*
> *1, Dictar leyes y decretos necesarios en los diferentes ramos de la administración pública, interpretar, reformar, derogar y abrogar las establecidas y formar los códigos nacionales;"*

13. Posteriormente, el ***Congreso Constituyente de 1830***, mediante Resolución de fecha 14 de octubre de 1830, punto 55, designando las leyes vigentes en el orden judicial, acordó:

> *"Artículo 1: En el orden judicial continuarán observándose las leyes y decretos expedidos por los Congresos de Colombia que hasta ahora han regido, y que no sean contrarios a la constitución ni leyes sancionadas por este congreso constituyente, entendiéndose de la Suprema Corte de Justicia y jueces de paz, que establece la constitución, los artículos de la ley 11 de mayo de 1825, que hablan de la alta corte y alcaldes parroquiales: quedando derogados los decretos del general Simón Bolívar en la materia."*

c) Tercera fase:

A partir del Congreso Constituyente de 1830 y los Congresos Constitucionales y Constituyentes posteriores y los actos del poder ejecutivo con facultades extraordinarias, se dictaron una serie de constituciones, códigos y leyes que anunciaban la dilatada desaparición de la legislación española en Venezuela[52].

Posteriormente, *La Ley del Congreso Constitucional de 1838* reconoce el orden de observancia de las leyes según lo que había establecido el Congreso de Colombia de 1825, señalado en el punto B.9.

En el próximo capítulo abordaremos a título ilustrativo el desarrollo de los códigos nacionales y la desaparición de las leyes españolas.

2. Publicaciones y doctrina

No podemos inadvertir la influencia que ejerció una serie de publicaciones de prensa y de doctrina jurídica que se presentó desde los inicios republicanos hasta la formación de los códigos nacionales. Entre ellos, hacemos referencia a *La Gaceta de Caracas*, en el *Seminario de Caracas* y en *El Patriota de Venezuela*, quienes exponían la experiencia del federalismo norteamericano y de lo que pasaba en Cádiz, Los escritos de *Thomas Paine*, traducidos por el venezolano *Manuel García de Sena,* los escritos de *José María Blanco White* en Londres; La *imprenta en Venezuela* en 1808; La Carta de Jamaica; Ilustración al Derecho Real de España de *Juan de Sala*; El Apéndice Venezolano del Sala Adicionado o Sala Hispano-Venezolano; Manual del Abogado Americano, de *Juan Eugenio de Ochoa*; El Código de Procedimiento Ilustrado de Pedro Pablo Del Castillo y Julián Viso de 1850; la jurisprudencia nacional de la Corte Suprema de Justicia; El Teatro de Legislación Colombiana y Venezolana vigente de *Pedro Pablo del Castillo* de 1854; Las obras de *Luis Sanojo*: Comentarios al código de procedimiento civil de 1857; Las obras de Andrés Bello, Ramón Feo, Luis Loreto y Julián Viso.

D. PRÓLOGO DE LA CODIFICACIÓN EN VENEZUELA Y ABOLICIÓN DE LAS LEYES ESPAÑOLAS.

a) Referencia Liminar

A pesar del llamado que hace la Constitución de 1811 de redactar códigos - en vigencia el Código Civil francés - ello no ocurre sino hasta

[52] Juan Garrido Rovira, *Independencia, Derecho Nacional y Derecho Español*. Universidad Monteávila. Caracas 2011. p. 295.

finales del siglo XIX al adoptarse esa técnica legislativa *(Civil Law)*. Con certeza podemos afirmar, que nuestra separación definitiva de la Gran Colombia - sin justificar o no esa decisión política - auspició, entre otros asuntos, la sustitución de la encrucijada legal que prevalecía en el país y, en ese contexto, nuestro sistema apunta hacia la codificación.

Con las ideas de Rousseau[53] en el siglo XVIII surge la tendencia que el derecho tiene que plasmarse a través de leyes y fue la revolución francesa la que colocó a la ley como expresión de la voluntad general y cuyo contenido produce libertad. Sobre ese postulado germina la idea de codificar no solamente como una ley producto de una elaboración sistemática, sino también como un instrumento para ordenar los sectores de la vida social. No se concibió a la codificación como una simple compilación de leyes, sino que las reordenaba para que funcionase la sociedad, inspirado en las instituciones del iusnaturalismo europeo. Sin embargo, el sector político, supeditado a la idea de organizar y ordenar la nueva sociedad que apenas se independizaba, enfatizó sobre la relación entre la constitución y códigos. Con la primera se unifica el territorio y el derecho, y los códigos eran para fortalecer al Estado. Esa combinación fue apreciada por los gobernantes de turno luego de 1830 y fueron ellos los que promocionaban nuevos códigos y no la sociedad.

Ese minucioso y fatigoso proceso de ordenación sistemática, me atrevo a definirlo como de sublime valor en la historia nacional, encarna la desaparición del sistema jurídico español imperante desde la colonización.

Sobre el Derecho Civil: Las leyes españolas eran la fuente del derecho civil nacional, tanto en el orden sustantivo como adjetivo. Con antelación al primer Código Civil de 1862 se dictaron leyes sobre libertad de contratos (1834 y 1848), arrendamiento de casas (1846), retroventa (1861), entre otros. Esas leyes especiales y dispersas al buen estilo español fueron asumidas para la redacción del posterior Código Civil venezolano.

La abolición de las desordenadas leyes españolas en materia civil sustantiva se previó en el texto de artículo 1870 del Código Civil del

53 Revisar a Juan Jacobo Rousseau, *El contrato Social,* Capítulo VI del libro II, dedicado a "De la Ley".

21 de marzo de 1867, que indicaba: *Quedan derogadas todas las leyes anteriores a la promulgación de este código, en todas las materias que son objeto del mismo; aunque no sean contrarias a las disposiciones contenidas en ella*, que a su vez contrasta con la del código del 28 octubre de 1862, que en su *Disposición Final*, prescribía, *el presente Código comenzará a regir desde el 1° de enero de 1863; y en esa fecha quedan derogadas, aun en la parte que no sean contrarias a él, las leyes preexistentes, sobre todas las materias de que en él se trata. Sin embargo, las preexistentes sobre la prueba de las obligaciones, procedimientos judiciales y confección de instrumentos públicos solo deben entenderse derogadas en lo que sean contrarias a las disposiciones de este Código*

Sobre el Derecho Penal: Desde 1830 a 1863 fracasaron todos los proyectos de codificación en materia penal. El 19 de abril de 1863 se dicta el primer Código Penal[54] y su principal fuente también deriva del derecho español, aunque paralelamente se redactaron leyes especiales sobre conspiración, traición y delito de asonada.

Sobre el Derecho Mercantil: Las Ordenanzas de Bilbao rigieron en Venezuela hasta la publicación de nuestro primer Código de Comercio que data del 15 de febrero de 1862[55] y reformado el 29 de agosto del mismo año.

b) El Proceso de Codificación Civil, Penal y Mercantil

b.1) Preámbulo

Es comprensible que la secular hegemonía legal española marcó y dejo huellas en la cultura nacional, y prescindir a rajatablas del derecho indiano no era lo más conveniente en ese momento para la sociedad venezolana. Bajo esa premisa transcurrieron más de 30 años para que la codificación sustantiva y adjetiva, sea civil, penal o mercantil, sustituyera en Venezuela, entre otras fuentes jurídicas, a las Siete Partidas, las Leyes de la Nueva Recopilación de Castillas, las Ordenanzas de Bilbao y las ordenanzas españolas del ejército, como el derecho nacional formado en leyes especiales.

---

[54] Tulio Chiossone, ob.cit. p. 194 a 197

[55] Seguramente influenciado por el Código de Comercio francés de 1807 y el español de 1829.

Los dirigentes nacionales - posiblemente inspirados por la tendencia codificadora/constituyente - mediante el congreso de 1830 designaron tres comisiones para redactar el Código Penal, el de Procedimiento Criminal y otra para una Ley de Jurados. El congreso de 1835 vista la confusión de leyes existentes y su castellano antiguo, consideró que las leyes debían ser escritas en el lenguaje nacional y a tal efecto decretó la Ley del 7 de abril de ese año para que se formaran cuatro proyectos de Códigos, a saber, civil, criminal, militar y de comercio, con sus respectivos procedimientos.

Nada presentaron esas comisiones, pero el congreso de 1836 acometió la obra con urgencia y ofreció el Código de Procedimiento del 19 de mayo de 1836, proyecto del licenciado Francisco Aranda, quien lo presentó a discusión. Julián Viso también presentó, entre otros proyectos, el Código Civil de 1854 pero quedó en simple intención hasta su promulgación en 1862.

Con la promulgación del Código Civil del 28 octubre de 1867 - modelado sobre el proyecto español de Goyena – incursionamos, al fin, en las doctrinas y prácticas de la codificación moderna, abandonando el viejo ropaje español en materia sustantiva civil.

Posteriormente, con los incidentes políticos de la revolución azul se insistió con la combinación de constitución y códigos, y el 27 de octubre de 1868 el ejecutivo creó otra comisión para redactar el Código Penal, revisar el Código Civil vigente y formularan un proyecto de Código de Procedimiento Civil. Luego triunfante el general Antonio Guzmán Blanco a través de la revolución de abril quedaron desconocidas las leyes, contratos, decretos, resoluciones y demás actos expedidos desde el 28 de junio de 1868.

Con la misma tendencia, Guzmán Blanco, con facultades dictatoriales creó, mediante decreto del año 1872, una nueva comisión general de códigos, para ser dividida en cuatro secciones, reforma del Código Civil, revisión del Código de Comercio, formación del Penal, Código Militar y, además, cada sección debía formar su código de procedimiento, los cuales empezaron todos a regir el 27 de abril de 1873.

b.2) La Codificación Civil Sustantiva

- *Código Civil de 1862*, promulgado el 28 de octubre de ese año. Tuvo una efímera vigencia hasta el 8 de agosto de 1863. Sus fuentes principales fueron el Código Civil Chileno o Código Bello y proyecto de Código Civil de Julián Viso de 1854.
- *Código Civil de 1867*, sancionado por el Congreso de 1867 tomando como modelo el proyecto de Código Civil para España que hizo en 1851 don Florencio García Goyena.
- Este código testifica la derogatoria del derecho indiano en materia civil. El artículo 1870, expresó: *Quedan derogadas todas las leyes anteriores a la promulgación de este código, en todas las materias que son objeto del mismo; aunque no sean contrarias a las disposiciones contenidas en él.*
- *Código Civil de 1873,* promulgado el 20 de febrero de 1873 y empezó a regir el 27 de abril de ese mismo año.
- *Luego el Código Civil de 1916 y 1922*, promulgados bajo las dictaduras andinas.
- *Código Civil de 1982,* vigente.

b.3) La Codificación Civil Adjetiva.

1. Antecedentes.

Mediante ley de 13 de mayo de 1825 el Congreso de Colombia estableció una cierta normativa para arreglar el procedimiento civil de los tribunales y juzgados de la república. No representó un código, pero se aplicó con preferencia a las normas del derccho español, y significó un gran esfuerzo en provecho de la codificación adjetiva.

Por su parte, Humberto Cuenca señala que el antecedente inmediato del Código de Aranda fue el de *Rafael Agostini*, editado en Valencia, presentado al congreso un Código de Procedimiento Civil en 1835[56].

2. Proceso de Codificación.

a) El 12 de mayo de 1836 se promulga el Código de Procedimiento Judicial *(Código de Aranda)*, que sustituyó el rancio castellano de la

[56] Humberto Cuenca, *Derecho Procesal Civil*. Tomo I, Parte General. Universidad Central de Venezuela. Ediciones de la Biblioteca. Caracas 1965. p. 49.

época y los dilatados lapsos procesales en los procedimientos, favoreciendo a los *"pendolistas"*. Según Cuenca, *Aranda supo sortear con talento los graves inconvenientes que presentaba una caótica legislación, mezcla española e india, redactada en español antiguo y con leyes en desuso…popularizo el derecho…*[57]

b) *Reformas del Código desde 1836 a 1873:* el Código de Aranda estaba integrado por diversas leyes según la técnica legislativa de la época, esas 41 leyes fueron sucesivamente reformadas hasta el 20 de febrero de 1873 que se publicó el Código de Procedimiento Civil, con un sistema de enumeración sucesiva de artículos marcando una nueva etapa de evolución de nuestro derecho.[58]

c) Bajo las dictaduras andinas se sancionó el Código de Procedimiento Civil en 1904 y 1916.

d) El Código de Procedimiento Civil del 04 de julio de 1916 fue derogado por el vigente, del 22 de enero de 1986 con efectividad desde el 16 de septiembre de 1986, con su reforma parcial publicada en Gaceta Oficial N° 4.209 Extraordinario del 18 de septiembre de 1990, básicamente para formalizar el lapso de vacaciones judiciales y habilitar todos lodos días para las acciones de amparo constitucional.

e) *Apéndice:* Tenemos conocimiento que actualmente en la Asamblea Nacional, sede del Poder Legislativo, cursa anteproyecto de reforma del código de procedimiento civil, elaborado por los magistrados de la Sala de Casación Civil del Tribunal Supremo de Justicia en el año 2014[59], donde se da preferencia al juicio oral por audiencias, a la inmediación del juez tanto en el debate como en las pruebas - emulando al proceso laboral - lo cual testifica la intención de sustituir el pesado y lento sistema judicial civil por otro más expedito, que resuelva de forma oportuna, bajo la tutela judicial efectiva, los conflictos jurídicos entre particulares.

Recientemente, la misma Sala de Casación Civil del Tribunal Supremo de Justicia publicó la sentencia N° RC.000397, con fecha 14 de

---

[57] Humberto Cuenca: ob. cit., p. 47 y ss.

[58] Arminio Borjas, *Comentarios al Código de Procedimiento Civil*, Imprenta Bolívar, Caracas 1924, p. 12-13

[59] http://www.tsj.gob.ve/-/tsj-presenta-anteproyecto-de-codigo-de-procedimiento-civil-en-la-asamblea-nacional, consultado el 10 de junio de 2020.

agosto de 2019, Expediente AA20-C-2019-000065, donde somete a la Sala Constitucional, por control difuso, la resolución de la propuesta de reformar el código de procedimiento civil, implementado un juicio oral a través de audiencia sujetas a la inmediación procesal, con el propósito de agilizar los eternos procedimientos civiles y mercantiles que favorecen solamente a la corrupción judicial y a los que obstaculizan el sistema jurisdiccional en beneficio de alguna de las partes. Hasta la fecha de la redacción de este artículo no tenemos conocimiento que se haya decidido la solicitud.

La referida Sala de Casación Civil, fundamenta su propuesta de reforma ante la necesidad de adaptar el procedimiento civil ordinario a los nuevos postulados constitucionales, los cuales exigen la implementación de un procedimiento judicial oral y expedito, creando un procedimiento civil único, un procedimiento oral que consta en la primera instancia de dos fases (una fase conciliatoria y otra fase de juicio), y en el cual se abrevian los lapsos, así como se simplifican los trámites de la citación y las notificaciones.

Estimamos que la propuesta de los magistrados de la Sala de Casación Civil de unificar el procedimiento civil se cobija en lo sucedido en la jurisdicción especial del trabajo. Sabemos que a partir de la reforma del sistema procesal del trabajo en el año 2002[60] -donde se apostó al juicio oral ordenado por audiencias, una de mediación y otra para valorar pruebas y sentenciar, sin suspensiones, sin citaciones que requieran ubicación personal del demandado, sin la exigencia de resolución anticipada de defensas previas que paralicen la causa principal y obligación del juez de dictar sentencia oportuna- los conflictos jurídicos se resuelven de forma expedita y preservando a la vez las garantías procesales, contribuyendo de esa manera con la paz social a través de la tutela judicial efectiva. Quizá ese es el sistema procesal, en sede jurisdiccional, que reclama la sociedad venezolana para la solución de los conflictos civiles y mercantiles.

Por último, solo debemos advertir, que para reformar el código de procedimiento civil se debe agotar el mecanismo de creación y discusión del proyecto para su sanción por el poder legislativo y posterior

[60] Ley Orgánica Procesal del Trabajo del 13 de agosto de 2002, en rigor un año después.

promulgación en la Gaceta Oficial de la República, según lo establecido en la Constitución Nacional.

b.4) La Codificación Penal Sustantiva

Según el profesor Arteaga Sánchez[61], el primer Código Penal Venezolano es de 1863 con efímera vigencia de cuatro meses. Le siguió el de 1873 de influencia española con 24 años de vigencia, hasta la sanción del Código de 1897 bajo la influencia de Código italiano de Zanardelli.

Luego sigue el Código de 1904 y de 1912 que vuelven a la tradición hispana. En 1915 se dicta otro Código Penal y el actual es del 13 de abril del 2005.

b.5) La Codificación Penal Adjetiva

La fuente original fue una de las leyes del Código Arandino, la ley única del título XII, denominada *Del Juicio Criminal en tanto se establece la administración por jurados.* Se confiaba la instrucción del sumario a los jueces de Primera Instancia, a los Alcaldes Parroquiales y a los jueces de Paz.

El 20 de febrero de 1873 se sanciona el Código de Procedimiento Criminal, el cual será reformado en 1882, 1884 y 1897. Posteriormente durante las dictaduras andinas se promulgaron el Código de Enjuiciamiento Criminal de 1904, 1911, 1915 y 1926.

El 1 de julio de 1999 se dictó el Código Orgánico Procesal Penal, reformado el 4 de septiembre de 2009.

El 15 de junio del año 2012 se publica el decreto con rango, valor y fuerza de ley del Código Orgánico Procesal Penal.

b.6) La Codificación Mercantil

El primer Código de Comercio fue sancionado el 15 de febrero de 1862, posteriormente fue reformado por el Código de Comercio fechado el 20 de febrero de 1873 y empezó a cumplirse el 27 de abril del

[61] Alberto Arteaga Sánchez, *Derecho Penal Venezolano*. Séptima Edición aumentada y corregida. Caracas 1995. Editorial Paredes Editores. Página 34.

referido año[62]. Este código se sustituyó por el del 20 de enero de 1904, el cual entró en vigencia el 19 de abril del mismo año.

El 23 de junio de 1919 el Congreso de la República sanciona el vigente Código de Comercio, el cual comenzó a regir el 19 de diciembre de ese año, y hasta la fecha sufrió cuatro reformas.

c) Derecho Tributario

Herencia del derecho de hacienda del sistema español. El primer Código Orgánico Tributario venezolano adoptó las recomendaciones del Modelo de Código Tributario OEA/BID, para lo cual se designó una comisión en el año de 1976 para elaborar el proyecto del primer Código Orgánico Tributario que fue presentado al Congreso en el año 1977, siendo finalmente promulgado el 03 de agosto del año 1982 y entró en vigencia el día 31 de enero de 1983, que a la vez derogó las disposiciones de carácter tributario contenidas en la Ley Orgánica de la Hacienda Pública Nacional, que hasta esa fecha, de alguna manera pretendían regular el derecho tributario.

El Código de 1982 fue sujeto de varias reformas, *(a)* la del 11 de septiembre del año 1992 vigente desde el día 11 de diciembre del mismo año, con cambios como la de exigir intereses moratorios a la tasa del mercado, mejoras en la redacción de algunos artículos debido a la experiencia en su aplicación, se desarrolló la materia de infracciones y sanciones atendiendo a las necesidades de la implementación en nuestro país del Impuesto al Valor Agregado; *(b)* del 1° de julio de 1994, mediante la cual se facultó al Ejecutivo Nacional, para crear, reestructurar, fusionar y extinguir, los servicios autónomos sin personalidad jurídica vigentes para la época, como el Servicio Nacional de Administración Tributaria (SENAT), el cual, fue sustituido por el servicio nacional integrado de administración tributaria (SENIAT); y, *(c)* Reforma en el mes de octubre del año 2001.

---

[62] Según reseña Leopoldo Borjas, en *Desarrollo de la Legislación Mercantil en Venezuela*, en este Código además de la influencia francesa y española, tuvo su injerencia el Código de Comercio de Chile del 23 de noviembre de 1865. Disponible en http://www.ulpiano.org.ve/revistas/bases/artic/texto/RDUCAB/14/UCAB_1971-1972_14_9-37.pdf, revisado el 9 de mayo de 2020.

El Código Orgánico Tributario del año 2001, fue reformado mediante el Decreto-Ley de Reforma del Código Orgánico Tributario (COT), de fecha 18 de Noviembre del 2014, donde se efectuaron cambios importantes, entre ellos, el incremento de los lapsos de prescripción de las acción para la verificación, fiscalización y determinación de la obligación tributaria y sus accesorios, se suprimió el procedimiento del juicio ejecutivo que facultaba a los Tribunales Contencioso Tributarios para la ejecución forzosa de las sentencias definitivamente firmes y los cobros ejecutivos de cantidades líquidas y exigibles a favor del sujeto activo, creándose el *procedimiento del cobro ejecutivo*[63], cuya competencia le corresponde exclusivamente a la administración tributaria (SENIAT). A partir de dicha reforma los jueces tributarios no están facultados para ejecutar sus propias sentencias definitivamente firmes, quedando obligados a desprenderse del expediente una vez trascurrido el lapso del cumplimiento voluntario de dicha sentencia, para remitirlo al SENIAT para la ejecución forzosa de la misma[64].

Este año, la ilegítima asamblea nacional constituyente promulgo en fecha 29 de enero del 2020 un Código Orgánico Tributario, con vigencia desde el día 28 de febrero, aunque al analizarlo solo se trata de una elemental reforma del código del año 2014. Lo que llama la atención de este código, es que, suprime el valor de la Unidad Tributaria (UT) prevista como índice aplicable para la determinación y actualización de las *sanciones pecuniarias* en el código derogado, y se establece un nuevo índice para cálculo de las multas sobre la base de, *el tipo de cambio oficial de la moneda de mayor valor, publicado por el Banco Central de Venezuela*. Se establece que las sanciones pecuniarias serán determinadas y actualizadas en moneda extranjera y se cancelarán en su equivalente en moneda nacional, utilizando el valor del tipo de cambio oficial de la moneda de mayor valor publicado por el Banco Central de Venezuela que estuviere vigente para el momento del pago[65].

---

[63] Artículo 290 y siguientes del COT del 2014 y su equivalente lo encontramos en el artículo 226 y siguientes del COT del 2020.

[64] Artículo 346 del COT del 2014 y su equivalente en las Disposiciones Finales, artículo 349 del COT del 2020.

[65] Artículo 91: *Cuando las multas establecidas en este código estén expresadas en el tipo de cambio oficial de la moneda de mayor valor, publicado por el Banco Central de Venezuela, se utilizará el valor del tipo de cambio, que estuviere vigente para el momento del pago.*

d) Derecho del Trabajo

Es del conocimiento general que el derecho del trabajo venezolano, como en la mayoría de los países, comienza a regularse a principios del siglo XX, y desde ese momento se delibera sobre la consideración de su codificación. La primera ley formal del trabajo venezolana se decreta el 23 de julio de 1928[66] -mucho tiempo después de los intentos de codificación de las leyes derivadas de los derechos civiles e individuales- precisamente por el surgimiento y reconocimiento de los derechos sociales como el abandono de la idea legal/napoleónica que se trataba de un arrendamiento de servicios, y a pesar del tiempo transcurrido no disponemos en la actualidad de un código del trabajo.

Hubo ensayos de codificación, pero solo quedaron en simples tentativas. El primero de ellos se realizó en el año 1938 por el primer Ministro del Trabajo, Luis Gerónimo Pietri Méndez, y en el año 1942, el entonces también Ministro del Trabajo Numa Quevedo, nombró una comisión para la elaboración de un proyecto de código de trabajo, integrado por Tito Gutiérrez Alfaro, Jacinto Ramírez Rausseo, Andrés Eloy Blanco, Vicente Millán Delpretti y Julio Diez. Por último, y en fechas más cercanas, corresponde a la Ley Orgánica del Trabajo de 1990, que a pesar del gran esfuerzo de compilar una serie importante de leyes formales y materiales existentes y dispersas a esa fecha, no lo denominaron código del trabajo. Esta tendencia siguió en la ley del trabajo del año 2012, denominada Ley Orgánica del Trabajo, los Trabajadores y las Trabajadoras, cuando sus redactores ni siquiera se plantearon esa posibilidad.

En concreto, casi un siglo después de la primera ley del trabajo y sus posteriores reformas, podemos confirmar que esa disciplina jurídica ha evolucionado al punto que dispone una legislación autónoma, con sus propios principios, con unidad y armonía, con un sistema legal que incluye una ley sustantiva que legaliza todas las condiciones generales de trabajo, como las condiciones de higiene, seguridad y protección de

[66] Esta fue una ley inefectiva, se promulgo solo para cumplir objetivos de política exterior. Por eso algunos consideran que la primera ley del trabajo fue la del 16 de julio de 1936, que estaba formada en gran parte por la ley de 1928 y disposiciones de la ley chilena y mexicana de la época.

la salud y la vida de los trabajadores; las condiciones particulares de algunos prestadores de servicios bajo modalidades especiales, como la de las mujeres trabajadoras, el trabajo de los adolescentes, a domicilio, doméstico, marítimos y terrestres, entre otros; regula la estabilidad y conservación del empleo; la negociación y discusión de convenios colectivos, el derecho a la sindicalización y huelga.

Este sistema dispone de un reglamento general del año 1998, el cual fue reformado en el año 2006, y otro parcial para el tiempo de trabajo que deroga algunos artículos del reglamento del 2006; una ley de igualdad de oportunidades para la mujer, una ley especial para la dignificación de trabajadores y trabajadoras residenciales, el cual derogó el régimen especial de trabajo de los anteriormente denominados conserjes, una ley de alimentación denominada Ley del Cestaticket Socialista; cuenta con un Reglamento sobre Condiciones de Higiene y Seguridad en el trabajo de 1968 y reformado en 1973; ley para la protección de las familias, la maternidad y la paternidad de 2007, las normas de los convenios de la Organización Internacional del Trabajo (OIT) que fueron ratificados.

También asumió desde 1940 un sistema procesal autónomo - con sus variantes del año 2002 - cuenta con principios procesales que regulan básicamente la resolución de los conflictos jurídicos en tribunales con competencia especial. Por otra parte, dispone de varios procedimientos administrativos para la resolución de los conflictos económicos y colectivos en sede ejecutiva, que tienen posteriormente control judicial. Para los recursos de casación se creó una sala especial, la denominada Sala de Casación Social en el Tribunal Supremo de Justicia, que en sus atribuciones y competencias resuelve el recurso de casación social y control de la legalidad de la actividad judicial de instancia que se aparte de la jurisprudencia o del orden público procesal.

Pensamos pues, que por ser un sistema jurídico sistematizado[67], reconocido internacionalmente como un verdadero derecho subjetivo, las normas fundamentales que regulen las condiciones de trabajo, los derechos y deberes de los empleadores y trabajadores venezolanos deben ser incorporados en un *Código del Trabajo,* como lo han hecho distintos

[67] Requisito para ser denominado código, según artículo 202 de la Constitución Nacional.

países latinoamericanos en esta materia, que incorpore la mayoría de las reglas generales indicadas anteriormente, con algunas excepciones reglamentarias, especiales y procedimentales que serán reguladas por separado.

El derecho del trabajo venezolano ha progresado y superado aquel rasputín ideológico de principios de siglo XX que lo consideraba como derecho nuevo y dinámico, impedimentos imaginados para obstruir su codificación y sistematización. Pensamos, y así aquí lo expreso, que tenemos libre el terreno para codificar el derecho del trabajo.

Para concluir con este artículo, me atrevo a parafrasear al maestro Chiossone, así: *desde 1873 a 1899, hay un renacimiento jurídico, porque es en ese lapso cuando Venezuela adquiere la codificación definitiva y se establecen importantes instituciones que perdurarán hasta el presente*[68].

CONCLUSIONES

Procedemos a escindir las conclusiones según el período histórico-legal que corresponda:

1. En el contexto del descubrimiento, los nativos aplicaban reglas de convivencia y de forma de vida, gozaban de propias costumbres y hábitos. En ese período no hubo juridicidad, lo que existió fueron principios consuetudinarios. En definitiva, durante ese período colonial regían en las Indias Occidentales las Leyes de Indias a través del Consejo de Indias, suprema autoridad después del Rey sobre el gobierno del nuevo continente.
2. Con la integración de las provincias en Capitanía General, se originan esenciales instituciones políticas-jurídicas como la Real Audiencia de Caracas, el Real Consulado de Caracas y la Intendencia de Ejército y Real Hacienda, que fueron los primeros intentos legislativos al marcar la fundación de un derecho nacional. Con la revolución del 19 abril de 1810 nace un derecho nacional propio a raíz de la interrupción de las autoridades políticas, militares y judiciales de la Capitanía General de Venezuela.

[68] Tulio Chiossone, ob. cit., p. 204.

3. Una vez iniciado e instalado el proceso revolucionario entramos en una fase de aplicación y cumplimiento de dos sistemas jurídicos que transitaron hasta la abolición del derecho español. Ese sistema subsistió hasta la promulgación de los códigos nacionales en el siglo XIX.
4. A partir del congreso constituyente de 1830 y los congresos constitucionales y constituyentes posteriores, como algunas decisiones del poder ejecutivo con facultades extraordinarias, se dictaron una serie de constituciones y leyes que anunciaron el final de la legislación española en Venezuela, aunque siguieron aplicándose hasta la promulgación de los códigos civiles, penales, mercantiles y de procedimiento.
   En Venezuela se implantó la codificación a finales del siglo XIX, y como proceso histórico tiene un valor encomiable, pues representó la desaparición del sistema jurídico español que había tenido vigor desde el descubrimiento.
5. La venezolanidad jurídica alcanzó su esplendor a finales del siglo XIX cuando se desliga íntegramente del derecho español. Sin embargo, no fue sino iniciado el siglo XX cuando adopta instituciones más avanzadas de otros sistemas jurídicos, como el italiano y el francés.

BIBLIOGRAFÍA

ACTA DE INSTALACIÓN DE LA JUNTA SUPREMA DE CARACAS DEL 19 DE ABRIL DE 1810 en BREWER-CARÍAS, Allan R., *Las Constituciones de Venezuela*. Academia de Ciencias Políticas y Sociales. Tercera edición ampliada y actualizada. Serie estudios N° 71. Dos tomos. Caracas 2008.

ACTA DE INDEPENDENCIA DEL 5 DE JULIO DE 1811 en BREWER-CARÍAS, Allan R., *Las Constituciones de Venezuela*. Academia de Ciencias políticas y Sociales. Tercera edición ampliada y actualizada. Serie estudios N° 71. Dos tomos. Caracas 2008.

ÁLVAREZ, Tulio A., *Antecedentes y Evolución de las Leyes Coloniales de las Indias*. Publicado en la obra titulada *Historia de las Instituciones Coloniales Hispanas*. Universidad Católica Andres Bello. Instituto de Investigaciones Históricas. Primera edición, 2014. Caracas.

_____________, *Las Institutas de Justiniano.* Primer Tomo. Universidad Católica Andres Bello. Primera edición. Caracas 2010.

_____________, *JUAN GERMÁN ROSCIO, PADRE DEL CONSTITUCIONALISMO LATINOAMERICANO.* En https://www.academia.edu/35907646/JUAN_GERM%C3%81N_ROSCIO_PADRE_DEL_CONSTITUCIONALISMO_LATINOAMERICANO.

ARTEAGA SÁNCHEZ, Alberto, *Derecho Penal Venezolano.* Séptima Edición aumentada y corregida. Editorial Paredes Editores. Caracas 1995

BORJAS, Arminio, *Comentarios al Código de Procedimiento Civil,* Imprenta Bolívar, Caracas 1924.

BREWER-CARÍAS, Allan R., *Historia Constitucional de Venezuela,* tomo I, Editorial Alfa, 1° Edición, diciembre 2008, Caracas.

_____________, *Las Constituciones de Venezuela.* Academia de Ciencias políticas y Sociales. Tercera edición ampliada y actualizada. Serie estudios N° 71. Dos tomos. Caracas 2008.

_____________, *Los Inicios de Proceso Constituyente hispano y americano. Caracas 1811-Cádiz 1812.* Bid & co. Editor. Caracas 2012.

CARRILLO-BATALLA, Tomas Enrique, *Las Fuentes del Derecho Venezolano a Partir del Fin de la Colonia y su Empalme con el Derecho Republicano.* En revista de la Facultad de Ciencias Jurídicas y Políticas N° 137, año 2012.

CHIOSSONE, Tulio, *Formación Jurídica de Venezuela en la Colonia y la República.* Universidad Central de Venezuela. Facultad de Ciencias Jurídicas y Políticas. Instituto de Ciencias Penales y Criminológicas. Caracas, 1980.

_____________, *Miscelánea Jurídica.* Universidad Central de Venezuela. Facultad de Ciencias Jurídicas y Políticas. Caracas, 1990.

CONSTITUCIÓN FEDERAL PARA LOS ESTADOS DE VENEZUELA DE 1811, en BREWER-CARÍAS, Allan R., *Las Constituciones de Venezuela.* Academia de Ciencias Políticas y Sociales. Tercera edición ampliada y actualizada. Serie estudios N° 71. Dos tomos. Caracas 2008.

CONSTITUCIÓN DE VENEZUELA DE 1819, CONSTITUCIÓN DE 1821 (Cúcuta), CONSTITUCIONES DE 1830, 1857, 1858, 1864, en BREWER-CARÍAS, Allan R., *Las Constituciones de Venezuela.* Academia de Ciencias Políticas y Sociales. Tercera edición ampliada y actualizada. Serie estudios N° 71. Dos tomos. Caracas 2008

CUENCA, Humberto, *Derecho Procesal Civil.* Tomo I, Parte General. Universidad Central de Venezuela. Ediciones de la Biblioteca. Caracas 1965.

DECLARACIÓN DE LOS DERECHOS DEL PUEBLO DE 1811, en Brewer-Carias, Allan R., *Las Constituciones de Venezuela.* Academia de Ciencias políticas y Sociales. Tercera edición ampliada y actualizada. Serie estudios N° 71. Dos tomos. Caracas 2008.

DECRETO DE ORGANIZACIÓN DEL PODER JUDICIAL DE 1817, en Brewer-Carias, Allan R., *Las Constituciones de Venezuela.* Academia de Ciencias políticas y Sociales. Tercera edición ampliada y actualizada. Serie estudios N° 71. Dos tomos. Caracas 2008

DECRETO ORGÁNICO DEL LIBERTADOR DE 27 DE AGOSTO DE 1828, POR MEDIO DEL CUAL ASUME EL PODER SUPREMO, en Brewer-Carias, Allan R., *Las Constituciones de Venezuela.* Academia de Ciencias políticas y Sociales. Tercera edición ampliada y actualizada. Serie estudios N° 71. Dos tomos. Caracas 2008.

FUNDACIÓN EMPRESAS POLAR, *Diccionario de Historia de Venezuela,* Segunda Edición, Caracas 2010, Tomo 1.

GARRIDO ROVIRA, Juan, *Independencia, Derecho Nacional y Derecho Español.* Universidad Monteávila. Caracas 2011.

_____________, *De la Monarquía de España a la República de Venezuela.* Universidad Monteávila. Caracas 2008.

_____________, *La Revolución de 1810.* Universidad Monteávila. Caracas 2009.

_____________, *El Congreso Constituyente de Venezuela.* Universidad Monteávila. Caracas 2010.

GIL FORTOUL, José, *Historia Constitucional de Venezuela.* Obras Completas Vol. I. 4° Edición. Tomo Primero: *La Colonia, La Independencia, La Gran Colombia.* Ministerio de Educación, Dirección de Cultura y Bellas Artes. Caracas 1954.

GUARDIA, Amelia, *La Codificación del Derecho en Venezuela: proposiciones metodológicas para su estudio.* Cuestiones Políticas N° 39, julio-diciembre de 2007. Facultada de Ciencias Jurídicas y Políticas. Universidad del Zulia.

GUERRA, François-Xavier, *MODERNIDAD E INDEPENDENCIAS, Ensayos sobre las revoluciones hispánicas.* Editorial Mapfre. Colección Relaciones entre España y América. Madrid 1992, disponible en: https://rodrigomorenog.files.wordpress.com/2012/01/guerra-modernidad-e-independencias-1992.pdf.

LEY FUNDAMENTAL DE LA REPUBLICA DE COLOMBIA DE 1819 Y LEY FUNDAMENTAL DE LA UNIÓN DE LOS PUEBLOS DE COLOMBIA DE 1821, en BREWER-CARÍAS, Allan R., *Las Constituciones de Venezuela.* Academia de Ciencias Políticas y Sociales. Tercera edición ampliada y actualizada. Serie estudios N° 71. Dos tomos. Caracas 2008

LORETO GONZÁLEZ, Irene, *Algunos Aspectos de la Historia Constitucional Venezolana (Independencia, Federalismo de J.G. Roscio en los Primeros textos Constitucionales)*. Academia de Ciencias Políticas y Sociales. Serie estudios N° 91. Caracas 2010.

_____________, *La Génesis del Constitucionalismo en Venezuela*. Centro de Investigaciones Jurídicas. Lito formas Caracas 2005.

MENDIBLE ZURITA, Alejandro: *El Imperio Luso-brasileño: la original independencia de Brasil en el contexto latinoamericano*, en el libro *Las Independencias de Iberoamérica*. Compiladores Tomas Straka, Agustín Sánchez Andrés, Michele Zeuske. Fundación Empresa Polar, UCAB, Fundación Konrad Adenauer, UMSNH, Caracas, 2011, p. 828.

POLANCO ALCÁNTARA, Tomás, *Las Formas Jurídicas en la Independencia*. Instituto de Estudios Jurídicos. Facultad de Derecho Universidad Central de Venezuela, Caracas 1960.

REGLAMENTO DE ELECCIONES Y REUNION DE DIPUTADOS DE 1810 en Brewer-Carias, Allan R., *Las Constituciones de Venezuela*. Academia de Ciencias políticas y Sociales. Tercera edición ampliada y actualizada. Serie estudios N° 71. Dos tomos. Caracas 2008.

ROSENBLAT, Ángel, La Población Indígena de America. Desde 1492 hasta la Actualidad. https://pueblosoriginarios.com/textos/rosenblat/1492.html

ROUSSEAU, Juan Jacobo: *El contrato Social*. Editorial Linipo. Bogotá. 1979.

NOTAS PARA LA HISTORIA DE LA ACADEMIA. VEINTE POLÍTICOS ACADÉMICOS

RAMÓN GUILLERMO AVELEDO*

SUMARIO

INTRODUCCIÓN

Creada por Ley del 21 de mayo de 1915, la Academia de Ciencias Políticas y Sociales se rige por Ley del 30 de junio de 1924. Su antecedente inmediato es la desaparecida Academia de Jurisprudencia fundada en 1841, pero deberían estudiarse así mismo, noticias anteriores que se remontan a la Academia de Derecho Público y Español (1792-804) instituida por iniciativa del regente de la Audiencia de Caracas, la Academia de Jurisprudencia de Mérida decretada por el rector Parra Olmedo de la Universidad de Los Andes en 1889 y de iniciativa privada, la Academia de Ciencias Sociales y Bellas Letras (1879-70), entre cuyos integrantes se cuentan Cecilio Acosta, Ildefonso Riera Aguinagalde, José Antonio Calcaño y Felipe Larrazábal.

La primera de las atribuciones del cuerpo, según la Ley, es "*Propender al desarrollo y el progreso de las Ciencias Políticas y Sociales*

---

* Abogado. PhD en Ciencia Política. Profesor Titular de la Universidad Metropolitana. Presidente del Instituto de Estudios Parlamentarios Fermín Toro. Individuo de Número de la Academia de Ciencias Políticas y Sociales. Ha sido Presidente de la Cámara de Diputados, Secretario Privado del Presidente de la República y directivo de empresas públicas.

en general"[1], las cuatro siguientes se refieren a aspectos relacionados con la legislación y en seguida se agrega con amplitud, producir informes "*sobre cualquiera otras materias que someta a su estudio el Ejecutivo Federal*", crear una biblioteca de Ciencias Políticas y Sociales, formular recomendaciones en cuanto a la enseñanza de éstas al ministerio respectivo y otras.

La denominación y los fines expresados en nuestra Ley indican que no quiso aquí seguirse el camino que ya existía en España, donde la Real Academia de Jurisprudencia y Legislación data de 1730 y la de Ciencias Morales y Políticas de 1857, por Real Decreto de Isabel II, y más bien se optó por el modelo de la Academia de Ciencias Morales y Políticas del Instituto de Francia, fundada en 1795 y, luego de ser suprimida en 1803 al calor de la revolución, restablecida en 1832.

No son sinónimos Ciencias Políticas y Sociales y Derecho, aunque el título conferido en las facultades de Derecho de las universidades entonces fuera el de doctor en Ciencias Políticas y Sociales. El Parágrafo Único del Artículo 1° de la Ley estipula que la elección de individuos de número "*...se hará entre Abogados o Doctores en Ciencias Políticas o sabios venezolanos*" que reúnan las condiciones que se señalan. Y el artículo 10 distingue "*...los servicios notables en la creación y el desenvolvimiento del Derecho patrio o de las Ciencias Políticas y Sociales en general.*" La intención del legislador venezolano fue reunir en una sola corporación es estudio de las ciencias jurídicas, políticas y sociales.

Dice Aristóteles que el hombre es *zoon politikon* porque "*La naturaleza arrastra, pues, instintivamente a todos los hombres a la asociación política.*"[2] Reconocer a Maquiavelo (1469- 1527) la paternidad de la ciencia política moderna, no obvia que *La Política* no solo especula filosóficamente sobre la cuestión del poder, sino la estudia sistemáticamente y ofrece ejemplos sacados de la experiencia práctica. La ciencia política tendrá, así, naturalmente, un amplísimo espectro que tiene que ver con la humanidad. Las ciencias sociales podrían denominarse

[1] Academia de Ciencias Políticas y Sociales, *Recopilación de la normativa de la Academia de Ciencias Políticas y Sociales,* Caracas, 1996.

[2] Aristóteles, *La Política,* Austral, Espasa Calpe, México, 1958.

ciencias humanas. La politología, la sociología, la antropología, la criminología, la estadística, la geografía son al lado del derecho, ciencias sociales. Y la filosofía, como disciplina madre, tiene su sitio natural junto a ellas.

La vocación humanista del cuerpo académico se ha manifestado reiteradamente a lo largo de más de un siglo, venciendo resistencias y prejuicios. Una revisión de los trabajos de incorporación y la obra escrita de los veinte académicos aquí mencionados, nos mostrará un panorama amplio de intereses intelectuales.

El ejercicio liberal de la profesión de abogado, como la política activa nunca ha excluido la vida intelectual propia del mundo académico. La cátedra universitaria, la investigación, el estudio que ensanche y profundice la comprensión de los fenómenos sociales, políticos u jurídicos, al contrario de debilitarse, pueden fortalecerse con la experiencia en los asuntos públicos, sea en las funciones clásicas de gobierno, legislativa, judicial o en las de control fiscal o administración electoral, por ejemplo. Incluso, como es propio en una democracia, en la organización y promoción de la participación cívica en el proceso.

La verdad, aquí son todos los que están, pero no están todos los que son. Ha habido muchos más políticos en nuestra Academia de Ciencias Políticas y Sociales. Unos lo eran y lo admitían y unos sin reconocerlo explícitamente, también. Otros lo fueron discretamente, contando con que nadie se daría cuenta. Algunos lo fueron y se retiraron, también hay quienes intentaron serlo. No ha faltado quien se pasó la vida esperando que algún día la política tocara a su puerta, aguardan como en la Presentación Mural del Hombre Honrado de Andrés Eloy Blanco, epónimo de un premio de esta Academia para estudiantes en 2019. Epónimo el abogado, poeta y parlamentario, no el personaje de sus versos, claro. En suma, son muchos más que los que aquí aparecen.

Cinco de los académicos aquí nombrados ocuparon la jefatura del Estado. Uno sólo por elección, Rafael Caldera, también es el único venezolano en completar dos períodos constitucionales al frente del Estado por vía democrática y constitucional. Otro, Edgar Sanabria, por presidir la Junta de Gobierno que se hizo cargo del país en la tan veloz como azarosa transición de 1958, sobre la cual la Academia realizó un foro en 2018, con motivo de sus sesenta años, en el cual fuimos ponentes Jesús María Casal, César Carvallo Mena y quien escribe. Los otros tres pertenecen al elenco escogido para la fundación de la corporación. Guillermo Tell Villegas Pulido presidió la República interinamente, en una de esas peripecias más o menos constitucionales de la Revolución Legalista, una de nuestras guerras civiles del violento XIX. Los restantes dos, Gil Fortoul y Márquez Bustillos, con independencia de sus méritos personales, ejercieron un poder delegado por otro que era su verdadero detentador y, en la visión de historiadores, su amo.[3] Uno preside gobierno de facto, dos lo hacen durante una dictadura y el poder real es ajeno, otro mientras se detiene la ruleta revolucionaria y solo uno, el 20% del grupo, por el voto del pueblo y lo logró dos veces. La reelección, en este caso en su modalidad de la constitución de 1961, ha sido siempre en Venezuela tema de debate. Interesante muestra por lo demás, acaso representativa de nuestra historia.

Por forzada selección, pensando en la extensión y para redondear en la veintena esta muestra plural que incluye demócratas y partidarios de las dictaduras, conservadores y liberales, socialdemócratas y demócrata cristianos, resistí a la tentación de incorporar nombres por los cuales tengo afecto o siento afinidad. A conciencia de que hay más ejemplos, para este trabajo he escogido a veinte que en conjunto constituyen un elenco bastante representativo.

VEINTE ACADÉMICOS

1. Pedro Manuel Arcaya

Académico de las Ciencias Políticas y Sociales desde la fundación de la corporación, electo según la Ley de creación del 16 de junio de 1915, ya desde 1910 integraba la Academia nacional de la Historia y lo sería de la Lengua desde 1917. Con justicia el Diccionario de Historia de Venezuela[4] lo califica "*Abogado, jurista, sociólogo, historiador y político*", hasta 1909, mientras ejercía la profesión en Coro, donde na-

---

[3] Ver Domingo Alberto Rangel, *Gómez, el amo del poder,* Vadell Hermanos, Caracas, 1975 y Carlos Siso, *Castro y Gómez, Importancia de la hegemonía andina,* Editorial Arte, Caracas, 1985, dos de muchos títulos de una profusa bibliografía.

[4] *Diccionario de Historia de Venezuela.* Fundación Polar, 2ª Edición, Caracas, 1997.

ció, hizo política y llegó a la Secretaría de Gobierno de Falcón. De allá se vino en un barco de guerra llamado por Gómez, lee Consalvi[5] lo que cuenta Arcaya en sus *Memorias*[6]. Lo tiene por "*uno de los personajes de mayor relieve de la política venezolana de los primeros 35 años del siglo XX*". Tiene 35 años de edad. En 1913 es Procurador General y de 1914 a 1917, por primera vez, el Ministerio de Relaciones Interiores, cartera a la que volverá en 1925 hasta 1929, los sucesos de 1928 le pasan factura y regresa a Washington de 1930 hasta 1935, donde ya dirigió la Legación venezolana entre 1922 y 1924. En ese periplo por las más altas esferas es Senador por Falcón y Presidente del Congreso, en los cuatro años que van de 1918 a 1922. Es coriana su lealtad a Gómez, aún después de la muerte de éste. Valentía, otra virtud tradicionalmente asociada al gentilicio falconiano, tuvo y demostró; no desde el poder que es fácil, sino caído de él. Después del 18 de octubre plantó cara a los juicios en su contra, asumió con éxito su propia defensa.

Tío y tío abuelo de ministros, caso raro en Venezuela, en contraste con la vecina Colombia donde es lo usual. Descendientes suyos donaron a la Biblioteca Nacional la suya personal de cerca de ciento cincuenta mil títulos. Arcaya es uno de los principales exponentes del pensamiento político positivista en nuestro país, a él volveremos cuando revisemos las figuras de Gil Fortoul y Vallenilla Lanz. Por su importancia en Venezuela, el peso de los académicos de esa tendencia y su gravitación en las ideas venezolanas cuando la corporación se fundó, debemos detenernos brevemente en el positivismo, sin pretender convertir éste trabajo en una monografía acerca del mismo, como lo ha merecido[7]. Aquí no se podría ni es nuestro objetivo. Ya antes hemos abordado el positivismo como una de las seis corrientes más influyentes de la política venezolana hasta hoy, junto al liberalismo, el socialismo, el nacionalismo militar, el socialcristianismo y el neoliberalismo.[8]

---

5 Simón Alberto Consalvi, *Pedro Manuel Arcaya y la crisis de los años 30*, Tierra de Gracia Editores, Washington D.C., 1991.

6 Pedro Manuel Arcaya, *Memorias*, Librería Historia, Caracas, 1983.

7 Ver Arturo Sosa Abascal, *El pensamiento político positivista venezolano,* Centauro, Caracas, 1985.

8 Ramón Guillermo Aveledo, *El Poder Político en Venezuela,* Universidad Metropolitana-Libros El Nacional, Caracas, 2007.

Las ideas de Augusto Comte (Montpellier 1798-París 1857), cuya influencia europea tiene su apogeo antes de la mitad del siglo XIX, llegaron a Venezuela de la mano de Rafael Villavicencio y otros. La conferencia introductoria del médico caraqueño es de 1866. En feliz expresión de Pino Iturrieta[9], esas ideas son "*aclimatadas*" aquí en tiempos Guzmancistas. El "*eje del saber y del progreso*" para el pensador francés está constituido sólo por seis ciencias: matemáticas, astronomía, física, química, biología y sociología. La presencia de la última, entonces jovencísima disciplina, al lado de las clásicas, se explica en la estructura de su planteamiento porque aparte de padre del positivismo a Comte se le considera fundador de la sociología como ciencia. Las claves modernizadoras y racionalistas de la propuesta original fueron "*trocadas*" en nuestro medio como herramienta de apuntalamiento del régimen dictatorial. Así, positivismo venezolano "*salta hacia la política*", como ya lo había hecho en otros lugares del continente. En 1889 en Brasil alrededor del Mariscal Deodoro de Fonseca[10], queda reflejado en el "*Orden y Progreso*" de su bandera y en México desde 1884 durante las tres décadas del "*Porfiriato*", a través de la camarilla de "*los científicos*" dirigidos por el Secretario de Hacienda José Yves Limantour en aquel liberalismo elitista y patriarcal[11]. Don Porfirio Díaz, desconfiaba de lo que llamaba "*profundismo*", pero aprobó personalmente el subsidio gubernamental a *La Libertad*, vocero del positivismo mexicano.[12]

Apunta el historiador antes citado que "*Si el padre Comte hablaba de un anhelado universo, orquestado por los cerebros más selectos, en comandita con una autoridad ordenadora de las muchedumbres, ¿No podían ellos emprender la faena desde arriba junto con Don Juan Vicente*?"

El aporte de Arcaya al pensamiento positivista en nuestro país está en textos como *Estudios de sociología venezolana, Influencia del elemento venezolano en la independencia de América Latina, Historia del*

---

9 Elías Pino Iturrieta, *Ideas sobre un pueblo inepto: La justificación del gomecismo* en VVAA, *Juan Vicente Gómez y su época (*Elías Pino Iturrieta, Coordinador) 2ª Edición, Libros El Nacional, Caracas, 2018.

10 Mary Del Priore-Renato Venancio, *Uma breve História do Brasil*, Planeta, Sao Paulo, 2010.

11 Manuel Caballero, por cierto, publicó *Gómez, el Tirano Liberal* (Alfadil, Caracas, 2003) y considera la modernización del Estado durante la hegemonía andina como la culminación de la denominada por él junto a otros historiadores, "*República Liberal Autocrática*"

12 Paúl Garner, *Porfirio Díaz, entre el mito y la historia*, Crítica-Paidós, México, 2015.

Estado Falcón, Insurrección de los negros en la serranía de Coro e *Historias de las reclamaciones contra Venezuela.*

En Venezuela, naturalmente, encontraremos diversas lecturas. No siempre nuestro pensamiento se conformó con el pesimismo de quien nos estima un pueblo inepto. "*Si consideramos como única realidad de nuestra historia los dos aspectos del caudillismo –anarquía y coacción ilimitada- puestos elegir entre uno y otro debemos aceptar forzosamente que la tutela personalista es el único elemento de estabilidad con que podemos contar" escribe Don Augusto Mijares, pero él no cree que éste sea el caso e invoca en su raíz bolivariana los "usos de la sociedad civil*". Así, "*la reorganización política y social de estos países era una posibilidad cierta por su misma historia*".[13]

Mariano Picón Salas lo escribe, "*Ante las desgracias del país y el empirismo y la rutina bárbara que se suceden bajo la forma de malos gobiernos, la inteligencia nacional suele reaccionar conformista o pesimistamente*"[14].

"*Bajo Gómez –sentencia- fue la época del soneto y de la sociología*". La poesía canta a la paz y "*En cuanto a la sociología, al servicio del césar, con su revestimiento de cientificismo pedante, de mal aplicadas ideas de Taine o de sociólogos de menor cuantía que ya estaban completamente trasnochados o superados en Europa, propagó una resignación imponente cuya influencia deletérea en el espíritu nacional...*" Y sobre los ensayos del doctor Arcaya, dice que producirían la "*renunciación del hombre ante el medio*", su sociología "*se acerca curiosamente al Materialismo marxista" y el hombre, aún el más grande, no pasa de contemplador pasivo de "las fuerzas mecánicas e ineludibles que, según él, imponen el ritmo de la Historia*".

Durante su misión diplomática en Washington, el historiador Simón Alberto Consalvi estudió un aspecto de la gestión de su remoto antecesor el doctor Arcaya. Llama la atención la escogencia entre cua-

---

[13] Augusto Mijares, *Interpretación pesimista de la sociología hispanoamericana,* Obras Completas, Tomo II, Monte Ávila Editores Latinoamericana, Comisión Centenario Augusto Mijares, Caracas, 1998.

[14] Mariano Picón Salas, *Proceso del Pensamiento Venezolano* en *Obras Selectas,* Americana de Reaseguros C.A.-Universidad Católica Andrés Bello, Caracas, 2008.

renta y seis antecesores[15] suyos desde 1835 hasta que él ocupara el cargo entre 1989 y 1994 ¿Por qué Arcaya? ¿Interesó el intelectual, el gomecista o el político como él ministro del interior? Se vale de Polanco Alcántara para resumir los logros de la gestión de Arcaya en Washington que el político ocupó en dos oportunidades.[16]

El pequeño libro es muy interesante. Con información y explicaciones que contextualizan, cuenta que en mayo de 1935, el canciller Itriago Chacín[17] solicita a Arcaya "*información pormenorizada de la situación económica de los Estados Unidos*", sus causas, las medidas adoptadas por el gobierno de Roosevelt para enfrentarla y los resultados que éstas han producido, disposiciones sobre moneda y control de giros, política arancelaria y protección de la agricultura.

En menos de un mes que ha debido ser de arduo trabajo para el Ministro y los funcionarios de la Legación, se concluye el informe, al cual se acompaña en junio con uno dedicado exclusivamente al tema bancario y con un proyecto de tratado comercial con los EEUU.

En cuanto a las causas de la crisis, Arcaya enuncia y descarta las teorías de la crisis profunda del capitalismo "*fundada en las doctrinas de Karl Marx*" y la basada en el patrón oro. Le parece más razonable la prevaleciente "*derivada de un exceso de producción cuando el consumo no ha marchado a igual paso*".

Detalla las medidas adoptadas, primero por Hoover cuyo optimismo le salió caro y luego por Roosevelt, cuyo conjunto se ha denominado *New Deal* "*pues las más de ellas se apartan de la ortodoxia económica que venía prevaleciendo en este país*". Legislación monetaria, riguroso control de giros al extranjero; Legislación bancaria con reorganización del sector y creación de bancos para las cooperativas y las exportaciones e importaciones; fuerte inversión pública en auxilio a los

---

[15] VVAA, *Venezuela y Estados Unidos a través de dos siglos* (Tomás Polanco Alcántara, Simón Alberto Consalvi, Edgardo Mondolfi Gudat, Coordinadores), Cámara Venezolano-Americana de Comercio e Industrias (VENAMCHAM) Caracas, 2000.

[16] Tomás Polanco Alcántara, *Juan Vicente Gómez, aproximación a una biografía,* Academia Nacional de la Historia-Grijalbo, Caracas, 1990. Pp.426-27.

[17] Pedro Itriago Chacín (1875-1936), natural de Zaraza fue designado en 1915 para integrar la Academia de Ciencias Políticas y Sociales pero nunca se incorporó. Ese año fue nombrado consultor jurídico del MRE, regresando de una especie de exilio interior en Los Teques tras dejar la Corte Suprema del DF por el caso del expediente de Eustoquio Gómez, condenado a 15 años.

menesterosos, planes de reforestación, obras públicas para generar empleos, subsidios a entes de socorro de estados y municipios y directos por la Administración Federal, protección de estudiantes y agricultores. La producción excedentaria la compra el gobierno para remediar necesidades de los más pobres; Legislación laboral y aumento de la deuda pública. Un grueso paquete de intervención estatal. También se detiene en sus implicaciones en Venezuela.

El informe es de mediados de 1935, su conjunto servirá para guiar las acciones de otro gobierno, el de López Contreras. En diciembre Gómez fallecerá el 17 de diciembre y con él la carrera política del intelectual falconiano.

De la introducción de Consalvi, saco una idea que vale como vacuna para cualquier dogmatismo. Una frase que es como un alerta para prevenir al político de los terribles riesgos de las certezas absolutas: "Siempre falta en los políticos la lucidez de un cierto escepticismo".

2. Allan Randolph Brewer-Carías

Académico de las Ciencias Políticas y Sociales desde 1978, su trabajo de incorporación es "*El urbanismo en Venezuela y la cuestión jurídico-constitucional*". De los veinte, es el único vivo en el sentido de vida y vitalidad. No sería justo excluirlo por ese motivo afortunado para la institución. Son sobrados sus méritos porque ni siquiera su impresionante labor jurídica bibliográfica, docente y profesional, verdadero prodigio de la disciplina, el estudio y el trabajo, le impidieron pensar y actuar en ese campo minado de incomprensiones, a veces incluso la suya que es la política. Esa dificultad para comprender cabalmente la política es más extendida de lo que se piensa comúnmente, incluso a quien esto escribe y lo confiesa sin rubor.

¿Por qué incluirlo en esta lista si se trata de un jurista prolífico y un profesor de toda la vida? La verdad, porque Brewer-Carías ha tenido siempre vocación política y no le han faltado ocasiones para desarrollarla, desde 1958, a los dieciocho años, cuando en el nacimiento de las libertades, jóvenes adecos, comunistas y socialcristianos disputaban el liderazgo estudiantil, fundó su propio movimiento "*no vinculado a ningún partido*", primero llamado Organización Estudiantil Independiente y en seguida Organización Universitaria Independiente. "*Esa actividad*

–admite- me marcó toda la vida, porque nunca actué sino como independiente, quizá demasiado, quizá demasiado solo".[18] Brewer es político, lo que no ha sido es militante partidista, con la voluntaria cesión de libertad implícita en las exigencias disciplinarias y solidarias.

Pero además, acicatea la inclusión una certificación que raramente expide la propia Academia el expresar, a propósito de su octogésimo cumpleaños, su júbilo por seis décadas ininterrumpidas de fructífera labor "*como investigador, profesor universitario dentro y fuera de Venezuela, editor y político de excepción*"[19].

Abogado en 1962, doctorado en 1964, profesor siempre, autor incansable. En las elecciones de 1968, decididas por diferencia mínima y escrutinios tensos era asesor jurídico del Consejo Supremo Electoral. Fueron las últimas antes del período bipartidista 1973-1988 y las primeras en las que un candidato de la oposición ganaba. Los equipos jurídicos de Caldera y Barrios los encabezan Calvani y Morales Bello. Ya antes el estudioso del Derecho Público había visitado las inmediaciones de la política en la burocracia, pero esa experiencia en el ojo del huracán tuvo que ser de gran valor para su capacidad de asimilación.

El nuevo Presidente, su profesor Rafael Caldera, le propone dirigir la Comisión de Administración Pública y al aceptarla puso condiciones. Cuenta haber encontrado apoyo en el jefe de Cordiplan Luis Enrique Oberto y "*una reacción seria*" en el ministro de Hacienda Pedro R. Tinoco quien vio que el proceso iniciado "*representaba una especie de competencia para un ministerio que se debía encargar de las finanzas*"[20], dos influyentes en el gabinete, los también profesores de Derecho Andrade Labarca y Pérez Olivares, lo apoyan para resolver el impasse. Con Caldera mantiene tan buena relación que en 1978, al publicar un nuevo libro, el expresidente y futuro presidente le escribirá en su prólogo: "*Es un encargo verdaderamente honroso el que este joven maestro, profundo tratadista y apasionado servidor de una Venezuela distinta nos hace*..."[21].

[18] En Sergio Dahbar, *Allan Brewer-Carías Una Vida*, Dahbar, Caracas, 2019.

[19] Acuerdo del 11 de noviembre de 2019.

[20] En el primer gobierno de CAP, Tinoco sería Presidente de la Comisión Presidencial para la Reforma Administrativa.

[21] Rafael Caldera en el prólogo a *Política, Estado y Administración Pública* de Allan R. Brewer-Carias, El Ateneo-Editorial Jurídica Venezolana, Caracas, 1979.

Crítico del gobierno de Pérez, participa en la elaboración de "*Mi Compromiso con Venezuela*", el programa de gobierno de Luis Herrera Campíns. No es llamado al gobierno como su hermano Charles que desempeña cuatro años la cartera de Juventud, pero como independiente, va en la plancha de COPEI al Senado por el Distrito Federal[22] en 1978 y es parlamentario muy productivo. Trabaja en las leyes de Amparo, Ordenación Urbanística, Ordenación del Territorio, Salvaguarda y Régimen Municipal. De ello hay testimonio en los tres tomos de su *Estudios de Derecho Público: labor en el Senado.*

En 1993 el Presidente Velásquez lo designa Ministro de Estado para la Descentralización, de la cual el historiador tachirense es defensor convencido. El mandatario provisional había sido Presidente de la Comisión para la Reforma del Estado (COPRE) de la cual Brewer, un candidato natural a serlo no había sido miembro. En los meses de ministerio la gestión es impresionante, de ella se da cuenta detallada en un tomazo[23] de más de mil páginas *Informe sobre la Descentralización en Venezuela 1993***.** La descentralización vive, sin duda, su gran hora. Después sólo estancamiento y retrocesos y, no obstante su consagración constitucional, reiterados ataques, más que legales misilísticos, desde el centralismo obsesivo.

En 1999 Brewer postula y es electo constituyente por la circunscripción nacional. Solo él, Jorge Olavarría, Claudio Fermín y Alberto Franceshi por el voto nacional, Antonio Di Gianpaolo por Aragua y Virgilio Ávila Vivas por Nueva Esparta, lograron vencer la aplanadora que con un sistema de diseño ventajista premió al oficialismo como castigó desproporcionadamente a los sectores democráticos, entonces además debilitados y desconcertados.

En la Asamblea Constituyente, el trabajo de Brewer fue característicamente titánico. Intervenciones en plenaria, labor en comisiones, redacción de propuestas, votos salvados en 137 artículos. Él mismo cuenta a Dahbar[24] que "*Ninguno de los otros tres constituyentes no chavistas*

[22] Senadores por el DF obtuvo COPEI en 1958 (cuociente nacional) Pedro del Corral, y directos en 1978 Dagoberto González, en 1983 el independiente Rafael Alfonzo Ravard y en 1988 Mercedes Pulido de Briceño.

[23] 20x27 cm

[24] Sergio Dahbar, ob. cit. P. 121

escribió nada"[25]. De ese esfuerzo queda *Debate Constituyente, tomos I, II y III*.

Su firma al pie de una "*Constitución que es buena en unas partes, y mala en otras*" la estampa una vez aprobada por el pueblo en referéndum y con nota explicativa que consigna en libro suyo.[26]

En enero de 2000 ensaya la fundación de un partido político en sociedad con Claudio Fermín y Alberto Franceschi si mal no recuerdo, invitando a su apartamento de Altamira a dirigentes de un abanico plural entre quienes se encuentra quien escribe[27]. Su nombre Encuentro Nacional, prometedora y necesaria consigna para un movimiento de corta vida en medio del desencuentro reinante.

De los sucesos de abril de 2002, en los cuales ha alegado y probado no ser actor le queda una acusación que refuta íntegramente y una persecución que no cesa y lo mantiene injustamente en el destierro desde 2005. Su vocación política víctima del poder de la antipolítica.

De su idea del sentido venezolano de la política, rescato por vigente lo escrito por Brewer hace treinta años: "*Se impone un enfoque distinto, menos teórico y estrictamente político, partiendo del análisis de nuestra realidad concreta, tanto política como socio-económica y cultural. Sólo así, podremos tratar de hacer lo que está impuesto a nuestra generación: inventar al Estado futuro…*".

Sigue siendo asignatura pendiente.

3. Rafael Caldera

Académico de las Ciencias Políticas y Sociales electo en 1951 e incorporado en 1953 con el discurso "*Idea de una sociología venezolana*". Ejerce la Jefatura del Estado como Presidente constitucional de la República en dos oportunidades, de 1969 a 1974 y de 1994 a 1999, el único venezolano hasta ahora en haber sido elegido dos veces por el pueblo y en ambas completado el recorrido constitucional. En escenarios político electorales fragmentados, en 1968 obtuvo 29.13% del voto

---

25 Se refiere obviamente a los nacionales.

26 *La constitución de 1999,* Allan R. Brewer-Carías (Comentarista), Editorial Arte, Caracas, 2000.

27 En la segunda reunión, percibiendo escaso futuro en la iniciativa decidí abstenerme de participar. Escribí carta a los promotores explicándoles mi visión.

y 30.46% en 1993, aunque esta vez con mayor diferencia sobre sus más cercanos competidores.

Esta breve semblanza enfrenta el desafío de la paradoja de su distante proximidad. Por cercano en el tiempo, el examen de su pensamiento, sus obras y omisiones está lejos de librarse de las discusiones que una biografía larga e intensa como la suya suscita. La distancia que supo cultivar dificulta la aproximación humana.

Pertenece, según propia declaración, "*a una promoción de cultores de las ciencias sociales venidos de otras disciplinas, por ejemplo, el Derecho*"[28]. Profesor de Sociología en la Escuela de Derecho de su Alma Mater la Universidad Central, derivaría su cátedra "*hacia el estudio de las relaciones entre el Derecho y la vida social*". También enseñará Derecho del Trabajo y su Tesis de Grado de 1939 se convertirá en libro de texto de la asignatura. Cuando la Academia lo elige como Individuo de Número en 1951, tiene 35 años y ya pasa la década como profesor tras liderar la Unión Nacional Estudiantil, ha publicado varias obras y ha sido Diputado al Congreso, Procurador General de la Nación (Octubre 1945-Abril 1946), Constituyente en 1947 y actor principal en la fundación de tres partidos políticos. Está lejos del poder y señalado como adversario de un gobierno cada vez más represivo. Cuando se incorpora en 1953 ya él y su partido se han negado a asumir sus curules en una Constituyente nacida del fraude que tachan espuria.

En política nunca quiere viajar en carro ajeno y siempre intenta camino propio. Llega al Congreso por su tierra yaracuyana con apoyo lopecista en 1941, pero ejerce su mandato con independencia, como se nota sobre todo en el debate del tratado López Contreras – Santos, firmado en ese puente internacional tan noticioso en los últimos tiempos. Busca formar partido político porque ya cree que al poder se llega, como repetiría tantas veces "*desde la arena de la lucha*". La convicción de este hombre de convicciones tan fuertes como su voluntad de poder es que "*Todo político digno del nombre ha de llevar en su interior un idealista. El que no aspire más de lo posible nunca podrá realizar todo lo posible*"[29]. Los dos primeros intentos, Acción Electoral y Acción

[28] Rafael Caldera, *Reflexiones de La Rábida. Política y Ciencia Social y la realidad latinoamericana,* Seix Barral, Barcelona, 1976.

[29] Rafael Caldera, ob. cit. P. 12

Nacional son fallidos. El tercero que inicia prudentemente como un comité electoral y en cuya primera dirección no figura[30] sí prende en el ánimo popular y con un grupo de jóvenes bajo su jefatura incontestable, emprende la tarea por demás improbable de construir un partido socialcristiano en Venezuela, la cual que no es exagerado calificar de colosal. Esa gesta realizada en un ecosistema donde militarismo, liberalismo, positivismo y diversas ramificaciones del tronco marxista marcan el paso del debate, está poblada de obstáculos de la envergadura de un adversario abrumadoramente mayoritario e inmensamente popular, una dictadura de diez años. Por lo mismo merece estudio aparte.

En 1945, cuando acepta la Procuraduría en gobierno de otros, lo visita su compañero uneista Giménez Landínez y le pregunta *"¿Rafael, y qué vamos a hacer ahora?"* no alberga dudas acerca del proyecto, "*Víctor, creo que ahora es la oportunidad de formar un Partido con ideas cristianas y con bases populares*".[31]

Fundar un gran partido exige un esfuerzo colectivo de ir a cada rincón de una geografía vasta y mal comunicada, detectar afinidades, trabar lazos, organizar. En Venezuela, más que en cualquier otro lugar, las ideas y la organización no bastan. Hace falta un rostro, un nombre. Ese es su papel. Es un esfuerzo comunitario, nunca personal, aunque su presencia fuerte dejará huella indeleble.

En la Asamblea Nacional Constituyente de 1946-47 Caldera es el líder de los diecinueve representantes copeyanos. Todos electos de Caracas hacia el Occidente, de ellos catorce vienen de los Andes. Ninguno de Miranda, Oriente o los Llanos. Hay dos urredistas y dos comunistas. La mayoría de AD pasa el centenar[32] y la encabeza, nada menos, Andrés Eloy Blanco. Destacan su defensa de la pluralidad como esencial a la democracia, la propiedad privada, el papel del Estado, la justicia social en materias laboral y agraria, el peculado, la libertad de pensamiento y el derecho a profesar la fe, la libertad de educación. La transmisión radial de los debates es factor primario en la siembra nacional

---

[30] Es Procurador General de la Nación en la revolución octubrista cuya oposición encabezará en seguida.

[31] En VVAA, *Los Copeyanos*. Centauro. Caracas, 1982.

[32] Son 137 de AD, ver José Elías Rivera Oviedo, *Los Socialcristianos en Venezuela, Historia, Ideología,* Hermar, Caracas, 1969.

de las ideas que promueve y de su posicionamiento como alternativa.[33] Al final, suscribe "*esta Constitución con reserva de todas las materias de las cuales he negado o salvado mi voto en el curso de los debates*". El único precedente es de 1811.

Durante el decenio dictatorial se mantiene en Venezuela hasta que ya no es posible. Poco después de su reclusión en la Seguridad Nacional, se asila en la Nunciatura Apostólica y marcha al corto exilio, donde se inicia el entendimiento con Betancourt y Villalba que desembocará en el Pacto de Punto Fijo, base de un período de estabilidad política y convivencia inédito si bien no exento de tensiones. Preside la Cámara de Diputados con autoridad y moderación muy útiles, durante los primeros tres años del tiempo democrático y entre 1974 y 1998 es, por mucho, el más activo entre los senadores vitalicios previstos en la Carta de 1961, un proyecto de cuya comisión redactora fue Vicepresidente y muy diligente protagonista.[34] En esos años presidió las comisiones para la reforma a la Ley del Trabajo y de Revisión de la Constitución.

Candidato a la Presidencia, como había sido en 1947, en 1958, 1963 y en 1968 es elegido por primera vez. Volverá a intentarlo tan pronto la Constitución lo permita, en 1983 pierde ante Jaime Lusinchi y afirma, al conceder, "*El pueblo nunca se equivoca*". No alcanza la candidatura del partido socialcristiano para 1988 y el hecho es un hito en un proceso de ruptura irreversible. En 1993 insiste y de nuevo es elegido esta vez al frente de una coalición diversa cuya posibilidad de organicidad reside en la personalidad del Presidente.

En resumen, preside el gobierno diez años, es socio del poder en cinco si no se incluyen los casi seis meses en el trienio octubrista y se descarta el peculiar paréntesis de 1958, de resto es casi siempre opositor[35]. Esas proporciones hay que apreciarlas en una trayectoria política de seis décadas, de modo que casi tres generaciones de sus

---

[33] Ramón Guillermo Aveledo, *Caldera en el Hemiciclo* en *Rafael Caldera: estadista y pacificador, Centenario de su nacimiento 1916-2016* (Rafael Arráiz Luca, compilación y prólogo), Ediciones B-Fundación Konrad Adenauer- Universidad Metropolitana, Caracas, 2016.

[34] Ver *La Constitución de 1961 y la Evolución Constitucional de Venezuela. Actas de la Comisión Redactora del Proyecto,* Ediciones del Congreso de la República, Caracas, 1971.

[35] No puede considerársele gobiernista *strictu sensu* durante López Contreras, pero tampoco propiamente opositor.

contemporáneos se han formado una opinión acerca de él y que éstas son difícilmente modificables. El tiempo, cuyo transcurso en Venezuela está cruzado por tantas variables que a veces se acelera, otras se ralentiza hasta parecer detenerse e incluso pueden como aparecer simultáneamente más de uno de los fenómenos mencionados.

De esa democracia escribe en su último libro: "*No vacilamos en proclamar que la etapa democrática iniciada el 23 de enero de 1958, con sólido basamento en el Pacto de Puntofijo celebrado el 31 de octubre de aquel año, logró entre otras muchas cosas positivas, algo que será difícil destruir:* ***el pueblo venezolano se acostumbró a vivir en libertad***"[36] Y una frase final que es sentencia "*Si alguien se atreviere a desconocer este hecho, estaría condenado al fracaso.*"

De él no puede decirse que haya ido inconstante o incoherente, puede impresionar su continuidad ideológica. Salvo para atender al reclamo del realismo político, cambió poco, lo cual no siempre es una virtud cuando el país y el mundo cambian tanto.

Su papel crucial en la construcción de la democracia venezolana es indiscutible, en cambio sí es discutible el que cumplió en el final de ese sistema que hasta ahora, ha sido excepción en nuestra historia. Las causas y los efectos de la separación entre Caldera y COPEI, comunicada por el mismo en el "*paso a la reserva*" de 1987, es tema muy controversial[37], pero es imposible negar su negativo impacto, más allá del mismo socialcristianismo, en el sistema de partidos de una democracia en la cual éstos eran determinantes y, por lo mismo, en la democracia misma. Siempre se vio a sí mismo como en cumplimiento de un deber, sus aciertos y sus yerros están marcados por esa convicción.

A Caldera lo caracterizan la disciplina personal, el método, la pasión por el orden y una memoria privilegiada que no deja silvestre, pues la cultiva también metódicamente incluso en la selección de lo que recuerda y lo que omite.

En su obra escrita y en sus discursos parlamentarios se nota al jurista de vocación social y al actor político guiado por ideas y movido

[36] Rafael Caldera, *Los causahabientes. De Carabobo a Puntofijo,* Panapo, Caracas, 1999.

[37] Una interpretación que ensaya imparcialidad está en la obra de Dinorah Carnevalli, *El hundimiento de los partidos políticos tradicionales venezolanos: el caso Copei*, Villegas Editores, Bogotá, 2014.

por la decisión de ponerlas en práctica desde el poder. Escribe de política, de Derecho principalmente Laboral y Constitucional, de historia y del mundo de las ideas, sea para interpretarlas o para exponer las propias. Memorias no quiso escribir. El autor de este trabajo se lo preguntó en 2000 y me dijo "Serían muy fastidiosas" y ante mi incredulidad, me explicó "*Si uno dice todo lo que sabe mucha gente se molesta y si se cuida, serían muy fastidiosas*".

A cualquier lector impactará la madurez de su biografía intelectual de Andrés Bello, escrita cuando tiene 19 años. En la primera edición de 1935, titula *El Político*, palabra de suyo proscrita entonces, a la exposición de sus ideas y actividades en ese campo. En la segunda de 1946, prefiere *El Sociólogo* y remite "*la parte política de su vida práctica*" al capítulo *El Hombre*[38]. Es una "*Confesión de estudio ajena a la religión de los héroes*" dirá el académico Francisco Javier Pérez[39].

En otro de sus libros, Caldera escribe en línea con Santo Tomás de Aquino que los regímenes dictatoriales que "*cierran todo campo a la lucha de ideas y que imponen "una regla arbitraria" "determinan movimientos naturales del pueblo para desembarazarse del mecanismo de opresión...*" Pero repudia el sistemático recurso de la violencia. "*Estamos convencidos de que los fines que nos proponemos no los podríamos conseguir nunca, ni los debemos perseguir a través de fórmulas o soluciones de violencia (....) nuestra ideología ha de realizarse a través de la conquista de las voluntades, de una proyección sobre la conciencia pública, y estamos dispuestos a aprovechar los resortes, por imperfectos que sean, que permite la lucha democrática.*"[40]

4. Tulio Chiossone

Académico de las Ciencias Políticas y Sociales electo en 1951 e incorporado en 1953 con el discurso "El Derecho transgresional", a quienes conocimos a aquel anciano recto en la postura e impecable en el atuendo en la vieja Facultad de Derecho de la Universidad Central nos costaba imaginarnos al político "*caído pero no vencido*", según

[38] Rafael Caldera, *Andrés Bello*, Biblioteca Rafael Caldera, Cyngular, Caracas, 2015.
[39] Francisco Javier Pérez en el Prólogo a la edición citada recién.
[40] Rafael Caldera, *Especificidad de la Democracia Cristian,* Nova Terra, Barcelona, 1973.

sus propias palabras[41], inquietudes que insinuaba ya en sus artículos merideños de "*Patria*" (1923-36). "*Su carrera política empezó antes de que cumpliese veintiún años"*[42] en 1936, como Jefe de la Sección de Política y Justicia de la Secretaría de Gobierno de Mérida, cargo al cual ascendería casi inmediatamente, Diputado y Presidente de la Legislatura merideña, Diputado al Congreso y Presidente de la Cámara de Diputados (1937-39), Consultor Jurídico de la Presidencia de la República, Inspector de Cárceles y Penitenciarías, Auditor General de Guerra y Marina por breves e intensos lapsos, Secretario General de la Presidencia de la República (1939-41), Ministro de Relaciones Interiores (1941-42),Presidente (Gobernador) de Mérida (1942-44) durante el período de apertura y reformas democratizadoras bajo el liderazgo de los presidentes Eleazar López Contreras e Isaías Medina Angarita, preso, perseguido y exiliado, credenciales que según Ramón J. Velásquez diferencian en nuestro medio a un político de un empleado público.[43]

Profesor en el Liceo Libertador y la Universidad de los Andes primero, casa donde fue Vicerrector designado por el Ministro de educación Rómulo Gallegos pero nunca posesionado y durante tres décadas en la Universidad Central y en la Universidad Católica Andrés Bello, de los ciento veintisiete títulos publicados por el doctor Chiossone, ochenta y tres son de tema jurídico, dieciocho históricos, catorce de lengua y literatura y sólo dieciocho político-sociales, sin embargo para su sabrosa autobiografía no escogió titularla Memorias de un Profesor o de un abogado, sino *Memorias de un Reaccionario*, descalificación típica del lenguaje político venezolano y en sí mismo, desafío en un país donde nadie se reconoce conservador. En eso también Chiossone es excepcional, aunque no puede considerársele reaccionario, a juzgar por el reformismo de sus gestiones gubernamentales y del signo histórico progresista de la política que defendió[44], sin negar el radicalismo de su

---

41 Tulio Chiossone, *Memorias de un Reaccionario,* Biblioteca de Autores y Temas Tachirenses Nº 95, Ediciones del Congreso de la República, Caracas, 1988.

42 Juvenal Salcedo Cárdenas, *Tulio Chiossone,* Biblioteca Biográfica Venezolana Nº 95, El Nacional-Bancaribe, Caracas, 2008.

43 En Carlos Oteyza, *El General López Contreras, La Transición*, Documental, Cine Archivo Bolívar Films, Caracas, 1997.

44 Destaco, por actualidad, su gestión penitenciaria de visión reformista y humanizante, precedente de la ensayada por el también académico Andueza desde el Ministerio de Justicia y del

conservadurismo en algunas materias, como recordarán sus discípulos de Derecho Penal. La apertura política permitió un debate abierto en el Poder Legislativo, pero es difícil, e imposible para quien escribe, coincidir su opinión de que cuando los funcionarios salían un rato del Ejecutivo para incorporarse al Congreso de abril a julio y la autonomía legislativa y de control presupuestario del cuerpo deliberante eran todavía tan limitadas, haya sido una "*dorada época del Parlamento venezolano*". Con esa discrepancia coinciden, como hay constancia, los senadores Mario Briceño Iragorry[45], medinista y Presidente del Congreso, y Jóvito Villalba[46], ninguno de los cuales era opositor como los diputados Gallegos o Blanco.

No acepta Chiossone la Procuraduría General que por entonces reunía las funciones de ese organismo y del actual Ministerio Público ofrecida por el ministro Vallenilla pues "*no deseaba participar en la nueva política*"[47], pero el antiguo juez de primera instancia andino sí accede al pedido del ministro Urbaneja para que sea magistrado de la Corte de Casación en su Sala Penal, "*porque allí podía prestar servicios a la República independiente de la política*". Político fue su razonamiento en ambos casos, como cuando por motivos diferentes, de política interna del sector gobernante, declinó las ofertas de Presidente Medina de nombrarlo Jefe de la Aduana de La Guaira, Embajador adjunto a Parra Pérez en la Conferencia de San Francisco o Embajador en Brasil.

Que no nos confundan su solvencia profesional y su independencia como juez, Chiossone fue más que un funcionario público por la naturaleza estrictamente política de los cargos que desempeñó, por haber sido parlamentario, por las posiciones políticas que defendió y por su participación militante en la formación, actividades y peripecias internas de dos de las primeras organizaciones políticas del país, las Agrupaciones

---

frustrado intento parlamentario de quien escribe, que llevó a puerto la Ley de Régimen Penitenciario, única sancionada por el Congreso disuelto en 1999 y frustrada en su aplicación, no obstante que sus principios fueron consagrados constitucionalmente en el impecable artículo 272 de la Carta actual, redactado por el constituyente Elio Gómez Grillo.

45 Mario Briceño Iragorry, *Su Presidencia del Congreso de la República y otros testimonios 1945-1954,* Edición Homenaje del Congreso de la República, Caracas, 1985.

46 Jóvito Villalba, *Discursos Parlamentario,* Fondo Editorial Nacional, José Agustín Catalá, editor, Caracas, 1999.

47 Tulio Chiossone, ob. cit. P. 249.

Cívicas Bolivarianas y el Partido Democrático Venezolano. Que una y otra fueron promovidos desde el gobierno, es cierto, como también lo han sido, por cierto, el FEI y el PSUV, con menos fortuna para el proyecto de institucionalidad republicana. Además, fue secretario del comité pro-candidatura para una segunda Presidencia de López Contreras, de quien fue consecuente amigo y colaborador hasta el final.

En sus comienzos y quizás incluso mucho después, cuando ha sido ejercida con celo, la tarea de la Contraloría General de la República no ha sido fácilmente asimilada por el Ejecutivo. En general, al poder no le gusta ser controlado, aunque el poder limitado y controlado sea uno de los signos distintivos del Estado de Derecho. El primer Contralor de Venezuela, Gumersindo Torres, se quejó mucho de eso, como consta en sus memorias[48], donde relata, entre otros, su diferendo con el Ministro de Guerra y Marina Medina Angarita y "*con el Doctor Chiossone, abogado y su Auditor de Guerra*" para quienes eran material de guerra y por tanto secretos de Estado todas las compras del Despacho. No aceptaban "*el control de la farmacia del Ejército y ahora los dos consideraban material de guerra la emetina y la quinina, el Doctor Chiossone, agarrando un botón de su uniforme y enfrentándomelo, me dijo 'mire Doctor, este botón es material de guerra', frase que me hizo reír mucho*". El ministro concordaba con su Auditor y el Contralor sostenía que estaban equivocados y, siendo médico de profesión, les dio una explicación legal muy solvente. Según la ley vigente, llevaron el asunto al gabinete, el cual se pronunció a favor del criterio ministerial. Torres insistió sin éxito. "*Y siguió el Ministerio de Guerra sin dejarse controlar...*" no obstante los reclamos de Contraloría. Parece que hay ciertas cosas, en Venezuela, más difíciles de cambiar.

También lo ha sido la persecución a los adversarios, con legalidad dudosa o inexistente. Chiossone la sufrió en 1945.

Fue detenido en la Cárcel Modelo y luego expulsado del país. El Jurado de Responsabilidad Civil y Administrativa constituido entonces, ordenó la confiscación de sus bienes y lo condenó a devolver a la Nación

[48] Gumersindo Torres, *Memorias de Gumersindo Torres. Un funcionario incorruptible en la dictadura del General Gómez.* (Prólogo Elías Pino Iturrieta; Editor José Agustín Catalá) Ediciones de la Presidencia de la República, Caracas, 1996.

Bs. 63.250,00 por haber dispuesto como ministro de Bs. 55.700,00 en donaciones a personas y un agasajo al Congreso, así como Bs.7.500,00 que la Presidencia de la República le transfirió en compensación a gastos en servicio durante la Presidencia de Mérida. La Junta Revisora designada por Gallegos emitió informe favorable, revocó el fallo y se devolvieron a Chiossone los bienes injustamente incautados.

En 1946 regresó al país. De paso por su tierra tachirense, el Gobernador Ruiz Pineda le expresó su desacuerdo con el vejamen del cual había sido objeto, en conocimiento de su honorabilidad. Chiossone, así lo confesará en sus memorias, deploró "*íntimamente el asesinato de que fue víctima en Caracas*".

De la política, actividad humana que la Academia intenta comprender desde una perspectiva científica, dice:

> "*Y todo el mundo sabe que la política no es ciencia ni es arte. Me equivoco: todo el mundo no sabe que la política es apenas un método de concepción personal, sin reglas ni pautas, sin definiciones ni afirmaciones. Es un método para guiar, para conducir animales feroces. Cuando se usa el látigo, el guía se expone al zarpazo alevoso y cuando se usa la flauta, como los pastores de Arcadia, también se expone a la dentellada de algún feroz emocionado*"

5. Julio Diez

Académico de las Ciencias Políticas y Sociales electo en 1969 e incorporado en 1970 con el discurso "*Luis Gerónimo Pietri y la codificación del trabajo*", cuando llega a la corporación tiene ya años retirado de la actividad política que fue su interés desde la juventud, en una generación que se ilusionó con la posibilidad de cambiar las cosas a la muerte de Gómez. Director de la Secretaría del Presidente López contreras. A los veinticuatro años Diputado, Primer Vicepresidente del cuerpo en 1943[49] y luego Senador por Falcón. Ministro de Trabajo y Comunicaciones (1943-46) con Medina Angarita, cuando ya había sido Inspector del Trabajo en el Zulia y lo mismo en Caracas, así como

[49] Ramón Guillermo Aveledo, *El Trabajo Parlamentario,* Congreso de la República, Ediciones de la Cámara de Diputados, Caracas, 1997.

delegado en 1939 a la XXV Conferencia Internacional del Trabajo en Ginebra. Su ejercicio al frente de la cartera tiene hitos en la seguridad social, las modificaciones normativas a favor del trabajador, entre otras la promoción de la organización sindical libre. Será un medinista leal el resto de su vida. Preso por la Seguridad Nacional en los días finales del régimen militar. En la transición de 1958 es Gobernador del Distrito Federal en una capital revuelta por las tensiones y las manifestaciones y como Ministro de Minas e Hidrocarburos cuando caían los ingresos de ese origen, dados los cambios en el mercado internacional pasada la crisis de Suez, le corresponderá papel relevante en las decisiones de Sanabria sobre la participación venezolana en las ganancias petroleras. Dos carteras en el centro de los eventos. Su honorabilidad ampliamente reconocida fue su aval para ser por una década Director principal en el Banco Central de Venezuela y Director, entre 1973 y 1975, de la Comisión Nacional de Valores. Escribe bien sobre temas de historia, política, derecho laboral y minero, así como inteligentes crónicas de viaje.

Estudió bachillerato con los jesuitas en Caracas y Derecho en la Universidad Central, pero ya tenía sembrada la corianidad por el nacimiento, la familia y los estudios de primaria. Al graduarse en 1934 vuelve a Coro. "*No se puede llegar a entender a un coriano sin conocer Coro*" dice Caldera[50] en 1986, en su elogio de Diez al develarse su retrato en el salón de la Academia, con su "*ambiente a la vez seco y dulce, soñador y severo*". Del gentilicio comentamos en la nota sobre Arcaya. Me impresiona cómo ese estado de tan amplia costa, cercanísimo a Aruba y Curazao, puede ser al mismo tiempo tan raizalmente venezolano. También cómo, teniendo linderos con regiones fuertes como Zulia, Lara y Carabobo, mantiene una personalidad tan específica. Cierto es también que cada trozo de la vasta geografía falconiana tiene su propia fisonomía cultural. Paraguaneros, serranos, oriundos de las costas occidental y Este, con su derivación ganadera hacia el interior, tienen sus rasgos marcados. Y Coro, singular. La ciudad vieja de los caserones solariegos, los médanos ondulantes, el sol reverberante, la historia. Una vez pregunté a un joven oficial que después llegaría a las más altas posiciones de comando, quienes pensaba que eran los mejores soldados.

---

[50] Rafael Caldera, *Moldes para la fragua (Nueva Serie)*, Cyngular, Caracas, 2016.

"*Los falconianos*" me respondió sin dudar, son valientes y aguantadores. Durante mis años en Miraflores vi miles de peticiones de ciudadanos de todo el país y del extranjero en cartas dirigidas al Presidente de la República. Miles, no exagero. Me llamó la atención que las de corianos eran muy escasas e inquirí por eso al jefe de la unidad de correspondencia, cuya familia era de esa región. "*Tiene razón –me dijo- es que no piden. Son muy orgullosos*".

Diez era hombre de opiniones. En 1976 advirtió sobre los peligros del endeudamiento público. Se esmeró en llamar la atención, teórica y práctica, sobre el desorden administrativo y la corrupción que de él deriva. En 1978, junto con señalar la "*crisis de valores*", defiende el optimismo y el esfuerzo. Llama a "*unificar los esfuerzos nacionales alrededor de determinados objetivos impostergables*". Podía respetar e incluso elogiar al discrepante, como lo hizo en su ensayo "*ponderado y meticuloso*", opina Caldera, sobre Don Henrique Pérez Dupuy.

El académico Diez, político y abogado, tiene como diría Uslar Pietri al recibirlo a la corporación a la que "*llega sin prisa*", una valiosísima virtud que precisamos rescatar en esta hora venezolana "lleno el espíritu de la serena pasión por la justicia que es la marca de los claros varones".

6. Ramón Escovar Salom

Académico de las Ciencias Políticas y Sociales electo en 1974 e incorporado en 1976 con el discurso "*La interdependencia entre las naciones*", tema consistente con su responsabilidad como Ministro de Relaciones Exteriores. Para Escovar Salom, nacido en Barquisimeto en 1926, la política llegó temprano a su vida. Fue dirigente universitario y secretario nacional de la juventud de Acción Democrática en 1947, diputado a la Legislatura de Lara y representante de ese estado en el breve Congreso de 1948, a los veintiún años el más joven de América Latina. De inquietud social ya dio muestras en el Colegio La Salle, en Vanguardia y la Seccional Lara de la Unión Nacional Estudiantil hasta enero de 1941, pero la adhesión familiar pesó más en su orientación política. Su padre, el abogado Ramón Escovar Albizu es fundador de AD y su primer secretario general en la región.

En 1958, como independiente, es electo Senador por el Distrito Federal en las listas de Unión Republicana Democrática (URD) que arrasaron en la votación en esa entidad, logrando los dos senadores, Arturo Uslar Pietri y él, ambos sin militancia partidista. Jóvito Villalba encabezó la lista de Diputados. En el Parlamento, fue miembro de la Comisión bicameral redactora del proyecto constitucional, con contribución relevante en su discusión.

Con Uslar establecería una relación personal y política duradera. El escritor lo acompaña cuando Escovar Salom funda en 1961 el Movimiento Republicano Progresista (MRP), del cual es Secretario General y Uslar firma el acta constitutiva. Cerca de las elecciones generales de diciembre de 1963, el MRP se fusiona con otras organizaciones y movimientos en la constitución de Independientes Pro-Frente Nacional que con la tarjeta marrón siena y gris de la campana, apoya la candidatura de Uslar Pietri a la Presidencia de la República y que en marzo de 1964 se transforma en el nuevo partido Frente Nacional Democrático (FND), cuyo presidente es Uslar y secretario general Escovar. El FND forma con AD y URD la coalición de "Amplia Base" y su secretario general asume el Ministerio de Justicia.

La alianza se rompe y Escovar Salom quien se ha distanciado del FND que 1968 formará con URD y el FDP el Frente de la Victoria y postula a Burelli Rivas, apoya la nominación de su amigo Gonzalo Barrios y vuelve al Congreso como independiente, esta vez por Lara, pero AD pierde la elección. Será en 1973 cuando regrese y Escovar Salom será ministro, primero en Miraflores como Secretario General de la Presidencia y luego Canciller.

En 1986 el Presidente Lusinchi lo designa Embajador en Francia hasta su elección por el Congreso como Fiscal General de la República en 1989. Desde ese cargo, en marzo de 1993 introdujo la solicitud de antejuicio de mérito contra el Presidente Pérez por los delitos de peculado doloso y malversación que concluiría en su condena. En 1993 el Consejo de Seguridad de la ONU lo designa Fiscal-Jefe ante el Tribunal Penal internacional con motivo del conflicto de la ex -Yugoslavia.

En 1994, el Presidente Caldera lo designa Ministro de Relaciones Interiores y más tarde Embajador en Naciones Unidas con sede en Nueva York, una ciudad que conoce muy bien pues visita desde muy joven.

Desde muy joven en la Universidad Central de Venezuela profesor de Derecho Constitucional de la escuela de Derecho que dirigió, lo mismo que el Instituto de Estudios Políticos cuya creación promovió y de Historia de las Ideas Políticas en la de Periodismo. Profesor visitante en universidades extranjeras como Harvard (*Fellow* de Centro para los Asuntos Internacionales) y Cambridge (Cátedra Simón Bolívar).

Aparte de su columna periodística *Ventana de papel* en *El Nacional* durante varias décadas su bibliografía abarca un ancho panorama del Derecho, la política, la historia, las relaciones internacionales y los problemas contemporáneos.

Es del relativamente pequeño número de políticos venezolanos en publicar memorias. Dos libros suyos incursionan en el género. Uno, posiblemente inspirado en el churchilliano *My Early Life 1874-1908*[51] es *Cuadernos de Prueba y Error*[52] y otro, ya cerca de su partida *Memorias de Ida y Vuelta*[53], con apreciaciones de su experiencia política y gubernamental.

Las ideas políticas le interesan en la teoría y en la práctica. Cree en la descentralización pero no en el federalismo, por motivos de historia venezolana. Abogó en artículos y declaraciones por la reunificación de la "*gran familia socialdemócrata*", la cual advertía dispersa en AD, URD, el MEP y el FDP. En los noventas comentó al autor que estimaba que lo mismo ocurriría con la socialcristiana, tras la victoria electoral de Caldera. En ambos casos se equivoca, pues en un país como el nuestro, las ideologías no tienen prelación sobre el *dramatis personae*. Venezuela siempre ha sido más de quien que de qué.

En su libro a mi parecer más importante *Orden Político e Historia en Venezuela*[54] expone su visión de nuestro constitucionalismo. Aprecia mucho menos cambios de fondo que formales y sin negar su existencia, menos incidencia de proyectos de Nación que de intereses circunstanciales. Hay, sí, una aspiración y una búsqueda visible en los reiterados fracasos y dos modos de interpretarla, la de la "*Constitución jurídica*"

---

[51] Winston S. Churchill, *My Early Life* 1874-1908, 14ª reimpresión, Collins-Fontana, Glasgow, 1980. La primera edición es de 1930.

[52] Ramón Escovar Salom, *Cuadernos de prueba y error*, Academia Nacional de la Historia, Caracas, 1985.

[53] Ramón Escovar Salom, *Memorias de ida y vuelta*, Los Libros de El Nacional, Caracas, 2007.

[54] Ramón Escovar Salom, *Orden Político e Historia en Venezuela*, 2ª edición, Italgráfica C.A., Caracas, 1966.

de los constitucionalistas y la de la "*Constitución efectiva*" que privilegia el sociologismo positivista. "*Pero –observa-por encima de esas fallas tan frecuentes y accidentadas, las cuales en cierto modo forman la verdadera continuidad del país, una continuidad en la inconstancia de las instituciones, se observa la terca persistencia por consolidar una organización política*". Y otro dato de utilidad para quien quiera comprender, "*aún en los momentos de mayor debilidad del orden jurídico*" se desvaneció la influencia de la norma constitucional escrita.

Orador de cultivada elocuencia, las versiones taquigráficas de sus discursos parecen textos escritos por el orden con que expresan las ideas, allí la clave de su éxito como parlamentario, conferencista y en la cátedra universitaria donde escucharlo era un verdadero placer.

Quien escribe tuvo muchas oportunidades de conversar con él. Educado en el trato, era excelente conversador por su cultura, su buena memoria y su información actualizada acerca de cualquier tema de interés.

La política la estudió y la practicó, en el ámbito nacional y en el internacional, en el escenario partidista y en el institucional. Su visión de esta actividad intrínsecamente humana anda regada por su obra escrita, sus clases y conferencias. En "*Factores Políticos del Poder*", conferencia suya dictada en 1975 en el Instituto de Altos Estudios de la Defensa Nacional (IAEDEN) hay interesantes conceptos como la naturaleza intrínsecamente variable del análisis político, en cuyos insumos los factores aparecen y desaparecen o cambian la naturaleza de su influencia. Allí pudo ver con claridad la emergencia de la ecología y a través de la historia, la dramática falta de identidad entre la teoría y la acción política: "*Es muy difícil que ambas coincidan, incluso, en las más inquietantes doctrinas revolucionarias de nuestra época, nos encontramos siempre con que en el momento de la práctica, en el momento de la acción, el campo ideológico se hunde y hay falta de correspondencia y dialéctica entre lo que el ideólogo, el intelectual, imagina como posibilidad de poder, y el hombre realiza en la práctica, en la acción concreta.*"

Para llegar a una conclusión con la que varias veces tropezaría en la vida: "*Es la vieja oposición entre el pensamiento y la realidad*".[55]

[55] Ramón Escovar Salom, *Campo Afuera,* Ministerio de Relaciones Exteriores, Caracas, 1976.

7. José Gil Fortoul

Académico de las Ciencias Políticas y Sociales desde la fundación de la corporación, electo según la Ley de creación del 16 de junio de 1915. Ejerció provisionalmente la Jefatura del Estado en 1913, en su condición de Vocal que se encuentra presidiendo Consejo de Gobierno, según lo dispuesto en el artículo 79 de la constitución vigente, la de 1909[56]. Dicho Consejo forma parte del Título VI constitucional DEL PODER EJECUTIVO FEDERAL y está formado por diez vocales designados cada cuatro años por el Congreso y sus respectivos suplentes. Su mesa directiva se renueva anualmente. El cuerpo tiene voto consultivo en los asuntos que le somete el Presidente por órgano de un ministro, presta su asentimiento para ciertas atribuciones presidenciales extraordinarias, decide acerca de los créditos adicionales solicitados por los ministros, emite dictámenes sobre asuntos que se sometan a su consideración e informa anualmente al Congreso de sus opiniones sobre leyes y otros asuntos administrativos.

Cada viernes viajaba Gil Fortoul a Maracay para dar cuenta a Gómez de los asuntos del gobierno, pero con varios ministros se presentan conflictos. Al Jefe llegan las quejas.

Hay constancia de que Gil Fortoul pensó que sería escogido para permanecer, de acuerdo al Estatuto Constitucional Provisorio que sería aprobado el 19 de abril de 1914, en el cual se separaba la jefatura del Estado de la Comandancia en Jefe del Ejército Nacional. Así lo confió al Ministro norteamericano y probablemente a alguien más. Se equivocó. Curiosamente, los barquisimetanos y los larenses en general, han llegado cerca pero nunca han alcanzado la Presidencia. Ministro de varias carteras, parlamentario y orador brillante, Vicente Amengual en el guzmancismo estuvo encargado tres veces por ausencia del "Ilustre Americano" pero hasta ahí; casi lo mismo puede decirse en el siglo XX de Rafael Montes de Oca con Luis Herrera Campíns quien incluso se postuló para sucederlo. Eligio Anzola fue, por solicitud del partido, Ministro del Interior de Gallegos pero éste, al viajar, dejó encargado al

[56] Constitución de los EEUU de Venezuela de 5 de agosto de 1909. En *Compilación Constitucional de Venezuela.* (Rodolfo F. Vílchez S. Compilador) Congreso de la República. Servicio Autónomo de Información Legislativa (SAIL). Caracas, 1996.

titular de Defensa Delgado Chalbaud. Con el segundo Caldera, el ministro del interior Escovar Salom fue subrogante por viaje presidencial. Otros dos fueron Presidentes del Senado y por lo tanto primeros en la línea de sucesión presidencial según la Carta de 1961, como los tocuyanos París Montesinos y Gómez Tamayo.

De la Presidencia del Consejo de Gobierno, Gil Fortoul fue a la Cámara del Senado (1914-16), cuerpo al cual ya había pertenecido y presidido entre 1910 y 1912. En el intervalo fue Ministro de Instrucción Pública en 1912, cuya Memoria al Congreso es un documento de importancia sobre la realidad educativa del país y las propuestas para su reforma. Como Senador por Lara defiende causas de avanzada para su tiempo, con poco éxito legislativo. Destacan sus ideas sobre los derechos de la mujer, el niño y los trabajadores.

En informe de 1915 al Departamento de Estado norteamericano, el ministro en Caracas da cuenta de la elección de Gil Fortoul como senador, junto a otras figuras del régimen que salían de altas funciones ejecutivas o judiciales[57], apunta que ninguno tiene relación con el estado que representa, pues todos residen en Caracas "*y Gómez piensa que esas personas no son líderes políticos que tengan apreciable seguimiento*"[58]. El evitar el desarrollo de arraigo político local es una característica del sistema gomecista, para prevenir el desarrollo de un caudillismo rebrotado.

En cuanto a Gil Fortoul no puede decirse que carezca de relación con Lara. Es barquisimetano e hijo de tocuyanos pertenecientes a familias tradicionales, su padre[59] diputado en 1858 y participante en batallas, educado en el Colegio La Concordia de El Tocuyo, regentado por el maestro Egidio Montesinos hasta graduarse de bachiller en Filosofía en 1880. Pero desde que se viene a Caracas y se gradúa de doctor en Ciencias Políticas ya no vuelve por la región de su origen, salvo en defensa de su padre por juicio penal en Barquisimeto en 1885. Sale

57 Manuel Díaz Rodríguez por Bolívar, Pedro Emilio Coll por Carabobo, J.L. Andara por Falcón, Pedro Miguel Reyes por Monagas.

58 Ver Tomás Polanco Alcántara, ob. cit. P. 215.

59 José del Espíritu Santo Gil García, "El Pelón", abogado y general de montonera de filiación conservadora, toda una leyenda en los combates en Centrooccidente, los Andes y los Llanos Altos. En la convención de 1858, sin embargo, fue crítico de las tendencias militaristas.

a Burdeos como cónsul en 1886, luego con intervalos caraqueños, en cargos diplomáticos o consulares a Hamburgo, Liverpool, París, Berna, Trinidad, México, otra vez Liverpool y París, Berlín, La Haya, Berlín de nuevo hasta su regreso a Venezuela en 1910. En otra etapa, irá otra vez a Berna, con motivo de las negociaciones para intentar saldar el asunto de los límites con Colombia y en 1933 a México, cuando se restablecen las relaciones diplomáticas.

Gil Fortoul, evidentemente, no tiene vocación de caudillo. Es hombre de libros e ideas. Ha escrito mucho desde el periódico *El Ciudadano* que había fundado en El Tocuyo, en Caracas en *El Popular*, en *La Opinión Nacional*, en *El Constitucional*, *El Cojo Ilustrado*, *El Pregonero* y *Ecos del Zulia* de Maracaibo, entre otros[60]. Sus obras abarcan un amplísimo campo de inquietudes y saberes. La historia, la poesía y la novela en literatura, la sociología y la antropología, la filosofía constitucional y la penal, y hasta la esgrima[61]. Tampoco podía desarrollar lazos regionales quien se había ido para no volver e incluso hablaba nuestro idioma con acento extranjero.

En el nuevo régimen que busca asentarse ve la oportunidad de un papel político, pues sus compañeros de la generación positivista tienen protagonismo e influencias. Él ha bebido de esas fuentes desde sus clases de historia natural con Adolfo Ernst y la "*Sociedad de Amigos del Saber*" de 1880, uno de cuyos fundadores fue. Los intereses intelectuales de juventud se amplían y profundizan en Europa, donde esas ideas habían tenido su hora.

Escribe Uslar que "*No fue un positivismo comtiano puro el que vino a Venezuela, sino una híbrida muestra de influencias...*". En nuestro medio, como en otros países de América Latina "*hizo estrecha alianza con el darwinismo, el ateísmo, el anti-clericalismo, y el realismo y el naturalismo literarios*".[62]

En su biografía de Gil Fortoul, dice Polanco Alcántara: "*La relación Gil Fortoul-Gómez tiene modalidades especiales de un orden*

[60] Lucía Raynero, *José Gil Fortoul*, Biblioteca Biográfica Venezolana N°103, El Nacional-Bancaribe, Caracas, 2009.

[61] En esgrima no sólo era teórico, también se batió a duelo en París con el intelectual guatemalteco enrique Gómez Carrillo.

[62] Uslar Pietri, *Letras y hombres de Venezuela,* EDIME, Caracas-Madrid, 1958.

estrictamente personal. El civilizado intelectual de formación europea, como era Gil Fortoul, tenía que tener interés en mejorar la vida republicana. El contraste encontrado por él al llegar a la Venezuela de esos tiempos, tropical y difícil, debió haber sido importante. En otros sujetos la reacción ha sido más fácil y sencilla: volverse a medios propicios. Gil Fortoul, por el contrario, se quedó y trató de aprovechar las oportunidades que tuvo para transmitir al país, que en ese momento, en muchos aspectos, era inculto y salvaje, la luz que podía emanar de su formación y sus conocimientos".[63]

Su intención se nota en sus discursos parlamentarios, su gestión ministerial al frente de la educación, con propuestas innovadoras y su actuación como Presidente del Consejo de Gobierno en ejercicio de la primera magistratura nacional. Destaca el biógrafo que "*Desde esos cargos, si lo hubiera querido, hubiera podido como otros haberse enriquecido para volver a Europa en cómoda y próspera situación y no lo hizo*". Conocedor del alma humana, Gómez lo caló, lo respetó y lo aprovechó a sus fines.

Como residía en casa alquilada, una vez Gómez se lo comenta y le pregunta por qué no compra usted una. El subrogante le contesta que no tiene dinero para adquirirla y Gómez le explica que el gobierno puede comprársela. "*Mientras yo sea Presidente, no acepto que el Gobierno gaste un centavo en darme una casa que no necesito*". Cuenta Polanco que Gómez sonrió, respetó su decisión y lo dejó así.

Ido del cargo, escribe para *El Universal* su "*Bosquejo del General Gómez*", a quien describe como "*hombre fuerte y bueno*", cuya fortaleza consiste en ser "*reflexivo y con voluntad recta a pesar de poder caer en el error*". Rarísima alusión cuando la infalibilidad del Jefe es indiscutido artículo de fe.

Estamos ante una personalidad riquísima cuya vida desborda esta apretada síntesis. Entre los textos principales de una obra como dijimos, vasta y múltiple, destaca su *Historia Constitucional de Venezuela*. En el Prefacio a su segunda edición de 1930, termina así:

> *"Escribiendo esta Historia, con la preocupación, acaso inmoderada, de volver a la vida el espíritu de los precursores y el alma de las*

[63] Tomás Polanco Alcántara, *Gil Fortoul: Una luz en la sombra,* Editorial Arte, Caracas, 1979.

> *muchedumbres, el autor ha visto una vez más que las ideas preceden a los hechos y los determinan; que un ideal, cuando noble, es lo único que transforma en cada época al hombre y a los pueblos; que el único ideal en definitiva es la verdadera encarnación del destino".*[64]

Como anunciaban sus discursos en el Senado, a los sesenta y cinco años, el determinismo cientificista del positivista de los años mozos va cediendo paso a otras consideraciones.

8. Pedro José Lara Peña

Académico de las Ciencias Políticas y Sociales electo en 1977 e incorporado en 1978 con el discurso "*Esquema del acervo de títulos jurídicos de propiedad soberana de la nación venezolana sobre la integridad de las aguas del golfo que lleva su nombre*". Uno de los fundadores de la Unión Nacional Estudiantil (UNE) en mayo de 1936, al separarse los universitarios católicos de la Federación de Estudiantes de Venezuela[65]. Al graduarse en 1938 de Doctor en Ciencias Políticas y Sociales, con la tesis "*Historia de los Límites de Venezuela con Colombia y Brasil*" toma el camino de la política. Diputado a la Asamblea Legislativa de Aragua llegó a presidirla. En 1939 Diputado al Congreso en representación de su región, natural de San Sebastián de los Reyes, en seguida se destaca en los debates, significándose en la oposición al tratado de 1941 para la demarcación de fronteras y navegación de ríos comunes con Colombia, un tema que lo motivará a lo largo de toda su vida. Inteligente, buen polemista, a la frecuencia de los discursos en Cámara del recién llegado se atribuye la chanza del también diputado Andrés Eloy Blanco, "*No hay cosas que hagan más ruido que un carro viejo y un diputado nuevo*". Humorísticamente, llamarían "*La llave del saber*"[66] a los dos jóvenes diputados Lara Peña y Caldera, que venían de UNE e iniciarían juntos otros movimientos políticos. Primero en

---

[64] José Gil Fortoul, *Historia Constitucional de Venezuela*, 3ª Edición, Las Novedades, Caracas, 1952.

[65] Luego incorporarían también a los estudiantes de bachillerato.

[66] José Rivas Rivas, *Ingenio y Gracia de Andrés Eloy Blanco*, Comisión Especial del Senado de la República para el Centenario de Andrés Eloy Blanco, Caracas, 1997.

1938 Acción Electoral, cuyo ámbito de acción es el Distrito Federal, allí es Secretario de Propaganda. Al año siguiente, el partido se convierte en Movimiento de Acción Nacionalista y de nuevo aparece Lara Peña como el primer miembro de su Consejo Supremo y en 1942, ya con la intención de actividad en todo el país, lo convierten en Acción Nacional, legalizado en junio. Lara Peña está en su Junta Directiva. El lema del naciente partido es "*Por la estructuración de una Venezuela auténticamente grande, libre y fuerte*".[67]

Es Segundo Vicepresidente de la Cámara de Diputados en 1939 y en 1942 participa de modo importante en las discusiones del Código Civil.

En la primera etapa del régimen militar, desde 1950 hasta octubre de 1952, es Ministro de Agricultura y Cría, siendo Presidente de la Junta el Teniente Coronel Carlos Delgado Chalbaud hasta su asesinato, cuando lo sucede el Doctor Germán Suárez Flamerich.

Su bibliografía se centra mayormente en las cuestiones limítrofes que estudia con pasión. También tiene trabajos jurídicos en materia civil y tributaria y ensayos sobre el Pacto Andino, con motivo de los cuales polemizará con otro púgil de la discusión e inteligencia acelerada, Domingo Alberto Rangel.

Como Presidente del Frente Pro-Defensa de la Integridad Territorial y la Soberanía despliega el Doctor Lara Peña intensa actividad pública en contra de la denominada "*Hipótesis de Caraballeda*" de 1980 para dirimir el diferendo con motivo de las áreas marinas y submarinas entre Venezuela y Colombia. Defiende la tesis de la "*costa seca*" que niega todo derecho de Colombia sobre las aguas. Tiene su hora en la atención nacional y en reconocimiento popular. Esa posición gana rápidamente sustancial apoyo, en el cual sobresale el ex -candidato presidencial José Vicente Rangel. En la opinión pública se generó un movimiento de rechazo al acuerdo logrado y en enero de 1981, el Presidente de la República anunció la suspensión del proceso negociador.

Paradójicamente, también en Colombia, voces de peso se manifestaron contra la hipótesis por considerarla "*lesiva a los intereses*" de la

[67] Manuel Vicente Magallanes, *Los Partidos Políticos en la Evolución Histórica Venezolana,* (Ed. Mediterráneo, Madrid) Caracas, 1973.

nación vecina. Tales fueron los casos del ex Presidente Carlos Lleras Restrepo, el ex canciller Alfredo Vásquez Carrizosa y Carlos Gustavo Arrieta quien había desempeñado la cartera de Minas y Petróleo.[68]

9. Eloy Lares Martínez

Académico de las Ciencias Políticas y Sociales electo en 1962 e incorporado en 1967 con el discurso "*El principio de legalidad aplicado a la administración*", este carupanero fue joven diputado al Congreso por Sucre en las filas del Partido Democrático Venezolano (PDV) y en tal carácter, segundo Vicepresidente de la Cámara en 1945. Circunstancialmente, tuvo un papel en los eventos que desembocaron en el naufragio de la candidatura presidencial de Diógenes Escalante y como consecuencia indirecta, en la Revolución de Octubre de 1945.

El nombre del veterano hombre público fue acordado por el gobierno y la oposición encarnada en el recientemente legalizado (1941) partido Acción Democrática, el compromiso era que bajo su liderazgo se reformara la constitución para posibilitar la elección directa del Presidente de la República. Aquel proceso de realismo político se desarrolló por vías paralelas que convergieron en la "*candidatura viable*" de Escalante.

El diputado pedevista Lares Martínez tiene la responsabilidad de preparar una gira del candidato a Sucre y en esas gestiones se reúne con Escalante en el Hotel Ávila de Caracas donde éste reside, el 3 de septiembre de 1945. Unas respuestas desconcertantes de éste serían el primer síntoma que minutos después se completaría con la ya famosa anécdota de las camisas, contada magistralmente por Suniaga. Lares se lo contó a su amigo Raúl Leoni, hombre prudente, quien relata el escritor que le habría dicho, entre otras cosas que "*Un buen político es aquel que mantiene el equilibrio entre lo que cree que se debe hacer y lo que reconoce que se pueda hacer*", porque en realidad, no sabía a ciencia cierta cómo catalogar la escena que había presenciado. [69]

---

[68] Ver Alfredo Toro Hardy, *La Política Exterior durante los últimos quince años* en VVAA, *Venezuela Contemporánea 1974-1989*, Fundación Eugenio Mendoza, Caracas, 1989.

[69] Francisco Suniaga, *El Pasajero de Truman*, Edición Especial, Caracas, 2016.

Pero en trances como ese, la discreción suele ser inútil. La verdad no puede represarse y vuela. Escalante ha perdido el juicio. Y se acaba la candidatura de consenso.

La frustración de esa posibilidad, en lugar de generar un nuevo diálogo para resolver el problema y así poder avanzar hacia la reforma política, derivó en una incomprensible bifurcación. Medina escoge por su lado el nuevo candidato presidencial del PDV y AD acelera el paso de la conspiración con la Unión Patriótica Militar para producir por vía insurreccional el cambio que aspira. El episodio, los caminos separados y sus implicaciones han sido objeto de un lúcido estudio por parte de Stambouli.[70] En la encrucijada se extravió la política.

En la recuperación de las libertades, Lares Martínez será Gobernador de Sucre en 1958. Leoni lo lleva al gabinete ejecutivo como Ministro del Trabajo (1964) cuando, antes de constituir la coalición de Amplia Base con su partido AD, Unión Republicana Democrática (URD) y el uslarismo que ya ha organizado el FND, forma un equipo con compañeros suyos y figuras sin filiación política como

De 1964 a 1969 será Procurador General de la República. Y quizás en uno de los cargos más políticos de su biografía, es consultor jurídico del Consejo Supremo Electoral durante trece años (1971-84), siendo presidentes del organismo los doctores Luis Andrés Pietri y Carlos Delgado Chapellín.

Su "*Manual de Derecho Administrativo*" ha sido por años el texto básico de estudios en la materia en las universidades del país. Del Profesor Lares Martínez, a quien recuerdo accesible, cortés y receptivo al estudiante, ha escrito Brewer que es "*un administrativista integral*" pues destacan sus facetas como docente e investigador en la disciplina, abogado asesor y litigante, funcionario en la Administración Pública y legislador. Lo define como "*hombre capaz, inteligente, erudito y talentoso*" quien a todos "*nos enseñó durante su vida que llevó con sencillez, honorabilidad, civilidad y bonhomía, lo que es un ciudadano correcto y honesto.*"[71]

---

[70] Andrés Stambouli, *La Política Extraviada (Una historia de Medina a Chávez)*, Fundación para la cultura Urbana, Caracas, 2002.

[71] Allan Randolph Brewer-Carías, *Eloy Lares Martínez, administrativista integral*, en las Jornadas Conmemorativas del Centenario del Nacimiento del Profesor Eloy Lares Martínez, Academia de Ciencias Políticas y Sociales, Caracas, 2013.

10. Victorino Márquez Bustillos

Académico electo en 1918. Ejerció la Jefatura del Estado entre 1914 y 1922 como Presidente de la República con carácter provisional. En 1914 lo hizo en virtud del Estatuto Constitucional Provisorio pues el Congreso de Plenipotenciarios lo designó y en 1915, el Congreso elige a Gómez pero éste no asume la Presidencia y prefiere seguir como Comandante en Jefe del Ejército, con lo cual Márquez Bustillos continúa al frente del gobierno, bajo la tutela del General Gómez, a quien informa permanente y detalladamente.[72]

De su designación presidencial cuenta Polanco Alcántara, con respaldo de Velásquez en el Boletín del Archivo Histórico de Miraflores y de los Archivos Nacionales de Estados Unidos que Gil Fortoul pensó que era el elegido y así lo trasladó al representante diplomático norteamericano en Caracas. Pero el mismo día de la elección, 19 de abril de 1914, Gómez cita a cuenta al ministro de Guerra y Marina Márquez Bustillos y hacia el final le pregunta "*¿Cuál es su candidato para Presidente Provisional?*", a lo que éste responde "*El suyo General*" y Gómez riposta "*Pues el mío es el suyo" y sacó del bolsillo un papel que le entregó, decía "General Márquez Bustillos*".[73]

Claro está que Márquez Bustillos, guanareño con vinculaciones trujillanas, no debutó en la política durante el gomecismo, cuando ocupó la Secretaría de Gobierno del Zulia (1909), la Presidencia Provisional de Trujillo (1910), la Senaduría por ese estado (1910-1914), la Gobernación del Distrito Federal (1911-1912) y el Ministerio de Guerra y Marina (1913-1914).

Su carrera viene de más lejos. En la geografía, porque no nació en la cortesanía capitalina y en la historia, porque se remonta a conflictos políticos anteriores a la Restauración y la Rehabilitación. El abogado es político de la cordillera. Diputado al Congreso por el Gran Estado Los Andes (1890), apoya a Crespo contra su pariente Andueza quien lo asciende a General de Brigada en 1893. Secretario de Gobierno de Trujillo (1902-1904) y en el bienio siguiente diputado del Distrito Trujillo en la Asamblea Legislativa andina.

---

72 Guillermo Morón, *Los Presidentes de Venezuela 1811-2003*, Planeta, Caracas, 2003.

73 Tomás Polanco Alcántara, ob. cit. P. 223

Por esos lados son tiempos de los "*ponchos*", araujistas y baptisteros,[74] seguidores del caudillismo de los generales Juan Bautista Araujo, llamado "*El León de la Cordillera*" y Trinidad y José Manuel Baptista y sus descendientes, casi siempre godos y circunstancialmente, por adaptación a la política nacional, lagartijos.[75] En esa política rústica y guerrera se educó Márquez Bustillos.

En la tradición oral hemos escuchado que en los días de esa presidencia, cuyo largo interinato no podía quedar impune al humorismo, se decía en Venezuela "*Aquí vive el Presidente, el que manda vive enfrente*", pero no es cierto. El dicho es mexicano y tiene que ver con Plutarco Elías Calles, considerado el Jefe Máximo de la Revolución a quien se atribuyó manejar los hilos del poder tras haberlo ejercido entre 1924 y 1928, durante varias presidencias, a la muerte de Obregón desde Portes Gil hasta su final al ascender Lázaro Cárdenas. La etapa se denomina "Maximato". Más lógico es que la importación del humorismo azteca se hiciera con motivo de otro interino, Juan Bautista Pérez (1929-31) quien fue objeto de un singular acto de control por parte del Congreso, ante el cual renunció y se fue a asumir la Legación ante España y Portugal. Era también abogado, pero no fue designado para la Academia.

11. Néstor Luis Pérez Luzardo

Académico electo en 1942 e incorporado en 1944 con el discurso "*Ley Natural y Ley Moral*" este abogado marabino comienza sus estudios de Derecho en la Universidad del Zulia, pero por su cierre en 1904 debe continuarlos hasta su culminación en Caracas. Trae la política en la sangre. Su padre, el general Eduardo Pérez Fabelo fue jefe de la aduana de Maracaibo, Senador por el Zulia, candidato a la Presidencia del estado y preso en La Rotunda.

Presidente del Concejo Municipal de Maracaibo en 1909, Pérez hubo de renunciar por presiones del gobierno estadal en perjuicio de la autonomía municipal que defendía. Retorna a ocupar su curul edilicia en 1910 y al reincidir el Ejecutivo en la violación de la autonomía municipal plantea que la Cámara haga uso de los recursos legales para de-

[74] Manuel Vicente Magallanes, ob. cit. P. 194 y siguientes.

[75] Godos y Lagartijos son modos de llamar a conservadores o constitucionalistas y liberales.

fenderse y el Presidente del estado Gumersindo Méndez lo envía junto a los demás concejales al Castillo de San Carlos. Al salir de prisión fue repetidamente acosado hasta su nueva prisión, esta vez en La Rotunda en Caracas por nueve años con los pies engrillados. Allí, se sabe que se ocupaba por la situación de los demás presos. Por solicitud de amigos que intercedían por su libertad, se le concedió a condición de que le escribiera al General Gómez pidiéndosela. La respuesta del prisionero Doctor Pérez es rotunda: "*No lo haré*". [76] Libre en 1921 se queda a ejercer en la capital, pero debe marcharse en 1924 al exilio en Estados Unidos y Puerto Rico. Activo en la oposición del exterior, regresa al país en enero de 1936 y volvió a Maracaibo en medio de la admiración colectiva. López contreras lo designa Ministro de Fomento, despacho que tenía a su cargo los asuntos petroleros, de su gestión es la Ley de Hidrocarburos de 1938 y sus estudios y decisiones echaron las bases para la creación del Ministerio de Minas e Hidrocarburos. También creó la Dirección de Estadísticas, el Banco Industrial de Venezuela y el Servicio de Turismo.

En la UCV, el doctor Pérez Luzardo fue profesor de Derecho Civil y Derecho Internacional Privado. Aunque su bibliografía es fundamentalmente de Derecho Mercantil, en su gestión ministerial incursionó naturalmente en el Derecho Minero y en el Administrativo y en los inicios de su vida pública libró batallas por la autonomía del gobierno local, nótese que su discurso de incorporación a la corporación, aborda un tema de Filosofía del Derecho. Signo de la amplitud de sus horizontes intelectuales.

12. Luis Gerónimo Pietri

Académico electo en 1963 e incorporado en 1968 con el discurso "*El Derecho electoral y las elecciones*". Nacido en Rio Caribe, descendiente de esa inmigración corsa de tanta gravitación sobre todo en la costa de Paria y en Guayana, con el establecimiento de fincas y comercios, destilerías y negocios de exportación, así como impulso al progreso en distintos órdenes. Abogado por la Universidad Central, ejerce

[76] Ver José Rafael Pocaterra, *Memorias de un venezolano de la decadencia,* 3ª edición, Monte Avila-Equinoccio Universidad Simón Bolívar, Caracas, 1997.

la profesión en Carúpano pero vuelve a Caracas como Diputado por Sucre de 1927 a 1929 y desde ese año hasta 1937 es Consultor Jurídico del Ministerio de Fomento cuando es designado Ministro de Trabajo y Comunicaciones del Presidente López Contreras, de cuyo gobierno es uno de los principales operadores políticos. En 1938 pasa a la cartera de Relaciones Interiores hasta 1941 y desde allí será el promotor de las Cívicas Bolivarianas, organización electoral para la presentación de los candidatos oficialistas a cuerpos deliberantes.

Avanzada la candidatura presidencial del General Medina Angarita, un grupo planteaba la nominación del General Juan de Dios Celis Paredes quien volverá a aspirar en 1945, y la oposición preparaba la candidatura simbólica de Rómulo Gallegos. Tulio Chiossone reseña "*cierto movimiento" por parte del señor Warren Smith, vinculado a intereses petroleros norteamericanos, para promover la opción del poderoso ministro, "pero lo cierto era que el Dr. Pietri siempre fue un amigo leal del general López Contreras e incapaz de prestarse a maniobras de esa naturaleza*"[77]

Pietri es designado Senador por Anzoátegui y con Medina, Gobernador del Distrito Federal hasta 1942, cuando sale del gobierno junto a otros ministros "*lopecistas*"[78] dada la crisis en la relación personal y política entre ambos presidentes, influida por la aspiración de López Contreras de ser electo para suceder a su sucesor.

Después del 18 de octubre de 1945 es detenido y sale al exilio en Nueva York. En 1948 regresa y en 1952 es designado Embajador en Bogotá, cargo que ejerce hasta el año siguiente, con actuación favorable a los intereses de la República en el caso de Los Monjes, estando Urdaneta Arbeláez como encargado de la Presidencia de Colombia.

En 1958 de nuevo la política, Pietri es miembro de la comisión redactora del Estatuto Electoral y en 1962 será asesor político de Acción Venezolana Independiente (AVI), iniciativa política surgida desde sectores empresariales, a la cual volveremos a referirnos.

[77] Tulio Chiossone, ob. cit. P. 171

[78] Tulio Chiossone Interior; Luis Gerónimo Pietri, Gobernación DF

13. Numa Quevedo

Académico de las Ciencias Políticas y Sociales electo en 1967 e incorporado en 1968 con el discurso "*La guerra a muerte: camino a la libertad y fuente de derecho*", político trujillano egresado de la Facultad de Derecho de la Universidad Central. Diputado al Congreso por su región natal y dos veces Presidente de la Cámara de Diputados, en los años 1938 y 1941. Ministro de Trabajo y Comunicaciones en el gobierno del Presidente Isaías Medina Angarita, entre cuyos partidarios sobresalió. Luego Presidente del estado Trujillo (1942-45). Derrocado el gobierno por la Revolución de Octubre de 1945 estuvo varios meses detenido, al ser liberado permaneció en Venezuela y fue opositor moderado del gobierno militar presidido por el general Pérez Jiménez. Durante la transición de 1958, sustituye en el Ministerio de Relaciones Interiores a Virgilio Torrealba Silva quien lo desempeñó brevemente y sus capacidad y experiencia fueron un eficaz apoyo para la gestión provisional del Contralmirante Wolfgang Larrazábal, hasta que junto a él se retiró del gobierno para apoyar, como uno de sus promotores y organizadores, su candidatura presidencial en las elecciones del 7 de diciembre de ese año.

En 1969 volvió a los quehaceres oficiales, cuando el Presidente Rafael Caldera lo designó Embajador en Bogotá, siempre delicado encargo para cualquier político venezolano. En la misión ante el Palacio de San Carlos permaneció el quinquenio entero hasta 1974.

Aparte de sus discursos parlamentarios, la obra escrita de Quevedo se concentra en los temas históricos, fundamentalmente de la gesta de Independencia, con implicaciones jurídicas y de pensamiento político, revisiones de su propia actuación política en el Congreso y el gobierno e incursiones en la biografía, como sus miradas a Bolívar, a Sucre y su trabajo sobre su padre, el jurista Inocente de J. Quevedo.[79]

Reconocida su habilidad política y dado su conocimiento de la realidad colombiana, en 1980 fue llamado de nuevo. La crisis generada por el secuestro de la Embajada de la República Dominicana en Bogotá

---

[79] Rafael Angel Rivas Dugarte y Gladys García Riera, *Quienes escriben en Venezuela, Diccionario de escritores venezolanos (siglos XVIII a XXI)*, 2ª edición, CONAC, Caracas, 2006.

realizado por el movimiento guerrillero M-19, con la retención de un numeroso grupo de diplomáticos que asistían a una recepción, entre ellos nuestro embajador Virgilio Lovera, animó al Presidente Herrera a pedirle que como embajador en misión especial se encargara del complejo asunto.

14. Edgar Sanabria

Académico de las Ciencias Políticas y Sociales desde 1943, su discurso de incorporación fue "*Apreciaciones pertinentes al estudio del Derecho Romano*", Jefe del Estado en la transición 1958-59, como Presidente de la Junta de Gobierno. Antes de ser miembro de la corporación, ya lo era de la Academia Venezolana de la Lengua y dos décadas después se le elegiría para la de la Historia, también fue escogido como miembro correspondiente de nueve academias de siete países, así como sociedades e institutos jurídicos de otros tres, sin embargo Sanabria escribió poco, mayoritariamente discursos y artículos elaborados con esmero en la redacción y la documentación. Mi padre, quien fue su discípulo en la Universidad Central, contaba que alguna vez le preguntaron al maestro por qué no escribía un libro para la cátedra de Derecho Romano que dictaba. La respuesta, característicamente suya, fue "*¿Y ustedes creen que tengo algo nuevo qué decir sobre el Derecho Romano?*" Obviamente, no se trataba de pereza intelectual de quien luego de graduarse de Doctor en Ciencias Políticas y Sociales con las máximas calificaciones, estudió y se graduó de Profesor en el nuevo Instituto Pedagógico Nacional y completó el "Curso Especial para Ingresar a la Carrera Diplomática y Consular"[80].

Subdirector de la Biblioteca Nacional, encargado del Consulado en Nueva York, titular de varias direcciones en el Ministerio de Educación y Consultor Jurídico de los ministerios de Relaciones Exteriores, Fomento y Hacienda antes de 1945, año en el que el titular del despacho dio un traspiés con sus prejuicios que sacó a Sanabria de la burocracia, seguirá en la docencia en universidades, liceos y colegios. Con el poder volvería a tropezar en 1951, cuando el régimen decreta la creación del

---

[80] Adolfo Borges, *Edgar Sanabria*, Biblioteca Biográfica Venezolana N°102, El Nacional-Bancaribe, Caracas, 2009.

Consejo de Reforma de la Universidad, en la larga enemistad de los autoritarismos con las casas del saber y firma una carta pública de protesta junto a veintidós profesores de Derecho "*en resguardo del decoro del primer instituto docente del país*"[81], con el resultado de un interrogatorio en la Seguridad Nacional. En 1953 fue restituido a su cátedra. La madrugada del 23 de enero de 1958, la política se cruza otra vez en su camino, la dictadura militar se derrumba y el profesor Sanabria es un civil conocido y respetado por muchos oficiales. Este encuentro decisivo no es, sin embargo, una casualidad. Nunca lo es.

Desde su fundación en 1939, fue profesor de Filosofía y Sociología en la Escuela del Servicio Nacional de Seguridad, Centro de Instrucción (CIFAC) de 1946 hasta su cierre en 1954 por la creación de la Escuela Básica de las FFAA y en la EFOFAC hasta su retiro como Profesor Emérito en 1959. Al precipitarse los acontecimientos, el comandante Sánchez Valderrama se acuerda de él "*por sus luces y honestidad*"[82]. Los militares no eran ni podían ser, conocedores del mundo civil, por eso es verosímil la versión de que Sanabria contribuirá con la proposición de nombres para el nuevo gabinete, como sus antiguos estudiantes René De Sola primero en Justicia y luego en Cancillería, Oscar Palacios Herrera en Fomento y Arturo Sosa en Hacienda y su compañero de estudios Víctor M. Álvarez en Trabajo, quien será desde 1962 también su colega académico. Edecio La Riva Araujo quien llegó ese amanecer a Palacio y le fue ofrecida la Sub Secretaría de la Junta, cargo que se negaba a aceptar, me dijo que Sanabria se lo llevó a un rincón y le dijo en voz baja: "*Quédese conmigo Edecio que yo no estoy aquí por la Secretaría, sino por la otra cosa*" y cruzó su pecho con la mano derecha, abiertos el pulgar y el índice, del hombro izquierdo a la cintura. Así lo designó y como su secretario privado, al joven estudiante de Derecho de la UCAB Remberto Uzcátegui Bruzual, de audaz actuación en los sucesos de 1957.

Superada la crisis de mayo en el gobierno provisional por los acontecimientos de la visita del Vicepresidente Nixon de los Estados Unidos, se cambia el canciller y se reemplaza con Sanabria y Sosa a los

---

[81] René De Sola, *Edgar Sanabria, un gran venezolano,* Ediciones Casa de Bello, Caracas, 1991.

[82] Adolfo Borges, ob. cit. P. 41.

civiles renunciantes Eugenio Mendoza y Blas Lamberti, poco después tendrá que lidiar nada menos que con el alzamiento del Ministro de la Defensa Castro León en julio y en septiembre de un grupo de oficiales comandados por el Tcnel. Moncada Vidal.

Sanabria, como otros, piensa que la provisionalidad debe prolongarse un poco hasta estabilizarse la situación nacional, pero se había hecho un compromiso público de celebrar elecciones antes del fin de año y se cumple. A fines de septiembre Larrazábal decide presentar su candidatura y renuncia a la Presidencia de la Junta que entregó a Sanabria el 14 de noviembre para un ejercicio si bien corto, no menos intenso, en los cuales el profesor se revela "como un político de habilidad y carácter insospechados"[83]. Ayudará a la culminación exitosa de un proceso electoral dificultado por la celeridad y el contradictorio clima nacional de unidad en la base popular y tensiones en sectores dirigentes civiles y militares hasta la toma de posesión del Presidente Betancourt, figura por entonces mucho más controversial de lo que la historia posterior lo recordará. Enfrenta los intereses transnacionales de las petroleras al elevar al 60% la participación fiscal venezolana en los beneficios. Decreta la nueva Ley de Universidades que consagra la autonomía y desbarata conjuras conspirativas.

Herrera Campíns dice de él "*Edgard Sanabria, jurista y profesor de eminentes cualidades, quien también en calidad de Presidente de la Junta impartió lección a América de estricta imparcialidad en la difícil hora de arbitrar el proceso de comicios y quien desciende hoy de su alta investidura con la satisfacción de haber dejado indeleble huella de su paso por el poder.*"[84]

En la capital brotaron las protestas postelectorales que tendían a crecer. Ramón J. Velásquez, atribuye el que se pudiera poner fin a rumores y manifestaciones a "*La actitud categórica asumida por el Presidente Sanabria*", la lealtad militar y el rechazo del PCV a los planes de grupos exaltados.[85]

---

[83] Ibidem. P. 10.

[84] Luis Herrera Campíns, *Transición Política* en VVAA, *1958, Tránsito de la dictadura a la democracia en Venezuela,* Ariel, Barcelona-Caracas-México, 1978.

[85] Ramón J. Velásquez, *Evolución Política* en VVAA, *Venezuela Moderna 1926-1976,* Fundación Eugenio Mendoza, Caracas, 1976.

Después será sucesivamente Embajador ante la Santa Sede, Suiza y Austria hasta 1970.

Conservo en el recuerdo varias anécdotas personales que involucran al Presidente Sanabria. En 1973, siendo quien escribe representante estudiantil en el Consejo de Facultad de Derecho de la UCV, recibió el cuerpo la solicitud de Sanabria, acompañada de certificación de notas para que se le acordara la mención *Summa Cum Laude* que le correspondía y no se le había otorgado al graduarse en 1935, así que me tocaría votar por el reconocimiento a quien se había graduado quince años antes de mi nacimiento y había sido profesor de mi padre. Lo conocí y traté en Miraflores entre 1979 y 1983. Sanabria tenía una modesta jubilación por el Ministerio de Relaciones Exteriores y dada la condición de ex presidente que se le reconocía, tenía asignado un vehículo con chofer de Presidencia de la República, el cual llevaba a surtir de gasolina en Palacio, a dónde iba a afeitarse regularmente en la barbería de Casa Militar. Dos rasgos de su proverbial sentido de la austeridad. En la oportunidad del proyecto de acuerdo de Caraballeda con Colombia, el Presidente Herrera quiso consultarlo con los expresidentes Betancourt, Caldera, Pérez, Larrazábal y Sanabria. En La Casona atendí a los dos últimos mientras esperaban y tuve así la imperdible ocasión de una grata conversación con nuestra historia contemporánea. El vicealmirante que era todo bonhomía, nos contó en su presencia que en 1958 que su madre le aconsejaba "*Hazle caso al Doctor Sanabria que él sabe más que tú*".

En 1959, se publicó versión resumida de su estudio acerca de Rafael María Baralt. Allí dice que éste "*siempre dijo la verdad, por fuerte que ella fuese, aun en contra de sus intereses partidarios, e indicó al pueblo los caminos que juzgó favorables al logro de su prosperidad y cómo debía evitar aquellos que lo extravían o pervierten*"[86]. Creo que honradamente fue lo que intentó hacer en su vida.

15. Enrique Tejera París

Académico de las Ciencias Políticas y Sociales desde 1989, su discurso de incorporación fue "*Contribución a la Reforma del Estado:*

[86] Edgar Sanabria, *Don Rafael María Baralt,* Revista de la Universidad del Zulia, Volumen 2, Nº 8, Maracaibo, 1959. pp. 63-67.

planificación, políticas y toma de decisiones, la figura del Primer Ministro", consecuente con un interés intelectual demostrado temprano por la estructura del gobierno y su funcionamiento, desde "*Administración Pública*" (Editorial América Latina, 1963) y más atrás desde "*Dos Elementos de Gobierno*" los Empleados Públicos y la Reforma Administrativa (1960), publicada por primera vez en 1945 por la *Revista de Fomento*. Había trabajado también en un proyecto de Ley del Servicio Civil, de inspiración británica, cuando el Ministro Pérez Guerrero lo llamó en 1948 a colaborar en la reorganización de la Comisión de Estudios Fiscales y Administrativos (CEFA).

"*Tú eres político, ese es tu oficio*"[87], cuenta que le dijo Betancourt al designarlo en 1959 Gobernador de Sucre, un estado que prácticamente no conocía. La decisión de quien obviamente conocía la asignatura debió ser muy comentada y al menos *sotto voce*, discutida en su momento. Venía de Cordiplan[88] en el Palacio Blanco y una carrera como profesor universitario y funcionario internacional.

Pero en la política no era nuevo. Ya en el Congreso de Estudiantes de Febrero de 1939 que lo elige vicepresidente es "*pedenista*", miembro del ilegal Partido Democrático Nacional, antecedente de Acción Democrática, poco después Presidente de la Federación de Estudiantes de Venezuela (FEV).

Vuelta la democracia, aparte de la creación de Cordiplan y la Gobernación de Sucre, es Presidente del Banco Industrial de Venezuela y uno de los fundadores de la Corporación Venezolana del Petróleo (CVP). Embajador en Washington desde comienzos de 1963 y simultáneamente ante la OEA, con Betancourt y con Leoni. Senador por el Distrito Federal (1969-74) y varias veces suplente incorporado al Senado, pues su principal es Gonzalo Barrios. Secretario de Relaciones Internacionales de AD, durante su ejercicio de produce la afiliación de ese partido a la Internacional Socialista. Ministro de Relaciones Exteriores en 1989, en el segundo gobierno de Pérez, cuando es elegido para la Academia. Y con Rafael Caldera en su segunda presidencia, embajador en Naciones Unidas y en España.

---

[87] Enrique Tejera París, *Gobierno en mano. Memorias (1958-1963)* LibrosXMarcados, Caracas, 2009.

[88] Oficina de Coordinación y Planificación de la Presidencia de la República.

Hasta su muerte, pasados los noventa años, mantuvo sus opiniones y aspiraciones políticas, siempre matizadas por su sentido del humor y una sazonada imprudencia muy poco diplomática.

Abogado y economista, profesor de Derecho Constitucional (su materia favorita) en pre y postgrado, de Economía para Ingenieros en Ingeniería y de Geografía Económica en Economía. Profesor en la Universidad Central, la Universidad de Oriente, la Universidad Simón Bolívar y centros de postgrado de las Fuerzas Armadas.

De sus obras hay que agradecer señaladamente los tres volúmenes de sus memorias, inusual ejercicio en un político venezolano. Con base en las anotaciones en un diario que llevó minuciosamente a lo largo de su vida, reúnen un total de mil doscientas cincuenta y nueve páginas de amena e interesante lectura, salpicadas de anécdotas y jugosas enseñanzas del acierto y el error. Mezclan, como es natural, lo hecho con lo deseado y lo que no se pudo. Lo que se hizo y mejor habría sido no hacerlo como lo que debió hacerse y quedó pendiente.

El primero abarca desde su formación hasta la década de 1950. El segundo, arriba citado, la transición y el ejercicio de gobierno con Betancourt de 1958 a 1963 y el tercero, su experiencia como embajador en Washington de 1963 a 1968, aunque lo correspondiente al período de Leoni lo despacha en pocas páginas, no obstante pasajes tan interesantes como la invasión norteamericana a República Dominicana y el fuerte reclamo del gobierno venezolano[89].

Lástima que nos quedara debiendo sus años en el Senado, los dos gobiernos de Carlos Andrés Pérez, en el segundo fue Canciller, su apoyo a Caldera de cuya diplomacia fue figura destacada.

Pude compartir con el Senador Tejera París en el Congreso y también siendo miembro de la Comisión de Política Exterior de Diputados con el ministro y el embajador. En este plano me correspondió interpelarlo y también disfrutar de su plática grata, culta, traviesa, sea tratando asuntos de Estado o más distendida, al compartir la mesa en Caracas, Nueva York o Madrid.

---

[89] Enrique Tejera París, *La Formación de un Caraqueño*, Planeta, Caracas, 1994. Enrique Tejera París, *Cuando Venezuela tenía razón, Memorias Washington 1963,* Libros XMarcados, Caracas, 2013.

En nuestra vida parlamentaria nos correspondió integrar la comisión bicameral especial para la postulación de candidatos a magistrados de la Corte Suprema de Justicia en 1992, un proceso inédito por su transparencia, al cual el Congreso se decidió por buen juicio político, sensible al clima nacional y sin que lo obligara norma alguna. Los presidentes de las Cámaras París Montesinos y Oberto designaron la comisión, presidida con equilibrio y respeto por Henry Ramos Allup. La subcomisión para escoger la lista de elegibles que sería presentada al pleno de la comisión y de aprobarse, a la sesión conjunta para la decisión definitiva, la presidió Tejera París e integramos el diputado del MAS por el Zulia Armando Aniyar y quien escribe. Nos pusimos de acuerdo en un baremo y analizamos los nombres, en su inmensa mayoría muy respetables, presentados por las facultades de Derecho y colegios de abogados. Todas las decisiones, tanto en la subcomisión como en la comisión fueron por unanimidad.

De tanto escrito en sus libros, escojo estas líneas, pues me parecen pertinentes al tema que nos ocupa. "*Los políticos incipientes descubrirán de día en día realidades de gobierno que no encontrarían en ningún texto, todas englobadas en una frase de Maquiavelo: 'Nada es más difícil de hacer, o de éxito más dudoso, o más difícil de manejar, que iniciar un nuevo orden de cosas'*".[90]

16. Pedro R. Tinoco, h

Académico de las Ciencias Políticas y Sociales desde 1991, su discurso de incorporación fue "*El nuevo Derecho*". Su entrada en el Diccionario de Historia de Venezuela comienza "*Abogado, político y banquero*"[91] a diferencia de su padre y homónimo cuya semblanza comienza sólo por los dos primeros sustantivos. Tras breve pasantía como profesor de finanzas públicas y economía política en la UCV y después de ejercer un liderazgo gerencial e intelectual de peso en el empresariado que incluye la Presidencia de la Asociación Bancaria (1961-63), a los 35 años ingresa a la política activa, la cual como su padre compartió con el ejercicio profesional de la abogacía. Este debut ocurre en 1962 cuando funda junto a otros destacados ciudadanos vinculados a la

[90] Enrique Tejera París, *Gobierno...* ob. cit. P. 137.
[91] Diccionario de Historia de Venezuela Fundación Polar.

producción, la banca y el comercio la Acción Venezolana Independiente (AVI)[92], la cual no es partido pero *"...se propone, sin embargo, actuar en el próximo proceso electoral y, a tal fin, negociar con los partidos políticos democráticos..."* tanto la adopción de sus propuestas como la inclusión de candidatos suyos en las planchas parlamentarias. AVI dejó en libertad a sus miembros para votar por el candidato de su preferencia en la contienda en la cual triunfó Leoni.

En 1968 funda el Movimiento Desarrollista (MD), el cual apoya la candidatura presidencial de Rafael Caldera, es elegido diputado al Congreso y designado Ministro de Hacienda, cargo que ocupa hasta 1972, cuando se retira del gobierno para postularse como candidato presidencial de su organización y el Partido Nacional Integracionista (PNI) fundado por Luis Felipe Llovera Páez, coalición que sería uno de los actores que intentó capitalizar el perezjimenismo, espacio que lucía prometedor a partir del resultado electoral de 1968. Alcanzó el 0.67% del voto[93] pero la cifra de respaldo electoral no guarda proporción con su presencia e influencia reales.

En el primer gobierno de Carlos Andrés Pérez (1974-79) es Presidente de la Comisión Presidencial para la Reforma Administrativa y en el segundo (1988-92) Presidente del Banco Central de Venezuela hasta su sustitución por Miguel Rodríguez. Puede considerarse uno de los hombres de más influencia en la Venezuela de su tiempo, al punto que el grueso volumen de su biografía se subtitula "*Vida y muerte del poder en Venezuela*".[94] Al comentarlo, Arráiz Lucca quien considera que en el casi cuarto de siglo desde su designación ministerial hasta su deceso "ningún venezolano llegó a acumular mayor cuota de poder político a partir del manejo de los hilos del capital" aunque le interesaban más el poder y la historia que el dinero, concluye: "*Lo que probablemente el lector no esperaba es que la vida de este hombre fuese un abismo profundo y oscuro, radicalmente opuesto a la claridad y el orden de su inteligencia*".[95]

---

92 Manuel Vicente Magallanes, ob. cit. P. 507-508.

93 Con la tarjeta del Desarrollismo 0.09 % y con la del PNI 0.57%.

94 Juan Carlos Zapata, *Dr. Tinoco. Vida y Muerte del Poder en Venezuela,* Descifradolibros.com, Caracas, 2006.

95 Rafael Arráiz Lucca, *Venezolanos (de la A a la Z)*. Fundavag Ediciones, Caracas, 2013.

17. Luis Felipe Urbaneja Blanco

Académico de las Ciencias Políticas y Sociales electo en 1971 e incorporado en 1972 con el discurso "*Conceptos sobre la teoría de la imprevisión en los contratos de Derecho Privado*", su apellido puede ser el más repetido en la historia de la corporación, tres de sus antepasados; Alejandro, Diego Bautista y Carlos Alberto, figuran entre sus treinta fundadores. Miembro de la Generación del 28, sufrió su carcelazo como participante en la inquietud estudiantil de la época cuyo núcleo social, intelectual y político era el Parque Carabobo, por entonces un confín de la ciudad pequeña que era Caracas. Profesor desde 1939 Derecho Civil (Obligaciones) en la Universidad Central de donde egresó en 1934 y en 1936 fue su Secretario. Miembro del directorio del Banco Central de 1942 a 1951, Jefe de la División Jurídica del Consejo Venezolano del Niño y corredactor del Estatuto de Menores de 1950. En mayo de 1943 junto a Julio Medina Angarita, Gerardo Sansón, Manuel B. Pocaterra y Rafael Ortega h., como uno de los promotores del evento fundacional en Caracas, a celebrarse en el Hipódromo de El Paraíso, de la agrupación Partidarios de la Política del Gobierno (PPG), la cual devendría en partido Democrático Venezolano órgano político del respaldo al Presidente Medina. Sus ideas son las del pensamiento positivista, "*La democracia es un lujo que sólo pueden darse los países ricos*" opinaba para sustentar sus dudas acerca de la viabilidad de ese sistema en nuestro medio. Ministro de Justicia por siete años, desde 1951 hasta el 23 de enero de 1958. A raíz de la caída del régimen militar salió de Venezuela para regresar en 1962.

De su gestión en el ministerio, entonces recién creado, quedaron el Instituto de Legislación y Jurisprudencia, el cual reunió a juristas como Gustavo Manrique Pacanins, Luis Loreto, Juan José Mendoza, Nicomedes Zuloaga, Pedro Arismendi Lairet, Víctor Sanavia, José Ramón Ayala, Edgar Sanabria y José Ramón Sanz Febres y el Instituto de Derecho Comparado, dirigido por el profesor Roberto Goldschmidt, pero sin desmerecer la importancia de éstos, resulta evidente que lo más importante fue la estructuración de un Poder Judicial respetable, aún en medio de un sistema político caracterizado por la arbitrariedad.

En esos años y hasta 1969, la impronta del Ejecutivo a través del Ministerio a cargo de Urbaneja, a quien llamaban "*El Fraile*", era decisiva en el funcionamiento de la judicatura y el ministro se esmeró escrupulosamente en la designación de los jueces cuya independencia procuró; también en la dotación de los tribunales e incluso en la selección del personal auxiliar de secretarios, escribientes y alguaciles, los cuales debían antes aprobar exámenes que certificaran su calificación para el empleo, sin favoritismos, ni siquiera familiares. Aquellos logros no fueron superados, como debieron, en el período democrático y, como sabemos, mucho menos en la regresiva pendiente de 1999 en adelante, hasta un punto que haría sonrojar hasta a las **Memorias** de Núñez de Cáceres.[96]

La mención es de justicia, como ha intentado el autor en previos trabajos.[97]

Su elección para la Academia en 1971, cuando hacía más de una década de su salida del poder, es buena muestra del respeto que su persona concitaba entre los abogados y en el país.

18. Arturo Uslar Pietri

Académico de las Ciencias Políticas y Sociales electo en 1950 e incorporado en 1955 con el discurso "*El Petróleo en Venezuela*". En el momento la situación nacional le impone un paréntesis a su actividad política, ni siquiera aceptó el interesante destino diplomático que le fue propuesto por un régimen con el que prefiere mantener prudente distancia, a diferencia de otros medinistas a causa de la herida aún fresca de octubre de 1945, pero a la política no tardará en volver antes del fin de la dictadura. Es una de sus pasiones.

Arráiz Lucca que tanto le ha estudiado, escribe "*Aunque su atildamiento confunda a los incautos, Uslar ha cultivado tormentosas y prolongadas pasiones. La primera es Venezuela: esa obsesión que no lo ha dejado tranquilo nunca, que lo ha gobernado de manera*

[96] Pedro Núñez de Cáceres, *Memorias,* Fundación para el Rescate del Acervo Documental Venezolano (FUNRES)- Instituto Autónomo Biblioteca Nacional, Caracas, 1993.

[97] Ramón Guillermo Aveledo, *La 4ª República, la virtud y el pecado,* LibrosXMarcados, Caracas, 2007.

despiadada"[98]. Y la política, creo, lo trajo a la Academia de las Ciencias Políticas y Sociales.

Su obra literaria en la novela, el cuento, el teatro, el ensayo, la crónica de viajes y hasta la poesía lo llevaron a la Academia Venezolana de la Lengua. Para la de la Historia hará otros méritos ensayísticos que no son escasos. Doctorado en 1929 cuando ya se le conocía como cuentista por *Barrabás y otros relatos* y dos años después publicará *Las Lanzas Coloradas*, su primera novela que es histórica pero también político-social, pero no será como abogado que una sociedad poco proclive a la generosidad y un mundo con mucha competencia reconozcan su brillo, como lo han manifestado en manera difícilmente comparable con la de otros compatriotas.

A los treinta y tres, a diez años de su grado universitario, es Ministro de Educación de Venezuela con López Contreras hasta 1943. Con Medina Angarita es dos veces Secretario General de la Presidencia, Ministro de Hacienda entre uno y otro ejercicio y de Relaciones Interiores cuando el 18 de octubre interrumpe su fulgurante carrera en la cual ya se ha planteado la aspiración presidencial.

Tiene treinta y nueve años, ministro de cuatro carteras y operador político del Presidente para fundar el Partido Democrático Venezolano (PDV) ha sido uno de los hombres más poderosos del país y va al exilio. El duro golpe lo devuelve a la literatura y las necesidades de la subsistencia a las clases en la Universidad de Columbia y a la publicidad comercial.

Siendo un autor muy leído, la comunicación es un campo que lo proyecta y lo hace referencia en los hogares venezolanos. En el periodismo, premiado aquí y afuera, columnista de **Pizarrón** en **El Nacional**, diario que dirigió. En la publicidad, desde *ARS* la empresa fundada por su compañero de generación y amigo Carlos Eduardo Frías a la que se debe un libro. Y sobre todo en la televisión a través de *Valores Humanos*, el programa que concibe, dirige, produce, del cual es rostro y voz.

La televisión está unida a su regreso a la política, pues influye en su triunfante candidatura senatorial por Caracas en 1958 y su nominación presidencial en 1963. Y el periodismo también, pues más que ***Hacia***

[98] Rafael Arráiz Lucca, ob. cit. P. 286.

el Humanismo Democrático, texto con el cual quiso dar consistencia ideológica al segundo partido que fundó, el Frente Nacional Democrático (FND) en 1964, la idea política con la cual está asociado para siempre la expresó en el celebérrimo editorial de *Ahora* el 14 de abril de 1936, "*Sembrar el petróleo*".

Al estadista, al político de ideas lo reconoce la Academia al llamarlo a su seno cuando llega de Nueva York e hiberna en *ARS.* A la política retornará y tendrá nuevas oportunidades de acumular merecimientos en la actividad en la que es tenaz reincidente, no obstante sus abundantes y polifacéticos talentos.

El 23 de enero lo encuentra en prisión, se va directamente a Miraflores. Allí, confiesa, rompe un retrato del dictador.[99] Como senador es copartícipe de la nueva Carta de 1961. Es parte del consenso que la hace posible, desde posiciones ligeramente a la derecha de la mayoría[100]. Candidato presidencial independiente en 1963[101]. Senador por dos períodos más, siempre en representación del Distrito Federal.

En significativa reconciliación histórica, con su partido integra la coalición gobernante junto a AD y presidida por Raúl Leoni, uno de los integrantes del gobierno revolucionario octubrista. De esa línea será otro gesto: en 1975 acepta la Embajada ante la UNESCO en París, nombrado por Carlos Andrés Pérez en el gobierno de la "*Gran Venezuela*".

Nunca deja de opinar y su palabra gana más respeto que respaldos. Con Lusinchi, que lo homenajea en Miraflores por sus 80 años, preside una comisión sobre la educación en Venezuela cuyo informe recomienda políticas públicas para el sector. En el segundo Pérez, cuando se practica una política económica más afín al pensamiento liberal, siente que la crisis nacional lo llama otra vez a la línea de fuego. En 1990 su firma encabeza el documento de "*Los Notables*", el primero de varios. En 1998 plantea un *"gobierno de emergencia nacional" pero sin su presencia, porque "estoy viejo y lo reconozco".*

En 2001 una entrevista extensa de Arráiz Lucca con Uslar es publicada en libro. *Ajuste de cuentas* es titulada. Ha comenzado el gobierno

---

99 Alfredo Peña, *Conversaciones con Uslar Pietri,* Ateneo de Caracas, 1978.

100 Ver Ramón Guillermo Aveledo, *Contra la corriente*, LibrosXMarcados, Caracas, 2015.

101 Ver Astrid Avendaño, *Arturo Uslar Pietri. Entre la razón y la acción,* Oscar Todtmann Editores, Caracas, 1996.

de Hugo Chávez. Le parece "*un delirante ignorantísimo*" que profiere "*cantidad de disparates (...) y con qué autosuficiencia, con qué arrogancia".*

En Carnaval de ese mismo año se marchará Uslar. La historia que sigue, la vivimos.

19. Laureano Vallenilla Lanz

Académico de las Ciencias Políticas y Sociales electo en 1925, de acuerdo a la Ley del 30 de junio de 1924. A su muerte en noviembre del treinta y seis, ya fuera del poder con sus favores, sabores y dolores, el acuerdo de la Academia Nacional de la Historia pondera la múltiple labor intelectual como "*historiador, periodista, político y sociólogo*" de este autodidacta que inició estudios de ingeniería en la Universidad Central en 1886 para abandonarlos a la muerte del padre, en quien "*Serán el gusto por la lectura, el estudio solitario, la reflexión y las anotaciones personales...*"[102] y al cuidadoso apunte de Elsa Cardozo me permito agregar una asidua observación de la realidad, a cuya intemperie se expuso desde temprano en la agreste Venezuela de su tiempo.

A los veintitrés años cuando es secretario privado del gobernador del Gran Estado Bermúdez[103] general Nicolás Rolando y en seguida dirigente del Partido Liberal Unificado en la entidad y apoya la candidatura presidencial de Ignacio Andrade, durante el gobierno de éste, ya en Caracas desde 1898, es secretario de los generales Zoilo Bello Rodríguez, presidente de la Cámara de Diputados y Ministro del Interior y Ramón Ayala quien desempeña funciones militares y políticas, como una curul en el Senado por Miranda. Andrade es derrocado por la Revolución Liberal Restauradora liderada por Castro, ante cuyo gobierno se alza la Revolución Libertadora donde pelea su hermano Baltazar quien termina preso en el Castillo de San Carlos, pero una dura carta de Vallenilla al caudillo de esa revuelta Manuel Antonio Matos, publicada en 1904 en **El Pregonero**, le gana el favor del Presidente, la libertad del

---

[102] Elsa Cardozo, *Laureano Vallenilla Lanz*, Biblioteca Biográfica Venezolana, El Nacional-Bancaribe, Caracas, 2007.

[103] Antes Estado de Oriente, abarcaba los territorios de los actuales estados Anzoátegui, Sucre y Monagas.

preso y el nombramiento de Cónsul en París, de dónde seguirá a Ámsterdam y a Santander. En Europa permanecerá hasta 1910, asiste como oyente a La Sorbonne y el Collège de France. En su visión influyen Renan y Taine, Langlois, Seignobos, Le Bon y Bouglé.[104]

Desde sus inicios en *La Nueva Era*, hará del periodismo su oficio y su tribuna, escribe en varios periódicos de la época, entre ellos *El Cojo Ilustrado*, prestigioso en círculos intelectuales donde publica su primera versión de "*El Gendarme Necesario*", pero sin duda su gran notoriedad será en *El Nuevo Diario*, en cuya dirección que ejerce de 1915 a 1931, sustituye a Diógenes Escalante. Desde allí se convertirá en el principal propagandista del gomecismo[105] y lo convertirá en el pilar de su exitosa carrera política en el régimen: Senador por Apure y por Sucre (1916-1931) y tres veces Presidente del Senado. Ya había sido Superintendente de Instrucción Pública y Director del Archivo Nacional. En 1931 es designado Ministro Plenipotenciario en París, ciudad donde fallecerá, ya en desgracia política, en 1936.

Es un intelectual positivista, como tal ha sostenido posturas liberales y radicales contrarias a las ideas del catolicismo. Al lado de otros de la llamada "*Generación Positivista venezolana*" como César Zumeta, su amigo José Gil Fortoul[106] y Pedro Manuel Arcaya estos dos también académicos de las Ciencias Políticas y Sociales, es de los pensadores de esa tendencia más influyentes en el país y lo mismo que ellos ejerce posiciones de poder.[107] De ellos y del Positivismo, hemos hablado antes. Desde esa perspectiva ideológica y más alineado con Comte que los considera "*metafísicos*", su pensamiento evoluciona al escepticismo hacia la democracia y la legalidad que naturalmente derivan del liberalismo político y va forjando una convicción arraigada que le será útil en su servicio a la dictadura gomecista, pero que no puede considerarse

[104] Los franceses Ernest Renan e Hippolyte Taine, filósofos; y Charles Langlois y Charles Seignobos, historiadores; Gustave Le Bon, sociólogo y Célestine Bouglé, filósofo y sociólogo cercano a Émile Durkheim.

[105] Ver *Campañas Políticas de El Nuevo Diario*, Litografía y Tipografía Vargas, Caracas, 1927-1928.

[106] Hacia el final de sus días le dedicará amargas críticas.

[107] Ver de Elena Plaza, *La Tragedia de una amarga convicción. Historia y Política en el pensamiento de Laureano Vallenilla Lanz (1870-1936)*, Universidad Central de Venezuela, Caracas, 1996; y de Yolanda Segnini, *Las luces del Gomecismo* Trópico-Alfadil, Caracas, 1987.

meramente oportunista, aunque sea tan duro como comprensible el juicio de Rómulo Betancourt, quien le endilgaría uno de sus famosos adjetivos "*sicofante*" aun cuando lo aderezó con "*cínico e inteligente*"[108].

Compártanse o no, total o parcialmente, sus planteamientos muchas veces polémicos, su obra principal debe considerarse *Cesarismo Democrático*. De ella, dijo Betancourt en *Venezuela, Política y Petróleo*, libro que escribió a lo largo de años, por lo cual refleja etapas distintas de su experiencia y de la evolución de su pensamiento que pegando citas del Libertador con razonamientos de Taine, Spencer y Le Bon fabricó "*una tesis de circunstancia. Gómez era un fenómeno telúrico*", el "*buen tirano*"[109]. En realidad, más allá de intenciones políticas coyunturales, la obra de Vallenilla es mucho más que eso.

Leí en su tercera edición[110] este "*Estudio sobre las bases sociológicas de la Constitución efectiva de Venezuela*", publicada cuando la circunstancia política nacional devolvía conveniencia a sus tesis y cuando su hijo, quien a partir del 24 de Noviembre de 1948 ha vuelto a los altos niveles de la Administración Pública y está a punto de convertirse en figura importantísima del gobierno militar.[111] Mi estimado profesor de Sociología del Derecho Virgilio Tosta, Gobernador de Barinas en la transición democrática de 1958 y luego diputado independiente por ese estado en la plancha de AD, considera a Vallenilla un "*agudo sociólogo*". Uslar Pietri cree que la obra "*nació muy estrechamente vinculada a una situación política demasiado peculiar para poder ser juzgada con imparcialidad*", pero en ella se sintetiza y culmina la visión positivista del hecho venezolano y es "*una de las obras básicas de nuestra historiografía*".[112]

En *Cesarismo*, Vallenilla Lanz introduce categorías sociológicas al análisis histórico, para dibujar una tesis política. Alega que la gesta por la Independencia fue en realidad una guerra civil cuyos sus iniciadores fueron los nobles mantuanos en pugna contra las autoridades

---

[108] Angel Rosenblat, *Buenas y malas palabras,* Tomo IV, 4ª edición, EDIME, Madrid, 1974.

[109] Rómulo Betancourt, *Venezuela, Política y Petróleo,* (3ª edición) Senderos (Impreso por Tercer Mundo, Bogotá), 1969.

[110] Tipografía Garrido. Caracas, 1952.

[111] Ver de Enrique Meléndez, *El otro Vallenilla Lanz*, Editorial Venezelia, Caracas, 2001.

[112] Arturo Uslar Pietri, ob. cit. P. 243

españolas, proceso cruzado por prejuicios de casta en una sociedad ya marcada por el mestizaje. Contra éstos, la de Boves sería una insurrección popular y a su muerte, sus huestes acaban en el bando patriota a las órdenes de Páez.[113] Analiza la sicología de la masa popular y lanza la tesis del "gendarme necesario", la necesidad fatal de "*el gendarme electivo o hereditario de ojo avizor, de mano dura, que por las vías de hecho inspira el temor y que por el temor mantiene la paz*". Tras revisar el proyecto constitucional que para Bolivia preparó Bolívar y la trayectoria y decadencia de los partidos históricos, desemboca en que "*Nuestros instintos absolutamente igualitarios, nuestro individualismo todavía indisciplinado, aventurero, irreductible y heroico…*" ameritan un César democrático quien, cita a Laboulaye;[114] "Es la democracia personificada, la nación hecha hombre".

Para comprender el sistema político de entonces cuya médula es el personalismo, leamos un trozo del discurso de Vallenilla Lanz, Presidente del Senado, al instalar las sesiones de 1923: "*No pretendemos, ni cabe en los estrechos límites de un discurso hacer el análisis de nuestro pasado; pero sí podemos hacer constar el hecho indiscutible de que la paz, el orden, el crédito y el progreso positivo de que goza hoy la República, se debe exclusivamente a la acción personal del señor General Juan Vicente Gómez…*"[115] quinceañero ya en el poder.

No es este, sin embargo, su punto culminante. Pino Iturrieta[116] cita carta de Vallenilla al general Gómez, "*Con indios, criminales y locos no se llega a convertir a un país como el nuestro en el más ordenado, el más laborioso, el más pacífico y cuerdo del mundo entero. Y esta es la obra prodigiosa realizada por usted*".

20. Guillermo Tell Villegas Pulido

Académico desde la fundación de la corporación, electo según la Ley de creación del 16 de junio de 1915. Ejerció la Jefatura del Estado

---

113 Ver José Antonio Páez, *Autobiografía*, Libros de la Revista Bohemia N° 58, Caracas, s/f.

114 Édouard René Lefebvre de Laboulaye (Paris, 1811-1883), jurista y político de la III República francesa.

115 Citado en Jorge Olavarría, *Gómez, Un enigma histórico,* Fundación Olavarría, Caracas, 2007.

116 Elías Pino Iturrieta, ob. cit. P. 184.

al asumir provisionalmente la Presidencia de la República en 1892, durante los sucesos de la Revolución Legalista. Ya había representado a Venezuela en Panamá como Comisionado Especial y en el Liberalismo Amarillo desempeñado la Secretaría de la Gobernación del Distrito Federal y la Secretaría General de la Presidencia con Guzmán Blanco y representado al estado Bolívar en el Congreso como Diputado (1890-92), aparte de Juez en primera instancia y en la Corte Suprema (en épocas en que el Poder Judicial era federal y la tercera instancia correspondía a los estados). A la muerte de Crespo vuelve triunfal a la política con la Restauración. Con Castro es Presidente de Falcón, Guárico y Apure, de la Corte Federal y de la Corte de Casación, Procurador General de la Nación y Cónsul de Venezuela en Trinidad (1906-07), destino muy significativo en esos años por la presencia en la isla de numerosos exilados venezolanos. Con Gómez diputado por el Distrito Federal y Presidente de la Cámara de Diputados. Consejero Federal por Bolívar y secretario de ese Consejo, de nuevo Procurador General de la Nación entre 1913 y 1919, cargo al cual volverá en 1936, ya con 82 años. Es decano y vicerrector de la Universidad Central de Venezuela, su Alma Mater, entre 1930 y 1933.

Un político de excepcional capacidad de supervivencia fue el Doctor Villegas Pulido, logró mantenerse en el ejercicio de altos niveles del Estado en aquella Venezuela convulsa, bajo los presidentes Guzmán Blanco, Rojas Paúl, Andueza Palacios, Castro, Gómez y López Contreras.

COLOFÓN

La presencia de estos y otros nombres en la corporación, nos habla de una inquietud por comprender la sociedad venezolana, su historia, por captar las corrientes profundas que se mueven en su seno y todo ese substrato, objetivo y subjetivo que está por detrás de las instituciones. En suma, nuestra vida como pueblo.

Este siglo nos habla de un país que ha ido cambiando ahí afuera y todos queremos que para bien cambie más. Nos cuenta de épocas en las cuales había que venirse a Caracas para buscar oportunidades de realización. Cuando se dicta la ley de creación hay solo dos universidades, la Central y la de los Andes. La del Zulia había sido cerrada en 1904. Ya no es así. En toda Venezuela se piensa, se estudia, se crea.

Eran también tiempos de centralismo exacerbado. Hoy, esa concentración se considera una patología. Desde 1945 la mujer no es excluida de los derechos y deberes políticos, pero la fuerte corriente social y cultural que reconoce, respeta y se beneficia del protagonismo de esa mitad de la sociedad hace mucho que ya riega hasta los más escondidos territorios de nuestra vida social. En toda Ven*ezuela* se han multiplicado las escuelas de Derecho y se crean las de otras disciplinas de las ciencias sociales y los estudios liberales. Así mismo los estudios de postgrado, diplomados, especializaciones, maestrías y doctorados.

Hay *aggiornamenti* que ameritan reformas legales, cuando el tiempo nacional sea propicio. Otros requieren sólo comprensión del entorno y voluntad de hacer.

Uno de nuestros compañeros, Luis Ugalde S.J., sociólogo y doctor en Historia ha escrito: "*La política es el arte de combinar intereses diversos y contrapuestos. Los políticos dignos se dedican al bien común, al difícil arte de hacer que lo público redunde en beneficio de los privado y lo privado se empeñe en la construcción del bien común*".[117]

Este ensayo es un cordial llamado a que lo tengamos presente.

BIBLIOGRAFÍA

Libros

ACADEMIA DE CIENCIAS POLÍTICAS Y SOCIALES, *Recopilación de la normativa de la Academia de Ciencias Políticas y Sociales,* Caracas, 1996.

ARCAYA, Pedro M., *Memorias*, Librería Historia, Caracas, 1983.

ARISTÓTELES, *La Política,* Austral, Espasa Calpe, México, 1958.

ARRÁIZ LUCCA, Rafael, *Venezolanos (de la A a la Z)*, Fundavag Ediciones, Caracas, 2013.

AVELEDO, Ramón G., *Caldera en el Hemiciclo* en *Rafael Caldera: estadista y pacificador, Centenario de su nacimiento 1916-2016,* Ediciones B-Fundación Konrad Adenauer- Universidad Metropolitana, Caracas, 2016.

[117] Luis Ugalde, *Elogio de la Política,* AB Ediciones, UCAB, Caracas, 2016.

_____________, *Contra la corriente*, Libros X Marcados, Caracas, 2015.

_____________, *El Poder Político en Venezuela,* Universidad Metropolitana-Libros El Nacional, Caracas, 2007.

_____________, *El Trabajo Parlamentario,* Congreso de la República, Ediciones de la Cámara de Diputados, Caracas, 1997.

_____________, *La 4ª República, la virtud y el pecado,* Libros X Marcados, Caracas, 2007.

AVENDAÑO, Astrid, *Arturo Uslar Pietri. Entre la razón y la acción,* Oscar Todtmann Editores, Caracas, 1996.

BETANCOURT, Rómulo, *Venezuela, Política y Petróleo,* 3ª edición, Senderos (Impreso por Tercer Mundo, Bogotá), 1969.

BORGES, Adolfo, *Edgar Sanabria*, Biblioteca Biográfica Venezolana N°102, El Nacional-Bancaribe, Caracas, 2009.

BREWER-CARÍAS, Allan R., *La constitución de 1999,* Editorial Arte, Caracas, 2000.

_____________, *Política, Estado y Administración Pública*, El Ateneo-Editorial Jurídica Venezolana, Caracas, 1979.

_____________, *Eloy Lares Martínez, administrativista integral*, en las Jornadas Conmemorativas del Centenario del Nacimiento del Profesor Eloy Lares Martínez, Academia de Ciencias Políticas y Sociales, Caracas, 2013.

BRICEÑO IRAGORRY, Mario, *Su Presidencia del Congreso de la República y otros testimonios 1945-1954,* Edición Homenaje del Congreso de la República, Caracas, 1985.

CABALLERO, Manuel, *Gómez, El Tirano Liberal*, Alfadil, Caracas, 2003.

CALDERA, Rafael, *Andrés Bello*, Biblioteca Rafael Caldera, Cyngular, Caracas, 2015.

_____________, *Especificidad de la Democracia Cristian,* Nova Terra, Barcelona, 1973.

_____________, *Los causahabientes. De Carabobo a Puntofijo,* Panapo, Caracas, 1999.

_____________, *Moldes para la fragua (Nueva Serie)*, Cyngular, Caracas, 2016.

_____________, *Reflexiones de La Rábida. Política y Ciencia Social y la realidad latinoamericana,* Seix Barral, Barcelona, 1976.

Campañas Políticas de El Nuevo Diario, Litografía y Tipografía Vargas, Caracas, 1927-1928.

CARDOZO, Elsa, *Laureano Vallenilla Lanz*, Biblioteca Biográfica Venezolana, El Nacional-Bancaribe, Caracas, 2007.

CARNEVALLI, Dinorah, *El hundimiento de los partidos políticos tradicionales venezolanos: el caso Copei*, Villegas Editores, Bogotá, 2014.

CHIOSSONE, Tulio, *Memorias de un Reaccionario,* Biblioteca de Autores y Temas Tachirenses N° 95, Ediciones del Congreso de la República, Caracas, 1988.

CHURCHILL, Winston S., *My Early Life* 1874-1908, 14ª reimpresión, Collins-Fontana, Glasgow, 1980.

CONSALVI, Simón Alberto, *Pedro Manuel Arcaya y la crisis de los años 30,* Tierra de Gracia Editores, Washington D.C., 1991.

DAHBAR, Sergio, *Allan Brewer-Carías Una Vida*, Dahbar, Caracas, 2019.

DE SOLA, René, *Edgar Sanabria, un gran venezolano,* Ediciones Casa de Bello, Caracas, 1991.

DEL PRIORE, Mary y VENANCIO, Renato, *Uma breve História do Brasil*, Planeta, Sao Paulo, 2010.

Diccionario de Historia de Venezuela Fundación Polar, 2ª Edición, Caracas, 1997.

ESCOVAR SALOM, Ramón, *Campo Afuera,* Ministerio de Relaciones Exteriores, Caracas, 1976.

______________, *Cuadernos de prueba y error*, Academia Nacional de la Historia, Caracas, 1985.

______________, *Memorias de ida y vuelta*, Los Libros de El Nacional, Caracas, 2007.

______________, *Orden Político e Historia en Venezuela,* 2ª edición, Italgráfica C.A., Caracas, 1966.

GARNER, Paúl, *Porfirio Díaz, Entre el mito y la historia*, Crítica-Paidós, México, 2015.

GIL FORTOUL, José, *Historia Constitucional de Venezuela*, 3ª Edición, Las Novedades, Caracas, 1952.

GÓMEZ, Jorge Olavarría, *Un enigma histórico,* Fundación Olavarría, Caracas, 2007.

HERRERA CAMPÍNS, Luis, *Transición Política*, en *1958, Tránsito de la dictadura a la democracia en Venezuela,* Ariel, Barcelona-Caracas-México, 1978.

MAGALLANES, Manuel V., *Los Partidos Políticos en la Evolución Histórica Venezolana,* Editorial Mediterráneo, Madrid, Caracas, 1973.

MELÉNDEZ. Enrique, *El otro Vallenilla Lanz*, Editorial Venezelia, Caracas, 2001.

MIJARES, Augusto, *Interpretación pesimista de la sociología hispanoamericana,* Obras Completas, Tomo II, Monte Ávila Editores Latinoamericana, Comisión Centenario Augusto Mijares, Caracas, 1998.

MORÓN, Guillermo, *Los Presidentes de Venezuela 1811-2003*, Planeta, Caracas, 2003.

NÚÑEZ DE CÁCERES, Pedro, *Memorias,* Fundación para el Rescate del Acervo Documental Venezolano (FUNRES)- Instituto Autónomo Biblioteca Nacional, Caracas, 1993.

OTEYZA, Carlos, *El General López Contreras, La Transición*, Documental, Cine Archivo Bolívar Films, Caracas, 1997.

PÁEZ, José A., *Autobiografía*, Libros de la Revista Bohemia N°58, Caracas, s/f.

PEÑA, Alfredo, *Conversaciones con Uslar Pietri,* Ateneo de Caracas, 1978.

PICÓN SALAS, Mariano, *Proceso del Pensamiento Venezolano en Obras Selectas,* Americana de Reaseguros C.A.-Universidad Católica Andrés Bello, Caracas, 2008.

PIETRI, Uslar, *Letras y hombres de Venezuela,* EDIME, Caracas-Madrid, 1958.

PINO ITURRIETA, Elías, *Ideas sobre un pueblo inepto: La justificación del gomecismo* en *Juan Vicente Gómez y su época (*Elías Pino Iturrieta, Coordinador) 2ª Edición, Libros El Nacional, Caracas, 2018.

PLAZA, Elena, *La Tragedia de una amarga convicción. Historia y Política en el pensamiento de Laureano Vallenilla Lanz (1870-1936),* Universidad Central de Venezuela, Caracas, 1996.

POCATERRA, José R., *Memorias de un venezolano de la decadencia,* 3ª edición, Monte Ávila-Equinoccio Universidad Simón Bolívar, Caracas, 1997.

POLANCO ALCÁNTARA, Tomás, *Gil Fortoul: Una luz en la sombra,* Editorial Arte, Caracas, 1979.

_____, *Juan Vicente Gómez, aproximación a una biografía,* Academia Nacional de la Historia-Grijalbo, Caracas, 1990.

RANGEL, Domingo Alberto, *Gómez, el amo del poder,* Vadell Hermanos, Caracas, 1975.

RAYNERO, Lucía, *José Gil Fortoul*, Biblioteca Biográfica Venezolana N°103, El Nacional-Bancaribe, Caracas, 2009.

RIVAS DUGARTE, Rafael Ángel y García Riera, Gladys, *Quienes escriben en Venezuela, Diccionario de escritores venezolanos (siglos XVIII a XXI),*2ª edición, CONAC, Caracas, 2006.

RIVAS RIVAS, José, *Ingenio y Gracia de Andrés Eloy Blanco*, Comisión Especial del Senado de la República para el Centenario de Andrés Eloy Blanco, Caracas, 1997.

RIVERA OVIEDO, José Elías, *Los Socialcristianos en Venezuela, Historia, Ideología,* Hermar, Caracas, 1969.
ROSENBLAT, Ángel, *Buenas y malas palabras,* Tomo IV, 4ª edición, EDIME, Madrid, 1974.
SALCEDO CÁRDENAS, Juvenal, *Tulio Chiossone,* Biblioteca Biográfica Venezolana Nº 95, El Nacional-Bancaribe, Caracas, 2008.
SANABRIA, Edgar, *Don Rafael María Baralt,* Revista de la Universidad del Zulia, Volumen 2, Nº 8, Maracaibo, 1959.
SEGNINI, Yolanda, *Las luces del Gomecismo* Trópico-Alfadil, Caracas, 1987.
SISO, Carlos, *Castro y Gómez, Importancia de la hegemonía andina,* Editorial Arte, Caracas, 1985.
SOSA ABASCAL, Arturo, *El pensamiento político positivista venezolano,* Centauro, Caracas, 1985.
STAMBOULI, Andrés, *La Política Extraviada (Una historia de Medina a Chávez)*, Fundación para la cultura Urbana, Caracas, 2002.
SUNIAGA, Francisco, *El Pasajero de Truman*, Edición Especial, Caracas, 2016.
TEJERA PARÍS, Enrique, *Cuando Venezuela tenía razón, Memorias Washington 1963,* Libros X Marcados, Caracas, 2013.
_____________, *Gobierno en mano. Memorias (1958-1963)* Libros X Marcados, Caracas, 2009.
_____________, *La Formación de un Caraqueño*, Planeta, Caracas, 1994.
TORO HARDY, Alfredo, *La Política Exterior durante los últimos quince años* en *Venezuela Contemporánea 1974-1989,* Fundación Eugenio Mendoza, Caracas, 1989.
TORRES, Gumersindo, *Memorias de Gumersindo Torres. Un funcionario incorruptible en la dictadura del General Gómez,* (Prólogo Elías Pino Iturrieta; Editor José Agustín Catalá) Ediciones de la Presidencia de la República, Caracas, 1996.
UGALDE, Luis, *Elogio de la Política,* AB Ediciones, UCAB, Caracas, 2016.
VELÁSQUEZ, Ramón J., *Evolución Política* en *Venezuela Moderna 1926-1976,* Fundación Eugenio Mendoza, Caracas, 1976.
VILLALBA, Jóvito, *Discursos Parlamentarios,* Fondo Editorial Nacional, José Agustín Catalá, editor, Caracas, 1999.
VVAA, *Los Copeyanos*, Centauro, Caracas, 1982.
VVAA, *Venezuela y Estados Unidos a través de dos siglos* (Tomás Polanco Alcántara, Simón Alberto Consalvi, Edgardo Mondolfi Gudat, Coordinadores), Cámara Venezolano-Americana de Comercio e Industrias (VENAMCHAM) Caracas, 2000.

ZAPATA, Juan Carlos, *Dr. Tinoco. Vida y Muerte del Poder en Venezuela,* Descifradolibros.com, Caracas, 2006.

Legislación

Venezuela. Constitución de los EEUU de Venezuela de 5 de agosto de 1909, en *Compilación Constitucional de Venezuela.* (Rodolfo F. Vílchez S. Compilador) Congreso de la República. Servicio Autónomo de Información Legislativa (SAIL), Caracas, 1996.

Venezuela. *La Constitución de 1961 y la Evolución Constitucional de Venezuela. Actas de la Comisión Redactora del Proyecto,* Ediciones del Congreso de la República, Caracas, 1971.

VARIOS

FUNDAMENTOS DE LA SEGURIDAD JURÍDICA

CECILIA SOSA GÓMEZ*

SUMARIO

PALABRAS DE HOMENAJE A DOCTOR LUIS COVA ARRIA

Quiero expresar mi complacencia y gratitud al Doctor Luis Cova Arria, por tener el honor de participar en este libro homenaje a su trayectoria profesional y académica. Hablar de su vida es asociarlo al mar, a la navegación, al comercio exterior; y es así, por cuanto además de la dedicación al ejercicio profesional en esta rama del derecho, decidió difundir su estudio y conocimiento y lograr la proeza de colocar en nuestro país al derecho marítimo en un lugar de importancia y lograr establecer su estudio como una especialidad a la que ha dedicado parte de su vida. Ello fue posible por el impulso y trabajo que Luis Cova Arria mantiene en la Universidad Central de Venezuela, a nivel de postgrado en la Facultad de Ciencias Jurídicas y Políticas.

Igualmente deseo presentar excusas a mi compañero de Academia de Ciencias Políticas y Jurídicas por no haber escrito sobre un tema de derecho marítimo, pero pudo más mi deseo de honrar su carrera que me

---

* Abogado, graduada en la UCV. Doctor en Derecho Universidad Paris 1, La Sorbona. Investigador adscrito al Instituto de Derecho Público, UCV. Director del Centro de Investigaciones Jurídicas, UCAB. Profesor visitante de la Cátedra Andrés Bello, Oxford, Inglaterra. Profesor de la Escuela de Derecho de la Facultad de Ciencias Jurídicas y Políticas de pre y post grado de la UCV, UCAB y UAM. Juez de la República desde 1985 hasta 1999 Magistrado Presidente de la Corte Suprema de Justicia. Presidente de la Organización de Cortes Supremas de las Américas. Director Ejecutivo de la Organización Venezuela Progresa en Libertad (*veporlibertad*) desde 1999. Director Académico de la organización Bloque Constitucional de Venezuela. Miembro de Número de la Academia de Ciencias Políticas y Sociales.

decidí a trabajar los Fundamentos de La Seguridad Jurídica, pensando que quizás pueda despertar en algún especialista de derecho marítimo, cuáles serían las particularidades de la seguridad jurídica que exige esta especialidad.

PUNTO PREVIO

La seguridad jurídica es hoy reclamada como garantía fundamental del comercio internacional y constituye igualmente un elemento de integración social, en la medida en que está firmemente vinculada a la igualdad en la aplicación de la ley. También en esencia es una garantía para los ciudadanos, ante ciertas medidas sean anticrisis o situaciones de alarma; de manera que constituye uno de los principios básicos garantizados por la Constitución de la República de Venezuela en el artículo 299, que regula el régimen socio económico y la función del Estado para promover el desarrollo armónico de la economía nacional.

Jaures[1] sostiene que "*ninguna persona humana, en ningún tiempo, puede ser apartada de la esfera del derecho.*" Sin seguridad no puede haber libertad, solamente puede perder el temor de un daño futuro provenga de otros individuos o del Estado.

La seguridad jurídica equivale así, a la libertad del hombre frente al temor.

I. LA SEGURIDAD JURÍDICA: SIGNIFICADO.

Ciertamente cuando abordamos el tema de la seguridad jurídica se presenta el dilema de donde ubicamos esta temática, se trata del análisis económico del derecho, pareciera que tiene un peso ineludible en disciplinas como el derecho mercantil, derecho del trabajo, derecho administrativo, derecho tributario, derecho penal, derecho civil, derecho marítimo entre otras muchas y resulta un concepto requerido también por las decisiones judiciales. Si lo tradujéramos a palabras coloquiales la seguridad jurídica es "*saber a qué atenerse*".

---

1 Jean Jaurès. *Historia socialista de la Revolución Francesa* (1901) y *Hacia la República Social* en(https://idus.us.es/bitstream/handle/11441/88072/El_combate_por_la_paz_de_Jean_Jaurès-_analisis_de_sus_textos_en_l'Humanite__.pdf?sequence=1&isAllowed=y)

Cuando establecemos en la Constitución que el Estado es Democrático, significa que está destinado a asegurar, es decir "*hacer seguro*" tanto los derechos sociales e individuales como los valores entre los que está precisamente la seguridad como valor supremo de la sociedad. En otras palabras, que el Estado haga seguro el imperio de la ley y asegure a todos, una calidad de vida digna. Por tanto, el propio texto constitucional contiene los instrumentos aseguradores de los derechos y de allí que se establezca que, toda persona tiene el derecho fundamental a la libertad y a la seguridad. Busca proteger la confianza por ejemplo sea con un tema como es la prohibición de la irretroactividad o la estabilidad de los criterios jurisprudenciales y de modificarlos razonar por qué y cómo mantiene la garantía de los derechos humanos.

La importancia del tema se encaja precisamente en el nivel de inseguridad jurídica que nunca antes se había alcanzado en Venezuela, hoy la complejidad, la inestabilidad, la corrupción, los cambios de ordenamientos jurídicos, la usurpación de funciones entre poderes públicos, el aumento de la cantidad de leyes con normas individualizadas a grupos o sectores perdiéndose la generalidad de la norma, diferentes interpretaciones con cambios de jurisprudencia que violan el debido proceso, resolver problemas con nuevos problemas, expropiaciones que son confiscaciones, militares activos en funciones civiles, son de la situación política y social que vivimos y al que la ciudadanía debe exigir recuperar los valores y principios democráticos.

La seguridad jurídica se fundamenta entonces en conocer, comprender y confiar en el sistema que la representa, y ese sistema es el democrático donde la libertad es el principio que lleva a la finalidad del Estado que no es otro que la garantía de los derechos humanos. Ello pasa por que el ciudadano identifique la organización institucional, los derechos y obligaciones que le son inherentes (normas mínimas) y como se garantizan, para de no obtenerlo hacer que la provea la justicia. Es la seguridad jurídica la que indica las cualidades que el derecho debe tener para poder considerarlo seguro y con ello, servir de instrumento efectivo de orientación para el ciudadano.[2]

[2] Pablo L.Manili. *Concepto de Seguridad Jurídica.* Maestría de Derecho Procesal Constitucional de la Universidad de Las Lomas de Zamora. Buenos Aires. Argentina.1 0/02/2015 y Pablo Manili, *La Seguridad Jurídica. Una Deuda pendiente.*

Cuando un ciudadano actúa de conformidad con el derecho queda sin justificación un cambio no justificado y restrictivo de las consecuencias de no actuar apegado al derecho, y en ese momento ya no asegura derechos al ciudadano ni le sirve de instrumento de protección.

II. ÁMBITO DE LA SEGURIDAD JURÍDICA

Siempre ha quedado en suspenso la pregunta de si la seguridad jurídica es una norma. En otras palabras ¿qué lugar ocupa en el mundo jurídico, es un valor, un principio general del derecho?

Razonemos. El valor es anterior al derecho que se persigue a través de él, junto a un ordenamiento jurídico como sistema de normas jurídicas. Mientras el principio proviene de las enseñanzas que surgen de las normas de derecho positivo para describir las pautas básicas de un sistema jurídico. Ambos, valores y principios forman parte del orden normativo de la Constitución o sea que en las normas se insertan los valores y los principios.

La Seguridad jurídica es confianza, estabilidad del sistema, la posibilidad de prever o pronosticar riesgos, la certidumbre de las personas sujetas a la jurisdicción de un Estado, provengan de actos u omisiones del Estatales o privados aún por incumplimiento de un contrato. Es así que la responsabilidad de garantizarla recae en el Estado, visto que debe proteger frente a la violación de derechos humanos, prohibición de la arbitrariedad, juzgar la razonabilidad de las normas, las leyes deben ser ciertas, escritas y establezca claramente cómo aun estableciendo limitaciones a los derechos que lo permiten, no se altera la esencia del mismo y más bien se protege.[3]

Por tanto, podríamos señalar como obligaciones en la violación proveniente del Estado o de particulares:

- Trazar adecuadamente la frontera entre lo público y lo privado. Saber si habrá o no intervención del Estado y en qué áreas.
- Abstenerse de emitir actos legislativos, administrativos o judiciales que lesionen la seguridad jurídica.

---

[3] Roberto Hung Cavalieri. "Al rescate de la seguridad jurídica, más allá de la simple legalidad. La necesaria recuperación de estado de Derecho". Disponible en: http://congresoseguridadjuridica.com/wp-content/uploads/2016/02/Deacargue-el-.pdf

- Proveer una legislación adecuada para prevenir, evitar y sancionar los actos de particulares que los vulneren.[4]

III. CARACTERÍSTICAS QUE HACEN DE UN ESTADO, GARANTE DE LOS DERECHOS

Ratificar que la seguridad jurídica es un principio que está incorporado a las normas exige a los poderes legislativo, ejecutivo y judicial la adopción de comportamientos que contribuyan más a la evidencia, en beneficio de los ciudadanos y desde su perspectiva, de un estado de confiabilidad jurídico-racional de las estructuras argumentativas-reconstructivas de normas generales e individuales, como instrumento garante del respeto a los ciudadanos de su capacidad de formar de manera digna y responsable su presente y hacer una planificación estratégica jurídicamente informado sobre su futuro.[5]

La seguridad jurídica no sólo se expresa como una fundamentación del poder estatal, sino que también tiene otra visión a comentar. Según Peces-Barba, la seguridad es además un valor que fundamenta los derechos. Lo sostiene, indicando que el núcleo de la fundamentación de los derechos es la idea de libertad, ya que facilita el desarrollo de la capacidad de elección y permite alcanzar en la vida social, la autonomía. En ese sentido, la seguridad jurídica complementa y refuerza la libertad.[6]

Profundiza señalando que "*la seguridad jurídica supone la creación de un ámbito de certeza, de saber a qué atenerse, que pretende eliminar el miedo y favorecer un clima de confianza en las relaciones sociales entre los seres humanos que intervienen y hacen posible esas relaciones (...) La seguridad es un valor procedimental que pretende crear las condiciones mínimas para la existencia de la libertad moral,*

---

[4] Humberto Ávila. "Indicadores de Seguridad Jurídica". *Primer Congreso Bienal sobre Seguridad Jurídica y Democracia en Iberoamérica.* Universidad Federal Rio grande du Sul. Girona. 3 a 5 de julio de 2013.

[5] Proyecto sobre Indicadores de Seguridad Jurídica en Iberoamérica. Cátedra de Cultura Jurídica. Universidad de Girona. Versión 2 del documento. Girona, septiembre de 2013. Reporte a cargo de: Jordi Ferrer Beltrán. Carolina Fernández Blanco.

[6] Gregorio Peces-Barba. *Seguridad Jurídica.* p. 245, 246, 248 y Gregorio Peces-Barba. *Curso de Derechos Fundamentales. Teoría General.* Universidad Carlos III de Madrid, Boletín Oficial del Estado, Madrid, 1999.

a través de una libertad de elección, garantizada frente al temor y a la violencia". Es decir, la seguridad jurídica posibilita un ambiente proclive a cautelar la libertad de las personas, y con ello, posibilitar el ejercicio de los derechos fundamentales de éstas.

IV. SIGNIFICADO DE CONFIAR EN EL COMPORTAMIENTO ÉTICO DEL ESTADO

Los ciudadanos deben tener la capacidad de comprender las disposiciones legales aplicables. La dimensión del presente y considerar seguras las normas como instrumento de orientación de su actividad. Debe tener capacidad de confiar y calcular, lo que denota que, si el ciudadano actuó conforme con el derecho ayer, no se verá sorprendido hoy, con un cambio injustificado y restrictivo de las consecuencias aplicables.[7]

Los ciudadanos una vez que reconocen que no hay necesidad de desconfiar en el otro ni en el poder, pueden comenzar a desenvolverse en la vida social, "*legitimándose pretensiones del individuo en forma de derechos subjetivos, libertades, potestades o inmunidades*". Luño[8], en la misma línea, señala que se trata de un aspecto subjetivo de la seguridad jurídica, conceptualizándolo como la certeza jurídica, que "*se presenta como la proyección en las situaciones personales de la seguridad objetiva*". Es decir, se requiere que el ciudadano tenga noticia de los mandatos, prohibiciones y permisiones que el derecho ha establecido. Gracias a este conocimiento, los ciudadanos pueden decidir acerca de cómo comportarse en el presente y cómo lo harán en el futuro.

En suma, la seguridad jurídica se erige como una garantía para los ciudadanos y, por el otro lado, un mandato para el Estado (para legitimar su intervención). Los ciudadanos sólo se podrán ver afectados por el ejercicio de las potestades estatales, en la medida que dichas atribuciones se encuentren reguladas y sean conocidas o susceptibles de conocer por los primeros; por su parte, el Estado tendrá la obligación de

---

[7] Antonio Enrique Pérez Luño. *Seguridad Jurídica*. 2ª ed. 1994. Pág. 29.

[8] Antonio Enrique Pérez Luño. "La seguridad jurídica: una garantía del derecho y la justiciar". *Boletín de la Facultad de Derecho* N° 15, UNED, Madrid, 2000.

ejercer aquellas potestades que se encuentren establecidas previamente y conocidas por los ciudadanos.

En general podemos decir que en el discurso legal la seguridad jurídica aparece como un concepto que conecta los valores internos del propio sistema legal con los elementos sociales, económicos y políticos externos a él. Esto es al efecto que el derecho tiene respecto de la sociedad o dicho de otra manera a las expectativas que la sociedad y las personas tiene respecto del derecho y que en general se vinculan a la existencia de certezas que les permitan desarrollarse apropiadamente en los diversos ámbitos.

Por tanto, la seguridad jurídica entonces se transforma en instrumento de realización de los valores de libertad, igualdad y dignidad.

V. QUÉ HACER PARA RECUPERAR LA SEGURIDAD JURÍDICA UNA VEZ QUE SE HA PERDIDO

Recuperar la seguridad jurídica en Venezuela, pasa por constituirnos nuevamente en República democrática y asumir la limpieza de todo el material legislativo y sub-legal que dictado en abierta contradicción con el sistema político que rige la Constitución y en consecuencia con su propio texto.

En este sentido va a tomar un tiempo ordenar la legislación, revocarla, sustituirla, es decir toda aquella que sea violatoria de los derechos constitucionales o que transforman el sistema político en un estado Socialista, más cuando, el propio Estado se adueñó de la Nación y un grupo de personas que desempeñan altas funciones se atribuyen la propiedad de disponer a discreción, de todos los recursos naturales y financieros que no le pertenecen.

En tal sentido tendrá que funcionar la responsabilidad de todo el que contribuyó con este saqueo para buscar en el derecho, mediante procesos de legitimación, determinación, argumentación y fundamentación normativas, enfrentar los problemas ontológicamente inherentes al Derecho, problemas de pruebas, calificación, interpretación y relevancia de lo ocurrido para comenzar a construir la confianza y por tanto la seguridad jurídica.

Más que un derecho seguro, se tiene el derecho a la seguridad jurídica, no como algo presentado sólo por disposiciones normativas, como si fuera únicamente un objeto que simplemente hay que develar por el método discursivo circunscrito a la descripción del lenguaje, sino como algo que hay que buscar a través de un método destinado a la organización, y claridad de las medidas que se adopten en todos los órdenes: laborales, impositivas, contratos y garantías, concesiones y autorizaciones, lo que significa para el Estado un rol de fijar políticas públicas y el apoyo de la iniciativa privada cuando esté preparado para asumir esos servicios en beneficio de todos los usuarios.

La seguridad jurídica desde esta perspectiva, deja de ser sólo garantía de contenido que ha de encontrarse mediante factores exclusivamente lingüísticos, es decir discursos que aseguren cómo se harán las transformaciones del sistema económico y social sino asumir las exigencias de la Constitución venezolana para quien la seguridad jurídica se corporeiza en la preocupación, de principio a fin, con los ideales de cognoscibilidad, confiabilidad y calculabilidad normativa, énfasis que marca la limitación del poder, incluido y especialmente en materia tributaria. Así la garantía de la seguridad jurídica o es total o no es seguridad jurídica, por eso siempre resulta del análisis de varios factores y es producto de un análisis minucioso de los elementos que la componen y dimensionan los de los derechos fundamentales.

CONCLUSIONES

De todo lo expuesto de puede concluir que se requiere compatibilizar la justicia formal y la justicia material, de lo contrario las libertades y la igualdad son ilusorias. De allí que el hecho de generar seguridad jurídica exige justicia formal. No cabe duda de que si entendemos por justicia formal o procedimental la adecuada, en tanto que regular, imparcial y constante implementación o aplicación de las normas preexistentes. Esa justicia procedimental generaría seguridad jurídica y favorecería la autonomía individual, en la medida en que protege las expectativas jurídicas a través de la aplicación de las mismas.

¿Ahora bien, sólo de esta aplicación de las normas se logra la relación entre la seguridad jurídica y la libertad del individuo? La respuesta es no.

En tal sentido si el sujeto ha de gozar de independencia, es decir ha de poder tomar decisiones libremente, sin restricciones externas, y ha de disponer de una adecuada gama de opciones significativas para su plan de vida; pareciera que la capacidad de elección exige algo más.

Las normas jurídicas tratan normalmente con los ciudadanos presentando requerimientos y prescripciones que deben ser tenidas en cuenta por personas con capacidad para elegir hacerlo. De manera que no puede tomarse únicamente la forma del derecho sino inevitablemente ha de atenderse el contenido de las leyes.

Las leyes tienen que ser claras, públicas, irretroactivas, y que los poderes públicos respeten el principio de legalidad.

Por tanto la esencia para que exista la confianza debida del inversionista, en el trabajador, en todos los integrantes de la sociedad es, definitivamente, la seguridad jurídica.

Insistimos ello significa claridad, certeza y constancia de las actuaciones de los órganos del Estado, en este caso del venezolano para asumir y cumplir por las partes los compromisos que se adquieran con la inversión, con los contratos, con la función pública; en cuanto a que toda acción del Estado requiere de un fundamento normativo acorde con los valores y principios de la democracia, en la que los derechos económicos son respetados y reconocidos.

En tal sentido lo que hace atractivo a un país, además de sus recursos naturales, voluntad de desarrollo y prosperidad, es por una parte la protección a la libertad, en el sentido que todos los ciudadanos tienen derechos y no puede permitirse que el Estado elimine los derechos pautados en la Constitución, en las leyes y en los pactos o convenios debidamente suscritos por los órganos del Estado; la igualdad de derechos, hace que las leyes rijan por igual para todos los ciudadanos, comenzando por el estricto cumplimiento por parte de todos los poderes del Estado.

Por su parte, la garantía legal se traduce en que los jueces no respondan a directivas políticas ni de intereses económicos de los órganos del Estado; deben sólo servir a la Constitución, leyes y acuerdos, en cumplimiento de la separación de las distintas ramas del Poder Público, nacional, estadal o municipal.

Es lo cierto que en Venezuela, en estos momentos se están dando múltiples esfuerzos dirigidos a la reinstitucionalización del Poder Judicial; proceso que debe asumirse para los nuevos nombramientos de los integrantes de los poderes públicos no legítimos como la sustitución de los Magistrados ilegítimos del Tribunal Supremo de Justicia, Contralor General de la República, Fiscal General de la República, Miembros de Consejo Nacional Electoral, el tema de los cuerpos policiales y la compleja situación de las Fuerzas Armadas Nacionales.

Sin embargo, parece un nicho a trabajar para ejecutar en el período de transición luego del cese de la usurpación, que necesariamente ocurrirá, cual será el tratamiento a la inversión que permita apoyar el Plan mínimo económico en cuanto a la inversión extranjera y nacional, más allá de identificar las áreas económicas requeridas.

El proyecto busca revalorar los beneficios de la libertad económica, dado que el estatismo ha erosionado la iniciativa intelectual y política, y el emprendimiento personal. La realidad social y económica de los años del régimen "*Socialista*" es tan absolutamente catastrófica que debe privilegiarse tener un acercamiento acordado y oportuno sobre ciertos puntos en lugar de tener dilaciones y gamas de alternativas que lo único que pueden provocar es desconcierto y desorientación. Los principios jamás fueron transados.

Por tanto un proyecto que se concentre en la seguridad jurídica, entendido no ya en la renovación y refundación institucional sino las reglas de funcionamiento entre la empresa privada y el poder del Estado durante la etapa del gobierno de transición, aceleraría de manera dinámica la recomposición del país y evitaría decepciones ciudadanas ante lo lento que sin duda tomará recomponer la institucionalidad en todos sus niveles territoriales y funcionales.

De manera que el proyecto que se propone sobre seguridad jurídica está dirigido a definir y concretar los criterios que regirán para la inversión privada bajo la normativa del "*Estatuto que Rige la Transición a la Democracia para restablecer la vigencia de la Constitución de la República Bolivariana de Venezuela*" el cual en su artículo 6.7 establece

"*Definir las bases para la transición económica en los términos del artículo 299 de la Constitución y para revertir la emergencia humanitaria compleja...*"; en otras palabras concentrarse en los lineamientos para la transición económica circunscritos a la seguridad jurídica de las relaciones de la inversión extranjera y nacional con el Estado y los compromisos que asumen las partes, para cumplir con el objetivo fijado en el Estatuto para la Transición a la democracia.

Una frase final: lo que se necesita son leyes justas.

LA EUGENESIA. UN ANÁLISIS CRÍTICO

EDUARDO A. SAMBRIZZI*

SUMARIO

A) CONCEPTO DE EUGENESIA Y DISTINTAS MODALIDADES

1. Concepto de eugenesia

En un libro publicado en el año 1883 (*Inquiries into Human Faculty and its Development*), Francis Galton acuñó el término *eugenesia*, que deriva del griego *eu* (bien, bondad, perfección, normalidad) y *génesis*

* Abogado y Doctor en Derecho Civil, es Miembro de Número, entre otras, de la Academia Nacional de Derecho y Ciencias Sociales de la Ciudad de Buenos Aires, Argentina. Ex Profesor de Derecho Civil en distintas Universidades de la Argentina. Ha escrito más de 200 artículos y notas en Revistas jurídicas del país y del exterior, tanto de Latinoamérica como de Europa, además de 17 libros sobre su especialidad, varios de los cuales fueron premiados.

(engendramiento o nacimiento), habiendo definido ese término como "*la ciencia que trata de todos los factores que mejoran las cualidades propias de la raza, incluidas las que la desarrollan de forma óptima*"[1].

Romeo Casabona ha dicho que por eugenesia se entienden los procedimientos capaces de mejorar la especie humana[2]; mientras que Díaz de Guijarro entiende que la misma consiste en la "*aplicación de las leyes biológicas de la herencia al perfeccionamiento de la especie humana*"[3]. A juicio de la genetista María Isabel Tejada Mínguez, la eugenesia es "*la disciplina que intenta mejorar el patrimonio genético humano*"[4]. A su vez, en el Diccionario de la Real Academia Española se dice que eugenesia es la "*aplicación de las leyes biológicas de la herencia al perfeccionamiento de la especie humana*".

Un concepto distinto y más amplio de la eugenesia ha sido expuesto por Jacques Roger, al definir el eugenismo como "*un movimiento político, social y científico, que se desarrolló en el mundo occidental a finales del siglo XIX como reacción a la situación del mundo tal como era percibido en la época, y que corresponde a una voluntad fundamental de aplicar la biología a los asuntos humanos*"[5].

2. Distintas modalidades de la eugenesia

a) Eugenesia positiva y negativa

Por lo general se hace un enfoque de la eugenesia desde dos ángulos distintos: por un lado, se habla de lo que se conoce como *eugenesia positiva*, que persigue la propagación o proliferación de las caracterís-

---

1 Cit. por Carlos María Romeo Casabona, "Las prácticas eugenésicas: nuevas perspectivas", en *La eugenesia hoy*, Carlos María Romero Casabona (Ed.), Bilbao-Granada, 1999, ps. 5 y 6.

2 Carlos María Romeo Casabona, ob. cit. p. 4. Ver también, del mismo autor, *Los genes y sus leyes. El derecho ante el genoma humano*, Bilbao-Granada, 2000, p. 136.

3 Enrique Díaz de Guijarro, "El impedimento matrimonial de enfermedad. Matrimonio y eugenesia", nº 8, cit, por Zannoni en *Derecho Civil. Derecho de Familia*, 5ª ed. Buenos Aires, 2006, t. 1, p. 281, parágr. 200. En la nota "Matrimonio y Eugenesia", JA, 1942-II, sec. doctr., pág 23, Díaz de Guijarro dice que "*la eugenesia es disciplina que persigue el mejoramiento de la raza humana y que el matrimonio es la vía esencial para lograr ese fin; sólo el matrimonio de personas sanas dará descendencia sana*".

4 "Genética médica y eugenesia", en *La Eugenesia hoy*, cit., p. 155.

5 Cit. por Raquel Álvarez Peláez, "La eugenesia española a lo largo del siglo XX", en *La Eugenesia hoy*, cit., p. 87.

ticas genéticas consideradas como más deseables mediante su transmisión a la descendencia, lo cual podría ocurrir por medio del fomento del casamiento de parejas seleccionadas a esos efectos, o mediante la utilización —en la procreación asistida— de gametos de personas sanas y con caracteres admitidos como óptimos, así como también de otras diversas maneras, como podría ser, por ejemplo, por el desarrollo de acciones sanitarias para la prevención de enfermedades o para evitar su transmisión, o por acciones terapéuticas para tratar de lograr su curación.

Desde otro ángulo, está la que ha sido denominada *eugenesia negativa*, entendiéndose por tal aquella mediante la cual se pretende evitar la transmisión a la descendencia de genes considerados como defectuosos por parte de las personas que se hallan afectadas por ellos, lo cual se ha tratado de lograr por distintos medios: la prohibición de la celebración del matrimonio o la esterilización ya sea voluntaria o coercitiva de personas que tienen algún defecto genético, la contracepción o el aborto, o hasta inclusive la eliminación de la persona que ha nacido con graves enfermedades, o con malformaciones. Resumiendo: "*la eugenesia positiva fomenta la reproducción de quienes disponen de una mejor materia hereditaria; la eugenesia negativa procura impedir la reproducción de aquéllos cuyo componente hereditario se considera deficiente o de calidad inferior*"[6].

Como se advierte, ambos enfoques o modalidades de la eugenesia se manifiestan, por lo general, mediante una selección de las personas, lo cual puede sin duda afirmarse que constituye una circunstancia, por principio, negativa. Los dos enfoques persiguen igual finalidad, consistente en tratar de lograr el mejoramiento de la raza humana, de manera de lograr seres más sanos o más inteligentes, o mejor dotados, consistiendo la diferencia entre ellos, fundamentalmente, en los métodos puestos en práctica para lograr el fin al cual tienden.

Naturalmente que también podrían darse procedimientos que comprendan a las dos modalidades de eugenesia, como ocurriría en el supuesto de que se fertilizaran gametos de personas con caracteres que

---

6 Andoni Ibarra, "Conocer e Intervenir: el bucle eugenésico", en *La Eugenesia hoy*, cit., ps. 225 y 226.

se consideren como deseables, para luego hacer una selección de los embriones logrados de esa manera, eliminando a los menos dotados.

Daniel Soutullo afirma que la división que se hace en eugenesia positiva y negativa es un tanto artificial, pues el resultado final tiende a coincidir, no obstante lo cual, señala que la distinción puede resultar útil cuando se pone el acento en las acciones a tomar o en las técnicas para llevarlas a cabo, que pueden ser diferentes en ambos supuestos. Agrega Soutullo que desde el punto de vista de la eugenesia clásica, en razón de haber sido asociada a medidas represivas para evitar la perpetuación de la estirpe de personas consideradas un peligro para la sociedad, la eugenesia negativa ha sido considerada mucho más problemática que la positiva, pues si bien esta última era considerada elitista o clasista, no tenía por qué acarrear coerción sobre las personas; pero que en la actualidad, esas diferencias en la apreciación ética de las distintas modalidades de la eugenesia prácticamente han desaparecido. Dice dicho autor que la eugenesia negativa goza de no pocos defensores, al centrarse en la posible eliminación de las enfermedades hereditarias, ya que algunos de sus métodos serían aparentemente inocuos, como el diagnóstico prenatal y el consejo genético, aunque otros son bastante más problemáticos, como la utilización de la terapia médica germinal para la eliminación de los genes de enfermedades hereditarias; y que por lo que se refiere a la eugenesia positiva, el desarrollo de la biología ha puesto de relieve ciertos peligros que antes no eran considerados, como la posibilidad de actuar sobre las células reproductoras o directamente sobre los embriones para alterar su constitución genética[7].

Nosotros creemos que en la mayor parte de sus manifestaciones ambos tipos de eugenesia son criticables por atentar contra la libertad y la dignidad del ser humano, a pesar de lo cual, cierto tipo de procedimientos, tales como, por ejemplo, los exámenes preimplantatorios y prenatales, han tenido una gran aceptación. Lo que ha sido así, no obstante que de la forma y con la finalidad con las que por lo general se los suele utilizar, más que un progreso para la humanidad, significan un verdadero retroceso, fundamentalmente desde un punto de vista moral.

---

[7] Daniel Soutullo, *La Eugenesia. Desde Galton hasta hoy*, Talasa Ediciones S.L., Madrid, 1997, ps. 73 y sigte.

b) Eugenesia selectiva y transformadora

John Maynard Smith ha distinguido dos tipos de eugenesia, una de las cuales denomina eugenesia *selectiva*, que consiste en la aplicación a la especie humana de parecidas técnicas que desde tiempos antiguos se han venido aplicando en la cría y cultivo de animales y plantas domésticas. Formarían parte de este tipo de eugenesia la selección de embriones y de células germinales.

La que dicho autor llama, en cambio, eugenesia *transformadora*, sería aquella que se ocupa de la eliminación o introducción de genes a ser heredados por los descendientes; de este tipo de eugenesia formaría parte la terapia en la línea germinal[8].

B) LA EUGENESIA EN LA ANTIGÜEDAD Y FRANCIS GALTON COMO PRECURSOR

3. El desarrollo del pensamiento eugenésico en la antigüedad

Hubo un tiempo en que se creía que las malformaciones físicas de los individuos provenían de transgresiones de tipo religioso o moral, frutos del pecado, lo que llevaba muchas veces a la exclusión social de aquéllos que las sufrían, habiéndose llegado inclusive al infanticidio, como ocurrió en una época en Esparta con los niños que nacían malformados, que se consideraba que constituían una carga para el Estado, lo que hacía que fueran sacrificados en el Monte Taigeto. Luis Jiménez de Asúa recuerda, asimismo, que los brahamanes tenían la costumbre de matar o abandonar en la selva a los niños que luego de transcurridos dos meses desde el nacimiento, les parecían de mala índole; también informa dicho autor que los celtas eliminaban a los niños deformes o monstruosos[9].

Lo cierto es que desde la antigüedad el hombre ha pensado en la mejora de la calidad física del ser humano, partiendo, fundamentalmente, de los mecanismos de la herencia, pues no se dejó de advertir la

---

8 "Eugenesia y utopía", cit. por José Luis Luján, "Eugenesia: de la ética a la política", en *La Eugenesia hoy*, cit., ps. 249 y 250.

9 *Libertad de amar y derecho a morir*, 7ª ed., Ed. Depalma, Buenos Aires, 1992, ps. 5 y 6.

cuestión de los parecidos entre padres e hijos, e inclusive entre parientes, todo lo cual llevó a investigar y pensar en las causas de las cuales resultaban esas semejanzas.

En un primer momento, la mejora que se quería lograr estaba dirigida exclusivamente a las características biológicas, para luego, mucho más adelante, contemplar también otros aspectos distintos, tales como el mental o el del carácter de los individuos.

La eugenesia se hallaba presente entre los egipcios, debiendo recordarse al respecto el casamiento que, en el caso de los faraones, se producía entre hermanos, con la finalidad de conservar la pureza de la raza.

Borda señala, asimismo, que ya las leyes de Manú, así como también las hebraicas, establecían impedimentos de tipo eugenésico para casarse, tan es así que prohibían el matrimonio entre leprosos, tuberculosos y epilépticos, obedeciendo a idéntico propósito las leyes espartanas. En igual sentido, las leyes de las XII Tablas permitían que el padre matara a su hijo que tuviera una grave deformidad física, arrojándolo desde la roca Tarpeya, en el Monte Capitolino, una de las siete colinas de Roma[10].

Ese tipo de actitudes fue seguida también en distintas épocas por diversos pueblos, todo lo cual fue morigerado y hasta hecho desaparecer de la legislación con el advenimiento del cristianismo, que llevó a la aceptación de una moral que repudiaba hechos de esa naturaleza.

Platón pone de relieve en La República una propuesta claramente eugenésica, al señalar la conveniencia de "*que sean muy numerosas las relaciones de sexo entre los mejores, y muy raras, en cambio, entre los peores. Y si se quiere que el rebaño progrese, habrá que atender a los hijos de los primeros y no a los hijos de los segundos; todo ello sin que lo sepan otras personas que los gobernantes, si es que se pretende que*

---

[10] *Tratado de Derecho Civil. Familia*, 10ª edición, act. por Guillermo Borda (h), Ed. La Ley S.A.E.e I., Buenos Aires, 2008, t. I, p. 87 y sigte., nº 78. Ver también sobre esos antecedentes y otros similares, Gerardo Raúl Mosquera, "El SIDA como impedimento del matrimonio civil", La Ley, Ed. La Ley S.A.E.e I., 1992-E, 1256 y sigtes.; Arturo R. Yungano, "Eugenesia", en *Enciclopedia de Derecho de Familia*, t. II, Ed. Universidad Buenos Aires, 1992, ps. 116 y 117, donde señala la reaparición de la tesis eugenésica en el siglo XVII, entre otros, en Tomás Moro, *La Utopía*, donde se refiere a la necesidad del examen médico de los futuros esposos.

el rebaño de los guardianes permanezca lo más tranquilo posible... Y a los jóvenes que se distingan en la guerra o en otra actividad, habrá que concederles entre otros premios una mayor facultad para cohabitar con las mujeres, con lo cual se dará también ocasión a que nazcan de estos hombres el mayor número de hijos... deberán tomar a los hijos de los mejores y llevarlos al redil, donde los cuidarán unas ayas que habitarán en un lugar aislado de la ciudad; en cambio, a los hijos de los peores o a cualquiera de los otros que nazca lisiado, los mantendrán ocultos, como es natural, en un lugar secreto y desconocido"[11].

Como se advierte, Platón admitía procedimientos eugenésicos tanto para mejorar la raza humana, por medio de la selección y la subsiguiente unión de personas destacadas, a fin de lograr de esa manera la transmisión de caracteres considerados como valiosos, como también para evitar que se transmitieran a la descendencia caracteres no deseables.

4. Francis Galton fue el precursor de la eugenesia como ciencia. Desarrollos posteriores a la obra de Galton

La eugenesia nace como una ciencia de la mejora del linaje humano, lo que era considerado por Galton como una necesidad para su época y, específicamente, para la población de Inglaterra, que, a su juicio, estaba en decadencia, la cual, según sostenía, constituía una cuestión hereditaria[12]. Pensaba Galton que las principales características de las personas, particularmente las intelectuales y morales[13], se transmitían por herencia —con un alcance prácticamente *determinista*—, encontrándose la evolución de la sociedad determinada por la diferente tasa reproductiva de las diferentes razas, clases[14], grupos nacionales, etc.,

[11] 3ª edición, traducido del griego por José Antonio Míguez, Aguilar S.A., Madrid, 1968, ps. 337 a 339.

[12] Ver también sobre esto, Raquel Álvarez Peláez, *Sir Francis Galton, padre de la eugenesia*, Ed. Consejo Superior de Investigaciones Científicas. Centro de Estudios Históricos, Madrid, 1985, p. 63 y sigtes.

[13] También decía que la energía es un atributo de las razas superiores, y que en cualquier esquema de eugenesia, la energía era la cualidad más importante a favorecer, por ser la base de la acción vital del individuo.

[14] Según afirmaba Galton, las clases inferiores se reproducen más que las superiores, lo que se debía a distintos factores: a) el mayor número de personas que componen las clases inferiores; b) el hecho de que las clases superiores comienzan a procrear más tarde, debido a que

cuyos atributos eran una consecuencia directa de las distintas características hereditarias. De tal manera, dejaba casi totalmente de lado las influencias ambientales, incluyendo a la educación[15], a las que daba una relevancia mínima en comparación con la herencia[16]; con lo cual, como es fácil advertir, se restan incentivos para luchar contra las enfermedades mediante la mejora de las condiciones de vida.

Recuerda Raquel Álvarez Peláez que en el libro más arriba mencionado de Francis Galton, *Inquiries into Human Faculty and its Development*, dicho autor afirma que su intención es "*mencionar varios tópicos más o menos conectados con aquello del cultivo de la raza, o, como podemos llamarlo, con las cuestiones eugénicas. Esto es, con problemas relacionados con lo que se llama en griego eugenes, es decir, de buen linaje, dotado hereditariamente de nobles cualidades. Esta y las palabras relacionadas, eugeneia, etc., son igualmente aplicables a los hombres, a los brutos y a las plantas. Deseamos ardientemente una palabra breve que exprese la ciencia del mejoramiento del linaje, que no está de ninguna manera confinada a cuestiones de apareamien-*

al ser más prudentes, quieren situarse mejor económicamente antes de tener hijos; c) los índices de esterilidad serían mayores en las clases superiores que en las inferiores (Puigpelat, Francesca, "El movimiento eugenésico de principios de siglo: presupuestos y enseñanzas", en *La Eugenesia hoy,* cit., p. 69).

15 Recuerda Raquel Álvarez Peláez que Galton decía que "*el ambiente, la sociedad, podían quizás dificultar el triunfo de un individuo con talento. Pero la educación no conseguiría nunca que un miembro de las clases inferiores, que no tuviera una especial dotación hereditaria, se convirtiera en un hombre eminente*" (*Sir Francis Galton, padre de la eugenesia,* cit., p. 63).

16 Esta forma de pensar está hoy en día totalmente desacreditada, ya que en la actualidad se le da tanto a la educación como al medio en el cual se desarrolla el individuo una importancia relevante. Daniel Soutullo ha afirmado que genes y ambiente forman una unidad inseparable, ya que es imposible que los genes se expresen al margen del mismo (ob. cit., p. 100). Se ha dicho asimismo al respecto, que aun cuando se clonara a individuos geniales, como pudieron ser Mozart, Einstein, Gandhi, etc., esa casi identidad genética no aseguraría que también los clones sean geniales, no siendo siquiera posible duplicar los medios en los que aquéllos vivieron, ni los contextos históricos en los que vivieron y floreció su grandeza, que depende de una interacción entre lo natural del individuo y el medio en el que se desarrolla (Dan W. Brock, "La clonación de seres humanos: una valoración de los pros y los contras éticos", en *Clones y clones. Hechos y fantasías sobre la clonación humana,* AA.VV., Martha C. Nussbaum y Cass R. Sunstein (Eds.), Madrid, 1998, p. 148). Véase sobre lo dicho en el texto, entre muchos otros, lo expresado al respecto por el Prof. Domenico Di Virgilio, presidente de la Asociación Italiana de Médicos Católicos, informado con fecha 13/02/2001 por la Ag. de Noticias Zenit.

to sensato, sino que, especialmente en el caso del hombre, tome conocimiento de todas las influencias que tienden, en cualquier grado por más remoto que sea, a dar a las razas o linajes sanguíneos más convenientes una mejor posibilidad de prevalecer rápidamente sobre las menos convenientes, que de otra manera no hubieran tenido"[17].

No obstante, Galton ya había desarrollado su teoría eugenésica en su primera obra, *Hereditary talent and character* —dos artículos que publicó en *Macmillan's Magazine* en el año 1865—, en la cual puso el acento en la importancia de la herencia en la transmisión de los caracteres de los individuos, así como en la necesidad de la eugenesia para su mejoramiento. Además de los estudios biológicos en animales y plantas, en esta obra desarrolló Galton el método en el que basó su teoría, consistente fundamentalmente en el estudio estadístico de los parentescos de los seres humanos, los estudios antropométricos, etc., clasificando a aquéllos según sus capacidades tanto físicas como intelectuales. Recuerda Álvarez Peláez que los frenólogos habían difundido la idea de que las cualidades mentales se heredaban; en ese sentido, años antes de la obra de Galton, George Combe había afirmado que "*la forma, el tamaño y la cualidad del cerebro se pueden transmitir de padres a hijos como cualquier otra de las partes del cuerpo; y de aquí que disposiciones y talentos sean también transmisibles, como se ha señalado desde hace tiempo, no sólo por autores médicos, sino por observadores atentos en general*"[18]. No dudamos de la influencia ejercida sobre Galton por el autor recién citado, quien, entre otras ideas, aconsejaba el control de los matrimonios para mejorar la raza, que es, en definitiva, lo único que concibe Galton para actuar sobre la reproducción. Sin perjuicio de lo cual, también existían importantes diferencias entre quienes, como Galton, le daban a la herencia una influencia determinante y casi exclusiva, y los frenólogos, que además de a la herencia, también consideraban relevante a la influencia del medio ambiente y la educación en las características de las personas, las cuales no eran rígidas, según los mismos sostenían.

---

17 *Sir Francis Galton, padre de la eugenesia*, cit., p. 11.

18 *The Constitution of Man*, editada en el año 1835 (cit. por Álvarez Peláez, Raquel, *Sir Francis Galton, padre de la eugenesia*, cit., p. 61).

En el año 1869, o sea pocos años después de la publicación de *Hereditary talent and character*, Galton continuó desarrollando sus ideas en *Hereditary Genius*, obra en la que, a efectos de tratar de demostrar que el talento se hereda, efectuó un estudio estadístico del parentesco existente entre 177 hombres que descollaron en la vida pública de Gran Bretaña, tanto en política como en ciencia, así como también en otras ramas del saber.

Galton se inspiró en parte en las teorías darwinianas[19], no obstante sostener que la selección *natural* a la que se refería Darwin debía ser reemplazada con la finalidad de mejorar la raza humana, por la selección *eugenésica*, o sea, en otras palabras, por la selección *artificial*, ya que la actuación de aquélla como mejoradora de las poblaciones humanas se hallaba debilitada por el papel de la civilización, que, a su juicio, tenía a la larga como consecuencia una degeneración paulatina de la población de Inglaterra[20].

Carlos Darwin ha dicho al respecto que cuando un grupo de personas posee una ética solidaria, tiene más posibilidades de supervivencia[21]; lo cual llevaría a la no eliminación de las clases o razas de individuos más débiles, o menos aptos para desarrollarse y, en consecuencia, de acuerdo al pensamiento de Galton, a que la población no se fuera depurando por la selección ya sea natural o artificial. Siguiendo esas pautas, María Isabel Tejada Mínguez afirma que cualquier intervención médica dirigida a combatir una enfermedad, es *disgenésica*, debido a

---

[19] No puede desconocerse la influencia relevante que en el pensamiento de Galton tuvo la obra de Darwin, habiéndose publicado *El origen de las especies* 24 años antes del desarrollo efectuado por aquél de su tesis eugenista. Como es sabido, es en ese libro donde Darwin desarrolla la denominada teoría de la evolución, de acuerdo a la cual se va produciendo en las distintas especies a lo largo del tiempo una selección natural, en la que sólo sobreviven las más fuertes o que mejor se adaptan al medio en el cual desarrollan su existencia. Jon Mirena Landa Gorostiza afirma que la obra de Galton debe entenderse como una más de las aplicaciones de las ideas darwinianas, aunque, agrega dicho autor, propugnando que la eugenesia debería llevar a purificar los caracteres morales, de igual manera que la lucha por la existencia de Darwin serviría para purificar los caracteres físicos ("Discriminación y prácticas eugenésicas: una aproximación al problema desde la perspectiva jurídico-penal con especial referencia al artículo 161-2° *in fine* del Código Penal de 1995", en *La Eugenesia hoy*, cit., p. 321).

[20] Galton afirmaba que "uno de los efectos de la civilización es que disminuye el rigor en la aplicación de la ley de la selección natural. Protege débiles vidas que hubieran perecido en tierras bárbaras".

[21] Cit. por Puigpelat, Francesca, ob. cit., p. 74.

que "*curando, tratando o erradicando enfermedades se consigue que sobrevivan y procreen individuos con un mayor lastre genético*"[22].

Galton pensaba que lo que la selección natural hacía en forma lenta y a veces erróneamente, debía ser hecho en forma previsora, rápida y suavemente por la eugenesia, que debía actuar como una forma de selección artificial; y que debía lograrse la evolución de la raza humana por medio del control de la procreación mediante el favorecimiento de los matrimonios eugénicos, y la proscripción de los que se consideraban inconvenientes[23].

Hay un marcado carácter ideológico en el pensamiento de Galton, pues se halla cargado de juicios de valor sobre los diferentes grupos humanos, estando muy desarrollado en sus obras un pensamiento racista, clasista, elitista y sexista, bastante extendido, por otra parte, en la época en la que escribió.

Los seguidores de Galton continuaron desarrollando su obra, habiendo enfocado su accionar fundamentalmente al estudio de la transmisión de distintas dolencias por medio de la herencia. Se ha hablado, inclusive, de la transmisión del denominado *lastre genético*, el cual resulta de la acumulación de mutaciones debido al incremento de las radiaciones ionizantes producidas por la energía nuclear, que, junto con el avance de la medicina —que permite la adaptación al medio por parte de personas con genes defectuosos que sin el auxilio de los avances médicos no hubiera podido lograrlo[24]—, tiene como efecto directo, según lo afirmado, el crecimiento de genes deletéreos que se van transmitiendo a las generaciones siguientes y, en consecuencia, acumulándose a través del tiempo[25].

---

[22] Ob. cit., p. 157. Ver asimismo sobre esto, Sergio Cecchetto, "Vasectomía: motivaciones históricas y cuestionamientos morales", en Internet, www.bioetica.org.

[23] Puigpelat, Francesca, ob. cit., p. 69.

[24] Romeo Casabona señala que dicha circunstancia ha llevado a afirmar la necesidad de que esa adaptación al medio gracias a la Medicina, sea compensada con la correspondiente limitación o prohibición de la reproducción por parte de aquellas personas que potencialmente presenten mayores riesgos de transmitir enfermedades hereditarias a su propia descendencia (*Del Gen al Derecho*, Colombia, Ed. Universidad Externado de Colombia. Centro de Estudios sobre Genética y Derecho, 1996, p. 254).

[25] Daniel Soutullo, "El concepto de eugenesia y su evolución", en *La eugenesia hoy*, cit., ps. 37 y 38.

Todo este tipo de cuestiones comenzaron a estudiarse y a desarrollarse en forma más o menos científica, con mucho de empirismo, habiéndose realizado numerosos Congresos internacionales donde se analizaron estos temas, así como creado desde comienzos del siglo XIX distintas sociedades eugenésicas, que se ocupaban de su estudio. Los cuales, como ha dicho Francisco Javier Blázquez Ruiz, no quedaron tan solo en el plano especulativo de las intenciones, o en una fugaz tentación, sino que, lamentablemente, dice dicho autor, se transformaron en una realidad ignominiosa que fue defendida vehementemente por biólogos de renombre, y desarrollada y aplicada en centros de investigación institucional[26].

C) LAS NUEVAS CARAS DE LA EUGENESIA

5. El enfoque actual de las prácticas eugenésicas

De las prácticas eugenésicas de antaño tales como la prohibición de matrimonios entre determinadas personas, la esterilización y el control inmigratorio, u otras orientadas a la resolución de ciertos problemas como, por ejemplo, la delincuencia o el alcoholismo, o políticas sociales de carácter racista o clasista, o destinadas a determinados grupos considerados como inferiores, así como del enfoque dirigido a la modificación de las poblaciones en general, que a partir de la segunda guerra mundial puede sin duda afirmarse que han quedado absolutamente desacreditadas, se ha pasado a un enfoque distinto, orientado, en cambio, a la modificación o a la mejora genética del ser humano por medio de la acción sobre las células germinales, o sobre el embrión o el feto, o la persona ya nacida, habiéndose afirmado la posibilidad por medio de la intervención en las células somáticas o germinales, de la prevención y tratamiento de enfermedades ya sea orgánicas o mentales por lo general transmitidas genéticamente y cuya curación o erradicación no ha sido lograda hasta la actualidad por los medios utilizados por la medicina tradicional[27].

---

[26] "Derechos humanos y eugenesia", en *La Eugenesia hoy*, cit., p. 279.

[27] En una entrevista realizada en San Pablo, Brasil, en el año 2005, el biólogo estadounidense James Watson, descubridor en el año 1953 junto con Francis Crack de la estructura del ADN, vaticinó que en el término de diez años casi todo será modificado genéticamente

Si bien estas posibilidades, que se presentan con motivo de los rápidos avances de la Biología y a partir de la aplicación de determinados procedimientos —en general, sobre la persona por nacer—, crean por un lado una dosis de esperanza por las expectativas de curación de determinadas enfermedades, por otro desatan comprensibles inquietudes por los evidentes peligros que traen aparejados, pues muchas veces esas prácticas no son utilizadas en beneficio del embrión o del feto, sino que sirven de presupuesto para perjudicarlo, al disponerse su eliminación en supuestos en los que se detectan enfermedades o malformaciones. Con lo cual se promueve lo que se ha dado en llamar una *cultura de la muerte*, que se halla cada vez más difundida, lo que ha sido criticado en la Encíclica *Evangelium Vitae*, en donde, por el contrario, se pone el acento en la necesidad de promover o reactivar una cultura de la vida, así como en los contenidos con que hay que proponerla a la sociedad[28]. En esa Encíclica, en la cual se afirma que no es posible construir el bien común sin reconocer y tutelar el derecho a la vida, así como que sólo el respeto a la vida puede fundamentar y garantizar los bienes más preciados y necesarios de la sociedad, como la democracia y la paz, la Iglesia condena una serie de atentados contra la vida, como son la anticoncepción, la esterilización, el aborto, la procreación artificial, la producción de embriones humanos sujetos a manipulación o destrucción, y la eutanasia.

El nuevo enfoque al que nos estamos refiriendo ya no se encuentra dirigido en forma directa a las poblaciones, sino sólo indirectamente, a través de la mejora genética de los individuos singularmente considerados; las decisiones son, pues, individuales, aunque, a la larga, ellas no pueden sino repercutir en el cuerpo social. Según afirma Landa

(diario La Nación, del 04/09/2005). Al comentar en el mismo Diario una semana más tarde (11/09/2005) la entrevista a Watson, Enrique Valiente Noailles afirma, entre otros conceptos, que "*la reconversión genética de la especie tendrá la posibilidad de perfeccionar tanto al hombre que, en algún punto, nacerá ya muerto. Nada parece quedar a salvo de esta mirada correctiva y terapéutica: hasta la estupidez podrá ser tratada como una dolencia. Una extraordinaria ironía sería que ésta fuera la última dolencia a tratar y que advirtiéramos, demasiado tarde, que es aquello que llevó adelante todo lo anterior*".

[28] Remitimos, asimismo, al Discurso dado por San Juan Pablo II con fecha 3 de marzo de 2001 a los participantes en la VII Asamblea General de la Academia Pontificia para la Vida (*Revista Vida y Ética*, Ed. de la Univ. Católica Argentina, año 2, n° 2, ps. 215 y sigtes.).

Gorostiza, al reducirse la cuestión a un problema de salud individual, se dificulta que esa mejora genética pueda convertirse en una pantalla ideológica para justificar o facilitar actuaciones de exclusión o eliminación de grupos étnicos o sociales considerados marginados o indeseables; lo que sería así debido a que ya no contemplaría la mejora de la *raza* o la especie en su conjunto, a la cual cabría supeditar la dignidad humana de quienes pertenecerían a presuntos grupos considerados *inferiores*[29].

Pero si bien resulta innegable la diferencia entre los antiguos métodos eugenésicos y los actuales, lo cierto es que, en esencia, no existe entre ambos una diferencia sustancial, y a pesar de haberse impuesto —aunque, a veces, sólo en forma teórica— la necesidad del respeto a la persona en razón de su dignidad, así como los derechos a la autodeterminación del individuo, no han desaparecido en absoluto los peligros que han sido denunciados con respecto a la aplicación de los nuevos métodos eugenésicos, entre ellos, el de la discriminación que puede producirse entre las personas en razón del resultado de su análisis genético, o por las cualidades que les han sido transmitidas artificialmente, no pudiendo negarse el potencial discriminatorio que entraña la eugenesia; y ello es así, con independencia de si las decisiones son tomadas en forma individual o global, como también de si ellas han sido aceptadas libremente o impuestas en forma coercitiva. Sobre lo cual cabe recordar lo expresado en el Informe Explicativo del Convenio para la Protección de los Derechos Humanos y la Dignidad del Ser Humano con respecto a las Aplicaciones de la Biología y la Medicina: Convenio sobre los Derechos Humanos y la Biomedicina, más conocido como *Convenio de Oviedo* (por haber sido suscripto en esta ciudad española en el mes de abril de 1997), donde se sostuvo que no debía ignorarse el riesgo asociado al progresivo dominio en el conocimiento del genoma, habiéndose agregado que "*no es ya el individuo o la sociedad la que puede estar en peligro, sino la misma especie humana (n° 14)*".

Como ha sostenido el Profesor Máximo Lossito, biólogo y profesor de bioética en el Pontificio Ateneo *Regina Apostolorum*, de Roma, al hacer un balance de la XX Conferencia Internacional del Consejo

[29] Ob. cit., p. 328.

Pontificio para la Pastoral de la Salud, celebrada en el Vaticano del 17 al 19 de noviembre de 2005, "*los descubrimientos de la genética (a menudo distorsionados por los medios de comunicación) son utilizados para realizar una manipulación antropológica que pretende reducir al ser humano a una serie de secuencias génicas y somete los comportamientos del hombre a una ciega dictadura del ADN". Así como también, que "una eugenesia liberal y a escondidas como la actual, pone en las manos de los hombres de hoy un poder nunca visto sobre los hombres futuros, transformados en meros objetos de experimentación, manipulación y decisiones tomadas con anterioridad*"[30].

Esta nueva eugenesia, ha dicho Enrique Iáñez Pareja, ya no dependería de programas centralizados impuestos por la autoridad pública, sino que estaría basada en la libre elección de los individuos, en ejercicio de los llamados *derechos reproductivos*, así como de los deberes que hay quienes afirman que existen, de mejorar las condiciones de vida de las generaciones futuras mediante la manipulación genética. Y esas doctrinas sugieren, afirma, que determinados objetivos sociales podrían ser alcanzados con mayor facilidad interviniendo en el sustrato biológico humano, que con el recurso a medidas sociales y educativas, que fue una de las constantes del movimiento eugenésico. Alerta dicho autor en el sentido de que aunque los riesgos físicos y biológicos de esta nueva eugenesia fueran escasos, debemos ser cautos y prudentes ante lo que califica de extraordinarios riesgos simbólicos. Lo hasta aquí expresado le hace afirmar a Iáñez Pareja que la nueva eugenesia se alimentaría de los tres siguientes factores principales: a) La idea de que tanto las cualidades positivas como las negativas de los seres humanos, poseen una esencial determinación genética; b) la expectativa de que las tecnologías biológicas podrían moldear la naturaleza humana interviniendo en su sustrato biológico con el objeto de alcanzar ciertos objetivos individuales familiares y sociales estimados valiosos; y c) la aplicación al campo de la procreación del derecho de los individuos a realizar opciones libres[31].

---

[30] Agencia de Noticias Zenit, del 04/12/2005.

[31] Enrique Iáñez Pareja, "Retos éticos ante la nueva eugenesia", en *La Eugenesia hoy*, cit., ps. 189, 199 y 221. Informa dicho autor que en una de las formulaciones actuales más extremas y explícitas de quienes se pronuncian por el derecho a la reproducción libre, se dice que dado

En cuanto a las características sociales de esta nueva eugenesia —que se diferencia de la eugenesia clásica en cuanto ésta se caracterizó por limitar los derechos reproductivos individuales en aras de la salud genética de las generaciones futuras—, Daniel Soutullo resalta, según entiende dicho autor, las de *privacidad*, pues se presenta como una cuestión privada de los individuos y de sus familias, como parte de su derecho a la reproducción; *voluntariedad*, pues las personas deben, al menos en teoría, prestar en forma libre y voluntaria su consentimiento a cualquier intervención eugenésica[32]; y *no discriminación*, desde el momento que las potenciales prácticas eugenésicas no se dirigen a grupos de poblaciones específicas que pudieran ser discriminadas en sus derechos como consecuencia de las mismas, sobre todo si son aplicadas en forma coactiva, sino a cualquier individuo en particular, o lo que es lo mismo, a la población en general, abandonándose de tal manera las principales connotaciones clasistas y racistas de la eugenesia tradicional; aunque agrega que en la práctica pueden aparecer motivos de discriminación por razones económicas, étnicas u otras[33].

D) ANÁLISIS CRÍTICO DE LA EUGENESIA

6. Con respecto a la justificación del pensamiento eugenésico

Romeo Casabona ha señalado que las aportaciones de la Biología humana y animal sobre los mecanismos de la reproducción y la herencia biológica han permitido dotar a los propósitos selectivos de un fundamento científico, lo cual ha ido arropando a las ideas eugenésicas

la existencia de un "*mercado libre de técnicas genéticas y reproductivas*", no debe existir un límite a la libertad reproductiva, incluyendo la ingeniería genética perfectiva y la clonación, por lo que cada individuo tendría derecho a reproducirse por el modo que quisiera, pudiendo inclusive elegir la configuración genética de su descendencia, plasmando en ello la visión que cada uno tenga sobre la clase de personas que deberían existir.

32 Véase, sobre esto, Carlos María Romeo Casabona, *Los genes y sus leyes. El derecho ante el genoma humano,* cit., p. 137.

33 "Actualidad de la eugenesia: las intervenciones en la línea germinal", Conferencia pronunciada en el Instituto de Biotecnología de la Universidad de Granada con fecha 11/05/2000. Aclara Soutullo que esta categorización es sobre todo teórica, y no se da en todos los casos, como, por ejemplo, en China, donde las prácticas eugenésicas no cumplen en especial los presupuestos de privacidad y voluntariedad, estando en ese país dichas prácticas, añade, más cerca de las prácticas tradicionales.

de un pretendido soporte de ese tipo y, con ello, de una mayor credibilidad intelectual y autoridad moral. Pone de relieve dicho autor que la protección o supervivencia de la especie humana y la mejora de las condiciones sociales del ser humano y de la colectividad, han sido la justificación del pensamiento eugenésico[34].

El desarrollo exponencial que se ha producido en los últimos tiempos de la biología molecular y de la embriología, que ha llevado a la posibilidad cierta de la curación de enfermedades que antes debían ser sobrellevadas de por vida, o que acortaban la de quienes las padecían, ha dado un nuevo ímpetu a la eugenesia, habiendo afirmado Daniel Soutullo que los procedimientos que se realizan a esos efectos no son designados por su verdadero nombre, el de *eugenesia*, palabra que no tiene buena fama[35], en especial desde la época del nazismo, ideología con la cual se la asocia, lo que ha llevado a la creación de un lenguaje distinto, que pueda ser aceptado por la sociedad. No obstante, se ha dicho que aunque se la siguiera denominando con la misma palabra, debe hacerse una tajante distinción entre lo que era la eugenesia poblacional de comienzos del siglo XX, que exigía la esterilización coercitiva de determinados individuos afectados de ciertas enfermedades, o que prohibía determinados matrimonios, la cual tenía un tinte racista o clasista, y la eugenesia actual, no coercitiva y de carácter individual, la cual es respetuosa de las decisiones de las personas, y particularmente, de las decisiones reproductivas de las parejas. Arthur Caplan señala al respecto que no hay nada moralmente malo en la eugenesia actual, pues lo que es malo es "*la coerción, la coacción o el uso de la fuerza con respecto a las decisiones reproductivas*", lo que lo lleva a afirmar que "*no parece en principio haber una razón ética convincente para condenar los objetivos eugenésicos individuales*" —y ello con independencia de si se trata de eugenesia positiva o negativa—, siendo lo relevante para llegar a dicha conclusión, agrega, que en el caso de la eugenesia individual se respetarían principios como la autonomía moral y la libertad de elección[36]. Siguiendo esas pautas, también se ha dicho que "*el pasado no*

---

[34] Carlos María Romeo Casabona, "Las prácticas eugenésicas: nuevas perspectivas", en *La eugenesia hoy*, cit., p. 4.

[35] "El concepto de eugenesia y su evolución", en *La eugenesia hoy*, cit., p. 57.

[36] *What is worely wrong with eugenics*, cit. por Luján, José Luis, ob. cit., ps. 251 y sigte.

puede hipotecar permanentemente las posibilidades de futuro que nos abre la ciencia y la tecnología biomédica"[37].

Nosotros creemos, en cambio, que la eugenesia no puede ser éticamente justificada con fundamento en la falta de coerción de los actos enderezados a llevarla a cabo, como tampoco por el hecho del respeto de la autonomía o de la libertad de elección de cada individuo en particular, pues aun cuando ello efectivamente fuera así, no por eso la acción de que se trate pasa a tener un tinte ético del cual puede en sí misma carecer. Si la acción eugenésica enderezada a la mejora de la raza humana no contradice la moral natural, y procede con respeto a la dignidad y a la libertad de la persona, lo cual, entre otros aspectos, implica el reconocimiento de su existencia desde la concepción y el consiguiente respeto a esa vida y a su desarrollo pleno, tanto físico y psíquico como moral, como también si dentro del respeto de la persona se incluye el de la inviolabilidad de su patrimonio genético, entonces y sólo entonces esa acción podrá ser considerada como éticamente correcta. Pero no en caso contrario.

No puede admitirse como ética o moralmente lícito, por ejemplo, el acto de quien en ejercicio de su libertad personal y aun cuando exista una disposición legal que se lo permita, decida proceder a la eliminación de un embrión o de un feto por encontrarse afectado por una enfermedad grave o una malformación congénita (habitualmente denominado aborto *terapéutico* o *eugenésico*). O sea, como dice Basso, cuando se procede a la supresión del enfermo para que desaparezca la enfermedad[38]. Y ello, aun cuando no se conociera una terapia efectiva, o el hijo pudiera luego de nacido constituir una importante carga para sus padres o su familia.

Todo lo que se haga, en cambio, para mejorar la especie humana con respeto de los principios antes mencionados, ya sea por medio del desarrollo de acciones sanitarias para la prevención de enfermedades o de su transmisión, o terapéuticas para tratar de lograr su curación, constituyen actos eugenésicos moralmente admisibles. La intervención del hombre con esas finalidades es, por lo tanto, un acto éticamente

---

[37] Francisco Javier Blázquez Ruiz, ob cit., p. 292.

[38] *Nacer y Morir con dignidad. Bioética*, 3ª ed. Ed. Depalma, Buenos Aires, 1993, p. 402.

positivo, lo cual lleva a afirmar que la eugenesia, entendida como los actos o procedimientos enderezados a la mejora de la raza humana, no es algo que lleve en sí mismo a la crítica, pues no son susceptible de crítica sino por el contrario, los actos cuya finalidad consistiera en procurar vencer a la enfermedad y al dolor.

Daniel Soutullo afirma al respecto que el bienestar de tan siquiera una pequeña parte de la humanidad no depende en absoluto de una mejora del acervo génico, sino de la transformación de las condiciones sociales y materiales de existencia, no pudiendo ningún programa eugenésico suplir esta necesidad de actuar sobre los factores sociales. La lucha contra la enfermedad, dice Soutullo, no puede consistir en una lucha por mejorar el patrimonio genético, porque la mayoría de las enfermedades que azotan a la humanidad dependen esencialmente de las poco saludables condiciones de vida de las personas, que es lo que más influye para que las enfermedades infecciosas se cobren millones de vida cada año[39].

7. Dejar que a la larga sobrevivan los más aptos no tiene una significación moral positiva

Xabier Etxeberria afirma que para muchos pueblos, y en especial para los que están en el origen de nuestra cultura, la naturaleza tiene un sentido interno —un *logos*— que en último término puede atribuirse a un Dios o a los dioses, que hace que todo lo que sucede se encuentre encaminado a un fin, que todo tenga una razón, siendo la actitud ética correcta la que armoniza con esa dinámica, estando la procreación regida por unas leyes naturales —las de la herencia— encaminadas a un fin que es la perpetuación de la especie; y que la conducta humana debe acomodarse a ellas sin pretenderse intervenciones transformadoras que rompiendo ese orden traen la degradación, lo antinatural.

Agrega Etxeberria que esta orientación naturalista no está dirigida al bien del individuo sino al de la especie, y que la misma se tiene que enfrentar con la aparición de seres débiles o malformados que

---

39 *La Eugenesia. Desde Galton hasta hoy*, cit., ps. 202 y sigte. Señala Soutullo que en los países industrialmente más desarrollados, el modo de vida es el principal causante de las enfermedades que más muertes provocan, como las enfermedades cardiovasculares o el cáncer.

degeneran la especie, lo que en su momento fue atribuido a prácticas sexuales antinaturales o pecaminosas, habiéndose tendido ya sea a exterminar a esos seres, o a prohibir determinadas uniones y estimular otras; lo cual, en el fondo, constituía una contradicción entre el imperativo de dejar que la naturaleza siguiera actuando, y la que tendía a desarrollar cierta actividad controladora de mejora. Señala asimismo Etxeberria que en la actualidad, aunque corregida desde sensibilidades como la cristiana y la de los derechos humanos para acoger a todo ser que nace, dicha orientación sigue siendo defendida por todos aquellos que reclaman, desde una cierta sacralización de la naturaleza, desde la convicción de que el seguimiento de las leyes de la naturaleza es la garantía del máximo bien para la humanidad, una negativa a todo tipo de intervención eugenésica, por considerar que rompe con ese orden natural (y divino)[40].

Pero ocurre que dejar que la naturaleza actúe sin que intervenga el hecho del hombre, de manera de que a la larga sólo sobrevivan los más aptos, y aceptar que ello es bueno por sí mismo, adquiriría a partir de ese momento, como señala Francisca Puigpelat, una significación moral positiva, y llevaría a que la ley del más fuerte perdiera el disvalor moral con que tradicionalmente ha sido vista[41]. Con lo cual se omitiría la aplicación de un principio universalmente aceptado por quienes hacen de la solidaridad un credo, que consiste en el deber moral que todos tenemos de proteger a los más débiles, el cual tiene una base ética indiscutible.

8. El mejoramiento en general de la población no puede ser prioritario a la protección de los derechos individuales

Una de las críticas que se han efectuado con relación al pensamiento eugenésico consiste en el hecho de que se ha puesto el acento en el mejoramiento de la población, en general, pero dejándose de lado los derechos y necesidades de las personas en particular, lo que se ha hecho inclusive mediante actos coercitivos, como ha ocurrido, por ejemplo, en la primera mitad del siglo XX por medio de la esterilización masiva de

[40] "Referentes éticos y mediaciones de la eugenesia", en *La Eugenesia hoy.*, cit., ps. 189 y 190.
[41] Ob. cit., p. 80.

individuos; hoy, en cambio, como hemos visto, la eugenesia se encuentra en buena parte dirigida a la eliminación de ciertos genes o inserción de otros, para formar grupos humanos de una mayor calidad.

Pero lo cierto es que los derechos de las personas no pueden ser obviados en aras del mejoramiento de la especie humana, mejoramiento que, por otra parte, no puede ser definido por quien o quienes se hayan creído con derecho a arrogarse esa prerrogativa. Por otra parte, en la inmensa mayoría de los casos, por no decir en todos, el bien de una determinada comunidad ha querido ser presentado —erróneamente, por cierto— como el bien de la especie humana, habiendo muchas veces la ideología utilizado a la ciencia para el logro de sus fines.

También se omite que la finalidad de la vida del hombre en la tierra no consiste en imponerse a todos los demás seres, ni él es un fin en sí mismo, sino que la persona humana tiene un fin trascendente, cuya relevancia y prioridad no puede ser desconocida. Se ha criticado al respecto que los eugenistas hacen primar las características biológicas de los organismos, por sobre los aspectos sociales y culturales como factores determinantes del proceso evolutivo humano[42].

9. La eugenesia ha llevado por lo general a la discriminación

Otro de los aspectos que merecen una crítica puntual deriva del hecho de que la aceptación del pensamiento eugenésico ha llevado, por lo general, a la admisión de una conducta discriminatoria. Esto ha sido así, en un primer momento, por el hecho de haberse considerado que determinadas clases sociales o razas, o linajes, eran superiores a otras, lo que hacía que, en una forma artificial y de acuerdo al criterio de quien o quienes hacían la selección, se procuraba que las clases o razas favorecidas se desarrollaran en mayor medida y con mayor facilidad que las que eran consideradas inferiores. Estas últimas se consideraban como no dignas de reproducirse, o al menos, de hacerlo con quienes se decía que gozaban de un nivel superior. Esto ocurrió, por ejemplo, en la Alemania nazi, en donde se afirmaba que la raza aria era superior a otras razas (si es que se puede hablar de distintas *razas*, pues esto se

[42] Francesca Puigpelat, ob. cit., p. 81.

halla cuestionado[43]); o con relación a los minusválidos o personas afectadas de distintas enfermedades o afecciones de carácter grave, cuya reproducción era limitada por medios artificiales, como, por ejemplo, por medio de la esterilización. Aunque esa discriminación, es bueno aclararlo, no fue un patrimonio exclusivo del pensamiento nacionalsocialista, ya que también existió en otros países, si bien no con la fuerza o la virulencia con la que se vio en aquel país[44].

Naturalmente que esas actitudes eran sumamente criticables, a lo cual no obstaban las buenas intenciones que pudieran haber exhibido

---

[43] Daniel Soutullo afirma que la existencia de distintas razas humanas no es evidente en absoluto, siendo lo único evidente la diversidad humana, ya sea por el color de la piel, la estatura, la forma de la cabeza, los labios el pelo, y otra serie de rasgos más. Dice Soutullo que "*las razas son poblaciones de una especie caracterizadas por poseer un cierto grado de variación genética, reconocibles por sus rasgos morfológicos y que ocupan un área geográfica delimitada dentro de la distribución total de la especie... La noción de raza se utiliza para ordenar y clasificar la variación, de forma que permita un más fácil estudio y comprensión de la misma. No existen criterios biológicos objetivos para establecer sin ambigüedad una clasificación racial porque, a diferencia de las especies que tienen una identidad biológica que se puede establecer con precisión y rigor, las razas son categorías de conveniencia cuya delimitación exige siempre la toma de cierto número de decisiones arbitrarias. Las antiguas clasificaciones se establecían sobre la base de la coloración de la piel y de pocos rasgos fenotípicos más. Con el desarrollo de la genética, desde el redescubrimiento de las leyes de Mendel, este criterio clasificatorio carece totalmente de sentido. Es necesario representar no ya la variación observable, sino la variación genética subyacente, que no siempre se corresponde con los rasgos externos más conspicuos... En definitiva, la existencia de razas sustentada en la variabilidad genética presente en las poblaciones humanas no es ya una evidencia, ni tan siquiera es una realidad que se pueda establecer en base a los mínimos criterios de objetividad. La variabilidad es real, pero la distribución de la misma no constituye agrupaciones raciales tal como éstas son entendidas desde el punto de vista de la moderna genética de poblaciones, correspondiendo la mayor parte de esta variación a los individuos dentro de las poblaciones y no a las poblaciones en sí*" (*La Eugenesia. Desde Galton hasta hoy*, cit., ps. 76 y sigtes.)

[44] Daniel Soutullo afirma que existió una estrecha vinculación entre el movimiento eugenésico norteamericano y la eugenesia nazi. Recuerda dicho autor que quienes redactaron en el año 1933 en Alemania la "*Ley para prevenir la procreación de hijos con enfermedades hereditarias*", reconocieron la deuda intelectual que tenían hacia la eugenesia norteamericana, habiendo la ley alemana copiado muchas partes de leyes vigentes en algunos de los Estados de Norteamérica. Y que cuando en el año 1936 la Universidad de Heidelberg otorgó el doctorado *Honoris Causa* a Harry Laughlin, en ese entonces Director de la Oficina de Registro Eugenésico en Cold Spring Harbor, Laughlin afirmó que lo aceptaba no sólo como un honor personal, sino también como "*prueba de la comprensión coincidente de los científicos alemanes y estadounidenses de la naturaleza de la eugenesia*" (*La Eugenesia. Desde Galton hasta hoy*, cit., p. 139, nota 18).

los que propugnaban situaciones de esa naturaleza. Francisco Javier Blázquez Ruiz afirma que atenta contra la dignidad de las personas cualquier tipo de distinción y diferenciación basada en las características fenotípicas propias y específicas de diversas personas o grupos de personas, que comportase determinadas obligaciones que las demás no tendrían que padecer[45].

La discriminación no concluye en una cuestión de razas. Si bien de una forma distinta y quizás menos virulenta, aunque posiblemente más insidiosa, ella también resulta de la diferenciación que se hace —o, al menos, que se ha pretendido hacer— entre la gente en razón de la información que resulta del análisis de sus genes[46], lo que ha sido considerado inadmisible, habiéndose establecido en el artículo 5° de la Declaración Universal de la UNESCO sobre el Genoma Humano y los Derechos Humanos, del 11 de noviembre de 1997, el *principio de la no discriminación basado en las características genéticas*, el cual también ha sido aceptado en el artículo 11 del Convenio de Oviedo.

Existe asimismo discriminación, por ejemplo y entre otras situaciones, cuando se califica de defecto genético lo que no son sino meras alteraciones genéticas, o cuando se efectúa la selección de sexo mediante el análisis genético de los embriones, procedimiento que nos parece repudiable, con mayor razón cuando esa selección implica la eliminación de los embriones del sexo no deseado. Como acertadamente señala Carlos Mosso, ya no se trata de la discusión —como ciertamente ha ocurrido— sobre la condición humana de individuos de otro color o de costumbres rudimentarias, sino de la aceptación de la posibilidad de

---

45 Ob. cit., p. 278.

46 Véase al respecto, entre otros, Carlos María Romeo Casabona, *Del Gen al Derecho*, cit., ps. 82 y sigtes.; Sergio Manuel Bertero, "El descubrimiento del genoma humano. Su impacto en el derecho", en *La Ley Actualidad*, Ed. La Ley S.A.E.e I., del 07/07/2005, especialmente el punto VII. Lo cierto es que todos estamos expuestos a la posibilidad de que se realice el análisis de nuestros genes, aun sin nosotros saberlo; recordamos al respecto a Daniel Soutullo, que informa que en un laboratorio se obtuvieron secuencias de ADN de la solapa de un sobre que alguien había lamido antes de cerrarlo. Señala dicho autor que con la técnica de la *reacción en cadena de la polimerasa* se puede amplificar el ADN a partir de muestras muy pequeñas, y proceder a su análisis y secuenciación, pudiendo las mismas obtenerse de las pocas células de la mucosa bucal que quedan adheridas en un sobre, en la empuñadura de una puerta, o en un guante luego de un apretón de manos (*La Eugenesia. Desde Galton hasta hoy*, cit., ps. 188 y sigte.).

que por razones atribuibles a la genética *se descubre* que, sin perjuicio de su naturaleza humana, algunos individuos pueden ser eliminados de la sociedad por no ser tan perfectos a la luz de criterios de perfección arbitrarios y dudosos (y aunque no lo fueran), tales como, por ejemplo y entre otros, la belleza física o el nivel intelectual[47]. Nivel con respecto al cual coincidimos con Daniel Soutullo cuando afirma que aun cuando su elevación fuera socialmente deseable, "*resulta mucho más prometedor proceder actuando sobre las condiciones educacionales y sociales que no realizando un programa basado en las características genéticas de la población, y, lo que es más importante, la actuación ambiental no sólo resultaría más eficaz sino que desde el punto de vista de la justicia social y de una moral solidaria resultaría incomparablemente más recomendable*"[48].

Puede haber también una discriminación genética en el campo laboral[49], con respecto a la posibilidad de acceso a un empleo, que se puede ver limitada con motivo de la predicción de las enfermedades que con una cierta posibilidad sufrirá la persona en un futuro más o menos lejano, cuando, en realidad, por otra parte, esa posibilidad que resulta del análisis genético al que se sometió a un determinado individuo, no es más que eso, es decir, una *posibilidad*, que no necesariamente tiene por qué concretarse; como ha señalado el brasileño Joaquim Clotet, en ese caso no existe una garantía absoluta de desarrollar una enfermedad relacionada con un gen alterado del cual se es portador, ya que los fac-

---

[47] "Clonación. Una mirada desde la Ética y el Derecho", en *Vida y Ética*, Ed. de la Univ. Católica Argentina, año 2, nº 2, p. 186.

[48] *La Eugenesia. Desde Galton hasta hoy*, cit., ps. 138 y sigte.

[49] Naturalmente que no dejamos de advertir la necesidad que puede existir por parte del empleador, de conocer si quien aspira a un determinado trabajo se encuentra afectado de alguna enfermedad que lo inhabilite para desempeñar la tarea de que se trata, lo cual, como bien señala Teodora Zamudio, se encuentra enraizado en el requisito de la idoneidad, siendo por otra parte obligación del empleador resguardar la integridad física de sus empleados por medio de la práctica de una política adecuada de seguridad e higiene, para lo cual podría ser conveniente conocer determinados datos que resultan de un análisis genético (*Proyecto Genoma Humano y sus implicaciones*, en Internet, www.bioetica.org). Es que, tal como hemos señalado en otro trabajo (*La procreación asistida y la manipulación del embrión humano*, Ed. Abeledo-Perrot, Buenos Aires, 2001, p. 249), podría llegar a ser contraproducente que para evitar el peligro de la discriminación, no se requiriera una información con conocimiento de la cual se podría actuar para evitar una enfermedad futura.

tores que intervienen en el proceso de desarrollo de una enfermedad son múltiples[50]. O también puede discriminarse al individuo mediante la limitación en el acceso a los servicios de salud o en la suscripción de un seguro de vida, ya sea por la imposibilidad de acceder a ellos de acuerdo al resultado al que se arribe por el análisis de sus genes, o de no poder hacerlo a un precio accesible[51].

---

[50] "*Posición ética ante el progreso de la genética en el Convenio para la Protección de los Derechos Humanos y la Dignidad del Ser Humano con respecto a las Aplicaciones de la Biología y la Medicina: Convenio sobre los Derechos Humanos y la Biomedicina*", en AA.VV., *Bioética y Genética*, Ed. Ciudad Argentina, Buenos Aires, 2000, p. 107. Ver también al respecto, Víctor B. Penchaszadeh, "Aspectos éticos en genética médica", en *Bioética y Genética*, cit., ps. 296 y 297. Esa inexistencia de "*garantía absoluta de desarrollar una enfermedad" a que nos referimos en el texto, ha sido puesta de relieve en uno de los borradores confeccionados por el Comité Internacional de Bioética de la UNESCO, con motivo de la reunión celebrada en el mes de noviembre de 2002 en la ciudad de Montreal; se dijo en tal sentido, que las pruebas genéticas que indican la proclividad a una determinada enfermedad no da ninguna certeza de que el embrión se vea afectado clínicamente por la misma más adelante, sino que "no es más que una estimación de un riesgo*" (Ag. de Noticias Zenit, del 14/12/2002).

[51] Debemos sobre ello recordar que en la Declaración Universal sobre el Genoma Humano y los Derechos Humanos, aprobada por las Naciones Unidas con fecha 11 de noviembre de 1997, se explicitó que las investigaciones sobre el genoma humano y sus aplicaciones deben respetar plenamente la dignidad y los derechos de la persona humana, disponiéndose, además, "*la prohibición de toda forma de discriminación fundada en las características genéticas*". Se han denunciado discriminaciones en ambos supuestos; muchos son los casos conocidos, recordando, entre otros, el denunciado en Australia a fines del año 2001, con relación a un joven que en busca de su primer trabajo fue obligado a someterse a un *test* para determinar la presencia del gen de la enfermedad de Huntington, debido a que su madre la padecía. Según una información de *The Times* del 08/02/2001, ya hay compañías de seguros (al menos en Gran Bretaña) que para la contratación de un seguro de vida han utilizado pruebas genéticas no aprobadas (en el caso, pruebas de cáncer y del mal de Alzheimer) con la finalidad de detectar enfermedades potencialmente fatales a la hora de decidir si conceder o no un seguro de vida; ello viola el Código de conducta de la Asociación de Compañías de Seguros Británicas, que establece que las únicas pruebas admitidas son las aprobadas por la Comisión. De acuerdo a una información de *Associated Press* del mes de septiembre de 2002, la legislación en los EE.UU. ya está tomando cartas para evitar amenazas a los datos genéticos: en ese entonces, 31 Estados ya tenían leyes contra la discriminación genética en el puesto de trabajo, y 41, leyes contra las aseguradoras que usaran información genética para discriminar (Ag. de Noticias Zenit, del 14/12/2002). Dicha Agencia informa asimismo que según las evidencias presentadas en septiembre de 2002 ante el Subcomité de Justicia del Congreso de ese país, el 1 % de las más importantes empresas de los EE.UU. hacen pruebas de anemias celulares a los empleados, mientras que el 14 % llevan a cabo exámenes médicos que pueden incluir pruebas genéticas para detectar la proclividad a los riesgos propios del lugar de trabajo.

La enfermedad o la minusvalía son otras de las causas que han llevado a discriminar a quienes se encuentran afectados por ellas, lo cual se suele advertir con motivo de los análisis genéticos, ya sean preconcepcionales, preimplantatorios o prenatales, que llevan ya sea a la limitación de los matrimonios; o a la selección de los embriones para implantar en la mujer, desechando aquellos que presentan anomalías genéticas; o inclusive al aborto, en el supuesto de que de los análisis prenatales resulte la existencia de malformaciones o de enfermedades en el feto, sobre todo cuando son de carácter grave y no se conozca una terapia adecuada, o cuando ésta sea riesgosa ya sea para la madre, o para el hijo. Blázquez Ruiz afirma que la defensa de criterios de *normalidad* basados en la constitución genética es no tanto discutible como injustificable, debiendo las diferencias individuales ser el fundamento del principio de igualdad, máxime cuando cada persona es un ser único, distinto, diferente a los demás. Advierte dicho autor que la posibilidad de utilizar la información proveniente del cartografiado humano para *clasificar* a los individuos en diferentes grupos, constituye un evidente riesgo[52].

Por otra parte, tampoco parece enteramente claro el concepto de *normalidad* —con el cual se suele calificar o encasillar a las personas—, cuya significación bien puede ser considerada al menos de *imprecisa*, no obstante su relevancia. El autor recién citado afirma que no se trata tan solo de un concepto, sino también de un principio normativo, y que tanto los conceptos *normal* como *patológico* no se limitan a ser conceptos *descriptivos* que centren su atención en el plano empírico exponiendo una realidad fáctica, ya que también actúan como conceptos *normativos* que prescriben y que, en última instancia, se erigen en referencias de valor[53]. No puede dejar de prestársele atención al evidente peligro que resultaría de querer encasillar a todas las personas, o a sus contenidos genéticos, en un modelo predeterminado al que se califique como normal, dejando de lado la diversidad genética, el polimorfismo, que caracteriza a los individuos humanos y que, como señala el autor recién mencionado, es la regla o norma tanto en el hombre como en las

[52] Ob. cit., p. 281.
[53] Ob. cit., p. 282.

demás especies; el cual también afirma, con razón, que lo distinto no se opone necesariamente a lo normal[54]. Como, de la misma manera, tampoco puede no reconocerse la evidente diversidad cultural existente fundamentalmente entre los distintos grupos humanos, así como la evolución constante que, al igual que acaece con el contenido de nuestro genoma, también ocurre con relación a aquélla.

Se produce asimismo discriminación cuando se seleccionan embriones por considerarse que tienen características más deseables que otros. Puede asimismo ocurrir, y, de hecho, ha ocurrido, que para procrear se utilicen gametos seleccionados de personas que tienen características especiales en comparación con las de otros individuos, ya sea por su mayor inteligencia, fuerza, conocimientos determinados o características destacadas, como podría ser, por ejemplo, por el hecho de ser o haber sido músicos o matemáticos reconocidos, o atletas excepcionales, o mujeres de belleza excepcional, pudiendo de tal manera acentuarse las desigualdades ya existentes entre los individuos. Y ello debido al poder económico que podría hacer que fueran mejorando su desarrollo físico o intelectual únicamente determinados pueblos que hayan podido acceder por su desarrollo económico a esta tecnología, debiendo señalar que para las investigaciones genéticas a ser realizadas se requieren ingentes recursos financieros, de los que esos pueblos carecen[55]; se ha llegado a hablar de la eventual existencia de una *injusticia genética*, que puede llegar a traducirse en una *injusticia social*[56]. Es conocido que desde hace años, en un lugar en California —aunque no descarto, naturalmente, que ello también ocurra en otros lugares—, se guarda debidamente conservada esperma de personas que llenan alguno o varios de esos requisitos. De la misma manera, la terapia eugenésica de mejora sobre determinados rasgos de las personas, es discriminatorio[57].

---

[54] Francisco Javier Blázquez Ruiz, ob. cit., ps. 283 y 284.

[55] En su Discurso del 24/02/1998 a los integrantes de la asamblea plenaria de la Academia Pontificia para la Vida, San Juan Pablo II afirmó que para evitar las desigualdades a las que nos referimos en el texto, será de gran ayuda que las organizaciones científicas internacionales contribuyan a que los anhelados beneficios de la investigación genética también se pongan a disposición de los pueblos en desarrollo.

[56] Véase al respecto, Francisco Javier Blázquez Ruiz, ob. cit., p. 280.

[57] Francisco Javier Blázquez Ruiz, ob. cit., p. 295.

No obstante, Arthur Caplan desecha esta crítica de la generación de mayores desigualdades, con la afirmación de que "*en un mundo que tolera tanta desigualdad respecto a las circunstancias en que nacen los niños es difícil argumentar que haya algo más ofensivo o moralmente más problemático en las ventajas biológicas que en las ventajas sociales y económicas*"[58].

Muchas han sido las reuniones internacionales donde el tema de la discriminación genética ha sido objeto de preocupación, de las cuales nos hemos ocupado en otro lugar[59], por lo que remitimos a lo allí dicho, a lo que queremos agregar por considerarlo de interés, lo expresado al respecto en el Apéndice a la Recomendación N° R (97) 5 del 13 de febrero de 1997 del Comité de Ministros del Consejo de Europa a los Estados miembros sobre Protección de Datos Médicos, donde, entre aspectos, se dijo que "*los datos genéticos recogidos y procesados para el tratamiento preventivo, el diagnóstico o el tratamiento del afectado o para investigación científica sólo deben emplearse con esos fines o para permitir al afectado tomar una decisión libre e informada en estas materias (4.7.); que el procesamiento de datos genéticos con fines judiciales o de investigación criminal deben ser objeto de una ley específica que ofrezca medidas de salvaguarda adecuadas. Los datos sólo deben emplearse para establecer si hay un eslabón genético en el conjunto de pruebas aportadas, para prevenir un peligro real o para prevenir un delito específico. En ningún caso deben emplearse para determinar otras características que pueden ser establecidas genéticamente (4.8.)*[60]*; y que la recogida y procesamiento de datos genéticos con cualquier otro fin distinto de los previstos en los Principios 4.7. y 4.8. sólo debe permitirse, en principio, por razones de salud y en particular para evitar un serio perjuicio a la salud del afectado o de*

[58] Cit. por José Luis Luján, ob. cit., p. 251.

[59] Ob. cit., ps. 251 y sigtes.

[60] Sir Alec Jeffreys, profesor de genética en la Universidad de Leicester, Inglaterra, propuso la creación de una base de datos nacional para almacenar Registros de toda la población del Reino Unido, que debería ser manejada por un organismo independiente de la Policía, debiéndose permitir —agregó— consultar los nombres de las personas tras haber recogido evidencia biológica en la escena del crimen, y después de obtener una orden judicial permitiendo el acceso a la identidad de una persona (Ag. de Noticias Zenit, del 14/12/2002).

terceros. Sin embargo, puede permitirse la recogida y procesamiento de datos genéticos en orden a predecir enfermedades en casos en que exista un interés superior y bajo la sujeción a las medidas de salvaguardia definidas por la ley" (4.9.) También recordamos la prohibición de discriminación por características genéticas, que resulta del artículo 21 de la Carta de los Derechos Fundamentales de la Unión Europea, del 28 de septiembre de 2000.

10. La utilización de los diagnósticos preimplantatorio y prenatal con una finalidad eugenésica

Si bien no nos oponemos sino por el contrario, a la realización de procedimientos médicos destinados a la detección de la existencia de eventuales anormalidades genéticas en las personas por nacer, que más tarde o más temprano puedan llegar a tener como consecuencia enfermedades o malformaciones más o menos graves, ello es así siempre que los mismos hayan tenido en vista la finalidad de procurar su terapia, y además, que no tengan como consecuencia —en el supuesto de que no pudiera lograrse su curación— la eliminación del embrión o del feto.

Se trata de dar preeminencia a la vida humana, protegiéndola desde su inicio, esto es, desde su concepción, sea que ésta haya ocurrido dentro o fuera del seno materno.

También hemos recordado que ha sido la fecundación *in vitro* la que dio comienzo a las nuevas prácticas de detección de anormalidades genéticas, así como afirmado que las mismas tienen un innegable potencial eugenésico, de eugenesia negativa. No podemos admitir la inmoralidad que resulta del hecho de que el diagnóstico prenatal sea seguido del aborto eugenésico, que en la práctica constituye el método más utilizado para evitar la manifestación de enfermedades genéticas, actitud que ha sido con razón criticada por San Juan Pablo II en la Encíclica *Evangelium vitae*.

A su vez, en el Discurso del 24 de febrero de 1998 a los miembros de la asamblea plenaria de la Academia Pontificia para la Vida, el Papa destacó su preocupación por "*la creación de un clima cultural que favorece la orientación del diagnóstico prenatal en una dirección que ya no es la de la terapia, para una mejor acogida de la vida del niño por nacer, sino más bien la de la discriminación de los que no resulten sanos en el examen prenatal*", además de poner de relieve la existente desproporción entre las posibilidades de diagnóstico (que están en fase de expansión progresiva) y las terapéuticas, hecho este que plantea graves problemas éticos a las familias, que necesitan ser sostenidas en la acogida de la vida naciente, incluso cuando ésta esté afectada por algún defecto o malformación. Denuncia San Juan Pablo II en ese Discurso la aparición y difusión de un nuevo eugenismo selectivo, que suprime embriones y fetos afectados por alguna enfermedad, recurriéndose a ese efecto a teorías infundadas sobre la diferencia antropológica y ética de los diversos grados de desarrollo de la vida prenatal, o a una concepción equivocada de la calidad de la vida, que, según se dice, debería prevalecer por sobre su carácter sagrado[61].

Es por ello que pensamos que deben prohibirse total y absolutamente las prácticas consistentes en los diagnósticos preimplantatorios y prenatales, en los supuestos que puedan tener como resultado una eventual posterior eliminación del embrión, o que puedan ser utilizadas para una discriminación de la persona, de acuerdo a lo que resulte del análisis. A lo cual no obsta, naturalmente, que esas prácticas constituyan un progreso médico, por cuanto tal como se ha dicho al referirse a la investigación sobre embriones, "*un supuesto progreso genérico de la humanidad no puede lograrse al precio del sacrificio físico o moral, total o parcial, de valores individuales indisponibles por terceros. En nombre de un aparente progreso —que sería falaz— no puede lesionarse o destruirse la vida, la dignidad o la fama de las personas. Cuando so pretexto de avance científico se han conculcado bienes esenciales de la persona, no sólo se ha destruido a personas concretas: se ha minado la propia sociedad en cuyo nombre se debía actuar que ha acabado por desmoronarse*"[62].

Por otra parte y como ha puesto de relieve —aunque al referirse a la eutanasia— Jan M. Broekman, la propia medicina está en juego, puesto que, se pregunta, ¿qué es la medicina cuando ya no sólo cura

---

[61] "*Los descubrimientos en el campo de la genética no deben ir contra la dignidad de la persona humana*", Discurso del 24 de febrero de 1998 a los miembros de la asamblea plenaria de la Academia Pontificia para la Vida.

[62] José Francisco Bustos Pueche, *El Derecho Civil ante el reto de la nueva Genética*, Ed. Dykinson, S.L., Madrid, 1996, ps. 189 y 190.

enfermedades, postergando así la muerte, sino que ella misma mata? Como también se interroga dicho autor en el sentido de si no existe una contradicción con la imagen de nuestra medicina moderna, como asimismo, si no se anula la finalidad propia de la medicina cuando se autoriza al médico a practicar un acto que lleva a la muerte del individuo, en lugar de a su curación[63].

Por último, también queremos recordar lo expresado en la llamada Declaración de Mónaco, dada en el Coloquio Internacional de Bioética y Derechos del Niño realizada en Mónaco en el mes de abril de 2000, donde en el punto I se afirmó que "*todo infante es un ser singular y nuevo. El respeto de la dignidad del embrión in vitro creado con fines de procreación en casos de infertilidad de la pareja o para evitar la transmisión de una afección de especial gravedad, y luego del feto, debe ser asegurado. La utilización de nociones de la ciencia genética y de la medicina fetal debe respetar el principio de no discriminación y no debe apuntar a la reducción o la eliminación de la diversidad humana o las posibilidades de vida. La vida del infante no deberá ser considerada como un perjuicio, cualquiera que sea el grado de una minusvalía (handicap) física*".

11. Los peligros que resultan del pensamiento eugenésico

De todo lo que hasta aquí hemos visto surgen a nuestro juicio con claridad los graves peligros que pueden llegar a resultar del pensamiento eugenésico, que si bien ha sido desarrollado con la positiva finalidad de mejorar la raza humana, ha solido dejar de lado otras prioridades que, por ser tales, tienen una lógica preeminencia sobre la de la obtención de esa mejora. En ese sentido, la eugenesia ha descuidado en alto grado el necesario y prioritario respeto debido a la dignidad de la persona humana, que se ha visto muchas veces discriminada en el forzado camino de la búsqueda de los fines eugenésicos tenidos en vista por quienes querían lograr a toda costa la aludida mejora, muchas veces de buena fe, pero sin tener en cuenta ni parar mientes en los ineludibles límites éticos existentes al respecto, que no pueden ser violados sin mengua de la legitimidad de esos fines.

---

[63] *Bioética con rasgos jurídicos*, Ed. Dilex, S.L., Madrid, 1998, p. 185.

Pedro Federico Hooft afirma que la visión optimista del siglo XIX —del progreso indefinido— que partía de la creencia según la cual los progresos científicos y tecnológicos serían favorables al progreso humano, resultó una ilusión debido a los acontecimientos luego ocurridos, tales como, por ejemplo y entre otros, las dos guerras mundiales del siglo XX, los peligros derivados de la degradación de la naturaleza, la experimentación con la vida humana, todo lo cual ha creado, dice, muy serias dudas en cuanto a la existencia de una alianza inevitable entre el adelanto científico y el progreso humano, y que si bien la ciencia y la técnica le han aportado a la humanidad beneficios relevantes, también existen serios peligros derivados de aplicaciones que son perjudiciales tanto para la dignidad del hombre, como para el progreso del valor "*humanidad*"[64].

Debemos asimismo recordar lo expresado por Raquel Álvarez Peláez, que además de negarle a la eugenesia el carácter de *ciencia*, ha dicho que la misma fue una idea positiva en la mente de personas sensatas que consideraban que debían utilizarse todos los medios en la profilaxis y tratamiento de los seres humanos, y que tenían en cuenta todos los factores para que la procreación y la infancia fueran los más adecuados posibles; pero que, en cambio, era y es una idea negativa y agresiva cuando quiere ser usada para seleccionar, eliminar y controlar a otros seres humanos[65]. Messina de Estrella Gutiérrez dice, por su parte, que la manipulación de los genes con la finalidad de mejorar la raza humana es absolutamente condenable, no sólo desde el punto de vista del bioderecho, sino también de la ética, la filosofía y la religión. "*La eugenesia —agrega— es una de las expresiones del racismo basada en el seudo racionalismo científico. ¿Quién es el indicado para determinar el cambio de la especie?... A la locura de la pureza de la raza no debe suceder la de la pureza de los genes*"[66].

12. Diversos riesgos de las modificaciones genéticas practicadas con la finalidad de mejorar la raza humana

Las modificaciones genéticas practicadas con la finalidad de mejoramiento de la raza humana constituyen eugenesia positiva, siendo

[64] Pedro Federico Hooft, "Bioética y Derecho", ED, Ed. El Derecho, 132-877 y sigte.

[65] "La eugenesia española a lo largo del siglo XX", cit., p. 121.

[66] *Bioderecho*, Ed. Abeledo-Perrot, Buenos Aires, 1998, ps. 92 y 93.

evidente el riesgo para el futuro de la especie, pues nunca se sabe cuál es el límite al que deba llegarse, ni qué mutaciones pueden llegar a producirse. Además, ello lleva en forma casi diríamos inevitable, a que los conocimientos adquiridos a esos efectos puedan ser utilizados —alegando un fundamento análogo al de la prevención y tratamiento de enfermedades— con fines raciales o de selección de individuos, pudiendo esto producirse ya sea con respecto a los gametos, o a los embriones, eligiendo aquellos que se consideren mejores o preferibles por poseer determinadas características, y desechando a los restantes, constituyendo esto último un claro instrumento de eugenesia negativa.

Cabe acotar que esa selección puede producirse casi diríamos con mayor probabilidad, en los lugares a donde existan limitaciones con relación al número de hijos a procrear, debido a que en tal caso es más posible que los padres quieran asegurarse de que el único hijo sea sano; o que sea de un determinado sexo, generalmente, varón, ya sea por la posibilidad de poder comenzar a trabajar a una menor edad, o de tener más fuerzas para poder rendir más en un trabajo pesado, o de no tener que entregar los padres una dote cuando el hijo se case, dependiendo todo ello, como es fácil de advertir, de la cultura y los usos del grupo social de que se trate.

Las posibilidades que surgen de la aplicación de la tecnología ya disponible, o que pronto lo estará, relativa a la intervención en las células somáticas o germinales, constituyen un claro riesgo —en especial, cuando de células germinales se trata— para el futuro de la especie humana. Peligro que se va acrecentando a medida que el conocimiento del genoma humano se va consiguiendo descifrar con mayor precisión. Por lo cual el tema ya no puede a nuestro juicio continuar siendo considerado como una cuestión médica, propia de la relación médico-paciente y, por tanto, como un asunto de salud individual, como se ha dicho[67], ya que excede ese limitado y privado ámbito, para pasar a ser una cuestión social, que, por tanto, interesa a toda la comunidad. No obstante, Daniel Soutullo ha señalado que debe hacerse una importante distinción según las prácticas eugenésicas concretas, pues no merece la misma opinión,

[67] Véase lo expresado al respecto por Romeo Casabona, Carlos María, "Las prácticas eugenésicas: nuevas perspectivas", en *La eugenesia hoy*, cit., ps. 10 y 11.

dice, la eugenesia terapéutica que persigue la erradicación de dolencias transmisibles por herencia, que otras formas distintas, tales como la selección germinal de Muller, claramente elitista y discriminatoria, o las propuestas referentes a la perfección del genotipo por medio de la inclusión de ciertos genes mediante terapia génica germinal[68]. Resulta conveniente recordar que tal como advertía el Premio Nobel Marshall W. Nirenberg, *"... el hombre puede ser capaz de programar sus propias células con información sintética mucho antes de que pueda valorar adecuadamente las consecuencias a largo plazo de tales alteraciones, mucho antes de que sea capaz de formular metas y mucho antes de que pueda resolver los problemas éticos y morales que surgirán*"[69].

Por otra parte y tal como ha advertido el profesor Alex Kahn, genetista y director del *Cochin Institute* de genética molecular de París, además de Secretario del *European Life Science High Level Group*, con sede en Bruselas, es un hecho que la genética ofrece hoy posibilidades que pueden ser generalizadas y generar nuevas formas de racismo. Pero aclara que afirmar que el racismo es ilegítimo porque en el plano biológico y en especial genético, las razas no existen, significaría lo mismo que decir que en el supuesto de que existieran ciertas diferencias, estaría justificado; por tanto, dice, es un contrasentido querer fundar el antirracismo en la ciencia, la cual, en consecuencia, no puede ser interpelada para dar una respuesta sobre el racismo.

Señala Kahn que lo que antes se quería demostrar a través de los rasgos somáticos, se quiere hoy demostrar mediante los genes; inclusive en revistas científicas conocidas, dice, se publicaron estudios en los cuales se ha anunciado el descubrimiento del gen de la inteligencia, de la agresividad, del amor y cosas similares, creando expectativas infundadas sobre que una intervención en los genes podría cambiar esas características de los individuos. Lo cual, agrega, es erróneo, pues los genes actúan en modo combinatorio, ya que no es un único gen el que determina características psíquicas o físicas de los individuos; además de existir de esa forma el peligro de admitir (erróneamente) el concepto de personas *genéticamente no correctas*, o de establecer la necesidad de

[68] Daniel Soutullo, "El concepto de eugenesia y su evolución", cit., ps. 62 y 63.
[69] Cit. por Francisco Javier Blázquez Ruiz, ob. cit., ps. 292 y 293.

una *calidad mínima* para los niños que deben nacer, lo cual, afirma con razón, es monstruoso[70].

El determinismo biológico que resulta del hecho de darle una relevancia decisiva y prácticamente excluyente en la aparición de enfermedades al factor genético, constituye una constante en el pensamiento de una parte de los eugenistas actuales, quienes suelen dejar de lado sin razón la importancia que tienen al respecto los factores sociales, ambientales y culturales, lo cual trae como consecuencia el hecho de centrar el problema en un solo aspecto, descuidando los restantes. El biólogo Daniel Soutullo sostiene que el determinismo biológico se apoya en una idea falsa, basada en una comprensión errónea del funcionamiento de los genes. Y agrega que si bien es cierto que algunos caracteres simples, como son los sanguíneos, no dependen en absoluto del ambiente, sino que se hallan determinados por los genes, la mayoría de los caracteres de un organismo constituyen el fruto de la interacción que existe entre los genes y el ambiente en el cual se desarrolla ese organismo, incluyendo factores aleatorios que, según señala, algunos autores denominan *ruido de desarrollo*. Destaca Soutullo la relevancia de la interacción existente entre los genes y las influencias ambientales de todo tipo con relación a los caracteres complejos de los seres humanos, como son los que determinan la personalidad o el desarrollo mental, como también la que se produce para determinar la mayoría de los caracteres físicos, con respecto a lo cual recuerda un ejemplo de gemelos monocigóticos que presentan un grado muy diferente de desarrollo corporal (en el caso puntual, una diferencia de altura notable), resultante del hecho de haber sufrido uno de ellos a los cinco años una infección que afectó a su hipófisis, lo que determinó una producción menor de la hormona del crecimiento; lo cual demuestra la disparidad de resultados a que se puede arribar no obstante el caso de una identidad genética completa. Concluye dicho autor con la afirmación de que aunque lo considerásemos deseable —cosa por cierto discutible—, no existe forma posible de determinar qué genes serían los más adecuados para realizar una selección de tipo eugenésico de los caracteres[71].

---

[70] Agencia Zenit, 06/09/2001.

[71] "Actualidad de la eugenesia: la intervención en la línea germinal", ob. cit. Víctor B. Penchaszadeh coincide en la importancia de los factores ambientales en el desarrollo de cual-

Ese hecho de darle preeminencia con relación a la aparición de enfermedades, a los factores genéticos por sobre los ambientales, ha sido motivo de preocupación desde hace tiempo, habiendo sido ello explicitado en la Declaración sobre los principios de actuación en la investigación genética, aprobada por el Consejo de la Organización del Genoma Humano (HUGO) en Heidelberg, Alemania, el 21 de marzo de 1996, donde fue criticada "*la reducción de los seres humanos a sus secuencias de ADN y la atribución de los problemas sociales y otros problemas humanos a causas genéticas*".

Resulta criticable el hecho de haberse puesto el acento en exceso en lo genético, llegándose a determinar algo así como una constitución genética ideal, a partir de la cual se ha considerado que todo lo que no coincida con la misma, debe ser interpretado como una anormalidad. Lo cual, además de discriminatorio, es erróneo, pareciéndose de tal manera olvidar la importancia de la diversidad genética de la especie humana, cuya necesidad hemos puesto de resalto; no es posible dejar de lado la relevancia del valor evolutivo que resulta de la diversidad genética, que, entre otras causas, deriva de la interacción de la persona con el medio en el que se desenvuelve, así como con motivo de las variaciones producidas en el mismo, a todo lo cual se van adaptando los genes.

Otro de los peligros que derivan del pensamiento eugenésico consiste en que éste ha dejado muchas veces de lado el necesario respeto de la vida del ser humano, que se inicia, tal como antes hemos recordado, en el momento en que se produce la fecundación del óvulo por el espermatozoide, aun cuando hay quienes contra todas las evidencias de la ciencia, han sostenido que la misma sólo existe desde que se produce la anidación del embrión en el útero de la mujer, dando de esta manera lugar a la posibilidad de la realización de manipulaciones y distintas maniobras sobre el embrión antes de la anidación.

Daniel Soutullo enumera entre las objeciones a las prácticas eugenésicas actuales, incluso en los casos de prácticas privadas, voluntarias

---

quier desviación de la salud, ya sea congénita o adquirida, y agrega que si bien hoy en día se admite que toda manifestación de enfermedad tiene algún componente genético, siempre el medio ambiente tiene influencia en las manifestaciones clínicas, aun en las enfermedades clásicamente *genéticas* (ob. cit., p. 288. Ver, asimismo, Graciela N. Messina de Estrella Gutiérrez, ob. cit., p. 90.

y con finalidad terapéutica, por de pronto, que no siempre está claro lo que debe entenderse por *patología*, objeto de una intervención terapéutica, la cual no está en discusión cuando se trata de una enfermedad grave, pero que, en cambio, puede no estar tan claro en el supuesto de las dolencias leves o que se apartan de los valores medios de la población, como podría ser en el caso de la estatura, además de que los conceptos de salud y enfermedad van variando a lo largo del tiempo en función de las circunstancias sociales. Por último, señala dicho autor que los métodos terapéuticos empleados pueden llegar a presentar consecuencias negativas superiores a las potenciales ventajas, como en el caso de la terapia génica en la línea germinal[72]. Y si bien por nuestra parte consideramos aceptable la realización de terapia en la línea germinal, ello es así sólo dentro de ciertos límites y con la exclusiva finalidad de proceder a la curación de una enfermedad o de evitar su transmisión. Debe por tanto quedar en claro que rechazamos por inmoral y discriminatoria la intervención genética para el perfeccionamiento de la raza humana, o para lograr, en frase que ha hecho camino, embriones *a la carta*. Penchaszadeh dice que "*cuando los servicios de genética no tienen objetivos eugenésicos, no cabe duda que pueden contribuir a una reducción de la frecuencia de enfermedades genéticas en la población*", y afirma la inexistencia de asidero científico para los postulados de la eugenesia, así como también, manifiesta que "*como lo demuestra la historia, la ideología eugenésica sólo se puede implementar avasallando los mejores atributos de la especie humana: la solidaridad, la compasión, el derecho a no ser discriminado por características genéticas o médicas y la autonomía de las decisiones reproductivas*". Califica dicho autor de *absurda* la concepción de genotipo *superior* o *perfecto*, dado que la diversidad genética propia de la especie humana es el tesoro que ha permitido la evolución del hombre, siendo el respeto a la diversidad humana un principio ético fundamental, además de la mejor receta para la preservación de la vida humana en la tierra[73].

---

72 "Actualidad de la eugenesia: las intervenciones en la línea germinal", cit.
73 Ob. cit., ps. 303 y 304.

13. La doctrina de la Iglesia ante nuevas formas de racismo con fundamento eugenésico

La posibilidad por parte de la genética de generar nuevas formas de racismo, mencionada por Alex Kahn, ya había sido puesta de relieve por la Iglesia, al afirmar la Pontificia *Comisión Iustitia et Pax* en el documento "*La Iglesia ante el racismo para una sociedad más fraterna*", del 3 de noviembre de 1988, que "*un temor difuso ante la posible aparición de nuevas formas, todavía desconocidas, de racismo, se expresa ocasionalmente a propósito del uso que se podría hacer de las técnicas de procreación con la fecundación in vitro y las posibilidades de manipulación genética*". En ese documento se agrega que "*si bien tales temores se inspiran en parte todavía de hipótesis (adviértase la fecha del documento), no dejan de llamar la atención de la humanidad sobre una nueva inquietante dimensión del poder del hombre sobre el hombre, y en consecuencia, sobre la urgencia de la ética correspondiente. Es necesario que el derecho determine, cuanto antes, barreras infranqueables a fin de que esas técnicas no caigan en manos de poderes abusivos e irresponsables, dedicados a producir seres humanos seleccionados según criterios de raza, u otras peculiaridades, cualesquiera sean. Se podría ser testigo así del resurgimiento del funesto mito del racismo eugénico, cuyos efectos desastrosos el mundo ya ha padecido. Un abuso parecido consistiría en evitar que vinieran al mundo seres humanos de tal o cual categoría social o étnica, mediante el recurso al aborto y a campañas de esterilización. Cuando se esfuma el respeto absoluto que se debe a la vida y a su transmisión, conforme a la voluntad del Creador, es de temer que desaparezca a la par todo freno moral al poder de los hombres, incluido el de elaborar una humanidad a la triste imagen de esos aprendices de brujo*".

Muchos otros documentos han elaborado la Iglesia o los Obispos relacionados con este tema, sobre los cuales no queremos extendernos, a pesar de lo cual recordaremos el Comunicado del Cardenal Francois-Xavier Nguyen Van Thuan con motivo de la Conferencia mundial sobre el racismo celebrada del 31 de agosto al 7 de septiembre de 2001 en Durban, Sudáfrica, donde, entre otros conceptos, señaló entre las grandes fracturas que desde el año 1988 se habían hecho más profundas a nivel mundial, la que afecta al ser humano no nacido, sometido a experimentos y que se ha convertido, dijo, en objeto de la técnica, a través de las técnicas de procreación artificial, la utilización de los denominados embriones *sobrantes*, la clonación terapéutica, etc. Y agregó: "*el riesgo de una forma inédita de racismo es sumamente real, pues el desarrollo de estas técnicas podría llevar a la creación de una subcategoría de seres humanos destinada esencialmente al confort de algunos. Nueva y terrible forma de esclavitud. Poderosos intereses comerciales querrían aprovechar esta latente tentación eugenésica...*"[74].

La eugenesia también ha sido denunciada por la Santa Sede como una nueva forma de racismo, ante la Comisión para los Derechos Humanos de las Naciones Unidas, en la Sesión anual de esa Comisión celebrada en Ginebra del 18 de marzo al 26 de abril de 2002, donde sostuvo que la comunidad científica debería ser especialmente vigilante para asegurar que el progreso de la medicina y de la biotecnología se use para beneficio de toda la familia humana y nunca en desventaja de los vulnerables o con intenciones racistas latentes[75].

E) LA INTERVENCIÓN DEL ESTADO EN CUESTIONES RELACIONADAS CON LA EUGENESIA

14. La intervención coercitiva de los poderes públicos

A nadie se le escapa el peligro que representa la posibilidad de que los procedimientos que hoy en día se realizan cada vez con mayor habitualidad para detectar anomalías ya sea en los gametos o en el embrión —generalmente antes de la implantación en la mujer—, lleguen en algún momento a considerarse obligatorios, o se realicen en forma coercitiva, así como a establecerse determinados efectos negativos para los individuos para el supuesto de que ellos fueran omitidos —tales como, por ejemplo y entre otros, restringirles o impedirles tener descendencia—, lo cual podría sin duda atentar contra la libertad de esas personas y sus derechos individuales.

---

[74] Ag. Zenit, 01/09/2001.
[75] Ag. Zenit, 25/03/2002.

La obligatoriedad del diagnóstico prenatal constituiría sin duda una clara intromisión en la privacidad del individuo, además del peligro que representaría —cuando el resultado no fuera el deseado— a los efectos de tomar una determinación libre, si la recomendación del médico pretendiera estar orientada a indicar la toma de una determinada decisión, influyendo en ésta, en lugar de ser simplemente transmisora de la existencia del problema, a fin de que los interesados decidan sin presiones la conducta a seguir. Parece importante destacar que debe tenerse especial cuidado en el hecho de que cualquier tipo de estudios o análisis que se efectúen al respecto, no termine por constituir una causa de discriminación, ya sea para el hijo o inclusive para los padres, y particularmente para las madres que se hayan negado a someter a los análisis prenatales, debiendo en todo caso respetarse el deber de confidencialidad, aspecto este sobre el que con razón ha puesto el acento Romeo Casabona[76].

Bustos Pueche afirma que cuando apenas estamos tomando conciencia de las posibles intromisiones ilegítimas en determinados ámbitos de las personas, por ejemplo, en su intimidad, nos topamos con una nueva intromisión potencial imponente, como lo es la lectura y posterior informatización en el banco de datos del mensaje genético del individuo. Y dice que por si eran pocos los datos personales disponibles, ahora surge también esta otra posibilidad, y que de la misma manera que ahora se comercia (aunque sea ilegalmente) con ciertos datos informatizados de las personas, tales como listados de clientes, con sus nombres y direcciones, mañana podría también llegar a traficarse con la difusión de los datos genéticos de los individuos en favor de quienes pudieran estar interesados[77].

Como se advierte, todas estas cuestiones pueden llegar a constituir una interferencia ciertamente indebida en el derecho por parte de los padres de reproducirse, no debiendo olvidarse de que además del bien de los cónyuges, una de las finalidades del matrimonio consiste en la generación y educación de la prole, como con acierto se expresa en el canon 1055 del Código de Derecho Canónico.

---

[76] "Las prácticas eugenésicas: nuevas perspectivas", en *La eugenesia hoy*, cit., p. 16.
[77] Ob. cit., p. 26.

La cuestión también se encuentra relacionada, como es fácil imaginar, con los costos sanitarios que la sociedad debe asumir con relación a los discapacitados, costos que, según se alega, podrían ser aprovechados con otras finalidades distintas que pueden llegar a ser considerados más positivas en términos de salud de la población, como las dirigidas a la prevención de enfermedades. Aunque lo cierto es que también la realización de pruebas diagnósticas prenatales o preimplantatorias con la finalidad de detectar enfermedades fundamentalmente genéticas, tienen un costo elevado.

15. Ventajas y desventajas de la intervención del Estado en cuestiones relacionadas con la eugenesia

Recién nos hemos referido a la posibilidad de la intervención del Estado en la privacidad de los individuos mediante la sanción de normas de carácter eugenésico que podrían invadir en forma indebida su intimidad.

Pero también puede darse el proceso inverso, esto es, la omisión injustificada de intervenir por parte de los poderes públicos. Romeo Casabona informa al respecto críticamente, sobre la no intervención de la autoridad sanitaria en la administración no controlada de la hormona del crecimiento a niños de talla normal, con la exclusiva finalidad de asegurarles una estatura más elevada[78]. Sobre lo cual Daniel Soutullo informa que el número de niños que en Inglaterra reciben tratamiento de la hormona del crecimiento ha crecido entre 1985 y 1994 en más de un 300 %, y aclara que no se trata de que la deficiencia hormonal haya aumentado en la población inglesa, sino que ha comenzado a generalizarse su uso en niños sanos, debido a que en las sociedades occidentales una elevada estatura supone una pequeña ventaja; con lo cual, concluye, la noción de lo que se considera *normal* puede llegar a cambiar, y un uso masivo de la hormona podría hacer que aquellos individuos que antes eran de estatura *normal* y que no se sometiesen al tratamiento, podrían llegar a ser bajos con relación a la media, y, por tanto, *menos normales*[79], si así pudiera decirse.

---

[78] "Las prácticas eugenésicas: nuevas perspectivas", en *La eugenesia hoy*, cit., p. 12, nota 24.
[79] *La Eugenesia. Desde Galton hasta hoy*, cit., p. 141.

Más claramente, Diane Paul dice sobre el tema que "*el problema no es el que la mayoría de nosotros tememos: un programa de gobierno para criar mejores bebés. El peligro más probable es prácticamente el opuesto; no que el gobierno intervenga en decisiones reproductivas, sino que no lo haga. Cuando todo se deja a la libertad de mercado es cuando más probabilidad hay de que se corrompan los frutos de la investigación del genoma*"[80].

Parece inevitable la necesidad de que en algún momento, sea más tarde o más temprano, el Estado intervenga a fin de garantizar que la biotecnología, fundamentalmente la relativa a la reproducción humana, no sea utilizada como un instrumento discriminatorio mediante actos que pueden ser encuadrados como actos de eugenesia positiva, lo que podría ocurrir, por ejemplo y entre otros muchos supuestos, mediante la selección de embriones para lograr personas más inteligentes, o con mayores capacidades físicas o mentales. Naturalmente que somos conscientes de que el solo dictado de leyes que contemplen aún en forma adecuada la problemática, encauzando la actividad biomédica en el respeto por los valores, no constituye por sí sólo la panacea, aunque pueden ser una importante limitación para evitar que la ciencia se desboque en su aplicación práctica, habiéndose no obstante afirmado sobre el tema que la fe en el efecto mágico de la ley constituye una ilusión más que una realidad, y que la creciente complejidad de los problemas bioéticos, con sus imprevisibles situaciones particulares, que a menudo se caracterizan por serios conflictos de valores, no podrán ser nunca regulados normativamente en forma detallada y minuciosa[81]. Pero si bien ello es cierto, también creemos que una regulación inteligente que no pretenda contemplar todos y cada uno de los supuestos que podrían producirse, sino únicamente establecer pautas generales con bases éticas indiscutibles, podría ser beneficiosa como una limitación al desarrollo de una ciencia despojada de toda connotación ética, poco respetuosa de valores inderogables.

---

80 Cit. por Daniel Soutullo, "El concepto de eugenesia y su evolución", cit., p. 57.

81 Hooft, Pedro Federico, ob. cit., ED, 132-883.

16. La necesidad de regular legislativamente las particularidades de las nuevas tecnologías

Para lograr lo anterior resulta a nuestro juicio conveniente el dictado de normas que contemplen en forma específica el tipo de situaciones a las que nos estamos refiriendo, las cuales no siempre pueden llegar a ser resueltas, al menos con la precisión y eficacia deseables, por aplicación de disposiciones legales ya vigentes, pero creadas para otros supuestos marcadamente distintos.

Parece claro que no es precisamente lo ideal aplicar a estos procedimientos médicos, tan especiales y que ofrecen particularidades no imaginadas hasta ahora, derivados de nuevas tecnologías biomédicas, normas jurídicas sancionadas para situaciones totalmente distintas. Como se dijo en la nota de introducción a la actualmente derogada ley española de reproducción asistida n° 35/1988, "*los avances científicos... cursan generalmente por delante del Derecho que se retrasa en su acomodación a las consecuencias de aquéllos. Este asincronismo entre la ciencia y el Derecho origina un vacío jurídico respecto de problemas concretos que debe solucionarse, si no es a costa de dejar a los individuos y a la sociedad misma en situaciones determinadas de indefensión*". Y ello no obstante que la investigación y experimentación científica suele ser por lo general reacia a la reglamentación normativa, lo que es así, como afirma Enrique Carlos Banchio, porque el tema del conocimiento se enmarca en el concepto de la libertad, lo cual, por otra parte, agrega dicho autor, no por ello escapa al imperio del principio que —con fuerza de imperativo moral— señala que "*toda vez que el Derecho ilumina la libertad, ésta no deja de proyectar una sombra: la responsabilidad*"[82].

Romeo Casabona ha expresado dudas con respecto a la suficiencia de los actuales instrumentos de protección del embrión, habiéndose manifestado sobre la conveniencia de la incorporación de otros nuevos que contemplen las nuevas prácticas biomédicas, así como de formular un

---

[82] "Daño al *concepturus* (A propósito de la manipulación génica)", en *La Responsabilidad.* Libro en Homenaje al Dr. Isidoro H. Goldenberg, AA.VV., dirigido por Atilio Aníbal Alterini y Roberto M. López Cabana, Ed. Abeledo Perrot, Buenos Aires, 1995, p. 183.

"*estatuto jurídico del concebido*", con la finalidad de ofrecer respuestas válidas para las nuevas realidades derivadas fundamentalmente de aspectos relativos a la reproducción y el patrimonio genético. Afirma dicho autor la conveniencia de efectuar una regulación plural y escalonada —especialmente indicada con relación a la Biotecnología y a las Ciencias Biomédicas— con diferentes niveles de intensidad, comenzando por el autocontrol deontológico de la comunidad investigadora, pasando por garantías administrativas de carácter procedimental, hasta llegar a la introducción de tipos civiles de protección (o de fortalecimiento de los instrumentos existentes), e inclusive y en caso necesario, de prohibiciones penales, a lo cual, agrega, sólo debe llegarse en último término y en forma excepcional, cuando se trate de conductas particularmente graves frente a bienes o valores dignos de una protección reforzada, y siempre que resultaran insuficientes otros instrumentos jurídicos no penales[83]. Por nuestra parte, creemos que la necesidad de la protección del derecho a la vida desde la concepción, que en esta materia se encuentra especialmente comprometida, hace necesario una aplicación no tan excepcional de las normas penales, cuya sanción es a nuestro juicio indispensable para subsumir en ellas con claridad la punibilidad de ciertos hechos que de otra manera podrían llegar a considerarse ajenos a los tipos penales actualmente existentes.

Desde otro ángulo, Daniel Soutullo pone de relieve la tentación en la que se verían los padres de lograr en los hijos mediante el cambio de genes, de ser ello posible, una estatura mayor, o un determinado color de ojos, o alguna otra característica deseada por aquéllos, convirtiéndose de tal manera esos cambios cosméticos en una forma de eugenesia que quedaría al arbitrio y a la capacidad económica de los padres, de no existir leyes que los regulasen[84].

Por otra parte, no debe dejarse de lado que esta especie de cuestiones sobrepasan, de alguna manera, la simple esfera jurídica, correspondiéndole a la autoridad pública "*el deber de actuar de manera que la ley civil sea reglamentada según las normas fundamentales de la ley moral*

---

[83] *El derecho y la bioética ante los límites de la vida humana,* Ed. Centro de Estudios Ramón Areces, S.A., Madrid, 1994, ps. 18 y sigte.

[84] *La Eugenesia. Desde Galton hasta hoy,* cit., p. 141.

en todo lo que concierne a los derechos del hombre, de la vida humana, y de la institución familiar"[85]. Es que las situaciones que pueden afectar los valores considerados esenciales de las personas, no pueden dejar de contemplarse desde el ángulo de la moral[86].

Martínez Bullé Goyri señala que estas nuevas realidades relacionadas con el campo genético superan el estrecho campo de la reflexión jurídica, aunque de manera necesaria han de tener una concreción en el mundo del derecho; para lo cual, agrega, es necesario partir de la cooperación internacional, con la finalidad de alcanzar consensos en torno del uso más adecuado de las aplicaciones de la genética[87].

La bioética, se ha dicho, debe apoyarse en los derechos humanos: la libertad humana, la libertad individual, la igualdad de derechos, la dignidad y la solidaridad, todo lo cual debe ser tenido en cuenta para generar normas jurídicas que respondan a las necesidades de este tiempo[88], debiendo asimismo destacarse la importancia de no confundir los medios con los fines. Naturalmente que esas normas, que regulen las cuestiones relacionadas con la vida y la integridad de la persona —como también cualesquiera otras—, deben contemplar los valores éticos vigentes en la sociedad con relación a las mismas, debiendo no obstante dejarse en claro al respecto que hay ciertos valores indiscutibles y que tienen su fundamento en el derecho natural, como el recién referido del respeto a la vida humana desde la concepción, que no pueden ser dejados de lado en la normativa que sea sancionada.

Es que como ha señalado San Juan Pablo II, "*cuanto más crecen el conocimiento y el poder de intervención (en el genoma humano), tanto mayor tiene que ser la conciencia de los valores que están en juego*"[89].

---

[85] Mensaje de San Juan Pablo II del 26/11/2001, a la Semana Social de los católicos en Francia.

[86] En el n° 2294 del Catecismo de la Iglesia Católica se afirma que "*la ciencia y la técnica requieren por su significación intrínseca el respeto incondicionado de los criterios fundamentales de la moralidad; deben estar al servicio de la persona humana, de sus derechos inalienables, de su bien verdadero e integral, conforme al designio y la voluntad de Dios*".

[87] "Derechos humanos y genética en el contexto de la cooperación internacional", en *Bioética y Genética*, cit., ps. 200 y sigtes. Conf., Stella Maris Martínez, "El derecho penal como instrumento asegurador de los principios bioéticos", en *Bioética y Genética*, cit., 2000, ps. 214 y sigtes.

[88] Messina de Estrella Gutiérrez, Graciela N., ob. cit., p. 93.

[89] Discurso cit. del 24/02/1998 en la asamblea plenaria de la Academia Pontificia para la Vida.

En esa misma línea, ha sostenido —afirmación a la cual también adherimos— que "*nunca se debe perder de vista la finalidad del auténtico bien del hombre; nunca se debe ceder a la tentación de una medicina y de un progreso científico sin reglas ni valores, que podría convertirse en una peligrosa forma de control tecnológico de la vida*"[90].

BIBLIOGRAFÍA

ÁLVAREZ PELÁEZ, Raquel, "La eugenesia española a lo largo del siglo XX", en *La Eugenesia hoy*, Carlos María Romero Casabona (Ed.), Bilbao-Granada, 1999.

_____________. *Sir Francis Galton, padre de la eugenesia*, Ed. Consejo Superior de Investigaciones Científicas. Centro de Estudios Históricos, Madrid, 1985.

BANCHIO, Enrique C., "Daño al *concepturus* (A propósito de la manipulación génica)", en *La Responsabilidad.* Libro en Homenaje al Dr. Isidoro H. Goldenberg, AA.VV., dirigido por Atilio Aníbal Alterini y Roberto M. López Cabana, Ed. Abeledo-Perrot, Buenos Aires, 1995.

BASSO. Domingo M., O.P., *Nacer y Morir con dignidad. Bioética*, 3ª ed., Ed. Depalma, Buenos Aires, 1993.

BERTERO, Sergio Manuel, "El descubrimiento del genoma humano. Su impacto en el derecho", en La Ley Actualidad, Ed. La Ley S.A.E.e I., de Argentina, diario del 07-07-2005.

BLÁZQUEZ RUIZ, Francisco Javier, "Derechos humanos y eugenesia", en *La Eugenesia hoy*, Carlos María Romero Casabona (Ed.), Bilbao-Granada, 1999.

BORDA, Guillermo A., *Tratado de Derecho Civil. Familia*, 10ª edición, act. Por Guillermo Borda (h), Ed. La Ley S.A.E.e I., Buenos Aires, 2008.

BROCK, Dan W., "La clonación de seres humanos: una valoración de los pros y los contras éticos", en *Clones y clones. Hechos y fantasías sobre la clonación humana*, AA.VV., Martha C. Nussbaum y Cass R. Sunstein (Eds.), Madrid, 1998.

BROEKMAN, Jan M., *Bioética con rasgos jurídicos*, Ed. Dilex, S.L., Madrid, 1998.

[90] Manifestación efectuada con fecha 25/02/2002 en el marco de un conmocionado llamamiento hecho por el Papa para que la medicina no caiga ante la tentación de sustituir los valores éticos, por la ciencia y la tecnología (Ag. de Noticias Zenit, de la misma fecha).

BUSTOS PUECHE, José Francisco, *El Derecho Civil ante el reto de la nueva Genética*, Ed. Dykinson, S.L., Madrid, 1996.

CECCHETTO, Sergio, "Vasectomía: motivaciones históricas y cuestionamientos morales", en Internet, www.bioetica.org.

CLOTET, Joaquim, "Posición ética ante el progreso de la genética en el Convenio para la Protección de los Derechos Humanos y la Dignidad del Ser Humano con respecto a las Aplicaciones de la Biología y la Medicina: Convenio sobre los Derechos Humanos y la Biomedicina", en *Bioética y Genética*, AA.VV., Ed. Ciudad Argentina, Buenos Aires, 2000.

DÍAZ DE GUIJARRO, Enrique, "El impedimento matrimonial de enfermedad. Matrimonio y eugenesia", nº 8, cit, por Zannoni en *Derecho Civil. Derecho de Familia*, 5ª ed., Ed. Astrea, Buenos Aires, 2006.

____________, *Matrimonio y Eugenesia*, JA, de Argentina, 1942-II, sec. doctr., pág 23.

ETXEBERRÍA, Xavier, "Referentes éticos y mediaciones de la eugenesia", en *La Eugenesia hoy,* AA.VV., Carlos María Romero Casabona (Ed.), Bilbao-Granada, 1999.

HOOFT, Pedro Federico, "Bioética y Derecho", ED, Ed. El Derecho, de Argentina, 132-877.

IÁÑEZ PAREJA, Enrique, "Retos éticos ante la nueva eugenesia", en *La Eugenesia hoy,* AA.VV., Carlos María Romero Casabona (Ed.), Bilbao-Granada, 1999.

IBARRA, Andoni, "Conocer e Intervenir: el bucle eugenésico", en *La Eugenesia hoy*, AA.VV, Carlos María Romero Casabona (Ed.), Bilbao-Granada, 1999.

JIMÉNEZ DE ASÚA, Luis, *Libertad de amar y derecho a morir*, 7ª ed., Ed. Depalma, Buenos Aires, 1992.

JUAN PABLO II, Santo, Discurso dado con fecha 3 de marzo de 2001 a los participantes en la VII Asamblea General de la Academia Pontificia para la Vida, *Revista Vida y Ética*, Ed. de la Univ. Católica Argentina, año 2, nº 2, Buenos Aires, 2001.

____________, Discurso del 24 de febrero de 1998 a los miembros de la asamblea plenaria de la Academia Pontificia para la Vida.

LANDA GOROSTIZA, Jon Mirena, "Discriminación y prácticas eugenésicas: una aproximación al problema desde la perspectiva jurídico-penal con especial referencia al artículo 161-2° *in fine* del Código Penal de 1995", en *La Eugenesia hoy*, AA.VV., Carlos María Romero Casabona (Ed.), Bilbao-Granada, 1999.

LUJÁN, José Luis, "Eugenesia: de la ética a la política", en *La Eugenesia hoy*, AA.VV., Carlos María Romero Casabona (Ed.), Bilbao-Granada, 1999.

MARTÍNEZ, Stella M., "El derecho penal como instrumento asegurador de los principios bioéticos", en *Bioética y Genética*, AA.VV., Ed. Ciudad Argentina, Buenos Aires, 2000.

MARTÍNEZ BULLÉ GOYRI, Víctor M., "Derechos humanos y genética en el contexto de la cooperación internacional", en *Bioética y Genética*, AA.VV., Ed. Ciudad Argentina, Buenos Aires, 2000.

MESSINA DE ESTRELLA GUTIÉRREZ, Graciela N., *Bioderecho*, Ed. Abeledo-Perrot, Buenos Aires, 1998.

MOSQUERA, Gerardo R., "El SIDA como impedimento del matrimonio civil", La Ley, Ed. La Ley S.A.E.e I., 1992-E, 1256.

MOSSO, Carlos J., "Clonación. Una mirada desde la Ética y el Derecho", en *Vida y Ética*, Ed. de la Univ. Católica Argentina, año 2, nº 2. Buenos Aires, 2001.

PENCHASZADEH, Víctor B., "Aspectos éticos en genética médica", en *Bioética y Genética*, AA.VV., Ed. Ciudad Argentina, Buenos Aires, 2000.

PLATÓN, *La República*, 3ª edición, traducido del griego por José Antonio Míguez, Aguilar S.A., Madrid, 1968.

PUIGPELAT, Francesca, "El movimiento eugenésico de principios de siglo: presupuestos y enseñanzas", en *La Eugenesia hoy,* AA.VV., Carlos María Romero Casabona (Ed.), Bilbao-Granada, 1999.

ROMEO CASABONA, Carlos María, "Las prácticas eugenésicas: nuevas perspectivas", en *La eugenesia hoy*, Carlos María Romero Casabona (Ed.), Bilbao-Granada, 1999.

_____________, *Del Gen al Derecho*, Ed. Universidad Externado de Colombia. Centro de Estudios sobre Genética y Derecho, Colombia, 1996.

_____________, *Los genes y sus leyes. El derecho ante el genoma humano*, Bilbao-Granada, 2000.

_____________, *El derecho y la bioética ante los límites de la vida humana,* Ed. Centro de Estudios Ramón Areces, S.A., Madrid, 1994.

SAMBRIZZI, Eduardo A., *La procreación asistida y la manipulación del embrión humano*, Ed. Abeledo-Perrot, Buenos Aires, 2001.

SOUTULLO, Daniel, *La Eugenesia. Desde Galton hasta hoy*, Talasa Ediciones S.L., Madrid, 1997.

_____________, "El concepto de eugenesia y su evolución", en *La eugenesia hoy*, AA.VV., Carlos María Romero Casabona (Ed.), Bilbao-Granada, 1999.

____________,"Actualidad de la eugenesia: las intervenciones en la línea germinal", Conferencia pronunciada en el Instituto de Biotecnología de la Universidad de Granada con fecha 11/05/2000.

TEJADA MÍNGUEZ, María Isabel, "Genética médica y eugenesia", en *La Eugenesia hoy*, AA.VV., Carlos María Romero Casabona (Ed.), Bilbao-Granada, 1999.

VALIENTE NOAILLES, Enrique, Diario La Nación, de Argentina, edición del día 11-09-2005.

YUNGANO, Arturo R., "Eugenesia", en *Enciclopedia de Derecho de Familia*, t. II, Ed. Universidad, Buenos Aires, 1992.

ZAMUDIO, Teodora, *Proyecto Genoma Humano y sus implicaciones*, en Internet, www.bioetica.org.

ZANNONI, *Derecho Civil. Derecho de Familia*, 5ª ed., Ed. Astrea, Buenos Aires, 2006.

LA AUTONOMÍA UNIVERSITARIA Y EL TSJ (2) (ANÁLISIS DE LA SENTENCIA NRO. 0389 DEL 27/11/2019 DE LA SC)

PEDRO R. RONDÓN HAAZ*

SUMARIO

PALABRAS CLAVE

autonomía universitaria, elecciones universitarias, comunidad universitaria, desobediencia civil, incongruencia negativa, inmotivación, nulidad, vigencia.

SUMMARY

The main purpose of this study is to examine decision 0389 issued on November 27th 2019 by the Constitutional Chamber of the Supreme Court of the Bolivarian Republic of Venezuela which, at no part request, decided to grant unstipulated precautionary measures in order to suspend the application of articles 31, 32 and 65(2) as constituent elements of the Universities body of laws. In addition, the same instance enacted a new system for the election of the authorities of the Venezuelan autonomous Universities. On the other hand, the Constitutional Chamber instituted--in case of noncompliance with its dispositions—the labor cessation of any elected University authority whose legal term has already expired, drastically disregarding the principle of administrative continuity. This analysis is aimed to denote the voiding vices which affect the aforementioned decision and to encourage a prevailing attitude in any interested party due to the absence of legal resources against the regulation imbricated in article 3(23) of the Fundamental Supreme Court Law. It also intends to help the reader reach conclusions as to the accordance of such a judgement from the highest Venezuelan Supreme Court with the legal and

---

* Abogado y doctor en Derecho egresado de la Universidad de Carabobo, profesor universitario titular, magistrado emérito del TSJ y miembro colaborador de la Academia Nacional de Ciencias Políticas y Sociales.

judicial constitutional framework that is given as supporting evidence of a Democratic and Social State.

KEY WORDS
University autonomy, university elections, university community, civil disobedience, negative incongruity, demotivation, annulment, validity.

INTRODUCCIÓN

El 17 de septiembre de 2019 se concluyó la redacción de un escrito titulado "*La autonomía universitaria y el TSJ*", que tuvo como motivación y propósito el análisis y examen de la sentencia 0324 del 27/08/2019 de la Sala Constitucional, en lo adelante SC. Ahora, estas líneas abrigan la pretensión de contribuir con la ofrenda que la Academia Nacional de Ciencias Políticas y Sociales hace al doctor, catedrático, académico y mejor persona, Luis Cova Arria, en un merecidísimo libro homenaje. Por otro lado, lo que a continuación se expone tiene su génesis en la conveniencia de analizar un fallo de la SC del TSJ que fue expedido el 27/11/2019, marcado 0389, para precisar si ese juzgamiento del más alto tribunal de la república encaja en el desiderátum y los postulados del Estado democrático y social de Derecho y de Justicia constitucionalmente recogido y proclamado.

En favor de la más ligera comprensión del contenido de este trabajo debe tenerse presente que el veredicto que se preanotó últimamente, tuvo como propósito la decisión de las oposiciones cautelares que muchas universidades del país interpusieron contra las cautelas innominadas que expidió el acto de juzgamiento que se mentó primeramente. Por ello, no debe extrañar que haya hilo y continuidad entre la primera publicación y esta, que se identifica numeradamente. Además, es muy cierto que algunos reparos que se presentan en este texto guardan relación con la primera decisión, por considerarlos convenientes en favor de un examen más cabal.

1. LA SENTENCIA 0324 DEL 27 DE AGOSTO 2019

Resulta favorable que el lector sepa, al menos sintéticamente, cuál fue el contenido del acto jurisdiccional preindicado. El mismo acordó unas medidas cautelares innominadas, esto es, de las que están recogidas en el artículo 588[1], parágrafo primero, del CPC, con las siguientes disposiciones concretas:

A. Suspendió cautelarmente la aplicación de los artículos 31, 32 y 65[2] de la Ley de Universidades, en cuanto a la forma de la elección de las autoridades universitarias;

---

1 **Artículo 588** (CPC): "*En conformidad con el artículo 585 de este Código, el Tribunal puede decretar, en cualquier estado y grado de la causa, las siguientes medidas: 1° El embargo de bienes muebles; 2° El secuestro de bienes determinados; 3° La prohibición de enajenar y gravar bienes inmuebles. Podrá también el Juez acordar cualesquiera disposiciones complementarias para asegurar la efectividad y resultado de la medida que hubiere decretado. Parágrafo Primero: Además de las medidas preventivas anteriormente enumeradas, y con estricta sujeción a los requisitos previstos en el artículo 585, el Tribunal podrá acordar las providencias cautelares que considere adecuadas, cuando hubiere fundado temor de que una de las partes pueda causar lesiones graves o de difícil reparación al derecho de la otra. En estos casos para evitar el daño, el Tribunal podrá autorizar o prohibir la ejecución de determinados actos, y adoptar las providencias que tengan por objeto hacer cesar la continuidad de la lesión. (...)*".

2 **Artículos 31, 32 y 65** (Ley de Universidades): "***Artículo 31.*** *El voto para la elección del Rector, Vicerrectores y Secretarios será obligatorio, y se requerirá, para su validez, que hayan votado no menos de las dos terceras partes de los integrantes del Claustro. La elección se hará por votación directa y secreta, y se proclamará electos a quienes hayan obtenido no menos de las dos terceras partes de los votos válidos depositados. Si no se lograse esa mayoría, se procederá a una segunda votación, también por el Claustro Universitario, entre los candidatos que hayan obtenido los dos primeros lugares en los resultados electorales. La segunda votación se hará también por voto directo y secreto, y la elección se decidirá por mayoría absoluta.*

Artículo 32. *Si no hubiesen votado las dos terceras partes del Claustro, y en cualquier otro caso en que no fuese válida la elección, se reunirá, dentro de los quince dais siguientes, una asamblea integrada por los miembros de los Consejos de las diversas Facultades para elegir Rector, Vicerrectores y Secretario interinos, hasta tanto se realice la elección definitiva de esas autoridades o hasta un plazo máximo de seis meses, al final del cual la Comisión Electoral procederá a hacer una nueva convocatoria.*

La elección de autoridades interinas se decidirá por el voto directo y secreto de la mayoría absoluta de la totalidad de los miembros de los Consejos de Facultad. Para que la elección sea válida se requiere que hayan votado por lo menos, las tres cuartas partes de los miembros de esa asamblea. En caso de que resultare fallida la elección, se reuniría el Consejo Nacional de Universidades, en un plazo no mayor de quince días, para hacer la designación correspondiente para el período inmediato. La elección de autoridades interinas o la designación por el Consejo Nacional de Universidades, no podrá recaer en ninguna de las personas que estuviesen ejerciendo los cargos de Rector, Vicerrector o Secretario en la oportunidad de las elecciones no perfeccionadas en virtud de lo establecido en este artículo, ni los que hubiesen sido postulados para las mismas. (...)

Artículo 65. *Los Decanos serán elegidos por la Asamblea de la respectiva Facultad y declararán tres años en sus funciones. La elección será por voto directo y secreto y se*

B. Por causa de lo anterior se estableció un régimen electoral para la escogencia de los equipos de gobierno universitario;

C. Se fijó un plazo semestral computable desde la fecha de publicación de la decisión; esto es, 27/08/2019, para la celebración de las referidas elecciones universitarias y, agotado dicho término, se estableció la cesación de la permanencia legal de las autoridades con plazo vencido y la vacante absoluta de dichos cargos.

Dichas cautelas no fueron solicitadas por la parte actora en la causa y las mismas fueron expedidas de oficio, con base en el artículo 130[3] de la LOTSJ.

2. OPOSICIONES CAUTELARES

Contra las medidas que se enumeraron, varias universidades se opusieron. En resumen, las distintas oposiciones que se incoaron fueron basadas en las siguientes alegaciones:

A. Infracción al principio de imparcialidad que reconoce el artículo 256[4] de la CRBV.

B. Consumación de la usurpación de funciones que preceptúa el artículo 137[5] de la CRBV, cuando impuso a las universidades

considerará elegido Decano quien obtenga la mayoría absoluta de votos. Para que la elección sea válida se requiere que hayan votado, por lo menos, las dos terceras partes de todos los Miembros calificados para integrar la Asamblea de la Facultad. Los otros aspectos del régimen de la elección serán fijados por el Reglamento.".

3 **Artículo 130** (LOTSJ): *"En cualquier estado y grado del proceso las partes podrán solicitar, y la Sala Constitucional podrá acordar, aun de oficio, las medidas cautelares que estime pertinentes. La Sala Constitucional contará con los más amplios poderes cautelares como garantía de la tutela judicial efectiva, para cuyo ejercicio tendrá en cuenta las circunstancias del caso y los intereses públicos en conflicto".*

4 **Artículo 256** (CRBV): *"Con la finalidad de garantizar la imparcialidad y la independencia en el ejercicio de sus funciones, los magistrados o las magistradas, los jueces o las juezas, los fiscales o las fiscalas del Ministerio Público; y los defensores públicos o las defensoras públicas, desde la fecha de su nombramiento y hasta su egreso del cargo respectivo, no podrán, salvo el ejercicio del voto, llevar a cabo activismo político partidista, gremial, sindical o de índole semejante, ni realizar actividades privadas lucrativas incompatibles con su función, ni por sí ni por interpuesta persona, ni ejercer ninguna otra función pública a excepción de actividades educativas.*
Los jueces o juezas no podrán asociarse entre sí.".

5 **Artículo 137** (CRBV): "*La Constitución y la ley definen las atribuciones de los órganos que ejercen el Poder Público, a las cuales deben sujetarse las actividades que realicen.".*

autónomas un régimen electoral transitorio, con lo que se agravió el artículo 187[6], cardinal 1, de la CRBV.

C. Conculcación del artículo 109[7] de la CRBV y, por tanto, de la autonomía universitaria en lo que tiene que ver con la composición de la comunidad universitaria.

D. Injuria al artículo 109de la CRBV, cuando convirtió en un derecho político el derecho de la comunidad universitaria para la elección de sus autoridades.

E. El desconocimiento del principio de la legalidad de los delitos y las penas, cuando mediante la cautelar se impone la separación de los cargos de las autoridades universitarias, sin que norma legal alguna la establezca y sin que haya mediado el debido procedimiento, lo que agravió el artículo 49[8], cardinal 6 de la CRBV, y el desconocimiento del principio de continuidad administrativa.

F. Nulidad de la sentencia con base en el artículo 244[9] del CPC, porque es inmotivada y contradictoria en sus términos, lo que la hace inejecutable y, además, se le reputa inmersa en incongruencia negativa.

---

[6] **Artículo 187.1** (CRBV): "*Corresponde a la Asamblea Nacional:*
1. Legislar en las materias de la competencia nacional y sobre el funcionamiento de las distintas ramas del Poder Nacional. (...)".

[7] **Artículo 109** (CRBV): "*El Estado reconocerá la autonomía universitaria como principio y jerarquía que permite a los profesores, profesoras, estudiantes, estudiantas, egresados y egresadas de su comunidad dedicarse a la búsqueda del conocimiento a través de la investigación científica, humanística y tecnológica, para beneficio espiritual y material de la Nación. Las universidades autónomas se darán sus normas de gobierno, funcionamiento y la administración eficiente de su patrimonio bajo el control y vigilancia que a tales efectos establezca la ley. Se consagra la autonomía universitaria para planificar, organizar, elaborar y actualizar los programas de investigación, docencia y extensión. Se establece la inviolabilidad del recinto universitario. Las universidades nacionales experimentales alcanzarán su autonomía de conformidad con la ley*".

[8] **Artículo 49.6** (CRBV): "*El debido proceso se aplicará a todas las actuaciones judiciales y administrativas; en consecuencia: (...) 6. Ninguna persona podrá ser sancionada por actos u omisiones que no fueren previstos como delitos, faltas o infracciones en leyes preexistentes. (...)*".

[9] **Artículo 244** (CPC): "*Será nula la sentencia: por faltar las determinaciones indicadas en el artículo anterior; por haber absuelto de la instancia; por resultar la sentencia de tal modo contradictoria, que no pueda ejecutarse o no aparezca qué sea lo decidido; y cuando sea condicional, o contenga ultrapetita*".

G. Infracción de la resolución 2019-0014 del 14 de agosto 2019 de la Sala Plena del TSJ en lo que respecta a la inobservancia del receso judicial, habida cuenta que la cautelar contra la que incoó oposición fue expedida el 26 de agosto 2019.
H. Transgresión al debido proceso.
I. Falta de homogeneidad de la medida decretada.

3. CARACTERÍSTICAS DE LAS MEDIDAS CAUTELARES

En la decisión 0389, la SC ocupó un buen espacio de la misma con el propósito de caracterizar las cautelas y, para ello les atribuyó, entre otros, el rasgo de la sumariedad y afirmó contradictoriamente que el procedimiento en el cual se adopten resoluciones cautelares, será un proceso de cognición superficial o verosimilitud (sic).

En efecto, superficialidad y verosimilitud se oponen y excluyen mutuamente. El DRAE define lo superficial como aparente, sin solidez, frívolo, sin fundamento, mientras que lo verosímil es lo que tiene apariencia de verdadero y resulta creíble por no ofrecer carácter alguno de falsedad. Se trata de adjetivaciones anfibológicas que en conjunto revisten al acto jurisdiccional cautelar de contradicción.

También la juzgadora atribuyó los rasgos de jurisdiccionalidad, el *periculum in mora* (sic) –más bien un requisito exartículo 585[10] del CPC–, la provisoriedad o provisionalidad, la sumariedad, la subordinación al proceso principal (instrumentalidad) y variabilidad o mutabilidad, pero no incluyó la necesaria reversibilidad. En relación con esta última se trata de una necesidad consistente en que, ante la eventual improcedencia de la pretensión inicial y supuestamente verosímil, la situación generada por la cautelar sea reponible o revertible al estado de cosas previo al decreto de ella. Pareciera que la SC la confundió o la sumergió en la variabilidad o mutabilidad, que es un rasgo que ha de existir, si fuera el caso, luego de que se haya acordado y ejecutado la

[10] **Artículo 585** (CPC): *"Las medidas preventivas establecidas en este Título las decretará el Juez, sólo cuando exista riesgo manifiesto de que quede ilusoria la ejecución del fallo y siempre que se acompañe un medio de prueba que constituya presunción grave de esta circunstancia y del derecho que se reclama"*.

medida, mientras que la necesaria reversibilidad ha de estar presente desde y en el momento mismo cuando se dispone.

Es el caso que, en el escrito del 17 de septiembre de 2019, se explanó que la medida cautelar que se acordó es irreversible y, por ello mismo, no debió pronunciarse. En efecto, celebradas cautelarmente las elecciones universitarias y posesionadas las autoridades electas y en ejercicio de sus cargos: ¿Cómo se revierten asunción y ejercicio de cargos rectorales? Por ejemplo: ¿Cómo se revierte una graduación de profesionales universitarios? ¿Cómo se retrotraen las actividades de ejercicio profesional, la inscripción de tales profesionales en los respectivos colegios e, incluso, su participación en la vida gremial electoral?

4. COMPETENCIA SUBJETIVA DE LA SALA CONSTITUCIONAL

Resulta relevante la precisión de si la Sala Constitucional tenía o no competencia subjetiva para el juzgamiento y decisión de las oposiciones que se incoaron.

Téngase en cuenta que la oposición fue interpuesta en contra de una cautelar innominada que dictó de oficio dicha sala; esto es, sin que ningún interesado la requiriera, con fundamento en la disposición del artículo 130 de la LOTSJ.

Lo anterior atiende a que un reconocido sector de la doctrina nacional sostiene que cuando un juzgador expide oficiosamente una cautelar, nominada o innominada, habría adelantado opinión, por lo que habría anticipación de criterio, impeditiva del conocimiento y decisión de la oposición. En tal sentido se pronunció Rafael Ortíz Ortíz, lamentable y recientemente fallecido, cuyo parecer se reproduce textualmente: *"Recordemos que contra las decisiones en materia cautelar se pueden interponer diversos recursos, uno de los cuales es de los llamados por Jaime Guasp, "recursos en el mismo grado de jurisdicción" como ocurre con la oposición; si el juez actúa de oficio (al momento de dictar una medida cautelar) indudablemente que quedaría imposibilitado para decidir el fondo de la petición cautelar por cuanto habría adelantado opinión"*.

Por tanto, con fundamento en lo previamente transcrito la SC, en su composición para el 27 de noviembre de 2019, debió haberse inhibido y no lo hizo, con lo que habría juzgado sin la debida competencia subjetiva.

5. PRONUNCIAMIENTOS DE LA SC SOBRE LAS OPOSICIONES

A. En relación con el agravio al principio constitucional de imparcialidad, el fallo de referencia nada dijo en concreto en conexión con tal denuncia. Solo se restringió a afirmar que "*la medida cautelar constituye un elemento esencial del derecho a la tutela judicial efectiva*". A ello agregó galimática y abstrusamente: "*Por lo tanto, no debe entenderse como una decisión definitiva, sino que es provisional y lógicamente se encuentra sujeta a una decisión ulterior; lo cual conlleva a precisar su carácter definitivo*".

Al respecto ha lugar la objeción de que el principio de imparcialidad rige tanto para las decisiones definitivas como para las provisionales. Es alarmante la desmesurada contradicción que puede apreciarse en las antes reproducidas cortas líneas de la sentencia. Por eso, cabe preguntarse: ¿La decisión cautelar es provisoria o definitiva?

En torno a este punto el fallo afirmó que expidió la cautela ante la constatación efectiva del *fomus (sic) boni iuris* y el *periculum in mora*, pero ni siquiera mencionó un requisito único e indispensable de las cautelares innominadas, pues en ninguna parte fue citado el *periculum in damni* o, lo que es lo mismo, el peligro inminente de daño, expresamente exigido por el artículo 588, parágrafo primero, del CPC. Más aún: No hay fase del proceso, de la pieza principal ni del cuaderno de medidas, donde aparezca la mención o la exigencia de tal extremo para el momento cuando se acordó la cautelar innominada; aspecto que configura una ausencia de motivación en la decisión.

Por otra parte, el veredicto, en su propósito de caracterización de las cautelares, calificó el artículo 585 del CPC como norma supletoria y para nada citó el artículo 588 del mismo código, que es el que recoge las cautelares innominadas e impone el indispensable requisito adicional del *periculum in damni.*

B. En cuanto a la usurpación de funciones, el juzgamiento que se examina niega que haya incurrido en tal hipótesis, respondió que ha ejercido la jurisdicción normativa y que ha suspendido los artículos 31, 32 y 65 de la Ley de Universidades.

Es el caso que tal negación se encuentra desvirtuada en la decisión cautelar de la SC cuando, como motivación de la cautela innominada, textualmente expresó: *"Ahora bien visto que los Reglamentos de Elecciones de las distintas Universidades no han sido actualizados; (omissis) Visto que no ha sido reformada la Ley de Universidades ni actualizados los reglamentos de elección las autoridades universitarias en la mayoría de las Universidades accionantes de nulidad".*

Lo anterior deja claro que para la SC ha habido una omisión legislativa y reglamentaria, por lo tanto y, en consecuencia, por vía cautelar ella debió asumir, y efectivamente asumió, usurpadoramente, las competencias legislativas y reglamentarias en lo que tiene que ver con elecciones universitarias.

Resulta diáfana la confesión de la Sala Constitucional en este aspecto que se comenta y, sin embargo, en su juzgamiento sobre lo medular de esta hipótesis de la oposición cautelar, no emitió decisión alguna.

Téngase en cuenta que la jurisdicción normativa en ningún caso atribuye vía libre a órgano jurisdiccional alguno para la usurpación competencial.

C. Sobre la conculcación del artículo 109 de la CRBV y, por tanto, de la autonomía universitaria, cuando cautelarmente se suspendió la aplicación de las normas de la Ley de Universidades que definen la conformación de la comunidad universitaria, al respecto obsérvese que por la ruta de dicha suspensión, la SC transformó la naturaleza del derecho al voto para la selección del gobierno universitario de censitario (solo votan algunos) a político (votan todos los presentes en la vida universitaria), con lo cual el trámite electoral mutó de académico a político, en clara recepción de un proyecto político ideológico diseñado por el gobierno actual, hasta ahora afortunadamente frustrado.

Una de las argumentaciones más robustas para la fundamentación de esta oposición fue la delación de que la conformación universal para la votación e integración de la comunidad universitaria fue propuesta al país en el Proyecto de Reforma Constitucional de 2007, y la misma fue rechazada en el referéndum que tuvo lugar el 2 de diciembre del mismo año. Se trata de un alegato contundente porque la SC desconoció la voluntad rechazante del pueblo venezolano, a pesar de lo cual la entonces Asamblea Nacional incurrió en una especie de reedición normativa en el texto de la Ley Orgánica de Educación que fue aprobada.

Sin embargo, en el fallo que sentenció las oposiciones, dicha juzgadora guardó indebido silencio al respecto, con lo que incurrió en una hipótesis conformante de incongruencia negativa en lo que tiene que ver con el fallo cautelar.

D. En correspondencia con la oportunidad del pronunciamiento de la sentencia que acordó la cautelar innominada, ella ocurrió el 26 de agosto de 2019; esto es, durante las vacaciones judiciales que, en adición, fueron dispuestas en la resolución 2019-0014 del 14 de agosto de 2019 por la Sala Plena del TSJ. Como se indicó, tal circunstancia temporal fue una de las razones fundantes de algunas de las oposiciones.

La SC, en su decisión sobre el tema cautelar, falló que en el aparte o artículo cuarto de dicho acto administrativo se dispuso que, durante el receso judicial, las Salas Constitucional y de Casación Penal mantendrían el cuórum para las deliberaciones y, según la SC, el deber de mantener cuórum para la deliberación la habilitó para que dictara el fallo que acordó la medida con la que se relacionan estas páginas.

Sin embargo, en relación con lo preanotado ha lugar a algunos reparos, por saber:

Con afincamiento en el artículo 98[11] de la LOTSJ, las reglas del CPC regirán como normas supletorias en los procesos cursantes ante el TSJ.

---

[11] **Artículo 98** (Ley Orgánica del Tribunal Supremo de Justicia): *"Las reglas del Código de Procedimiento Civil regirán como normas supletorias en los procesos que cursen ante el Tribunal Supremo de Justicia. Sin embargo, cuando en el ordenamiento jurídico no se preceptúe un proceso especial a seguir se podrá aplicar el que las Salas juzguen más conveniente para la realización de la justicia, siempre que tenga fundamento legal"*

A su vez, el artículo 201[12] del código mencionado ordena que, en vacaciones, las causas estarán en suspenso y que podrán practicarse actuaciones siempre precedidas de la habilitación que procederá mediante demostración de urgencia y la debida caución garante de eventuales daños y perjuicios; pero, en todo caso, para la validez de la habilitación deberá citarse previamente a la otra parte.

No parece razonable que la sola conformación del cuórum habilite a la SC para que actúe y sentencie en vacaciones y que tal situación tenga a dicho cuerpo "*plenamente habilitado*"; y es que la disposición de la resolución de Sala Plena carece de la jerarquía necesaria para restarle eficacia y vigencia a las normas del CPC que, como ya se indicó, también rigen en los procesos ante el Máximo Tribunal de la República.

Pero sin duda alguna la Sala incurrió en contradicción cuando afirmó que está habilitada para sentenciar, pero en el mismo dispositivo de su veredicto dispuso el transcurso de un término de seis meses que se computará desde la publicación del mismo; lo que significa que la sentenciadora, de manera implícita, extendió la habilitación más allá de la oportunidad de emisión de su fallo.

Además, es oportuno recordar que una vieja decisión del Consejo de la Judicatura prohibió las medidas cautelares en periodos vacacionales, impedimento cuya transgresión aparece expresamente sancionada en el Código de Ética del Juez Venezolano y la Jueza Venezolana, en su artículo 32.2[13].

---

12 **Artículo 201** (CPC): *"Los Tribunales vacarán del día 15 de agosto al 15 de septiembre y del 24 de diciembre al 6 de enero, todos inclusive. Durante las vacaciones permanecerán en suspenso las causas y no correrán los lapsos procesales.*
Ello no impide que se practiquen las actuaciones que fueren necesarias para asegurar los derechos de alguna parte, la cual deberá justificar la urgencia y prestar caución o garantía suficientes, cuando la naturaleza del acto lo requiera para cubrir los daños y perjuicios que pudiere ocasionar. Al afecto, se acordará la habilitación para proceder al despacho del asunto; pero si este fuese contencioso, se requerirá para su validez la citación previa de la otra parte.
Los Tribunales no podrán practicar durante las vacaciones otras diligencias sino las concernientes al acto declarado urgente. Los jueces suplentes y conjueces que suplan a éstos en los períodos de vacaciones judiciales no podrán dictar sentencia definitiva ni interlocutoria, salvo que las partes lo soliciten expresamente de común acuerdo."

13 **Artículo 32.2** (Código de Ética del Juez Venezolano y la Jueza Venezolana): *"Son causales de suspensión del juez o la jueza: (...) 2. Practicar medidas preventivas en día anterior a*

En otro orden de ideas, la habilitación de la que habla la SC y que supuestamente recoge la resolución de Sala Plena, es solo para los juicios concernientes a la materia de amparo, porque así lo preceptúa la respectiva ley, mas no para los procesos sobre otro tema material.

En relación con la habilitación para la actuación en lapsos vacacionales es procedente la recomendación del magnífico trabajo del abogado Alfredo José Maninat Maduro, que apareció en el libro homenaje al Dr. Eugenio Hernández Bretón, que se identifica en la reseña correspondiente.

E. En cuanto a la transgresión al debido proceso, en una de las oposiciones se alegó que la suspensión de los artículos de la Ley de Universidades generó lo que la misma SC ha denominado "incidente de constitucionalidad" y, en conexión con ello, se diseñaron trámites conformantes de un criterio vinculante que, según el opositor, no fue aplicado, lo que equivaldría a un cambio del mismo, totalmente inaplicable al caso presente, en congruencia con lo fallado por la misma SC.
Nuevamente ante tal delación la SC se abstuvo de sentenciar.

F. Otra de las denuncias afincantes de oposición fue la falta de homogeneidad de la medida acordada en relación con la pretensión que se dedujo en el juicio principal.

En efecto, en este último se demandó la nulidad del artículo 34.3[14] de la Ley Orgánica de Educación, por lo que la definitiva solo pronun-

---

feriado, de vacaciones o en días prohibidos por la ley, sin que para ello conste urgencia previamente comprobada, salvo los procedimientos penales y amparos constitucionales. (...)".

[14] **Artículo 34.3** (Ley Orgánica de Educación): *"En aquellas instituciones de educación universitaria que les sea aplicable, el principio de autonomía reconocido por el Estado se materializa mediante el ejercicio de la libertad intelectual, la actividad teórico-práctica y la investigación científica, humanística y tecnológica, con el fin de crear y desarrollar el conocimiento y los valores culturales. La autonomía se ejercerá mediante las siguientes funciones: (...) 3. Elegir y nombrar sus autoridades con base en la democracia participativa, protagónica y de mandato revocable, para el ejercicio pleno y en igualdad de condiciones de los derechos políticos de los y las integrantes de la comunidad universitaria, profesores y profesoras, estudiantes, personal administrativo, personal obrero y, los egresados y las egresadas de acuerdo al Reglamento. Se elegirá un consejo contralor conformado por los y las integrantes de la comunidad universitaria. (...).*
El principio de autonomía se ejercerá respetando los derechos consagrados a los ciudadanos y ciudadanas en la Constitución de la República, sin menoscabo de lo que establezca la ley en lo relativo al control y vigilancia del Estado, para garantizar el uso eficiente del pa-

ciaría la nulidad o no de dicha regla legal. Hay que recordar que la SC encontró demostrado el *fumus boni iuris* y el *periculum in mora*, por lo que dada la verosimilitud comprobada era probable el éxito de la nulidad que se demandó y, al respecto, la cautela que se dictó en nada se identificó ni favorece la ejecución de tal fallo. Muy por el contrario, facilita la vigencia y aplicación de la norma que fue cuestionada, lo que configura un indiscutible dislate.

6. OMISIONES DE PRONUNCIAMIENTOS

En verdad y con anterioridad se han explicado situaciones en las que la SC se abstuvo de decidir delaciones fundantes de oposiciones; por ello, se advierte que en esta parcela del escrito se explanan las situaciones más protuberantes de incongruencia negativa, sin desmedro de las otras previamente detalladas.

El artículo 243[15] del CPC le impone al sentenciador, por la obligada aplicación del principio dispositivo y el de la exhaustividad de la sentencia, el debido contenido de cada fallo y, en relación con ello, su ordinal 5° dispone que los veredictos contengan decisión expresa, positiva y precisa con arreglo a la pretensión deducida y a las excepciones o defensas opuestas (omissis)…

Inmediatamente después, el artículo 244 *eiusdem* sanciona con nulidad la sentencia en la que fallen las determinaciones indicadas en

---

trimonio de las instituciones del subsistema de educación universitaria. Es responsabilidad de todos y todas, los y las integrantes del subsistema, la rendición de cuentas periódicas al Estado y a la sociedad sobre el uso de los recursos, así como la oportuna información en torno a la cuantía, pertinencia y calidad de los productos de sus labores".

15 **Artículo 243** (CPC): *"Toda sentencia debe contener: (...) 5. Decisión expresa, positiva y precisa con arreglo a la pretensión deducida y a las excepciones o defensas opuestas, sin que en ningún caso pueda absolverse de la instancia. (...) Toda sentencia debe contener:*

1° La indicación del Tribunal que la pronuncia.

2° La indicación de las partes y de sus apoderados.

3° Una síntesis clara, precisa y lacónica de los términos en que ha quedado planteada la controversia, sin transcribir en ella los actos del proceso que constan de autos.

4° Los motivos de hecho y de derecho de la decisión.

5° Decisión expresa, positiva y precisa con arreglo a la pretensión deducida y a las excepciones o defensas opuestas, sin que en ningún caso pueda absolverse de la instancia.

6° La determinación de la cosa u objeto sobre que recaiga la decisión".

el precepto anterior y parcialmente reproducido. Por esas dos disposiciones, que guardan relación con la validez o nulidad del juzgamiento que pronunció la SC, es importante relacionar los argumentos de los opositores como fundamentos de sus oposiciones y examinar si fueron expresamente decididos, tal como lo dispone la normativa precitada y transcrita.

Unas de las primeras denuncias fue la violación del artículo 109 constitucional que recogió la trascendente figura de la autonomía de las universidades; norma que definió la composición de la comunidad universitaria. Por su parte, la cautelar que se pronunció modificó esa composición con el añadido del personal administrativo y del obrero. En tal circunstancia el sufragio para la elección de autoridades universitarias se hizo universal y dejó de ser censitario, lo que se tradujo en una mudanza de lo académico a lo ideológico. A lo anterior se sumó el señalamiento, por los opositores, de que norma igual o similar formó parte del proyecto de reforma constitucional que se propuso en el 2007 y que fue mayoritariamente rechazado por el pueblo venezolano.

Para su juzgamiento la SC: a) admitió que el artículo 109 reconoció la autonomía universitaria; b) invocó la instrumentalidad de la cautelar; c) afirmó que el análisis del desconocimiento de tal disposición constitucional debe ser decidido en la definitiva; d) que el fundamento de marras es una pretensión justificante de un eventual incumplimiento con la medida que se ordenó; y e) desestimó tal aspecto de la oposición sin decidir la procedencia o improcedencia del mismo.

No deja de llamar la atención que, a pesar de que la SC reconoció que en el artículo 109 de la CRBV se receptó la autonomía universitaria y la composición de la comunidad académica, suspendió los artículos 31, 32 y 65 de la Ley de Universidades que desarrollan el mentado precepto constitucional.

También debe saberse que, en conexión con el rechazo popular y mayoritario, expresado en el referéndum sobre el proyecto de reforma constitucional del 2007, la SC guardó absoluto silencio, no hubo decisión.

Igualmente, tampoco resolvió sobre el alegato que se le hizo de ruptura, mediante la cautelar, del principio de continuidad administrativa en el caso de vencimiento de los lapsos de ejercicio de los funcionarios públicos, que debe regir salvo disposición legal en contrario, inexistente en este caso.

Por otra parte, en el marco de la oposición se alegó la nulidad del juzgamiento cautelar por contradictoria e inejecutable, ello con base en el artículo 244 del CPC. Se señaló que el acto jurisdiccional no contiene indicación expresa y precisa sobre la porción suspendida del numeral 3 del artículo 34 de la Ley Orgánica de Educación, lo cual hace de imposible ejecución la decisión expedida.

Otro alegato de los opositores fue el que, con su decisión cautelar, la SC abandonó el criterio vinculante que plasmó la sentencia de esa misma sala 898 del 13 de mayo de 2002; abandono que la sentenciadora no explicó ni justificó, sobre todo cuando la adopción de un nuevo criterio solo rige pro futuro. Ese fallo anuló una decisión de la Sala Electoral del TSJ y determinó que no se puede incluir como electores a miembros de la comunidad universitaria que no formaban parte de los calificados para el voto por la Ley de Universidades. Tal juzgamiento fue posteriormente acatado por la Sala primeramente nombrada, pero ahora frontalmente irrespetado por la misma SC en su veredicto 0324 del 27 de agosto de 2019 y, ahora, con motivo de la composición de las oposiciones guardó silencio en relación con tal delación, con lo que incumplió su deber de fallar.

La UNEXPO, la USB y la UCLA en su formal oposición cautelar alegaron la inmotivación del fallo cautelar por cuanto la SC tuvo como verificados al *fumus boni iuris* y el *periculum in mora* alegados por los solicitantes de la suspensión del artículo 34 de la Ley Orgánica de Educación, mas no para la inaplicación de otra norma, y, al respecto, la SC no dio respuesta alguna. Además, como se trata de cautelar innominada, en total conformidad con el artículo 588, parágrafo primero, a los dos requisitos prenombrados se agrega la exigencia del *periculum in damni*; y al respecto cabe reproducir de la excepcional por óptima obra de Abdón Sánchez Noguera, lo siguiente *"Respecto de las medidas cautelares típicas, la exigencia está referida a la posibilidad de inejecución del fallo, mientras que respecto de las medidas cautelares atípicas, previstas en el Parágrafo Primero del artículo 588, además de la exigencia general para todas las medidas, se requiere también el "temor fundado de que alguna de las partes pueda causar lesiones graves al derecho de la otra", de modo que habrá de precisarse el tipo de medida preventiva que se solicita y su correspondencia con el peligro en la demora que se alega, para considerar su procedencia o no".*

Pues bien, ninguna de las causales fundantes de las oposiciones que se han relacionado fue juzgada ni sentenciada por la SC, a pesar de que esta misma, en la narrativa de su decisión mencionó tales delaciones.

Ante tales silencios es evidente que la SC del TSJ incumplió con el deber de fallar de acuerdo con el artículo 243[16], ordinal 5 del CPC e incurrió en lo que la jurisprudencia del mismo TSJ ha calificado de incongruencia negativa (Vd. Sentencia AA20-0-2011-000737 de la Sala de Casación Civil y sentencia 1245 del 6/11/2013 de la Sala Político Administrativa).

En su afán de fallar el alegato de las oposiciones de desconocimiento del principio de la legalidad de los delitos y las penas, la SC, en conexión con la dispuesta y eventual vacante absoluta de los cargos de gobierno universitario, la tildó de advertencia y dictó un escuálido pronunciamiento que textualmente se repite: *"tal advertencia de ninguna manera constituye una sanción, es producto de una consecuencia jurídica al encontrarse vencidos los periodos para los cuales fueron electos, la cual (sic) ha sido dada con el fin de garantizar el cumplimiento de dicha decisión, en ejercicio de la antes aludida potestad normativa, pues no puede postergarse en el tiempo una situación que los mismos denunciantes denuncian".*

Ante tal texto salta al entendimiento la reflexión de que toda sanción es una consecuencia jurídica, pero en el asunto que nos ocupa se

---

[16] **Artículo 243** (CPC): *"Toda sentencia debe contener: (...) 5. Decisión expresa, positiva y precisa con arreglo a la pretensión deducida y a las excepciones o defensas opuestas, sin que en ningún caso pueda absolverse de la instancia. (...) Toda sentencia debe contener:*
1° La indicación del Tribunal que la pronuncia.
2° La indicación de las partes y de sus apoderados.
3° Una síntesis clara, precisa y lacónica de los términos en que ha quedado planteada la controversia, sin transcribir en ella los actos del proceso que constan de autos.
4° Los motivos de hecho y de derecho de la decisión.
5° Decisión expresa, positiva y precisa con arreglo a la pretensión deducida y a las excepciones o defensas opuestas, sin que en ningún caso pueda absolverse de la instancia.
6° La determinación de la cosa u objeto sobre que recaiga la decisión".

está en presencia de una consecuencia sin texto legal que la preestablezca. Sin embargo, esa llamada de advertencia tendrá lugar cuando dejen de observarse –según el fallo que se examina– las reglas que preceptuó la SC en ejercicio de la jurisdicción normativa; conjunto de normas cuya naturaleza se desconoce por ahora.

Se debe tener en cuenta que, además, se alegó que tal advertencia o sanción es de aplicación sin respeto al debido proceso o debido procedimiento; aspecto que no fue sentenciado.

7. CONCLUSIONES

El fallo 0389 del 27 de noviembre de 2019 presenta abultada carencia de motivación, con lo que no dio cumplimiento con el requisito que exige el artículo 243, ordinal 4°, del CPC, por lo que está sumergida en la primera hipótesis de nulidad de las decisiones que está recogida en el artículo 244 *eiusdem*.

Adicionalmente, el precitado veredicto incurrió en incongruencia negativa cuando silenció o dejó de decidir expresamente una buena cantidad de alegatos que argumentaron los distintos y plurales opositores a las cautelares innominadas que expidió la SC en su acto jurisdiccional 0324 del 27 de agosto de 2019.

En Venezuela existe, en el estricto significado de la expresión, auténtica jurisprudencia sobre la incongruencia negativa de los actos de juzgamiento. Efectivamente, se encuentra pluralidad de veredictos que han decidido reiterada y uniformemente en relación con la figura que se prenombró. Entre tantas decisiones nos permitimos citar la RC.000889 del 9 de noviembre de 2016 de la Sala de Casación Civil que expresamente dispuso: "*el sentenciador incurre en incongruencia negativa, como modalidad de este vicio, cuando deja de decidir o pronunciarse sobre algún alegato hecho por alguna de las partes en las oportunidades procesales correspondientes, a saber, demanda y contestación. (omissis)*" y la de la Sala Político Administrativa 1245 del 6 de noviembre de 2013: Ésta última expresa que el vicio de incongruencia se manifiesta "*cuando el Juez con su decisión modifica la controversia judicial debatida, bien porque no se limitó a resolver solo lo pretendido por las partes, o bien porque no resolvió sobre alguna de las pretensiones o defensas expresadas por los sujetos en el litigio. Precisamente ante el segundo supuesto citado, se estará en presencia de una incongruencia negativa visto que el fallo omite el debido pronunciamiento sobre algunas de las pretensiones procesales de las partes en la controversia judicial".*

Se trata de situaciones en las que el Juez –en este caso la SC– no materializó el principio de exhaustividad de las sentencias porque no emitió decisión expresa, positiva y precisa sobre TODAS las defensas, excepciones y alegatos que se arguyeron para fundamentar las oposiciones; y tales y múltiples incongruencias, que fueron detalladamente relacionadas en este mismo escrito, afecta de nulidad la decisión que se examina por expresa disposición del artículo 244 del CPC, en concordancia con el artículo 243, ordinal 5°, *eiusdem*.

Además, es importante relievar que los jueces de la SC incumplieron con el deber que le imponen los artículos 585 y 588 del CPC. En efecto, en el acto decisorio del 27 de agosto de 2019 dicho órgano jurisdiccional dio por comprobados los extremos exigidos para la procedencia de la medida, circunstancia que **obliga** al juzgador a pronunciar y acordar la cautela que requirió la parte actora; pero así no sucedió, con grave inobservancia de los deberes que pesan sobre los administradores de justicia. En respaldo de lo explicado vale la reproducción de la opinión, extendida en Venezuela, de Rafael Ortíz-Ortíz: "*Una vez acreditado en juicio los extremos exigidos por la norma para la procedencia de la medida, no es potestativo del juez, proceder a decretarla, sino que más bien se encuentra obligado a hacerlo*".

Es pertinente advertir y tener muy en cuenta que **en la sentencia cautelar que decidió las oposiciones, se emitió opinión sobre el fondo del asunto principal** cuando textualmente se afirmó que *"no puede postergarse en el tiempo una situación que los mismos accionantes denuncian, todas las autoridades universitarias están llamadas a acatar lo ordenado por la Sala, **justamente en respeto a los derechos constitucionales de todos los ciudadanos que hacen vida en el recinto universitario**".*

Lo que se transcribió es el texto confesante por la SC de la existencia, según ella, de una comunidad universitaria conformada en contra de lo que dispone la Constitución Nacional y según las prescripciones de la Ley Orgánica de Educación, lo que significa que la Sala, en su actual composición, carece de competencia subjetiva para seguir conociendo del proceso en su totalidad y por ello, sus actuales conformantes deben inhibirse.

8. EPÍLOGO

A manera de cierre permítase la introducción de dos inquietudes que parecen pertinentes a las consecuencias generadas por el acto jurisdiccional examinado en este texto.

8.1. Sobre la cautela suspensiva o suspensora de norma legal

Sobre la cautela de suspensión de normas legales, asalta la duda de si ello es posible por la vía de las cautelares y, específicamente, de las innominadas.

El artículo 3[17] de la Ley Orgánica de Amparo Sobre Derechos y Garantías Constitucionales (LOASDGC) recogió lo que se ha llamado el amparo contra norma, caso en el cual se ha dispuesto que la pretensión y la decisión ha de estar referida, más que a la regla jurídica contra la que se demanda, al acto de su aplicación. Y en la porción final del texto legal que se invocó se admite la posible suspensión de aplicación normativa en el marco de un amparo ejercido conjuntamente con una acción propuesta por inconstitucionalidad de las leyes.

Esto pareciera enseñar que la inaplicación de normas, más que por medidas cautelares, solo tiene cabida en las causas de nulidad de leyes por inconstitucionalidad de ellas y en los otros procesos en la hipótesis de control difuso de constitucionalidad, en conformidad con los

---

[17] **Artículo 3** (Ley Orgánica de Amparo sobre Derechos y Garantías Constitucionales): *"También es procedente la acción de amparo, cuando la violación o amenaza de violación deriven de una norma que colida con la Constitución. En este caso, la providencia judicial que resuelva la acción interpuesta deberá apreciar la inaplicación de la norma impugnada y el Juez informará a la Corte Suprema de Justicia acerca de la respectiva decisión. La acción de amparo también podrá ejercerse conjuntamente con la acción popular de inconstitucionalidad de las leyes y demás actos estatales normativos, en cuyo caso, la Corte Suprema de Justicia, si lo estima procedente para la protección constitucional, podrá suspender la aplicación de la norma respecto de la situación jurídica concreta cuya violación se alega, mientras dure el juicio de nulidad".*

artículos 32, 33 y 34[18] de la LOTSJ y 3 de la LOASDGC, pero no mediante el decreto de cautelares. Es cierto que el caso que nos ocupa se trata de un proceso con una pretensión de nulidad por inconstitucionalidad de una norma, específicamente de la Ley Orgánica de Educación, pero no contra reglas de la Ley de Universidades. Se trata y estamos en presencia de una inobservancia del debido proceso, ya que la SC en su actividad jurisdiccional pronunció juzgamiento a través de una forma procesal impertinente para ello.

8.2. Solución ante la inimpugnabilidad de la sentencia 0389 del 27 de noviembre 2019

Una de las inquietudes que asalta con inmediatez al lector de la sentencia es la de saber qué puede hacerse contra ella, habida cuenta de las evidentes falencias que la afectan. La respuesta, en su marco de formalidad procesal, es de contenido negativo porque, como se trata de un acto de juzgamiento que expidió una de las Salas del TSJ, resulta aplicable la disposición del artículo 3[19] de la LOTSJ, según el cual contra tales actos jurisdiccionales "*no se oirá, ni admitirá acción ni recurso alguno*".

---

[18] **Artículos 32, 33 y 34** (LOTSJ): "***Artículo 32. Control concentrado de la constitucionalidad.*** *De conformidad con la Constitución de la República, el control concentrado de la constitucionalidad sólo corresponderá a la Sala Constitucional en los términos previstos en esta Ley, mediante demanda popular de inconstitucionalidad, en cuyo caso, no privará el principio dispositivo, pudiendo la Sala suplir, de oficio, las deficiencias o técnicas del demandante por tratarse de un asunto de orden público. Los efectos de dicha sentencia serán de aplicación general, y se publicará en la Gaceta Oficial de la República Bolivariana de Venezuela, y en la Gaceta Oficial del estado o municipio según corresponda.* ***Artículo 33. Consulta sobre control difuso de la constitucionalidad.*** *Cuando cualquiera de las Salas del Tribunal Supremo de Justicia y los demás tribunales de la República ejerzan el control difuso de la constitucionalidad deberán informar a la Sala Constitucional sobre los fundamentos y alcance de la desaplicación que sea adoptada, para que ésta proceda a efectuar un examen abstracto sobre la constitucionalidad de la norma en cuestión. A tal efecto deberán remitir copia certificada de la sentencia definitivamente firme.* ***Artículo 34. Proceso de nulidad de oficio.*** *Conforme a lo que se dispone en el artículo anterior, cuando se declare la conformidad a derecho de la desaplicación por control difuso, la Sala Constitucional podrá ordenar el inicio del procedimiento de nulidad que dispone esta Ley. Igualmente procederá cuando el control difuso de la constitucionalidad sea ejercido por dicha Sala*".

[19] **Artículo 3** (LOTSJ): "***Máxima instancia.*** *El Tribunal Supremo de Justicia es el más alto tribunal de la República; contra sus decisiones, en cualquiera de sus Salas, no se oirá, ni admitirá acción ni recurso alguno, salvo lo que se dispone en la presente Ley*".

Sin embargo, como se trata de un acto jurisdiccional descaradamente nulo por expresa regulación del artículo 244 del CPC, cuerpo normativo que también regula los procesos del Máximo Tribunal porque así lo ordena el artículo 98[20] de la LOTSJ, la solución dogmática choca contra la razón.

Esta última debe atender a las reglas de la lógica y en ellas encontramos el principio de no contradicción, en virtud del cual no se puede ser y no ser a la vez.

En la hipótesis de la sentencia 0389 del 27 de noviembre 2019 puede evidenciarse un veredicto innegablemente sumergido en contradicciones y silencios u omisiones de juzgamiento que lo ubican en las nulidades que preceptúa el artículo 244 del CPC. Se trata pues, de un fallo que es nulo, pero es válido; en otras palabras, que no es, pero es.

Por supuesto que la capacidad formal jurídica de solución se agota ante la realidad dogmática de la norma y, por eso mismo, cabe la exploración y planteamiento de remedios que se encuentran constitucionalmente preceptuados, exploración que arroja el hallazgo del artículo 350**(20)**, norma que recoge y preceptúa la desobediencia civil; dinámica que aparece como expresamente intuida en la sentencia 0389, cuando habla de una de las oposiciones como justificante de un eventual incumplimiento de las cautelas innominadas.

Si bien el tema de la desobediencia civil no es el núcleo a desarrollar en este escrito, es posible extraer conclusiones de una revisión de algunos de los textos investigados. Así:

A. A dicha figura se le da una interpretación restringida ya que no se entiende como concebida para propósitos desestabilizadores de los poderes del Estado.
B. El instituto que se examina ha sido limitado a las actuaciones del constituyente que irrespeten la tradición republicana, la independencia, la paz, la libertad, la democracia y los derechos

[20] **Artículo 98** (LOTSJ): *"**Normas supletorias.** Las reglas del Código de Procedimiento Civil regirán como normas supletorias en los procesos que cursen ante el Tribunal Supremo de Justicia. Sin embargo, cuando en el ordenamiento jurídico no se preceptúe un proceso especial a seguir se podrá aplicar el que las Salas juzguen más conveniente para la realización de la justicia, siempre que tenga fundamento legal."*.

humanos. Se trata de un límite al poder constituyente y dentro de la noción de resistencia civil se ha ubicado al derecho a la restauración democrática dispuesto en el artículo 333[21] de la CRBV.

Además de todo lo expuesto, la SC del TSJ en sentencia 24 del 22 de enero de 2003, en juzgamiento y respuesta a una demanda de interpretación del artículo 350[22] constitucional, fue más allá y admitió la posibilidad de desconocimiento o desobediencia, luego del agotamiento de los medios procesales que disponga el ordenamiento jurídico interno, de un agravio determinado producido por cualquier régimen, legislación o autoridad.

Procede la reproducción textual y parcial del mentado veredicto, lo cual se hace a continuación: *"Aparte de la hipótesis antes descrita sólo debe admitirse en el contexto de una interpretación constitucionalizada de la norma objeto de la presente decisión, la posibilidad de desconocimiento o desobediencia, cuando agotados todos los recursos y medios judiciales, previstos en el ordenamiento jurídico para justiciar un agravio determinado, producido por "cualquier régimen, legislación o autoridad", no sea materialmente posible ejecutar el contenido de una decisión favorable. (...)".*

En el caso que se trata solo basta recordar que la primera sentencia cautelar se expidió en el marco del juicio de nulidad que propusieron las universidades y por causa de las cautelas, ellas interpusieron la oposición a las medidas que dispone el artículo 131[23] de la LOTSJ; oposición que fue declarada sin lugar pese a la pluralidad de denuncias por injuria

---

[21] **Artículo 333** (CRBV): *"Esta Constitución no perderá su vigencia si dejare de observarse por acto de fuerza o porque fuere derogada por cualquier otro medio distinto al previsto en ella. En tal eventualidad, todo ciudadano investido o ciudadana investida o no de autoridad, tendrá el deber de colaborar en el restablecimiento de su efectiva vigencia.".*

[22] **Artículo 350** (CRBV): "El pueblo de Venezuela, fiel a su tradición republicana, a su lucha por la independencia, la paz y la libertad, desconocerá cualquier régimen, legislación o autoridad que contraríe los valores, principios y garantías democráticos o menoscabe los derechos humanos".

[23] **Artículo 131** (LOTSJ): *"**Oposición.** Cuando se acuerde alguna medida cautelar, transcurrirá un lapso de tres días de despacho para la oposición. Si hubiere oposición, se abrirá cuaderno separado y se entenderá abierta una articulación de tres días de despacho para que los intervinientes promuevan y evacuen pruebas. Dentro de los cinco días de despacho siguientes la Sala sentenciará la incidencia cautelar.".*

al debido proceso, por inmotivación, por incongruencia negativa, por contradictorias y por inejecutabilidad que se imputaron al acto jurisdiccional del 27 de agosto de 2019.

Por tanto, queda manifiestamente claro que, por aplicación del artículo 3 de la LOTSJ, **las universidades actuantes agotaron todos los medios procesales dispuestos en el ordenamiento procesal venezolano.**

A lo anterior vale abonar las exigencias para la legitimidad de un acto jurisdiccional acertadamente expuestas por René Molina Galicia, en opinión que textualmente se reproduce así: *"En ese contexto, se destaca el requisito de la imparcialidad, esto es, la exigencia de que los magistrados garanticen su ajenidad, ecuanimidad y objetividad en el manejo y decisión del caso sometido a su conocimiento; este es un derecho humano fundamental consagrado también en la Convención Americana sobre Derechos Humanos (Pacto de San José) artículo 8 numeral 1° y en el Pacto Internacional de Derechos Civiles y Políticos, en su artículo 14 numeral 1°. En definitiva, se trata de que el justiciable no tenga motivo para sospechar del correcto funcionamiento de la administración de justicia, lo cual debe generar tanto en los litigantes como en los ciudadanos y en todo aquel que participe directa o indirectamente en un proceso judicial, la confianza de que el órgano decisor está ubicado por encima de sus propios intereses, ajeno a las presiones de las partes y de cualquier otro agente externo. Lo que se persigue es que el juez actúe y funcione de manera parcial y transparente, porque la ausencia de imparcialidad afecta directamente las demás garantías que legitiman su actuación; así, un juez parcializado no puede brindar una justicia transparente, autónoma, independiente, y responsable, lo cual conduce a la falta de credibilidad en las instituciones judiciales y finalmente genera su deslegitimación".*

En consecuencia, en sintonía con el criterio vinculante expedido por la SC, ante la inimpugnabilidad del veredicto de referencia y con soporte en el respaldo doctrinario que fue citado, queda abierta la puerta y el paso a la desobediencia civil que recogió el artículo 350 de la CRBV.

Valencia, 11 de junio 2020.

REFERENCIAS

III ENCUENTRO LATINOAMERICANO EN DERECHO PROCESAL, *III Encuentro Latinoamericano de Postgrados en Derecho Procesal*, Centro de Estudios de Postgrado, Facultad de Ciencias Jurídicas y Políticas, Universidad Central de Venezuela, Caracas, Venezuela, 2010.

MANINAT MADURO, Alfredo, "Comentarios sobre algunas polémicas decisiones dictadas por el Tribunal Supremo de Justicia a partir del resultado de las elecciones parlamentarias del 6 de diciembre de 2015, desde la perspectiva del Derecho Procesal*", Libro homenaje al Profesor Eugenio Hernández-Bretón,* TOMO IV, p. 2579, publicado por la Academia de Ciencias Políticas y Sociales, Caracas, Venezuela, 2019.

MOLINA GALICIA, René, *La Sala Constitucional y la Desobediencia Civil en "Desobediencia Civil en Venezuela" Dos Ensayos,* Colección Ensayos Jurídicos, Editorial Concilium, 1° Edición, Caracas, Venezuela, 2003.

ORTIZ-ORTIZ, Rafael, *LAS MEDIDAS CAUTELARES INNOMINADAS, Estudio Analítico y Temático de la Jurisprudencia Nacional,* TOMO I, Paredes Editores, Caracas, Venezuela, 1999.

RONDÓN HAAZ, Pedro Rafael, *La autonomía universitaria y el TSJ,* Boletín de la Academia de Ciencias Políticas y Sociales, ACIENPOL, Caracas, Venezuela, julio-diciembre 2019-159.

____________, *La motivación de la tutela cautelar*, Tribunal Supremo de Justicia, Separata de Revista de Derecho N° 33, Caracas, Venezuela, 2010.

SÁNCHEZ NOGUERA, Abdón, *Del procedimiento cautelar y de otras incidencias*, Paredes Editores, Caracas, Venezuela, 1995.

Legislación

Venezuela, *Ley de Universidades,* publicada en Gaceta Oficial No. 1429, del 08 de septiembre de 1970.

Venezuela, *Ley Orgánica de Amparo sobre Derechos y Garantías Constitucionales,* publicada en Gaceta Oficial No. 34060, del 27 de septiembre de 1988.

Venezuela, *Código de Procedimiento Civil (CPC),* publicado en Gaceta Oficial No. 4209, del 18 de septiembre de 1990.

Venezuela, *Constitución de la República Bolivariana de Venezuela (CRBV),* publicada en Gaceta Oficial No. 6860, del 30 de diciembre de 1999.

Venezuela, *Código de Ética del Juez Venezolano y la Jueza Venezolana,* publicado en Gaceta Oficial No. 39236, del 06 de agosto de 2009.

Venezuela. *Ley Orgánica de Educación (LOE),* publicada en Gaceta Oficial No. 5929, del 15 de agosto de 2009.

Venezuela, *Ley Orgánica del Tribunal Supremo de Justicia (LOTSJ),* publicada en Gaceta Oficial No. 39522, del 01 de octubre de 2010.

EL SENTIDO DE LA POLÍTICA SEGÚN HANNAH ARENDT

RAMÓN ESCOVAR ALVARADO*

SUMARIO

1. LEGADO

John Rawls, el conocido pensador político norteamericano, comenzaba sus clases invitando a sus alumnos a descifrar la pregunta esencial que cada filósofo buscaba responder a través de su obra[1]. Según Rawls, la clave está en comprender desde el punto de vista de cada autor tanto esa pregunta como su respuesta.

Hay pensadores excepcionales cuyas ideas transcienden el tiempo y el espacio e, inclusive, pueden llegar a fortalecerse en una realidad diferente a la que ellos vivieron. Es lo que ocurre con Hannah Arendt. La originalidad de su pensamiento, sus críticas agudas y punzantes a la pérdida de la dimensión plural del hombre contemporáneo y a la consecuente facilidad con la cual este es víctima de la sociedad de masas y del totalitarismo tienen una profunda vigencia hoy, más de medio siglo después de haberlas escrito.

La pregunta que atormentó a Arendt es cómo fue posible que en pleno siglo XX regímenes totalitarios, capaces de cometer crímenes abominables contra la humanidad, pudiesen ejercer fuerza genocida con el consentimiento de parte significativa de su población y del

---

* Abogado, Universidad Católica Andrés Bello (UCAB); Magister en Jurisprudencia Comparada, New York University School of Law; Magister en Derecho Internacional Privado y Comparada, Universidad Central de Venezuela; profesor de la Derecho Internacional Privado, UCAB. Ejerce el Derecho en ESC+G Abogados S.C.

[1] John Rawls, *Lectures on the History of Political Philosophy (Edited by Samuel Freeman).* The Belknap Press of Harvard University Press. Cambridge, Massachusetts y Londres, 2007. p. 103.

mundo[2]. Su respuesta se resume en la pérdida del sentido de libertad que debe tener la política. Según la teórica política (término que ella acuñó para distinguirse de los filósofos), los totalitarismos y las armas nucleares fueron el legado político del siglo pasado. Los primeros porque, al politizar todas las dimensiones de la vida humana, acarrearon la incompatibilidad entre la política y la libertad. Las segundas, por su capacidad de aniquilar el habla, elemento que convierte al hombre en un ser político, y la propia vida.

Como apunta el filósofo ROBERTO ESPOSITO, la experiencia de la persecución nazi y el exilio marcó a HANNAH ARENDT, al igual que la otra gran pensadora del siglo pasado: SIMONE WEIL[3].

ARENDT nació en Alemania el 14 de octubre de 1906. Fue alumna y amante de MARTÍN HEIDEGGER[4]. Se doctoró bajo la tutoría de KARL JASPERS. Sin embargo, la llegada del nazismo al poder en 1933 la colocó en un camino opuesto al de su antiguo maestro y amante. Mientras el de HEIDEGGER fue envilecedor, por su colaboración con el totalitarismo nazi, el de ARENDT tuvo matices heroicos. La gran pensadora escapó de la cárcel en Alemania, se exilió en Francia, trabajó en una organización de apoyo a víctimas judías, y luego huyó a Nueva York. Al llegar a la Gran Manzana vivió en condiciones de profunda pobreza económica. Fue apátrida de 1937 a 1959. En Estado Unidos logró tener una intensa vida académica y fue reconocida como una de las intelectuales más influyentes del mundo. Sus obras constituyen referencia ineludible del legado intelectual del siglo XX.

Quizás fue la experiencia del totalitarismo la que llevó a ARENDT a destacar la preeminencia de la *vida activa* sobre la *vida contemplativa,* y comprender que el sentido de lo política es la libertad y que ésta sólo existe en sociedad. El tiempo le ha dado la razón. Si bien en el análisis político actual se busque limitar el término totalitarismo a las experiencias de la Alemania nazi y la Unión Soviética estalinista, no son pocos los regímenes que llevan a cabo acciones de esencia totalitaria. Nuestro

---

2 Stephen West, *Philosophize This!, Episode 136 (Hannah Arendt-The banality of Evil)* 31.10.20, Podcast.

3 Roberto Esposito, *El Origen de la Política: ¿Hannah Arendt o Simone Weil?,* Edit Paidós, Barcelona, 1999. p. 11.

4 Peter Watson, *Ob. Cit.* p. 467

mundo sigue siendo protagonizado por la sociedad de masas, la cual es campo fértil para el terror. Y este, a su vez, es la esencia del totalitarismo[5]. Las ideas de ARENDT sobre lo político, la banalidad del mal y el reto de reconquistar la dimensión plural del hombre son fundamentales para entender nuestra época. ¿Cómo sería nuestro mundo actual si la humanidad lo tuviese presente?

ARENDT falleció en 1975 sin saber que su pensamiento era premonitorio, y que tendría una poderosa influencia entre los teóricos políticos que la sucedieron. En este ensayo se explicarán cuatro de sus ideas transcendentales sobre lo político y la razones por las cuales son un aporte fundamental para entender las amenazas y retos de nuestra época.

2. ANTIPOLÍTICA

El primer aporte del pensamiento de ARENDT es su advertencia acerca del terrible camino de la antipolítica que erosiona la identidad humana y conduce al totalitarismo[6]. Cada uno de sus trabajos más famosos –*La Condición Humana*, *Los Orígenes del Totalitarismo* y *Eichmann en Jerusalén*– analiza el tema desde una perspectiva particular.

La *Condición Humana* explica cómo la sociedad de masas, sustentada en la obsesión moderna con la producción y el crecimiento, reduce al hombre a un mero animal de trabajo y consumo, y destruye no sólo lo público sino también lo privado (elimina su hogar y su lugar en el mundo para actuar y expresarse)[7]. Como señala el historiador israelí YUVAL NOAH HARARI, la obsesión moderna con la producción y el crecimiento es un rasgo común tanto del capitalismo como del socialismo. La diferencia está en que la fórmula socialista consiste en la centralización estatal de los medios de producción[8].

---

[5] Véase: *ídem*.

[6] Arendt diferenció entre soledad y aislamiento. Mientras la primera permite estar en un diálogo con uno mismo la segunda tiene que ver con la erosión de los vínculos con los demás ciudadanos y, por tanto, la pérdida de la dimensión plural. Esta distinción fue desarrollada por Arendt en la lección inaugural de su seminario de la New School of Social Research de Nueva York en 1965. Disponible en: https://www.philomag.com/lactu/a-relire/moins-seuls-avec-hannah-arendt-42902

[7] Hannah Arendt, *The Origins of Totalitarism*. A Harvest Book, Nueva York, 1985, p. 296.

[8] Yuval Noah Harari, *Homo Deus, Breve historia del mañana*, Debate, Barcelona, 2016. 232.

En *Los Orígenes del Totalitarismo* destaca que la esencia de los sistemas totalitarios es el factor que los diferencian de otros tipos de formas tiránicas de gobierno. Mientras el rasgo esencial de las dictaduras y autocracias es la falta de Estado de derecho, el del totalitarismo es la utilización del terror como mecanismo de dominación total[9]. Una vez que llega al poder, el totalitarismo destruye todas las instituciones jurídicas, sociales y políticas del Estado: Transforma las clases sociales y los partidos políticos en movimiento de masas; impone una ideología elástica y concisa; estructura un centro monolítico de poder; intensifica al máximo el criterio político *schmittiano* "*amigo-enemigo*"[10]; y politiza todos los aspectos de la vida de los ciudadanos[11]. En el totalitarismo el "*poder*" es, a la vez, centro de la verdad y fuerza de dominación que –en términos de Foucault– busca crear un "*hombre nuevo*" y de esta manera controlar por completo a la sociedad[12]. En su estudio sobre los regímenes totalitarios, Arendt equipara el concepto de *maldad radical* a la capacidad de degradar la vida hasta hacerla superflua y, al mismo tiempo, aniquilar la personalidad, espontaneidad y libertad del hombre[13].

En *Eichmann en Jerusalén* Arendt acuña el término *banalidad del mal*, el cual se refiere al fenómeno que conduce a personas normales a cometer crímenes monstruosos por motivos fútiles. La obra describe a Adolf Eichmann, el responsable de la deportación de millones de judíos a los campos de exterminio nazi, como un hombre "*excesivamente*

9 Hannah Arendt, *The Origins of Totalitarism*. p. 296.

10 Según Carl Schmitt, lo político se determina por el criterio de distinción amigo-enemigo. Así, mientras lo moral distingue entre bueno y malo, lo económico entre beneficioso y no-beneficioso, lo estético entre belleza y fealdad, lo político se rige por el criterio de distinción amigo-enemigo. Véase: Carl Schmitt, *El concepto de lo político (texto de 1932)*, p. 56-64. Versión consultada en www.lectulandía.com

11 Las características de los regímenes totalitarios han sido explicadas por el polítologo español Juan Linz: Juan Linz, *Totalitarian and Authoritarian Regimes. Lynne-Rienner Publishers*, Londres. p. 67-71.

12 Václav Havel, escritor y político checo (último presidente de Checoslovaquia y primer presidente de la República Checa), explica en la obra *El Poder de los Sin Poder*, que el totalitarismo impone una ideología elástica y concisa, una especie de religión dogmática que identifica el centro de poder con el centro de la verdad. Václav Havel, *El poder de los Sin Poder*. Disponible en www.lectulandia.com

13 Véase: Hannah Arendt, *The Origins of Totalitarism*. p. 438.

normal" –inclusive, mediocre–, cuyo sentido común fue trasplantado por una lógica estricta (cumplimiento ciego de la ley y lealtad incondicional a la voluntad de Hitler). Este fenómeno, junto con las circunstancias históricas, lo transformaron de burócrata mediocre a "*asesino de escritorio*".

Uno de los efectos perversos de los regímenes totalitarios es el endiosamiento de sus líderes, quienes llegan a tener tanta fuerza que su sola palabra adquiere valor de ley e, inclusive, puede destruir la verdad –aunque jamás puede sustituirla–[14]. No en balde, CARL SHMITT, a pesar de la inteligencia que le es reconocida, llegó a decir que la voluntad del "*führer*" crea derecho. *Eichmann en Jerusalén,* detalla ese perverso fenómeno.

La paradoja de la historia contemporánea es que las distintas experiencias totalitarias han envilecido no sólo a las personas normales sino a la elite intelectual. En la Alemania nazi, pensadores de la talla de HEIDEGGER y SCHMITT colaboraron de forma activa en la construcción de la ideología nacionalsocialista. Fue el primero quien en su discurso rectoral de 1933 de la universidad de Friburgo argumentó ideas totalitarias, tales como "*disciplinar a los guardianes del destino alemán", "el propósito de la ciencia es vincular al pueblo y al Estado*", "*la fuerza del pueblo está arraigada en la tierra y en la sangre*". Hasta los filósofos más inteligentes de la historia pueden ser parte de la *banalidad del mal.* Una tarea pendiente de la teoría política es reflexionar acerca de las razones por las cuales ciertas élites intelectuales tienden a apoyar movimientos que buscan la dominación total de la sociedad. El respaldo actual de pensadores como ZIZEK, AGAMBEN, BADIOU Y NEGRI a este tipo de movimientos no sólo resulta inexplicable a la luz de las experiencias del siglo pasado, sino que demuestra que ARENDT tenía razón: la filosofía no puede excluir a la acción.

3. ACCIÓN

El segundo poderoso aporte de ARENDT es su idea del deber del hombre de rescatar su dimensión plural, su *acción.* La recuperación

[14] Hannah Arendt, *Truth and Politics*. Consultado en www.newyorker.com

de la *acción* es la única manera de vencer el terrible camino de la antipolítica. Para la gran pensadora, el propósito de la política es organizar una sociedad entre iguales con el objetivo de garantizar la libertad de sus miembros. La acción representa la dimensión política del hombre y lo hace libre[15]. Junto con la labor –proceso biológico del cuerpo humano– y el trabajo –proceso de creación del mundo artificial– integra lo que la pensadora llama *vida activa*. El objetivo de este concepto es contradecir la idea de que la filosofía y política se excluyen. Una sociedad cuyos individuos han olvidado su dimensión de acción carece identidad y, por tanto, es presa fácil de la sociedad de masas y del totalitarismo.

Arendt desarrolla una trilogía entre *acción*, libertad e igualdad. Estos elementos se entrelazan y, a la vez, se condicionan. La *acción* se enlaza con la libertad porque esta constituye el sentido de lo político: El hombre sólo es libre a través de la *acción*, actuando en su dimensión política. Es por esta razón que la valentía es la principal virtud política, pues "*Sólo podrá ser libre quien esté dispuesto a arriesgar la vida*"[16]. Por "libertad" la teórica política se refiere más a la capacidad humana de generar nuevos comienzos que a la facultad de libre albedrío de elegir entre dos alternativas. Por su parte, la libertad se enlaza con la igualdad. Esta conexión es consecuencia de que la libertad presupone una *polis,* entendida no como espacio físico sino una asociación entre personas iguales cuyo propósito es actuar y dialogar juntas de manera de garantizar la libertad[17]. Sin vínculos entre iguales no hay libertad y, por tanto, tampoco hay política: El opresor podrá ser más fuerte pero no más libre que los oprimidos[18].

A la trilogía acción-libertad-igualdad se le suma la relación entre acción y poder. Para Arendt esta relación es importante debido a que, pesar de que uno es el puesto del otro, la modernidad ha llevado a confundirlos. El poder se refiere a una capacidad ilimitada de acción concertada de un grupo, no de una persona. La violencia, por el contrario, es singular, su carácter es instrumental, siempre busca coaccionar y em-

---

15 Hannah Arendt, *La promesa de la política*, Paidós, Barcelona, 2008, p. 155.
16 Ibidem. p. 157.
17 Hannah Arendt, *The Human Condition*, University of Chicago Press, Chicago 1958, p. 198.
18 Hannah Arendt, *La promesa de la política,* p. 157.

pieza donde termina el discurso[19]. El adoctrinamiento y la burocracia son dos formas de violencia. El primero porque la introduce en la esfera política y la segunda porque coarta la facultad de acción[20]. La tiranía utiliza la violencia para destruir la dimensión política del hombre. Niega la libertad y la igualdad. Por esta razón, según ARENDT, la tiranía es de gobierno de la anti-política.

4. ACONTECIMIENTO

El tercer aporte de ARENDT es su pensamiento sobre el rol del acontecimiento político en la historia. Para la teórica política, la historia no es una cadena histográfica de hechos causales. El acontecimiento político es lo que define y determina la historia. La creencia moderna de que la historia se rige por las leyes de la causalidad no sólo excluye el carácter fundamental y trascendental del acontecimiento sino que es una manera de negar la libertad[21].

ARENDT entiende el acontecimiento político como un fenómeno que irrumpe los procesos históricos de forma inesperada, imprevisible, disruptiva y genera un nuevo comienzo absolutamente novedoso. Según ella, el acontecimiento se define por sus consecuencias y no por su ocurrencia. Es por ello que sólo después de que ocurre es que se pueda determinar que se trata de un acontecimiento. Su base es la *acción*, la cual permite al hombre comenzar algo nuevo e inesperado, y se traduce en la capacidad humana de hacer "milagros" (en un sentido no religioso). La *acción* constituye la realización de la condición humana de natividad[22].

---

[19] Hannah Arendt, *Sobre la Violencia*, Alianza Editorial, Madrid, 2008, p. 110

[20] Arendt propone utilizar cuatro elementos para distinguir política y violencia: el sentido, el fin, la meta y el principio de la acción. El primero se enmarca dentro de la acción; el segundo se origina una vez que ésta concluye; el tercero la orienta; y el último se refiere a la convicción fundamental que la motiva –el honor, la virtud, el miedo, la libertad o la gloria–.

[21] Véase: Hannah Arendt, *Compresión y Política (Las dificultades de la comprensión)*. Biblioteca Libre. Consultado en: www.omegalfa.es

[22] Véase: Diego Paredes Goicochea, *"Hannah Arendt y el acontecimiento: El comienzo absoluto y su pasado"*. En: *Política y Acontecimiento,* Fondo de Cultura Económica, Santiago de Chile, 2012. p. 223

La noción que Arendt plantea sobre el acontecimiento se relaciona con la de su antiguo profesor Heidegger y con la del francés Alain Badiou. El primero, en su *Contribuciones a la Filosofía (Del Acontecimiento)* concibe el acontecimiento como un fenómeno fundamental cuyos efectos no pueden ser conocidos de inmediato, ni tampoco por todos. El segundo, por su parte, destaca la esencia disruptiva del acontecimiento. Según Badiou, el acontecimiento interviene en un sitio singularizable en al menos una situación histórica y acarrea un proceso disruptivo que lo afecta de forma trascendental y funda un nuevo orden. Implica, asimismo, una novedad radical que es "*indecible*" –es decir: inexplicable de acuerdo con los parámetros establecidos–. No se trata, por tanto, de un hecho. Jamás es neutro ni natural. Y sus consecuencias son siempre recurrentes.

El marxismo es el principal promotor de la visión de la historia como una cadena lineal de sucesos regidos por una ley causa-efecto. Es por esto que la crítica de Arendt es importante. Según el filósofo Daniel Bensaid, Marx interpreta la historia como una sucesión cronológica causal con el objetivo de penetrar las lógicas económicas y entenderlas como un presupuesto condición de las crisis políticas[23]. Arendt está en desacuerdo con la postura marxista. Para ella, los acontecimientos no pueden ser explicados mediante una cadena de causas que conducen a ellos[24]. Su significado es siempre más importante que los elementos que lo componen y las intenciones que lo acarrean[25]. Así pues, el acontecimiento ilumina su propio pasado y, en consecuencia, no puede ser deducido del mismo[26].

En suma, Arendt advierte que el modernismo ha desterrado a la política y puesto en su lugar a la historiografía causal. Su mensaje es simple pero clara: la visión causal de la historia roba al hombre de su libertad.

---

23 Daniel Bensaid, "Revolutions: Great and Still and Silent". En: *History and Revolution (Refuting Revisionism).* Verso. Nueva York. 2007, p. 202.

24 Véase: Hannah Arendt, *Compresión y Política...* ob. cit.

25 De manera de ilustrar su argumento, la pensadora utiliza el ejemplo de la primera guerra mundial, cuyos efectos fueron sustancialmente dispares con sus causas. Véase: Hannah Arendt, *Compresión y Política...* ob. Cit.

26 *Ídem.*

5. COMPRENSIÓN

El cuarto aporte de ARENDT es su planteamiento acerca de la necesidad del hombre moderno de reconciliarse con su dimensión plural y, en consecuencia, comprender la política[27]. La politización partidista de todos aspectos de la vida ha generado prejuicios contra la política. De acuerdo con la destacada autora judía, estos prejuicios se originan de la propia tradición de nuestra cultura intelectual; específicamente comenzaron desde que Platón, conmocionado con la muerte de Sócrates, decidió retirarse de la "acción" y dedicarse a la *vida contemplativa.*

A partir de la época moderna los prejuicios en contra de la política han llevado a confundirla con violencia y fuerza de dominación. En sus propias palabras: *Lo político ha quedado limitado a lo necesario*[28]. A lo anterior se le suma el argumento del politólogo FRANCIS FUKUYAMA, quien postula que en regímenes que coartan libertades económicas la política es una forma efectiva para enriquecerse y, por lo tanto, adquiere una dimensión adicional de envilecimiento[29]. Por estas y otras razones, ARENDT afirma que, en la época contemporánea, política y libertad son consideradas términos antagónicos[30].

En su ensayo *La Tradición y la Época Moderna*, ARENDT destaca una contradicción fundamental en el pensamiento marxista. MARX, por un lado, glorifica la acción y el trabajo y, por el otro, pretende una sociedad sin Estado, sin política[31]; es decir: un conjunto de seres aislados, sin identidad y sin capacidad de acción, equiparable a un conglomerado de cadáveres vivientes. Es por esta razón que el ideal marxista de una sociedad sin política "*no es utópico sino escalofriante*"[32].

Volvamos ahora al filósofo JOHN RAWLS. El aporte de RAWLS a las ciencias políticas es el diseño de una teoría de la justicia sobre la

---

27 *Ídem.*

28 Ídem

29 Francis Fukuyama, *Political Order and Political Decay (from the Industrial Revolution to the Globalization of Democracy)*. Farrarm Straus and Giroux. Nueva York. 2015. 205

30 Hannah Arendt, *Compresión y Política...* ob. cit.

31 Hannah Arendt, *Entre pasado y Futuro (ocho ejercicios sobre la reflexión política)*, Ediciones Península, Barcelona, 1996, p. 30.

32 Hannah Arendt: *Compresión y Política...*

manera en que las sociedades deben asignar los derechos y obligaciones fundamentales para distribuir los beneficios y cargas de cooperación entre sus miembros[33]. El de ARENDT es su preciso y original diagnóstico del fenómeno que facilita que el hombre moderno sea seducido por la sociedad de masas, la antipolítica y, ulteriormente, por el totalitarismo. Este aporte sigue siendo fundamental hoy. El reto del hombre contemporáneo es recuperar nuestra dimensión plural y reconciliarnos con la política, pues sólo se puede ser libre en una sociedad entre iguales. Y ese es el sentido de la política según HANNAH ARENDT.

[33] Véase: Rawls, John: *A Theory of Justice (Revised Edition)*, Harvard University Press, Cambridge Massachusetts, 1999, p. 6.

LENGUAJE JURÍDICO Y NEOLENGUA*

RAMÓN ESCOVAR LEÓN**

SUMARIO

I. INTRODUCCIÓN

Me resulta muy grato presentar una contribución al libro homenaje para reconocer la obra académica de Luis Cova Arria. Se trata de un jurista de sólida cultura humanística que ha marcado su huella indeleble en la evolución de los estudios de Derecho Marítimo en Venezuela. Su producción doctrinaria es relevante, integrada por aportes originales a la ciencia jurídica venezolana. Además de los señalado, reconozco en Cova Arria a un venezolano comprometido con los valores republicanos, lo que, junto a sus méritos intelectuales, justifica este libro homenaje que organiza la Academia de Ciencias Políticas y Sociales.

El propósito de este trabajo es estudiar los cambios ocurridos en el lenguaje jurídico a partir de la Constitución de 1999. Me referiré a lo que ha sucedido en el habla común y al desarrollo de la llamada neolengua, tanto en el discurso político como en el jurídico, con especial referencia a las transformaciones producidas por el covid-19. Asimismo,

---

* Este trabajo es una ampliación de uno enviado a un libro colectivo que prepara el académico Allan Brewer-Carias. La versión que ahora presente corresponde a una línea de investigación en desarrollo iniciada con un breve ensayo publicado en el Boletín de la Academia de Ciencias Políticas y Sociales, julio-diciembre 2019, 2019, pp. 579-589.

** Abogado *suma cum laude* (UCAB:1974). Licenciado en Letras *magna cum laude* (UCV: 2016). Doctor en Derecho (UCV: 1990). *Visiting Scholar* Universidad de Stanford (1990). Magister en Administración de Empresas, mención finanzas, (UCAB: 1997).

comentaré la manipulación de los vocablos para vaciarlos de contenido y darles efectos distintos a sus significados. Finalmente reflexionaré sobre la transformación de los conceptos jurídicos como modalidad que utiliza el autoritarismo judicial venezolano; para luego concluir con una ristra de conclusiones.

Las consecuencias del coronavirus en Venezuela son más pronunciadas que las experimentadas en otros países democráticos, porque nos atrapa en medio de una crisis que ha dejado al país sin servicios y sin instituciones independientes. A la carencia de agua, de electricidad y de servicios de salud se añade la falta de gasolina causada por la destrucción de Petróleos de Venezuela (Pdvsa) como consecuencia de la aplicación del populismo "*rojo rojito*".

Esta circunstancia ha contribuido para influir negativamente en el discurso político, especialmente el lenguaje jurídico del Tribunal Supremo de Justicia al radicalizar su jurisprudencia para restringir los derechos de los venezolanos y facilitar la acción política al régimen de Nicolás Maduro. Un vocablo tergiversado afecta el derecho a la defensa y la seguridad jurídica. Se construyen conceptos que nada tienen que ver con el buen uso del idioma ni con la recta aplicación del Derecho.

Ese deterioro lingüístico se proyecta en tres niveles: la neolengua, la gramática y el rompimiento de la relación entre el significante y el significado de los conceptos jurídicos. Un buen ejemplo de ello es la sentencia N° 64 de la Sala Constitucional del 22 de mayo de 2020 en el caso de Directv. Lo mismo ocurre con la sentencia N° 65 que declaró válida la junta directiva de la Asamblea Nacional en una operación entre el dirigente "opositor" de Primero Justicia Luis Parra y el Partido Socialista Unido de Venezuela (Psuv)[1].

La Sala Constitucional ha dejado de ejercer el control judicial para decidir asuntos políticos que benefician al autoritarismo populista

---

[1] Véase: Allan R. Brewer-Carías, "La fraudulenta y fallida "magia" del juez constitucional en Venezuela. De cómo se "transforma" una acción de amparo, que fue declarada sin lugar, en una vía para emitir declaraciones políticas, sobre hechos políticos, ignorando la justicia y el debido proceso (Sobre la sentencia de la Sala Constitucional No. 65 del 26 de mayo de 2020)". En: http://allanbrewercarias.com/wp-content/uploads/2020/05/Brewer.-LA-FRAUDULENTA-Y-FALLIDA-%E2%80%9CMAGIA%E2%80%9D-DEL-JUEZ-CONSTITUCIONAL-EN-VENEZUELA.-sentencia-No-65.-26-5-2020.pdf [Disponible, 28.05.2020].

que se ha impuesto en Venezuela. En ese recorrido se ha potenciado la neolengua jurídica, la mala redacción y un estilo metodológico, que se apoya en la herramienta copiar y pegar, lo que dificulta entender los fundamentos de sus decisiones.

II. EL IDIOMA Y NUESTRA CULTURA

España nos dio el idioma y nos regaló a Miguel de Cervantes y a su *Don Quijote*, lo que marca nuestra identidad. De ahí la importancia de cuidar la expresión hablada y escrita para defender lo que es nuestro patrimonio cultural. Además, el pensamiento se construye y organiza a través de la lengua; irrespetarla significa ofender la identidad y demostrar pobreza intelectual. Emplear abusivamente locuciones idiomáticas –copiadas de dialectos extranjeros– y la manipulación de las palabras se ha expandido con la *neolengua,* que es el envilecimiento del idioma. Esto ocurre tanto en el lenguaje ordinario como en el jurídico.

Sin embargo, bueno es señalar que la lengua se modifica con el correr del tiempo e incluye nuevos vocablos y giros, tanto de invención de los propios hablantes como por la incorporación de préstamos lingüísticos. No hay modo de impedir esto. Los cambios son propios de la lengua viva, lo que se debe evitar, eso sí, es su degradación, al no respetar los principios del idioma.

Para poner orden en el laberinto idiomático, y en la búsqueda de la unidad del lenguaje, tanto en España como en América, la Real Academia Española, el Consejo General del Poder Judicial español y la Cumbre Judicial Iberoamericana publicaron el *Diccionario Panhispánico del Español Jurídico*.[2] En dicho texto se compilan los términos jurídicos más usados en los países de habla hispana. El mismo "*ofrece un destacable marco de seguridad jurídica al recoger conceptos de común comprensión*"[3], tal como lo afirma Carlos Lesmes Serrano en el prólogo de esta obra. Se trata de un trabajo necesario ya que los jueces juzgan con las palabras y un término mal usado o manipulado afecta la

---

2 Dirigido por Santiago Muñoz Machado. Madrid, Real Academia Española, Cumbre Judicial Iberoamericana, Consejo General del Poder Judicial, 2017, Dos tomos.

3 Lesmes Serrano: *Ibíd*, p.XI

seguridad jurídica, al tiempo de que "*en el lenguaje jurídico, el concepto se viste de naturaleza normativa*".[4]

La precisión conceptual de las palabras compete a la esencia del Derecho; de ahí la importancia de eludir la ambigüedad al momento de aplicar los conceptos jurídicos, para evitar así la arbitrariedad. Y esto es aún más importante si nos atenemos a la línea divisoria que diseñó Carl Schmitt, cuando el ciudadano "*sujeto de derechos*" puede quedar afectado por el dilema amigo-enemigo,[5] según el cual hay que exterminar al último. En un esquema como este, el lenguaje jurisprudencial debe estudiarse para ponderar si los términos jurídicos se hacen eco de la división trazada por el pensador alemán. No puede haber un concepto jurídico para el amigo y uno distinto para el enemigo.[6]

En lo que atañe a la redacción y a la gramática, contamos con dos nuevas obras. La primera es el *Libro de estilo de la Justicia*[7] que busca que los abogados se expresen de acuerdo con las reglas y los principios del español al momento de interpretar las normas jurídicas, de redactar leyes o sentencias y elaborar informes. En la motivación de las decisiones judiciales deben quedar bien expresadas las razones jurídicas que sustentan los fallos, tarea en la cual la redacción juega un papel determinante. Para conocer los fundamentos de los fallos judiciales es necesario la expresión clara, sin circunloquios, sin palabras rebuscadas. La segunda obra es el *Libro de estilo del español según la norma panhispánica*,[8] que recoge los cambios del idioma e incluye las nuevas modalidades de comunicación, como las empleadas en las redes sociales. Todo esto va dirigido a defender el idioma desde el punto de vista fonético y gramatical.

---

4 Lesmes Serrano: *Ibíd,* p. X

5 *Ibíd,*

6 Sobre esto voy a volver cuando me refiera a la manipulación del lenguaje que se ha hecho en el Tribunal Supremo de Justicia para perseguir a enemigos políticos. Desde la construcción de un delito lingüístico para perseguir a Leopoldo López e inhabilitarlos como contendor electoral, hasta el término "desacato" para arrebatarle a la Asamblea Nacional sus facultades constitucionales.

7 Dirigido por Santiago Muñoz Machado. Madrid, Real Academia Española, Consejo General del Poder Judicial, 2017.

8 Víctor García de la Concha (Coord). Espasa Libros, Madrid, 2018.

El propósito de los textos mencionados es lograr la correcta expresión del español y la homogeneidad, tanto como sea posible, entre los hispanohablantes. No se pretende impedir que el idioma experimente transformaciones, sino que estas respeten –hay que insistir– las reglas y principios de nuestra lengua. Y ello, además, porque el buen uso del lenguaje es una de las expresiones del Estado de derecho y de la seguridad jurídica: el lenguaje "*corrompido, puede convertirse en vehículo de la arbitrariedad*"[9]. Una de las virtudes de la democracia debe ser el buen uso de la lengua por parte de sus élites y de su poder judicial. Se puede, incluso, establecer una relación entre la seguridad jurídica y la expresión idiomática.

III. LA NEOLENGUA

Cuando yo empleo una palabra, significa lo que quiero que signifique ... ¡ni más ni menos! ...La cuestión es saber quién manda aquí".

Lewis Carroll[10]

Preservar el idioma fue una de las predicas de Andrés Bello, al proclamar sin vacilar: "*Juzgo importante la conservación de la lengua de nuestros padres en su posible pureza, como un medio providencial de comunicación y un vínculo de fraternidad entre las varias naciones de origen español derramadas sobre los dos continentes*".[11] El mensaje es claro: hay que defender la pureza de la lengua sin que esto impida su evolución a partir de los aportes del habla popular.

En el caso venezolano, en los últimos años, se ha producido una degradación del idioma, lo que llega a su máxima expresión con la denominada *neolengua*. Es parte del proceso que busca la dominación de todos los espacios de la vida nacional.[12]

---

9 Lesmes Serrano: *loc. cit.*

10 *A través del espejo*, Cátedra, cuarta edición, tr. Ramón Buckley, Madrid, 1999, pp.316-317.

11 Andrés Bello, *Gramática de la lengua castellana destinada al uso de los americanos.* Instituto Universitario de Lingüística Andrés Bello-Cabildo Insular de Tenerife, Edición crítica de Ramón Trujillo, Santa Cruz de Tenerife, 1981, p. 129

12 Carlos Leañez Aristimuño, "Lengua para la libertad y libertad para la lengua". En *La Neolengua del poder en Venezuela. Dominación política y destrucción de la democracia.* Editorial Galipán, Caracas, 2015, pp. 65-112.

La incorporación de un vocablo a la categoría de neolengua se produce por un quiebre en la relación entre significante y significado[13]. Así ocurre con la palabra "*patriota*" cuando se cambia el concepto que su imagen acústica evoca para darle otro muy distinto: no es patriota quien hace aportes significativos a Venezuela sino quien es incondicional al proyecto chavista. Por eso, un profesor universitario que disienta del modelo "*rojo rojito*", no es patriota sino un "*traidor*". En cambio, los integrantes de los colectivos de "*la paz*" se convierten en "*patriotas*" por el solo hecho de estar al servicio de las políticas del régimen socialista.

Para evitar que ese fenómeno de la neolengua se expanda hasta niveles incontrolables, el sector académico debe estar vigilante y combativo en la defensa del idioma. En esta faena de cuidar el idioma, hemos contado con los aportes del padre Pedro Pablo Barnola y Alexis Márquez Rodríguez. El primero nos iluminaba con su sabiduría y buen humor desde las páginas del diario *El Nacional* en su columna "*Noto y anoto*". El segundo, también desde *El Nacional,* aclaraba dudas y orientaba con sus recomendaciones en su columna "*Con la lengua*". Todo apuntado a un objetivo: preservar el buen uso del idioma.

Además de lo anterior, los venezolanos contamos con suficientes razones para ocuparnos de que la lengua se hable bien y de que esta se deslastre de la agresividad lingüística, ya que desde las alturas del poder se ha ido imponiendo un lenguaje que irrespeta los principios y reglas del español, según las normas recogidas en *el Diccionario panhispánico de dudas*, la Fundación del Español Urgente (Fundéu) y por la agrupación de las Academias, como el citado *Libro de estilo de la lengua española según la norma panhispánica.* La aparición de la neolengua revolucionaria es una de las mayores amenazas que atenta contra las predicas de Andrés Bello y de Ángel Rosenblat.

También ocurre que se emplee una palabra que no corresponde, pero se terminan imponiendo por el uso que de ella hacen quienes manejan los medios de comunicación. Así ocurre con la palabra conversatorio, por ejemplo. El sufijo torio se refiere al lugar que señala la raíz de

[13] Ferdinand Sausurre, *Curso de lingüística general*. Editorial Losada, tr. Amado Alonso, Buenos Aires, 1945, reimpresión 2007, pp. 141-148.

la palabra[14]. Es lo que ocurre con dormitorio, que es el lugar donde se duerme. Entonces, conversatorio en realidad es el lugar donde se lleva a cabo una conversación o una tertulia.

IV. EL DESDOBLAMIENTO GRAMATICAL

El desdoblamiento gramatical ocurre al poner el género femenino a sustantivos no marcados. Cuando se dice "*venezolanos y venezolanas, hermanos y hermanas, abogados y abogadas*" se incurre en el innecesario desdoblamiento gramatical que atenta contra el principio de economía del lenguaje y produce un circunloquio que nada añade. Si se habla ante un auditorio, podemos dirigirnos al público con el sustantivo no marcado, que incluye ambos géneros, sin distinción. No puede hablarse de sexismo lingüístico; la lengua no es sexista, en todo caso, lo serían los hablantes.

El desdoblamiento del lenguaje es frecuente en la jerga revolucionaria, por el abuso de la duplicación de cada palabra en dos géneros como ocurre con "*camaradas y camarados*". Aquí el error es aún más grave porque "*camarado*" no existe en español, y mal puede ser el masculino de camarada. Si se quiere precisar el género, se usa el artículo: la camarada o el camarada. Las expresiones absurdas y ridículas se multiplican: como millones y "*millonas*"; también personas y "*personos*". Esto, desde luego, debe erradicarse[15].

Del desdoblamiento moderado sí es admisible. Así, decir "*todas y todos*" se puede usar aunque es innecesario. Lo que choca con el principio de la economía del lenguaje y que resulta agobiante es el desdoblamiento (siempre innecesario) desbordado porque resulta, además,

---

[14] Para explicar este mal uso de la palabra conversatorio y la forma adecuada de verlo, recomiendo ver las explicaciones de Alex Grijelmo en : https://www.youtube.com/watch?v=N-7t68GgAAU_

[15] El asunto funciona de acuerdo con reglas. La profesora Ana Vigara Tauste lo explica así: Existen las palabras siguientes: a) *intrasex*, como vasallo vasalla, es decir, lexemas "*con desinencia de género*". Esto se aplica igualmente con abogado y abogadas; b) *extrasex* como el periodista y la periodista; c) *heterosex*, constituidos por los heterónimos como el padre y la madre; d) *ortosex* que es la persona que se determina por su sexo como sacerdote y monja; e) unisex: son los sustantivos personales colectivos como gente, clero etc (Ana M. Vigara Tauite: "Miembra". En: El cajetín de la lengua Universidad Complutense de Madrid, https://webs.ucm.es/info/especulo/cajetin/miembra.html

agotador. Un ejemplo de ello el texto del artículo 41 de la Constitución[16] que contiene diecisiete innecesarios desdoblamientos. Leer esta norma consume más tiempo del necesario, al no acatar el principio de la economía del lenguaje: no decir con dos palabras lo que se puede decir con una. Asimismo, significó el nacimiento de la neolengua populista caracterizada por la permanente violación a las reglas gramaticales.[17]

Para evitar el desdoblamiento, algunos usan la arroba, tal vez para proclamar su respaldo al lenguaje inclusivo. Así escriben "*tod@*s" y "*abogad@*s", entre otras. No obstante, el Diccionario panhispánico de dudas rechaza esta modalidad y expresa: "*Debe tenerse en cuenta que la arroba no es un signo lingüístico y, por ello, su uso en estos casos es inadmisible desde el punto de vista normativo*".[18] Adicionalmente, no se puede pronunciar al ser un símbolo y no un signo lingüístico. Su uso entraña una modalidad del mal uso del idioma.

---

[16] A continuación, copio la norma con indicación, entre corchetes, de cada desdoblamiento: "*Sólo los venezolanos y venezolanas [1] por nacimiento y sin otra nacionalidad, podrán ejercer los cargos de Presidente o Presidenta [2] de la República, Vicepresidente Ejecutivo o Vicepresidenta Ejecutiva [3], Presidente o Presidenta [4] y Vicepresidentes o Vicepresidentas [5]de la Asamblea Nacional, magistrados o magistradas [6] del Tribunal Supremo de Justicia, Presidente o Presidenta [7] del Consejo Nacional Electoral, Procurador o Procuradora [8] General de la República, Contralor o Contralora General de la República, Fiscal General de la República (sic), Defensor o Defensora [9] del Pueblo, Ministros o Ministras[10]de los despachos relacionados con la seguridad de la Nación, finanzas, energía y minas, educación; Gobernadores o Gobernadoras [11] y Alcaldes o Alcaldesas [12]de los Estados y Municipios fronterizos y aquellos contemplados en la ley orgánica de la Fuerza Armada Nacional.*
Para ejercer los cargos de diputados o diputadas [13] a la Asamblea Nacional, Ministros o Ministras [14], Gobernadores o Gobernadoras [15] y Alcaldes o Alcaldesa [16] de Estados y Municipios no fronterizos, los venezolanos y venezolanas[17] por naturalización deben tener domicilio con residencia ininterrumpida en Venezuela no menor de quince años y cumplir los requisitos de aptitud previstos en la ley".

[17] Como dato curioso, en el texto del artículo 41 de la Constitución se utilizó la palabra Fiscal solo en masculino pese a que, dentro del espíritu de la duplicación, podrían haberla escrito en femenino. Si el cargo lo ocupa una mujer, el género femenino es una forma apropidada según Fundeu. https://fundeu.fiile.org.ar/page/recomendaciones/id/224/title/-la-fiscal--y--la-fiscala-,-formas-v%C3%A1lidas . (Consulta: 25.07.2020).

[18] *Diccionario panhispánico de dudas*. Real Academia Española, Asociación de Academias de la Lengua Española, con la colaboración del Instituto Cervantes, Madrid, 2005, p. 311.

V. LA MANIPULACIÓN VERBAL

En el ambiente de la neolengua no se respetan las reglas de la conjugación verbal. Buen ejemplo de ello lo vemos en el modo condicional, como ocurrió con la sentencia de la Sala Constitucional N° 64 del 22 de mayo de 2020. Esta sentencia conjuga el verbo estar en forma condicional (estaría), lo que refleja que la decisión es dubitativa y no asertiva, como tienen que ser los fallos judiciales. Este razonamiento hipotético implica que la decisión especula sobre la violación de los derechos que menciona, cuando su deber es explicar sin vacilar las razones jurídicas por las cuales esos derechos fueron violados ¿Cuáles son los programas educativos cuya cesación afecta el derecho a la educación? No es posible saberlo por este lenguaje hipotético usado.

Otro error de vieja data y que se repite hasta en el lenguaje académico, es la pluralización del verbo haber. Se suele decir "*hubieron muchas personas en la fiesta*", cuando lo correcto es "*hubo muchas personas en la fiesta*". Haber es un verbo impersonal; es decir, carece de sujeto y solo se conjuga en tercera persona del singular, salvo cuando funciona como auxiliar. La mayoría de los verbos en español se conjugan con un sujeto. Por eso, la tendencia es a creer que haber lo necesita; pero solo requiere un complemento directo. La oración "*Hubo varias fiestas*" está compuesta por un verbo conjugado y un complemento directo. Como no hay sujeto, se fuerza la situación y se pretende convertir el complemento directo en sujeto haciéndolo coincidir con el verbo mediante la pluralización. La regla señalada permanece invariable desde que Andrés Bello la explicó así: "*El de más uso entre los verbos impersonales es haber, aplicado a significar indirectamente la existencia de una cosa, que se pone en acusativo: «Hubo fiestas», «Hay animales de maravillosos instintos»; frases que no se refieren jamás a un sujeto expreso*"[19]. *En definitiva: el verbo haber no se conjuga con un sujeto sino con un complemento directo, salvo que funcione como verbo auxiliar (hubieron bailado)*"[20].

---

19 Bello, Ob. cit, p. 466.

20 También ocurre que se emplee una palabra que no corresponde, pero se terminan imponiendo por el uso que de ella hacen quienes manejan los medios de comunicación. Así ocurre con la palabra conversatorio, por ejemplo. El sufijo torio se refiere al lugar que señala la raíz de

La *Nueva gramática de la lengua española* señala que el verbo haber se usa como impersonal tanto si se refiere a los fenómenos de la naturaleza (hay truenos), como a "*cualquier otra realidad: Había poco tiempo*". De inmediato, explica que en el lenguaje estándar se observa la pluralización de este verbo, a lo cual no escapa el periodismo. Sin embargo, la recomendación es el "*uso no concordado del haber, tanto, Hubo dificultades, en lugar de Hubieron dificultades, Había suficientes pruebas para incrimin*arlos y no *Habían suficientes pruebas para incriminarlos, etc.*"[21]. Entonces, en el lenguaje académico no es recomendable pluralizar el verbo haber en la búsqueda de un sujeto inexistente, aunque su uso sea frecuente en algunos sectores del habla popular.

VI. LENGUAJE Y MENTIRA[22]

"*A estas alturas, la conexión especial entre política y degradación del lenguaje se torna clara*"[23], afirma George Orwell en su ensayo *La política y el lenguaje inglés.* En este texto, Orwell demuestra que la manipulación del lenguaje permite defender lo indefendible "*como la continuación del dominio británico en la India, las purgas y deportaciones rusas, el lanzamiento de las bombas atómicas en Japón*"[24]. Todo esto se puede hacer por medio de "*eufemismos, peticiones de principio y vaguedades oscuras*" que delata falencias en el razonamiento, porque "*si el pensamiento corrompe el lenguaje, el lenguaje también puede corromper el pensamiento*".

---

la palabra. Es lo que ocurre con dormitorio, que es el lugar donde se duerme. Entonces, conversatorio en realidad es el lugar donde se lleva a cabo una conversación o una tertulia. El diccionario de la Real Academia Española acoge la palabra con tres significados: 1. "*mesa redonda*". 2. "*Reunión concertada para tratar un tema*"; 3. "*rueda de prensa*". (*Diccionario de la lengua española.* Real Academia Española, vigésimo tercera edición, Madrid, 2014. p. 628).

21 *Real Academia Española*. Asociación de Academias de la Lengua Española, Sintaxis II, Madrid, 2009, núm 41.6, p. 3063.

22 Véase Ramón Escovar León: "Política, lenguaje y mentira". *El Nacional digital*, 12 de mayo de 2020: https://www.elnacional.com/opinion/politica-lenguaje-y-mentira/.[Disponible: 26.5.2020].

23 George Orwell: La política y el lenguaje inglés. En: http://bioinfo.uib.es/~joemiro/teach/material/escritura/Polyidres.pdf [Disponible, 29.5.2020]

24 *Ibíd.*

A lo señalado por Orwell se agrega una modalidad que hemos vivido por causa de la revolución bolivariana y que consiste en vaciar de contenido el significado de los vocablos para desconectarlos de sus significantes. "*Traidor a la patria*" no es quien atenta contra los intereses de Venezuela, sino quien marcha a contracorriente del proyecto revolucionario. A aquellos que disienten ideológicamente del castrismo se les acusa de ser de la "*derecha*", "*agente del imperio*", "*escuálido*" y así sucesivamente para buscar dividir a la población en dos sectores según las categorías schmittianas de *amigo-enemigo*: al primero todo; al segundo nada. El revolucionario es el dueño de la verdad, el ungido para dirigir a perpetuidad "*la patria*" hacia la "*sociedad socialista*".

A esta orgía de vocablos manipulados no escapa la "*interpretación*" jurídica. En efecto, la manipulación del lenguaje sube de tono cuando se da en el campo de las decisiones judiciales. En la jurisprudencia constitucional se suelen vaciar de contenido las palabras, como ocurre con el término "*desacato*" y con la manipulación de la noción de "*pueblo*", la cual puede tener significados distintos según sea el agente que lo constituye (sobre esto volveré más adelante).

Pero el asunto se conecta también con la mentira en el discurso político. Al cambiarle el significado a los vocablos, se pasa a armar un discurso basado en la mentira, cuyo propósito es perseguir a los disidentes. El inventario de las mentiras ha construido un mensaje dirigido a despertar una serie de emociones negativas en los seguidores del modelo socialista, fundamentadas en el odio y el resentimiento. Sin embargo, los malos hábitos son contagiosos y este estilo se ha extendido a ciertos dirigentes opositores que usan un lenguaje vago y ambiguo para generar falsas expectativas. Ejemplo de ello fue aquella oferta de comienzos del año 2019 de que la ayuda humanitaria ingresaría a Venezuela por la frontera colombiana. Posiblemente, había cierta creencia de que este hecho podría ser posible, pero estaba basada en deseos más que en realidades políticas. Basta revisar los tuits de la época para verificar el tamaño de lo ofrecido y lo poco que se logró al imponerse la fuerza y la intolerancia.

La mentira y el lenguaje degradado ha sido muy útil para imponer un modelo que carece de respaldo popular. Este estilo no debe ser imitado por la oposición debido a que, entre otras cosas, afecta la manera de pensar. Orwell lo dijo con claridad: "*El lenguaje político y, con variaciones, esto es verdad para todos los partidos políticos, desde los conservadores hasta los anarquistas está diseñado para lograr que las mentiras parezcan verdades y el asesinato respetable, y para dar una apariencia de solidez al mero viento*".

VII. EL ESTILO

La gramática es el medio de que "*se valen las lenguas para manifestar lo que pasa en el alma*" del hablante, decía Andrés Bello[25], porque es la mejor manera de conocer la claridad u oscuridad intelectual de quien habla. Para saber si los jueces y magistrados padecen de algún conflicto interior (presiones políticas, falta de formación, etc) será el uso del lenguaje lo que permitirá detectarlo.

En relación con el estilo hay que tener presente la necesidad de escribir párrafos cortos, sin incisos innecesarios y evitar el modo alambicado[26] Ello debido a la mala costumbre de escribir largos y enrevesados párrafos, llenos de frases subordinadas con "*abundancia de construcciones explicativas*" que dificultan la comprensión y propician un lenguaje enmarañado. La seguridad jurídica repudia este estilo que se usa las más de las veces en las decisiones que atropellan los valores constitucionales, como la tutela judicial efectiva, el derecho a la defensa y a ser juzgado por el juez natural. La oscuridad del lenguaje es un obstáculo para el acceso a la justicia. La frase debe ser como un dardo que se lanza hacia un objetivo, sin desviaciones.

En el caso venezolano, podemos utilizar como ejemplo la sentencia de la Sala Constitucional número 1456 del 27 de julio de 2006, sobre técnicas de inseminación artificial. Largas citas de jurisprudencia y de doctrina que nada aportan a la "*motivación*" de la decisión. Citas

---

25 Ob. cit, p. 126.

26 Así lo expone *El Libro de estilo de la Justicia*: "*En la redacción jurídica tradicional se impuso como norma, especialmente en las sentencias, que el párrafo debía estar formado por una sola oración.*
El resultado eran párrafos enormes, llenos de informaciones secundarias, plagados de incisos, sembrados de referencias acumuladas, de meandros sintácticos, de coordinaciones ensartadas en diferentes niveles y de subordinaciones de todo tipo y condición. Párrafos que ni siquiera los profesionales podían seguir en una lectura atenta" (*Ibíd*, p. 34).

dentro de las citas, a veces entrecomilladas, a veces en itálicas; y de las dos maneras a la vez, en una amalgama de reglas incompatibles e ininteligibles. Resulta difícil saber cuáles son las razones originales de la Sala en la decisión elaborada. Párrafos enrevesados con utilización del ahora muy usado "*a lo interno*",[27] un italianismo de uso en el periodismo dominicano. Estilo barroco y pomposo reñido con la sencillez y claridad exigido por el lenguaje jurídico.[28]

Aquí vale la pena recordar a Jorge Luis Borges y sus preferencias por un lenguaje sencillo, la palabra de uso común y su alejamiento del estilo barroco y altisonante.[29] Esto precisamente recomienda el Instituto Cervantes[30] al privilegiar la palabra corta sobre la larga; por ejemplo, entre "*aclarar*" y "*clarificar*" debe usarse la primera.[31] Entre una expresión larga y una corta, usar la corta: "*hoy*" en lugar de "*actualmente*" o "*en el día de hoy*".[32] Entre sesión "*virtual*" o "*telemática*", mejor usar la corta. Igualmente, se recomienda evitar la forma perifrástica, los rodeos superfluos, como "*avisar*", en lugar de "*dar aviso*".

La claridad expresiva se logra con la sencillez del lenguaje, porque los asuntos jurídicos deben estar al alcance de todos. De ahí que no puede usarse un lenguaje misterioso de difícil comprensión, sino uno sencillo como el de Justiniano, a quien, por esta razón, Dante lo privilegia con un lugar en el Paraíso.

Cada escrito debe basarse en una idea central y en torno a ella debe girar el razonamiento. Esto se logra con párrafos que expongan una idea con oraciones no superiores a treinta palabras, aproximadamente. Hay oraciones largas, pero cuando son bien escritas, transmiten el sentido.

---

27 Sobre el que volveré *infra* en el texto.

28 Si la sentencia número 1456 hubiese aplicado las reglas señaladas y se hubiese evitado las interminables citas, la misma se habría reducido a dos o tres páginas. Pero el lenguaje jurídico de la Sala Constitucional se llena de citas de jurisprudencia y de doctrina, perífrasis verbales, locuciones extranjeras y palabras manipuladas, como las que conceptúan el "*desacato*". Es un estilo reñido con la necesaria claridad expresiva que debe caracterizar las decisiones de los tribunales.

29 Ver la entrevista de Joaquín Soler Serrano a Jorge Luis Borges en su programa "*A fondo*" del año 1976.

30 *El libro del español correcto. Claves para hablar y escribir bien el español.* Instituto Cervantes, Espasa libros, Madrid, 2012, pp.25-80.

31 *Ibíd,* p. 35.

32 *Ibíd.*

Es lo que caracteriza la prosa de Mario Vargas Llosa. Hay que ir al grano sin rodeos ni circunloquios. Pero si se leen las sentencias tipo de lo que es la neolengua se encuentra párrafos interminables con exceso de oraciones subordinadas. Tampoco se debe pretender impresionar con latinajos, frases hechas y citas en idioma extranjero. Nada debe sobreponerse a la claridad.

Una breve mención en relación con la función de la mayúscula. Esta se usa para distinguir el nombre propio del nombre común. "*También afecta a las expresiones pluriverbales denominativas que cumplen funciones análogas a las del nombre propio*".[33] Sin embargo, esta regla se ha relajado y se observa su uso abusivo. De esta manera, los cargos o títulos académicos se deben escribir en minúscula; en cambio, la denominación de organismos o instituciones, se escriben en mayúsculas: el académico Pedro Pérez es miembro de la Academia de Ciencias Políticas y Sociales. Pese a la claridad del asunto, muchas veces se escribe el tratamiento en mayúsculas por razones de respeto, pero no por ello deja de ser un adjetivo.

VIII. DIALECTOS EXTRANJEROS

En el proceso de envilecimiento del lenguaje, no escapa el uso frecuente de locuciones extranjeras. Así ocurre con "*a lo interno*", que es un circunloquio, es decir, un "*rodeo de palabras para expresar algo que podría haberse dicho de forma más breve*" (Fundéu). Esta expresión es de uso frecuente en República Dominicana y viene del italiano *all'interno de*[34]. Así, en lugar de decir "*a lo interno de la universidad", mejor es decir "en la universidad" o "dentro de la universidad*". Es una manera de respetar el principio de la economía del lenguaje. Pero como las malas mañas se contagian, hasta miembros del mundo académico acuden a este italianismo –por demás ridículo en español–, sin reparar en la necesidad de no imitar lo inimitable.

---

[33] *El libro de la justicia* ...cit, p. 151.

[34] Este italianismo lo repite la inolvidable sentencia N° 156 del 29.3.2017 que le arrebató las facultades constitucionales a la AN y se las atribuyó la propia Sala. En este caso, más que imitar el dialecto dominicano, sigue la terminología marxista venezolana de los años sesenta.

Existe otra expresión en expansión igualmente reñida con el buen español: "*a la final*" por "*al final*" o "*finalmente*". "*La final*" es sustantivo femenino y se refiere a la última competencia de un campeonato, por ejemplo: La Vinotinto llegó a la final del campeonato sudamericano. Sin embargo, se advierte copiosamente este uso inapropiado, como ejemplo de lo que ocurre actualmente con nuestro idioma.

IX. EL LENGUAJE JURÍDICO

La manipulación del lenguaje sube de tono cuando se da en el campo de las decisiones judiciales. En la jurisprudencia reciente se suelen vaciar de contenido las palabras, como ocurre con el término "*desacato*" cuyo significado, según el *diccionario panhispánico del español jurídico*, es: "*Incumplimiento de una orden judicial de cualquier fuero, siempre que sea escrita y esté basada en la norma vigente*". Sin embargo, el significado del concepto es forzado hasta extraer de él que la Asamblea Nacional cometió un pretendido "*desacato*" de manera indefinida en el tiempo futuro (algo insólito e irracional), para de esa manera despojar al Parlamento de sus facultades constitucionales.

Lo mismo ocurre con la manipulación de la noción de "*pueblo*", la cual puede tener significados distintos según sea el agente que lo constituye. El pueblo chavista es distinto al pueblo opositor, según la definición dada por la Sala Constitucional. En efecto, a pesar de que en su sentencia n° 24 del 22.01.2003, esta Sala definió *pueblo* como: "*el conjunto de las personas del país y no una parcialidad de la población, una clase social o un pequeño poblado, y menos individualidades*", al momento de definir los integrantes del "*pueblo*" que recibe las dádivas de la revolución, se excluye a quienes no son seguidores del proyecto chavista. Es sucede con el "*carnet de la patria*", un instrumento que discrimina entre los venezolanos que integran esa noción amplia de pueblo, que ha sido señalado como tal por el informe del alta comisionada de las Naciones Unidas, Michelle Bachelet. La palabra "*paz*" es otra a las que se apela en el discurso político revolucionario: quien no está de acuerdo con el modelo socialista es un enemigo de la paz.

X. CREACIÓN DE CONCEPTOS JURÍDICOS Y NEODERECHO

"Quien gana la batalla de las palabras puede ganar normalmente la posición política dominante, puesto que su discurso pasa a ser el discurso autorizado, o más propiamente, el que tiene autoridad."
Eduardo García de Enterría[35]

En sentencia de fecha 15 de marzo de 2000 (N° 98), la Sala Constitucional definió un nuevo tipo de hecho: *el hecho notorio comunicacional*. Con esta decisión se pretende liberar de pruebas cada vez que se alegue la existencia de un hecho de esta naturaleza. Sin embargo, se trata de una estratagema que facilita el enjuiciamiento de enemigos políticos. En efecto, el hecho notorio es aquel conocido por la generalidad de personas de cultura media en un espacio determinado. Quien invoque, por ejemplo, que la capital del estado Zulia es Maracaibo, no tiene que probarlo.

La seguridad jurídica exige que los hechos sean precisos para evitar arbitrariedades. Sin embargo, la Sala Constitucional elaboró una nueva categoría de hechos notorios: aquellos que acompaña con el adjetivo "*comunicacional*". Esto alude a informaciones aparecidas en la prensa, pero no por ello llegan a ser de conocimiento general de la población, con lo que se le da al Poder Judicial una facultad que ha servido para dispensar de la prueba a aquellas acusaciones formuladas contra rivales políticos.

El peligro de admitir conceptos "*jurídicos*" como el señalado, sube de tono en un país donde impera la "*hegemonía comunicacional*" en manos de quien detenta el poder. Basta que una noticia falsa sea difundida como verdadera por el monopolio comunicacional para que ella goce de dispensa de prueba, en caso de que se quiera usar contra un opositor.

Otro ejemplo de manipulación del lenguaje lo constituye la denominada "*ponencia conjunta*", empleadas por los magistrados del Tribunal Supremo de Justicia para evadir responsabilidades ante la historia. En efecto, en los casos en que tuercen el sentido de la norma jurídica para producir efectos favorables al régimen, los magistrados se

[35] *La lengua de los derechos. La formación del derecho público europeo tras la revolución francesa*. Alianza Editorial, Madrid, 1999, p. 29 *Ibíd*

amparan en esta supuesta redacción mancomunada de una decisión. Así ha ocurrido en los casos más emblemáticos de manipulación de la Constitución, como en las sentencias de la Sala Constitucional número 155 y 156 del 28 y 29 de marzo del 2017, respectivamente.

La ley Orgánica del Tribunal Supremo de Justicia regula las reglas para asignar las ponencias (artículos 99 al 105), siempre individualmente a cada magistrado. En los casos que entrañan un riesgo constitucional, se ha pretendido diluir las responsabilidades históricas por medio de la llamada "*ponencia conjunta*"; pero esto es inútil porque las responsabilidades abrazan a cuantos la suscriban, independientemente de quién sea el ponente.

A través del poder que se detenta, se pueden imponer nuevas nociones jurídicas. En ese sentido, "*las palabras juegan un papel decisivo a lo largo de todo proceso revolucionario*",[36] porque permite ir moldeando nociones para someter al adversario, como está ocurriendo en Venezuela.

Si un analista imparcial y desprevenido lee las sentencias de la Sala Constitucional, concluirá que se ha desarrollado un neoderecho (así como ocurrió con la neolengua). Se trata de un esquema jurídico inédito que permite dictar decisiones ampulosas, cargadas de citas incoherentes de doctrina y jurisprudencia extranjera para justificar lo injustificable: impulsar una revolución que solo asegura el fracaso. Este neoderecho le cambia el significado a los vocablos jurídicos para ponerlos al servicio de la revolución[37].

XI. LA SENTENCIA DE LA SALA CONSTITUCIONAL NO. 64 DEL 22 DE MAYO DE 2020 EN EL CASO DIRECTV[38]

"*El fin próximo del Derecho es el orden*", proclama Hans Reichel en un trabajo canónico titulado *La ley y la sentencia*. Para consagrar

[36] Eduardo García de Enterría, *La lengua de los derechos. La formación del derecho público europeo tras la revolución francesa*. Alianza Editorial, Madrid, 1999, p. 29.

[37] Véase Antonio Canova, Luis A. Herrera, Rosa Rodríguez y Giuseppe Graterol. *El TSJ al servicio de la revolución*. Editorial Galipan, Caracas, 2014, pp. 419-425.

[38] Véase, Ramón Escovar León: "Una sentencia inejecutable". *El Nacional digital*, 26 de mayo de 2020: https://www.elnacional.com/opinion/una-sentencia-inejecutable/ [Disponible 26.5.20202].

ese orden jurídico, las sentencias deben ser ejecutables, claras, precisas, coherentes y razonadas en los hechos y en el derecho. Estas reglas integran el concepto de tutela judicial efectiva consagrado en el artículo 26 de la Constitución.

La sorpresiva suspensión del servicio de Directv en Venezuela refleja la situación de anarquía en la que hemos caído. La empresa de servicio de televisión satelital prefirió abandonar el mercado venezolano de forma intempestiva y dejar sus activos a merced del destino, antes de exponerse a unas instituciones sometidas al poder autoritario.

De acuerdo con el texto del comunicado de Directv en el que anunció el cierre de sus operaciones en nuestro país, la empresa se encontró en el medio de dos gobiernos que le imponían obligaciones excluyentes. El gobierno de Estados Unidos le impedía transmitir las señales de Globovisión y de Pdvsa TV (empresas sancionadas); y la autoridad administrativa venezolana le imponía la obligación de transmitir ambos canales. La intransigencia impidió buscar una solución intermedia que no afectara a los consumidores venezolanos. A veces hay que buscar las zonas grises para resolver los conflictos. La arrogancia es la primera traba a la hora de negociar soluciones a los serios conflictos que hoy sufre el país.

La falta de tolerancia y flexibilidad llevó el problema al terreno de los hechos, que se cubren bajo el manto de una acción de amparo constitucional. Ninguno de los involucrados pensó en los derechos de los consumidores: Directv decidió sobre la base de los riesgos legales a los que se exponía en los Estados Unidos; y las autoridades administrativas, sobre la base de sus dogmatismos políticos e ideológicos.

En este contexto salta la sentencia No. 64 de la Sala Constitucional del pasado 22 de mayo, que dictó unas medidas cautelares innominadas, entre las cuales está la orden dirigida a *Galaxy Entertainment* de Venezuela S.C.A (Directv) de "*continuar, de manera inmediata, con la prestación de servicio de televisión por suscripción*". Y aquí surge la pregunta: ¿puede hacerse cumplir forzosamente esta disposición de la sentencia? Parece que no, en vista de que es la empresa condenada la que tiene el control del satélite que envía la señal. Se podría obtener otra señal, pero no a la que se refiere la decisión. Por esta razón, el fallo constitucional es inejecutable. Los asuntos tecnológicos son complejos, como se evidencia de la propia situación del Tribunal Supremo de Justicia, el cual tuvo caída su página web durante los últimos meses.

La decisión de la Sala Constitucional merece algunos comentarios adicionales. Se trata de un fallo con extensos párrafos que se incorporan al texto bajo la modalidad "*copiar y pegar*". De esa manera, el cuadro fáctico es engorroso y alejado de la necesaria precisión que debe inspirar los fallos judiciales. En la parte motiva, en lugar de extraer las máximas jurisprudenciales que invocan como antecedentes, copian largos pasajes de decisiones anteriores. A esto se añade el manejo ambiguo de las comas y el uso inconveniente del hipérbaton que rompe el denominado orden natural de la oración: sujeto, verbo y predicado. El uso exagerado de incisos hace de la sentencia un texto farragoso. Da la impresión de que no hubo serenidad para poder elaborar una decisión clara, explícita, ordenada y coherente, como lo exige el lenguaje jurídico.

La decisión se dicta igualmente bajo la modalidad de "*ponencia conjunta*", que no está prevista en nuestra ley. Se trata de un término de la neolengua jurídica, puesto que las decisiones de los tribunales colegiados las redacta un ponente, quien presenta su proyecto para la discusión con sus colegas. Esta ponencia elaborada por siete personas es algo reciente que carece de respaldo legal. ¿Cómo es posible que se redacte una sentencia entre siete personas y que todos tengan el mismo estilo de redacción?

Adicionalmente, la sentencia afirma que la suspensión de los servicios de Directv "*estaría lesionando a un número determinado de ciudadanos su derechos a una información oportuna, veraz e imparcial, sin censura (artículo 58 constitucional), el derecho a la protección de la niñez y adolescencia (artículo 78 constitucional), el derecho a la educación (artículo 103 constitucional) y el derecho a la recreación (artículo 11 constitucional)*", pero sin razonar sobre cuáles son las razones jurídicas por las que se afectan estos derechos. Esto se explica porque la sentencia tiene veintinueve páginas y dedica a la justificación del núcleo a decidir solo dos páginas.

Tal como se señaló antes (número III) la sentencia conjuga el verbo estar en forma condicional (estaría), para especular y manipular las supuestas infracciones que opina se cometieron. En lugar de especular la sala tiene el deber de señalar las razones en las que fundamenta su decisión y decidir en forma asertiva. Esta manera de decidir afecta la decisión del vicio de petición de principio que consiste "*en efectuar una pretensión y argumentar en su favor avanzando 'razones' cuyo significado es sencillamente equivalente a la pretensión original*"[39]. Se trata de un defecto en la argumentación, lo cual suele ir acompañado de fórmulas vagas, ambiguas e inocuas[40].

Hay otro pronunciamiento de la sentencia que merece ser comentado. En el dispositivo se dictan medidas cautelares "*a todas aquellas operadoras de televisión por suscripción que, de manera intempestiva, suspendan la prestación de servicios*". Es algo inédito: una medida cautelar condicional e indefinida hacia el futuro. Las medidas cautelares se dictan con ocasión a un juicio presente y no a uno eventual. De la misma manera, se debe respetar el derecho a la defensa de los destinatarios de las medidas cautelares y no decretarlas sin oír sus alegatos. En un amparo, la prudencia enseña que no se pueden dictar medidas preventivas como solución anticipada de la controversia, tal como lo predica el artículo 27 de la Constitución. Para eso son las audiencias constitucionales en materia de amparo: para escuchar a las partes y no resolver anticipadamente un asunto que tiene sus reglas. (La situación es distinta en materia civil donde sí se decretan cautelares sin conocimiento del afectado).

Asimismo, la sentencia reconoce la importancia de Directv como factor de entretenimiento y educación, por lo que cabe preguntar: si este servicio de televisión satelital era una influencia positiva en Venezuela, ¿por qué no cedieron y permitir que continuara su actividad? ¿Es que acaso una revolución no negocia ni admite transigir en nada?

Todo lo anterior demuestra que habría sido mejor para los intereses de los consumidores de Directv enfrentar el problema causado por la cesación del servicio por la vía de un procedimiento administrativo. Dictar una sentencia inejecutable afecta el orden jurídico y patrocina la anarquía institucional.

---

39 Manuel Atienza: *Las razones del Derecho. Teoría de la argumentación jurídica*. Centro de Estudios Constitucionales., Madrid, 1997, p.118

40 Ramón Escovar León: *Estudios sobre Casación Civil*. Tribunal Supremo de Justicia, Colección de Estudios Jurídicos, 2da edición, Caracas, 2003, p. 248.

XII. CONCLUSIONES

Sobre la base de las reflexiones anteriores, presento las conclusiones siguientes:

1. Desde la aprobación de la Constitución venezolana de 1999 se ha iniciado un indetenible proceso de envilecimiento del idioma, al que no escapa el lenguaje jurídico. La llegada de Hugo Chávez al poder significó un proceso indetenible de mal uso de la lengua. Los adjetivos han sido usados para ofender a opositores, o a quien disiente del modelo socialista.
2. El proceso de manipulación de las palabras ha sido moneda de cuenta en el lenguaje jurisprudencial. Esto se evidencia en la sentencia de la Sala Constitucional No. 64 del 22 de mayo de 2020 que decidió el caso de Directv. En dicha decisión se emitió una orden inejecutable al amparo de la distorsión del lenguaje.
3. En la referida sentencia No. 64 de la Sala Constitucional se advierte el uso verbal en modo condicional para especular y decidir sin respaldo de razones jurídicas y de pruebas. Dictaminar que se violan derechos, como el de la educación de los niños y adolescentes, de manera especulativa permite decidir como se quiera. Las decisiones tienen que ser asertivas y no dubitativas como lo permite la conjugación de los verbos en modo condicional.
4. El lenguaje jurídico debe ser preciso, claro y apoyado en el uso común de las palabras. Los párrafos extensos y cargados de incisos están reñidos con la precisión que debe caracterizar el estilo jurídico. Esto es especialmente necesario en la redacción de las decisiones judiciales, las cuales deben apoyarse en una motivación que exprese de manera comprensible para todos, lejos del estilo alambicado, los fundamentos jurídicos que le sirven de sustento.
5. En una democracia no hay espacio para la manipulación de las normas jurídicas, porque las palabras no pueden tener un significado distinto al que les asignan los diccionarios. Los procesos para desnaturalizar el sentido de los vocablos con fines discriminatorios, por razones políticas, es rasgo de los sistemas

dictatoriales. La palabra jurídica debe tener un significado unívoco y sin ambages (en la literatura no se requiere de esta precisión; pero en las ciencias sí).

6. Una de las virtudes de la vida republicana debe ser el buen uso de la lengua por parte de sus élites gobernantes y de su poder judicial. Se puede, incluso, establecer una relación entre la seguridad jurídica y la expresión idiomática
7. El sentido de las palabras no depende, ni puede depender, de una decisión autoritaria, sino de lo que expresen los diccionarios y entiendan los hablantes.

EPÍGRAFE

PALABRAS DE AGRADECIMIENTO DEL DR. LUIS COVA ARRIA POR EL LIBRO EN SU HONOR DE LA ACADEMIA DE CIENCIAS POLÍTICAS Y SOCIALES

Señores, Humberto Romero-Muci, presidente de la Academia de Ciencias Políticas y Sociales; Rafael Badell Madrid, secretario de la Academia de Ciencias Políticas y Sociales, Enrique Urdaneta Fontiveros y Salvador Yannuzzi Rodríguez, Individuos de Número de la Academia de Ciencias Políticas y Sociales, todos miembros de la Comisión designada por esta academia para la edición del libro homenaje a mi persona; señores académicos de esta ilustre corporación, y de las otras academias nacionales, señores y señoras invitados a este acto virtual.

Me encuentro aquí en presencia virtual ante ustedes, totalmente abrumado, como miembro de un grupo de juristas que nos integramos, cada uno dentro de su especialidad, a canalizar nuestro conocimiento de las leyes para su uso correcto, con el fin de un recto y justo gobierno de la justicia, recibiendo el altísimo premio que esta docta institución ha tenido a bien en otorgarme: Un libro en mi homenaje.

Recibir esta designación es un gran orgullo, un homenaje totalmente inesperado e inmerecido, pues la enseñanza y divulgación del Derecho Marítimo es algo a lo que me he dedicado toda mi vida de abogado, sin afán de reconocimiento.

Este libro, es el mejor premio que a mis casi ochenta y tres años de vida, se me ha podido dar y, culmina todos los premios que he recibido en mi ya larga vida, la cual ha transcurrido sin baches, ni obstáculos que la hayan empañado, gracias a la benevolencia del altísimo señor, nuestro Dios supremo.

Pero además de Ustedes, distinguidos académicos miembros de esta docta institución, a quienes les agradezco profundamente por haber aprobado la realización de esta obra que hoy se presenta, debo expresar mis especiales gracias a quienes la hicieron posible:

Al presidente de esta academia, el Dr. Humberto Romero-Muci, quien cuando -hace un año- le planteara nuestro pedido de que la misma auspiciara el 25° aniversario de la Especialización en Derecho de la Navegación y Comercio Exterior de la Facultad de Ciencias Jurídicas y políticas de la Universidad Central de Venezuela y, por ende, de la enseñanza autónoma del derecho marítimo en nuestro país, cuya coordinación me ha correspondido desde su inicio, me asomó la sugerencia de que, combinada con ese aniversario, se me hiciese un homenaje por esa labor de enseñanza a través de un libro homenaje. Pero también mi agradecimiento, por sus emotivas palabras del prólogo y, por su inspiración a nuestro conocido artista del dibujo, el pintor Roberto Weil, para la realización de la excelente caricatura que acompaña una de las páginas del libro. Asimismo, mi agradecimiento, por su brillante artículo sobre los aspectos, legales y fiscales, del importante y actual tema de la disfunción del bolívar y la dolarización de facto de la economía venezolana.

¡Humberto, muchas gracias!

Al secretario de esta academia, el Dr. Rafael Badell Madrid, quien, en la sesión del 05 de noviembre del año pasado, propuso formalmente, el libro que hoy se presenta, asumiendo el compromiso de presentarlo en el día de hoy, la cual proposición fue acogida por unanimidad por los académicos presentes en la misma, designándose una comisión redactora del libro, conformada por los numerarios Enrique Urdaneta Fontiveros, Salvador Yannuzzi Rodríguez y el mismo Rafael Badell Madrid, quienes designaron como secretaria de la misma a la profesora Patricia Martínez de Fortoul, quien fuera directora ejecutiva de esta academia. Mi agradecimiento al Dr. Badell es impagable, no sólo por haber hecho esa proposición, sino por el cíclope trabajo que asumió de inmediato para terminar este libro y presentarlo hoy. Fue un revisor de lujo de los trabajos recibidos, dedicando días, muchos de ellos de descanso, en esa agotadora labor. Adicionalmente, sin ser editor, asumió a su cargo, toda la ardua labor de coordinación para la diagramación y edición del libro. Pero como si esto fuera poco, Rafael, redactó un extenso y necesario Manual de Derecho Administrativo Marítimo, como su colaboración intelectual al libro, el cual, sin duda, será de lectura obligatoria en los cursos de enseñanza del derecho administrativo marítimo en nuestro país. Y, si eso no fuera poco, mi profundo agradecimiento por su esfuerzo en recaudar los fondos necesarios para sufragar los gastos de diagramación y publicación de este libro homenaje.

¡Rafael, muchas gracias!

Al Dr. Enrique Urdaneta Fontiveros, quien con maestría y, también, con dedicación de su tiempo, se encargó de hacer la presentación del libro, en la cual me hace inmerecidos elogios y una valiosa descripción de los valiosos trabajos que se recibieron para el libro. También por su importante artículo, en el cual responde al interesante interrogatorio para nuestro derecho civil sobre la prohibición del pacto comisorio, en donde menciona la excepción a dicho pacto que contiene nuestra Ley de Comercio Marítimo, en la regulación del régimen del contrato de hipoteca sobre naves.

¡Enrique, muchas gracias!

Al Dr. Salvador Yannuzzi Rodríguez, quien como miembro de la Comisión redactora del libro colaboró estrechamente con los otros miembros en toda la labor que fuera necesaria llevar a cabo para su culminación. Le agradezco, asimismo, su valioso artículo para el libro, en el cual responde al interesante interrogatorio para el derecho procesal marítimo nacional, de si en el mismo, existe la institución anglosajona del Discovery.

¡Salvador, muchas gracias!

Al Comité Marítimo Internacional, en la persona del jurista estadounidense, Christopher Davis, la más importante institución del derecho marítimo internacional, la cual, a su petición, coauspició el libro, y para Christopher, personalmente, por su brillante liminar, en el cual, hace de mi persona un inmerecido panegírico.

¡Chris, muchas gracias!

A la Asociación Venezolana de Derecho Marítimo, en la persona de su presidente, José Sabatino Pizzolante; a la Rama Venezolana del Instituto Iberoamericano de Derecho Marítimo, en la persona de su Vicepresidente, María Grazia Blanco; a la Facultad de Derecho de la Universidad Católica "Andrés Bello", en la persona de su decano, nuestro académico, Salvador Yannuzzi Rodríguez; y, finalmente, al Centro Estudios de Postgrado de la Facultad de Ciencias Jurídicas y Políticas de la Universidad Central de Venezuela, en la persona de su Director, Armando Rodríguez García, todos por el coauspicio institucional del libro.

José, María Grazia, Salvador y Armando, ¡muchas gracias!

A la Profesora Patricia Martínez de Fortoul, quien como secretaria de la Comisión redactora del libro colaboró estrechamente con los miembros de la Comisión en su interacción epistolar con los profesores a quienes se invitaron a colaborar en el libro y, con los que aceptaron la invitación, para la entrega en tiempo oportuno de sus trabajos. También por su destacado artículo sobre el particularismo del Derecho Marítimo.

¡Patricia, muchas gracias!

A nuestra actual secretaria ejecutiva de la Academia, la Lic. Evelyn Barboza, por su invalorable ayuda a la comisión en los innumerables detalles que significó editar el libro. Agradecimiento extensivo a su asistente Clara Yegres y, la directora de nuestra biblioteca, la Lic. Beatriz Martínez, por su disponibilidad de prestar la ayuda que se le pidiera en el ámbito de sus funciones. Asimismo, y, no menos importante, a Oralia Hernández, quien, con gran dedicación y maestría, hizo la diagramación de los tres tomos que componen la obra. A ellos mil gracias por los obstáculos que tuvieron que superar para publicar este libro y dar satisfacción a todos los colaboradores de la obra.

¡Evelyn, Clara, Beatriz y Oralia, muchas gracias!

A todos y cada uno de los juristas que, con sus brillantes artículos, colaboraron con la hechura de este libro en mi homenaje, pues sin ellos no hubiera sido posible que estuviésemos hoy aquí, presentándolo.

Todos y cada uno de sus impecables trabajos pasaron por la estricta revisión de la Comisión, quienes acordaron agruparlos en tres tomos.

Para expresar mi agradecimiento, los señalo siguiendo el orden en el cual aparecen en el índice general de la obra:

A Alberto Cappagli, Eduardo Albors, Juan Itriago, María Grazia Blanco, Max Genskowsky Moggia, Patricia Martínez de Fortoul, Rafael Badell Madrid, Fernando Ray, Erick Alejandro Oms, Freddy Belisario Capella, José Maura, Juan Malpica Lander, María del Cielo Sánchez Froilán, Nalliver Flores, Rodolfo González-Lebrero, Ana Luisa Melo, Aurelio Fernández-Concheso, Diego Esteban Chami, Giorgio Berlingieri, Ignacio Luis Melo, Luis y Diego San Simón, Rubén Bolívar, Salvador Yannuzzi Rodríguez, José Alfredo Sabatino Pizzolante, Leonardo Mainero, Rafael Reyero-Álvarez, Ricardo José Maldonado, Tomás Malavé Boada, Gustavo Omaña Parés, Javier Rodríguez Melo, Måns Jacobsson y Patrick J.S. Griggs.

Asimismo, A Hildegard Rondón de Sansó, Armando Rodríguez García, Enrique Urdaneta Fontiveros, José Getulio Salaverria, Eugenio Hernández-Bretón, Bernardo Melo-Graf, José Antonio Pejovés, Luis Miguel Cova Pinto, María Virginia Garrillo, Alberto Blanco-Uribe, Claudia Madrid Martínez, Iván Sabatino Pizzolante, Javier Ochoa, Jorge Isaac González Carvajal, Luciano Lupini, Milagros Betancourt, Rodrigo Rivera Morales, Elvira Dupuy, Gabriel Ruan Santos, Humberto Romero Muci, María Fernanda Luna, Serviliano Abache, Carlos Simón Bello, Allan R. Brewer-Carías, Pedro Casale, Ramón Guillermo Aveledo, Cecilia Sosa Gómez, Eduardo Sambrizzi, Héctor Faúndez Ledesma, Julio Rodríguez Berrizbeitia, Ramón Escovar Alvarado y Ramón Escovar León.

Quisiera que el tiempo fuese suficiente, para unir mi agradecimiento con una breve noticia, comentario, o recensión de sus artículos, pero no lo es, pero, no por ello, debo dejar de recomendar su obligada lectura por lo excelente de sus contenidos.

¡Para todos ustedes, muchas, pero muchísimas… gracias!

Como dije al comienzo de estas palabras, he sido muy afortunado en mí ya larga vida, pues culminé con éxito mis estudios y, fui exitoso en el ejercicio de la profesión y especialidad que aprendí, en la cual tuve la ayuda de mi padre, Luis Cova García, también abogado, y, mi suegro, Leopoldo Franco Sagredo, quien, sin serlo, fue mi más cercano colaborador y amigo. Él me recomendó con su abogado, Régulo Belloso, con quien comencé exitosamente mi andadura profesional. Todos ya fallecidos.

No puedo dejar de dar mi especial agradecimiento a quienes me fueron fundamentales en el aprendizaje y ejercicio del derecho marítimo, también ya fallecidos, mi profesor en la Universidad de Nueva York, Nicholas J. Healy, uno de los más grandes maritimistas del mundo anglosajón y el profesor argentino, José Domingo Ray, uno de los grandes maritimistas del mundo del derecho continental.

Mi agradecimiento profundo a mis socios y compañeros de la firma Luis Cova Arria & Asociados, Henry Morian Piñero y Patricia Martínez de Fortoul, cuyo apoyo material y moral ha sido decisivo en el ejercicio de nuestra profesión, sobre todo en estos tiempos de dificultades.

Un gran agradecimiento a mis profesores, compañeros de estudios, colegas y amigos, que siempre me han manifestado su generosa admiración y respaldo personal, sin mezquindad, y a quienes debo gran parte de mis éxitos en la profesión. De ellos, muchos ya no están con nosotros, pero afortunadamente, si nos siguen acompañando Oswaldo y Joselina Martínez Guzmán, Juan Ramón y Linda Carvallo Guía, Juan y Liana Anduiza, Enriqueta Piña de Gómez, Uly Lezama de Borges, Carlos y Doris Villalba Anzola, Ezra y Maggy Mizrachi Cohen y Jaime y Julia Ballestas Capote, entre otros muchos, con quienes me excuso por omitirlos involuntariamente, quienes han sido mis amigos de toda la vida.

De esta docta academia, he recibido el apoyo de muchos académicos que ya no están con nosotros, quienes, en forma desinteresada, me dieron su mano amiga y, por ello, los considero propulsores tácitos de este reconocimiento. Menciono, con temor a omitir algunos, a José Melich Orsini, Gonzalo Pérez Luciani, José Luis Aguilar Gorrondona, Efraín Schacht Aristiguieta, Tomás Polanco Alcántara, Francisco López Herrera, Arístides Rengel Romberg, Pedro Nikken, René De Sola, Leopoldo Borjas Hernández, Gonzalo Parra-Aranguren, Boris Buminov Parra, Ramón Escovar Salom y Eloy Lares Martínez.

Tampoco hoy, están con nosotros, quienes tuvieron para conmigo especiales gestos de cariño y amistad, los cuales agradeceré eternamente, como lo son, Gustavo Planchart Manrique y Tomás Enrique Carrillo Batalla, ambos propulsores de mi entrada a la academia -hace ya 20 años-, y, de mi designación como secretario de la misma.

Igualmente, mi agradecimiento, también muy especial, a los académicos Alfredo Morles Hernández, Allan R. Brewer-Carías, Román Duque Corredor y Gabriel Ruan Santos, Alfredo, aceptó dar repuesta a mi discurso de incorporación y fue también propulsor a mi ingreso a esta docta institución; Randy, también propulsor de mi incorporación, quien redactó para esta obra un brillante artículo histórico, sobre la estrecha relación, previa a los hechos de la independencia venezolana, que tuvieron Francisco de Miranda y Thomas Paine, en cuyo artículo me hace un innecesario elogio; Román, por haberme propuesto a segundo vicepresidente de esta institución, lo que me llevó luego a su presidencia y, finalmente, a Gabriel, nuestro anterior presidente, por haber designado con el nombre de mi padre, un premio especial de la Academia.

Del mismo modo, mis gracias inmensas a mis otros compañeros actuales de academia, cuyo apoyo a la propuesta de este homenaje, es la mejor expresión de la amistad que me profesan. Al padre Luis Ugalde, S.J., y a los numerarios José Guillermo Andueza, Juan Carlos Pro-Rísquez, José Muci-Abraham, Luciano Lupini Bianchi, Alberto Arteaga Sánchez, Jesús María Casal, León Henrique Cottin, Eugenio Hernández-Bretón, Carlos Eduardo Acedo Sucre, Ramón Guillermo Aveledo, Hildegard Rondón de Sansó, Henrique Iribarren Monteverde, Josefina Calcaño de Temeltas, Guillermo Gorrín Falcón, Gerardo Fernández Villegas, James-Otis Rodner. Ramón Escovar León, José Antonio Muci-Borjas, Carlos Ayala Corao, César Augusto Carballo Mena, Juan Cristóbal Carmona Borjas, Julio Rodríguez Berrizbeitia, Héctor Faúndez Ledesma y Carlos Leañez Sievert.

Expreso, asimismo, mi infinito agradecimiento: A mi madre, Obdulia Ilba. A mi suegra, Elvira. ya fallecidas. A mis hijos, Luis Leopoldo, Halvor Enrique, Luis Humberto y Moraima Elvira, a mi yerno, Jorge, a mis nueras, Gabriella, Annabella, Rosaura y Myriam. A mis 13 nietos: Luis Miguel, Andrés Leopoldo, Gabriella, Luis Enrique, Jessica, Ana

Isabel, Alejandra, Ignacio, Adriano, Andrés Enrique, Luis Fernando, Rodrigo y David. A mis hermanos, Maia, Inés, Leopoldo, Altagracia, María Teresa, Halvor, Harris y Franklin. A mis cuñados, Juan y Maritza; A mis concuñados, Leopoldo Elías, Marinés, Jesús Enrique, Iraida, Beatriz y Mariana. A mis numerosos sobrinos. A mis primos.

A todos mi más honda y sincera gratitud por el amoroso apoyo que siempre me han dado, en todas las situaciones de mi vida.

En fin, mil gracias a quienes me acompañan virtualmente en este hermoso día.

No quiero finalizar estas palabras de agradecimiento sin dejar de mencionar a quien más le agradezco por todos los logros que obtenido en mi vida, incluido éste, y quien me ha acompañado, demostrándome siempre un profundo amor y ternura, desde ya hace casi sesenta años, habiendo formado con ella mi bella familia, siendo el pilar único y fundamental que la sostiene, mi querida amiga, consejera y amada esposa, Moraima.

¡Gracias, Moraima!

Finalizo, diciendo que este reconocimiento, aprobado de forma unánime en la citada sesión y cargado de elogios, dice mucho más de quienes proviene, que de mi persona y me compromete a trabajar aún más en la incansable tarea en pro de nuestra Academia, de la restitución del estado de derecho en nuestro país y, del desarrollo del derecho marítimo en Venezuela.

¡De nuevo, un millón de gracias a todos ustedes por acompañarme virtualmente en este momento tan feliz!

Buenas tardes distinguidos académicos, familiares, colegas y amigos.

Caracas, 03 de noviembre de 2020.

Este libro se terminó de imprimir en el mes de noviembre de 2020, en los talleres gráficos de Editorial Torino. RIF.: J-30143170-7, Teléfonos: (212) 239.7654, 235.2431. En su composición se emplearon tipos de la familia Times New Roman y Frutiger. Papel Bond 20 g.

www.ingramcontent.com/pod-product-compliance
Lightning Source LLC
LaVergne TN
LVHW082055051026
849532LV00011B/3603
* 9 7 8 9 8 0 4 1 6 0 2 8 8 *